벤 저 민 그 레 이 엄 의

현명한
투자자

벤 저 민 그 레 이 엄 의

현명한
투자자

THE INTELLIGENT
INVESTOR

벤저민 그레이엄 지음 | 제이슨 츠바이크 논평 | 김수진 옮김

국일증권경제연구소

이 책은 현대 증권투자이론의 아버지이자 가치투자의 태두로 불리는 벤저민 그레이엄의 역작『현명한 투자자』(1949년 초판)를 미국의 뛰어난 투자 저널리스트인 제이슨 츠바이크가 생생하고 풍부한 시장 사례와 분석을 곁들여 2003년에 새롭게 개정한 것이다. 이번 판은 1974년에 개정된 책을 토대로 한다. 제이슨 츠바이크는 각 장에 다양한 사례와 분석을 담아 2000년 테크 버블 붕괴를 전후로 한 미국 금융시장의 상황을 접목함으로써, 현대 투자가들이 시대를 관통하는 고전의 메시지를 맛보도록 했다.

약 30년 만에 새로운 개정판이 기획된 절묘한 타이밍도 주목할 필요가 있다. 그레이엄과 도드의 투자철학이 형성된 배경은『현명한 투자자』보다 15년 먼저 발간된『증권분석Security Analysis』(1934) 서문에 잘 나타나 있다. '1930년 대공황 전후 미 증권시세가 놀라운 급등과 급락을 보인 1927~1933년의 시장 상황을 어떻게 분석할 것인가? 거친 파도와 같은 시세의 변동 속에서 장기적으로 살아남을 투자 원칙은 무엇인가'라는 고뇌에서 출발했다.

그레이엄과 도드의 투자철학이 형성된 후 70여 년이 지난 2000년에 IT 버블이 출현했다. 그전까지 대공황 전후 시기에 필적할 만한 미국 증권 시세의 버블은 없었다. 1929년 버블 당시 미국 S&P 종합지수 기업의 평균 주가수익비율은 32.6배였으며 케네디 존슨 피크Peak라고 불리는 1966년 증시 고점에서도 평균 주가수익비율은 24.1배로 1929년보다는 낮았다. 미국 증시가 1929

년 수준을 넘어선 것은 2000년에 들어서였다. 이때 주가수익비율은 1929년 수준을 크게 뛰어넘는 44.3배에 달하게 된다. 단기적인 시세 변동 측면에서도 2000년 테크 버블 붕괴는 1929년 버블 붕괴를 넘어선다. 1929년 직전 5년 동안 다우존스 평균지수는 2.8배 상승했고, 그 후 2년 만에 초기 수준으로 회귀했다. 2000년 나스닥 지수는 그전 3년간 5배 상승한 이후 불과 2년 만에 초기 수준으로 내려앉았다.

1929년을 전후한 대공황의 시세 변동이 벤저민 그레이엄 투자철학의 탄생에 커다란 영감을 주었다면, 20세기 말 또 한 번 벌어진 시세 변동 사건을 그는 어떻게 바라보았을까? 제이슨 츠바이크의 차분한 해설과 워런 버핏의 명료한 서문이 하늘에서 말없이 웃고 있을지도 모를 벤저민 그레이엄의 '현명한' 미소를 대신하고 있는 것은 아닐까? 그것이 이 개정판을 읽는 특별한 묘미다.

가치투자란 무엇인가?

가치투자란 가치보다 싸게(가급적 많이 싸게) 사두라는 것이다. 얼마나 간단한 투자이론인가? 어떻게 이 단순한 이론이 가치투자의 귀재라 불리는 20세기 위대한 투자가 워런 버핏의 수익률을 탄생시킬 수 있었으며, 아직도 수많은 투자기법들을 넘어서서 투자가들을 열광시키는가?

그레이엄이 20장에 설명했듯이 가치투자 철학의 핵심은 '안전마진MARGIN OF SAFETY' 개념에 있다.(참고로 그레이엄이 『현명한 투자자』의 본문에서 용어를 강조하기 위해 이탤릭체를 사용한 예는 무수히 많으나 대문자를 쓴 사례는 '안전마진'이 유일하다!) 가치 대비 50% 선에서 투자하라는 개념은 단순해 보여도, 그 깊은 뜻을 곱씹지 않으면 진리에 미치지 못하는 선불교의 말씀과도 같다.

'안전마진'에 대한 현대 투자론적 해설은 브루스 그린왈드의 견해를 담은 『가치투자Value Investing』(2007, 국일증권경제연구소)를 참조할 만하다. 기업 가치의 원천은 (1) 현재의 자산가치, (2) 현재 자산의 프랜차이즈(=경쟁력이 주는 초과수익), (3) 미래 성장(=투자)의 프랜차이즈로 구성된다.

가치투자가들은 기업가치를 분석할 때 미래 성장의 프랜차이즈 비중을 상대적으로 낮게 친다. 대신 현재 자산의 프랜차이즈와 현재 자산의 가치 분석을 더 중시한다. 미래에 대한 예측은 비현실적인 가정을 수반하므로 본질적으로 투기행위일 수밖에 없다는 인식 때문이다. 미래를 예측하는 것이 어렵다는 사실을 절대적으로 인정하는 겸손함을 보여 준다고 할까? 심지어는 미래를 믿지 않는 비관론자로 보이기까지 한다.

하지만 가치투자가들이 미래 성장의 가치를 보수적으로 바라보는 이유가 단순히 미래 예측이 어렵기 때문만은 아니다. 모든 성장의 초과수익은 장기적으로 '0'으로 수렴한다는 경제학의 진리를 뼛속 깊이 새기고 있기 때문이다.

자본주의에서는 경쟁에 의해 장기적으로 모든 초과수익이 '0'으로 수렴한다. 그래서 미래의 성장이 가치 증가에 기여하는 부분은 크지 않을 수 있다. 가치는 성장이 아니라 초과수익에서만 창출되기 때문이다. 그나마 지금 현재 '현저한' 프랜차이즈를 보유한 기업만이 이 무서운 '초과수익 소멸'이라는 '중력의 법칙'을 버틸 수 있지 않을까 추측할 뿐이다.

그것도 불안해서 50%의 안전마진을 스스로 설정한다. 즉, 모든 예측은 본질적으로 투기적 요소를 가질 수밖에 없으나, 그 예측이 정확했더라도 가치의 증가와는 무관할 수 있다. 그러나 또 한편으로는 미래 성장의 초과 수익이 '0'으로 수렴하더라도 평균적으로 영구성장이 지속되리라는 믿음을 가지고 있다. 이것이 없으면 현재 자산의 프랜차이즈에 과감하게 장기적 '베팅'을 할 수 없다. 한마디로 인류 진보의 판이 깨지지는 않으리라는 뿌리 깊은 믿음이 있어야 한다. 그런 점에서 가치투자가들은 미래에 대해서는 무한히 겸손하지만 인류 진보에 대해서는 낙관론자들이라 할 수 있다.

투자사상가 피터 번스타인이 『신들에 대항하여Against the Gods』(1996)에서 말한 파스칼의 예화 역시 미래 예측에 대한 불확실성을 인정하고 리스크를 감수하는 가치투자자의 투자철학을 절묘하게 그려내고 있다. 그레이엄은 투자는 IQ나 통찰력 혹은 기법의 문제가 아니라 원칙과 태도의 문제라고 기회가 있을 때마다 말하곤 했다. 이는 미래 예측에 대한 겸손과 인간학에 대한 깊은 철학적 인식이 바탕이 된 차원 높은 '현자'의 깨달음이다. '오마하의 현자'로 불리는 워런 버핏조차도 그레이엄을 20세기 가장 현명한 사람으로 일컫는 데 주저하지 않는 이유가 여기에 있다. 성경 잠언에 "신에 대한 두려움이 지식의 근본"이라는 말이 있다. 가치투자는 종교는 아니지만 종교 윤리와 흡사한 행동 원칙을 근본으로 삼고 있다.

이와 관련하여 그레이엄이 20장 앞부분에 '안전마진' 개념을 말하기에 앞서 '이것 또한 지나가리라This too will pass'라는 동양 현자의 문구를 뜬금없이 대비시키고 있는 데 주목해야 한다. 배경 설명조차 없는 이 문구를 단순히 안전마진의 중요성을 강조하기 위해 끌어다 쓴 것으로 생각할 수도 있다. 그러나 제이슨 츠바이크가 20장 각주에 인용한 에이브러햄 링컨의 1859년 밀워키 연설을 보면, 그레이엄이 이 말을 왜 인용했는지 배경을 알 수 있다. 이 말은 '가치투자'의 정수를 보여 주는 감동적인 웅변이다. 앞서 브루스 그린왈드의 가치투자에 대한 견해를 떠올리며 링컨의 연설을 대비시켜 다시 한 번 감상해 보자.

'이 또한 지나갈 것이니라And This, too, shall pass away.' 얼마나 함축적인 표현인가! 얼마나 교만한 마음을 억제시키는가! 또 얼마나 깊이 고통스러운 마음을 위로하는가! 그러나 아직 진짜 사실이 아니라고 희망하자.(츠바이크가 인용한 링컨의 밀워키 연설은 마지막 단락이 생략되어 있어 애석하다. 생략된 마지막

단락은 인간의 행복과 번영은 모든 것이 변해도 영원하리라는 링컨의 강력한 소망을 더욱 잘 담고 있다.)

"이 또한 지나갈 것이니라"라는 말은 미래 예측의 불확실성과 인간 능력의 나약함에 대한 확고한 깨달음이다. 깨달음을 통해 교만한 마음이 억제되고 고통스러운 마음은 위로 되면서 심리적 안정감을 얻게 된다. 투자도 마찬가지다. 아무리 똑똑한 사람이라도 미래를 모른다고 인정하는 것이 가장 현명한 행동이다.

문제는 그것에 그치는 것이 아니라 가장 합리적 행동 방식이 무엇이냐는 것이다. 바로 '안전마진' 철학이다. 그레이엄은 주식을 연구하라고 강요하지 않는다. 겸손한 연구는 당연하다. 다만 마음을 다스리는 것을 더 중요한 모토로 삼는다. 심리적으로 안정적이고 합리적인 행동은 우리가 모르는 것을 인정하는 것에서 출발할 때 가능하다.

가치투자가가 기업을 볼 때 불확실한 미래보다는 확실한 현재의 프랜차이즈 요인에 주목하는 이유가 바로 이것이다. 그리고 현재의 기업 상황에 대하여 누구보다도 깊이 연구하여 이를 바탕으로 가능성 높은 예측을 조심스럽게 전개한다. 하지만 안전마진이 충분히 확보되지 않았다면 투자하지 않는다. 합리적 행동방식과 인류 진보에 대한 믿음이 결합되었을 때, 그것은 가장 낮은 차원에서 우러나오는 가장 강력한 낙관론으로 변모한다. 한 차원 높은 강력한 낙관론이야말로 대공황의 주가 폭락에서도, 블랙먼데이의 주가 폭락에서도, 테크 버블의 붕괴 국면에서도 흔들리지 않는 과감한 매수 행위로 나타날 수 있다.

링컨의 밀워키 연설은 투자 세계와는 아무 관련이 없는 정치적 연설이지만, 미래에 대한 무한한 겸손과 무한한 낙관론이 양립할 수 있는 인간 '행동 원칙'의 진수를 보여 준다. 가치투자는 "미래에 대한 무한한 겸손에서 비롯되는, 미래에 대한 무한한 낙관론적 행동 진리 체계"다. 그리고 그 진리성은 장기적 성과를 통해 계속 입증되고 있다. 링컨의 밀워키 연설의 마지막 부분을 보고 감동할 수 있는 독자라면 가치투자의 핵심에 한발 다가가 있는 것일지도 모른다.

『논어』에서 공자가 흘러가는 시냇물을 물끄러미 바라보며 "가는 것이 이와 같구나! 밤낮을 가리지 않는구나!"라며 도의 본질을 이야기한 것과 마찬가지로, "이 또한 지나갈 것이니라"의 경구를 투자철학의 핵심 개념인 '안전마진'을 설명하는 데 사용한 그레이엄과 같은 투자 현자의 깨달음에는 동서양의 진리와 맞먹을 만한 깊은 수준이 있다.

필자는 2001년 당시 AIMR 연례 세미나에서 제이슨 츠바이크와 대화할 기회를 가졌다. 한 시대를 풍미해 온 탁월한 투자 저널리스트임에도 불구하고 한없이 겸손하고 낙관적인 풍모를 보여 주었던 츠바이크를 생각하면, 그의 겸손함과 성실성 그리고 낙관론 덕분에 그레이엄의 대저작에 결코 손색이 없는 분석과 설명을 내놓을 수 있었다고 믿는다. 독자들이 이 책을 통해 20세기 자본주의의 용광로에서 살아남은 보석과 같은 진리를 감상할 수 있기를 바란다.

이정호(미래에셋증권 리서치센터장)

차례

워런 버핏의 서문

이 책의 초판을 처음 접했던 때는 1950년 초, 내 나이 열아홉 살이었다. 초판을 읽은 후 나는 그때까지 출간된 투자 관련 서적 중 이 책이 최고라고 생각했다. 그 생각은 지금도 변함없다.

성공적인 투자를 이끄는 데 필요한 것은 높은 지능지수나 비범한 사업적 통찰력 또는 은밀한 내부 정보가 아니다. 더 중요한 것은 의사 결정에 도움이 되는 올바른 지적 체계를 쌓고, 그러한 체계가 흔들리지 않도록 감정 조절 능력을 키우는 것이다. 이 책에는 투자자가 지향해야 할 지적 체계가 정확하고 명확하게 소개되어 있다. 독자가 여기에 덧붙여야 할 것은 감정적인 훈련이다.

그레이엄이 제시하는 행동 지침과 투자 원칙, 특히 8장과 20장의 소중한 조언에 귀를 기울이는 독자라면 적어도 나쁜 결과는 피할 수 있을 것이다. 뜻밖에 기대 이상의 성과를 얻을 수도 있다. 투자자가 거둘 수 있는 성과의 정도는 주식시장에서 흔히 목격할 수 있는, 수시로 돌변하는 변화무쌍한 환경뿐만 아니라 투자자 자신의 노력과 지식에 따라서도 달라진다. 주식시장의 진폭이 거셀수록 주도면밀한 투자자가 더욱 많은 기회를 잡을 수 있다. 그레이엄을 따르라. 그러면 요동치는 시장에 휩쓸리지 않고 그 틈에서 수익을 노릴 수 있다.

내게 벤저민 그레이엄은 저자나 스승 이상의 존재였다. 아버지를 제외한 그 누구보다도 내 인생에 가장 큰 영향을 미쳤다. 1976년 그가 세상을 떠난 직후, 나는 《파이낸셜 애널리스트 저널Financial Analysts Journal》에 다음과 같은 짧은 추도문을 실었다. 이 책을 읽는 동안 독자는 내가 추도문에서 언급한 그의 가치에 공감하리라 믿는다.

벤저민 그레이엄(Benjamin Graham, 1894~1976)

몇 해 전, 당시 80세를 바라보던 벤저민 그레이엄은 친구에게 매일 "어리숙해 보이면서도 창의적이고 관대한 일"을 할 수 있기를 바란다고 말했다.

얼핏 엉뚱해 보이는 이 말에는 자기 생각을 전할 때 일장 연설을 늘어놓거나 잘난 체하는 법이 없던 그의 평소 습관이 그대로 담겨 있다. 그의 말은 늘 강력했지만, 그 방식은 항상 정중했다.

이 잡지의 애독자라면 창의성까지 거론하며 복잡하게 설명하지 않아도 그가 어떤 업적을 이루었는지 충분히 이해할 수 있을 것이다. 한 분야의 선구자가 이룬 업적은 곧이어 등장한 후배들에 의해 금세 잠식되는 경우가 허다하다. 그러나 무질서와 혼란이 가득한 투자 행동을 구조와 논리를 바탕으로 설명한 이 책은 발간된 지 40년이 지난 후에도 증권분석 분야에서 달리 필적할 만한 서적을 찾아보기 어려울 정도로 독보적인 영향력을 발휘하고 있다. 이 분야는 특히나 책이 발간된 후 수 주일이나 수개월만 지나도 바보 취급을 당하기 십상이지 않은가. 하지만 그레이엄의 투자이론은 얄팍한 지적 체계를 흔들기 일쑤인 금융시장의 태풍 속에서도 고유의 가치와 설득력을 인정받으며 건재함을 과시한다. 건전성을 강조하는 그레이엄의 조언을 따르는 이들은 언제나 그에 합당한 성과를 얻고 있다. 투자에 특별한 재능 없이, 화려해 보이는 이론이나 최신 경향을 따르다 휘청대기 일쑤인 사람들에게도 그의 조언은 유효하다.

그레이엄의 놀라운 점은 한 가지 분야에만 몰입하는 지적 편식에서 벗어나 이처럼 막강한 영향력을 구축했다는 사실이다. 그가 이룩한 성과는 다양한 분야의 경계를 넘나드는 폭넓은 지성에서 우연히 비롯된 부산물이었다고 보는 편이 맞을 것이다. 실제로 나는 그보다 박학다식한 사람을 본 적이 없다. 돌이켜 보면, 끝없는 호기심으로 새로운 지식을 탐구하고, 얼핏 연관이 없어 보이는 분야에도 과감히 이를 적용할 줄 아는 능력이 있었기에 그는 어떤 분야에서도 즐거움을 발견할 수 있었다.

그러나 무엇보다도 그의 성공을 이끈 원동력은 세 번째 특징인 관대함이었다. 나에게 그레이엄은 스승이자 고용주였고, 또한 친구였다. 제자와 직원, 친구는 물론 어떤 관계에서도 그는 언제나 열린 마음으로 자신의 아이디어와 시간, 정신을 아낌없이 공유했다. 누군가와 머리를 맞대고 생각을 더 명확하게 정리해야 한다면 그레이엄만큼 좋은 상대가 없었다. 격려나 자문이 필요할 때면 그 자리에는 언제나 그레이엄이 있었다.

월터 리프만_{Walter Lippmann} *은 사람들이 쉴 수 있도록 나무를 심는 사람에 대해 말한 적이 있다. 벤저민 그레이엄이 바로 그런 사람이었다.

《파이낸셜 애널리스트 저널》 1976년 11/12월호

---

* 월터 리프만(1889~1974)은 미국의 작가, 언론인 겸 정치평론가다.

제이슨 츠바이크_{Jason Zweig}의
벤저민 그레이엄에 대한 주석

벤저민 그레이엄은 누구인가? 독자는 왜 그의 말에 귀를 기울여야 할까?

그레이엄은 역사상 최고의 투자자일 뿐 아니라 가장 위대한 실천적인 투자 이론가였다. 그레이엄 이전에 펀드매니저들의 활동은 대개 미신이나 어림짐작 또는 비밀스러운 의식을 따르는 중세 길드와도 같았다. 그레이엄의 『증권분석_{Security Analysis}』은 이처럼 은밀한 세계를 현대적인 전문 분야로 탈바꿈시킨 교과서였다.[1]

『현명한 투자자_{The Intelligent Investor}』는 개인투자자를 대상으로 투자 성공에 필수적인 감정의 틀과 분석 도구를 제시한 최초의 책이다. 지금도 이 책은 일반 대중에게 최고의 투자 지침서로 손꼽힌다. 『현명한 투자자』는 1987년 내가 《포브스_{Forbes}》에 입사한 후 처음으로 읽은 책이었다. 당시 나는 모든 상승장은 결국 종말을 맞게 된다는 그레이엄의 확신에 찬 주장에 깊은 인상을 받

---

1 1934년에 데이비드 L. 도드(David L. Dodd)와 공저로 처음 출간되었다.

았다. 같은 해 10월, 미국의 주식시장은 하루 사이에 최대 낙폭을 기록하였고, 나는 그레이엄에게 푹 빠져들게 되었다. 더군다나 1990년대 후반의 엄청난 강세장과 2000년 초부터 시작된 가혹한 하락장 이후 『현명한 투자자』의 예언은 어느 때보다도 빛을 발하고 있다.

그레이엄은 투자 손실의 아픔을 직접 겪은 후, 시장의 심리와 역사를 수십 년간 연구하며 깊은 통찰을 쌓아 갔다. 1894년 5월 9일, 런던에서 출생한 그의 본명은 벤저민 그로스바움Benjamin Grossbaum이었다.[2] 그의 아버지는 도자기 그릇과 조각 제품을 취급하는 중개업자였다. 그레이엄은 한 살 때 가족들과 함께 뉴욕으로 이사했다. 처음에는 하녀, 요리사, 프랑스인 가정교사를 두고 부촌인 5번가 북부에 살 정도로 형편이 좋았다. 그러나 1903년에 그레이엄의 아버지가 세상을 떠나고 도자기 사업도 쇠락하면서 가세가 기울기 시작했다. 그레이엄의 어머니는 집을 하숙집으로 개조하고, 돈을 빌려 '차익으로' 주식을 거래하다 1907년에 주가가 대폭락하면서 파산하고 말았다. 어느 날 그레이엄은 어머니를 따라 은행에 갔는데, 창구에서 수표를 환전해 주던 직원이 어머니에게 이렇게 재차 확인했다. "도로시 그로스바움Dorothy Grossbaum 님은 5달러만 찾으시면 되는 건가요?" 그레이엄은 그 말을 들으며 느꼈던 모욕감을 두고두고 곱씹곤 했다.

다행히 그레이엄은 장학금을 받고 컬럼비아 대학에 다닐 수 있었고, 이곳에서 그의 명민함은 활짝 꽃을 피웠다. 1914년 졸업할 때에는 졸업생 중 차석을 차지할 정도였다. 그런가 하면 마지막 학기가 채 끝나기 전에 영어, 철학, 수학 등 세 학과에서 그에게 교수 자리를 제안하기도 했다. 그때 그의 나이는 겨우 스무 살이었다.

---

2 1차 세계대전 중 독일 이름으로 의심을 받은 탓에 성을 그레이엄(Graham)으로 바꾸었다.

졸업 후 그레이엄은 학교에 남는 대신 월스트리트Wall Street로 진출했다. 채권중개회사 직원으로 처음 출발한 그는 곧 애널리스트이자 파트너로 성장했고, 오래지 않아 투자 조합을 직접 운영하기에 이르렀다.

현재 요동치는 인터넷 호황기도 그레이엄에게는 놀라운 일이 아니었을 것이다. 1919년 4월, 그는 초호황을 누리던 자동차업계의 신규공개기업인 소보이드 타이어Sovoid Tire의 첫 거래일에 250%의 수익을 거두었다. 하지만 같은 해 10월에 이 회사는 사기로 판명되었고, 주식은 휴지 조각이 되고 말았다.

이후 그레이엄은 현미경으로 분자구조를 분석하듯이 주식을 세밀하게 파헤치는 전문가로 성장했다. 1925년에 미국 주간 통상위원회U. S. Interstate Commerce Commission의 송유관 관련 자료를 샅샅이 살펴보던 그는 당시 65달러에 거래되던 노던 파이프라인Northern Pipe Line Co.이 보유한 우량채권의 가치가 최소한 주당 80달러에 이른다는 사실을 알게 되었다. 그레이엄은 곧 이 주식을 매입했고, 경영자에게 배당을 늘리라고 압력을 가한 다음 3년 후에 주당 110달러에 매각했다.

1929년부터 1932년까지 이어진 대공황기에는 70%에 이르는 엄청난 손실을 보았지만, 그레이엄은 헐값으로 떨어진 강세장의 주식을 사들여 이후에 큰 수익을 거둘 수 있었다. 투자 초기에 그레이엄이 거둔 수익이 얼마인지 확인할 수 있는 자료는 남아 있지 않다. 단, 1936년부터 1956년 은퇴하기까지 그가 이끈 투자회사 그레이엄-뉴먼Graham-Newman Corp.은 전체 주식시장의 연평균 수익률인 12.2%보다 높은 14.7% 이상의 수익률을 기록한 것으로 알려져 있다. 이러한 성과는 월스트리트 역사상 최장기 기록에 속한다.[3]

그레이엄은 어떻게 이러한 성과를 거둘 수 있었을까? 깊이 있는 상식과 풍부한 경험에 탁월한 지적 능력을 결합하여 탄생한 그레이엄의 핵심 이론은 그의 생전에 그랬듯이 오늘날에도 여전히 유효하다.

- 주식은 단지 시세판의 종목 이름이나 전자식 신호를 의미하는 것이 아니다. 어떤 회사의 주식을 보유한다는 것은 주가의 변동에 상관없는 내재적인 가치에 대한 소유권을 의미한다.
- 주식시장은 일시적인 낙관(주가를 너무 올린다)과 부적절한 비관(주가를 너무 떨어뜨린다) 사이를 오가는 시계추와 같다. 현명한 투자자는 비관주의자에게서 주식을 매수하여 낙관주의자에게 매도하는 현실주의자다.
- 모든 투자에서 미래 가치는 현재 가치에 영향을 미치는 함수로 작용한다. 즉, 가격을 비싸게 지불하면 할수록 수익은 낮아진다.
- 아무리 주의를 기울인다고 해도 투자 과정에서 실수를 완벽하게 피할 수는 없다. 그레이엄이 말한 '안전마진margin of safety'을 고수하는 것만이 실수 가능성을 최소화하는 길이다. 안전마진을 고수한다는 것은 어떤 투자 대상이 아무리 좋아 보이더라도 결코 일정 수준 이상의 비싼 가격에 사지 않는 것을 말한다.
- 투자 성공의 비밀은 자신 내부에 있다. 만약 투자자가 월스트리트에서 떠도는 '사실'을 비판적으로 수용하고 신중한 확신에 근거하여 투자한다면, 최악의 약세장도 유리하게 활용할 수 있을 것이다. 투자자는 자신만의 원칙을 세우고 뚝심을 키움으로써 시장 분위기에 부화뇌동하는 잘못을 피할 수 있다. 결국, 시장 동향보다 훨씬 중요한 것은 바로 투자

---

3 개방형 뮤추얼펀드인 그레이엄-뉴먼은 그레이엄이 노련한 투자자 제롬 뉴먼(Jerome Newman)과 손잡고 창립한 회사로, 신규 투자자에게는 폐쇄적이었다. 이 회사의 수익률을 검토하는 데 필요한 자료를 제공해 준 월터 슐로스(Walter Schloss)에게 감사의 말을 전한다. 그레이엄이 후기에서 언급한 연평균 20%의 수익률은 운용보수를 감안하지 않은 것 같다.

자 자신의 동향이다.

『현명한 투자자』의 이번 개정판의 목적은 더욱 명확한 설명을 위해 추가한 각주 이외에 원래 내용은 그대로 유지하되, 그레이엄의 견해를 오늘날의 금융시장에 적용하여 재검토하는 것이다.[4] 이를 위해 각 장 다음에 이어지는 논평에서 그레이엄의 이론이 얼마나 타당한지 뒷받침하는 최근 사례가 소개된다.

그레이엄의 이 걸작을 처음 읽는 독자들이 만끽하게 될 흥분과 깨달음의 순간들이 부럽다. 세 번째 또는 네 번째 읽는 독자라도 감흥은 마찬가지일 것이다. 모든 고전이 그렇듯이 『현명한 투자자』는 세상을 새롭게 조명하고 스스로 변화를 도모할 수 있는 길을 열어 준다. 독자들은 읽기를 거듭할수록 더 많은 지혜를 얻게 될 것이다. 그레이엄을 안내자로 삼는다면 훨씬 더 현명한 투자자가 될 수 있다.

---

4 여기에서 재구성한 내용은 그레이엄이 1971년과 1972년에 다시 쓰고 1973년에 발간한 4차 개정판이다.

서문

이 책이 지향하는 목표

이 책은 투자전략의 선택 및 실천 방법을 일반인이 쉽게 이해할 수 있도록 쓰였다. 증권분석기법보다는 투자 원칙과 투자자의 태도에 더 많은 비중을 두었다. 대신, 실제 종목에 대한 밀도 높은 비교분석을 통해 일반적인 주식 선택에서 고려해야 할 중요한 점들도 살펴볼 것이다. 여기에서 비교분석 대상은 주로 뉴욕증권거래소New York Stock Exchange, NYSE 목록에 나란히 표시되는 종목들이다.

이 책에는 지난 수십 년간 금융시장에서 관찰된 패턴이 자주 등장할 것이다. 현명한 주식투자를 위해서는 먼저 다양한 조건하에 나타나는 여러 형태의 주식과 채권의 동향을 면밀히 검토해야 한다. 이러한 동향 중 적어도 어느 하나는 미래에 반복해서 경험하게 될 것이기 때문이다. 과거의 중요성에 대해서는 조지 산타야나George Santayana * 역시 다음과 같은 말로 강조했다. "과거

---

* 조지 산타야나(1863~1952)는 스페인 태생의 미국 철학자로, 유물론적 자연주의를 대표하는 회의주의적 사상가다.

를 기억하지 못하는 사람은 과거의 실수를 반복할 수밖에 없다." 이 명언의 의미는 오늘날 월스트리트에서도 그대로 재현되고 있다.

투기자가 아닌 투자자를 대상으로 한 이 책에서 우리는 먼저 이제는 거의 잊히다시피 한 투기와 투자의 구분을 다시 한 번 강조한다. 따라서 이 책이 '백만장자가 되는 방법'을 일러 주는 책이 아니라는 점을 처음부터 분명히 해야겠다. 월스트리트는 물론 다른 어떤 곳에서도 부자가 되는 왕도는 없다. 이러한 사실은 금융의 역사를 통해 분명히 확인할 수 있다. 역사에서 우리가 얻을 수 있는 통찰은 단지 도덕적인 교훈에 그치지 않는다. 주식시장의 호황이 절정으로 치닫던 1929년, 월스트리트뿐만 아니라 미 전역에서 큰 영향력을 발휘하던 존 J. 라스콥John J. Rascob[**]은《레이디스 홈 저널 Ladies' Home Journal》에 "누구든 부자가 될 수 있다"라는 제목의 글을 기고하며 자본주의를 찬양했다. 그는 매달 15달러를 우량주에 투자하고 배당금을 재투자하면 20년 후에 3,600달러의 투자원금으로 8만 달러의 재산을 만들 수 있다고 주장했다. 이 GM 재벌의 말이 맞는다면 이것이야말로 부자가 되는 왕도처럼 보인다. 그렇다면 그의 말은 얼마나 사실에 가까울까? 라스콥의 말대로 1929년부터 1948년까지 20년 동안 다우존스 산업평균지수Dow Jones industrial average, 즉 다우존스 지수에 편입된 30개 종목에 투자한다고 가정할 때 1949년 초의 자산가치를 기준으로 계산하면 수익은 8,500달러에 지나지 않는다. 그가 장담한 8만 달러와는 상당히 거리가 있는 액수다. 낙관적인 전망과 확신은 이처럼 신뢰하기 어렵다. 물론 20년간 실현된 실제수익률이 연간 복리로 8%가 넘는다는 점은 고려해야 한다. 그렇다고 해도 다우존스 지수 300에 매수한 종목의

** 존 J. 라스콥은 듀폰(Du Pont)의 이사이자 GM(General Motors)의 재무 담당이었다. 또한 민주당의 전국위원장을 역임했으며, 엠파이어스테이트 빌딩 건설에 앞장선 인물이기도 했다. 제러미 시겔(Jeremy Siegel) 교수는 라스콥의 계획을 따를 경우 20년 후에 쥘 수 있는 금액은 9,000달러에 불과하고, 게다가 수익의 많은 부분이 인플레이션 영향을 받는다고 비판했다.

1948년 종가는 177 수준에 머물렀다. 이러한 경우에는 강세장이나 약세장 여부에 상관없이 같은 금액으로 주식을 매월 매입하는 '정액분할투자dollar cost averaging' 전략도 설득력이 떨어진다.

이 책은 투기를 목적으로 하는 것이 아닌 만큼 주식시장에서 트레이딩을 전문으로 하는 이를 대상으로 하지 않는다. 전문 트레이더들은 차트나 기계적인 다른 수단을 이용해 적절한 매수 및 매도 시점을 찾는다. 이른바 '기술적인 접근'에서 대부분 적용되는 한 가지 원칙은 종목이나 시장이 상승세일 때 사고, 하락세일 때 팔아야 한다는 것이다. 문제는 이러한 원칙이 다른 분야에서 일반적으로 통용되는 건전한 상식과는 정확히 상반될 뿐 아니라, 월스트리트에서 지속적인 성공을 거두는 데도 걸림돌이 된다는 사실이다. 50여 년 이상 주식시장에 몸담으며 관찰한 결과 이렇게 시장의 흐름을 뒤쫓는 사람치고 안정적인 수익을 지속해서 창출하는 경우는 본 적이 없다. 그래서 많은 사람이 따르는 이 방법이 그 인기만큼이나 잘못되었다고 단호히 말할 수 있다. 이 점은 이후에 주식시장의 트레이딩과 관련해 유명한 다우이론Dow theory을 간략히 논의하는 자리에서도 다시 조명하겠다. 물론 이러한 이론도 결정적인 증거가 될 수는 없다.*

1949년 초판이 발행된 이후, 『현명한 투자자』의 개정판은 약 5년을 주기로 꾸준히 재발간되었다. 현재 개정판에서는 1965년 개정판 이후 새롭게 전개된 상황들을 반영하고 있다. 여기에는 다음과 같은 내용이 포함된다.

1. 우량채권에 대한 이자율이 전례 없이 상승했다.
2. 1970년 5월 말까지 선도우량주 주가가 약 35% 하락했다. 30년 만에

---

* 이와 관련한 그레이엄의 간략한 논의는 1장 후반부와 8장에서 다루어진다. 다우이론에 대한 좀 더 자세한 내용은 http://viking.som.yale.edu/will/dow/dowpage.html을 참조하라.

최고의 하락률이다. 비우량주의 하락률은 대부분 이보다 훨씬 더 컸다.

3. 1970년 경기위축에도 불구하고 도매 및 소비자물가 지수는 지속적인 상승세를 이어 갔다.

4. '거대 복합기업', 프랜차이즈 운영 및 기타 사업 및 금융 관련 신생 기업들이 급속한 성장을 보였다. 이 과정에서는 비공개주_{letter stock} **, 스톡옵션 워런트_{stock-option warrant}, 허위 이름 사용, 외국은행 이용과 같은 교묘한 방법이 활용되었다. ***

5. 최대 철도회사가 도산했고, 과거 건실했던 기업들이 과도한 장단기 부채를 안게 되었으며, 일부 월스트리트 금융기관의 지불 능력이 불안정해졌다.

6. 일부 은행의 신탁펀드를 포함한 투자펀드 관리에서 '성과제' 열풍이 거세게 번지며 불안한 결과를 낳았다.

이처럼 새롭게 등장한 중요한 현상과 관련하여 일부 결론 및 강조점은 이번 개정판에서 수정되었다. 건전한 투자를 정의하는 주요 원칙은 세월이 흐른다고 바뀌어서는 안 되지만, 그러한 원칙을 실제로 적용하는 단계에서는 금융시장 환경의 중대한 변화에 따라 변경되어야 한다.

하지만 건전한 투자 원칙의 상대적인 불변성마저도 이번 개정판의 초고를 집필 중이던 1971년 1월 무렵 시험대에 올랐다. 당시 다우존스 지수는

** 비공개주는 증권거래위원회(SEC: Securities and Exchange Commission)에 거래 목적으로 등록되지 않은 주식으로, 매수자는 투자 목적으로만 매수한다는 증서를 교부한다.

*** 뮤추얼펀드는 비공개주를 개인 거래로 산 후, 즉시 훨씬 높은 공모 가격으로 재평가했다. 비공개주를 이용한 '고고go-go' 펀드는 1960년대 중반에 일시적으로 높은 수익률을 거둘 수 있었지만, 1969년에 미국증권거래위원회가 규제에 나서면서 이러한 관행은 사라졌다. 스톡옵션에 대한 자세한 내용은 16장에서 다시 설명한다.

일반적인 낙관론에 힘입어 1970년의 저점 632에서 강한 회복세를 보였고, 1971년에는 고점 951을 향해 상승하고 있었다. 1971년 11월 초고를 탈고할 즈음에 하락세로 돌아선 증권시장에서는 다우존스 지수가 797로 급락하며 미래에 대한 막연한 불안감이 증폭되었다. 이렇게 주가가 급격한 등락을 거듭하는 상황에서도 투자자는 1949년 첫 발간 이후 이 책에서 변함없이 제기해 온 건전한 투자 원칙을 반드시 고수해야 한다.

1969년과 1970년에 발생한 시장의 하락세는 과거 20년 동안 지속된 장기 상승에 대한 환상을 여지없이 타파했다. 이러한 환상의 진원지는 선도우량주를 매수하면 시기와 가격에 상관없이 항상 수익을 기대할 수 있으며, 설사 손실이 발생하더라도 시장이 다시 상승세에 접어들 때 곧 만회할 수 있다는 믿음이었다. 하지만 이러한 순진한 바람이 쉽게 이루어질 만큼 현실이 만만한 것은 아니다. 간신히 '정상화'된 주식시장에서 투기자나 투자자가 챙겨야 할 것은 손실을 만회하고도 남을 수익이 아니라 보유한 주식의 가치 상승만큼이나 상당한 하락에도 대비해야 한다는 교훈이었다.

당시 주가하락으로 인한 최악의 손실은 이류, 삼류 등급 종목, 특히 최근에 급등한 종목들을 중심으로 발생했다. 이러한 주가하락이 처음은 아니었다. 1961년과 1962년에도 비슷한 상황은 있었지만, 이번에는 일부 투자펀드가 투기적인 성향을 강하게 띠고 고평가된 종목들을 대거 흡수했다는 점에서 특이했다. 다른 분야에서는 흔히 열정을 성공의 열쇠로 꼽지만, 월스트리트에서 무모한 열정은 재난으로 이어지게 마련이다. 이 충고는 비단 주식시장에 막 발을 들인 초심자에게만 국한되지 않는다.

우리가 주목해야 할 출발점은 바로 우량채권 수익률의 급상승이다. 1967년 말 이후 투자자들은 채권에 투자해서 대표적인 우량주의 배당수익보다 2배 이상의 수익을 거둘 수 있었다. 1972년 초에 초우량채권의 수익률이 7.19%

이었던 반면, 주식수익비율은 2.76%에 불과했다. 1964년 말의 경우에는 각각 4.40%와 2.92%로 상대적으로 비슷한 수준이었다. 이 책이 처음 발간된 1949년까지 거슬러 올라가 보면 2.66%와 6.82%로 주식수익률이 오히려 높았다. 이전에 발간된 모든 개정판에서는 보수적인 투자자 포트폴리오의 경우에는 주식투자 비중을 최소한 25%로 설정하되, 일반적인 포트폴리오에서는 주식과 채권을 50 대 50의 비중으로 구성할 것을 권했다. 하지만 채권수익률이 주식수익비율을 훨씬 웃도는 현재 상황에서는 이 격차가 합리적인 수준으로 좁혀질 때까지 채권에 100% 집중하는 포트폴리오를 유지하는 것도 검토해 볼 필요가 있다. 물론 이 타당성을 판단할 때 중요한 점은 인플레이션의 지속성 여부다. 이 점은 별도의 장에서 집중적으로 논의하겠다.[*]

먼저 우리는 이 책에서 제시한 두 가지 유형의 투자자, 즉 방어적인 투자자와 공격적인 투자자의 기본적인 차이를 구분한 바 있다. 방어적인(또는 소극적인) 투자자는 중대한 실수나 손실의 회피를 가장 중요한 목표로 삼는다. 이차적인 목표는 수고와 번거로움, 잦은 의사결정 상황으로부터 자유로워지는 것이다. 반면 공격적인(또는 적극적인, 도전적인) 투자자는 평균 이상의 가능성을 지닌 우량주를 찾는 데 시간과 정열을 아낌없이 쏟는다. 지난 수십 년 동안 공격적인 투자자들은 더 많은 기술을 활용하고 노력을 기울인 만큼 방어적인 투자자보다 높은 수익을 기대할 수 있었다. 현재 증시 환경에서 이와 같은 보상 가능성에 대한 시각은 회의적이다. 하지만 해를 거듭하면서 상황은 얼마든지 달라질 수 있다. 공격적인 투자자는 언제나 존재할 것이므로, 이러한 투자 가능성에도 지속적으로 관심을 가져야 한다.

---

[*] 2장을 보라. 2003년 초 10년 만기 미국 재무성 채권의 수익률은 3.8%였고 다우존스 지수 기준 주식수익비율은 1.9%였다. 그레이엄이 인용한 1964년과도 크게 다르지 않은 상황이다. 최우량채권의 수익률은 1981년 이후 지속적으로 하락하고 있다.

오랫동안 가장 성공적인 투자 방법으로 손꼽히는 전략은 미래 성장성이 가장 높은 산업을 먼저 선택하고, 그중에서 가장 유망한 기업을 찾는 것이었다. 예를 들어, 현명한 투자자들이나 조언가들은 일찍이 컴퓨터 산업을 가장 유망한 분야로 평가했고, 그중에서도 IBM_{International Business Machines}의 엄청난 성장 가능성을 인지했다. 다른 분야에서도 성장 산업과 유망 기업들이 한발 앞서 점쳐졌다. 그러나 돌이켜 보면 이와 같은 판단이 말처럼 쉬운 것은 아니다. 이 책의 1949년판에 처음 실린 다음 문단도 이러한 판단의 어려움을 지적하고 있다.

예를 들어 공격적인 투자자들은 항공운수 업종의 미래가 증시에 이미 반영된 것보다 훨씬 유망하다고 믿고 관련 주식을 매수할 것이다. 이 책이 투자자들에게 경고하는 것은 바로 투자의 기술적인 측면보다 이러한 전략 자체에 내재되어 있는 함정이다.*

여기에서 말한 함정은 특히 위에서 예시한 항공 산업에서 더욱 위험한 것으로 증명되었다. 항공수송량이 앞으로 당분간 괄목할 만한 증가세를 보일 것이라는 점은 쉽게 예상할 수 있는 일이었다. 이 때문에 이와 관련한 종목은 투자펀드가 가장 선호하는 대상이 되었다. 실제로 이 산업의 성장세는 또 다른 유망 산업인 컴퓨터 분야보다도 훨씬 높았다. 그러나 독보적인 매출 증가에도 불구하고 항공 산업 내부에서는 기술적인 문제는 물론 과잉투자로

---

* 물론, 1940년대 말과 1950년대 초 항공운수 업종은 반세기 뒤의 인터넷 업종만큼이나 엄청난 인기를 누렸다. 그 당시 최고 인기 있는 뮤추얼펀드는 에어로노티칼 시큐리티스(Aeronautical Securities)와 미사일-로켓-제트&오토메이션 펀드(Missiles-Rockets-Jets & Automation Fund)였다. 결국, 이들은 자신들이 보유한 종목의 기업만큼이나 엄청난 투자손실을 입었다. 그레이엄이 우리에게 전하는 교훈은 항공 산업 주식을 사지 말라는 것이 아니라 미래에 가장 유망한 업종을 섣불리 확신해서는 안 된다는 것이다.

인한 엄청난 손실 등 불안정한 수익 변동 요인이 발생했다. 일례로 1945년과 1961년에 이미 적자의 아픔을 맛보았던 항공사 주주들은 항공수송량이 신기록을 경신한 1970년에도 약 2억 달러의 손실을 감수해야 했다. 이에 따라 1969년과 1970년 사이에 항공 산업 종목의 주가는 시장평균보다 훨씬 큰 하락세를 보였다. 이러한 사례는 고액의 연봉을 받는 뮤추얼펀드 전문가조차도 일반적인 주요 산업의 초단기 전망에서 잘못된 판단을 할 수 있다는 사실을 보여 준다.

한편, 투자펀드는 IBM에 상당한 투자를 하고 높은 수익을 거두었지만, 이 성공이 펀드의 전체적인 성과에 미친 영향은 크지 않았다. 높은 주가와 성장률에 대한 확신 부족으로 이 종목에 대한 투자 비중이 3%에 그쳤기 때문이다. 게다가 IBM 이외의 컴퓨터 업종 투자는 대부분 이렇다 할 수익을 내지 못했다. 항공 산업과 컴퓨터 산업의 사례에서 독자들은 다음과 같은 두 가지 교훈을 얻을 수 있다.

1. 성장 가능성이 확실히 점쳐지는 산업이라고 해도 투자자에게 확실한 수익을 보장하지는 않는다.
2. 전문가들도 가장 유망한 산업과 기업을 선택할 수 있는 특별한 방법을 가지고 있지 않다.

나는 펀드매니저로 활동하던 때 이러한 방법을 따르지 않았다. 따라서 이를 시도하고자 하는 투자자들에게 해줄 수 있는 구체적인 조언이나 격려의 말은 없다.

그렇다면 이 책에서 우리가 추구하는 지향점은 무엇일까? 이 책의 주된 목적은 독자들이 범하기 쉬운 실수를 저지르지 않도록 돕고, 안심하고 투자할 방법을 개발하는 것이다. 여기에서는 투자자의 마음가짐에 대해서도 논의한다. 실제로 투자자에게 최악의 적은 투자자 자신인 경우가 많다. 우리는 이렇게 간곡하게 말한다. "투자자님, 잘못은 타고난 운명 탓도, 주식 탓도 아닙니다. 문제는 바로 나 자신입니다." 수십 년 동안 거듭 증명된 이 진리는 우량주에 투자하며 싫든 좋든 주식시장의 수많은 유혹과 짜릿함에 노출될 수밖에 없는 보수적인 투자자에게 더욱 절실하다. 이 책은 논증과 실제 사례를 바탕으로 독자가 투자를 결정하는 과정에서 어떤 마음가짐과 감정을 유지해야 하는지 일러 준다. 기질적으로 투자가 적성에 맞는 일반인들이, 그러한 기질은 부족하면서 재무, 회계, 주식시장에 대한 지식만 갖춘 전문가들보다 훨씬 높은 수익을 올리는 사례는 빈번히 찾아볼 수 있다.

또한 이 책은 평가와 계량을 습관화하는 데에도 도움이 될 것이다. 대부분 우리는 가격대가 어느 정도 낮을 때 매수하기에 좋은지, 어느 정도 올랐을 때 매도하기에 적합한지 판단할 수 있다. 시장가격과 적정 매수가격의 비교는 투자자들에게 꼭 필요한 습관이다. 몇 년 전 한 여성지에 기고한 글에서 우리는 주식의 매수 결정은 향수가 아닌 식료품을 살 때와 같이 해야 한다고 조언한 적이 있다. 이전에도 비슷한 경우가 여러 번 있었지만, 특히 과거 몇 년간 투자자들이 입은 엄청난 손실은 적정 매수가격을 따져 보는 과정을 간과한 종목에서 발생했다.

1970년 6월, 주식시장에서 "수익률이 얼마라고요?"라고 물으면 9.40%라는 믿기지 않는 답이 돌아왔다. 신규 공모하는 최우량 공공 유틸리티 채권의 수익률이 실제로 그만큼이었다. 현재 이 수익률은 약 7.3% 수준으로 하락했지만, 여전히 우리는 이렇게 묻고 싶은 유혹을 떨치기 어렵다. "더 높은 수익률은 없나요?" 물론 수익률은 다양하게 존재하며, 모든 가능성을 면밀히 살펴보아야 한다. 또한 전문가들과 독자들 모두 1973년부터 1977년까지의 주식시장처럼 이례적인 상황이 발생할 가능성에 대해서도 미리 대비해야 한다.

이에 따라 이 책에서는 보통주 투자에 참고할 수 있는 실증적인 전략을 자세히 제시한다. 이러한 전략 중 일부는 방어적인 투자자와 공격적인 투자자 모두를, 일부는 주로 공격적인 투자자를 대상으로 한다. 우리가 제시하는 필수적인 지침 중 하나는 바로 유형자산가치 수준에서 거래되는 종목으로 투자 범위를 한정하라는 것이다. 너무 당연한 말이지만, 이러한 조건을 군이 내세우는 이유는 바로 현실과 심리의 괴리 때문이다. 과거를 돌이켜보면 순자산의 몇 배에 달하는 가치를 지닌 우량성장주를 매수하는 투자자들이 예측 불가한 주식시장의 변덕과 등락에 크게 영향을 받는다는 사실을 쉽게 확인할 수 있다. 반면 가스나 전력 같은 유틸리티 종목처럼 순자산가치와 비슷한 수준에서 가격이 형성되는 종목에 투자하는 사람들은 이 분야의 안전성과 성장성을 신뢰한다. 따라서 주식시장의 변덕에 휩쓸리지 않고 합리적인 가격으로 주식을 매수할 수 있다. 성장 가능성은 있지만 그만큼 위태로운 모험을 감수해야 하는 공격적인 투자에 비해 이처럼 보수적인 투자전략이 결과적으로 더 나은 수익으로 이어지는 경우가 많다.

투자의 묘미는 결과를 섣불리 일반화할 수 없다는 것이다. 일반 투자자가 최소한의 노력과 실력으로 엄청나지는 않더라도 괜찮은 성과를 거둘 수도 있다. 그러나 최대한의 성과를 기대한다면 더 많은 실전 경험과 지혜를 쌓아야 한다. 자신의 투자 프로그램에 지식과 지혜를 보태는 노력을 어설프게 하면 투자 성과도 어설프게나마 나아지는 것이 아니라 오히려 악화되기 십상이다.

지수 대표 종목을 매수하고 보유해 평균적인 성과를 낼 수 있다면, 시장의 평균수익을 따라잡는 것은 상대적으로 쉽지 않을까? 하지만 똑똑한 투자자 중에도 실제로 이 전략을 펼치다 실패하는 경우가 부지기수다. 심지어 전문가들이 진을 치고 있는 투자펀드조차 수년간 시장평균만큼 성과를 내지 못하는 경우가 허다하다. 증권회사가 내놓는 주식시장 전망도 사정은 마찬가지다. 이들의 정교함을 자랑하는 시장 예측은 실상 동전 던지기보다도 믿기 어렵다는 것이 공공연한 사실이다.

이 책을 쓰면서 투자에 내재된 기본적인 함정을 잊지 않으려고 노력했다. 우량채권 매수와 우량주식 분산투자를 기본으로 하는 포트폴리오는 전문가의 도움 없이 누구나 구성할 수 있다. 그러나 안전지대를 벗어나 모험하다 보면 무엇보다 심리적인 면에서 어려움을 겪기 쉽다. 따라서 이러한 모험을 고려하는 투자자들은 특히 투자와 투기, 시장가격과 내재가치의 차이를 숙지하고 이와 관련해 자신은 물론 조언자를 확신해야만 한다.

안전마진의 원칙에 기초한 투자전략을 철저하게 고수하는 투자자라면 괜찮은 성과를 거둘 수 있다. 이처럼 성과가 어느 정도 보장되는 방어적인 투자에서 벗어나 더 큰 수확을 바란다면 위험을 감수하기 전에 먼저 충분한 검증의 시간을 거쳐야 한다.

끝으로 한 가지만 더 회상해 본다. 1914년 6월, 젊은 시절의 나는 월스트리트에 진출했다. 당시에는 다음 반세기 동안 어떤 일이 벌어질지 짐작조차 하지 못했다. 불과 2개월 뒤에 세계대전이 발발해 뉴욕증권거래소가 문을 닫게 될 상황을 누가 예상할 수 있었겠는가? 1972년 현재, 미국은 세계 최강의 부유한 국가로 부상했지만, 그만큼 온갖 문제점을 안고 있다. 또한 미래에 대한 확신보다는 불안감으로 가득하다. 그러나 우리의 관심을 미국의 투자 역사에 국한해 본다면 지난 57년의 세월을 통해 축적된 안도감도 얻을 수 있을 것이다. 천재지변만큼이나 예측할 겨를도 없이 발생하는 수많은 우여곡절과 손실을 통해 우리가 확인할 수 있는 것은 건전한 투자 원칙이야말로 건전한 결과를 보장한다는 사실이다. 투자자로서 우리는 이러한 사실이 앞으로도 유효하리라 믿고 시장에 참여해야 한다.

독자에게 알림: 이 책은 예금 및 투자와 관련하여 전체적인 자금관리 방법을 다루지 않는다. 대신 예금자나 투자자가 매매 또는 상환 가능한 증권, 즉 채권 및 주식에 투자 가능한 자금에 대해서만 언급할 것이다. 따라서 보통예금과 저축예금, 저축대부조합 계좌, 생명보험, 연금, 부동산 담보증권, 소유 지분 등에 대해서는 논의하지 않는다. 또한 본문의 내용 중에서 '현재' 또는 그에 상응하는 말은 1971년 말이나 1972년 초를 의미한다.

서문 논평

> 공중에 누각을 지었다 하더라도 그 공까지 허사로 돌릴 필
> 요는 없다. 그곳이 바로 누각이 있을 자리다. 이제 남은 일
> 은 누각 아래 기초를 쌓는 것이다.
>
> 헨리 데이비드 소로(Henry David Thoreau)의 『월든(Walden)』 중에서

그레이엄이 처음부터 이 책은 시장을 공략하는 법을 일러 주지 않을 것임
을 공언했다는 사실에 주목할 필요가 있다. 그러한 비법을 알려주겠다고 호
언장담하는 책이 있다면 그 책의 진정성을 의심해야 한다.

대신 이 책에서 독자들은 다음과 같은 세 가지 방법을 배울 수 있다.

- 회복 불가능한 손실 가능성을 최소화하는 방법
- 지속적인 수익 가능성을 최대화하는 방법
- 자멸의 결과를 초래하는 행동을 통제하여 잠재력을 충분히 발휘할 수
  있는 방법

기술주의 가치가 매일 2배씩 오르던 1990년대 후반의 호황기에는 이러다
전 재산을 잃을 수도 있다는 말은 터무니없는 소리로 들렸다. 그러나 실제로
2002년 말에 많은 닷컴 주식과 통신주의 가치가 95% 이상 폭락했다. 95%

의 손실이란 1,900%의 수익을 올려야 간신히 원금을 회복한다는 것을 의미한다.[1] 섣불리 위험을 감수하다 보면 이처럼 도저히 헤어 나오기 힘든 구덩이에 빠지고 만다. 이것이 바로 그레이엄이 손실 회피의 중요성을 끊임없이 강조하는 이유다. 이 경고는 6장과 14장, 20장을 비롯해 이 책의 전반에서 거듭 확인할 수 있다.

하지만 아무리 주의를 기울이더라도 투자 가격은 하락 국면에 접어들기도 한다. 어느 누구도 그러한 위험을 완전히 피해 갈 수는 없다. 다만 그레이엄의 제언을 통해 우리는 위험을 관리하고 두려움을 통제할 방법을 모색해 볼 수 있다.

나는 현명한 투자자인가?

이제 아주 중요한 질문에 대한 답을 생각해 보자. 그레이엄이 말한 '현명한' 투자자란 정확히 무엇을 의미하는 것일까? 이 책의 초판에서 그레이엄은 이 용어를 정의하며, 여기에서 말하는 현명함은 지능지수나 대학수학능력시험 점수와는 전혀 상관이 없다는 점을 분명히 했다. 현명한 투자자란 참을성 있고 충실히 연습하며 배움을 게을리하지 않는 투자자를 의미한다. 간단히 말해 현명한 투자자는 자신의 감정에 대한 통제력과 독립적인 사고력을 갖춘 사람을 말한다. 그레이엄에 따르면 이러한 현명함은 '두뇌 회전보다는 성격'과 더욱 연관이 있다.[2]

높은 지능지수와 고학력이 현명한 투자를 보장하지는 않는다는 점은 여

---

1 예를 들어 30달러에 주식을 사서 600달러에 팔 가능성이 어느 정도인지 생각해 보라.

2 1949년판 『현명한 투자자』 4쪽을 참조하라.

러 사례를 통해 분명히 확인할 수 있다. 1988년, 수학자와 컴퓨터 과학자, 두 명의 노벨상 수상 경제학자가 헤지펀드인 LTCM_{Long Term Capital Management}을 함께 운영하며 채권시장이 곧 '정상화'될 것이라고 호언장담했지만 몇 주 사이에 20억 달러 이상의 막대한 손해를 보고 말았다. 이들의 예측과 달리 채권시장은 점점 비정상적인 경로를 걸었다. 잘못된 확신으로 큰돈을 빌린 탓에 파국을 맞은 LTCM 사태는 전 세계 금융시장을 뒤흔들 정도로 여파가 어마어마했다.[3]

한참 더 거슬러 올라가 보자. 1720년 봄, 아이작 뉴턴_{Isaac Newton}은 영국에서 가장 인기주였던 사우스 시 컴퍼니_{South Sea Company}의 주식을 소유하고 있었다. 이 위대한 물리학자는 시장을 통제할 수 없다는 것을 깨닫고는 "천체의 움직임은 계산할 수 있지만, 인간의 광기는 그럴 수 없다"라고 불평했다. 주식을 팔아 7,000파운드를 챙긴 뉴턴은 결과적으로 100%의 수익을 낼 수 있었다. 그러나 몇 달 후, 뉴턴은 시장의 광기에 휩쓸려 자신이 팔았던 주식을 훨씬 비싼 가격에 다시 사들였고, 결국 2만 파운드를 손해 보았다. 현재 가치로 300만 달러가 넘는 큰돈이었다. 그는 여생 동안 자기 앞에서 '사우스 시'라는 말도 못 꺼내게 했다고 한다.[4]

아이작 뉴턴은 역사상 가장 뛰어난 지적 능력의 소유자였다. 그러나 뉴턴 역시 그레이엄이 정의한 현명한 투자자와는 거리가 멀었다. 시대를 막론하고 가장 위대한 과학자로 손꼽히는 그마저도 군중의 움직임에 부화뇌동하여 판단력을 잃고 바보처럼 행동하고 만 것이다.

---

3 '헤지펀드'는 대개 정부의 규제를 받지 않으면서 부유한 고객을 위해 공격적으로 투자하는 자금이 모인 것이다. LTCM 사건을 분석한 책 중 유명한 로저 로웬스타인(Roger Lowenstein)의 『천재들의 실패(When Genius Failed)』(Random House, 2000)를 참조하라.

4 존 카스웰(John Carswell)의 『사우스 시 버블(The South Sea Bubble)』(Cresset Press, 런던, 1960)에서 131쪽과 199쪽을 보라.

그렇다면 여태까지 투자에 실패한 투자자가 실패 요인으로 자신의 지적인 부족함을 탓할 수 없는 일이다. 뉴턴이 실패한 이유는 성공적인 투자에 필요한 감정적인 훈련을 받지 못했기 때문이다. 이와 관련하여 그레이엄은 8장에서 감정을 통제하고 시장의 비합리성에 휩쓸리지 않으며 현명한 투자자로 거듭나는 방법을 제시한다. 그의 조언에서 독자들은 현명한 투자자를 가르는 기준이 '두뇌'보다 '성격'임을 깨우칠 수 있을 것이다.

주식시장의 수난사

이제 지난 몇 년간 발생한 금융계의 중요한 사건들을 살펴보자.

1. 대공황 이후 최악의 시장붕괴로 인해 2000년 3월부터 2002년 10월 사이에 미국주식의 가치가 50.2% 하락했다. 금액으로는 7조 4000억 달러에 이르는 규모였다.

2. 1990년대 최고 인기주들인 AOL~America Online Inc.~, 시스코 시스템즈~Cisco Systems~, JDS 유니페이스~JDS Uniphase Corp.~, 루슨트 테크놀로지~Lucent Technology Inc.~, 퀄콤~Qualcomm~의 주가하락은 훨씬 심했다. 수백 개의 인터넷 기업이 완전히 파산했다.

3. 엔론~Enron~, 타이코 인터내셔널~Tyco International~, 제록스~Xerox~ 등 인지도 높은 미국의 대기업들이 대규모 회계부정으로 고발되었다.

4. 콘세코~Conseco~, 글로벌 크로싱~Global Crossing~, 월드콤~WorldCom~처럼 반짝 호황을 구가하던 기업들이 파산했다.

5. 회계법인이 장부 변조와 기록 파기 등을 통해 일반 투자자들을 호도하는 데 일조한 혐의로 고발되었다.

6. 일류 기업의 최고경영자들이 사익을 위해 수억 달러를 횡령한 혐의로 고발되었다.

7. 월스트리트의 일부 증권 애널리스트들이 개인적으로는 무가치한 것으로 판단하는 주식의 투자등급을 상향 조정한 것으로 드러났다.

8. 오싹할 정도의 급락 사태를 겪었지만 과거에 비해 주식시장은 여전히 과열 양상을 보였다. 이에 따라 많은 전문가가 주식시장에서 추가 하락이 발생할 여지가 있다고 지적했다.

9. 무자비한 금리 하락으로 투자자들은 주식 이외에 매력적인 투자대안을 찾지 못했다.

10. 예측할 수 없는 전 세계적인 테러 위협과 중동 전쟁으로 투자환경이 악화되었다.

하지만 이와 같은 재난 요소들은 그레이엄의 원칙을 배우고 실행한다면 대부분 피할 수 있을 것이다. 실제로 많은 투자자가 그렇게 위험을 피했다. 그레이엄이 지적했듯이, "다른 분야에서는 흔히 열정을 성공의 열쇠로 꼽지만, 월스트리트에서의 무모한 열정은 재난으로 이어지게 마련이다." 이 때문에 많은 사람이 인터넷주, 초고성장주의 호황에 현혹되어 뉴턴과 똑같은 실수를 거듭했다. 이들의 오류는 자신의 판단을 믿지 못하고 다른 투자자들의 움직임에 따라 우왕좌왕한다는 것이다. 그레이엄은 '정말로 끔찍한 손실'이 발생하는 때는 매수자가 자신에게 주식 가치를 따져 묻는 과정을 생략할 때라고 경고한 바 있다. 자신의 판단을 포기하는 행위는 바로 이 경고를 무시하는 것이다. 가장 뼈아픈 것은 정작 필요한 순간에 자기 통제력을 상실함으로써 "투자자가 당면한 최대의 적은 바로 자기 자신"이라고 지적한 그레이엄의 주장을 투자자 스스로가 증명한다는 사실이다.

확실하지 않았던 확실한 것

많은 사람의 관심이 특히 기술주나 인터넷주에 몰렸다. 이러한 하이테크 산업의 호황이 영원하지는 않더라도 당분간 다른 분야보다 훨씬 높은 성장을 이어 갈 것이라고 믿었기 때문이다.

- 1999년 중반, 연초부터 5개월 만에 117.3%의 수익을 올린 모뉴멘트 인터넷 펀드Monument Internet Fund의 포트폴리오 매니저인 알렉산더 청Alexander Cheung은 자신의 펀드가 향후 3년에서 5년간 매년 50%의 수익을 내고 '향후 20년간' 연평균 35%의 수익을 낼 것으로 예상했다.[5]
- 1999년, 아메린도 테크놀로지 펀드Amerindo Technology Fund는 248.9%의 수익을 올렸다. 당시 포트폴리오 매니저였던 알베르토 빌라Alberto Vilar는 인터넷이 수익 창출의 보고라는 사실을 감히 의심하는 사람들을 비웃었다. "이 분야를 간과하는 사람들의 성과는 평균을 밑돌 것입니다. 당신들이 말이나 마차를 탈 때 나는 포르쉐를 타겠지요. 자산을 10배로 늘릴 수 있는 기회가 싫습니까? 그렇다면 다른 사람을 찾으십시오."[6]
- 2000년 2월, 헤지펀드 매니저인 제임스 J. 크레이머James J. Cramer는 인터넷

---

5 1999년 5월 7일자 《인베스트먼트 뉴스(Investment News)》 30쪽에 실린 콘스탄스 로이조스(Constance Loizos)의 "Q&A: 알렉스 청(Q&A: Alex Cheung)" 섹션을 참조하라. 뮤추얼펀드 역사상 최고의 수익률은 20년간 연평균 25.8%로, 1994년 말까지 피델리티 마젤란(Fidelity Magellan)에서 펀드매니저로 활동한 전설적인 인물인 피터 린치(Peter Lynch)가 달성한 기록이다. 린치는 이 기간에 1만 달러를 98만 2000달러가 넘는 엄청난 금액으로 불렸다. 그런데 청은 자신은 같은 기간 동안 1만 달러를 400만 달러 이상으로 만들 수 있다고 장담했다. 투자자들은 청의 지나친 낙관론을 우려하는 대신 그의 말을 믿고 돈을 맡겼다. 결국 이듬해 그의 펀드로 1억 달러가 넘는 돈이 몰려들었다. 그러나 1999년 5월에 모뉴멘트 인터넷 펀드에 투자한 1만 달러는 2002년 말에 약 2,000달러로 줄어들고 말았다. 모뉴멘트 인터넷 펀드는 결국 막을 내려야 했고, 지금은 오비텍스 이머징 테크놀로지 펀드(Orbitex Emerging Technology Fund)로 이름을 변경해 운영되고 있다.

관련기업 주식이야말로 "지금 살 만한 유일한 것"이라고 치켜세웠다. 그는 인터넷 기업들을 "신세계의 승자"라고 부르며 "호황과 불황에 상관없이 높은 성장을 이어 갈 유일한 분야"라고 평가했다. 심지어 크레이머는 그레이엄을 비난하기까지 했다. "인터넷 시대 이전에 존재했던 모든 과제와 공식, 교과서들은 버려야 합니다. 그레이엄과 도드의 지침을 그대로 따른다면 한 푼도 제대로 관리하지 못할 것입니다."[7]

소위 전문가라 불리는 이들은 "성장 가능성이 확실히 점쳐지는 산업이라고 해도 투자자에게 확실한 수익을 보장하는 것은 아니다"라는 그레이엄의 경고를 무시하는 실수를 범했다. 어떤 산업의 성장 속도는 쉽게 예측할 수 있다. 하지만 다른 투자자들도 같은 예상을 하고 있다면 이러한 전망은 실질적인 가치를 보장할 수 없다. 어떤 산업이 가장 유망한 투자처라는 데 모든 사람이 의견을 같이하는 상황이라면, 그 산업의 주식가격은 이미 너무 올라서 장래 수익성이 떨어질 수밖에 없다.

적어도 지금까지 기술주가 가장 유망한 성장 산업이라고 주장할 사람은 없을 것이다. 독자들은 이 점을 분명히 기억해야 한다. 앞으로 헬스케어, 에너지, 부동산 또는 금에 투자하는 것이야말로 '확실한 전망'을 보장한다고 장담하는 이들의 결말은 과거에 하이테크 사업에 대해 장담했던 이들의 최

---

6 1999년 12월호 《머니(Money)》 170쪽에 실린 리사 레일리 쿨렌(Lisa Reilly Cullen)의 "세 자릿수 클럽(The Triple Digit Club)"을 참조하라. 1999년 말에 빌라의 펀드에 1만 달러를 투자한 이들이 2002년 말에 손에 쥘 수 있었던 것은 1,195달러가 전부였다. 뮤추얼펀드 역사상 최악의 재산손실 중 하나다.

7 크레이머가 선호한 주식들은 "호황기와 불황기 상관없이 모두 상승세를 타지 못했다." 2002년 말에는 10개 기업 중 1개는 파산에 이르렀다. 크레이머가 고른 종목에 1만 달러를 투자한 이들은 94%의 손실을 입은 끝에 수중에 597달러 44센트만 쥘 수 있었다. 아마 크레이머는 자신이 선택한 주식이 지금의 '신세계'가 아니라 아직 도래하지 않은 먼 훗날에 '승자'가 될 것임을 의미했는지도 모르겠다.

후와 다르지 않을 것이다.

한 줄기 희망

1990년대에는 주가가 너무 높아 보이는 종목을 찾기 어려웠지만, 2003년에는 반대로 낮은 가격이라고 볼 만한 종목이 자취를 감추었다. 그레이엄이 항상 말한 것처럼 주식시장의 시계추는 비이성적인 낙관에서 근거 없는 비관주의로 이동했다. 2002년만 해도 투자자들은 주식 뮤추얼펀드에서 270억 달러를 빼냈을 뿐만 아니라, 미국 증권업협회_{Securities Industry Association}의 조사에 따르면 10명 중 1명은 주식의 비중을 25% 이상 줄였다. 주가가 계속 상승세를 보이던 1990년대 후반에 그렇게 주식 매수에 열광하던 사람들이 이제는 주가가 갈수록 하락하고 있는데도 계속해서 보유 주식을 팔고 있는 것이다.

이와 같은 현상은 우리가 가진 경제 상식을 정확히 거스른다. 이 점은 그레이엄이 8장에서 분명히 지적하고 있다. 현명한 투자자라면 주가가 상승하면 위험성 또한 높아지고, 주가가 하락하면 위험성도 낮아진다는 것을 쉽게 이해할 수 있다. 따라서 주식을 더 비싸게 사야 하는 강세장은 오히려 두려워해야 한다. 대신, 필요한 만큼 주식을 살 수 있는 현금을 확보하고 있다면 주가가 내려가는 약세장을 환영하는 것이 옳다.[8]

다시 한 번 강조하지만, 강세장이 시들해지는 것은 사람들이 믿는 것처럼

---

8 이러한 원칙에 대한 유일한 예외는 장기간 이어지는 약세장에서 버티기 힘든 노령의 은퇴 투자자들이다. 그러나 이 경우라고 해도 가격이 하락한다는 이유만으로 주식을 팔아서는 안 된다. 이러한 방법은 평가상 손실이 실질적인 자산의 손실로 이어질 수 있을 뿐 아니라 투자자의 자녀가 낮은 가격에 주식을 상속받음으로써 상속세 부담을 줄일 수 있는 가능성도 잃을 수 있다.

그렇게 나쁜 소식만은 아니다. 주가가 하락하는 시기에는 오히려 더욱 안전하고 차분하게 자산을 늘릴 기회를 노릴 수 있다. 이제 이 책을 통해 그레이엄이 전하는 지침에 자세히 귀를 기울여 보자.

1장

투자와 투기의 차이: 현명한 투자자가 기대하는 성과

이 장에서는 이 책의 전반에서 전개될 관점을 간략히 살펴보겠다. 특히 전문적인 정보가 부족한 일반 투자자들이 활용할 수 있는 포트폴리오 전략의 개념을 정립하고자 한다.

투자와 투기의 차이

'투자자'란 어떤 사람을 의미하는 것일까? 이 책에서 투자자$_{investor}$는 '투기자$_{speculator}$'와 대비되는 개념으로 사용된다. 1934년 『증권분석』*에서 이 두 개념의 차이를 다음과 같이 정의했다. "투자는 철저한 분석에 근거하여 원금을 안전성과 적절한 수익성을 추구하는 것이다. 이러한 조건을 충족하지 못

---

* 벤저민 그레이엄, 데이비드 L. 도드, 시드니 코틀(Sidney Cottle), 찰스 테이텀(Charles Tatham)이 공저한 4판으로 1962년에 맥그로힐(McGraw-Hill)에서 출간되었다. 『증권분석』의 1934년판 사본은 1996년에 맥그로힐에서 재발간되었다.

하는 행위는 투기다."

그 후 38년간 우리는 이 정의를 고수해 왔지만, 그동안 '투자자'라는 용어의 쓰임새에는 큰 변화가 있었다는 사실을 눈여겨볼 필요가 있다. 즉, 1929년부터 1932년 사이에 엄청난 규모의 주가폭락이 발생한 이후 모든 주식투자는 본래 투기적인 것으로 인식되기 시작한 것이다. 저명한 권위자들도 채권만이 투자 대상이라고 잘라 말할 정도였다.* 따라서 우리는 투기 의혹의 범위를 너무 크게 잡아 투자의 기본적인 개념에까지 혐의를 씌우는 시각에 맞서 우리의 정의를 지켜야 했다.

그러나 지금은 반대의 상황이 되었다. 이제 우리는 주식시장에서 무분별하게 적용되는 '투자자'라는 용어를 독자들이 그대로 수용하지 않도록 조언해야 한다. 최근 개정판에서 우리는 1962년 6월 한 주요 경제지 1면에 실린 다음과 같은 헤드라인을 인용했다.

장세에 비관적인 소액주주들, 단주까지 매도 중

1970년 10월, 같은 경제지에는 당시 매수에 열중하던 이들을 '무모한 투자자'라 부르며 비판하는 사설이 실렸다.

이러한 사례는 오랫동안 투자와 투기라는 용어가 얼마나 혼란스럽게 사용되었는지 잘 보여 준다. 앞서 우리가 제시한 투자의 정의를 되새겨 보라. 그리고 현재 소유한 것도 아닌 주식을 공매도하면서 훨씬 싼 가격에 다시 살수 있으리라 확신하는 일반 투자자들의 행위가 이 정의에 맞는지 따져 보라. 위에 소개한 1962년의 헤드라인이 지면을 장식하던 당시, 주식시장은 이미

---

* 로렌스 체임벌린(Lawrence Chamberlain)이 1931년에 출간한 내용에서 인용하였다.

큰 폭의 하락세를 겪은 후 그보다 큰 규모의 상승장을 맞이하고 있었다. 공매도하기에는 최악의 시점이었다. 상식적인 수준에서만 생각해 보아도 이 사설에서 사용한 '무모한 투자자'라는 수사는 마치 '낭비벽이 심한 구두쇠'라는 말처럼 그 자체가 의미상 모순을 안고 있었다.

이 신문에서 '투자자'라는 용어를 이렇게 사용한 이유는 월스트리트에서 종목이나 현금 또는 신용 등 매수 방법에 상관없이 증권을 거래하는 모든 사람을 통틀어 투자자라고 부르기 때문이었다. 이에 반해 1948년에는 조사 응답자 중 90% 이상이 주식 매수에 부정적인 의견을 보였다.** 그 이유에 대해 절반은 주식을 "안전하지 않은 도박"으로 여기기 때문이라고 답했고, 나머지 절반은 "잘 알지 못해서"라고 답했다.*** 이처럼 모든 주식 매수가 매우 투기적이고 위험한 행위로 받아들여지던 시기에 주식이 가장 매력적인 가격 수준에서 거래되고 역사상 가장 큰 상승세를 보이기 시작했다는 사실은 새삼스럽지는 않지만 상당히 모순적이다. 그런가 하면 정작 주식 매수가 위험한 수준까지 치달은 후에는 이 행위가 '투자'로 받아들여지고 모든 주식 매수자들이 '투자자'로 불리게 되었다.

일반적인 주식시장에서 투자와 투기는 항상 구분해야 한다. 이 두 개념의

***

** 연방준비제도이사회가 실시한 설문조사 결과에서 인용하였다.

*** 그레이엄이 인용한 설문은 미시간 대학이 연방준비제도(Federal Reserve System)의 의뢰를 받아 수행한 조사로, 그 결과는 1948년 《연방준비제도 월보(Federal Reserve Bulletin)》 7월호에 게재되었다. 연구자가 조사 대상자들에게 던진 질문은 다음과 같았다. "소비하지 않은 보유 현금은 예금하거나 채권 또는 주식에 투자할 수 있습니다. 다음 중 어떤 형태로 현금을 투자하는 것이 가장 현명한 선택이라고 생각하십니까?" 예시로 제시된 답은 예금, 저축채권, 부동산 및 주식이었다. 이 질문에 대해 주식으로 가장 만족스러운 수익을 거둘 수 있을 것으로 기대한다고 답한 응답자는 4%에 불과했다. 26%는 주식이 안전하지 않거나 도박 같은 것이라고 응답했다. 1949년부터 1958년까지 주식시장은 연평균 18.7%의 성장을 거듭하며 10년 단위 수익률에서 역사적으로 가장 높은 성과를 보였다. 연방준비제도 조사와 비슷한 내용으로 2002년 말에 《비즈니스 위크 (Business Week)》가 실시한 조사에서는 투자자의 24%만이 뮤추얼펀드나 주식 포트폴리오에 투자하겠다고 응답했다. 3년 전에는 이와 같은 응답을 한 투자자의 비율은 47%였다.

구분이 모호해지면 문제가 발생할 수밖에 없다. 금융시장의 한 축을 담당하는 월스트리트를 향해 자주 던지는 조언은 이 두 개념의 구분을 거듭 상기하고 주식 거래에 참여하는 일반 투자자에게 그 차이를 강조하라는 것이다. 그렇지 않으면 투기성 짙은 거래를 통해 막대한 손실을 본 사람들이 투기의 위험성을 제대로 알리지 않았다는 이유로 증권회사에 책임을 물을 수 있기 때문이다. 얄궂게도 일부 증권회사에서 최근에 발생한 재무 불안 중 많은 경우가 회사 자금에 투기성 주식을 포함하면서 야기된 것으로 보인다. 우리는 이 책의 독자라면 일반적인 주식투자에 내재된 위험을 분명히 이해하게 되리라 믿는다. 즉, 투자자는 불가분의 관계에 있는 투자의 기대수익과 위험성을 언제나 함께 고려해야 한다.

이와 같은 상황이 암시하는 것은 대표적인 보통주를 겨냥한 확실한 투자 전략이란 이제 더 이상 존재하지 않는다는 사실이다. 시장 위험에서 완전히 벗어나거나 불안하지 않을 정도의 낮은 가격이 형성될 때까지 마냥 기다릴 수 없기 때문이다. 투자자는 언제나 주식투자에 투기적 요소가 존재한다는 것을 인식해야 한다. 따라서 투자자는 투기적 요소를 최소화하는 동시에 장기 또는 단기적으로 나타날 수 있는 불리한 결과를 고려하여 금전적으로나 심리적으로 만반의 준비를 해야 한다.

이어지는 두 문단에서는 대부분의 주식에 내재한 투기 요소와는 구분되는 주식투기에 관해 설명하고자 한다. 본격적인 투기는 불법적이거나 비윤리적인 것은 아니다. 그렇다고 지갑을 두둑하게 해주는 것도 아니다. 실제로 대부분 그렇지 못하다. 게다가 어떤 투기는 피할 수 없기도 하다. 주식투자에서 수익과 손실의 가능성은 언제나 동시에 존재하고, 그러한 위험은 당연시되기 때문이다.* 현명한 투자가 있는 것처럼 현명한 투기도 있다. 그러나 현명하지 못한 투기가 더 비일비재한 것이 사실이다. 그중 대표적인 예로는

(1) 투자하고 있다고 생각하면서 투기하는 경우, (2) 적절한 지식과 기술이 없으면서 재미 수준이 아닌 심각한 수준으로 투기하는 경우, (3) 손해를 감당할 수 없는 수준까지 투기하는 경우다.

보수적인 관점에서 보면 증거금~margin~ ** 거래를 이용하는 모든 비전문 투자자는 자신의 행위가 투기라는 점을 인정해야 하고, 증권회사는 이러한 측면을 고객에게 충분히 주지시켜야 한다. 소위 인기 종목이나 이와 비슷한 관련 종목을 사는 사람들 또한 사실상 투기나 도박을 하는 것이다. 언제나 사람의 마음을 현혹하는 투기는 판세가 유리할 때라면 정말로 재미있을 수 있다. 투기에 운을 걸어 보고 싶다면 투기에만 사용할 계좌를 별도로 개설하여 일정 비율의 자금을 운용해 보라. 이 비율은 낮을수록 좋다. 시장이 상승하고 수익이 늘었다고 해도 이 계좌에 추가로 자금을 투입해서는 안 된다. 오히려 이때는 투기성 계좌의 자금 인출을 고려할 시점이다. 절대로 같은 계좌에서 투기성 자금과 투자용 자금을 함께 관리해서는 안 된다. 이 두 자금에 대한 생각 자체도 분리해야 한다.

방어적인 투자자가 기대할 수 있는 결과

앞에서 방어적인 투자자란 주로 안전한 전략을 선호하고 전략을 실천하

---

* 투기는 두 가지 측면에서 유용하다. 첫째, 투기가 없다면 아마존닷컴이나 초기 단계의 에디슨 전력회사와 같은 신생 기업은 투자에 필요한 자금을 모을 수 없다. 장기적으로 막대한 이익에 대한 기대는 혁신을 가능하게 하는 윤활유와 같다. 둘째, 투기에 따른 위험은 주식을 사고팔 때마다 소멸하는 것이 아니라 주식과 함께 양도된다. 주식 매수자는 해당 주식의 가치가 하락할 수 있는 근본적인 위험 요소도 사는 것이다. 매도자 또한 다른 사람에게 넘긴 주식이 매도 이후 급등할 수 있다는 부수적인 위험을 안고 있다.

** 증거금 계좌(margin account)를 이용하면 증권회사에서 빌린 자금으로 주식을 매수할 수 있다. 돈을 빌려 투자할 경우 주가가 오르면 그만큼 수입이 늘지만, 반대로 하락할 경우에는 모든 것을 잃을 위험이 있다. 이 계좌의 투자가치는 곧 대출 담보의 역할을 한다. 따라서 빌린 금액보다 가치가 떨어지는 경우에는 자금을 더 예치해야 한다. 증거금 계좌에 대한 더 자세한 정보는 www.sec.gov/investor/pubs/margin.htm을 참조하라.

는 과정에서도 번거로움에서 벗어나 여유를 즐기고 싶어 하는 사람이라고 정의했다. '보통의 정상적인 조건'에서라면 방어적인 투자자는 어떤 과정을 거쳐 어느 정도의 성과를 기대할 수 있을까? 그러한 조건이 존재하기는 하는 것일까? 이 질문에 답하려면 우선 7년 전에 우리가 소개한 이 주제의 내용을 다시 검토해 보아야 한다. 이후 투자자의 기대수익을 좌우하는 요인에 어떤 변화들이 있었는지 살펴보고, 현재, 즉 1972년 초의 상황에서 투자자가 무엇을 해야 하고, 어떤 것을 기대할 수 있는지 살펴보자.

1. 7년 전에 우리가 제시한 조언

우리는 투자자들에게 투자자산을 우량채권과 우량주식에 배분할 것을 권했다. 그중 채권의 편입비율은 25% 이상 또는 75% 이하로 조절하도록 했다. 가장 간단한 방법은 채권과 주식을 50 대 50의 비율로 편입한 후, 시장 변동에 따라 5% 한도 내에서 포트폴리오를 조정하고 다시 50 대 50의 비율을 복구하는 것이다. 또 다른 방법으로, "시장이 위험할 정도로 상승했다고 생각되면" 주식 편입비율을 25%까지 줄이고, 반대로 "주가가 하락하여 상당히 매력적인 가격대가 형성되었다고 판단되면" 주식 편입비율을 최대 75%까지 늘리는 것이다.

1965년에 투자자들은 우량과세채권에서 약 4.5%, 비과세채권에서 3.25%의 수익을 올릴 수 있었다. 당시 다우존스 지수 892 수준의 우량주식이 제공하는 배당수익률은 3.2%에 불과했다. 이러한 상황과 비슷한 다른 사례들을 근거로 우리는 '정상적인 수준의 시장'에서 투자자는 주식 매수를 통해 3.5%에서 4.5%의 초기 배당수익을 올릴 수 있으며, 주식의 내재가치(또한 '정상적인 시장가격')도 비슷한 정도로 꾸준히 증가한다면 배당수익과 가치 상승을 모두 포함해 연간 약 7.5%의 수익을 낼 수 있어야 한다고 지적했다. 채권과 주식에 절반씩 투자한다면 세전 기준으로 약 6%의 수익을 낼 수 있을 것이다. 또한 우리는 주식 편입을 통해 대규모 인플레이션에 따른 구매력 손실을 상당 부분 상쇄할 수 있다는 점도 덧붙였다.

위와 같은 산술적인 수치는 사실상 주식시장의 향후 수익률이 1949년과 1964년 사이에 실현되었던 평균 10% 이상의 수익률보다 훨씬 낮아질 것임을 반영하는 것이었다. 하지만, 일반 투자자들 사이에서는 현재의 만족스러운 결과가 앞으로도 계속 이어지리라는 기대가 팽배했다. 1949년 이후에 높은 수익을 올렸더라도 주가가 현재 '너무 높게 형성'된 탓에 앞으로도 똑같은 결과를 기대하기는 어려울 것이라거나, 오히려 수익이 악화될 수 있다는 가능성을 고민하는 이들은 거의 없었다.*

2. 1964년 이후의 변화

1964년 이후에 발생한 중요한 변화는 우량채권의 수익률이 기록적으로 높아졌다는 것이다. 이러한 상승세는 1970년에 최저가를 기록하며 꺾인 후에 다시 상당 부분 회복되었다. 우량회사채 수익률은 현재 7.5%로, 1964년의 4.5%보다 훨씬 높은 수준이다. 한편 다우존스 주식의 배당수익률은 1969년과 1970년 사이의 시장 하락기에도 증가세를 보였다. 이 글을 쓰고 있는 현재, 다우지수 900 수준에서 배당수익률은 1964년의 3.2%보다 약간 상승한 3.5% 수준이다. 같은 기간 중 20년 만기 중기채의 시장가격은 채권 수익률의 급격한 상승으로 인해 약 38%까지 하락했다.

이러한 변화에는 모순된 면이 있다. 1964년에 우리는 과열된 주식가격이 크게 하락할 가능성이 있다는 점을 상세히 논의했지만, 똑같은 현상이 우량

---

* 1965년판 8쪽을 참조하라.

채권에서도 발생할 수 있다는 점은 특별히 고려하지 않았다. 주변의 다른 전문가들도 마찬가지였다. 단, "이자율 변화에 따라 장기채 가격에 다양한 변동이 있을 것"이라는 점만 경고했다. 그동안 일어난 변화들을 돌이켜보면 좀 더 강하게 경고했어야 했다. 그랬다면 투자자들은 1964년 말 다우존스 지수 874 수준에서 주식을 매수하여 1971년 말에 얼마간 수익을 거둘 수 있었을 것이고, 1970년의 최저 지수인 631에서도 장기우량채권에서처럼 큰 손실을 보지는 않았을 것이다. 또한 투자자가 미국저축채권, 단기회사채, 정기예금 등으로 채권투자를 한정했다면, 같은 기간 중 투자원금의 시장가치에 손실은 피하면서 우량주식보다 훨씬 높은 수익을 확보하는 것도 가능했을 것이다. 결과적으로 1964년에는 '현금성 자산'이 주식보다 훨씬 나은 투자였던 것으로 판단된다. 이론적으로는 인플레이션 기간에는 현금보다 주식이 더 유망한데도 말이다. 장기우량채권의 가격 하락은 금융시장의 전개에 따라 발생하는데, 사실 이 시장은 개별적인 투자전략이 일반적으로 적용되지 않는 난해한 영역이다.

이러한 일화는 향후 증권가격을 예측한다는 것이 결코 쉽지 않음을 증명하는 무수한 실증적인 사례 중 하나일 뿐이다.* 채권가격은 주식가격보다 변동폭이 훨씬 적다. 따라서 투자자들도 시장가격의 변화에 상관없이 만기 우량채권을 사는 경우가 많다. 하지만 1964년 이후 몇 년간은 예외적으로 그렇게 할 수 없었다. 채권가격의 변동에 대해서는 별도의 장에서 좀 더 다루겠다.

---

* 그레이엄의 이 문장을 다시 읽어 보라. 이 위대한 투자전문가가 여기에서 말하고 있는 것은 바로 주가의 예측 불가능성이다. 앞에서 살펴본 것처럼 그레이엄은 다른 문장에서도 이러한 사실을 거듭 일깨우고 있다. 시장 동향은 이처럼 미리 점칠 수 없는 것이므로, 투자자는 자신의 행동을 예측하고 통제하는 방법을 배워야 한다.

3. 1971년 말과 1972년 초의 예상과 투자전략

1971년에 중기 우량회사채에서는 세전 이자수익 8%를, 주정부채나 지방채에서는 비과세수익 5.7%를 기대할 수 있었다. 단기채의 경우, 5년 만기 미국국채가 제공하는 수익률은 약 6%였다. 국채의 경우 비교적 짧은 만기 후에 6%의 이자수익과 원금을 확실히 보장받을 수 있으므로 매입자는 시장가격 손실을 걱정할 필요가 없었다. 한편, 다우존스 지수는 1971년에 900선을 회복했지만 배당수익률은 3.5%에 불과했다.

여기에서 다시 우량채권 또는 현금성 자산과 다우존스 우량주식 간의 투자배분 방법에 대한 기본적인 투자전략을 되짚어볼 필요가 있다. 만약 미래 어느 시점까지 상승세나 하락세를 예측할 수 있는 확실한 근거가 없다면, 현재 상황에서 투자자는 어떤 방향을 고려해야 할까? 우선 심각하게 부정적인 요소가 없다면, 방어적인 투자자는 현재 3.5%의 배당수익률과 4%의 연평균 주가상승률을 기대할 수 있을 것이다. 나중에 설명하겠지만 연평균 주가상승률은 기본적으로 많은 기업이 매년 발생하는 유보 수익을 재투자한다는 점을 감안하여 산출된다. 세전 기준으로 배당수익과 주가상승을 합한 수익률은 평균 7.5%로, 우량회사채의 이자수익에 약간 못 미친다.[**] 세후 기준으로 주식의 평균수익률은 약 5.3% 정도가 될 것이다.[***] 이는 비과세 중기 우량채권에서 현재 얻을 수 있는 수익률과 거의 비슷한 수준이다.

[**] 그레이엄의 예상은 얼마나 맞았을까? 언뜻 보면 적중한 것 같다. 1972년 초부터 1981년 말까지 주식은 연평균 6.5%의 수익을 거두었다(여기에서 그레이엄은 예상 기간을 구체적으로 제시하지 않았지만, 10년 단위로 설정했다고 보는 것이 맞을 것이다). 하지만 같은 기간 중 연 8.6%에 육박한 인플레이션으로 주식투자에 따른 이 정도의 수익은 무의미해져 버렸다. 이 장에서 그레이엄은 소위 '고든 방정식(Gordon equation)'을 간략히 소개한다. 이 방정식에 따르면 주식시장의 미래수익률이란 현재 배당수익률과 예상순이익증가율을 합한 것을 의미한다. 2003년 초에 배당수익률은 2%에도 미치지 못했고, 장기 순이익 증가율은 간신히 2% 정도였으며, 인플레이션율은 2%를 조금 웃돌았다. 이러한 조건을 고려하면 미래의 평균 연간 수익률은 대략 6% 정도로 보는 것이 적당할 것이다. 이와 관련한 내용은 3장 논평을 참조하라.

이러한 기대에 따라 우리가 실시한 1964년도 분석에서보다 채권 대비 주식의 수익성은 훨씬 더 떨어질 것으로 보인다. 1964년 이후 주식보다 채권에서 훨씬 더 높은 수익이 발생했다는 사실만 보아도 충분히 짐작할 수 있다. 결국, 우량채권의 이자 및 원금 수입이 주식배당금과 주가상승보다 훨씬 안정적이고 확실한 수익원이 된다. 따라서 1971년이 끝나가는 이 시점에서는 채권투자가 주식투자보다 분명히 유리하다는 결론을 내릴 수밖에 없다. 이 판단이 정확한 것이라면 채권투자 수익률이 주식투자 수익률보다 높은 현재의 상태가 뒤바뀌지 않는 한 방어적인 투자자들에게 모든 투자자금을 채권에만 투자하고 주식에는 투자하지 말 것을 권해야 옳을 것이다.

그러나 현재 수준에서도 채권이 주식보다 그렇게 유리하다고 확신할 수는 없다. 오히려 지금도 주식이 유리하다고 주장할 수 있을 만한 요인으로는 얼른 인플레이션을 떠올릴 수 있다. 하지만, 현재 수익률 차이에도 불구하고 채권보다 주식이 유리한 요인으로 미국의 인플레이션을 지목하기에는 무리가 있다. 이 점은 다음 장에서 다시 지적하겠다. 물론, 인플레이션이 가속화될 경우 수익이 고정적인 채권보다 주식을 선호하게 될 가능성은 미약하나마 항상 존재한다.* 또 다른 가능성은(역시 희박하지만) 미국 기업의 수익성이 높아져 인플레이션 현상 없이 향후 몇 년간 주가가 큰 폭으로 상승하는 상황이다. 마지막으로 좀 더 쉽게 이해할 수 있는 가능성으로, 진정한 내재가치의 상승을 동반하지 않은 채 주식시장에서 커다란 투기적 수요가 발생하는

*** 여기에서 우리가 가정한 것은 배당금에 40%, 자본이득에 20% 적용 가능한 일반적인 투자자에 해당하는 상위 과세등급이다.

* 1997년에 미국 재무성이 물가연동 국채(Treasury Inflation-Protected Security)를 도입하자, 인플레이션 상승을 예상하는 투자자들 사이에서 주식은 더 이상 우월한 선택으로 간주되지 않게 되었다. 채권과 달리 물가연동 국채의 가격은 소비자물가와 함께 상승함으로써 인플레이션으로 인한 손해를 효과적으로 상쇄한다. 실제로 이러한 보장을 기대할 수 없는 주식은 고율의 인플레이션이 예상되는 상황에서는 우수성이 떨어지는 헤지 수단이다. 자세한 내용은 2장 논평을 참조하라.

경우를 들 수 있다. 이 밖에 우리가 미처 생각하지 못한 다양한 이유로 인해 투자자들은 더 나은 수익률을 지닌 채권에 100% 투자를 집중하지 않은 것을 후회하게 될 수도 있다.

따라서 지금까지 살펴본 요인들을 근거로 우리는 방어적인 투자자에게 기본적인 절충안, 즉 항상 채권과 주식을 일정 비율로 배분하여 투자하는 전략을 다시 한 번 강조하고자 한다. 투자자는 채권과 주식의 편입비율을 단순히 50 대 50의 비율로 유지하거나, 시장 조건에 따라 최소 25%에서 최대 75%까지 변경할 수도 있다. 다음 장에서는 이와 같은 투자전략이 좀 더 자세히 소개된다.

현재 주식으로 실현 가능한 총수익은 채권투자로 얻는 수익과 거의 같다. 따라서 주가상승을 포함하여 투자자가 기대할 수 있는 수익은 채권과 주식의 편입비율을 어떻게 변경하든 거의 변하지 않는다. 위에서 계산한 바와 같이 채권과 주식의 총수익률은 세전 약 7.8% 또는 비과세의 경우(또는 세후 예상) 약 5.5%가 될 것이다. 이 정도의 수익률은 보수적인 투자자가 일반적으로 기대하는 것보다 현저하게 높은 수준이다. 1949년 이후 20여 년간 이어진 강세장에서 보였던 보통주의 수익률 14%에 비교하면 그다지 매력적인 수치는 아닐지 모른다. 그러나 1949년부터 1969년까지 20년 동안 다우존스 지수가 5배 이상 높아진 반면, 주식수익 및 배당금 규모의 증가는 약 2배에 머물렀다는 점을 기억해야 한다. 그러므로 이 기간에 시장에서 발생한 현저한 상승세는 대부분 지수를 구성하는 기업의 가치라기보다 투자자나 투기자의 태도 변화에 따른 것으로, 어느 정도는 자발적인 동력에 의해 발생한 현상으로 볼 수 있다.

방어적인 투자자의 일반적인 주식 포트폴리오를 검토할 때 우리는 다우존스 지수 30개 종목에 포함되는 우량주식만을 대상으로 하였다. 이것은 편의상 한정한 것일 뿐, 이러한 종목만이 방어적인 투자자가 매수하기에 적합하다는 것을 의미하지는 않는다. 실제로, 이 종목 이외에도 다우존스 지수의 구성 및 기업 내용이 비슷하거나 더 뛰어난 사례는 얼마든지 있다. 공공 유틸리티 회사들도 여기에 포함된다. 다우존스 지수 중에는 이러한 업종을 대표하는 별도의 유틸리티 지수가 있다.* 중요한 것은 방어적인 투자자의 경우 분산화된 종목이나 대표 종목에 따라 그 성과가 크게 다르지 않으며, 투자자나 조언자 누구도 어떠한 차이가 발생할지 정확히 예측할 수 없다는 사실이다. 물론 노련하고 주도면밀한 투자전략은 종목 선택에 특히 영향을 미치는 것으로 이해되며, 이러한 전략에 따라 시장평균보다 나은 성과를 올릴 수 있는 것은 분명하다. 그러나 방어적인 성향을 지닌 투자자들이 평균 이상, 즉 일반적인 투자 성과를 넘어설 수 있다는 시각에 대해서는 회의적이다.** 이른바 전문가들이 운용하는 대규모 펀드에도 이러한 회의론은 적용된다. 그 이유에 대해서는 나중에 다시 설명하겠다.

얼핏 정반대의 경우를 증명하는 것으로 보이는 사례를 살펴보자. 1960년 12월과 1970년 12월 사이에 다우존스 지수는 616에서 839로 약 36% 상승했다. 그러나 같은 기간 중 S&P500 가중지수는 58.11에서 92.15로 뛰어오르며 약 58%의 큰 상승폭을 보였다. 그렇다면 다우존스 종목보다 S&P500 종목에 투자하는 것이 더 나은 선택으로 보인다. 그러나 1960년에 평범해 보이는 주식을 모아 놓은 S&P 시장이 절대적인 영향력을 자랑하는 다우존

---

* 현재 가장 널리 사용되는 다우존스 산업평균지수의 대안으로 S&P500 지수와 윌셔(Wilshire)5000 지수가 있다. S&P 지수는 500개의 유명 대형기업으로 구성되며, 이들의 가치는 미국 주식시장 시가총액의 약 70%를 차지한다. 미국 내 시장에서 거래되는 거의 모든 주식을 대상으로 하는 윌셔5000 지수에는 총 6,700여 개 종목이 포함된다. 그러나 최대 규모의 기업들이 시가총액 대부분을 차지하므로 윌셔5000과 S&P500은 수익률 면에서 거의 비슷한 수준을 보인다. 투자자는 일부 저비용 뮤추얼펀드를 통해 이러한 지수 종목들로 단일 포트폴리오를 구성할 수 있다. 이와 관련한 내용은 9장을 보라.

** 14장 "방어적인 투자자의 선택" 절과 15장 첫 절을 보라.

스의 수익을 능가할 것이라고 누가 예상할 수 있었겠는가? 결국, 가격 변화에 대해 절대적으로나 상대적으로 신뢰할 수 있는 예측을 제시할 이는 아무도 없다. 다시 한 번 말하지만, 금방 수익을 볼 수 있다며 추천되는 인기주나 신규등록주를 매수하는 것만으로는 시장평균 이상의 성과를 기대할 수 없다.*** 장기적으로는 오히려 정반대의 결과를 얻을 것이 거의 확실하다. 방어적인 투자자라면 우량한 재무구조를 기반으로 장기간 흑자 실적을 보이는 주요 기업의 주식에 투자를 한정해야 한다. 이 기준에 속하는 기업 목록은 증권분석가에게 의뢰할 수 있다. 전문가라면 그 정도 목록은 누구나 작성할 수 있다. 공격적인 투자자는 그보다 위험 부담이 있는 주식을 매수할 수 있지만, 역시 현명한 분석을 통해 투자할 만한 가치가 확실한 종목을 선택해야 한다.

결론을 내리며, 방어적인 투자자를 위한 세 가지 보충개념 또는 실천방안을 간략하게 언급하기로 한다. 첫째, 보통주 포트폴리오를 직접 만드는 대신 기존의 우량투자펀드를 매입하라. 투자신탁회사나 은행이 운용하는 '공동투자신탁common trust fund' 또는 '통합형 펀드commingled fund' 중 하나를 이용할 수 있다. 둘째, 투자 규모가 큰 경우에는 잘 알려진 투자자문회사를 활용하라. 표준화된 전문적인 투자관리프로그램을 제공받을 수 있다. 셋째, '정액분할투자'를 활용하라. 이 방법은 매달 또는 매분기에 같은 금액을 투자하여 보통주를 매수하는 것을 의미한다. 이 방법을 이용하면 주가가 낮아지면 높을 때보다 더 많은 수량을 살 수 있으므로, 투자자는 만족스러운 가격으로 최대한의 주식을 보유할 수 있게 된다. 엄밀히 말하면, 이 방법은 '포뮬러 투자formula investing'라고 알려진 더 광범위한 전략에 속한다. 포뮬러 투자의 기본 방식은

*** 더 자세한 내용은 6장을 보라.

앞서 우리가 설명한 내용과 비슷하다. 즉, 보통주의 비중을 시장의 동향과 반대로 최소 25%에서 최대 75% 범위로 조정하라는 것인데, 이러한 전략은 방어적인 투자자에게 유리하다. 이 점은 나중에 다시 논의할 것이다.[*]

공격적인 투자자가 기대하는 성과

물론 공격적인 투자자는 방어적인 투자자보다 전반적으로 더 좋은 성과를 기대할 것이다. 그러나 앞으로의 성과를 꿈꾸는 것보다 선행되어야 할 것은 기존 성과를 철저히 지키는 일이다. 월스트리트에서는 타고난 재능을 바탕으로 엄청난 열정을 쏟고 오랜 시간 연구해도 수익은 고사하고 손실을 보는 경우가 흔하다. 이 모든 노력의 초점이 잘못된 방향으로 맞추어지면 재능과 열정이라는 장점은 오히려 단점으로 작용하게 된다. 따라서 공격적인 투자자라면 투자를 시작하기 전에 먼저 합리적인 성공 가능성을 지닌 투자 행위를 명확히 선별하는 작업을 해야 한다.

우선 평균 이상의 성과를 거두는 투자자와 투기자들이 흔히 사용하는 몇 가지 방법을 다음과 같이 검토해 보자.

1. 시장 거래
흔히 시장이 상승할 때 주식을 매수하고 시장이 하락하기 시작하면 매도하는 방법이다. 이 경우에는 보통 시장평균 이상으로 반응하는 종목들이 선택된다. 일부 전문가들은 현재 보유하고 있지 않은 주식을 기존의 증권거래소 시스템을 통해 빌려 매도하는 방식으로 공매도하는 경우가 많다. 이들이

---

[*] 8장을 보라.

노리는 것은 주가가 큰 폭으로 하락할 때 훨씬 싼 가격으로 주식을 환매수 상환함으로써 거둘 수 있는 시세차익이다. 이 장 앞부분에서 인용한《월스트리트 저널Wall Street Journal》의 내용처럼 '소액주주'들도 미숙하나마 공매도를 시도하기도 한다. 그런데 소액주주라는 말은 이제 피하자!

2. 단기적인 관점에서 선택 가능한 거래

결산 실적이 호전되었거나 호전될 것으로 예상되는 종목 또는 다른 유망한 발전이 기대되는 종목을 매수하는 것을 말한다.

3. 장기적인 관점에서 선택 가능한 거래

과거의 탁월한 성장세가 앞으로도 지속될 것으로 보이는 종목에 투자하는 방법이다. 경우에 따라 보수적인 투자자들도 아직 눈에 띄는 실적은 없지만 높은 수익성을 보일 것으로 기대되는 종목에 투자하기도 한다. 특히 전망이 밝은 제품이나 공정을 개발하는 컴퓨터, 제약, 전자 업계의 기술주들이 여기에 포함된다.

위와 같은 세 가지 방법을 이용해 투자자가 성공할 가능성에 대해서는 부정적인 견해를 밝힌 바 있다. 첫 번째 방법은 이론적으로나 현실적인 이유를 들어 투자 영역에서 제외했다. 시장 거래는 "철저한 분석을 바탕으로 원금을 안전하게 지키고 만족스러운 수익을 제공"할 수 있는 방법이 아니다. 시장 거래에 대해서는 8장에서 좀 더 논의할 것이다.

단기적으로나 장기적으로 가장 유망한 종목을 선택하는 과정에서 투자자는 인간이 흔히 범하는 실수나 경쟁의 본질에서 비롯하는 두 가지 문제와 마주치게 된다. 즉, 미래에 대한 투자자의 예측은 언제든지 빗나갈 수 있다. 설사 투자자의 예측이 맞았다 하더라도 현재 시장가격에 이미 충분히 반영되었을 수 있다. 단기 매매 대상인 종목 중 금년도 실적이 월스트리트에서 벌써 파다하게 알려져 있을 뿐 아니라, 내년도 실적 또한 어느 정도 예상되어 이미 가격에 반영된 경우를 생각해 보자. 이 종목에 관심 있는 투자자들은 공공연하게 알려진 금년도 실적이나 내년도 예상치에 근거해 선택에서 매매까지 비슷한 움직임을 보일 것이다.

장기적인 전망을 바탕으로 종목을 선택할 때에도 투자자는 기본적으로 비슷한 약점을 보인다. 서문에서 예시한 항공 산업의 경우처럼 장기적인 전망에서 잘못 예측할 가능성은 단기 실적을 예상할 때보다 훨씬 크다. 전문가의 예상도 얼마든지 빗나갈 수 있다. 따라서 이론적으로는 월스트리트의 전문가가 잘못된 방향을 예측할 때 일반 투자자가 오히려 제대로 맥을 짚어 큰 수익을 거둘 수도 있다. 그러나 이러한 가능성은 말 그래도 이론일 뿐이다. 장기적인 미래수익 예측을 본업으로 삼고 있는 전문적인 투자분석가를 능가할 만큼 통찰력과 예지력을 겸비한 일반 투자자가 과연 얼마나 되겠는가?

그래서 약간 혼란스럽지만 다음과 같이 결론을 내리고자 한다. 지속적인 평균 이상의 성과를 노리는 투자자는 (1) 본질적으로 건전하고 유망하며, (2) 월스트리트에서 대다수 사람이 눈길을 주지 않는 투자 방법을 따라야 한다.

이러한 투자 방법이 적극적인 투자자에게도 유용할까? 이론적으로 보자면 정답은 '그렇다'이다. 실제로도 긍정적인 대답을 뒷받침할 만한 근거는 얼마든지 있다. 주가는 투기적으로 큰 폭의 변동을 보이곤 한다. 시장 전체가 요동치는 경우도 빈번하지만, 개별적인 종목의 경우에는 항상 그렇다. 그 와중에 어떤 보통주는 관심 부족이나 근거 없이 만연한 편견 때문에 저평가되기도 한다. 더 자세히 들여다보면 보통주 거래 중 상당 부분이 제대로 이해하지 못한 상태에서 이루어지고 있다는 사실을 확인할 수 있다. 이 책에서는 과거 자료를 바탕으로 기업이 지닌 가치와 주식가격이 불일치하는 무수한 사례를 제시한다. 그렇다면 수치에 밝고 현명함을 갖춘 투자자는 이렇게 어리석음이 판치는 월스트리트에서 여유로운 승리를 만끽할 수 있을 것도 같다. 그러나 현실은 그렇게 호락호락하지 않다. 낮은 인지도로 인해 저평가된 종목을 매수하는 작업은 대개 지루하고 인내심을 필요로 한다. 반대로 너무 과도한 관심 속에 고평가된 종목을 공매도하려면 그만한 용기와 배짱이 필요할뿐더러 지갑도 어느 정도는 두둑해야 한다.* 이 원칙은 합리적이고 성공적으로 적용할 수 있지만, 완벽하게 익숙해지기에는 쉽지 않은 기술이다.

이 밖에도 다양한 '특수상황'이 존재한다. 오랫동안 시장 사정에 밝은 사람들은 전반적인 위험 부담을 최소화하며 이러한 특수를 노려 연간 20% 이상의 수익을 올릴 수 있었다. 증권간 차익거래$_{arbitrage}$, 청산거래$_{liquidation}$, 헤지거래$_{hedge}$ 등이 이에 속한다. 가장 전형적인 방법은 발표시점 주가보다 상당히 높은 매수가격을 제시하는 인수합병$_{M\&A}$이다. 최근에 급증한 인수합병을 통해 전문가들은 높은 수익을 올릴 수 있었다. 그러나 인수합병 발표 사례가 급증하면서 그만큼 장애 요소도 늘었고, 결과적으로 계획 자체가 실패로 돌아가는 경우도 많아졌다. 이에 따라 발표만 믿고 투자한 개인투자자들이 손실을 보는 예가 속출했다. 아마도 과도한 경쟁으로 인해 전체 수익률이 감소한 것으로 보인다.**

이처럼 특수상황에서 수익성이 감소하는 현상은 수확체감의 법칙과도 유

---

* 주식의 공매도는 주가가 오를 때가 아니라 하락할 때를 노리는 것이다. 공매도의 과정은 3단계로 이루어진다. 먼저 주식을 소유하고 있는 대상으로부터 주식을 빌려야 한다. 다음으로 빌린 주식을 바로 매도한다. 마지막으로 이후에 주식을 사서 갚는다. 주가가 하락한 경우에는 훨씬 싼 가격에 주식을 사서 나중에 갚을 수 있다. 이때 매도가격과 상환을 위해 환매수한 가격의 차이가 총이익이 된다. 이때 배당금이나 이자비용은 거래비용과 함께 차감된다. 그러나 주가가 하락하지 않고 상승하는 경우 잠재손실은 무한대가 된다. 따라서 대부분의 개인투자자에게 공매도는 시도하기 어려운 투기다.

사한 일종의 자기파괴 과정으로 이해할 수 있는데, 이러한 사례는 이 책에서 계속 언급될 것이다. 1949년에 우리는 과거 75년간의 주식 등락에 관한 연구 결과를 발표했다. 이 연구에서 우리가 제시한 공식은 순이익과 이자율을 토대로 다우존스 지수가 '내재가치'를 밑돌 때 주식을 매수하고 그 이상일 때 매도하라는 것이었다. 이 공식에는 "싸게 사서 비싸게 팔라"라는 로스차일드 가문의 핵심 경영 원리가 적용되었다.* 또한 주가가 오를 때 사고 내릴 때 팔기를 유도하는 월스트리트의 건전하지 못한 해묵은 격언을 정면으로 배격하는 것이기도 했다. 하지만 안타깝게도 이 공식은 1949년 이후에 더는 먹히지 않았다. 두 번째 사례는 주식시장의 움직임을 설명한 그 유명한 '다우이론'으로, 이 이론은 1897년부터 1933년 사이에 뛰어난 성과를 이끌었지만, 1934년 이후에는 훨씬 더 회의적인 결과를 보였다.

세 번째이자 마지막 사례로 들 수 있는 이른바 절호의 기회는 최근에는 좀처럼 찾기 어렵다. 대부분의 월스트리트 금융기관들은 헐값으로 떨어진 종목을 찾는 데 골몰했다. 이들이 찾는 것은 고정자산이나 기타 자산에 상관없이 주식상장 전 채무를 제한 후 순유동자산, 즉 운전자본이 시가총액보다 큰 종목들이었다. 이러한 종목은 해당 기업의 가치보다 훨씬 낮은 가격에 거래된다. 그렇게 터무니없는 가격으로 보유 주식을 매도하려는 경영자나 대주주가 있을까 의아스럽지만, 이렇게 말도 안 되는 일이 흔하게 일어난

** 1980년대 후반, 적대적 기업인수와 차입매수(LBO: Leveraged Buyout)가 급증하면서 월스트리트의 기관투자자들은 이 복잡한 과정에 개입하여 수익을 노리고자 앞다투어 담당부서를 설립했다. 하지만 그 수가 너무 급증하여 손쉬운 수익 기회가 사라지자 결국 많은 부서가 문을 닫았다. 그레이엄이 7장에서 다시 언급하고 있듯이, 이러한 거래는 수억 달러 정도의 거대 자금을 운용할 수 있는 경우에만 수익을 낼 수 있으므로 대부분 사람들에게는 가능하지도 않을뿐더러, 적절한 방법도 아니다. 아주 부유한 사람이나 기관투자자들만이 인수합병이나 차익거래에 특화된 헤지펀드를 통해 이러한 전략을 활용할 수 있다.

* 네이선 메이어 로스차일드(Nathan Mayer Rothschild)가 일으킨 로스차일드 가문은 19세기 유럽투자은행과 증권회사에서 지배적인 영향력을 발휘했다. 이 가문의 화려한 역사는 니얼 퍼거슨(Niall Ferguson)의 『로스차일드 가문: 금융의 예언가들, 1798~1848(The House of Rothschild: Money's Prophets, 1798-1848)』을 참조하라.

다. 1957년만 해도 주식시장에서 이러한 예에 속하는 종목이 200여 개에 달했다. 실제로 모든 할인종목이 높은 수익은 물론, 다른 투자종목에 비해서도 뛰어난 연평균 성과를 보였다. 이후 10년 동안 이러한 종목이 시장에서 자취를 감추면서 적극적인 투자자가 발 빠르게 움직여 수익을 낼 기회 또한 줄어들었다. 그러나 1970년 주가하락기 시장에는 '운전자본 이하' 종목들이 상당수 다시 등장했다. 시장의 강한 회복세에도 불구하고 연말까지 이 종목들로만 포트폴리오를 구성할 수 있을 정도로 상당한 양이었다.

현재 상황에서도 적극적인 투자자가 평균 이상의 성과를 거둘 가능성은 여전히 농후하다. 매매 가능한 주식 종목 중 논리적으로나 합리적으로 신뢰할 만한 기준에 비춰 볼 때 분명히 저평가된 경우 또한 많다. 이러한 종목을 잘 선택한다면 다우존스 지수나 다른 유사한 지표보다 더 만족할 만한 성과를 기대할 수 있다. 그러나 투자자의 포트폴리오 중 주식의 연평균 수익률에 세전 기준 5%의 수익률을 더할 가능성이 없다면 이러한 종목을 굳이 찾을 필요는 없다. 앞으로 우리는 이처럼 적극적인 투자자들이 활용할 수 있는 종목 선택 방법들을 개발하고자 한다.

1장 논평

사람의 불행은 모두 같은 문제에서 출발한다. 바로 방에 가
만히 있는 법을 모르는 것이다.

블레즈 파스칼(Blaise Pascal)

　뉴욕증권거래소의 종료벨이 울리면 중개인들은 일제히 환호성을 지른다. 그날 시장 상황이 좋지 않더라도 마찬가지다. 왜 그럴까? 투자자들의 수익에 상관없이 거래가 이루어질 때마다 이들은 수수료를 챙길 수 있기 때문이다. 따라서 투자가 아닌 투기를 목적으로 시장에 접근하는 사람이 있다면 자신이 부자가 될 기회는 놓치고 오히려 다른 사람의 주머니만 채울 가능성이 커진다.

　투자에 대한 그레이엄의 정의는 아주 명쾌하다. 그에 따르면, "투자란 철저한 분석을 근거로 원금의 안전과 적절한 수익을 약속하는 것이다."[1] 그레이엄에 따르면, 투자는 세 가지 요소로 구성된다.

---

1 그레이엄은 더욱 구체적으로 다음과 같이 각각의 핵심용어를 정의하고 있다. '철저한 분석'이란 확고한 안전성과 가치를 바탕으로 사실을 연구하는 것을 의미한다. '원금의 안전'이란 정상적이거나 합리적으로 가능한 모든 상황이나 변동을 고려하여 손실을 막는 것을 의미한다. '적절한(또는 만족스러운) 수익'이란 투자자가 합리적 이성을 가지고 행동했다면 상대적으로 낮더라도 투자자 입장에서 수용할 만한 수익률 또는 수익금을 의미한다. 『증권분석』(1934) 55쪽과 56쪽을 참조하라.

- 주식을 사기 전에 그 기업과 경영의 건전성을 철저히 분석해야 한다.
- 심각한 손실을 입지 않도록 스스로를 보호하는 데 신중을 기해야 한다.
- 엄청난 성과가 아닌 '적절한' 성과를 노려야 한다.

투자를 하는 사람은 해당 기업에 대한 평가를 근거로 주식의 가치를 가늠한다. 반면에 투기를 하는 사람은 누군가 이 주식을 훨씬 비싼 가격으로 매수해 주식가격이 오를 가능성에 도박을 한다. 그레이엄이 말한 것처럼, 투자자는 "확립된 가치 기준에 따라 시장가격"을 판단하지만, 투기자는 "시장가격에 대한 자신의 가치 기준"에 근거하기 때문이다.[2] 투기자에게 있어서 쉴 새 없이 움직이는 주식 시세는 산소와도 같다. 이 흐름이 중단되면 투기의 생명이 끝나는 것이나 마찬가지다. 그레이엄이 '시장호가$_{\text{quotational value}}$'라고 부른 것은 투자자에게 그다지 중요하지 않다. 그레이엄은 주가를 매일 확인할 수 없는 경우에라도 노심초사하지 않고 주식을 보유할 수 있는 경우에만 투자할 것을 강조한다.[3]

카지노 도박이나 경마처럼 운만 따라 준다면 주식시장에서도 짜릿한 긴장감을 만끽할 수 있는 투기를 통해 상당한 수익을 노릴 수도 있다. 그러나 이러한 투기는 부자가 되기를 원하는 이들에게 최악의 선택이다. 횡재의 꿈을 안고 투기의 장에 도전하는 이들의 기선을 제압하는 생리는 도박장처럼 월스트리트에서도 적용되기 때문이다.

이에 반해 투자를 목적으로 문을 연 카지노에서는 유리한 확률에 판돈을 거는 원칙만 지킨다면 실패할 일이 없다. 투자의 카지노에서는 투자자의 주

---

2 『증권분석』(1934) 310쪽을 참조하라.

3 그레이엄은 한 인터뷰에서 다음과 같이 조언했다. "자기 자신에게 물어보십시오. 주식시장이 없었더라도 같은 조건으로 이 회사에 투자하시겠습니까?" 1972년 1월 1일자 《포브스》 90쪽을 참조하라.

머니가 두둑해지지만, 투기의 카지노에서는 중개인의 주머니만 채워진다. 그래서 월스트리트는 오늘도 투자의 은근한 미덕을 깎아내리고 투기의 화려한 매력을 부각한다.

과속의 불안

투자와 투기를 혼동하면 실패하게 마련이라고 그레이엄은 경고한다. 실제로 1990년대에 그러한 혼동은 대규모 파산으로 이어졌다. 당시 사람들은 너 나 할 것 없이 침착성을 잃은 듯했고, 미국은 8월 들판을 뒤덮은 메뚜기 떼처럼 주식 매수에 열을 올리는 트레이더로 넘쳐나면서 투기의 나라가 되었다.

투자기법 검증이라는 개념의 의미도 퇴색되었다. 사람들은 그저 이 기법이 '제대로 작동하는지' 확인만 하면 그만인 것으로 여기기 시작했다. 일정한 기간에 시장평균 수익을 넘기면 전략의 위험성이나 어리석음은 따지지 않고 자신의 예상이 '적중했다'며 자랑했다. 그러나 현명한 투자자라면 일시적인 적중에는 연연하지 않는다. 장기적인 투자 목적을 달성하는 데 필요한 것은 지속적이고 신뢰할 수 있는 적중도이기 때문이다. 데이트레이딩, 분산투자 무시, 인기 뮤추얼펀드 혼합, 종목 선택 시스템 따르기 등 1990년대에 유행하던 투자기법이 효과를 발휘하는 것처럼 보였다. 그러나 이 기법들이 장기적으로도 수익을 보장할 가능성은 적었다. 그레이엄의 세 가지 투자 기준을 충족시키지 못했기 때문이다.

일시적인 고수익에 큰 의미를 부여할 수 없는 이유는 이렇게 설명할 수 있다. 200㎞의 거리를 두고 위치한 두 장소를 상상해 보자. 시속 100㎞의 속도제한을 준수해 달리면 두 시간 정도 걸려 도착할 수 있는 거리다. 산술적으로 시간당 200㎞의 속도로 달린다면 한 시간 만에도 도착할 수 있을 것이다. 하지만 규정을 어겨 과속했다면 목적지에 무사히 도착했더라도 '올바른' 운전을 했다고 말할 수 있을까? 남들이 '효과'가 있다고 자랑하니까 나도 덩달아 해보고 싶었던 것은 아닐까? 시장평균보다 높은 고수익을 일시적으로 올리는 경우도 이와 비슷하다. 그 순간에는 운이 좋아 이득을 보는 것으로 생각할 수 있지만, 시간이 지나면 치명적인 피해를 입을 수 있다.

그레이엄이 1973년에 『현명한 투자자』의 최근 개정판을 출간한 당시, 뉴욕증권거래소의 연간 회전율은 20%였다. 이 수치는 보통 주주들이 주식을 매도하기까지 평균 5년간 보유한다는 것을 의미한다. 이후 2002년의 회전율은 105%에 달했고, 주주들의 평균 주식보유기간은 11.4개월이었다. 반면 평균적인 뮤추얼펀드의 경우, 한 가지 종목에 대한 보유기간이 1973년에는 거의 3년이었지만, 2002년에는 그 보유기간이 10.9개월로 줄어들었다. 마치 뮤추얼펀드 매니저들이 오랜 기간 주식을 연구한 끝에 애초에 이 주식을 매수한 것이 잘못이라는 것을 깨닫고 한꺼번에 팔아치운 다음 처음부터 다시 시작하는 형국이었다.

분위기가 이렇게 흐르자 명성이 자자한 투자회사들마저도 조바심을 내기 시작했다. 1995년 초, 당시 세계 최대의 뮤추얼펀드였던 피델리티 마젤란 Fidelity Magellan의 펀드매니저 제프리 비닉 Jeffrey Vinik이 보유한 운용 자산 중 기술주가 차지하는 비율은 42.5%였다. 비닉은 수년 후를 내다보며 펀드에 투자해온 주주들의 목표가 곧 자신의 목표라고 강조하였고, 이처럼 장기적인 접근 이야말로 최선의 전략임을 믿는다고 설파했다. 그러나 이토록 확신에 찬 주장을 펼쳤던 비닉은 불과 6개월 뒤, 8주 만에 무려 190억 달러에 달하는 기술주를 모두 처분했다. '장기적'이라고 말하기에는 너무 짧은 기간이었다. 이어 1999년에 피델리티 마젤란의 어음할인팀은 휴대용 컴퓨터 팜 Palm을 이

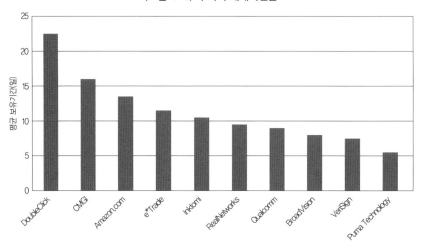

〈그림 1-1〉주식의 매매회전율

용해 고객들이 언제 어디에서나 주식을 매매할 수 있도록 유도했다. 이 마케팅은 "매 순간이 중요하다"라는 이 회사의 새로운 슬로건과도 일치했다.

게다가 나스닥 거래소의 회전율은 〈그림 1-1〉에서 보는 것처럼 전광석화와도 같았다.[4]

1999년 퓨마 테크놀로지Puma Technology의 주식은 평균 5.7일에 한 번씩 주인이 바뀔 정도였다. 나스닥이 야심 차게 내건 모토는 "100년을 내다보는 주식시장"이었지만, 정작 투자자들이 주식을 보유하는 시간은 100시간도 넘기지 못하는 경우가 허다했다.

---

4 이 정보의 출처는 스탠퍼드 C. 번스타인(Stanford C. Bernstein & Co.)의 스티브 갤브레이스(Steve Galbraith)가 2000년 1월 10일에 발표한 연구 자료다. 〈그림 1-1〉에 소개된 주식들이 1999년에 거둔 평균수익률은 1,196.4%에 달했다. 그러나 이 수익률은 2000년에는 평균 79.1%, 2001년에는 평균 35.5%, 2002년에는 평균 44.5%로 각각 하락했다. 결국, 1999년에 거둔 수익을 모두 상쇄하고서도 추가적인 손실을 기록했다.

투자 비디오 게임

월스트리트가 선보인 온라인 트레이딩 시스템은 즉석에서 돈을 찍어내는 자판기와 같았다. 유서 깊은 모건 스탠리의 온라인 자회사인 디스커버 브로커리지Discover Brokerage의 한 광고에는 부유해 보이는 신사를 태우는 남루한 견인차 운전사가 등장한다. 견인차 계기판에 놓인 열대 해변의 사진을 발견한 신사는 기사에게 이렇게 묻는다. "휴가지인가요?" 그러자 돌아오는 기사의 답변은 이렇다. "제 집입니다." 신사는 다시 말한다. "섬처럼 보이는데요." 기사는 은근히 으쓱해 하며 대화의 방점을 찍는다. "엄밀히 말하면 나라지요."

또 다른 온라인 트레이딩 광고의 메시지는 여기에서 한발 더 나아간다. 온라인 트레이딩은 엄청난 업무나 복잡한 사고를 필요로 하지 않는다. 온라인 증권회사인 아메리트레이드Ameritrade의 TV 광고에는 조깅을 끝내고 막 돌아온 두 명의 가정주부가 등장한다. 한 주부는 컴퓨터를 켜고 마우스를 몇 번 움직이더니 환호성을 지른다. "금방 1,700달러나 벌었네!" 워터하우스Waterhouse 증권회사의 TV 광고에서는 한 사람이 농구 코치 필 잭슨Phil Jackson에게 묻는다. "주식 매매에 대해 아시는 게 있나요?" 잭슨은 대답한다. "그거야 지금 당장 해보면 되죠." 잭슨이 이런 생각으로 경기에 임했다면 자신이 이끄는 NBA 팀에게 몇 번이나 승리를 안길 수 있었을까? 어찌 되었든 상대 팀에 대해 아무것도 모르면서 "당장 경기에 나갈 준비가 되었다"라고 호언장담하는 태도는 우승 공식과는 거리가 멀어 보인다.

1999년 무렵까지 온라인 트레이딩에 참여하는 인원은 600만 명을 헤아렸다. 그중 10%는 인터넷을 이용해 순식간에 주식을 사고파는 데이트레이딩을 하고 있었다. 쇼비즈니스의 디바 바브라 스트라이샌드Barbra Streisand에서부터 뉴욕 퀸즈에서 웨이터로 일했던 25세의 니콜라스 버바스_{Nicholas Birbas}에 이르기까지, 모든 사람이 주식시장의 마지막 불꽃이 행여 꺼질까 석탄처럼 몸을 던져 열기를 더했다. 전에는 장기투자를 했다는 버바스는 코웃음을 쳤다. "알고 보니 똑똑한 짓이 아니더군요." 당시 버바스는 하루에 10번까지 주식을 매매했고, 연간 기대수익은 10만 달러에 달했다. 스트라이샌드는 《포천_{Fortune}》과의 인터뷰에서 이렇게 말했다. "손익 계산서에서 적자가 나면 견딜 수 없어요. 제 별자리는 황소자리거든요. 그래서 붉은색에 금방 반응해요. 값이 떨어져 붉은 불이 켜지는 주식은 바로 팔아 버리지요."[5]

금융 웹사이트나 경제 관련 TV 채널의 증권 정보가 술집, 이발소, 주방, 카페, 택시, 트럭 휴게소 등 장소를 불문하고 어디에나 넘쳐흐르면서, 전국은 24시간 불야성을 이루는 비디오 게임장처럼 변해 버렸다. 정보의 홍수 속에 일반 투자자들은 과거보다 시장 사정을 훤히 잘 안다고 믿었다. 하지만 데이터의 늪에 빠져든 사람에게 정작 필요한 지식은 어디에서도 찾기 어려웠다. 주식과 주식을 발행한 기업이 완전히 분리된 탓이었다. 이제 추상적인 대상이 되어 버린 주식은 TV나 컴퓨터 화면 위 불빛으로 표시될 뿐이었다. 상한가의 불빛만 켜지면 다른 것은 중요하지 않았다.

1999년 12월 20일에는 주노 온라인 서비스_{Juno Online Services}가 획기적인 사업 계획의 베일을 벗었다. 이 계획의 골자는 회사가 가능한 한 큰 비용을 지출한다는 것이었다. 주노는 이메일 수수료나 인터넷 접속 수수료 없이 모든 서비스를 무료로 제공할 것이며, 다음 해에는 수백만 달러의 비용을 광고에 더 투자할 것이라고 발표했다. 기업으로서는 마치 자살 행위처럼 들리는 계

---

5 스트라이샌드가 확인했어야 했던 것은 별자리가 아닌 그레이엄의 조언이었다. 현명한 투자자라면 주가가 하락한다는 이유만으로 주식을 절대 투매하지 않는다. 그 전에 먼저 회사의 사업 가치에 그만한 변화가 발생한 것인지 살펴보아야 한다.

획을 발표한 후 주노의 주가는 이틀 사이에 약 16달러 38센트에서 66달러 75센트로 폭등했다.[6]

기업의 수익성이나 재화 및 서비스 품목의 특징, 기업의 경영 상태나 심지어 기업 이름을 외우려 애쓸 필요는 없다. 주식을 매매하고자 하는 이들이 알아야 하는 것은 CBLT, INKT, PCLN, TGLO, VRSN, WBVN과 같은 외우기 쉬운 종목기호ticker symbol가 전부다.[7] 이렇게 기호를 이용하면 검색창에 회사 이름을 번거롭게 입력하지 않고서도 신속하게 주식을 살 수 있다. 그래서 간혹 예상치 못한 일이 벌어지기도 한다. 1998년 후반, 단 몇 분 사이에 최고 거래량을 보이며 주가가 3배나 급등한 템코 서비스Temco Services가 그렇다. 빌딩관리회사인 이 소형주는 이전에는 거래가 성사된 예도 찾아보기 힘들 정도였다. 어떻게 이런 일이 발생할 수 있었을까? 이유는 일종의 난독증 때문이었다. 그날 처음으로 상장된 인터넷 유망주인 티켓마스터 온라인Ticketmaster Online에 투자하려던 수천 명의 트레이더가 이 회사의 기호인 TMCS를 템코 서비스의 기호인 TMCO와 혼동했던 것이다.[8]

오스카 와일드Oscar Wilde는 농담 삼아 냉소적인 사람이란 "가격은 잘 알면서 가치는 도무지 모르는 사람"이라고 말한 적이 있다. 그러한 의미에서라면 주식시장은 항상 냉소적이었지만, 1990년대 후반의 양상은 오스카 와일드에게도 충격이었을 것이다. 제대로 된 가치 검증 없이 대강 가격만 좇아도 주가를 2배 이상 올릴 수 있었기 때문이다. 1998년 후반, CIBC 오펜하이

---

6 불과 12개월 후에 주노의 주식은 약 1달러 10센트로 폭락했다.

7 종목 기호는 약자로 대개 1개에서 4개의 알파벳으로 구성된다. 기업의 이름을 줄여 거래 목적으로 주식을 편리하게 구별하기 위한 것이다.

8 1990년대 말에 이와 비슷한 사례는 최소한 세 차례 이상 발생했다. 다른 사례들에서도 인터넷 기업의 종목 기호를 착각한 데이트레이더들의 거래로 인해 엉뚱한 종목의 주가가 급등했다.

머CIBC Oppenheimer의 투자분석가 헨리 블로짓Henry Blodget은 "모든 인터넷 관련 주식에서 볼 수 있듯이 가치평가는 과학이라기보다 기술"이라고 주장한 바 있다. 실제로 그는 미래의 성장 가능성을 언급하는 것만으로 아마존닷컴의 목표주가를 단번에 150달러에서 400달러로 올릴 수 있었다. 블로짓이 자신의 목표주가는 1년 뒤를 내다본 것이라고 했음에도 불구하고, 아마존닷컴의 주가는 당일에만 19%의 급등세를 보였고, 3주 후에는 400달러를 넘어섰다. 1년 후, 페인웨버PaineWebber의 투자분석가인 월터 피에치크Walter Piecyk는 퀄콤의 주가가 향후 12개월 내에 주당 1,000달러를 넘을 것이라고 예상했다. 그 주식은 이미 1년 만에 1,842%나 올랐고, 당일에만 31%가 추가로 상승해서 주당 659달러를 기록했다.[9]

공허함으로 끝나고 만 공식

그러나 속옷에 불이라도 붙은 양 부리나케 트레이딩하는 것만이 투기의 형태는 아니다. 과거 10여 년 동안 다양한 투기 공식들이 연이어 개발되고 유행하다 결국에는 종적을 감췄다. 이 공식들에는 공통적인 특징이 있다. 즉, 빠르고, 손쉬우며, 조금의 손해도 용납하지 않는다는 것이다. 이러한 특징은 모두 그레이엄이 정의한 투자와 투기의 경계에서 투기 쪽으로 기운다. 한때 유행했지만 지금은 시들해진 공식 몇 가지를 소개하면 다음과 같다.

- 일정에 따라 현금화하라: 해가 바뀔 때, 소형주가 큰 수익을 내는 경향이 있음을 의미하는 '1월 효과'는 1980년대 출간된 학술 논문이나 유명 서

---

9 2000년과 2001년에 아마존닷컴(Amazon.com)과 퀄콤의 누적 주가하락은 각각 85.8%와 71.3%였다.

적에서 폭넓게 다루어졌다. 당시 연구 결과에 따르면, 주식을 12월 후반에 사서 1월까지 보유한 경우 5%p에서 10%p 정도 시장수익을 웃도는 것으로 나타났다. 이 결과에 많은 전문가도 놀라워했다. 문제는 더 높은 수익을 올리는 방법이 그처럼 간단하다면 솔깃해하지 않을 투자자가 없을 것이라는 사실이다. 결국 많은 사람이 이 공식을 따랐고, 그 결과 이 공식으로 더 높은 수익을 얻을 기회는 그만큼 줄어들었다. 그렇다면 1월 효과를 일으키는 요인은 무엇이었을까? 우선, 많은 투자자가 연말에 손실을 확정하여 세금을 줄이기 위해 필요 없는 주식들을 매각한다. 또한 전문 펀드매니저들은 연말 결산 기간이 다가오면 초과성과를 유지하거나 미달된 부분을 축소하기 위해 매우 조심스러운 행보를 보인다. 이에 따라 이들은 하락하는 주식을 사거나 보유하는 것을 꺼리게 된다. 더군다나 평균수익에 미달하는 주식이 소형주나 유명무실한 주식이라면 자신의 연말 보유주식 리스트에 해당 종목의 이름을 올리는 것이 더욱 부담스러울 것이다. 이 때문에 소형주는 일시적으로 할인 판매된다. 그래서 1월에 세금을 고려한 매도가 끝난 후 소형주들은 일반적으로 반등하게 되며, 그 틈에 단시간에 높은 수익이 발생하게 된다.

1월 효과가 완전히 사라진 것은 아니지만 영향력은 점차 약해지고 있다. 로체스터 대학의 투자론 교수인 윌리엄 슈위트William Schwert의 분석에 따르면, 12월 말에 주식을 사서 1월 초에 주식을 팔 경우, 1962년부터 1979년 사이에는 8.5%, 1980년부터 1989년 사이에는 4.4%, 1990년부터 2001년 사이에는 5.8%의 시장초과수익을 거둘 수 있었다.[10]

---

10 슈위트는 "예외와 시장효율(Anomalies and Market Efficiency)"이라는 제목의 그의 탁월한 연구 논문에서 이러한 현상에 대해 논의했다.

그러나 점차 많은 사람에게 1월 효과가 알려지면서 12월에 소형주를 매수하는 트레이더가 늘어났고, 결과적으로 할인폭은 물론 수익까지 감소하게 되었다. 특히 1월 효과는 최소 규모의 주식에서 가장 큰 수익률을 보였다. 그러나 대표적인 거래비용 관리 기업 플렉서스 그룹Plexus Group이 지적한 바에 따르면 이러한 소형주의 매수 및 매도에 소요되는 총비용은 전체 투자비용의 8%에 육박할 수 있다.[11] 결국, 1월 효과에서 거둔 수익마저도 중개 수수료로 소진되는 셈이다.

- **'효과적인 것'만 하라:** 1996년에 제임스 오셔너시James O'shaughnessy 라는 무명의 펀드매니저는 『월스트리트에서 효과적인 것What works on Wall Street』이라는 책을 출간했다. 이 책에서 그는 "투자자들이 시장보다 훨씬 더 잘할 수 있다"고 강조했다. 오셔너시의 솔깃한 주장에 따르면, 1954년부터 1994년 사이에 1만 달러를 투자한 이들은 시장평균 수익의 10배가 넘는 연평균 18.2%의 수익률로 807만 4504달러를 벌어들일 수 있다. 어떻게 이러한 성과가 가능할까? 시가총액이 기업수익의 1.5배 이하이고 5년 연속 수익이 증가하고 연간 수익률이 최고인 기업 50개를 산다면 가능한 일이다.[12] 에디슨에 비유할 만한 월스트리트의 발명가 오셔너시는 자신이 개발한 '자동화 전략'으로 미국 특허를 취득했고, 이 전략을 기반으로 4개의 뮤추얼펀드 그룹을 발족했다. 이 펀드를 통해 그는 1999년 말 무렵까지 일반 투자자들로부터 1억 7500만 달러 이상을 모았다. 주주를 대상으로 한 연차보고서에서 오셔너시는 당당하게 다

---

11 1998년 1월호 《플렉서스 그룹 코멘터리 54(Plexus Group Commentary 54)》에 실린"거래비용 불감증(The Official Icebergs of Transaction Cost)"을 참조하라.

12 제임스 오셔너시의 『월스트리트에서 효과적인 것』(1996), 273쪽부터 295쪽을 참조하라.

음과 같은 메시지를 전했다. "늘 그래 왔듯이 저는 시간이 증명해 줄 우리의 투자전략을 고수하며 정해진 계획에 따라 장기적인 목표를 향해 모두 함께 나아갈 수 있기를 바랍니다." 그러나 오셔너시가 주장한 '월스트리트에서 효과적인 것'은 동명의 책이 출간된 직후부터 제대로된 효과를 보이지 못했다. 〈그림 1-2〉에서 보는 것처럼 오셔너시의 펀드 중 2개는 부진을 면하지 못하다 2000년 초에 청산되었고, S&P500 전체 주식시장의 분위기로 인해 그의 모든 펀드는 4년 동안 끊임없이 비틀거렸다.

2000년 6월 오셔너시는 모든 펀드를 새로운 매니저에게 넘겼고, 그의 고객들은 '시간이 증명해 줄 투자전략'과 함께 뒷전이 되었다. 그가 말했던 '장기적인 목표'의 수혜자는 결국 오셔너시 자신이었다.[13] 오셔너

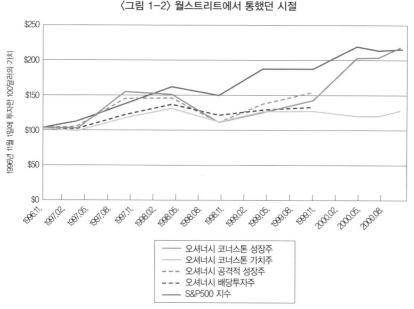

〈그림 1-2〉 월스트리트에서 통했던 시절

* 출처: Morningstar, Inc.

시가 책의 제목을 좀 더 명확히 했더라면 주주들의 혼란은 덜 수 있었을 것이다. 이를테면, "월스트리트에서 효과 있었던 것: 이 책이 출간되기 전까지"라는 식으로 말이다.

- '네 개의 바보 종목'에 투자하라: 1990년대 중반에 증권투자 사이트 모틀리풀Motley Fool을 비롯한 일부 서적에는 '네 개의 바보 종목The Foolish Four'이라는 투자기법이 많이 소개되었다. 모틀리풀은 "1년에 15분만" 투자하면 "과거 25년 동안의 시장평균수익"을 능가하며 "뮤추얼펀드의 수익을 앞설 수 있다"고 선전했다. 무엇보다 이 기법을 이용하면 "위험을 최소화"할 수 있다고 강조했다. 투자자가 해야 할 일은 다음과 같다.

  1. 다우존스 지수 종목 중에서 가장 주가가 낮고 배당수익률이 높은 다섯 종목을 선택하라.
  2. 그중에서 주가가 가장 낮은 종목을 버려라.
  3. 투자자금의 40%를 주가가 두 번째 낮은 종목에 투자하라.
  4. 투자자금의 20%씩 나머지 세 종목에 투자하라.
  5. 1년 후에 다우존스 지수 종목을 같은 방법으로 재배열해서 1단계부터 4단계까지 방법에 따라 포트폴리오를 재구성하라.
  6. 부자가 될 때까지 반복하라.

---

13 이때 살아남은 2개의 오셔너시 펀드는 현재 헤네시(Hennessy) 펀드로 알려져 있는데, 공교롭게도 이 펀드들은 오셔너시가 다른 회사에 넘기면서 실적이 상당히 좋아지기 시작했다. 당연히 이 같은 상황은 해당 펀드 주주들의 분노를 샀다. 어떤 투자자는 인터넷 채팅방에서 다음과 같이 말하며 한탄했다. "내 생각에 오셔너시가 말했던 '장기'란 3년이었나 봅니다. 여러분의 고통을 이해합니다. 나도 오셔너시가 말하는 전략을 믿었습니다. 다른 친구들과 친척들에게 이 펀드를 추천하기도 했지요. 그 사람들이 내 말을 듣지 않아서 얼마나 다행인지 모릅니다."

모틀리풀에 따르면, 이 기법으로 25년 이상 투자하면 시장보다 연간 10.1%의 초과수익을 거둘 수 있다고 한다. 예를 들어, 향후 20년 동안 이 기법으로 2만 달러를 투자하면 179만 1000달러를 만들 수 있다는 말이다. 이들은 또한 주가의 제곱근에 비해 배당수익률이 가장 높은 5개의 다우존스 지수 종목을 고른 후, 가장 수치가 높은 종목을 버리고 나머지 네 종목을 사는 것이 훨씬 유리할 수 있다고 주장했다.

그렇다면 이러한 '전략'이 그레이엄의 투자에 대한 정의에 얼마나 합당한지 따져 보자.

— 이 전략은 주가와 배당금이 가장 매력적인 종목을 버리고 점수가 좀 더 낮은 종목을 매수하라고 한다. 이러한 활동의 근거가 되는 '철저한 분석'이란 무엇인가?
— 투자자금의 40%를 한 종목에 투자하는 전략으로 어떻게 '위험성을 최소화'할 수 있는가?
— 네 개의 종목으로만 채운 포트폴리오가 '원금의 안전'을 보장할 만큼 분산화의 원칙을 따랐다고 볼 수 있는가?

한마디로, '네 개의 바보 종목'은 여태까지 소개된 종목선택 공식 중 가장 어처구니없는 사례였다. 이 전략의 오류는 오셔너시가 범한 실수와 흡사했다. 즉, 장기간의 데이터를 대량으로 처리하면 많은 패턴이 나타나게 된다. 우연히 나타난 패턴이라 하더라도 평균 이상의 주가수익을 내는 종목 사이에서는 공통적인 특징을 흔히 발견할 수 있다. 하지만 특정한 종목의 초과수익을 이끈 직접적인 원인이 아니라면, 이러한 요소를 미래수익을 예측하는 데 사용해서는 안 된다.

가장 높은 점수를 기록하는 종목 포기, 그다음으로 높은 점수를 기록하는 종목에 2배 투자, 배당수익률을 주가의 제곱근으로 나누기 등 모틀리풀이 요란하게 제시한 기법들은 타당한 전략이라고 보기도 어려웠고, 기대만큼 성과를 이끌지도 못했다. 더욱이《머니 매거진Money Magazine》은 기호가 겹치지 않는 주식들을 모아 포트폴리오를 구성하기만 해도 바보 종목 기법만큼 성과를 낼 수 있다는 것을 발견했다. 결국 이 모든 전략의 성공 여부는 운에 달린 것이었다.[14] 그러나 주식의 미래 성과를 가늠하는 근거로 삼아야 할 것은 그레이엄이 끊임없이 우리에게 일깨운 것처럼 바로 해당 기업의 활동이다. 그 이상도 그 이하도 아니다.

네 개의 바보 종목 기법은 시장에서 큰 관심을 끌었지만, 이 기법을 전략적으로 활용하고자 했던 수천 명의 투자자는 절망을 맛보아야 했다. 2000년의 경우 다우존스 지수의 하락률은 4.7%에 그쳤지만, 캐터필러Caterpillar, 이스트먼 코닥Eastman Kodak, SBC, GMGeneral Motors과 같은 바보 종목의 주가는 14%나 폭락하고 만 것이다.

즉, 월스트리트의 약세장에서 투자자를 희생양으로 만드는 요인은 단 하나, 바로 어리석은 판단이다. 판단력을 흐리게 하는 투자전략을 끌어들이는 순간, 그레이엄의 법칙에 따라 투자자는 주식시장에서 쉬운 먹잇감으로 전락한다. 좀 더 높은 투자 성과를 노리는 기계적인 공식들은 '한계수익 체감의 법칙과 유사한 일종의 자멸 과정'을 겪는다. 어떤 공식을 적용한 후 손실을 보았다면 그 이유는 두 가지로 압축된다. 첫째, 그 공식은 바보 종목 기법과 같이 확률적인 요행에 기댄 것이다. 투자자가 확률을 좇는 공식이 얼마나

---

14 1999년 8월호《머니》에 실린 제이슨 츠바이크의 "기만적인 이윤(False Profit)" 55쪽부터 57쪽을 참조하라. 바보 넷에 대한 자세한 분석은 www.investorhome.com/fool.htm에서 확인할 수 있다.

무의미한 것인지 깨닫는 데는 오랜 시간이 걸리지 않는다. 둘째, 1월 효과처럼 처음에는 타당성을 인정받은 공식이라도 시장에서 대중화되기 시작하면 전문성은 물론 미래의 예측 가능성 또한 사라지게 된다.

이쯤에서 우리는 그레이엄의 경고 즉, 투기란 프로 도박사가 카지노에서 하는 도박과 별반 다르지 않다는 것을 되새겨야 한다.

- 투기를 하고 있으면서 투자를 하는 것이라 여기며 스스로를 기만하지 말라.
- 투기의 위험성을 깨달았을 때는 이미 치명적인 상태다.
- 도박에 사용할 돈의 액수에는 엄격한 한도를 두어야 한다.

카지노판에 100달러만 풀고 나머지 돈은 호텔 금고 속에 보관하는 노련한 도박사처럼 현명한 투자자 또한 전체 포트폴리오에서 '충동적인 매수에 사용 가능한 비상금mad money'을 따로 관리해야 한다. 전체 자금 중 투기의 위험에 노출할 수 있는 최대한의 금액은 대체로 10% 정도다. 투기와 투자에 사용할 자금은 절대 섞지 말라. 투기적인 생각이 투자활동에까지 영향을 미치지 않게 하라. 또한 절대로 자산의 10% 이상을 비상금으로 설정하지 말라. 좋든 싫든 도박은 인간 본성의 일부다. 따라서 도박 본능을 억누르기만 하는 것은 효과가 없다. 도박의 한도를 제한하고 삼가야 한다. 무엇보다 좋은 방법은 투기와 투자를 혼동하는 어리석음을 경계하는 것이다.

2장
투자자와 인플레이션

최근 수년간 일반 대중은 인플레이션을 걱정하고 나름대로 대비책을 세우느라 마음 편할 날이 없었다. 그 결과 현금 구매력은 과거에 비해 크게 위축되었다. 앞으로 더 큰 규모로 추가적인 여파가 있으리라는 두려움은 월스트리트의 심리에도 막대한 영향을 미쳤다. 이러한 여파는 투기자 입장에서는 오히려 바라는 것이기도 했다. 고정적인 현금 수입에 의존하는 사람들은 물가가 오르면 그만큼 고통이 가중될 것이 분명하다. 고정적인 원금의 경우도 마찬가지일 것이다. 반면, 주식을 보유한 사람들은 현금 구매력이 감소하더라도 배당금 증가나 주가상승 기회를 노려 어느 정도 버틸 수 있다.

이와 같은 분위기 속에서 많은 투자전문가가 (1) 채권은 본질적으로 바람직하지 않은 투자 형태이며, (2) 채권보다 주식에 투자하는 것이 본질적으로 더 유리하다고 결론지었다. 자선 단체를 대상으로 한 자문에서는 채권 없이 100% 주식만으로 포트폴리오를 구성하라는 조언이 많았다.* 법적으로 신탁투자를 약간의 우선주를 포함해 우량채권에만 제한했던 이전의 상황과는 사뭇 다르다.

이 책의 독자라면 우량주라도 채권보다 항상 더 나은 투자대상이 될 수 없다는 사실을 잊지 말아야 한다. 주식시장이 상승세를 보이거나, 채권수익률에 비해 현재 배당수익률이 낮은 경우에도 마찬가지다. 주식의 유리함을 내세우는 것은 수년 전에 익히 들었듯이, 정반대로 채권이 주식보다 훨씬 안전하다고 목소리를 높이던 주장만큼이나 터무니없다. 이 장에서는 인플레이션 요인에 다양한 방법을 적용하며 향후 가격 상승과 관련한 기대치에 투자자가 어느 정도까지 현명하게 대처할 수 있을지 살펴본다.

다른 경제 분야와 마찬가지로 이 분야에서도 미래 투자전략은 과거 경험과 지식을 바탕으로 세워져야 한다. 인플레이션이 이 나라가 처음 겪는 현상인가? 아니면 적어도 1965년 이후에 더 심각하게 불거진 문제인가? 지금 상황과 비슷하거나 더 심각한 인플레이션 경험이 있다면, 우리는 그러한 경험으로 어떤 교훈을 얻을 수 있을까? 일반물가 수준의 변화와 이에 따른 주식의 시가총액 및 기업순이익의 변화를 역사적으로 정리한 〈표 2-1〉을 먼저 살펴보자. 이 표는 1915년부터 55년 동안 변화된 수치를 5년 주기로 보여주고 있다. 단, 1945년은 전시 가격통제 기간이라 제외한 대신 1946년의 자료를 사용했다.

첫 번째 주목할 것은 과거에도 인플레이션 현상은 자주 발생했다는 사실이다. 가장 심했던 기간은 1915년부터 1920년 사이인데, 이 기간에 물가는

---

* 1990년대 후반 존속기간이 거의 무한한 기금이나 자선단체에 있어서 장기적인 투자가 적절하다는 투자이론이 확산되어, 수명이 정해져 있는 개인투자자들에게까지 유행하게 되었다. 와튼 경영대학원의 투자론 교수 제러미 시겔은 그의 유명한 저서 1994년판 『장기주식투자(Stocks for the Long Run)』에서 "위험을 감수하는" 투자자는 순자산의 3분의 1 이상을 빌려서 주식이 자산의 135%까지 되도록 신용으로 매수해야 한다고 권고했다. 정부 관료도 이러한 분위기에 동참했다. 1999년 2월 메릴랜드 주 재무담당 리처드 딕슨(Richard Dixon)은 투자설명회에서 청중들에게 이렇게 말했다. "채권펀드에 투자하는 사람은 도대체 이해가 가지 않습니다."

<표 2-1> 1915~1970년 일반물가, 주당순이익 및 주가의 5년 주기 추이

연도	물가 수준[a]		S&P500 지수[b]		전년대비 증감율			
	도매물가	소비자물가	수익	주가	도매물가	소비자물가	주식수익비율	주가
1915	38.0	35.4		8.31				
1920	84.5	69.8		7.98	96.0%	96.8%		-4.0%
1925	56.6	61.1	1.24	11.15	-33.4	-12.4		41.5
1930	47.3	58.2	.97	21.63	-16.5	-4.7	-21.9%	88.0
1935	43.8	47.8	.76	15.47	-7.4	-18.0	-21.6	-26.0
1940	43.0	48.8	1.05	11.02	-0.2	2.1	33.1	-28.8
1946[c]	66.1	68.0	1.06	17.08	53.7	40.0	1.0	55.0
1950	86.8	83.8	2.84	18.40	31.5	23.1	168.0	21.4
1955	97.2	93.3	3.62	40.49	6.2	11.4	27.4	121.0
1960	100.7	103.1	3.27	55.85	9.2	10.5	-9.7	38.0
1965	102.5	109.9	5.19	88.17	1.8	6.6	58.8	57.0
1970	117.5	134.0	5.36	92.15	14.6	21.9	3.3	4.4

a) 연평균을 기준으로 한 수치다. 이 표에서 1957년 당시 물가 수준은 100이다. 그러나 주가지수 기준으로 1967년의
물가 수준을 100으로 잡으면, 1970년의 평균 소비자물가는 116.3, 도매물가는 110.4로 산정된다.
b) 1941년부터 1943년까지 평균 S&P 지수는 10이었다.
c) 1945년은 전시 가격통제 시기였으므로 제외하고, 대신 1946년 수치를 사용했다.

거의 2배로 상승했다. 이에 비해 1965년부터 1970년 사이의 물가상승률은
15% 정도였다. 그 사이에 물가는 세 차례 하락하였고, 여러 번에 걸쳐 약간
의 상승 곡선을 그리기도 했다. 큰 폭의 물가상승이 발생한 경우는 여섯 번
이었다. 따라서 투자자는 인플레이션이란 언제든지 지속되거나 반복적으로
발생할 수 있다는 점을 분명히 인식하고 있어야 한다.

그렇다면 인플레이션의 비율은 어느 정도로 짐작할 수 있을까? 이 표에
는 여러 변수가 모두 포함되어 있어 수치 패턴만으로 정확하게 예측할 수 없
다. 하지만 과거 20년 동안 일관성 있게 기록된 정보를 살펴본다면 실마리

를 얻을 수 있다. 이 기간 중 연평균 소비자물가상승률이 2.5%였던 것에 반해, 1965년부터 1970년 사이의 물가상승률은 4.5%, 1970년 한 해는 5.4%를 기록했다. 그동안 정부가 공식적으로 고수해 온 정책은 큰 폭의 인플레이션을 강력하게 억제하는 것이었다. 여러 가지 이유로 연방 정책은 앞으로 큰 효과를 발휘할 것으로 기대된다.* 확실하지는 않지만 현재 상황에 비추어 투자자가 미래의 인플레이션 비율을 연 3% 정도로 예상하는 것이 합리적이라고 본다. 참고로, 1915년부터 1970년까지 연평균 인플레이션 비율은 2.5%였다.**

이러한 예상 수치가 의미하는 것은 무엇일까? 현재 비과세 중기 우량채권에서 얻을 수 있는 수익 또는 우량회사채에서 예상되는 세후 수익 중 절반은 물가상승으로 잠식된다는 것을 의미한다. 이 정도면 상당한 손실이긴 하지만, 그렇다고 확대해석할 필요는 없다. 이 결과가 반드시 투자자산의 실질가치 또는 구매력의 장기적인 위축으로 이어지는 것은 아니기 때문이다. 투자자가 소비 규모를 세후 이자소득의 절반으로 유지한다면, 연간 3%의 인플레이션 비율하에서도 투자자산의 구매력을 그대로 유지할 수 있다.

그렇다면 누군가는 자연스럽게 다음과 같은 질문을 던질 수 있다. "1970년부터 1971년까지의 전례 없이 높은 수익률만 보더라도 투자자 입장에서는 우량채권보다 주식을 매수하고 보유하는 편이 더 유리하다고 확신하지 않을까요?" 이 질문을 더 구체적으로 풀어서 설명하자면 이렇다. 주식과 채권

---

* 이것은 그레이엄의 몇 안 되는 잘못된 판단 중 하나다. 2년 뒤인 1973년에 인플레이션이 2차 대전 후 최고 수준인 8.7%를 기록하면서 리처드 닉슨(Richard Nixon) 대통령은 임금 및 물가 통제를 실시하게 되었다. 1973년부터 1982년까지 10년 동안 미국은 생계비가 2배 이상 상승하는 등 근현대사 중 가장 심각한 인플레이션을 겪었다.

** 이 글은 닉슨 대통령이 2단계 통제령에 이어 1971년 8월에 임금 및 물가 동결 정책을 발표하기 전에 쓰였다. 이와 같은 중요한 전개 과정은 위에서 설명한 관점을 확인시켜 줄 것이다.

을 혼합하여 투자하는 것보다 주식에 모두 투자하는 것이 선호되지 않을까? 인플레이션으로 인한 손실을 어느 정도 보충할 수 있는 주식이 장기적으로 볼 때 채권보다 더 나은 수익원이라는 점은 거의 확실하지 않을까? 실제로 지난 55년간의 분석기간 중 주식이 채권보다 훨씬 높은 수익을 보여 주지 않았는가?

이 질문에 대한 답은 다소 복잡하다. 장기적으로 볼 때 주식이 채권보다 높은 수익률을 보인 것은 사실이다. 다우존스 지수는 1915년에 77 수준이었지만, 1970년에는 753까지 상승했다. 여기에 연간 약 4%에 이르는 복리 인상과 평균 배당수익률 4% 증가가 더해졌다. S&P 지수의 수치도 이와 거의 비슷했다. 복리와 배당수익률까지 포함하면 주식수익비율은 연 8%에 달했다. 이 수치는 분명히 55년 동안 채권에서 기대할 수 있는 수익보다 높지만, 현재 우량채권의 수익률에는 미치지 못한다. 그렇다면 논리적으로 다음과 같은 질문이 도출된다. 보통주가 지난 반세기보다 앞으로 더 높은 수익을 가져다줄 것이라고 믿을 만한 근거가 있는가?

이 핵심적인 질문에 우리는 단호하게 답할 수 있다. "그러한 근거는 없다." 주식으로 과거보다 더 높은 수익을 올릴 수는 있겠지만, 그러한 결과를 결코 보장할 수는 없다. 여기에서 다시 우리는 장기적 관점과 단기적 관점에서 투자 성과와 관련하여 다음과 같은 질문을 던질 수 있다. 첫째, "장기적으로, 예를 들어 25년 동안에 어떤 일이 발생할 것인가?" 둘째, "5년 이하의 단기 또는 중기적인 기간에 투자자는 재정적으로나 심리적으로 어떤 변화를 겪을 것인가?" 투자자의 마음가짐, 희망과 걱정, 자신의 투자에 대한 만족과 불만, 향후 투자 결정 등은 과거 개인의 투자 역사를 더듬어 도출된다기보다 매년 닥치는 경험에 좌우된다.

여기에서 우리가 단언할 수 있는 것은 인플레이션 혹은 디플레이션과 주식수익 및 주가 변동 사이에는 시기적으로 밀접한 상관관계가 없다는 사실이다. 확실한 예로 1966년부터 1979년까지의 기간을 들 수 있다. 당시 5년 단위 물가상승률은 22%로, 1946년부터 1950년 이후 최대치를 기록했다. 반면 1965년 이후 주식수익과 주가는 모두 전체적으로 하락세를 보였다. 이전의 5년 주기 기록에서도 이와 비슷한 모순을 발견할 수 있다.

인플레이션과 기업소득

이 문제에 대한 또 다른 매우 중요한 접근 방법은 미국 기업의 자본수익률을 살펴보는 것이다. 물론 자본수익률은 경제활동의 전반적인 수준에 따라 등락하지만, 도매물가나 소비자물가와 직접적인 연관성은 관찰되지 않는다. 실제로 과거 20년 동안 인플레이션을 겪으면서도 같은 기간 자본수익률은 현저하게 하락했다. 〈표 2-2〉에서 볼 수 있듯이 이와 같은 하락 원인으로는 더욱 자유로워진 감가상각률 정책을 꼽을 수 있다. 또한 추가적인 연구 결과에 따르면 투자자는 최근 5년간의 다우존스 지수 수익률, 즉 장부가치의 약 10% 정도로 추산되는 순유형자산보다 크게 높은 수준을 기대할 수 없다.* 이러한 종목들의 시가총액은 장부가치를 크게 웃돈다. 1971년 중반에는 장부가치가 560인 종목의 시가총액은 900에 이른다. 따라서 현재 주가에 반영되는 기업이익은 6.25% 수준에 그친다. 참고로, 이 수치의 관계를 역으로 따질 때는 배수로 표현한다. 예를 들어 다우존스 지수 900은 1971년 6월까지의 12개월 동안 실제수익의 18배 수준이다.

---

* S&P 지수 425개 종목에서 벌어들인 수익률은 자산가치에서 약 11.5%를 차지했다. 높은 수익성을 자랑하면서도 다우존스 지수 30개 종목에 속하지 않은 대기업 IBM이 포함되었기 때문이다.

이러한 수치는 앞 장*에서 투자자가 주식의 시가기준 3.6%의 평균 배당수익률과 재투자 수익으로 인한 연간 4%의 주가상승을 합한 만큼의 수익을 얻을 수 있다는 결론과 일치한다. 단, 장부가치상으로 1달러가 오를 때마다 시장가치는 약 1달러 60센트가 상승한다고 가정한다.

독자들은 이러한 계산이 연평균 3%로 추정된 인플레이션에 따르는 주식의 수익과 가치 상승을 고려하지 않은 것이라고 반론할 수도 있다. 그러나 과거 우리가 경험했던 상당한 수준의 인플레이션이 주당순이익에 직접적인 영향을 주었다는 증거는 어디에도 없다. 그보다 다우지수의 상장 기업들이 지난 20년 동안 기록한 큰 폭의 이익 신장은 대부분 이윤을 재투자하면서 투자자본이 비례적으로 급증함에 따라 발생한 것이었다. 만약 인플레이션이 긍정적 요소로 작용했다면, 그 효과는 기존 자본 가치의 상승으로 이어졌을 것이다. 그 결과 순차적으로 기존 자본의 수익률 향상과 새로운 자본 증가가 발생하며, 이러한 증가분에 기존 자본이 더해지면서 그 효과가 증폭될 수 있을 것이다. 그러나 현실적으로 소비자물가보다 기업 수익에 영향을 미치는 도매물가 수준이 40%나 상승한 과거 20년 동안 이러한 현상은 발생하지 않았다. 인플레이션으로 주식 가치가 오를 수 있는 유일한 방법은 자본투자 수익률의 상승이지만, 과거 기록에서 그러한 사례는 찾아볼 수 없다.

과거 경기순환과정에서 호경기에는 물가가 상승하고 불경기에는 물가가 하락했다. 따라서 '완만한 인플레이션'은 기업 수익에 도움이 된다는 것이 일반적인 견해였다. 이 견해는 전반적인 호경기와 물가상승을 동반했던 1950년부터 1970년까지의 기간 중에는 들어맞았다. 그러나 당시 수치는 이러한 변동이 주식자본, 즉 자기자본의 수익 창출 능력에 미치는 영향이 상당

---

* 1장을 참조하라.

〈표 2-2〉 1950~1969년의 회사부채, 수익 및 자본수익률 추이

연도	순부채 (십억 달러)	세전 수익 (백만 달러)	세후 수익 (백만 달러)	자본수익률 (S&P 자료)[a]	자본수익률 (기타 자료)[b]
1950	$140.2	$42.6	$17.8	18.3%	15.0%
1955	212.1	48.6	27.0	18.3	12.9
1960	302.8	49.7	26.7	10.4	9.1
1965	453.3	77.8	46.5	10.8	11.8
1969	692.9	91.2	48.5	11.8	11.3

a) S&P 지수의 주당수익을 당해 연도 평균 장부가치로 나눈 수치다.
b) 코틀(Cottle)과 휘트먼(Whitman)의 자료에서 1950년과 1955년, 《포천》에서 1960년, 1965년, 1969년 정보를 참고했다.

히 제한적임을 보여 주었다. 사실 투자수익률 유지에도 도움이 되지 않았다. 오히려 미국 기업 전체의 실질적인 수익성 증가를 저해하는 데 일조했다. 이와 같은 결과를 이끈 중요한 요인은 (1) 생산성 증가를 웃도는 임금상승과 (2) 막대한 신규자본 수요로 인한 투자자본 대비 매출 비율의 하락이었다.

〈표 2-2〉에서 확인할 수 있는 수치 또한 인플레이션이 기업과 주주들에게 이익을 주기는커녕 오히려 정반대의 효과를 가져온다는 사실을 보여 준다. 이 표에서 놀라운 점은 바로 1950년부터 1969년 사이에 급증한 기업 부채다. 그보다 더 놀라운 것은 경제학자나 월스트리트의 전문 분석가들이 이러한 변화에 전혀 주의를 기울이지 않았다는 사실이다. 이 자료에 따르면 기업의 세전 이익이 2배 정도 증가한 반면, 부채는 거의 5배 수준으로 급속히 팽창하였다. 같은 기간에 이자율이 급등했음을 감안하면 기업의 총부채가 경제는 물론 각 기업에도 심각한 문제를 일으킨 것이 분명하다. 예를 들어, 1950년에 이자비용 공제 후 세전 이익은 부채의 30%에 달했으나 1969년에는 겨우 13.2%에 불과했다. 1970년에는 더욱 낮았을 것이다. 종합해 보면 회사의 자기자본으로 벌어들인 11%의 수익 중 상당 부분은 세후 4% 이하

의 비용이 소요되는 대규모의 신규부채에서 비롯된 것으로 보인다. 만약 기업들이 신규부채를 늘리지 않고 1950년의 부채비율을 유지했다면 인플레이션에도 불구하고 자기자본 수익의 하락률을 낮출 수 있었을 것이다.

주식시장에서 공공 유틸리티 기업은 인플레이션의 최대 희생자로 꼽힌다. 이 기업들은 차입비용이 급증하는 환경에서 규제조치로 인해 판매 단가를 쉽게 인상할 수 없기 때문이다. 그러나 전기, 가스, 통신 서비스의 단위 비용이 일반 물가보다 훨씬 적게 상승한다는 점을 감안하면, 장기적으로 이러한 회사들이 강력한 전략적 지위를 차지하게 될 것이다.* 이러한 기업에 대해서는 투자자본 대비 적정 수익을 유지할 수 있도록 가격을 결정할 권리가 법적으로 보장되며, 이러한 조처는 과거 인플레이션 시기와 마찬가지로 앞으로도 주주들을 보호해 줄 것이다.

위의 모든 상황을 종합해 보면 1971년 후반의 주가 수준으로 매수한 다우존스 우량주의 포트폴리오로는 평균 8% 이상의 수익률을 기대하기 어렵다. 이 기대치가 상당히 보수적으로 추정한 결과라 하더라도 이 사례가 100% 주식 투자전략을 지지한다고는 볼 수 없다. 앞으로 보장할 수 있는 것은 주식 포트폴리오의 수익과 연평균 시장가치가 4% 또는 특정한 수치로 일정하게 증가하지 않으리라는 사실이다. J. P. 모건J. P. Morgan이 남긴 명언 중에 이런 말이 있다. "모든 주가는 변동한다."** 이 말은 우선 오늘이나 내일 주가로 주식을 매수한 사람은 그 순간부터 몇 년 동안 만족스럽지 못한 결과를

---

* 1971년에 AT&T가 발표한 자료에 따르면 1960년에 비해 1970년에 거주 시설 전화서비스에 부과되는 요금 비율이 다소 감소했다.

** J. P. 모건은 19세기 말과 20세기 초를 주름잡은 대표적인 금융계 거물이었다. 그의 방대한 영향력으로 인해 그에게는 다음 주식시장에 관해 묻는 질문이 끊이지 않았다. 모건은 간결하면서도 정확할 수밖에 없는 답변 하나를 생각해 냈다. "변동하겠지요." 진 스트라우스(Jean Strous)의 『모건: 미국의 금융인(Morgan: American Financier)』(Random House, 1999) 11쪽을 보라.

안을 수 있는 위험에 노출된다는 뜻이다. GE사를 포함한 다우존스 시장이 1929년과 1932년 사이에 주가 대폭락을 겪은 후 이를 회복하기까지 무려 25년의 시간이 걸렸다. 그만큼 주식만으로 포트폴리오를 구성한 투자자는 주가 등락에 따라 환호와 절망 사이를 오가게 된다. 인플레이션이 심화될 것을 예상하고 주식을 매수한 경우라면 더욱 그러하다. 이러한 투자자는 이후 이어지는 강세장에서 주가가 큰 폭으로 상승할 경우 곧 주가가 하락할 수 있다는 위험 신호나 그동안의 수익을 현금화할 기회로 여기지 않고 주가 수준이나 배당수익률에 상관없이 주식을 계속 매수할 근거로 삼기 때문이다. 이렇게 하다 보면 결국 후회만 남게 된다.

인플레이션 헤지 수단으로서 보통주에 대한 대안

전 세계에서 자국 통화를 불신하는 사람들이 구사하는 기본적인 투자전략은 금을 매수하여 보유하는 것이다. 미국에서는 이러한 행위가 1935년부터 법적으로 금지되었다. 미국인들로서는 다행스러운 일이다. 과거 35년간 금 시장가격은 온스당 35달러에서 1972년 초에는 48달러까지 35% 정도의 상승률은 보인 반면, 이 기간 동안 금을 보유한 사람들은 소득 없이 오히려 보관비용을 매년 지출해야 했기 때문이다. 이러한 상황이라면 물가상승을 감안하더라도 금에 투자하는 것보다 은행에 현금을 예치하고 이자를 받는 것이 훨씬 나았을 것이다.

이러한 사례에서 알 수 있듯이 금을 보유해도 달러의 구매력 손실을 거의 메우지 못했다. 그렇다면 일반 투자자가 사실상 '실물'***에 투자하여 인플레이션에 대처할 수 있는지 의문이 남게 된다. 다이아몬드, 유명 화가의 작품, 초판본 책, 희귀 우표나 동전처럼 시간이 지날수록 가격이 크게 오르는 진귀한 품목들도 있다. 그러나 이러한 희귀 품목의 가격은 인위적으로 형성되고, 호가의 근거가 미약할 뿐 아니라, 비현실적인 요소가 작용하기도 한다. 이 유야 어찌되었든 실제로 그해에 주조되지도 않았으면서 1804년이라고 찍힌 은화를 6만 7500달러에 사들이는 것을 '투자 행위'로 보기는 어렵다.* 우리가 이 분야에 깊이 아는 것이 없다는 점은 인정한다. 그러나 관심이 있는 독자라도 이러한 품목에 투자하는 길을 쉽게 찾는 이는 거의 없을 것이다.

부동산 소유는 인플레이션에 효과적으로 대비할 수 있는 건전한 장기투자로 오랫동안 여겨져 왔다. 그러나 부동산 가격 또한 큰 폭으로 오르내릴 수 있으며, 위치 선택이나 대금 지급 과정에서 심각한 실수를 범할 수도 있다. 중개인의 사기에 걸려드는 경우도 있다. 또한 주식 지분을 매수하는 과정과 크게 다르지 않은 신규 분양의 경우도 다른 투자자와 다양한 방식으로 협조하여 특수한 대비책을 세울 수 있는 상황이 아니라면 소규모 자산을 운용하는 일반 투자자에게는 그다지 실용적인 분산투자 전략으로 볼 수 없다. 이러한 분야 역시 이 책에서 다룰 소재는 아니다. 다만, 우리는 독자에게 다음과 같은 말을 전하고자 한다. "발을 들여놓기 전에 나의 것이 맞는지 확인하라."

*** 투자이론가 피터 L. 번스타인(Peter L. Bernstein)은 그레이엄이 귀금속, 특히 금에 관한 한 "완전히 틀렸다"고 판단했다. 적어도 그레이엄이 이 장을 집필한 후 금은 오랫동안 인플레이션을 앞지르는 저력을 보여 주고 있기 때문이다. 투자자문가 윌리엄 번스타인 또한 그의 의견에 동의하며, 귀금속 펀드에 아주 적은 비중으로 배분(총 투자자산의 2% 정도)한다면 금 가격이 하락하더라도 총 수익에는 영향이 없을 것이라고 지적했다. 그러나 금 가격이 상승하는 경우에는 수익률이 급격히 신장하여(연간 100%가 넘는 경우도 있다) 평범해 보이던 포트폴리오를 화려하게 둔갑시킬 수 있다. 그러나 현명한 투자자라면 높은 보관비용과 보험료가 드는 금에 직접 투자하는 것을 피하고 대신 연간 수수료 1% 이하이며 귀금속회사에 관한 특화된 정보와 분산투자 능력을 갖춘 뮤추얼펀드를 찾는 것이 좋다. 한도는 총 금융자산의 2% 이내로 제한하라. 단, 65세 이상 투자자라면 5%까지 고려할 수 있다.

* 《월스트리트 저널》 1970년 10월호에 실린 내용이다.

결론

이제 1장에서 우리가 추천한 투자 방법을 돌이켜 보자. 미래의 불확실성만을 생각하더라도 투자자는 모든 자산을 한 바구니에 담아서는 안 된다. 최근 채권에 투자한 이들이 전례 없이 고수익을 거두었지만, 그러한 사례에 기대어 채권으로만 포트폴리오를 구성할 수는 없는 일이다. 마찬가지로, 지속적인 인플레이션이 예상되더라도 주식만으로 구성한 포트폴리오는 위험하다.

포트폴리오와 거기에서 파생하는 수익에 대한 의존도가 높을수록 투자자는 예기치 못한 불안정한 요소들을 더욱더 경계해야 한다. 보수적인 투자자라면 위험을 최소화할 방법을 찾아야 한다. 예를 들어, 수익률이 거의 7.5%인 전화회사 채권을 사는 투자자는 다우존스 지수가 900 수준인 종목이나 이와 비슷한 수준의 주식을 매수하는 경우보다 훨씬 적은 위험에 노출된다. 그러나 큰 폭의 인플레이션이 발생할 가능성은 늘 있는 만큼 투자자는 이에 대한 대비책을 마련해야 한다. 주식수익으로 인플레이션으로 인한 손실을 완전히 메울 수는 없지만 채권보다는 효과적일 것이다.

다음 글은 1965년판에서 우리가 이와 같은 주제와 관련하여 언급한 내용이다. 오늘날 상황에도 우리는 똑같은 조언을 할 수 있을 것이다.

다우존스 지수 892 선의 최근 주가 수준에서 독자들은 주식에 대해 크게 열광하지 않는 것으로 보인다. 그러나 앞서 지적한 이유에 따라 방어적인 투자자라면 포트폴리오에 주식이 적당한 비중을 차지하도록 해야 한다. 주식이 그나마 채권보다는 손실을 줄일 수 있는 것이라 하더라도, 하나에만 집중하여 포트폴리오를 구성하는 전략만큼은 피해야 한다.

2장 논평

> 미국인들은 갈수록 강해지고 있다. 20년 전에는 10달러어치의 식료품을 운반하는 데 두 사람이 필요했다. 이제 그 정도는 다섯 살짜리 아이 혼자 할 수 있다.
>
> 헤니 영맨(Henny Youngman)

인플레이션이 걱정되는가? 인플레이션에는 어떤 사람이 관심을 가질까?

1997년부터 2002년 사이에 발생한 재화 및 서비스 비용의 연간 상승률은 평균 2.2%에 미치지 못한 것으로 발표되었지만, 경제학자들은 이마저도 과장된 측면이 있다고 본다.[1] 예를 들어, 그동안 컴퓨터와 가전제품의 가격이 얼마나 내려갔고, 많은 제품의 품질이 얼마나 향상되었는지 생각해 보라. 그만큼 소비자들에게 돈의 가치가 훨씬 높아졌다는 것을 의미한다. 최근 미국의 실제 물가상승률은 연간 1% 정도였다. 물가상승률이 이처럼 미미하자 많은 전문가가 이제 '인플레이션의 종말'이 왔다며 자축하기도 했다.[2]

---

1 미국 노동통계국은 인플레이션을 평가하는 소비자물가 지수를 산출하고 있다.

2 공식적인 인플레이션 비율의 정확성을 판단하기 위해 구성된 미국 정부는 경제학자들을 중심으로 보스킨 위원회(Boskin Commission)를 구성했다. 1996년에 이 위원회는 매년 인플레이션 비율이 약 2%가량 과장되었다고 추정했다. 이 위원회의 보고서 자료는 www.ssa.gov/history/reports/boskinrpt.html에서 확인할 수 있다. 현재 많은 투자전문가들은 인플레이션보다 더욱 위협적인 것은 가격이 하락하는 디플레이션이라는 데 의견을 같이한다. 그러한 위험에 대처하기 위한 최선의 방법은 투자 포트폴리오에 영구적인 구성요소로 채권을 포함하는 것이다. 4장 논평을 참조하라.

화폐 환상

투자자들이 인플레이션의 중요성을 간과하는 데는 또 다른 이유가 있다. 바로 심리학자들이 '화폐 환상~money illusion~'이라고 부르는 현상 때문이다. 물가 상승률이 4%인데 급여가 2% 오른다면, 물가는 오르지 않고 급여가 2% 감소한 경우보다 훨씬 기분 좋게 받아들여진다. 하지만 두 경우 모두 물가상승을 감안할 경우 급여는 2% 감소했다는 점에서 똑같다. 명목적인(절대적인) 수치가 증가하면, 우리는 그러한 변화를 긍정적으로 해석한다. 실질적인(또는 인플레이션 이후) 수치가 감소하더라도 마찬가지다. 더군다나 급여의 변화는 경제 전반의 일반적인 물가 변화보다 훨씬 생생하고 현실적으로 느껴진다.[3] 예를 들어, 1980년에 은행의 양도성예금증서~CD: Certificate of Deposit~로 11%의 수익을 올린 투자자들은 환호했지만, 2003년에는 수익률이 2%에 머물자 매우 실망스러워했다. 하지만 당시 인플레이션 비율을 감안하면 투자자들이 실제로 손실을 본 것은 1980년이었고, 2003년에는 인플레이션보다 높은 수익률로 이득을 보았다. 은행 건물 벽의 광고지가 자랑하는 높은 명목 이자율도 보는 이들의 마음을 설레게 하지만, 인플레이션은 이 수치를 남몰래 갉아먹는다. 떠들썩한 광고 한번 없이 인플레이션은 우리의 재산을 그렇게 잠식해 간다. 인플레이션이 그토록 간과되기 쉬운 이유도 바로 이러한 특성 때문이다. 그래서 투자의 성공은 명목적인 수치만이 아니라 인플레이션을 감안한 후의 실질적인 성과를 근거로 판단하는 것이 중요하다.

좀 더 근본적으로, 현명한 투자자는 예상을 빗나가거나 과소평가되는 상

---

3 행동의 함정에 관한 더 자세한 논의는 다니엘 카네만(Daniel Kahneman)과 아모스 트버스키(Amos Tversky)가 엮은 『선택, 가치, 그리고 프레임(Choices, Values and Frames)』(Cambridge University Press, 2000) 중 엘다 샤피르(Eldar Shafir), 피터 다이아몬드(Peter Diamond), 아모스 트버스키가 집필한 "화폐 환상(Money Illusion)" 335쪽부터 355쪽을 참조하라.

황들을 항상 경계해야 한다. 그런 면에서 다음과 같은 세 가지 이유를 들어 우리는 인플레이션의 종말을 믿지 않는다.

- 1973년부터 1982년 사이에 미국은 역사상 가장 고통스러운 인플레이션 폭발을 겪었다. 소비자물가 지수에서 알 수 있듯이 이 기간에 물가는 2배 이상, 연평균 9%씩 상승했다. 1979년에만 인플레이션 비율은 13.3%에 달했는데, 급기야 '스태그플레이션stagflation' 상태로 접어들면서 경제는 마비 상태에 이르렀다. 이에 따라 많은 비평가가 세계 시장에서 미국이 갖는 경쟁력에 대해 의문을 갖기 시작했다.[4] 재화와 서비스 물가는 1973년 초 100달러에서 1982년 말에는 230달러로 상승하며, 1달러의 가치를 45센트 이하로 하락시켰다. 이 시기를 겪은 사람이라면 누구나 자산이 이처럼 쉽게 붕괴될 수 있다는 교훈을 깊이 새겼다. 현명한 사람은 또한 이러한 위험이 반복적으로 발생할 가능성에 대처해야 했다.

- 1960년 이후 전 세계 시장경제 국가 중 69%는 물가상승률이 연간 25% 이상에 달하는 경우를 적어도 한 차례 이상 겪었다. 이처럼 물가가 폭등하는 시기에 투자자의 구매력은 53%가량 축소된다.[5] 제대로 된 생각을 갖고 있다면 미국은 당연히 이러한 재앙을 어떻게든 피하고자 노력할 것이다. 그렇다고 해서 미국에 이러한 상황이 발생하지 않을

---

4 그해 지미 카터 대통령은 한 연설에서 무력감을 언급하며 미국의 국가적 의지를 약화시키고 정치사회 조직을 위협하는 '신뢰의 위기'를 경고했다.

5 전미경제연구소(National Bureau of Economic Research, NBER)가 발간한 《조사보고서 8930(Working Paper 8930)》중 스탠리 피셔(Stanley Fischer), 라트나 사헤이(Ratna Sahay), 카를로스 A. 베그(Carlos A. Vegh)의 "현대의 초인플레이션(Modern Hyper and High Inflation)"을 참조하라. 이 보고서는 http://www.nber.org/papers/w8930에서 확인할 수 있다.

것이라고 믿는 것은 훨씬 더 어리석은 일이다.[6]

- 물가가 상승하면 화폐가치가 떨어진다. 결과적으로 미국 정부 입장에서는 달러 부채를 더 쉽게 갚을 수 있게 된다. 따라서 인플레이션을 완전히 없애는 것은 정기적으로 돈을 빌리는 정부의 경제적 이해관계에 반하게 된다.[7]

절반의 대비책

그렇다면 현명한 투자자가 인플레이션에 효과적으로 대처하는 방법은 무엇일까? 이 질문에 대한 일반적인 답은 이렇다. "주식을 사라." 하지만 이것은 말 그대로 일반적인 답일 뿐, 정답은 아니다.

〈그림 2-1〉에서는 1926년부터 2002년까지의 인플레이션과 주가 관계를 살펴볼 수 있다.

그림 왼쪽에서 볼 수 있듯이, 소비재와 서비스 물가가 하락한 해에 주식 투자 수익은 원래 가치에서 43%까지 떨어질 정도로 비참한 결과를 기록했다.[8] 그래프의 오른쪽 끝에서 보는 바와 같이 인플레이션 비율이 6%를 웃도는 시기에는 주식 시세 또한 심상치 않은 움직임을 보였다. 예를 들어, 인플

---

6 사실 미국은 두 번의 초인플레이션을 겪었다. 미국독립전쟁 시기인 1777년부터 1779년 사이에 물가는 연간 두 배씩 상승했다. 그 결과 1파운드 남짓한 버터 가격이 12달러에 달했고, 밀가루 가격은 1배럴당 1,600달러로 치솟았다. 남북전쟁 당시에도 심각한 인플레이션이 발생하여, 연간 물가상승률이 북부는 29%, 남부는 200%에 달했다. 미국에서 가장 최근인 1946년에 발생한 인플레이션 비율은 18.1%를 기록했다.

7 이처럼 다소 냉소적이지만 정확한 통찰은 포드 재단(Ford Foundation)의 로렌스 시겔(Laurence Siegel)로부터 영감을 받았다. 이와 반대로 디플레이션(지속해서 가격이 하락하는) 시기에는 채무자보다 채권자에게 더욱 상황이 유리해진다. 바로 이러한 디플레이션에 대비한 보험 명목으로 많은 투자자가 보유 중인 채권 중 일부를 유지하고자 한다.

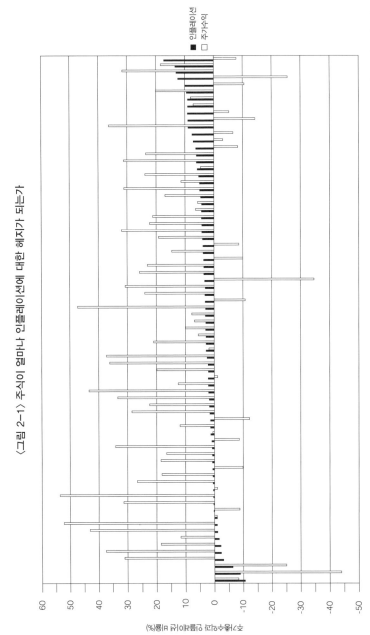

〈그림 2-1〉 주식이 얼마나 인플레이션에 대한 헤지가 되는가

* 이 그래프는 1926년부터 2002년까지 매년 물가상승률과 주가수익을 시간 순이 아닌 낮은 물가상승률 순서로 배열한 것이다. 물가가 떨어질수록(왼쪽 끝) 주가수익도 낮아진다. 대부분의 기간에서 물가가 적정한 수준으로 상승하면 주가수익도 대체로 양호한 양상을 보인다. 그러나 물가가 높은 수준으로 상승하면(오른쪽 끝), 주가수익은 불규칙하게 변동하며 10% 이상 손실을 보이게 된다.

* 출처: 이봇슨 어소시에이츠(Ibbotson Associates)

레이션이 6%를 초과한 14년 중에서 주식시장이 하락세를 보인 기간은 8년에 달했으며, 14년간 평균수익은 2.6%로 초라했다.

인플레이션이 완만하게 진행되는 경우 기업들은 원재료 비용 상승의 부담을 소비자에게 전가할 여유가 있지만, 급격한 인플레이션은 소비자들의 구매력을 위축시켜 전체 경제에 부정적인 영향을 미친다.

이와 관련한 역사적 증거는 명확하다. 1926년에 정확한 주식시장 데이터 산출이 가능해진 이후 5년 주기로 2002년까지 총 64회에 걸쳐 돌아왔다. 이 64회의 5년 주기 중에서 주가수익이 인플레이션 비율을 초과한 경우는 50회로 전체 기간 중 78%를 차지했다.[9] 인상적인 수치지만 정확성은 떨어진다. 이 수치는 달리 말해 주가수익이 인플레이션 비율을 따라잡지 못한 경우가 5분의 1이라는 의미다.

투자자를 구원할 약어 두 가지

다행히 우리는 주식 이외의 방법을 확대 동원하여 인플레이션에 맞선 대책을 강화할 수 있다. 그레이엄이 마지막으로 이 책을 저술한 이후, 투자자들 사이에서는 두 가지 인플레이션 대비책이 광범위하게 이용되고 있다. 각

---

8 인플레이션 비율이 마이너스인 경우는 기술적으로 '디플레이션(deflation)'이라고 정의된다. 물가가 일정하게 하락하는 현상은 얼핏 건전하게 보일 수도 있다. 그러나 일본 사례를 생각하면 그렇지 않다. 1989년부터 일본에서 물가는 물론, 부동산 가격과 주가가 매년 하락세를 보였다. 세계 2위 규모의 경제 대국으로서 이와 같은 상황은 쉴 새 없이 물고문을 당하는 것과도 같았다.

9 이봇슨 어소시에이츠가 발간한 『주식, 채권, 어음 및 인플레이션, 2003 핸드북(Stocks, Bonds, Bills and Inflation, 2003 Handbook)』(Ibbotson Associates, 시카고, 2003)에 실린 〈표 2-8〉을 참조하라. 미국 이외 국가에서도 이와 동일한 패턴을 확인할 수 있다. 『낙관론자들의 승리: 글로벌 투자수익 101년사(Triumph of the Optimists: 101 Years of Global Investment Return)』(Princeton University Press, 2002) 중 53쪽에서 엘로이 딤슨(Elroy Dimson), 폴 마시(Paul Marsh), 마이크 스턴튼(Mike Staunton)은 20세기에 특히 높은 인플레이션을 겪은 벨기에, 이탈리아, 독일의 경우 "인플레이션이 주식과 채권시장에 부정적인 영향을 준 것"으로 분석했다.

대비책을 약어로 살펴보자.

첫 번째 약어는 REIT, 즉 상업용 및 주거용 부동산 임대업을 하는 회사인 부동산 투자신탁Real Estate Investment Trust이다.[10] 부동산 뮤추얼펀드와 함께 REIT는 인플레이션에 맞서 믿을 수 있는 효과를 발휘하고 있다. 이 분야에서 최선의 선택으로 꼽히는 회사는 뱅가드 REIT 인덱스펀드Vanguard REIT Index Fund다. 그 밖에 상대적으로 저렴한 비용이 강점인 대안으로 코헨&스티어스 리얼티 셰어스Cohen & Steers Realty Shares, 컬럼비아 리얼 에스테이트 이퀴티 펀드Columbia Real Estate Equity Fund, 피델리티 리얼 에스테이트 인베스트먼트 펀드Fidelity Real Estate Investment Fund 등이 있다.[11] REIT 펀드는 인플레이션에 완벽하게 대처하지는 못하더라도 장기적인 면에서 전체 수익의 손실 없이 구매력 저하를 어느 정도 방지하는 역할을 한다.

두 번째 약어는 TIPS, 즉 물가연동 채권Treasury Inflation-Protected Securities이다. 이 채권은 1997년에 처음 발행된 미국의 국채로, 물가가 상승하면 자동으로 가치가 오른다. 국채로서 미국 정부의 신용이 뒷받침되는 만큼 재무부가 발행하는 모든 채권은 채무불이행이나 이자 미지급의 위험으로부터 안전하다. 게다가 TIPS는 투자가치가 인플레이션으로 잠식되지 않는 장점도 있다. 따라서 투자 손실과 구매력 손실을 모두 안전하게 방지할 수 있는 투자다.

단, 한 가지 문제점이 있다. 인플레이션이 심화되어 TIPS의 가치가 상승할 경우, 비록 (상승한 가격으로 국채를 매도하여 발생한 것이 아닌) 순수한 평가상의 이익일지라도 국세청에서는 그러한 가치의 증가분을 과세소득으로 간

---

10 가끔 업데이트가 늦을 때도 있지만, REIT에 대한 완벽한 정보는 www.nareit.com에서 찾아볼 수 있다.

11 추가 정보는 www.vanguard.com, www.cohenandsteers.com, www.columbiafunds.com, www.fidelity.com 등을 참조하라. 집을 소유하고 있는 경우에는 부동산 소유에 내재한 위험성으로 REIT 펀드에 투자할 필요성이 약해진다.

주한다는 점이다. 어떻게 이러한 판단이 정당화될까? 독자들은 투자분석가 마크 슈웨버Mark Schweber의 다음과 같은 명언을 기억할 것이다. "관료에게 절대 묻지 말아야 할 것은 바로 '이유'입니다." 이러한 세금의 복잡성으로 인해 TIPS는 개인연금이나 자영업자퇴직연금, 또는 401(k) 퇴직연금과 같이 과세소득이 유예된 퇴직계좌의 경우에 가장 알맞은 투자로 평가된다.

투자자들은 www.publicdebt.treas.gov/of/ofinflin.htm에서 미국 정부로부터 TIPS를 직접 구입할 수 있다. 또는 뱅가드 물가연동 채권형 펀드Vanguard Inflation-Protected Securities Fund나 피델리티 물가연동 채권형 펀드Fidelity Inflation-Protected Bond Fund 같은 저렴한 뮤추얼펀드를 통하여 구입하는 방법도 있다.[12] 정부로부터 직접 구입하거나 펀드를 통해 구입하는 경우 모두, TIPS는 현금을 대신할 노후자금으로 이상적인 대안이 될 수 있다. 단, TIPS는 단기적으로 변동성이 큰 만큼 매매는 삼가야 한다. 그보다 영구적으로 보유할 수 있는 대비책으로 가장 적합하다. 대부분의 투자자에게 있어서 노후자금의 10% 이상을 TIPS로 마련하는 전략은 일정 자금을 안전하게 지키고 인플레이션의 보이지 않는 발톱으로부터 완전히 벗어날 수 있는 현명한 방법이다.

---

12 이와 관련한 자세한 내용은 www.vanguard.com, www.fidelity.com을 참조하라.

주식시장 100년사: 1972년 초의 주가

　보통주로 구성한 포트폴리오는 주식시장이라는 거대한 시스템의 한 부분을 차지한다. 따라서 신중한 투자를 위해서는 증권시장의 역사를 통해 각 주가에 영향을 미치는 중요한 변동 요인은 물론, 기업의 순이익 및 배당과 주가 사이에 얽힌 다양한 관계를 충분히 이해해야 한다. 이러한 배경지식을 갖춘 투자자만이 다양한 상황 속에서 주가의 투자가치나 위험성에 대해 현명한 판단을 내릴 수 있다. 다행히 우리는 1871년 이후 100년 동안 기업의 주가, 순이익 및 배당의 추이를 포함한 통계자료를 참고할 수 있다. 전반기 50년의 기록은 완전성이나 신뢰성 면에서 후반기 기록에 미치지 못하지만, 현명한 판단에 도움은 될 것이다. 3장에서는 이 100년 동안의 기록을 정리해 본다. 여기에는 두 가지 목적이 있다. 첫째, 1세기 동안 주식시장에서 주기적 순환을 통해 주식의 내재가치를 높이는 일반적인 방법에는 어떤 것이 있었는지 살펴본다. 둘째, 주가와 순이익, 배당이라는 세 가지 변수의 추이를 10년 단위로 정리하며 이 변수 사이에 얽힌 다양한 관계를 분석해 본다. 이처럼

〈표 3-1〉 1871~1971년 발생한 주식시장의 주요 변동사항

연도	콜스-스탠더드500 종합지수			다우존스 지수		
	고가	저가	하락률	고가	저가	하락률
1871		4.64				
1881	6.58					
1885		4.24	28%			
1887	5.90					
1893		4.08	31			
1897					38.85	
1899				77.6		
1900					53.5	31%
1901	8.50			78.3		
1903		6.26	26		43.2	45
1906	10.03			103		
1907		6.25	38		53	48
1909	10.30			100.5		
1914		7.35	29		53.2	47
1916~1918	10.21			110.2		
1917		6.80	33		73.4	33
1919	9.51			119.6		
1921		6.45	32		63.9	47
1929	31.92			381		
1932		4.40	86		41.2	89
1937	18.68			197.4		
1938		8.50	55		99	50
1939	13.23			158		
1942		7.47	44		92.9	41
1946	19.25			212.5		
1949		13.55	30		161.2	24
1952	26.6			292		
1952~1953		22.7	15		256	13
1956	49.7			521		
1957		39.0	24		420	20
1961	76.7			735		
1962		54.8	29		536	27
1966~1968	108.4			995		
1970		69.3	36		631	37
1972년 초	100		–	900		–

풍부한 자료를 바탕으로 이 장에서는 1972년 초 주가 수준의 적절성 또한 함께 검토하고자 한다.

여기에서 소개되는 표와 그림에서는 주식시장의 장기적인 흐름을 개관해 볼 수 있다. 먼저 〈표 3-1〉에는 과거 100년간 19차례에 걸쳐 나타난 약세장 및 강세장의 저점과 고점이 정리되어 있다. 이 표에서 우리가 사용한 두 가지 지수는 콜스-스탠더드_{Cowles-Standard} 지수와 다우존스 지수다. 콜스-스탠더드 지수는 1870년에 수행된 콜스위원회_{Cowles Commission}의 초기 연구를 바탕으로 개발한 지수로, 이제는 너무나 잘 알려진 S&P500 종합지수의 형태로 결합해 지금까지 사용하고 있다. 그보다 더욱 인지도가 높은 다우존스 지수는 1897년에 30개 상장 기업과 함께 사용되기 시작했다. 당시 상장 기업에는 AT&T_{American Telephone & Telegraph} 등 대형 회사가 포함되었다.[*]

〈차트 1〉에서는 1900년부터 1970년까지 S&P 지수에 반영된 425개 제조 업체의 주가변동 상황을 살펴볼 수 있다. 같은 기간 다우존스 지수에서 관찰되는 주가의 흐름도 이와 비슷하다. 이 70년의 기간을 3등분하면 세 개의 패턴이 보인다. 첫 번째 기간인 1900년부터 1924년 사이에는 3년에서 5년 동안 지속되는 유사한 시장 주기가 연속적으로 돌아온다. 이 기간의 연평균 지수상승률은 약 3%였다. 당시 신기원을 이루었던 강세장은 1929년에 정점을 찍은 후 폭락 사태를 거쳤고, 이후 시장은 1949년까지 상당히 불규칙한 등락을 반복했다. 1949년의 평균주가 수준을 1924년과 비교하면 연간 상승률은 1.5%에 지나지 않았다. 당연히 두 번째 시기가 끝날 즈음에는 일반 투자자 사이에서 보통주의 투자 열기가 한풀 꺾였다. 하지만 이 차트의

---

[*] S&P 지수와 다우존스 지수 모두 공공 유틸리티 및 운송(주로 철도) 회사를 위한 별도의 평균 수치를 갖고 있다. 1965년 이후 뉴욕증권거래소는 이러한 회사의 상장된 모든 주식에 대한 지수를 계산하고 있다.

〈차트 1〉 1900~1970년의 S&P 425개 종목

S&P 종합주가지수 추이(1941~1943년=10)

425개 종목 월평균지수

비율 척도

마지막 3분의 1 지점에서 확인할 수 있듯이 이후 주식시장은 대폭락에 이어 역사상 최고 강세장이 형성될 조짐이 무르익고 있었다. 이 반등의 기운은 1968년 12월에 정점에 도달하였고, S&P 425개 종목 지수는 118에 이르렀다. S&P500 지수로 환산하면 108 수준이다.

〈표 3-1〉에 따르면 1949년부터 1968년 사이, 특히 1956년부터 1957년, 1961년부터 1962년까지 큰 폭으로 주가가 하락하는 시기가 있었지만, 이 경우에는 곧바로 반등세가 이어졌으므로 특별히 약세주기로 정의하기보다 강세주기에 일시적으로 조정이 이루어진 것으로 보는 것이 타당하다. 다우존스 지수는 1949년 중반 162로 저점을 기록하고 1966년 초반에 995로 고점을 찍으며 17년 만에 6배 이상 상승했다. 이러한 상승세에 따라 투자자들은 연 3.5%인 배당수익률을 제하고도 연간 복리만으로 평균 11%의 수익을 올릴 수 있었다. S&P500 지수는 14에서 96으로 상승한 다우존스 지수보다 훨씬 가파른 상승세를 보였다.

14%를 웃돌았던 당시 수익률은 1963년 이후에도 많은 연구 결과를 통해 확인되었다.[*] 주가의 급격한 상승세가 장기적인 추세를 보이자 월스트리트는 이와 같은 성과에 흡족해하며 앞으로도 이 추세가 이어질 것으로 기대하게 되었다. 다소 위험하고 비논리적인 확신이었다. 그 정도의 상승세가 거품일 것이라고 우려하는 이들은 없었다. 그러나 1968년 고점에서 1970년 저점까지 S&P500 지수의 하락폭은 무려 36%에 이르렀다. 다우존스 지수 기준으로는 37%의 하락폭이었다. 이것은 1939년부터 1942년 사이에 44%의

---

[*] 찰스 E. 메릴 재단(Charles E. Merrill Foundation)의 지원으로 시카고 대학 증권가격연구소(Center for Research in Security Prices)가 실시한 연구 결과다. 이 연구의 최종판은 1968년 7월에 발간된 《비즈니스 저널(The Journal of Business)》 41권 3호 291쪽부터 316쪽에 실린 로렌스 피셔(Lawrence Fischer)와 제임스 H. 로리(James H. Lorie)의 "보통주 투자수익률: 1926년부터 1965년까지 연간 기록(Rates of Return on Investments in Common Stock: the Year-by-Year Record, 1926-65)"에서 확인할 수 있다.

급락을 기록한 이후 최대의 하락폭이었다. 당시 미국은 진주만 공습과 함께 전시 공포와 미래에 대한 불확실성으로 온 나라가 신음하고 있을 때였다. 그러나 월스트리트는 극적인 반전이 잦은 곳이다. 이번에도 1970년 5월에 저점을 찍은 후 급격한 반등세가 나타났고, 1972년 초에 S&P500 지수는 사상 최고가를 기록했다. 1949년부터 1970년 사이의 연간 주가상승률은 S&P500 지수 기준으로 약 9%로, 과거 어느 때보다도 높은 수치였다. 최근 10년 동안에는 S&P500 지수 기준으로 5.25%, 다우존스 지수 기준으로 3% 정도로 주가상승률이 훨씬 낮아졌다.

지난 100년간 월스트리트에서 일어난 사건들을 개괄적으로 살펴보려면 주가 흐름과 함께 수익 및 배당 수치도 함께 확인해야 한다. 이와 관련한 정보는 〈표 3-2〉에 잘 정리되어 있다. 모든 독자들이 이러한 기록을 깊이 탐구하기는 어렵겠지만, 필요한 이들에게는 흥미롭고 유익한 정보가 되기를 바란다.

이 정보를 바탕으로 다음과 같이 설명할 수 있다. 그동안 주식시장은 10년 주기를 기준으로 매년 소폭의 등락을 반복하는 가운데 전체적으로 꾸준한 성장세를 보였다. 첫 10년 주기 이후 9차례의 주기가 반복되는 동안 수익 및 평균가격이 감소세를 보인 경우는 1891년부터 1900년까지, 그리고 1931년부터 1940년까지 두 차례에 불과하다. 1900년 이후 평균 배당금이 감소한 경우는 한 번도 없다. 그러나 수익과 주가, 배당금의 연간 성장률은 각각 상당한 차이를 보인다. 일반적으로 2차 대전 이후에 더 높은 성과를 보이지만, 1960년대 접어들면서 1950년대보다 상승세가 주춤해졌다. 이러한 기록을 바탕으로 향후 10년 동안의 배당소득이나 주가상승률을 예측할 수는 없다. 단, 투자자는 이와 같은 통계를 통해 주식투자에도 일관성 있는 전략이 필요하다는 교훈은 얻을 수 있을 것이다.

〈표 3-2〉 1871~1970년의 증시 기록^a

기간	평균 주가	평균 수익	평균 PER	배당 평균	평균 수익률	평균 지급률	연간 성장률^b	
							수익	배당
1871~1880	3.58	0.32	11.3	0.21	6.0%	67%	−	−
1881~1890	5.00	0.32	15.6	0.24	4.7	75	−0.64%	−0.66%
1891~1900	4.65	0.30	15.5	0.19	4.0	64	−1.04	−2.23
1901~1910	8.32	0.63	13.1	0.35	4.2	58	6.91	5.33
1911~1920	8.62	0.86	10.0	0.50	5.8	58	3.85	3.94
1921~1930	13.89	1.05	13.3	0.71	5.1	68	2.84	2.29
1931~1940	11.55	0.68	17.0	0.78	5.1	85	−2.15	−0.23
1941~1950	13.90	1.46	9.5	0.87	6.3	60	10.60	3.25
1951~1960	39.20	3.00	13.1	1.63	4.2	54	6.74	5.90
1961~1970	82.50	4.83	17.1	2.68	3.2	55	5.80^c	5.40^c
1954~1956	38.19	2.56	15.1	1.64	4.3	65	2.40^d	7.80^d
1961~1963	66.10	3.66	18.1	2.14	3.2	58	5.15^d	4.42^d
1968~1970	93.25	5.60	16.7	3.13	3.3	56	6.30^d	5.60^d

a) 이 표에 수록된 수치는 주로 1960년 5월호 《파이낸셜 애널리스트 저널(Financial Analysts Journal)》에 실린 니콜라스 몰로도브스키(Nicholas Molodovsky)의 논문, "주식 가치와 주가(Stock Values and Stock Prices)"의 내용을 참고하였다. 이와 함께 1926년까지의 자료는 콜스위원회가 발간한 『보통주 지수(Common Stock Indexes)』를, 1926년 이후 자료는 현재까지 수집된 S&P500 지수를 참고하였다.
b) 1890년까지 21년간 연간 성장률 수치는 몰로도브스키의 계산에 따라 산출되었다.
c) 1958~1960년 성장률 대비 1968~1970년 성장률의 비율을 의미한다.
d) 이 성장률 수치는 1947~1949년 성장률과 1954~1956년의 성장률, 1954~1956년의 성장률과 1961~1963년의 성장률, 1958~1960년의 성장률과 1968~1970년의 성장률을 비교한 것이다.

그런데 이 표에 반영되지 않은 사실이 있다. 1970년은 기업의 수익 상태가 전반적으로 크게 악화된 해였다. 당시 자기자본 수익률은 2차 대전 이후 가장 낮은 수준으로 하락했다. 또한 적잖은 기업이 그해 순손실을 기록했고, 자금난에 빠진 기업의 수는 더욱 많았다. 결국 30년 만에 처음으로 중견기업들이 파산하는 사태가 발생했다. 다른 여러 정황과 더불어 이러한 현상은 앞서 언급한 사실을 다시 한 번 상기시킨다.* 즉, 대호황기는 1969년과 1970

---

* 2장을 참조하라.

년 무렵에 종지부를 찍었다고 보아야 한다.

〈표 3-2〉에서는 2차 대전 이후 주가수익비율PER: Price Earnings Ratio의 변화를 살펴볼 수 있다.[*] 1949년 6월 S&P 종합지수는 지난 12개월 대비 6.3배 수준이었으나 1961년 3월에는 22.9배로 나타났다. S&P의 평균 배당수익률은 1949년 7% 이상에서 1961년에는 3%로 하락하였다. 이는 같은 기간 우량 채권 수익률이 2.6%에서 4.5%까지 상승한 것과 대비되는 현상이다. 일반 투자자들의 이러한 태도 변화는 주식시장 역사상 가장 주목할 만한 것으로 평가된다.

오랜 경험이 있는 데다 태생적으로 조심스러운 투자자들은 이처럼 약세와 강세의 극단을 오가는 증시의 움직임을 관찰하며 앞으로 닥칠지 모를 큰 재난을 우려했다. 이들은 1926년부터 1929년의 초강세장과 그 직후 발생한 대공황이 다시 재현되지 않을까 걱정했다. 그러나 근심은 현실로 나타나지 않았다. 호들갑스럽게 예고되었던 '급등하는 60년대'에 주가는 등락만 거듭했고, 1970년 다우존스 지수 종가는 6년 반 전과 같은 수준으로 마감하였다. 1929년부터 1932년 사이의 불황에 견줄 만한 사태는 주식시장에서나 기업 사이에서 발생하지 않았다.

1972년 초 주식시장 수준

지난 한 세기 동안의 주가, 물가, 수익 및 배당과 관련한 자료를 통해

[**] 주식이나 S&P500 지수의 '주가수익비율'은 시장의 열기를 가늠할 수 있는 간단한 도구다. 어떤 회사가 1년 동안 1달러의 주당순이익을 올렸다고 가정하자. 이 회사의 주가수익비율은 주가가 8달러 93센트인 경우에 8.93배, 69달러 70센트 경우에는 69.7배가 된다. 일반적으로 주가수익비율이 10배 이하이면 낮은 것으로 평가한다. 10배와 20배 사이가 적당하며, 20배 이상이면 높은 것으로 간주한다. 주가수익비율에 대한 더 자세한 내용은 7장을 참조하라.

1972년 1월의 다우존스 지수 900과 S&P500 지수 100 수준이 무엇을 의미하는지 추적해 보자.

매번 개정판을 쓸 때마다 우리는 당시의 주가 수준을 기준으로 논의했고, 보수적인 투자자 입장에서 해당 주가 수준의 매수 가치에 대한 해답을 찾고자 했다. 독자들은 이전 개정판에서 과거 사례를 분석하여 우리가 도출한 결론을 통해 유익한 정보를 발견할 수도 있다. 이렇게 과거 자료를 돌아보는 것은 결코 잘못된 판단을 헤집어 자기비판을 하는 징벌적인 훈련이 아니다. 대신, 과거 20년간 관찰된 주식시장의 단편적인 모습을 이어 봄으로써 현재 정보를 바탕으로 비판적으로 판단할 때 마주칠 수 있는 문제가 어떤 것들이 있는지 확인할 수 있다. 먼저, 이 책의 1965년판에 실린 1948년, 1953년, 1959년의 분석을 다시 요약해 보자.

1948년에 우리는 보수적인 기준을 다우존스 지수 180 수준에 적용한 결과, 당시 주가가 "내재가치에 비해 그다지 높은 것은 아니다"라는 결론에 쉽게 도달할 수 있었다. 이 문제에 우리가 접근했던 1953년 당시 시장지수 평균은 275 정도로, 5년 만에 50% 이상 상승한 상태였다. 우리는 다우존스 지수 275가 건전한 투자를 하기에 너무 높은 것이 아닌지 자문해 보았다. 이후 주식시장에서 큰 폭의 상승세가 이어졌다는 점을 고려하면, 1953년 당시 주가의 높은 투자가치를 인정한 것은 당연한 귀결로 보인다. 우리도 또한 "주요 투자 지침인 가치 척도의 관점에서 볼 때 이러한 결론과 1953년 주가 사이에는 상관관계가 존재"한다는 점을 충분히 강조했다. 그러나 동시에 우리가 우려했던 것은 1953년 평균주가가 과거 강세장에 비해 오랜 기간 지속되었으며, 절대적인 수준에서도 역사상 최고치였다는 사실이었다. 이러한 요인들은 긍정적인 가치 판단에 걸림돌이 될 수 있으므로, 우리는 투자자들에게 신중하고 절충적인 투자전략을 세워야 한다고 제안했다. 하지만 이러한 투자전략은 그다지 효과가 없는 것으로 나타났다. 우리가 기막힌 예언자였다면 앞으로 5년 동안 주가가 100% 이상 더 상승할 것이라고 내다볼 수 있었을 것이다. 변명하자면 당시 주식시장 예측이 본업인 전문가 중에서도 우리보다 더 나은 전망을 제시한 이가 거의 없었다는 사실이다.

1959년 초 다우존스 지수는 역사상 최고치인 584포인트를 기록했다. 여러 관점에서 당시 상황을 분석한 내용은 1959년판 59쪽에 실린 글을 빌려 다음과 같이 정리할 수 있다. "요약하자면, 현재 주가는 위험한 수준이라고밖에 볼 수 없다. 주가가 이미 지나치게 높게 형성되었으므로 당연히 위험한 것이다. 이렇게 단언할 수는 없다 하더라도 주가는 정당화하기 어려운 수준까지 치솟아 있다는 것만큼은 사실이다. 솔직히 앞으로의 증시에서 초보 투자자가 큰 손실 없이 상당한 수익을 올릴 수 있는 장세를 기대하기는 어려울 것이다."

1954년에도 우리는 동일한 입장을 견지했는데, 결과적으로 이 입장은 1959년 상황에 더 맞아떨어진 셈이었다. 1961년에 다우존스 지수는 685까지 상승했고, 하반기 들어 약간 하락하여 584 수준(저점 566)까지 하락했다. 이후 1961년 말에는 다시 상승하여 735로 연중 고점을 기록하였지만, 단 6개월만인 1962년 5월에는 공황상태를 보이면서 536까지 27%나 급락하였다. 특히 가장 많은 관심을 받았던 '성장주' 주가가 심각하게 폭락했다. 대표적인 성장주였던 IBM의 경우 1961년 12월 지수는 607이었으나, 1962년 6월에는 300까지 떨어졌다.

이 시기에는 신규 상장된 소규모 기업의 보통주가 터무니없이 높은 가격으로 일반 투자자를 대상으로 공모되기도 하였다. 소위 급등주라고 불리었던 이 보통주는 실속 없는 투기 바람에 소폭 상승하였지만 이내 대폭락하고 말았다. 이 종목들의 하락폭은 대부분 90%를 웃돌았다.

1962년 상반기에 발생한 증시 붕괴는 재앙까지는 아니더라도 투기자는 물론, 투자자라고 자칭하지만 투기에 다름없이 무분별한 투자를 서슴지 않던 많은 이에게 큰 혼란을 주었다. 같은 해 하반기에 등장한 반전 또한 상반기 상황만큼이나 예기치 않은 사건이었다. 이 반전을 계기로 주식시장은 다시 상승세를 탔고, 다음과 같은 결과를 낳았다.

	다우존스 지수	S&P500 지수
1961년 12월	735	72.64
1962년 6월	536	52.32
1964년 11월	892	86.28

당시 주가 회복 및 새로운 상승세는 세간의 이목을 집중시키며 월스트리트에 새로운 바람을 몰고 왔다. 1962년 6월, 주식시장이 저점을 찍었을 때는 약세장을 예측하는 분위기가 우세했으나, 1962년 말에 접어들어 부분적으로 반등이 이루어지면서 회의적인 분위기 속에서도 전망이 엇갈리기 시작했다. 이후 1964년 초에는 증권회사가 으레 고수해 오던 낙관론이 다시 뚜렷해졌다. 대부분 강세장을 예상했고, 이러한 분위기는 1964년 줄곧 이어졌다.

이러한 분위기에서 우리는 1964년 11월의 주가 수준을 평가하는 작업에 들어갔다. 당시 다우존스 지수는 892 수준이었다. 여러 각도에서 학문적으로 검토한 결과 다음과 같은 세 가지 중요한 결론에 도달했다. 첫째, "과거의 평가기준을 적용하는 것이 적절하다고 볼 수는 없지만, 아직 새로운 기준에 대한 검증은 이루어지지 않은 상태다." 둘째, 투자자는 "주요한 불확실성의 존재에 근거하여 투자전략을 세워야 한다. 양 극단의 결과 모두 가능하다. 즉, 지속적인 상승세 속에 다우존스 지수는 50% 상승한 1,350까지 치솟을 수도 있고, 반대로 예기치 않게 50% 하락한 450까지 폭락할 수도 있다."세 번째 결론은 훨씬 더 단호하다. "단도직입적으로 말해 1964년의 주가 수준이 지나치게 높지 않다고 한다면, 도대체 우리는 어떤 가격을 두고 지나치게 높다고 말할 수 있는가?" 이 장은 다음과 같이 마무리된다.

어떤 방식을 따를 것인가

이 책을 읽은 투자자는 여기에 실린 내용만을 근거로 하여 1964년의 주가가 위험하다고 결론지어서는 안 된다. 우리의 논지를 월스트리트의 노련한 전문가들이 제시하는 반대 주장과 비교하여 평가해야 한다. 결국 모든 결정은 스스로 내리는 것이고 그에 따른 책임 또한 본인이 져야 한다. 그러나 어떤 방식을 선택해야 할지 쉽게 판단이 서지 않는다면 신중한 길을 택할 것을 권한다. 1964년 상황에서의 투자 원칙을 우선순위별로 다음과 같이 정리할 수 있다.

1. 증권을 매수하거나 보유할 목적으로 대출을 받지 않는다.
2. 펀드에서 보통주의 편입비율을 늘리지 않는다.
3. 전체 포트폴리오에서 보통주의 편입비율을 줄여 주식 보유 비중을 최대 50% 수준으로 낮춘다. 양도소득세는 가능한 한 자진납부하고 수익은 우량채권에 투자하거나 저축예금으로 보유한다.

일정 기간 동안 정액분할투자 전략을 따라온 투자자들은 논리적인 선택에 따라 이 방법을 계속 유지하거나, 시장 수준이 더 이상 위험하지 않다고 판단될 때까지 매입을 유보할 수 있다. 1964년 후반의 주가 수준에서는 정액분할투자를 시작하지 말 것을 강력히 권고했다. 많은 투자자가 시작과 동시에 만족할 만한 결과를 얻지 못하는 경우에는 이 방법을 고수하지 않을 것이기 때문이다.

이번만큼은 우리의 경고가 입증되었다고 말할 수 있겠다. 다우존스 지수는 995까지 11% 정도 더 상승하다 1970년에 저점인 632까지 불규칙적으로 하락하였고, 같은 해 말에는 839로 마감하였다. 1961년과 1962년의 하락기와 마찬가지로 폭등주의 주가는 거의 90%까지 급락했다. 서문에서 언급하였듯이 이러한 상황에서 전체 증권시장의 열기는 한풀 꺾이고 회의적인 시각이 확산되고 있었다. 특히 1970년에 다우존스 지수는 6년 전보다 더 낮은 수준으로 마감되었다. 1944년 이래 처음으로 발생한 이러한 현상은 당시 분위기를 함축적으로 보여 준다.

지금까지 우리는 이전의 주가 수준을 평가해 보았다. 여기에서 독자가 배울 수 있는 것은 무엇일까? 우리는 1948년과 1953년의 시장 수준이 투자하기에 유리하고 판단했다. 1953년은 너무 조심스러운 면이 있었다. 또한 우리는 다우존스 지수가 584 수준이었던 1959년은 투자하기에 "위험하며", 892 수준이었던 1964년의 지수는 "너무 높다"고 평가했다. 이러한 판단의 타당성에 대해서는 지금도 얼마든지 논쟁할 수 있다. 이러한 분석 결과가 고리타분하게 들릴지 모르지만, "시장평균 수익률을 초과 달성"하거나 "상승 종목 발굴"에 힘쓰기보다 일관성 있고 절제된 주식투자 전략을 추구할 것을 권한 우리의 충고만큼 유용할 것이다.

이와 같은 작업은 실용적이라기보다 흥미로운 과정이고, 어떤 결과를 단정하기보다 암시적인 의미들을 전해 준다. 따라서 1971년 후반 현재의 주가 수준을 새롭게 검토한 작업은 투자자에게 어느 정도 도움이 될 것이다. 아리스토텔레스Aristoteles의 『윤리학Ethics』 서두에는 다음과 같은 말이 나온다. "교양인이란 정확성에 근거하여 특정한 물질의 본질을 이해하는 사람을 의미한다. 따라서 수학자가 그럴싸한 결론을 내리는 것은 용납하고, 웅변가에게는 엄밀한 논증을 요구하는 것은 둘 다 비합리적이다." 재무분석가의 입장은 바로 수학자와 웅변가 사이 어딘가에 위치한다.

1971년에 다우존스 지수는 892 수준을 여러 차례 기록했다. 이와 같은 수치는 우리가 이 책의 이전 판에서 검토했던 1964년 11월 수준이다. 그러나 현재의 통계적 연구에서는 S&P 지수와 관련한 가격 수준 및 자료를 사용하기로 했다. 30개 종목으로 구성된 다우존스 지수보다 이 지수가 훨씬 포괄적이고 시장을 대표하기 때문이다. 여기에서는 이전 판의 1948년, 1953년, 1958년 그리고 1963년의 종가와 추가로 1968년의 종가를 비교하는 데 집중할 것이다. 또한 현재 주가는 편의상 1971년과 1972년 초에 여러 차례 기록된 수치인 100을 기준으로 하겠다. 이와 관련한 자료는 〈표 3-3〉에서 확인할 수 있다. 우리가 제시하는 수익은 전년도 수치와 3년간 평균치를 모두 포함한다. 1971년 배당금의 경우 최근 12개월간의 수치에 해당하며, 1971년 채권수익률과 도매물가는 1971년 8월 수치를 사용했다.

3년간 주식시장의 주가수익비율은 1963년과 1968년 말보다 1971년 10월에 더 낮은 수준이었다. 1958년과는 거의 같았지만, 초기에 오랫동안 이어진 강세장 때보다는 훨씬 높았다. 하지만 이 지표만으로 1972년 1월의 주가가 유난히 높았다고 해석할 수는 없다. 우량채권 수익률을 함께 고려하면 매력이 훨씬 떨어진다는 것을 알 수 있다. 우리가 제시한 표에 따르면 주식수익률이 채권수익률에 비해 전반적으로 약화되면서 1972년 1월 수치는 어느 해보다도 주식에 불리하게 작용하였음을 보여 준다. 더욱이 배당수익률과 채권수익률의 비율은 1948년과 1972년 사이에 완전히 역전되었다. 초기에는 주식이 채권에 비해 2배의 수익을 기록했으나, 이제는 채권이 주식보다 2배 이상의 수익을 내고 있다.

결론적으로 채권수익률과 주식수익률 비율의 역전은 3년간 평균수익을 기준으로 볼 때 1971년 말에 상승한 주가수익비율을 완전히 상쇄한다. 따라서 1972년 초 주가 수준에 대한 우리의 관점은 약 7년 전과 비슷하다. 즉, 보수적인 투자 관점에서 볼 때 이러한 주가 수준은 매력이 없어 보인다. 이러한 평가는 1971년 중 800과 950 사이를 오가던 다우존스 지수의 주가 수준에도 적용될 수 있다.

주식시장의 변동을 역사적인 흐름으로 볼 때 1971년의 시장 상황은 1969년

⟨표 3-3⟩ 연도별 S&P 지수 및 관련 수치

연도[a]	1948	1953	1958	1963	1968	1971
종가	15.20	24.81	55.21	75.02	103.9	100[d]
현 연도 수익	2.24	2.51	2.89	4.02	5.76	5.23
최근 3년간 평균수익	1.65	2.44	2.22	3.63	5.37	5.53
현 연도 배당	.93	1.48	1.75	2.28	2.99	3.10
우량채권이자율[b]	2.77%	3.08%	4.12%	4.36%	6.51%	7.57%
도매물가 지수	87.9	92.7	100.4	105.0	108.7	114.3
비율						
주가/전년도 수익	6.3배	9.9배	18.4배	18.6배	18.0배	19.2배
주가/3년간 수익	9.2배	10.2배	17.6배	20.7배	19.5배	18.1배
3년간 수익률[c]	10.9%	9.8%	5.8%	4.8%	5.15%	5.53%
배당수익률	5.6%	5.5%	3.3%	3.04%	2.87%	3.11%
주식수익률/채권수익률	3.96배	3.20배	1.41배	1.10배	.80배	.72배
배당수익률/채권수익률	2.1배	1.8배	.80배	.70배	.44배	.41배
수익/장부가치[e]	11.2%	11.8%	12.8%	10.5%	11.5%	11.5%

a) 1948년부터 1968년 말까지와 1971년 6월 말 수치다.
b) S&P AAA급 회사채의 수익률이다.
c) 수익률은 수익을 주가로 나눈 % 수치를 의미한다.
d) 다우존스 지수 900에 해당하는 1971년 10월 주가다.
e) 3년간 평균 수치를 의미한다.

부터 1970년 사이에 발생했던 폭락에서 간헐적으로 회복하는 모습을 보인다. 즉, 1949년에 시작된 지속적이고 반복적인 강세장의 새로운 전개가 예상되었다. 이러한 조짐은 1971년 중 월스트리트에서도 광범위하게 재현되었다. 그러나 일반 투자자들은 이미 1968년부터 1970년까지 투자등급이 낮은 공모주를 매수해 끔찍한 경험을 한 후였다. 투자자들의 악몽이 아직 생생한 1971년에 다시 신규 공모의 회전목마를 돌린다는 것은 너무 이른 감이 있었다.

따라서 1964년 11월 다우지수 892 수준에서처럼 임박한 위험신호는 없었다. 기술적 분석으로 보더라도 심각한 하락이나 급락을 보이기 전에 다우존스 지수가 900을 뛰어넘는 추가 상승장세가 펼쳐질 가능성이 높다는 전망이 대세였다. 그러나 이 전망에 의존해 마음을 놓을 수는 없다. 1년도 채 지나지 않은 시점에 1971년 초의 처절한 경험을 무시한다면 그만한 대가를 치르게 될 것이다. 예를 들어, 1969년과 1970년 사이의 하락세가 아주 잦은 패턴으로 되풀이되거나 강세장의 마지막 열기가 타오른 후 파멸적인 대폭락이 닥칠 수도 있다. 투자자들은 이렇게 눈앞에 닥칠지 모를 힘든 시기에 대비해야 한다.*

---

* 이 내용이 처음 기술된 때는 다우존스 지수가 940 수준이었던 1971년 초였다. 이에 반해 월스트리트에서는 다우존스 지수의 중간 가치가 1,520에 도달할 것으로 예측한 1975년의 한 상세한 연구의 견해가 지배적이었다. 이 예측은 1971년 중반 다우존스 지수가 불규칙한 등락을 보이며 1,200 수준까지 오를 때까지는 맞는 듯했다. 그러나 1972년 3월, 다우존스 지수는 798까지 하락한 후 940 선을 회복했다. 이때 그레이엄이 옳았다는 것이 또다시 증명되었다. 그가 언급한 '상세한' 연구는 10년 전반에 걸쳐 지나치게 낙관적인 견해를 제시했던 것이다. 다우존스 지수는 1985년 12월까지도 1,520에 근접하지 못했다.

어느 길을 따를 것인가

지난 개정판에서 언급한 내용을 다시 살펴보라. 1964년의 경우와 동일한 1972년 초 900 선의 다우존스 지수에 대한 우리의 견해를 확인할 수 있다.

3장 논평

> 어디로 가고 있는지 모르겠다면 조심해야 한다. 목적지에
> 도착하지 못할지도 모른다.
>
> 요기 베라(Yogi Berra)

허황된 강세론

이 장에서는 그레이엄의 예측이 얼마나 정확한지 확인할 수 있다. 그는 2년 앞을 내다보면서 1973년과 1974년의 파국적인 약세장을 예견했다. 당시 미국 주식이 원래 가치의 37%를 잃었다.[1] 또한 그는 당시에는 조짐조차 보이지 않았던 20여 년 이후의 상황도 내다보았다. 결국 그의 주장은 현재 많은 투자 컨설턴트와 베스트셀러의 논리에서도 그대로 되풀이되고 있다.

그레이엄이 말한 논지의 핵심은 현명한 투자자라면 과거에 기댄 추론만으로 미래를 예측해서는 안 된다는 것이다. 불행히도 1990년대에 접어들어 많은 전문가가 이러한 실수를 연거푸 범했다. 와튼 경영대학원의 투자론 교수 제러미 시겔Jeremy Siegel이 『장기투자Stocks for the Long Run』(1994)를 발간하면서 강

---

[1] 만약 배당을 포함하지 않는다면 주식은 2년 만에 47.8% 하락했다.

세론이 최고조에 달한 후, 1999년에는 제임스 글라스만James Glassman과 케빈 하셋Kevin Hassett의 『다우 36,000Dow 36,000』, 데이비드 엘리아스David Elias의 『다우 40,000Dow 40,000』, 찰스 카들렉Charles Kadlec의 『다우 100,000Dow 100,000』 등이 그 여세를 몰아갔다. 전문가들은 1802년 이후 지속된 인플레이션으로 인해 주식투자는 연간 평균 7%의 수익을 보인다고 지적하며, 이러한 추세는 앞으로도 계속 이어질 것이라고 결론지었다.

이보다 더욱 단호한 주장을 펼치는 강세론자도 있었다. 이들의 주장에 따르면, 적어도 지난 30년 이상 주식은 '언제나' 채권보다 높은 수익을 보였으므로 채권 매수나 은행에 현금을 예치하는 것보다 주식을 선택하는 것이 더욱 안전하다. 그런데 주식을 장기 보유하는 것만으로도 주식 보유에 따른 위험을 제거할 수 있다면, 처음 투자비용에 대해 애매하게 얼버무리는 이유는 무엇일까?

1999년과 2000년 초에도 허황된 강세론은 도처에 넘쳐났다.

• 1999년 12월 7일, 퍼스트핸드 펀드Firsthand Funds의 포트폴리오 매니저 케빈 랜디스Kevin Landis는 CNN의 TV 프로그램 〈머니라인Moneyline〉에 출연했다. 이 자리에서 한계가 보이지 않는 이익승수로 거래되고 있는 무선통신주의 과대평가에 관한 질문을 받자 랜디스는 바로 대답했다. "과열이 아닙니다. 전면적인 성장, 그 성장의 절대가치를 보십시오. 엄청난 가치이지요."

• 2000년 1월 18일, 켐퍼 펀드Kemper Funds의 투자전략가 로버트 프롤리히Robert Froelich는 《월스트리트 저널》에 기고한 글에서 다음과 같이 주장했다. "이것은 새로운 세계질서다. 주가가 너무 비싸다는 이유로 올바른 비전을 가진 올바른 사람들의 올바른 기업을 버리는 사람들이 있다. 이

것이야말로 투자자가 저지를 수 있는 최악의 실수다."

• 2000년 4월 10일, 당시 리먼 브러더스Lehman Brothers의 투자전략가 제프리 M. 애플게이트Jeffrey M. Applegate는 《비즈니스 위크Business Week》에서 더욱 수사학적인 질문을 던졌다. "단순히 주가가 높아졌다고 해서 오늘날 주식시장이 2년 전보다 더 위험하다고 할 수 있을까? 정답은 '아니다'이다."

그러나 정답은 '그렇다'이다. 항상 그래 왔고, 앞으로도 그럴 것이다.

그렇다면 "이러한 경솔함을 저지른 투자자가 아무런 대가를 치르지 않을 수도 있을까?" 그레이엄은 이 질문의 답이 절대적으로 '그렇지 않다'라는 것 또한 알고 있었다. 마치 분노에 휩싸인 그리스 신화의 신처럼, 주식시장은 1990년대에 누린 고수익을 신이 부여한 권리로 믿었던 이들을 파국으로 몰아갔다. 랜디스와 프롤리히, 그리고 애플게이트의 등장이 바로 그 전조였다.

• 2000년부터 2002년까지 랜디스의 유망주인 무선통신주식 중 가장 안정적이었던 노키아Nokia는 다른 종목에 비해 '겨우' 67% 하락하는 데 그쳤다. 최악의 경우였던 윈스타 커뮤니케이션스Winstar Communications의 하락폭은 무려 99.9%였다.

• 프롤리히가 선호하던 시스코 시스템즈와 모토롤라Motorola의 주가는 2002년 말에 70% 이상 하락했다. 투자자들은 시스코 한 종목에서만 4000억 달러를 손해 보았는데, 이는 홍콩, 이스라엘, 쿠웨이트, 싱가포르의 연간 GDP를 모두 합친 것보다도 큰 금액이었다.

• 2000년 4월, 애플게이트가 수사적인 질문을 던질 당시 다우존스 지수는 11,187이었고 나스닥 종합지수는 4,446이었다. 2002년 말 다우지

강자들만의 잔치

장기적으로 주식수익이 '항상' 채권수익을 앞선다는 주장에는 결정적인 결함이 있다. 바로 1871년 이전에는 신뢰할 만한 수치가 없었다는 사실이다. 1800년 무렵 미국에는 300여 개의 기업이 존재했지만, 미국 주식시장의 초기 수익률을 살펴볼 수 있는 지수에 포함된 기업은 7개에 불과했다.[1] 제퍼슨 시대에는 목재 수송도로 및 운하와 관련한 기업이 대부분이었다. 당시 이러한 업종은 오늘날로 따지면 인터넷과도 같다. 그중 많은 기업이 파산했고, 투자자들은 거리로 나앉아야 했다.

문제는 당시 주가지수가 이처럼 초창기에 파산한 기업들은 무시한 채 '생존 편향survival bias'을 반영한다는 점이다. 결과적으로 이러한 지수는 실제 투자자들이 얻은 성과를 심각하게 과장한다. 그 수많은 종목 중 수익을 올릴 수 있는 것이 단 7개뿐이라는 사실을 알아차린 투자자는 많지 않았다. 1790년대 이후 사세를 확장한 기업은 뉴욕은행Bank of New York과 J. P. 모건 체이스J. P. Morgan Chase를 포함한 소수에 불과했다. 이처럼 기적적인 생존 기업의 수는 손에 꼽는 데 반해, 주가지수의 '역사'에서 종적을 감추며 재난을 야기한 기업은 디즈멀 스웜프 캐널Dismal Swamp Canal Co., 펜실베이니아 컬티베이션 오브 바인Pennsylvania Cultivation of Vines Co., 스니커스 갭 턴파이크Snicker's Gap Turnpike Co.를 비롯해 수천을 헤아렸다.

제러미 시겔의 데이터에 따르면, 인플레이션 이후 1802년부터 1870년까지 주식과 채권 및 현금은 각각 연간 7.0%, 4.8%, 5.1%의 수익률을 보였다. 그러나 런던비즈니스스쿨의 엘로이 딤슨Elroy Dimson 연구팀은 1871년 이전 주식수익률은 적어도 연간 2% 정도 과대평가되었다고 추정했다.[2] 실제로 주식은 채권이나 현금보다 수익률이 높은 것도 아니었다. 오히려 그보다 못할 수도 있다. 현금이나 채권보다 주식의 성과가 높다는 것을 장기 기록으로 '증명'할 수 있다고 주장하는 이는 무지한 사람이다.

---

1 1840년경 이러한 지수는 좀 더 확대되어 최대 7개의 금융회사와 27개의 철도회사가 포함되었다. 그래도 여전히 초기 미국 증권시장을 대표하기에는 형편없이 부족한 표본이다.

2 2002년 5월 6일자 《타임(Time)》 71쪽에 실린 제이슨 츠바이크의 "주식에 관한 경고의 새로운 원인(New Cause for Caution on Stocks)"을 참조하라. 그레이엄이 암시한 것처럼 1871년부터 1920년까지의 주가지수도 흔적 없이 사라진 수백 개의 자동차, 항공, 라디오 회사들 때문에 생존 편차가 크다. 이러한 수익률도 역시 1%에서 2% 정도 과대평가되었을 것이다.

수는 8,300 정도에서 비틀거리고 있었고 나스닥은 거의 1,300까지 하락하였다. 그 결과 과거 6년간 올린 모든 수익이 물거품이 되었다.

더 높이 날아오를수록 더 깊이 추락한다

이처럼 허황된 강세론에 대한 치유책으로, 그레이엄은 현명한 투자자들에게 단순하고 회의적인 질문 몇 개를 던져 보라고 충고한다. 왜 주식의 미래수익이 항상 과거의 수익과 같아야 하는가? 모든 투자자가 주식이 장기적으로 수익을 올릴 수 있는 확실한 방법이라고 믿는다면, 주식시장에 대한 고평가는 끝나게 되지 않을까? 그 시점이 되면 향후 주식의 고수익을 어떻게 기대할 수 있을까?

그레이엄의 대답은 언제나 그렇듯이 논리와 상식에 기초하고 있다. 투자 자산의 가치는 투자 금액과 함수 관계를 이루며, 항상 그렇게 평가되어야 한다. 1990년대 후반은 한풀 꺾인 인플레이션과 기업 수익의 증가로 전 세계 금융시장에는 평화가 깃드는 듯했다. 그러나 안정적인 분위기가 어떤 가격에서든 주식을 안심하고 매수하여도 된다는 것을 의미하는 것은 아니다. 그렇게 해서도 안 된다. 기업이 벌어들이는 수익에는 한계가 있으므로, 투자자가 주식을 매수할 수 있는 적정 가격에도 한계가 있다.

이렇게 생각해 보자. 영원한 농구의 황제 마이클 조든을 보려는 팬들로 시카고 경기장은 늘 북적였다. 시카고 불스는 마이클 조든이 경기를 계속 할 수 있도록 연봉 3400만 달러의 계약을 체결했다. 그러나 이 계약이 시카고 불스가 조든에게 앞으로 시즌별로 3억 4000만 달러, 34억 달러, 또는 340억 달러를 지급할 수 있다는 것을 보증하는 것은 아니다.

낙관론의 한계

장밋빛의 높은 수익률을 보여 온 최근 시장 상황을 그레이엄이 본다면 다음과 같이 경고할 것이다. "과거의 높은 성과를 미래의 보통주에서도 기대하는 것은 상당히 비논리적이고 위험하다." 미국 주식시장은 1995년부터 1999년까지 매년 20% 이상 상승하면서 전례 없는 강세를 보였고, 주식 매수자들은 점점 낙관론에 빠져들었다.

- 1998년 중반 증권회사 페인웨버의 고객을 대상으로 한 갤럽 조사에 따르면, 투자자들은 향후 1년간 평균적으로 대략 13%의 수익을 기대하고 있었다. 2000년 초의 조사에서 이들의 평균 기대수익은 18% 이상으로 증가했다.
- '노련한 전문가들'마저도 낙관론에 물들어 향후 수익 전망을 상향 조정하였다. 예를 들어, 2001년에 SEC 커뮤니케이션스_{SEC Communications}는 자사 연금계획의 예상수익률을 8.5%에서 9.5%로 상향 조정했다. 2002년에는 S&P500 지수 편입 종목의 연금계획 관련 평균 예상수익률이 사상 최고치인 9.2%에 달했다.

그러나 이처럼 지나친 낙관론은 곧 다음과 같은 끔찍한 결과로 이어졌다.

- 갤럽 조사에 따르면, 2001년과 2002년에 주식의 연간 평균 기대수익률이 7%로 하락하였다. 투자자들은 2000년에 비해 거의 50%나 싸게 주식을 살 수 있었는데도 말이다.[2]
- 월스트리트의 최근 추정치에 따르면, S&P500 지수 편입 기업들은 연

금계획 수익률을 너무 높게 예상한 탓에 2002년과 2004년 사이에만 적어도 320억 달러의 손실을 감수해야 했다.

투자자들은 싸게 사서 비싸게 팔아야 한다는 것을 알면서도, 실제로는 그와 반대로 행동한다. 이 장에서 그레이엄이 전하는 경고는 단순하다. 즉, "역逆의 법칙으로", 투자자들이 주식투자의 장기적인 전망에 열광할수록, 단기적인 실패를 맛볼 가능성이 더욱 커진다. 2000년 3월 24일, 미국 주식시장의 시가총액은 14조 7500억 달러로 최고조에 달했지만, 불과 30개월 뒤인 2002년 10월 9일에는 이 중 50%가 조금 넘는 7조 4100억 달러가 날아간 7조 3400억 달러에 불과했다. 동시에 많은 시장전문가가 심한 비관론으로 급선회하여 향후 수년간, 심지어는 수십 년간 시장수익이 정체 또는 감소할 것이라고 예상했다.

이 시점에서 그레이엄은 간단한 질문을 하나 던진다. 소위 전문가들이 그나마 의견의 일치를 보았을 때 오히려 잘못된 판단을 하였다면, 현명한 투자자들이 도대체 어떻게 이들을 믿을 수 있겠는가?

앞으로는 어떻게 될까?

이제 복잡한 생각은 버리고 미래수익에 대해 그레이엄이 고수했을 견해에 대해서만 생각해 보자. 주식시장의 수익은 다음 세 가지 요인에 의해 결정된다.

---

2 물론 이렇게 하락한 주가가 투자자들이 7%의 주식수익률을 달성할 수 있다는 것을 의미하지는 않는다.

- 실질 성장: 기업의 이익과 배당의 증가
- 물가상승에 의한 성장: 경제 전체의 일반적인 가격 상승
- 투기적 성장 또는 하락: 일반 투자자의 주식 선호도의 증가 또는 하락

인플레이션을 고려하지 않을 경우 장기적으로 기업의 주당순이익의 연간 성장률은 평균 1.5%에서 2% 정도다.[3] 2003년 초를 기준으로 할 때 물가상승률은 대략 연간 2.4% 정도였고 주식배당수익률은 1.9%였다. 즉, 다음과 같은 식으로 정리할 수 있다.

$$
\begin{array}{r}
1.5 \sim 2\% \\
+\ 2.4\% \\
+\ 1.9\% \\
\hline
=\ 5.8 \sim 6.3\%
\end{array}
$$

결국 이 수치는 주식투자를 통해 평균적으로 약 6%의 수익을 기대할 수 있다는 것을 의미한다. 만약 일반 투자자들이 욕심을 부려 주가가 하늘 높은 줄 모르고 치솟는다면, 그러한 투기 열풍으로 인해 일시적으로 수익률을 더 높일 수 있을 것이다. 반면, 투자자들이 1930년대나 1970년대와 같이 위축될 경우 주식수익률은 일시적으로 더 낮아질 수 있다. 2003년의 예가 그러했다.

예일 대학의 투자론 교수인 로버트 실러Robert Shiller는 그레이엄이 자신의 가

---

3 제러미 시겔의 『장기전을 위한 주식(Stocks for the Long Run)』(McGraw-Hill, 2002) 중 94쪽, 로버트 아노트(Robert Arnott)와 윌리엄 번스타인(William Bernstein)의 조사 보고서 《2%의 가치 저하(The Two Percent Dilution)》(2000년 7월)를 참조하라.

치평가법에 영감을 주었다고 말했다. 즉, 실러는 인플레이션을 고려하여 S&P500 지수의 현재 가격을 과거 10년간 기업의 평균이익과 비교했다. 과거 기록을 검토한 결과, 실러는 주가수익비율이 20배를 상회한다면 대체적으로 수익이 부진하지만, 10배를 하회할 때에는 전형적으로 견고한 수익이 발생한다고 주장했다. 실러의 방식으로 보자면, 2003년 초의 주가는 과거 10년간 인플레이션을 고려할 때 22.8배의 평균수익률로 여전히 위험한 상태였다. 그러나 1999년 12월의 44.2배라는 터무니없는 수익률보다는 많이 낮아진 수준이었다.

과거의 시장 상황에서 주가가 현재 수준이었다면 어떠했을까? 〈그림 3-1〉은 주가가 지금과 비슷하게 높았던 과거 시기와 그 이후 10년 간의 주기에 따른 변동 추이를 보여 준다.

가치평가 수준이 2003년 초와 비슷한 시점으로부터 이후 10년간 주식시장은 호황과 불황 사이를 오갔다. 딱히 호황이나 불황으로 구분할 수 없는 때도 있었다. 보수적인 원칙을 고수하는 그레이엄이라면 과거의 최저수익률과 최고수익률의 차이를 분리해서 이후 10년 동안 연간 약 6%, 인플레이션을 감안할 경우 4%의 수익을 주식으로 거둘 수 있다고 추정했을 것이다. 이러한 추정은 우리가 실질 성장률과 인플레이션 비율, 투기적 성장을 모두 감안하였을 때 구할 수 있는 예상치와도 일치한다. 1990년대와 비교한다면 주식으로 올릴 수 있는 6%의 수익률은 쥐꼬리만 한 수준이다. 그러나 채권으로 기대할 수 있는 수익보다 약간 높다. 또한 대부분의 투자자가 분산화된 포트폴리오 일부로 주식을 편입하기에 충분한 이유이기도 하다.

그러나 그레이엄의 접근 방법에는 놓치지 말아야 할 중요한 사실이 하나 더 있다. 주식의 수익 전망에서 유일하게 확실한 것은 그러한 예상이 빗나갈 수 있다는 점이다. 과거 사례에서 알 수 있듯이 논쟁의 여지가 없는 단 하나

연도	주가수익비율	다음 10년간 총수익률
1898	21.4	9.2
1900	20.7	7.1
1901	21.7	5.9
1905	19.6	5.0
1929	22.0	−0.1
1936	21.1	4.4
1955	18.9	11.1
1959	18.6	7.8
1961	22.0	7.1
1962	18.6	9.9
1963	21.0	6.0
1964	22.8	1.2
1965	23.7	3.3
1966	19.7	6.6
1967	21.8	3.6
1968	22.3	3.2
1972	18.6	6.7
1992	20.4	9.3
평균	20.8	6.0

＊ 출처: 잭 윌슨(Jack Wilson)과 찰스 존스(Charles Jones)가 공저한 "S&P500 지수 및 콜스의 성장 분석: 1879~1999년 가격지수 및 주식수익률(An Analysis of the S&P 500 Index and Cowles' Extensions: Price Index and Stock Returns, 1879-1999)"(2002년 7월 《저널 오브 비즈니스(Journal of Business)》 75권 3호: 527~529), 이봇슨 어소시에이츠(Ibbotson Associates).

＊ 주: 주가수익비율은 실러 계산식(매년 말 지수가치/S&P500 지수 기업의 10년간 실질 평균수익), 총수익률은 명목 연평균 수익률을 의미한다.

의 진실은 이것이다. "미래는 항상 우리를 놀라게 한다." 언제나 그래 왔다. 그리고 금융 역사상 미래에 대한 자신의 예측을 확신하는 사람이야말로 시장에서 가장 쓴맛을 보게 된다는 것 또한 금융의 역사를 관통하는 법칙이다. 그레이엄이 그러했듯이, 자신의 예측 능력에 겸손한 자세를 취하는 투자자야말로 예상이 빗나가게 마련인 미래의 위험 부담을 얼마간 피할 수 있을 것이다.

그래서 투자자는 반드시 자신의 기대치를 낮추어야 한다. 그렇다고 용기를 잃어서도 안 된다. 현명한 투자자라면 늘 희망을 품어야 하고, 그래야만 하기 때문이다. 금융시장에서는 미래가 불투명해 보일수록 현실은 더 나아지는 경우가 많다. 한 냉소적인 인물은 영국의 소설가이자 수필가인 G. K. 체스터턴G. K. Chesterton에게 다음과 같이 말했다. "아무것도 기대하지 않는 사람은 축복받은 사람입니다. 왜냐하면 실망할 것이 없기 때문이지요." 체스터턴은 이 사람에게 어떻게 응수했을까? "아무것도 기대하지 않는 사람은 축복받은 사람이지요. 왜냐하면 모든 것을 즐길 수 있으니까요."

일반적인 포트폴리오 전략: 방어적인 투자자

투자 포트폴리오의 기본적인 특성은 대개 포트폴리오 소유자의 입장이나 특성에 따라 결정된다. 투자를 주도하는 한 축으로는 저축은행, 생명보험회사, 법정신탁기금 등의 금융기관을 들 수 있다. 한 세대 전에 많은 주에서 이 기관들은 법적으로 우량채권에만 투자할 수 있었다. 특별한 경우에는 우량 우선주도 투자 대상에 포함되었다. 투자를 이끄는 또 다른 한 축은 부유한 투자자와 경험 많은 사업가였다. 이들은 가치가 있다고 여겨지는 모든 주식 및 채권에 투자했다.

위험을 감수할 여력이 없는 투자자라면 투자 금액에 비해 상대적으로 적은 수익에 만족해야 한다는 것은 오랫동안 자리 잡아 온 원칙이다. 투자자의 목표 수익률과 위험의 정도는 비례한다는 일반적인 생각 또한 바로 이 원칙에서 비롯되었다. 그러나 우리 생각은 다르다. 수익률을 좌우하는 것은 투자자가 쏟을 수 있는 지적인 노력의 정도다. 안전하고 걱정 없는 투자를 원하는 소극적인 투자자에게는 최소한의 수익이 돌아간다. 최고의 수익은 탁월한 현명함을 발휘해 최상의 기술을 활용할 줄 아는 적극적이고 영민한 투자자의 몫이다. 1965년에 우리는 다음과 같이 덧붙인 바 있다. "많은 경우에 약 4.5%의 수익률을 보장하는 채권을 사는 것보다는 큰 수익이 기대되는 '할인종목'을 사는 것이 실제로 위험이 적었다." 이후 몇 년간 최우량 장기채권마저도 이자율 상승으로 가격이 큰 폭으로 하락하면서 이 말은 우리가 가정했던 것보다도 더욱 자명한 사실로 입증되었다.

주식과 채권 간 투자배분에 대한 기본적인 문제

방어적인 투자자의 포트폴리오 전략에 대해서는 이미 요약한 바 있다.[*] 방어적인 투자자는 포트폴리오를 우량채권과 우량주식에 배분해야 한다.

기본적인 투자지침에 따르면 투자자는 자금의 25% 이하 또는 75% 이상을 주식에 투자해서는 안 되며, 채권은 그 나머지인 25%와 75% 사이에서 투자하는 것이 바람직하다. 이러한 지침은 주식과 채권이라는 주요 투자 수단 사이의 표준적인 배분은 50 대 50이라는 것을 암시한다. 따라서 약세장이 지속되어 '할인가격' 수준의 종목이 다수 출현하는 상황은 주식 비중을 늘릴 타당한 근거가 된다. 반대로 시장 수준이 위험할 정도로 높다고 판단한 경우에는 주식 비중을 50% 아래로 줄여야 한다.

이처럼 진부하게 들리는 원칙은 말하기는 쉬워도 막상 실천하기는 어렵다. 왜냐하면 자신에게 유리한 강세장이나 약세장의 추세가 더 이어지기를 바라는 인간의 본성에 반하기 때문이다. 시장이 어느 정도 상승하면 주식 비중을 줄이고, 하락세를 보이면 주식 비중을 높이라는 투자전략은 일반 투자

---

[*] 2장에서 그레이엄이 내린 결론 부분을 참조하라.

자에게는 모순이다. 과거 사례만 보아도 주식시장이 크게 약진하거나 붕괴할 때 일반 투자자들은 그와 정반대 방향으로 투자했다. 현실적으로 그럴 수밖에 없었다. 이러한 현상은 앞으로도 마찬가지일 것이다.

투자와 투기를 과거처럼 명확히 구분하는 것이 가능하다면, 투자자란 세상 물정 모르고 운 없는 투기자에게 주식을 고가로 팔아넘기고 가격이 폭락하면 그들로부터 헐값에 다시 사들이는 민첩하고 노련한 사람이라고 정의할 수도 있겠다. 실제로 이러한 유형의 투자자는 예전에는 제법 있었지만, 1949년 이후 금융시장이 발전을 거듭한 현재에는 찾아보기 어려워졌다. 뮤추얼펀드와 같은 전문적인 투자기관도 이러한 전략을 취하는 것 같지는 않다. 대표적인 혼합형 펀드balanced fund와 주식형 펀드common stock fund로 구성된 포트폴리오에서 주식 비중은 매년 거의 변하지 않았다. 이들이 주식을 매도하는 경우는 대개 한풀 꺾인 주식을 처분해 더 유망한 주식을 매수하고자 할 때뿐이었다.

주식시장의 등락폭이 기존 범위를 벗어나거나 아직 일정한 패턴이 확립되지 않은 상태라면, 우리가 오랫동안 고수해 온 원칙에 비추어 주식 비중을 최소 25%에서 최대 75%까지 조정하는 데 필요한 기준을 투자자에게 제시하기 어렵다. 단, 자신이 보유한 주식의 건전성을 강하게 확신하지 못하는 투자자가 1969년과 1970년의 상황과 같은 하락세가 발생할 때 시장을 차분하게 관망할 자신이 없는 경우라면, 주식의 비중을 절반 이상으로 확대하지 말라고 권고할 수 있다. 예를 들어, 1972년 초의 주가 수준에서는 그러한 자신감이 얼마나 타당한 것인지 짐작하기 어려우므로, 이 시점에서는 주식에 50% 이상을 투입하지 않는 것이 바람직하다. 그러나 똑같은 상황에서라도 현재 시장 수준을 불안해하지 않고, 향후 추가적인 상승을 기대하며 투자 비율을 전체 자금의 25% 이상으로 높일 의향이 있는 투자자에게는 주식투자

비중을 50% 이하로 축소하라는 조언이 효과를 발휘하기 어렵다.

이 때문에 대부분의 독자에게는 50 대 50이라는 단순화된 공식을 권할 수밖에 없다. 이 공식의 기본적인 원칙은 채권과 주식 사이의 배분을 가능한 한 동등하게 유지하는 것이다. 시장 수준의 변화에 따라 주식 비중을 55%로 높인 경우에는 주식 포트폴리오 중 11분의 1을 매각하고 대신 이만큼의 비중을 채권으로 이전함으로써 균형을 회복할 수 있다. 거꾸로 주식 비중이 45%로 감소하면 채권 자금 중 11분의 1을 매각해서 주식을 추가로 매입할 수 있다.

예일 대학도 1937년 이후 오랫동안 이와 비슷한 원칙을 따랐다. 단, 보통주의 '정상적인 보유 비중'을 약 35%로 설정했다는 점에 차이가 있었다. 하지만, 1950년대 초에 이르러 예일 대학은 한때 유명세를 탔던 이 방식을 포기하고, 1969년에는 포트폴리오에서 일부 전환증권을 포함해 주식 비중을 61%로 높였다. 당시 이와 비슷한 71개 단체의 기부금 펀드는 총 76억 달러에 달하는 자금의 60.3%를 주식에 투자하는 추세였다.

예일 대학 사례는 주식시장의 호황이 한때 유행했던 포뮬러 투자 방식에 얼마나 치명적인 결과를 초래했는지 생생하게 보여 준다. 그러나 50 대 50 투자 방식은 보수적인 투자자에게는 충분히 의미가 있는 전략이다. 이 전략이 건전한 방향을 지향한다는 것은 확실하다. 그만큼 이 기법을 따르는 투자자는 적어도 시장 변동에 적절한 대비책을 마련할 여지가 있다. 그보다 투자자 입장에서 더 중요한 것은 주가가 과도하게 폭등하더라도 매수 열풍에 휩쓸리지 않도록 스스로 통제할 수 있다는 사실이다.

더욱이 보수적인 태도를 견지하는 투자자는 상승장이 이어지는 경우에도 포트폴리오의 절반을 차지하는 주식수익에 만족한다. 그러다 심각한 하락세가 발생하면 위험을 감수하며 투자했던 다른 투자자들이 받은 타격에 비해 자신이 얼마나 안전한 상태인지 돌아보며 안도의 한숨을 내쉴 것이다.

우리가 제시한 50 대 50 분할 기법은 가장 간단하면서도 다양한 상황에 적용할 수 있는 투자 방법이지만, 성과 측면에서는 최선의 선택은 아니다. 물론, 기계적이든 아니든 어떤 기법이라도 다른 것보다 효과적이라고 단언할 수는 없다. 다만 현재로써는 우량채권이 대표우량주보다 수익률이 뛰어나다는 점에서 채권투자를 선호할 수 있을 것이다. 투자자가 주식 비중을 50% 또는 그 이하로 설정할 것인가의 여부는 개인적인 기질과 투자 태도에 따라 달라진다. 성공 확률을 직접 냉철하게 산출할 수 있는 투자자라면 주식과 채권을 50 대 50의 분할로 설정하기 전에 먼저 주식 비중을 25%로 정한 후, 다우존스 지수 배당수익률이 채권수익률의 3분의 2가 될 때까지 기다려 볼 수 있을 것이다. 900 선의 다우존스 지수와 단위당 36달러의 배당에서 시작한다고 가정할 때, 주요 주식의 현재 수익률을 유지한 상태로 과세채권의 수익률이 7.5%에서 5.5%로 낮아지거나, 채권수익률을 떨어뜨리고 배당을 높이지 않는 경우에는 다우존스 지수가 660 선까지 내려가야 한다. 그 사이에 해당하는 변동 사항의 조합은 결국 동일한 '매수 시점'을 도출할 수 있다. 이 방식은 특별히 복잡한 것은 아니지만, 보수적인 결과에 개의치 않고 일관성 있게 실천하기가 쉽지 않다.

채권 비중

투자자의 포트폴리오에서 채권 비중과 관련한 종목 선택을 할 때 다음과 같은 두 가지 중요한 질문을 할 수 있다. 과세채권과 비과세채권 중 어떤 것을 매수해야 할까? 단기채와 장기채 중에서는 어떤 것을 선택해야 할까? 세금과 관련한 선택은 주로 투자자의 과세 등급에 따른 수익률을 고려하여 판단하게 될 것이다. 1972년 1월, 20년 만기 채권을 매수하려는 투자자는 7.5% 수익의 Aa급 회사채와 5.3% 수익의 우량한 비과세 지방채municipal bond 중에서 선택할 수 있었다. 여기에서 지방채는 일반적으로 국채를 포함한 모든 종류의 비과세채권을 의미한다. 따라서 만기 20년을 채운 회사채를 매각하여 지방채를 매수한다면 약 30% 정도의 손실이 발생하게 된다. 그러므로 최고 과세 등급이 30%보다 높은 투자자는 지방채를 선택하여 과세 후 수익을 높일 수 있었다. 최고 세액이 30% 이하인 경우에는 그 반대가 된다. 독신자는 소득공제 후 과세소득이 1만 달러를 상회할 때, 결혼한 경우에는 합산 과세소득이 2만 달러를 상회할 때부터 30%의 비과세 혜택을 받게 된다. 분명한 것은 일반 투자자의 경우 대부분 우량회사채보다 우량지방채를 통해 높은 세후 수익을 올릴 수 있다는 사실이다.

그러나 장기채 또는 단기채 선택에 대해서는 이와 전혀 다른 질문이 제기된다. 즉, 투자자가 (1) 연간 수익률이 감소하고, (2) 투자원금에서 상당한 수익성을 상실할 가능성에도 불구하고 채권가격의 하락을 감수하고자 할까? 이 문제는 8장에서 논의하는 것이 가장 좋을 것이다.

과거 한동안 개인투자자들이 안전하게 매수할 수 있었던 채권은 바로 미국 저축채권이었다. 이 저축채권은 시기를 막론하고 안정성은 물론, 다른 최우량채권보다도 더 높은 수익률을 제공했다. 또한 환불 옵션을 비롯한 다양한 특혜도 이 채권의 투자매력을 더욱 높여 주었다. 이 책의 이전 판에서는 "미국 저축채권: 투자자를 위한 큰 선물U. S. Savings Bonds: A Boon to Investors"이라는 제목의 장에서 별도로 이 채권을 소개한 바 있다.

앞으로 살펴보겠지만, 미국 저축채권은 지금도 독특한 장점을 자랑하며 일부 투자자 사이에서 적합한 투자 대상으로 손꼽히고 있다. 예를 들어, 소규모 자금을 운용하는 투자자, 즉 1만 달러 정도의 규모를 채권에 투자하고자 하는 이들에게는 저축채권이 가장 쉬운 최선의 선택일 수 있다. 이보다 큰 규모의 자금을 투자하는 경우라면 다른 수단을 선택하는 것이 더 바람직할 것이다.

이제 투자자가 매수할 수 있는 몇 가지 주요 채권 형태를 안전성, 수익률, 시장가격, 위험, 소득세를 비롯한 일반적인 특성별로 간략하게 살펴보겠다.

1. 미국 저축채권 시리즈 E와 시리즈 H: 먼저 각 유형의 중요한 조건을 간략히 살펴보고, 독특한 특성과 투자매력, 그리고 높은 편리성 등 다양한 장점을 정리해 보겠다. 시리즈 H 채권은 다른 채권과 비슷하게 6개월 단위로 이자를 지불한다. 첫해 이자율은 4.29%이고 만기까지 나머지 9년 동안은 5.10%를 지불한다. 시리즈 E 채권은 이자가 지불되지 않지만 투자자는 상환 가치 증가를 통해 그만한 수익을 올릴 수 있다. 이 채권은 액면가의 75%로 판매되며, 투자자는 매수 후 5년 10개월 후에 액면가의 100%를 확보할 수 있다. 만약 만기까지 이 채권을 보유할 경우 수익률은 6개월 복리로 5%가 된다. 조기에 상환받는 경우 첫해에는 최소 4.01%, 이후 4년 10개월 동안은 평균 5.2%의 수익률을 기대할 수 있다.

저축채권에서 발생한 이자소득은 연방소득세 과세 대상이지만, 주정부소득세는 면제된다. 시리즈 E 채권의 경우, 연방소득세는 투자자의 선택에 따라 매년 경과 이자에 대해 납세하거나 채권을 처분할 때 일시불로 지불할 수 있다.

시리즈 E 채권은 언제라도 현재 상환가치로 현금화할 수 있다. 시리즈 H 채권을 현금화하는 경우에는 액면가가 적용된다. 일정한 세금우대를 고려한다면 시리즈 E 채권을 시리즈 H 채권으로 교환할 수 있다. 채권은 분실하거나 파손되거나 도난당한 경우에 무료로 재발급받을 수 있다. 연간 매입 한도가 있으나 가족 명의로 자유롭게 매수할 수 있으므로 대부분의 투자자가 원하는 만큼 구입이 가능하다.

평가: 저축채권은 다양한 투자 수단 중 유일하게 (1) 원리금 지급을 완벽히 보장하고, (2) 언제라도 완전히 현금화할 수 있으며, (3) 적어도 10년 동안 최소 5% 이자를 동시에 보장해 준다. 초창기에 시리즈 E 채권을 매수한 투자자는 만기를 연장하여 높은 수익률을 지속함으로써 가치를 높일 수 있었다. 이렇게 장기간 소득세 납부를 유예하는 방식은 현금가치 측면에서 큰 수익을 기대할 수 있다. 일반적으로 실제 순세후 수익률 증가 비율은 3분의 1 정도였다. 반면에 금리가 낮았던 때에 채권을 매입한 투자자는 채권을 구매가격이나 그 이상의 가치로 현금화할 수 있는 권리를 이용하여 원금 손실 가능성에 대처했다. 이처럼 채권을 현금화할 수 있는 권리를 통해 투자자는 금리가 낮은 채권을 동일한 금액이면서도 금리가 높은 이표채로 전환함으로써 금리 상승으로 인한 수익을 낼 수 있었다. 따라서 다른 국채와 비교할 때 현재 저축채권을 보유한 투자자가 누리는 이점은 상대적으로 낮은 현재 수익률을 보상하고도 남는다는 것이 우리의 판단이다.

2. 기타 미국 정부 채권: 미국 정부에서 발행하는 다양한 채권은 저마다 다른 표면 이자율과 만기 구조를 갖고 있다. 이 채권은 모두 원리금 지불에 있어서 완벽한 안전성을 제공한다. 또한 연방소득세는 부과되지만 주정부소득세는 면제된다. 1971년 후반에 만기 10년 이상의 장기채는 6.09%, 3년에서 5년 만기의 중기채는 6.35%, 단기채는 6.03%의 평균수익률을 보였다.

1970년에는 오래된 채권이 대부분 큰 폭으로 할인된 가격에 판매되었다. 일부 채권가격은 재산세 정산 후 액면가 수준에 불과했다. 예를 들어, 1990년 만기 미국 재무부 채권은 1970년에 60에 거래되기도 했지만 77까지 상승했다.

흥미로운 점은 일반적으로 정부 지급보증증서와 같은 미국 정부의 간접 채권이 동일한 만기의 직접 채권, 즉 국채보다 수익이 상당히 높다는 사실이다. 이를테면 '미국 교통부 장관이 완전 보증하는 증서'의 경우 수익률은 7.05%에 달한다. 이러한 수익률은 동일한 만기 직접 채무보다 1% 이상 높은 것이다. 이 증서는 실제로 펜 센트럴 트랜스포테이션Penn Central Transportation Co.의 신탁회사 명의로 발행되었으며, "미국 정부의 일반 채무에 귀속되며 완벽한 약정 이행을 보증"한다는 법무부 장관의 확인과 함께 판매되었다. 이 밖에도 과거 미국 정부는 다양한 간접 채무를 보증했고, 이러한 채무는 모두 성실하게 이행되었다.

그렇다면 독자들은 교통부 장관이 '직접 보증'한 상품이 어쩌다 일반 납세자에게 더 많은 부담을 지우게 되었는지 의아할 것이다. 주된 이유는 바로 의회가 부과한 정부 채무의 한도다. 정부보증은 분명히 채무로 간주되지 않는다. 말 그대로 영리한 투자자에게는 횡재인 셈이다. 아마 이러한 상황의 여파로 가장 주목할 만한 결과는 미국 주택 당국이 발행한 비과세채권일 것이다. 이 채권은 미국 정부가 보증하면서 국채와 같은 세금 혜택을 제공한다. 이와 비슷한 정부보증채권의 예로는 1971년 9월 발행된 뉴커뮤니티 채무증서New Community Debenture를 들 수 있는데, 이 증서의 수익률은 무려 7.6%에 달했다.

3. 주정부 및 자치단체가 발행하는 지방채: 지방채에 속하는 채권에는 연방소득세 면제 혜택이 주어진다. 또한 해당 채권이 발행된 주에서는 일반적으로 소득세가 면제된다. 발행한 주 이외 지역에서는 이 혜택은 적용되지 않는다. 주정부 또는 자치단체의 직접 채무로 발행되는 지방채는 고속도로, 교량, 건

물임대 등을 통해 발생하는 수입으로 이자를 지급하는 '수익채revenue bond'다. 그러나 비과세채권이라고 해서 방어적 투자자가 언제나 안심하고 투자할 수 있는 것은 아니다. 투자자는 무디스나 S&P가 부여한 신용등급을 기준으로 종목을 선택해야 한다. 양 기관의 세 가지 최고등급(Aaa[AAA], Aa[AA], A)을 받은 채권이라야 적절한 안전성을 기대할 수 있다. 이들 채권의 수익률은 신용등급과 만기에 따라 다양한데, 만기가 짧을수록 수익률도 낮아진다. 1971년 후반에 S&P의 지방채 지수에 편입된 종목의 경우, 평균 신용등급은 AA였고, 20년 만기에 수익률은 5.78%였다. 대표적인 예로는 뉴저지 주 바인랜드Vineland 채권을 들 수 있다. 신용등급 AA에 속하는 이 채권의 경우 만기 1년 채권의 수익률은 3%에 불과했지만, 1995년이나 1996년이 만기인 경우에는 5.8%까지 상승했다.*

4. 회사채: 회사채를 보유한 투자자는 연방세와 주정부세를 모두 납세해야 한다. 1972년 초의 경우 무디스 Aaa 등급에 속하는 높은 신용의 만기 25년 회사채의 수익률은 7.19%였다. 신용등급 Baa 이하인 중저등급 채권의 경우 수익률은 8.23%였다. 각 등급에서 단기채권은 장기채권보다 다소 낮은 수익률을 보인다.

평가: 이러한 특징으로 인해 회사채를 고려하는 일반 투자자는 우량채권 중에서도 다양한 선택을 할 수 있다. 과세소득이 높은 투자자는 분명히 과세채권보다 비과세채권에서 더 높은 순수익을 올릴 수 있을 것이다. 그 밖에 1972년 초 다양한 혜택이 제공되는 미국 저축채권의 경우 5%의 세전 수익률을 보였고, 우량회사채에서는 약 7.5%까지 기대할 수 있었다.

---

* 충분한 안정성을 지닌 더 높은 비과세 수익률은 비교적 새롭게 금융시장에 진입한 기업에 바랄 수 있다. 특히 적극적인 투자자의 관심을 끌 만한 분야다.

고수익채권 투자

안정성보다 위험을 감수하는 투자자라면 채권투자에서 더 높은 소득을 얻을 수 있다. 그러나 오랜 경험에 비추어 볼 때 일반 투자자들은 이러한 고수익채권을 멀리하는 것이 더 현명하다. 왜냐하면 전반적으로 볼 때 고수익채권이 일급 우량채권보다 전체 수익 면에서 다소 높지만, 불안한 가격 하락부터 사실상 채무불이행에 이르기까지 불리한 상황에 노출될 가능성이 크기 때문이다. 낮은 신용등급 채권이 할인가격으로 판매되는 경우가 많은 것도 사실이지만, 이러한 기회를 성공적으로 활용하려면 그만큼 특화된 연구가 선행되거나 여기에 적합한 기술을 갖춰야 한다.*

여기서 덧붙여 설명해야 할 것은 미국 정부의 국채 발행에 대해 의회가 부과한 한도를 통해 정부보증채권을 매수하는 투자자들은 적어도 두 가지 '할인 기회'를 활용할 수 있었다는 사실이다. 바로 비과세 뉴하우징New Housing 채권과 최근에 발행된 뉴커뮤니티 채무증서다. 1971년 7월에 발행된 뉴하우징 채권에는 연방세와 주정부세 면제 혜택이 적용되었고, 수익률은 5.8% 정도였다. 1971년 9월에 발행된 뉴커뮤니티 채무증서는 세금이 부과되는 대신 수익률은 7.6%로 더 높았다. 두 보증채권 모두 미국 정부가 완벽한 약정 이행을 보증하는 만큼 안전성이 보장되었다. 또한 세후 기준으로 미국의 다른 일반 국채보다 훨씬 높은 수익률을 보였다.**

채권 대신의 저축예금

오늘날 투자자는 일반 은행이나 저축은행에 현금을 예치하거나 양도성예

---

* 고수익채권에 대한 그레이엄의 부정적 견해는 오늘날에는 상당히 완화되었다. 왜냐하면 정크본드를 활용하여 위험을 분산시키는 뮤추얼펀드의 광범위한 활용이 가능해졌기 때문이다. 자세한 사항은 6장 논평을 참조하라.

금증서를 매입함으로써 만기가 짧은 우량채권만큼 높은 수익률을 얻을 수 있다. 은행 저축계좌의 이자율은 낮아질 가능성이 있지만, 현재 상황에 비추어 볼 때 개인 단기채권의 적당한 대안이라고 볼 수 있다.

전환사채

전환사채는 16장에서 논의한다. 전반적인 채권의 가격 변동성은 8장에서 다룬다.

수의상환권

이전 판에서는 채권을 통한 자금조달과 관련하여 수의상환권call provision을 소개하는 데 많은 부분을 할애하였다. 수의상환권은 잘 노출되지 않는 심각한 위험 요소를 포함하기 때문이었다. 대개 수의상환권이 명시된 채권을 매수한 투자자는 만기 전에 발행가 대비 5% 정도의 프리미엄과 함께 이 채권을 조기상환할 수 있었다. 이러한 조건이 의미하는 것은 이자율이 크게 변동하는 기간에 이 채권을 매수하는 투자자는 불리한 이자 변동에 뒤따르는 위험 부담을 모두 감수하여야 할 뿐만 아니라 유리한 기간에도 기회를 제대로 활용하기 어렵다는 사실이다.

사례: 표준적인 사례로 1928년 아메리칸 가스&일렉트릭American Gas & Electric은 101 선에서 100년 만기 표면금리 5%의 회사채를 매수할 일반 투자자를 모집하였다. 4년 후 공황기에 이 우량채권의 가격은 62.5, 수익률은 8%였다. 1946년 무렵 시장 상황이 큰 반전을 맞이하는 사이 이러한 종류의 채권들은

** 뉴하우징 채권과 뉴커뮤니티 채무증서는 현재 발행이 중단된 상태다. 미국 주택도시개발부가 보증하고 소득세 면제 혜택이 제공된 뉴하우징 채권은 1974년 이후 발행되지 않고 있다. 역시 미국 주택도시개발부가 보증한 뉴커뮤니티 채무증서는 1968년에 통과된 연방법을 근거로 1975년까지 약 3억 5000만 달러 규모로 발행되었다. 이 프로그램은 1983년에 중단되었다.

3%의 수익률로 거래되었고, 표면금리 5%를 내세운 이 채권의 가격은 160까지 상승하였다. 그러나 당시 이 회사는 수의상환권을 활용하여 106에서 상환해 버렸다.

이러한 채권의 약정에 등장하는 수의상환권이란 동전의 양면으로 승부를 가르는 얄팍한 위장술에 불과했다. 결국 채권투자 기관들은 이렇게 불합리한 조건을 거부했고, 최근에는 장기 고금리채권의 경우 대부분 발행 후 10년 이상 수의상환권 행사가 제한되었다. 이처럼 변화된 조건 또한 가격 상승 가능성을 제한한다는 점에서는 과거와 비슷하지만 불공평하지는 않았다.

현재 우리는 장기채 투자자에게 20년 또는 25년 동안 상환 제한을 확실히 보장받는 대신 약간의 수익 손실은 감수할 것을 충고한다. 또한 수년 안에 상환 가능하고 액면가 정도로 팔리는 고금리채권보다는 오히려 할인된 저금리채권*을 매수하는 것이 이로울 수 있다. 예를 들어, 7.85%의 수익 중에서 표면금리 3.5%짜리 채권을 63.5% 정도로 할인하면 불리한 상환 조건에서도 충분한 보호를 받을 수 있기 때문이다.

비전환우선주

이쯤에서 우선주의 특징을 전반적으로 살펴보자. 실제로 탁월한 가치를 지닌 우선주는 분명히 존재한다. 하지만 그러한 경우에라도 이러한 투자 형태가 본질적으로 유리한 것은 아니다. 우선주 투자자는 대부분 투자의 안전성을, 보통주에 배당 지급할 회사의 능력과 의사에 의존할 수밖에 없기 때문이다. 만일 회사가 보통주에 배당을 하지 않기로 하거나 그럴 위험이 있다

---

* 채권의 표면금리는 채권의 이자율을 의미한다. 따라서 저금리채권은 시장평균보다 낮은 표면이자수익을 낸다.

면, 회사 경영자 입장에서는 구태여 우선주에까지 배당을 할 의무가 없다. 결국 우선주 투자자의 입장만 난처해지고 만다. 또한 대부분 우선주는 고정 배당률을 초과하는 회사의 이익분배 대상이 아니다. 따라서 채권자의 법적 청구권이라는 면에서 볼 때 우선주 투자자가 기대할 수 있는 수익성은 보통 주 주주의 수익성에 미치지 못한다.

더욱이 우선주의 합법적 위상의 약점은 침체기에 반복적으로 표면화되는 경향이 있다. 사실상 몇 차례 시세 등락의 과정을 거친 후에도 투자 위상을 유지할 수 있는 우선주는 소수에 불과하다. 경험에 비추어 볼 때 우선주를 매수할 유일한 적기는 바로 가격이 일시적으로 크게 하락한 경우뿐이었다. 더욱이 이러한 경우도 적극적인 투자자에게 좋은 기회가 될 수 있지만, 방어적인 투자자가 시도하기에는 여전히 위험 부담이 따른다.

다시 말하면 우선주는 할인가격이 아니라면 절대 사지 말아야 한다. 나중에 언급할 전환우선주 및 기타 특수 주식의 경우에는 예외적으로 수익을 기대할 수 있다. 이러한 특징으로 인해 우선주는 일반적으로 보수적인 포트폴리오에 편입되지 않는다.

우선주의 일반적인 지위와 관련하여 언급할 만한 또 하나의 특징은 바로 세금에서 일반 투자자보다는 기관투자자에게 훨씬 더 유리하다는 점이다. 즉, 법인은 배당소득의 15%에 대해서만 소득세를 납부하지만, 개인은 이자소득 전액에 대해 세금을 납부해야 한다. 법인세율이 48%인 1972년의 경우, 우선주 배당으로 100달러를 받은 법인은 7달러 20센트의 세금만 내면 되지만, 채권이자로 100달러의 수익을 올린 경우에는 48달러를 세금으로 내야 한다. 반면, 일반 투자자들은 우선주 투자수익의 경우라도 소액의 세금 감면을 제외하면 채권이자와 똑같은 세금을 낸다. 따라서 논리적으로 따진다면 소득세를 부담해야 하는 투자자는 비과세채권에, 기관투자자는 투자가치가 있는 우선주에 투자하는 것이 옳다.*

유가증권 형태

앞에서 검토한 것처럼 채권과 우선주의 차이는 어렵지 않게 이해할 수 있으며, 상대적으로 단순한 문제다. 채권투자자는 확정된 이자를 받고 정해진 기일에 원금을 지급받는 반면, 우선주 투자자는 보통주보다 우선적으로 확정된 배당을 받을 수 있다는 점에서 다를 뿐이다. 투자자의 원금 가치 만기는 특정일에 국한되지 않는다. 배당은 누적 또는 비누적 형식으로 지급되며, 투자자의 의결권 여부는 때에 따라 다르게 적용된다.

이러한 특징에 비추어 우리는 표준 규정을 비롯해 대다수의 채권 및 우선주를 이해할 수 있다. 하지만 이러한 형태를 벗어나는 경우도 수없이 많다. 예외적인 형태 중에서는 전환형 및 그와 유사한 주식, 수익사채income bond 등이 잘 알려져 있다. 수익사채의 경우에는 회사가 이익을 내지 못하면 이자를 지급할 필요가 없다. 이 경우 미지급된 이자는 향후 발생할 수익에 대비해 누적될 수 있으며, 누적 기간은 최대 3년이다.

법인은 현재보다 훨씬 광범위하게 수익사채를 이용할 필요가 있다. 하지만 과거 경험으로 법인들은 수익사채를 기피하는 경향이 있다. 예를 들어, 초기 철도산업 구조 개편의 일환으로 무분별하게 발행되었던 수익사채는 이러한 사채 발행이 취약한 재정이나 열악한 투자 위상을 반영하는 것이라는 부정적인 인식을 심어 주었다. 하지만, 실제로 수익사채는 장점이 많다.

---

* 그레이엄의 논리는 지금도 유효하다. 단, 현재 법인은 배당소득의 70%를 공제받으며 표준 법인세율은 35%다. 즉, 우선주 배당소득이 100달러인 경우 법인은 대략 24달러 50센트를 세금으로 납부하게 된다. 이자소득과 마찬가지로 배당소득에 대해서도 같은 세율의 세금을 부담해야 하는 개인투자자 입장에서는 우선주가 세금 문제에서 유리하지 않다.

특히 최근에는 수많은 전환우선주 종목과도 비교할 만하며, 이러한 종목을 대체하는 수단으로 이용할 수 있다. 가장 중요한 것은 회사의 과세소득과 관련한 이자를 공제받을 수 있다는 점인데, 이를 통해 회사는 자본비용을 절반으로 줄일 수 있다. 투자자 입장에서는 대부분의 경우 (1) 회사 수익에 대한 이자를 지급받을 수 있는 무조건적인 권리와 (2) 이자소득이 없어 지급하지 못한 경우 파산지분처리 외에도 다른 보호장치를 확보할 수 있다는 이점이 있다. 수익사채의 조건은 채권자와 채무자 모두에게 이익이 돌아가도록 가장 적합한 방식으로 설계할 수 있다. 물론, 전환이라는 특권도 포함 가능하다. 본래 취약성을 지닌 우선주에는 투자하면서 오히려 많은 장점을 지닌 수익채권을 기피하는 경향은 투자자들이 새로운 상황에 맞선 참신한 시각을 추구하는 대신 월스트리트의 인습적인 제도와 투자 행위에서 벗어나지 못하고 있음을 명확히 보여 준다. 오랜 기간 엇갈린 낙관론과 비관론 속에서 검증을 거친 비효율적인 원칙은 폐기되어야 하지만, 이처럼 많은 투자자가 아직도 무비판적으로 편견을 고수하고 있다.

4장 논평

운에만 맡긴다면 더는 행운을 잡을 수 없다.

농구 코치 팻 라일리(Pat Riley)

투자자의 포트폴리오는 얼마나 공격적이어야 할까?

그레이엄에 따르면, 포트폴리오 성격을 규정하는 공격성의 정도는 투자 자산 종류보다는 투자자의 성향에 따라 달라진다. 투자자는 다음 두 가지 방법을 통해 현명한 투자자로 거듭날 수 있다.

- 주식, 채권 또는 뮤추얼펀드의 조합을 끊임없이 연구하고 선별하고 검토한다.
- 별도의 노력이 필요 없는, 투자 비중을 관리할 수 있는 영구적인 자동 조정 포트폴리오를 구성한다. 단, 짜릿함은 포기해야 한다.

그레이엄에 따르면, 이 중 첫 번째 방법은 "적극적인" 또는 "공격적인" 방법으로, 많은 시간과 노력을 투입해야 한다. "소극적인" 또는 "방어적인" 전략으로 통하는 두 번째 방법은 시간과 노력이 거의 들지 않는 대신 변화무쌍한 시장 상황에 동요하지 않는 수행자와도 같은 무심한 태도가 필요하다. 투자이론가 찰스 D. 엘리스_{Charles D. Ellis}의 말처럼 공격적인 방법이 육체적으로나 지적으로 힘이 든다면, 방어적인 방법은 감정 소모가 많다.[1]

시간 여유가 있고 경쟁심이 강하며 시합의 짜릿함을 즐기고 복잡한 지적 탐구를 마다하지 않는 투자자라면 적극적인 방법이 적성에 맞다. 반면, 항상 시간에 쫓기고 단순한 것을 좋아하며 매번 금전적인 계산을 하는 것을 번거롭게 여긴다면 소극적인 방법이 적절하다. 또는 적극적인 방법과 소극적인 방법을 적절한 비중으로 조합하는 방식이 더 나은 투자자들도 있을 것이다.

적극적이거나 방어적인 방법 모두 현명한 투자이며, 어느 쪽을 택하든 성공할 수 있다. 그러나 자신의 성격을 충분히 파악한 후 적성에 더 맞는 방법을 선택해야 비용은 물론 감정 또한 효과적으로 통제할 수 있다. 그레이엄은 이처럼 공격적인 투자자와 방어적인 투자자의 성향을 구분하며 투자와 관련한 위험 요소가 우리가 항상 주시하는 경제 또는 외형적인 자산뿐 아니라 우리 자신의 내부에도 있다고 충고한다.

대담하게 시도할 것인가, 아니면 조심할 것인가

그렇다면 방어적인 투자자는 어떻게 시작해야 할까? 가장 먼저 주식, 채권 및 현금의 비중을 결정해야 한다. 여기에서 그레이엄은 가장 경계해야 할 적으로 인플레이션을 지목하며, 인플레이션을 설명한 장에 이어 투자자금 비중을 결정하는 방법을 설명하고 있다.

---

1 정신적, 육체적인 노력이 필요한 투자와 감정적인 노력이 필요한 투자의 구별은 8장을 참조하라. 찰스 D. 엘리스와 제임스 R. 버틴(James R. Vertin)이 엮은 『투자자를 위한 선집(The Investor's Anthology)』(John Wiley & Sons, 1997) 중 엘리스가 쓴 "투자자로서 성공할 수 있는 세 가지 방법(Three Ways to Succeed as an Investor)" 72쪽에서도 이와 같은 내용을 확인할 수 있다.

그레이엄이 논의한 투자자산 중 주식 및 채권의 비중 결정 방법에서 가장 눈여겨봐야 할 것은 그가 투자자의 '나이'를 한 번도 언급하지 않았다는 사실이다. 일반적으로 투자 위험의 감수 정도를 논의할 때는 나이를 중요한 변수로 고려하는 분위기였지만, 그레이엄의 논의는 이러한 통념과는 궤를 달리하고 있다.[2] 투자 비중과 나이를 연결해 흔히 제시되는 방법에 따르면 100에서 자신의 나이를 뺀 수치만큼 주식에 투자하고 나머지는 채권이나 현금에 투자하라고 한다. 예를 들어, 28세라면 자산의 72%를 주식에 투자하고, 82살이라면 18%만 주식에 투자하라는 식이다. 다른 투자 논리와 마찬가지로 이러한 접근 또한 1990년대 후반에 가열되었다. 1999년에 인기를 끈 한 책에서는 보통 수준의 위험을 감수하는 투자자라도 30세 이하라면 자산의 95%를 주식에 투자해야 한다고 강조하기도 했다.[3]

아이큐가 100에서 한참 밑도는 두 자릿수가 아니라면 이러한 주장이 어딘가 잘못되었다는 것을 금방 알아차릴 수 있다. 즉, 어떤 투자자가 감당할 수 있는 위험의 정도는 나이만으로 가늠할 수 없다. 풍족한 연금에 현금 300만 달러를 보유하고 있고 손자가 많은 89세 투자자의 경우를 생각해 보자. 이 투자자에게 자금 대부분을 채권에 투자하라고 권하는 것은 어리석은 일이다. 이 투자자는 이미 소득이 충분할 뿐 아니라 손자들이 사후에 주식을 상속하여 앞으로 수십 년 동안 자산을 운용할 수 있기 때문이다. 반면, 결혼자금을 모으고 주택 할부금을 갚고 있는 25세 젊은이라면 대부분의 돈을 주식에 투자해서는 안 된다. 주식시장 시세가 멕시코 아카풀코 절벽에서 다이

---

2 구글(Google) 검색창에 "나이와 자산배분(age and asset allocation)"을 입력하면 3만 건 이상의 사이트가 검색된다.

3 제임스 K. 글라스만과 케빈 A. 하셋의 『다우 36,000: 주식시장의 유망주에서 수익을 얻기 위한 신전략 (Dow 36,000: The New Strategy for Profiting from the Coming Rise in the Stock Market)』(Times Business, 1999)에서 250쪽을 참조하라.

빙하듯 폭락이라도 하는 날에는 채권 소득으로 손실을 만회할 기회조차 놓치게 된다.

더군다나 젊은 투자자라도 40년 후가 아닌 40분 만에 주식을 현금화해야 할 일이 생길지도 모른다. 갑자기 실직하거나 이혼하게 될 수도 있고, 다치거나 뜻밖의 재난으로 곤란한 상황에 처할 수 있다. 예기치 못한 일이 발생할 위험은 나이와 상관없이 누구에게나 존재한다. 따라서 모든 투자자는 안전한 피난처로 어느 정도 현금 자산을 확보해야 한다.

마지막으로, 많은 사람이 주식시장이 하락세를 보인다는 이유로 투자를 접는다. 정신심리학자들에 따르면, 우리는 대부분 감정적으로 격해지는 사건이 발생하면 현재 감정에 사로잡혀 미래를 제대로 예측하지 못한다.[4] 1980년대나 1990년대처럼 주식이 매년 15%에서 20%씩 연이어 오르는 호황기에는 쉽게 주식투자를 계획하고 결혼도 꿈꿀 수 있다. 그러나 투자했던 현금이 산산조각이 날 때면, 채권이나 현금처럼 안전한 자산으로 돌리고 싶은 유혹을 떨치기 어렵다. 그래서 끈기 있게 주식을 보유하는 대신 비싸게 사서 싸게 팔아 치우고는 절망한다. 현실적으로 하락장에서 주식을 매수할 만큼 배짱이 두둑한 사람은 거의 없다. 그래서 그레이엄은 모든 투자자가 최소한 25%는 채권에 투자해야 한다고 주장한다. 그 정도 완충장치가 있어야 주가가 하락하더라도 주식에 투자한 자금을 뚝심 있게 지킬 수 있기 때문이다.

자신이 얼마만큼의 위험 부담을 감수할 수 있는지 파악하려면 기본적인 생활환경을 따져 보아야 한다. 이러한 환경이 어떤 상황에서 위협을 받고, 변화하는 시점은 언제이며, 이러한 변화가 현금 수요에 어떤 영향을 주는지 생각해 보자.

---

4 이러한 심리 현상을 다룬 흥미로운 글로는 대니얼 길버트(Daniel Gilbert)와 티머시 윌슨(Timothy Wilson)이 공저한 "착각(Miswanting)"이 있다.

- 미혼 또는 기혼인가? 배우자 또는 동거자의 수입이 있는가?
- 자녀가 있는가? 자녀가 없다면 자녀 계획이 있는가? 교육비가 가장 많이 들 것으로 예상하는 때는 언제인가?
- 상속받을 재산이 있는가? 연로하거나 병약하여 경제적으로 부양해야 할 부모가 있는가?
- 현재 고용 상태를 위협할 요인은 무엇인가? 예를 들어, 은행이나 주택 건설 분야에 종사한다면 금리가 급상승할 경우 일자리를 잃게 될 수 있다. 석유화학 분야 종사자들에게는 유가 급등이 달갑지 않을 수 있다.
- 자영업자인 경우 유사 업종 업체의 존속 기간은 얼마나 되는가?
- 투자를 통해 현금 소득 이외의 추가 소득을 올릴 필요가 있는가? 일반적으로 채권은 추가 소득원이 될 수 있지만, 주식은 그렇지 않다.
- 연봉과 생활비 규모를 고려할 때, 투자로 인한 손실을 얼마나 감당할 수 있는가?

이와 같은 여건을 따져 본 결과, 주식 보유량을 늘려 더 큰 위험을 감수할 수 있다고 판단된다면, 그레이엄이 채권 및 현금 보유 비중의 최소한도로 제시한 25%까지 시도할 수 있을 것이다. 그렇지 않다면 주식을 대부분 처분하고 채권 및 현금을 그레이엄이 제시한 최대 비중인 75%까지 높여야 한다. 주식 비중을 100%까지 높이는 것은 가능할까? 해답은 이 장의 글상자, "100% 주식투자는 왜 피해야 할까?"에서 확인할 수 있다.

이와 같은 기준에 따라 일단 설정된 목표 비율은 생활환경에 변화가 발생하지 않는 한 그대로 유지한다. 주식 시세가 오르더라도 주식을 더 사지 않도록 한다. 또한 시장이 하락했다고 금세 주식을 파는 것도 금해야 한다. 그레이엄이 제시하는 투자 방법의 핵심은 어림짐작에 의존하는 대신 원칙을 따르는 것이다. 다행히 은퇴연금 계좌인 401(k)가 시행되면서 더욱 손쉽게 자동조정 포트폴리오를 운용할 수 있게 되었다. 상당히 높은 위험 수준, 즉 자산의 70%를 주식에, 30%를 채권에 투자해도 무리가 없다고 가정해 보자. 이 경우 채권이 안정적인 상태에서 주식시장이 25% 상승하면, 포트폴리오는 주식 75%, 채권 25%의 비중으로 구성할 수 있다.[5] 이후에 401(k) 웹사이트 또는 전화서비스를 이용하여 주식펀드를 매도하고 원래 목표했던 70 대 30의 비율을 회복하면 된다. 이 단계에서 중요한 것은 예측 가능하고

 100% 주식투자는 왜 피해야 할까?

그레이엄은 주식에 전체 자산의 75% 이상을 투자하지 말라고 권고한다. 그리고 모든 자산을 주식에 투자하는 것도 만류한다. 주식 비중이 100%인 포트폴리오가 효과적인 투자자는 극소수에 불과하다. 다음과 같은 조건을 충족한다면 그러한 부류에 속할 수 있다.

• 적어도 1년간 가족의 생계를 보장할 수 있는 현금을 보유한 경우
• 향후 20년 이상 꾸준히 투자할 수 있는 경우
• 2000년부터 시작된 약세장에서 살아남은 경험이 있는 경우
• 2000년부터 시작된 약세장 시기에도 주식을 팔지 않은 경우
• 2000년부터 시작된 약세장 시기에 더 많은 주식을 산 경우
• 이 책의 8장을 읽은 후 정해진 계획에 따라 투자 행위를 스스로 관리한 경우

이 모든 조건을 충족하지 못한 투자자라면 자산을 주식에 100% 투자하는 것은 바람직하지 않다. 과거 약세장에서 공황상태를 경험한 사람이라면 다음 약세장에서도 똑같은 전철을 밟게 된다. 그제야 현금과 채권을 기반으로 완충장치를 마련하지 않은 것을 후회하게 될 것이다.

---

5 단순히 생각해서 이 예는 주식 비중이 순간적으로 높아지는 상황을 가정한다.

신중한 계획하에 비율을 조정하되, 조정 빈도가 정신이 사나울 만큼 잦아도 안 되지만, 너무 드물게 조정하다 목표를 달성할 절호의 기회를 놓쳐서도 안 된다는 점이다. 따라서 새해 첫날이나 미국 독립기념일인 7월 4일과 같이 기억하기 쉬운 날을 정하여 6개월 정도마다 조정할 것을 권한다.

이렇게 포트폴리오를 정기적으로 조정하면 금리의 행방이나 다우존스 지수의 등락을 어림짐작하는 대신에 간단하면서도 객관적인 기준에 따라 투자 여부를 결정할 수 있다는 장점이 있다. T. 로 프라이스T. Rowe Price 같은 일부 뮤추얼펀드 회사는 투자자가 적극적으로 의사 결정을 하지 않아도 미리 설정된 목표에 맞게 자동으로 조정되는 새로운 401(k) 포트폴리오 서비스를 곧 선보일 예정이다.

소득 투자의 이모저모

그레이엄 시절에 채권투자자는 과세채권 또는 비과세채권, 단기채권 또는 장기채권 중 어느 것에 투자할 것인지 선택해야 했다. 지금은 여기에 한 가지 선택지가 덧붙여진다. 채권에 투자할 것인가, 아니면 채권펀드에 투자할 것인가?

과세채권 아니면 비과세채권? 최저 과세 등급에 속하는 경우가 아니라면,[6] 퇴직계정예금 이외에는 비과세채권을 사야 한다. 그렇지 않으면 채권 소득에 대해 너무 많은 세금을 납부하게 된다. 과세채권을 보유할 만한 유일한 곳은 401(k)나 기타 비과세 계정이다. 이 계정에는 소득과 관련하여 어떤 세금도 부과되지 않으므로 굳이 비과세채권을 선택하여 비과세의 이점을

---

6 2003년 과세연도에 연방세 최저 과세 등급에 속하는 미혼자의 소득은 2만 8400달러 이하, 기혼자의 소득은 부부 합산하여 4만 7450달러 이하다.

낭비할 필요는 없다.[7]

단기채권 아니면 장기채권? 채권가격과 이자율은 시소처럼 움직인다. 즉, 이자율이 상승하면 채권가격은 하락한다. 이 경우 단기채권은 장기채권보다는 훨씬 적게 하락한다. 반대로 이자율이 하락하면 채권가격은 상승한다.[8] 이때는 장기채권이 단기채권보다 훨씬 많이 상승한다. 이러한 차이가 발생하는 것을 피하려면 5년에서 10년인 중기채를 사면 된다. 중기채는 시소의 어느 쪽이 올라가더라도 움직이지 않으며, 바닥에도 닿지 않는다. 이처럼 이자율 변동에 따라 고심할 필요가 없다는 점에서 중기채는 투자자에게 가장 편리한 선택이 될 수 있다.

채권 아니면 채권펀드? 일반적으로 채권은 1만 달러 단위로 판매되고, 채무불이행의 위험 부담을 분산하려면 적어도 10개 이상의 채권을 구매하는 것이 좋다. 따라서 10만 달러 이하의 투자금으로 개별 채권을 사는 것은 바람직하지 않다. 단, 미국 재무부가 발행하는 채권은 미국 정부의 보증으로 채무불이행의 위험이 거의 없으므로 유일하게 예외적인 경우다.

채권펀드를 구입하면 저렴하고 간편하게 분산투자의 기회를 활용할 수 있다. 또한 매월 소득을 기대할 수 있는 편리함도 장점인데, 이 소득은 수수료 없이 현재 수익률로 펀드에 재투자할 수도 있다. 대부분의 경우 개별 채권보다 채권펀드를 통해 더 높은 수익을 기대할 수 있다. 단, 재무부 발행 채권을 비롯한 일부 국공채는 예외다. 뱅가드, 피델리티, 슈워브Schwab 그리고 T.

---

7 지방채가 자신에게 적합한 선택인지 확인하려면 '과세등가수익률(TEY)'를 산출한 후, 이 수치를 재무부 발행 채권을 통해 현재 기대할 수 있는 수익률에 비교해 보면 된다. 재무부 채권의 수익률이 과세등가수익률보다 높게 나온다면 지방채는 적합한 선택이 될 수 없다. 어떤 경우에도 지방채 및 관련 펀드는 대부분의 과세채권에 비해 소득은 더 낮고 가격 변동은 더 잦다. 현재 미국 중산층에 영향을 미치고 있는 최저세금부담제도(AMT: Alternative Minimum Tax) 또한 지방채의 효과를 약화시킬 수 있다.

8 만기까지 채권을 보유하는 '단계식' 포트폴리오는 이자율 위험에 대처할 수 있는 또 다른 방법이다.

형태	만기	최소구매단위 (달러)	채무 불이행 위험	금리 상승 시 위험	만기 전 매도의 용이성	주정부 소득세 면제	연방정부 소득세 면제	표준	수익률 (2002년 말 기준)
재무성 채권 T.bills	1년 이하	1,000(D)	극히 낮음	매우 낮음	높음	Y	N	90일	1.2
재무성 채권 T.notes	1~ 10년	1,000(D)	극히 낮음	보통	높음	Y	N	5년, 10년	2.7, 3.8
재무성 채권 T.bonds	10년 이상	1,000(D)	극히 낮음	높음	높음	Y	N	30년	4.8
저축성 채권	30년 까지	25(D)	극히 낮음	매우 낮음	낮음	Y	N	1995년 5월 이후 매수한 EE채권	4.2
예금증서 (CD)	1개월 ~5년	보통 500	아주 낮음	낮음	낮음	N	N	1년 평균	1.5
단기시장 예금(MMF)	397일 정도	보통 2,500	아주 낮음	낮음	높음	N	N	단기시장 평균	0.8
모기지 증권	1~ 30년	2,000~ 3,000(F)	보통- 높음	보통- 높음	보통- 낮음	N	N	리먼 브러더스 MBS지수	4.6
지방채	1~ 30년 이상	5,000(D), 2,000~ 3,000(F)	보통- 높음	보통- 높음	보통- 낮음	N	Y	장기 뮤추얼펀드 평균	4.3
우선주	무제한	없음	높음	높음	보통- 낮음	N	N	없음	변동성이 큼
고수익 채권 (정크본드)	7~ 20년	2,000~ 3,000(F)	높음	보통	낮음	N	N	메릴 린치 지수	11.9
신흥시장 채권	30년 까지	2,000~ 3,000(F)	높음	보통	낮음	N	N	신흥시장 채권펀드 평균	8.8

＊ 출처: Bankrate.com, 블룸버그(Bloomberg), 리먼 브러더스, 메릴 린치(Merrill Lynch), 모닝스타(Morningstar), www.savingsbonds.gov

＊ 주: (D)는 직접 구입, (F)는 뮤추얼펀드를 통한 구입을 의미한다. '만기 전 매도의 용이성'은 만기 전에 얼마나 쉽게 적정 가격으로 팔 수 있는가를 나타내는데, 뮤추얼펀드를 이용하면 일반 채권보다 훨씬 더 쉽게 팔 수 있다. MMF는 FDIC 가입 은행으로부터 매수할 경우 10만 달러까지 지급이 보장된다. 저축채권에 대한 연방소득세는 만기나 중도상환 때까지 유예된다. 지방채는 발행된 주에서만 주 소득세가 면제된다.

로 프라이스와 같은 회사들은 다양한 채권펀드를 저렴한 가격으로 제공한다.[9]

채권투자자가 노릴 수 있는 선택의 폭이 토끼의 왕성한 번식력에 빗댈 수 있을 만큼 급속히 넓어진 만큼, 그레이엄이 제시한 목록은 새롭게 작성할 필요가 있다. 2003년 현재, 이자율이 너무 낮은 탓에 많은 투자자가 수익에 굶주려 있다. 그러나 추가 위험 부담 없이 이자소득을 증대할 방법이 있다. 〈그림 4-1〉은 그 이해득실을 요약한 것이다.

이제 특별한 수요를 충족할 몇 가지 채권투자 유형을 살펴보자.

현금은 쓰레기가 아니다

어떻게 하면 현금으로 더 많은 수익을 끌어낼 수 있을까? 최근에 은행예금 증서나 단기금융시장계좌가 제공하는 수익은 보잘것없다. 현명한 투자자라면 여기에 묻어 둔 현금을 다음과 같은 몇 가지 현금성 투자로 옮겨야 한다.

재무부 증권: 미국 정부가 발행하는 채권으로, 말 그대로 신용위험 부담 없이 투자할 수 있다. 채무불이행 상황이 우려되더라도 발행처인 미국 정부가 재량에 따라 세금을 올리거나 달러를 찍어내어 사태를 피할 수 있기 때문이다. 재무부 증권Treasury Bill의 만기에는 4주, 13주, 26주 세 가지가 있다. 금리가 오를 경우 다른 소득 투자자산의 가치는 하락하지만, 이처럼 만기가 짧은 재무부 증권은 거의 영향을 받지 않는다. 단, 장기적인 재무부 채권은 금리 인상에 따라 심각한 타격을 입는다. 재무부 증권의 이자소득에 대해서는 일반적으로 연방정부 이외에 주정부가 부과하는 소득세가 면제된다. 또한 일

---

9 더 자세한 내용은 www.vanguard.com, www.fidelity.com, www.schwab.com과 www.troweprice.com을 참고하라.

반 투자자의 총 보유액이 3조 7000억 달러에 달할 정도로 재무부 채권의 시장 규모는 막대하다. 따라서 만기 이전에 자금이 필요하더라도 언제든지 매수자를 찾을 수 있다. www.publicdebt.treas.gov에서 수수료 없이 정부가 발행하는 단기증권 또는 장기채권을 직접 구입할 수 있다. 인플레이션 대비책으로 활용 가능한 TIPS에 대해서는 2장 논평에서 이미 살펴보았다.

저축채권: 재무부 채권과 달리 이 채권은 시장성이 없다. 즉, 다른 투자자에게 양도할 수 없고 5년 안에 환매할 경우 3개월분 이자를 수수료로 물어야 한다. 따라서 저축채권은 종교 의례용 선물이나 새로 태어난 자녀의 하버드 대학 학자금처럼 장기적인 미래의 지출을 대비한 '비축 자금'으로 활용하는 것이 적합하다. 액면가가 25달러 정도로 낮은 저축채권은 손주들을 위한 선물로도 이상적이다. 향후 몇 년간 현금을 묻어 두고자 하는 투자자는 약 4%의 매력적인 수익률과 인플레이션 대비책을 제공하는 'I-bond'가 유리하다. 더 자세한 내용은 www.savingsbonds.gov에서 확인할 수 있다.

정부 발행 채권에서 벗어나기

주택저당증권mortgage security: 이 채권은 미국 내 다양한 주택저당 대출금을 취합하여 패니매Fannie Mae나 지니매Ginnie Mae와 같은 기관이 발행한다. 미국 재무부가 보증하는 것이 아닌 탓에 위험성이 높은 대신, 높은 수익률을 내세워 판매되고 있다. 저당증권은 일반적으로 금리가 하락할 때는 시장수익을 밑돌지만, 금리가 상승할 때는 수익 또한 크게 상승한다. 따라서 장기적으로 보면 더 높은 평균수익이 기대된다. 양호한 주택저당증권 펀드는 뱅가드, 피델리티, 핌코Pimco 등에서 찾아볼 수 있다. 만일 중개인이 개별 모기지채권이나 CMO를 권한다면, 치과 예약을 핑계 대고서라도 빨리 자리를 뜨는 것이 좋다.

연금: 보험 성격을 띤 이러한 상품에 투자하면 현재에는 세금을 감면받고 은퇴 후에는 소득 창출을 기대할 수 있다. 수익률 변동 여부에 따라 연금은 고정연금과 변액연금으로 나뉜다. 그러나 방어적인 투자자 입장에서 유의해야 할 것은 이러한 기본적인 차이보다 엄청나게 비싼 값으로 연금을 팔려고 안달하는 보험판매원, 주식중개인, 재무설계사 들이다. 조기 해약을 할 때 부담하는 해지 수수료를 포함하여 연금에 소요되는 비용은 연금으로 인해 취할 수 있는 이점을 넘어서는 경우가 많다. 그나마 투자가치가 좋은 연금은 좀처럼 구입할 기회도 없을뿐더러 잘 팔지도 않는다. 그렇게 좋은 연금 상품이 나왔다고 해도 중개인에게 비싼 수수료를 지불하고 나면 매수자가 취할 수 있는 이점은 미미하다. 아메리타스_{Ameritas}, 미국 교직원퇴직연금기금 TIAACREF, 뱅가드처럼 최소 비용으로 제공자로부터 직접 구입 가능한 회사를 이용하는 것이 좋다.[10]

우선주: 우선주는 주식투자자와 채권투자자 모두에게 최악의 투자 대상이다. 먼저 우선주는 채권보다 안전하지 않다. 기업이 파산하는 경우 투자자에게는 해당 기업의 자산에 대해 이차적인 우선권만 허용되기 때문이다. 또한 우선주에서 노릴 수 있는 잠재 수익은 보통주보다 미약하다. 왜냐하면 기업은 금리가 하락하거나 자사의 신용평가가 개선되면 일반적으로 우선주를 매수하기 때문이다. 또한 채권이자와 달리 우선주 배당금은 대부분 법인세 감면 대상에서 제외된다. 그렇다면 이렇게 자문해 보자. 정말 투자가치가 높

---

10 일반적으로 변액연금은 은퇴 후 높은 과세 등급에 해당하는 50세 미만의 투자자들이나 이미 기존 401(k)나 IRA 계정에 최대의 금액을 납부하지 않은 이들에게는 매력적이지 않다. 잘 알려져 있다시피 교직원퇴직연금기금 등을 제외하고 고정연금의 경우에는 '보증되는' 비율을 바꿀 수 있지만, 수수료를 내고 나면 남는 게 없다. 연금에 대한 객관적이고 철저한 분석은 2002년 7월호《머니》에 실린 "생애소득(Income for Life)" 89쪽부터 96쪽을, 같은 저널 2002년 11월호에 실린 "연금구매자 가이드(Annuity Buyer's Guide)" 104쪽부터 110쪽을 참조하라.

은 건전한 회사라면 왜 채권을 발행해서 세금 감면을 받지 않고 우선주에 더 많은 배당금을 지급하겠는가? 즉, 우선주에 더 많은 배당금을 지급하는 회사가 있다면, 이 회사는 건전성이 떨어지고 채권시장이 과잉 공급된 상태라는 것을 의미한다. 따라서 우선주를 대할 때는 냉동되지 않은 오래된 생선을 대하듯이 해야 한다.

보통주: 2003년 초에 http://screen.yahoo.com/stocks.html의 주식창에서 확인 가능한 S&P500 지수 중 115개 종목은 3.0% 이상의 배당수익률을 기록했다. 아무리 더 높은 수익을 좇는 투자자라 하더라도 현명한 투자자라면 배당수익만을 보고 주식을 사지는 않을 것이다. 무엇보다 기업과 경영활동이 건실하고 주가가 합리적이어야 한다. 그러나 2000년에 시작된 약세장으로 대표적인 기업 중 일부는 재무부 채권보다 더 높은 수익률을 보인다. 따라서 방어적인 투자자라 하더라도 전체 또는 상당 비중을 채권에 의존하는 포트폴리오에 선택적으로 주식을 편입함으로써 수익률과 잠재 수익을 높일 수 있다는 사실을 고려해야 한다.[11]

---

11 포트폴리오에서 배당의 역할에 대한 상세한 내용은 10장을 참조하라.

5장

방어적인 투자자와 주식

주식투자의 장점

1949년 초판에서 우리는 모든 투자 포트폴리오에 보통주를 상당한 비중으로 포함해야 하는 이유를 상세히 설명했다.* 당시 투자자 사이에서 보통주는 투기성이 강하고 안전하지 못한 것으로 인식되고 있었다. 이에 따라 1946년에 높이 치솟았던 주가가 상당히 하락하여 적정 수준에 도달하였는데도 투자자들은 주식투자에 매력을 느끼지 못했다. 오히려 주가하락은 주식에 대한 신뢰도만 더욱 떨어뜨릴 뿐이었다. 그러다 20년 뒤에는 반대 상황이 전개되었다. 주가는 크게 올랐고, 주식은 안전하고 수익성 있는 투자수단으로 여겨졌다. 그러나 사실 이처럼 기록적인 주가상승은 상당한 위험

---

* 1949년 초에 이전 20년간 주식의 연평균 수익률은 3.1%였다. 이에 반해, 장기 재무부 채권의 수익률은 3.9%였다. 즉, 1만 달러를 주식에 투자한다면 20년 뒤에 1만 8415달러가 되지만, 채권에 투자하면 2만 1494달러가 된다는 것을 의미한다. 당연히 1949년은 주식투자의 황금기였다. 이후 10년 동안 S&P500 지수는 연평균 20.1% 상승하며 미국의 주식 역사상 최고의 장기 상승세를 기록했다.

부담을 안고 있었다.*

1949년의 보통주에 대한 논의를 통해 우리는 두 가지 중요한 사항을 정리할 수 있다. 첫째, 인플레이션으로 발생한 현금가치 상실에 대해 채권이 속수무책인 반면, 보통주에 투자하면 그러한 손실을 상당 부분 만회할 수 있다. 둘째, 장기적으로 볼 때 투자자는 채권보다 보통주에서 더 높은 평균수익률을 기대할 수 있다. 보통주의 평균 배당수익이 우량채권의 수익을 웃돌았고, 미배당수익을 재투자하면 장기간에 걸쳐 시장가치의 상승을 기대할 수 있기 때문이다.

이와 같은 두 가지 장점 덕분에 투자자들은 오랫동안 채권보다 보통주에 투자함으로써 훨씬 높은 수익률을 얻을 수 있었다. 그러나 투자자가 너무 높은 가격으로 주식을 매입한다면 이와 같은 장점은 무용지물이 될 수 있다. 1929년에 정점을 찍은 이후 1929년부터 1932년 사이에 폭락한 주가는 원상태로 회복되기까지 무려 25년이 걸렸다.** 더욱이 1957년 이후 주가가 너무 높게 형성되면서 채권수익률을 능가하는 배당수익률이라는 장점은 또다시 빛을 잃고 말았다.*** 앞으로 인플레이션과 경제성장 요인이 이처럼 불리한 주식투자의 상황을 개선할 수 있을지는 지켜볼 일이다.

---

* 이 주제에 대한 그레이엄의 초기 논평은 1장 앞부분에서 확인할 수 있다. 새로운 기록적인 상승이 주식이야말로 부자가 될 수 있는 확실한 길임을 여실히 '증명'하는 것으로 여겨지던 1990년대 후반의 주식시장에 대해 그레이엄이 어떻게 논평하였을지 상상해 보라.

** 다우존스 지수는 1929년 9월 3일 당시 최고치였던 381.17로 마감했다. 이후 25년 동안 다우존스 지수는 여기에 근접하지도 못하다 1954년 11월 23일에야 382.74로 마감하며 이 기록을 넘어섰다. 주식을 '장기적으로' 투자한다고 말할 때, 장기란 얼마나 오랜 기간을 뜻할까? 기록적인 주가로 1929년에 주식을 사고 1954년까지 생존한 투자자만 따지더라도 그 수가 과연 얼마나 될까? 하지만 인내심을 갖고 수익을 재투자할 줄 아는 투자자에게는 이와 같은 침체기에도 긍정적인 주식수익을 기대할 수 있었다. 매년 평균 배당수익률이 5.6% 이상이었기 때문이다. 런던비즈니스스쿨 교수인 엘로이 딤슨, 폴 마시, 마이크 스턴튼에 따르면, 1900년에 미국 주식에 1달러를 투자하고 배당금을 모두 소진하는 경우 2000년에 주식 포트폴리오는 198달러로 증가한다. 그러나 배당금도 함께 재투자한다면 2000년에 주식 포트폴리오는 1만 6797달러가 될 것이다. 나중을 생각한다면 배당금이야말로 주식투자에서 가장 강력한 요소다.

다우존스 지수가 900 수준을 기록하던 1971년 말에 우리가 주식투자에 열광하지 않았던 것은 자명한 사실이다. 앞서 제시한 이유들로[****] 방어적인 투자자는 포트폴리오에 그나마 위험 부담이 적은 보통주를 어느 정도 포함하지 않고서는 버티기 힘들 것으로 보인다. 포트폴리오를 채권으로만 구성할 경우 더 큰 위험을 감수해야 하기 때문이다.

보통주 비중의 원칙

보수적인 투자자의 포트폴리오에서 보통주를 선택하는 과정은 상대적으로 간단하다. 이와 관련하여 여기에서는 다음과 같은 네 가지 원칙을 제시하고자 한다.

1. 적정한 선에서 분산투자를 해야 한다. 종목의 수는 최소 10개, 최대 30개 정도가 적당하다.[*****]
2. 보수적인 재무구조를 지닌 대형 선도기업을 선택해야 한다. 이 기준을 정확히 정의할 수는 없지만, 상식적인 수준에서는 분명히 판단할 수 있

[***] 주식의 '높은 가격'이 배당수익률에 영향을 미치는 이유는 무엇일까? 주식의 배당수익률은 보통주 1주 가격에 대한 배당금의 비율이다. 만약 한 종목이 주가는 100달러인데 연간 2달러의 배당금을 지급한다면, 배당수익률은 2%가 된다. 그런데 만약 배당금은 일정한데 주가만 2배가 되었다면 배당수익률은 1%로 하락한다. 그레이엄이 간파한 1957년의 경향이 1959년에 대중에 알려지자 대부분의 월스트리트 전문가는 이러한 추세가 오래 지속될 수 없다고 평가했다. 이전에는 주가수익률이 채권수익률보다 낮은 적이 없었다. 결국 주식의 위험성이 채권보다 더 커진 마당에 추가 배당소득 지급을 통해 이와 같은 위험 부담을 덜어 주지 않는다면 굳이 주식을 살 사람이 누가 있겠는가? 전문가들은 채권이 주식보다 높은 수익률을 보이는 기간은 기껏해야 몇 달 정도일 것이라고 예견했지만, 이미 현실은 그 반대로 흘러가고 있었다. 이후 40년 이상 그러한 관계는 다시 정상화되지 않았으며, 주식수익률은 지속해서 채권수익률보다 낮은 수준에 머물렀다.

[****] 2장 결론 부분과 4장 도입 부분을 보라.

[*****] 분산투자에 대한 또 다른 견해에 대해서는 14장 논평을 참조하라.

다. 이와 관련한 간략한 설명은 이 장의 끝에 추가한다.

3. 오랫동안 배당 지급을 지속해 온 회사를 선택해야 한다. 참고로, 1971년에 다우존스 지수에 포함된 종목은 모두 이 요건을 충족했다. 좀 더 구체적으로 말하자면 적어도 1950년부터 지속해서 배당금을 지급한 회사여야 한다.*

4. 투자자는 회사의 과거 약 7년 동안의 평균이익을 고려해서 매수가격에 제한을 두어야 한다. 매수가격은 7년간 평균이익의 25배, 지난 12개월간 이익의 20배를 넘지 않을 것을 권한다. 그러나 이렇게 가격을 제한하면 가장 상승률이 높고 인기 있는 종목들이 포트폴리오에서 제외될 수 있다. 특히 과거 몇 년 동안 투기자와 기관투자자가 선호했던 모든 '성장주'에 대한 매수가 제한될 가능성이 있다. 우리가 이처럼 엄격한 조건을 내세우는 이유는 다음과 같다.

성장주와 보수적인 투자자

'성장주'란 주당순이익의 증가율이 과거에는 보통 주식들보다 훨씬 높고 앞으로도 그러한 추세가 이어질 것이라고 예상되는 종목을 의미한다. 일부 관련 기관은 진정한 의미의 성장주는 10년 만에 주당순이익이 적어도 2배로, 즉 연간 복리로 7.1% 이상 증가해야 한다고 정의한다.** 이러한 회사들

---

* 현재 방어적인 투자자는 최소 10년간 지속적인 배당금 지급 조건을 고수해야 한다. 다우존스 지수에서는 마이크로소프트 한 종목을 제외한 전 종목이, S&P500 지수에서는 적어도 317개 종목이 여기에 해당한다. 20년간 연속 배당금 지급을 조건으로 내세우더라도 그렇게 까다로운 것은 아니다. 2002년 말 현재 모건 스탠리에 따르면, S&P500 중에서 이 조건을 충족하는 종목은 255개에 이른다.

** '72원칙(Rule of 72)'은 간편한 계산법이다. 72를 예상성장률로 나누어 투자금액이 2배가 되는 기간을 계산한다. 예를 들어, 매년 6%씩 성장하면 12년 만에 투자금액은 2배가 된다(72를 6으로 나누면 12가 된다). 그레이엄이 인용한 7.1% 성장률을 대입할 경우 이 성장주는 10년 만에 2배가 된다(72/7.1=10.1년).

의 주식은 주가가 너무 높지만 않다면 분명히 누구라도 매수하고 보유하고자 할 것이다. 그러나 문제는 성장주 가격이 현재 이익에 비해 높게 형성되어 있고, 과거 평균이익 대비 주가수익률이 훨씬 높은 종목으로 매매되고 있다는 사실이다. 이 때문에 성장주 미래를 점치는 일은 투기성을 상당히 안고 있다. 결과적으로 이 분야에서 성공적인 투자를 끌어낸다는 것은 그리 간단한 문제가 아니다.

대표적인 성장주 자리를 오랫동안 지켜온 IBM의 주식을 이미 오래전에 매수하여 고집스럽게 보유한 투자자는 경이적인 수익을 올릴 수 있었다. 그러나 이미 지적했듯이*** 이 '최고의 주식'도 1961년과 1962년에 걸친 6개월 동안 50%의 하락률을 기록했고, 1969년과 1970년 사이에도 거의 같은 비율로 폭락했다. 다른 성장주는 더욱 심각했다. 한 회사는 주가하락에 회사 이익 감소까지 더해져 이 회사 주식을 보유한 투자자는 이중 타격을 입어야 했다. 또 다른 예로는 텍사스 인스트루먼트TI: Texas Instrument Inc.를 들 수 있다. 이 회사의 주가는 6년 만에 배당 없이 5달러에서 256달러까지 상승했고, 그 사이 주당순이익은 40센트에서 3달러 91센트까지 증가했다. 주가가 주당순이익보다 5배 빨리 상승했다는 점에 주목하라. 이러한 현상은 인기 종목의 일반적인 특징이다. 그러나 2년 후 주당순이익은 50%나 줄어들었고 주가는 80% 하락하여 49달러가 되었다.****

위의 사례들은 보수적인 투자자에게 성장주가 왜 불확실하고 위험한 것

*** 그레이엄은 3장 "1972년 초 주식시장 수준"에서 이 점을 지적하고 있다.

**** 우리는 IBM 대신에 마이크로소프트, 텍사스 인스트루먼트 대신에 시스코 시스템즈의 예를 들어 그레이엄의 판단이 효용성 있는지 검토해 보았다. 무려 30년의 시간이 흘렀는데도, 그 결과는 놀라울 정도로 비슷했다. 마이크로소프트의 주식은 2000년과 2002년 사이에 55.7% 하락하였고, 그 이전 6년 동안 약 50배가 된 시스코의 주가는 이 기간 중 76%나 폭락했다. 텍사스 인스트루먼트의 예에서와 같이 시스코의 이와 같은 주가하락률은 수익감소율(39.2%)을 훨씬 초과했다. 늘 그렇듯이 산이 높으면 골이 깊은 법이다.

인지 잘 보여 준다. 물론 각 종목을 신중하게 선택하여 적절한 주가에 사서 큰 폭으로 상승한 후 하락하기 직전에 매도할 수만 있다면 기적 같은 수익을 올릴 수 있다. 그러나 일반 투자자에게 그러한 운을 기대하느니 차라리 돈이 자라는 나무를 찾는 편이 더 낫다. 대신 비교적 인기가 없는 덕에 적절한 이익승수earnings multiplier*로 매수할 수 있는 대기업 주식이 일반 투자자에게는 투기적이지 않고 안전한 투자 대안이라고 생각한다. 이러한 관점은 포트폴리오 선택에 관한 장에서 다시 설명할 것이다.

포트폴리오 변경

주기적으로 모든 종목을 조사해 종목의 투자등급 상승 여부를 확인해야 한다는 것은 이제 상식이 되었다. 물론 이러한 확인 과정은 투자자문회사들이 고객에게 제공하는 주요 서비스이기도 하다. 거의 모든 증권회사가 매매 수수료 이외에 추가비용 없이 필요한 자료를 취합하여 투자자에게 제공하고 있다. 일부 증권회사는 별도의 수수료를 부과한다.

보수적인 투자자가 적어도 1년에 한 번 이상 포트폴리오를 변경하고자 하는 경우, 처음 투자할 때와 같은 조언을 받게 된다. 안정적인 전문 지식이 없는 투자자라면 최고 명성을 지닌 회사에 투자를 맡기는 것이 일반적이다. 그렇지 않을 경우 무분별한 투자 조언 속에서 옥석을 가리기 힘들기 때문이다. 투자 상담을 받을 때면 언제든지 상담전문가에게 이 장에서 제시한 주식 선택의 네 가지 원칙을 고수하겠다는 점을 분명히 밝히는 것이 중요하다. 덧붙여 말하자면, 투자 목록을 애초부터 꼼꼼하게 잘 구성했다면 종목을 자주 변

---

* '이익승수'는 주가수익비율과 동의어로, 투자자가 기업의 잠재적인 가치에 대해 지불하고자 하는 주가 수준을 의미한다. 주가수익비율에 대한 설명은 3장 각주를 참조하라.

경할 필요가 없을 것이다.[**]

정액분할투자

뉴욕증권거래소는 매월 같은 금액을 투자해 종목을 매수하는 '월정액매입법monthly purchase plan'을 대중화하는 데 상당한 노력을 기울여 왔다. 정액분할투자로 알려진 '포뮬러 투자'를 응용한 방법이다. 1949년 이후 엄청난 강세장이 이어지던 시기에, 이 방식은 특히 잘못된 시기에 매수가 집중하는 가능성을 미연에 방지함으로써 만족스러운 투자 결과를 이끌었다.

포뮬러 투자를 포괄적으로 연구해 온 루실 톰린슨Lucile Tomlinson은 다우존스지수를 구성하는 종목에 정액분할투자 방법을 적용하고 그 결과를 산출했다.[***] 1929년부터 1952년까지 매 10년간 정액분할투자를 실행했을 때의 성과를 분석한 것이다. 그 결과, 모든 경우에서 매수기간 종료시점이나 이후 5년 이내에 수익이 발생했으며, 23번의 매수기간 배당수익을 제외한 평균수익률은 21.5%로 나타났다. 물론 시장가치가 일시적으로 폭락하는 경우도 있었다. 톰린슨은 이처럼 지극히 단순한 투자 방식에 대해 다음과 같이 명쾌한 결론을 내린다. "주가 변동에 상관없이 정액분할투자만큼 확실한 성공을 보장하는 포뮬러 투자 방법은 아직 발견되지 않았다."

정액분할투자가 원칙상 건전하지만 비현실적이라고 반박할 수도 있다.

[**] 요즘 투자자들은 여러 웹사이트에서 쌍방향 '포트폴리오 트래커(Portfolio Tracker)'를 사용함으로써 보유종목의 투자등급을 감시할 자신만의 자동시스템을 구축할 수 있다. 관련 사이트로는 www.quicken.com, www.finance.yahoo.com, www.morningstar.com 등이 있다. 하지만 그레이엄은 이러한 시스템에 전적으로 의존하는 것을 경계한다. 즉, 그러한 소프트웨어를 보완하기 위해 자신의 판단이 필요하다는 것이다.

[***] 윌프레드 펑크(Wilfred Funk, Inc.)의 『성공적인 투자를 위한 실전 공식(Practical Formulas for Successful Investing)』(1953)을 보라.

이 전략을 고수하려면 20년 동안 매년 일정한 금액을 주식에 꾸준히 투자해야 하는데, 실제로 그렇게 할 수 있을 만한 투자자가 그리 많지 않다는 것이 이유다. 그러나 최근에는 주식이 건전한 저축형 투자 계획의 일환으로 인식되면서 이러한 반박은 설득력을 잃고 있다. 즉, 주식을 체계적인 계획에 따라 일정하게 매입하는 방식은 심리적, 재정적 측면에서 미국 저축채권이나 생명보험에 일정액을 지속해서 납입하는 것과 크게 다르지 않다. 따라서 매월 투자하는 금액이 소액이라도 20년 이상이 지난 후에 투자자는 괄목할 만한 성과를 거둘 수 있다.

투자자의 개인적 상황

이 장의 도입부에서 우리는 포트폴리오 소유자 개인의 조건에 대해 짧게 언급했다. 투자전략을 논의하기 전에 이 문제로 다시 돌아가 보자. 투자자의 환경에 따라 주식 선택은 어느 정도까지 달라질 수 있을까? 대표적으로 (1) 본인과 자녀 부양비 명목으로 20만 달러를 보유한 미망인, (2) 10만 달러의 예금이 있고, 매년 1만 달러를 추가로 저축할 수 있는 성공한 중견 의사, (3) 주당 수입이 200달러이고 매년 1,000달러를 저축하는 청년의 예를 들어 보겠다.[*]

이 미망인의 경우 자신의 수입만으로 생활비를 충당하기는 어렵다. 또한 무엇보다 보수적인 투자전략을 지향해야 한다. 이러한 조건을 고려하여 제시할 수 있는 절충안은 투자자금을 국채와 우량주에 비슷한 비중으로 배분하는 것이다. 보수적인 투자자에게 권하는 일반적인 투자 방식과도 일치하

---

[*] 그레이엄이 가정한 수치를 현실화하기 위해서는 이 금액을 5배 정도 상향 조정할 필요가 있다.

는 전략이다. 단, 투자자가 심리적으로 준비되어 있고 주가가 너무 높지 않은 수준이라면 주식 비중을 75%까지 확대할 수 있지만, 1972년 초의 상황에 할 수 있는 조언은 분명히 아니다.

물론 이 미망인이 적극적인 투자자로 돌아설 수도 있다. 그렇다면 투자 목적과 방법 또한 상당히 달라질 것이다. 그러한 경우에라도 '약간의 부수입'을 더 얻겠다고 투기적인 모험에 뛰어드는 행위는 절대 금해야 한다. 투기적인 모험이란 성공을 보장해 주는 장치 없이 이익이나 고수익을 노리는 것을 의미한다. 이 미망인의 경우 수지를 맞출 목적이라면 근거 없이 투기성만 농후한 모험에 자금의 절반을 거는 것보다 매년 원금에서 2,000달러씩 인출해 사용하는 편이 훨씬 낫다.

성공한 중견 의사의 경우에는 미망인이 느끼는 압박감과 강박감은 없지만 투자 선택은 거의 비슷할 것이다. 이 의사는 투자사업에 진지하게 관심을 쏟을 여력이 있을까? 그 정도 동기나 재능이 부족하다면 보수적인 투자자임을 자처하는 것이 그로서는 최선의 선택이다. 이 경우 포트폴리오는 미망인의 경우와 다를 바 없이 구성된다. 주식 비중의 규모를 고정하는 개인적 선택의 범위도 다르지 않다. 연간 저축액은 전체 자금과 같은 수준으로 투자되어야 한다.

평균적인 수입을 올리고 있는 의사의 경우에는 일반적으로 미망인보다 적극적인 투자가의 입장에 서는 것이 더 용이할뿐더러 성공 확률도 높일 수 있다. 하지만 이들의 중요한 약점은 바로 투자교육과 자금관리에 할애할 시간이 부족하다는 것이다. 사실 의사들은 주식투자에 실패하기로 유명하다. 이들은 일반적으로 자신의 지식을 과신하고 투자에서 높은 수익률을 얻으려는 욕망은 강하지만, 성공적인 투자에 필요한 세심한 주의와 주식 가치의 전문적인 평가에 관한 인식이 부족하기 때문이다.

마지막으로 현재 1년에 1,000달러씩 저축하고 있고, 앞으로 저축액이 늘어날 것으로 기대되는 청년 또한 이유는 다르더라도 앞선 예와 동일한 선택을 하게 된다. 이 청년의 저축액 중 일부는 자동으로 시리즈 E 채권에 투자된다. 청년의 투자자산은 규모가 제한적이므로 굳이 별도의 고단한 교육과 훈련을 거쳐 적극적인 투자자로 변신할 필요는 없어 보인다. 따라서 청년으로서는 보수적인 투자자를 겨냥한 표준 프로그램에 안주하는 것이 가장 쉽고 논리적으로도 올바른 전략이 될 것이다.

이 시점에서 인간의 본성을 고려해 보자. 두뇌 회전은 빠르지만 아직 수입이 제한적인 젊은이에게 투자는 부를 창출할 수 있는 매력적인 수단이다. 당장 중요한 것은 일정한 급여지만, 이들은 투자 대상을 찾는 일에 예민하게 반응하며 골몰한다. 이러한 자세는 사실 바람직하다. 일찍이 투자에 대해 배우고 실전 경험을 쌓는 과정은 젊은 자본가의 성장에 큰 도움이 된다. 적극적인 투자자가 되려는 젊은이라면 어느 정도의 실수와 손실은 거쳐야 할 통과의례다. 다행히 이들은 젊음을 무기로 좌절을 극복하고 교훈을 얻을 수 있다. 주식투자에 처음 발을 담그는 초보자에게는 수익률을 더 올리겠다는 욕심에 시간과 돈을 낭비하지 말라고 권유하고 싶다. 초보자는 증권의 가치를 연구하고 투자 가능한 최소의 금액으로 가격과 가치에 대한 자신의 판단을 시험해 보는 정도로 시작하는 것이 바람직하다.

따라서 이 장의 서두에서 말했듯이 매입할 주식의 종류와 기대수익률은 투자자의 자금 규모가 아닌, 투자에 대한 투자자의 지식과 경험, 기질 등의 투자 소양에 달려 있음을 재차 강조한다.

'위험'의 개념에 관한 소고

통상적으로 우량채권이 우량우선주보다, 우량우선주는 우량보통주보다 위험 부담이 적다고 말한다. 1948년 연방준비제도이사회FRB: Federal Reserve Board 의 조사 결과에서도 알 수 있듯이 이러한 통념은 일반 투자자 사이에서 "주식은 안전하지 않다"라는 편견을 키워 왔다. 이제 주식을 둘러싼 '위험성'과 '안전성'이라는 두 가지 다른 이해를 살펴보고, 여기에서 비롯되는 개념상의 혼란을 지적하고자 한다.

채권은 원리금 지급에 실패할 경우 안전성이 떨어진다는 사실이 입증되었다. 우선주나 보통주 또한 제시된 배당률이 지속될 것을 기대하고 매수하였다면, 배당이 감소하거나 중지될 경우 해당 주식의 안전성 또한 훼손된다. 주가가 매수가격보다 훨씬 낮아졌을 때 투자자들이 매도할 가능성이 크다면, 이러한 주식에 투자하는 것도 상당히 위험하다.

이처럼 다양한 위험 요인이 있지만, 주식투자에 위험이라는 개념이 과도하게 적용되고 있는 것도 사실이다. 사실 주가는 주기적으로나 일시적으로 하락하게 마련이다. 이러한 시기에는 해당 주식을 보유한 투자자가 매도할 의사가 없는데도, 하락 가능성만으로도 주식투자에 위험 개념이 적용될 수 있다. 하지만 이 정도의 하락 가능성은 미국 저축채권을 제외한 모든 주식이 공통으로 안고 있을 만큼 일반적인 현상이다. 따라서 일반적으로 거론되는 위험이란 정말 위험한 상태를 의미하는 것은 아니다. 예를 들어, 건물을 저당 잡고 있는 사람이 불리한 시기에 건물을 팔아야 한다면 상당한 손해를 감수해야 한다. 하지만 이러한 개인적인 상황이 부동산 저당의 안전성이나 위험성의 기준이 될 수는 없다. 유일한 판단 기준은 규칙적인 수입의 확실성 여부다. 마찬가지로 보통 사업에 수반되는 위험은 돈을 잃을 가능성으로 판단하는 것이지, 사업주가 어쩔 수 없이 회사를 매각해야 하는 상황을 기준으로 삼을 수는 없다.

실제로 투자자는 보유 종목의 주가가 하락한다고 해서 돈을 잃는 것이 아니다. 따라서 하락 가능성만으로 실제 손실의 위험을 점칠 수는 없다. 이 점은 8장에서 다시 설명할 것이다. 제대로 선택한 주식이 장기간에 걸쳐 전반적으로 만족할 만한 결과를 보여 주었다면, 이 투자는 '안전한' 것으로 평가할 수 있다. 그동안 시장가치는 등락을 반복하고, 매수가격 이하로 하락하는 상황도 발생하게 마련이다. 이와 같은 일시적인 환경이 위험한 것으로 분류되어야 한다면, 이 투자는 위험과 안전성을 동시에 내재한다고 해야 할 것이다. 만일 실제 매매에서 손실이 발생한 경우, 회사의 재정 악화가 실질적인 손실로 이어진 경우, 또는 너무 비싼 가격으로 주식을 매수하여 가치 하락이 발생한 경우에만 위험의 개념을 적용한다면, 이러한 혼란은 피할 수 있을 것이다.[*]

보통주는 대부분 내재가치 하락의 위험을 안고 있다. 그러나 보통주의 비중을 적절히 안배한 포트폴리오는 이러한 위험을 심각하게 수반하지 않는다. 따라서 단순히 주가 등락을 이유로 '위험'이라는 용어를 남용해서는 안 된다는 것이 우리의 논지다. 단, 주가가 내재가치 기준에 비해 너무 높게 형성된 것이 분명한 경우에는 그에 따른 큰 폭의 하락 이후 몇 년 이내에 시세가 회복된다고 하더라도 내재가치 하락의 위험이 있는 것으로 판단할 수 있다.

---

[*] 투자 결정과 관련하여 현재 적용되는 수학적 접근에서 평균가격 변동 또는 '변동성'을 기준으로 '위험'을 정의하는 것이 표준으로 자리 잡았다. 이와 관련한 내용은 리처드 A. 브릴리(Richard A. Brealey)의 『위험과 수익률 입문(An Introduction to Risk and Return)』(M.I.T. Press, 1969)을 보라. 우리는 '위험'이라는 단어 사용이 시장 변동성을 지나치게 강조함으로써 건전한 투자 결정을 오히려 더 방해한다는 점을 발견했다.

'보수적인 재무구조를 지닌 대형 선도기업'에 관한 소고

제목에 인용된 표현은 이 장 앞부분에서 장기간에 걸친 지속적인 배당금 지급 조건과 함께 보수적인 투자자가 매수를 제한할 때 고려해야 할 주식 종목을 설명할 때 쓰인 말이다. 수식어의 진정한 정의는 항상 애매모호하다. 규모나 유망성, 재무구조의 안전성은 과연 어떤 기준으로 결정할까? 재무구조의 경우에는 임의적이긴 하나 일반적으로 받아들여지는 구체적인 기준을 제시할 수 있다. 예를 들어, 한 제조업체 주식의 장부가치가 은행 부채를 포함한 총자본의 50%를 넘지 않는다면 이 회사의 재무구조는 보수적이라고 볼 수 없다.[**] 철도나 공공 유틸리티 기업의 경우, 이 수치는 적어도 30% 이상이어야 한다.[***]

한 회사의 수식어로 '대형'이나 '선도'라는 단어를 사용하는 이면에는 업계에서 이 회사가 차지하는 주도적 위치와 실질적인 규모의 개념이 혼재되어 있다. 이렇게 정의되는 회사들은 흔히 '일류'로 분류되는 반면, 매수자가 독립적으로 정의하는 성장주를 제외한 다른 모든 종목은 '이류'로 분류된다. 더 구체적인 요건에 따르면, '대형'기업은 현재 가치 기준으로 5000만 달러의 자산을 보유하고 있거나 그에 상응하는 가치의 사업을 운영하고 있어야 하며, '선도'기업은 해당 산업군 내에서 시장점유율이 4분의 1 또는 3분의 1 안에 들어야 한다.

그러나 이와 같은 임의적인 기준을 고수하는 것은 어리석은 일이다. 단지 이 기준은 안내가 필요한 이들에게 기본적인 지침으로 제공되는 것일 뿐이

[**] 1971년의 경우 다우존스 지수의 30개 기업은 모두 이 기준을 충족했다.

[***] 현재 주식시장에서 대형주로 간주되려면 그 종목의 총주가(또는 '시가총액')가 적어도 100억 달러 이상이어야 한다.

다. 투자자는 '대형'과 '선도'의 상식적 의미를 침해하지 않는 자신만의 기준을 세워 정의할 수 있다. 성격상 방어적인 투자자에게 적합한 회사도 있고, 그렇지 않은 회사도 있을 것이다. 한 회사에 대해 다양한 평가가 형성되고 이에 따라 투자하는 것은 전혀 문제 될 것이 없다. 오히려 이러한 과정은 다양성에 근거한 점진적인 차별화와 전환을 통해 '일류'와 '이류' 주식 종목을 분류할 수 있다는 점에서 주식시장에 긍정적인 영향을 미친다.

5장 논평

인간의 행복은 좀처럼 갖기 힘든 엄청난 부가 아니라 매일
만들어 가는 소소한 소득에서 비롯된다.

벤저민 프랭클린(Benjamin Franklin)

최선의 방어가 최고의 공격

방어적인 투자자라면 지난 몇 년간 주식시장의 대폭락이 이어진 마당에
한 푼이라도 주식에 투자할 엄두를 낼 수 있었을까?

이 질문에 답하기 전에 그레이엄이 한 말을 되새겨 보자. 시간과 노력을
들여 포트폴리오를 구성하는 과정에서 위험 허용 한도가 아닌 자신의 의지
만을 따른다면 어떻게 방어적인 투자자라고 할 수 있겠는가? 올바른 방법만
따른다면 주식투자는 채권이나 현금성 저축에 돈을 묻어 두는 것만큼이나
쉬운 일이다. 9장에서 살펴보겠지만, 주식시장 지수에 따라 연동하는 인덱
스펀드index fund는 아침에 일어나 옷을 챙겨 입는 만큼의 노력을 들이지 않고
서도 살 수 있다.

2000년부터 약세장이 지속되는 가운데 투자자들의 속이 얼마나 탔을지는
충분히 짐작이 간다. 다시는 주식을 사지 않겠노라고 결심한 이들도 있을지

모른다. 터키의 속담처럼, "뜨거운 우유에 입을 덴 사람은 요구르트도 불어서 먹는 법"이다. 2000년부터 2002년까지 이어진 대폭락의 끔찍한 기억 때문에 많은 투자자가 아직도 주식을 위험천만한 것으로 본다. 그러나 역설적으로 당시의 대폭락 이후 주식시장의 위험은 크게 줄어들었다. 대폭락 이전의 주식시장이 뜨거운 우유였다면, 지금은 미지근한 요구르트 정도다.

논리적으로 따져 보아 몇 년 전 주식투자로 얼마의 손실을 입었더라도 그러한 사실은 현재 주식 매수 여부를 결정하는 데 아무런 상관이 없다. 주가가 향후 수익을 기대할 수 있을 만큼 충분히 합리적이라면, 최근에 손해를 보았더라도 주식을 사야 한다. 낮은 채권수익률로 소득 투자의 미래수익이 줄어들게 되는 상황이라면 더욱 그러하다.

3장에서 보았던 것처럼, 2003년 현재 주식은 역사적 기준에서 봤을 때 약간 고평가되어 있다. 반면, 현재 가격에 비추어 채권수익률은 너무 낮은 수준이다. 이러한 상황에서 안전성을 보고 채권을 사는 투자자가 있다면, 타르 함량이 적은 담배를 피우면서 폐암을 예방할 수 있다고 생각하는 격이다. 즉, 투자자가 아무리 방어적이라 하더라도 그레이엄의 생전 당시의 낮은 물가나 위험성을 따져 볼 때 현재 가치에서 자금 중 일부는 주식에 투자하는 것이 마땅하다.

다행히 방어적인 투자자들은 어느 때보다도 손쉽게 주식을 살 수 있다. 예를 들어, 매월 예정된 자산을 자동으로 투자하는 방식을 적용한 영구적인 자동조정 포트폴리오를 이용하면 주식을 매번 선별하느라 따로 시간을 내지 않아도 된다.

'잘 아는 것'을 사야 하는가

그렇다면 주식투자가 이렇게 편리해진 시대에 방어적인 투자자가 항상 경계해야 할 적은 무엇일까? 바로 개인적으로 공을 들이지 않고서도 주식을 선택할 수 있다는 믿음이다. 1980년대와 1990년대 초에 주식시장에서 가장 많이 회자되었던 말은 "잘 아는 것을 사라"였다. 이 말을 앞장서 전파한 전문가 중에서도 피터 린치는 1977년부터 1990년까지 피델리티 마젤란 펀드를 세계 최고의 뮤추얼펀드로 키워낸 전설적인 펀드매니저로서 강력한 권위를 자랑했다. 피터 린치는 초보 투자자의 장점은 전문 투자자 사이에서 잊힌 '상식의 힘'에 기대는 것이라고 주장했다. 예를 들어, 마음에 쏙 드는 레스토랑이나 자동차, 치약, 청바지를 발견했다고 생각해 보자. 또는 언제나 주차장이 북적이거나, 심야 TV 프로그램인 제이 레노 쇼The Jay Leno Show가 끝난 뒤에도 사무실 불이 꺼지지 않는 회사를 알고 있다고 생각해 보자. 이러한 특징을 평소에 눈여겨본 사람이라면 해당 주식에 대해 전문 증권분석가나 포트폴리오 매니저보다 오히려 나은 통찰력을 가질 수 있다. 피터 린치는 이렇게 말한다. "자동차나 카메라를 구입하는 일상적인 과정에서도 우리는 무엇이 좋고 나쁜지, 무엇이 팔리고 팔리지 않는지에 대한 감각을 키울 수 있다. 무엇보다 월스트리트가 눈치채기 전에 파악하는 것이 중요하다."[1]

따라서 피터 린치의 법칙, 즉 "이미 잘 아는 업종이나 종목에 투자하여 비교 우위를 차지한다면 전문가의 성과를 능가할 수도 있다"는 말은 결코 허무맹랑한 것은 아니다. 실제로 많은 투자자가 오랫동안 이 전략을 통해 수익을 올렸다. 그러나 피터 린치의 이 법칙은 부수적인 수칙을 동시에 따라야

---

1 피터 린치와 존 로스차일드(John Rothchild)가 공저한 『월가의 영웅(One Up on Wall Street)』(Penguin, 1989) 중 23쪽의 내용을 인용한 것이다.

만 효과를 볼 수 있다. 즉, "유망 종목을 찾는 것은 첫 단계에 불과하다. 이제 분석을 하는 단계가 뒤따라야 한다." 피터 린치는 제품이 아무리 훌륭하고 주차장이 붐비더라도 그 회사에 투자하기 전에 반드시 재무제표 분석 및 기업가치 평가를 거쳐야 한다고 조언했다. 그의 진가가 돋보이는 지점이다.

하지만 안타깝게도 주식을 매수하는 많은 사람이 바로 이 점을 간과했다.

데이트레이딩의 달인이었던 바브라 스트라이샌드는 너 나 할 것 없이 피터 린치의 가르침을 따르던 이들의 전형이었다. 1999년에 그는 이렇게 자랑했다. "스타벅스_{Starbucks}에 매일 가잖아요. 그래서 스타벅스 주식을 샀지요." 그러나 영화 〈퍼니 걸_{Funny Girl}〉의 주인공을 맡았던 이 스타가 잊은 것은 아무리 스타벅스의 카페라테가 좋더라도 이 회사의 재무제표를 분석하고 주식가치가 이곳에서 파는 커피보다 부풀려진 것이 아닌지 확인해야 한다는 사실이었다. 스트라이샌드 이외에도 많은 투자자가 아마존닷컴을 좋아한다는 이유로, 이트레이드_{e*Trade}가 자신이 이용하는 온라인 증권회사라는 이유로 주식을 매수하며 똑같은 실수를 저질렀다.

이와 같은 열풍에 다른 전문가들도 힘을 보탰다. 1999년 말에 방송된 CNN의 인터뷰에서 퍼스트핸드 펀드의 포트폴리오 매니저 케빈 랜디스는 하소연 섞인 질문을 받았다. "도대체 어떻게 하시는 거지요? 왜 저는 매니저님처럼 안 되는 걸까요?" 당시 퍼스트핸드 테크놀로지 가치주 펀드는 1995년부터 1999년까지 연평균 58.2%에 이르는 놀라운 수익을 거두고 있었다. 랜디스는 이 질문에 다음과 같이 답했다. "저처럼 하실 수 있지요. 잘 아는 분야에 먼저 집중하세요. 그 분야를 항상 예의주시하면서 관련 업종에 종사하는 사람들과 매일 이야기를 나눠 보세요."[2]

---

2 1999년 11월 5일 동부 표준시 오전 11시에 케빈 랜디스가 CNN의 〈인 더 머니(In the Money)〉에 출현해 인터뷰한 내용이다.

피터 린치의 법칙이 가장 껄끄러워지는 지점은 기업의 퇴직적립금 펀드다. "잘 아는 것을 구입하라"라는 법칙을 따라야 한다면, 401(k)의 투자 대상으로 자신이 몸담은 회사보다 더 나은 곳을 어디에서 찾을 수 있을까? 내가 다니는 직장에 대해서 내가 외부인보다 더 모를 수 있을까? 하지만 엔론, 글로벌 크로싱, 월드콤의 많은 임직원이 자사의 주식에 모든 퇴직금을 투자했다 낭패를 보았다는 점을 상기해 보면, 내부자라서 안다고 생각하는 것도 사실은 착각일 뿐이다.

카네기 멜런 대학의 바루치 피쉬호프_Baruch Fischhoff_가 이끈 심리학 연구팀은 이 불편한 현실을 고스란히 입증했다. 이 연구에 따르면, 어떤 주제에 대해 정통한 사람이라도 실제로 알고 있는 것보다 과장하려는 인간의 본성에서 자유롭지 못하다.[3] '아는 것에 투자하는 것'이 위험한 이유는 바로 이 때문이다. 많이 안다고 자신할수록 그 주식의 약점을 철저하게 조사하기는 어려워지는 법이다. 이러한 과신은 이미 익숙한 것만 고집하는 습관으로 이어진다.

- 개인투자자들이 보유하고 있는 지역 전화회사 주식의 양은 다른 모든 전화회사의 주식을 합한 양보다 3배나 많다.
- 전형적인 뮤추얼펀드는 일반적인 기업 주식보다 회사 주변 115마일 이내에 본사를 두고 있는 기업의 주식을 더 많이 보유한다.
- 401(k) 투자자는 25%에서 30% 정도의 퇴직 자산을 자기 회사의 주식으로 보유한다.

---

3 1977년 12월호 《조직적 행위와 인간 수행(Organizational Behavior and Human Performance)》 20권 2호에 실린 사라 리히텐슈타인(Sarah Lichtenstein)과 바루치 피쉬호프의 "더 많이 아는 사람이 얼마나 더 아는지 알까?(Do Those Who Know More Also Know More about How Much They Know?)" 159쪽부터 183쪽을 참조하라.

간단히 말해 친숙함에 길들면 현실에 안주하게 된다. TV 뉴스만 봐도 떨리는 목소리로 "정말 좋은 사람이었는데"라고 말하는 이들은 항상 범죄자의 부모나 친한 친구, 이웃이 아니던가? 이렇게 우리는 어떤 사람이나 대상에 거리를 두고 있을 때는 의심하던 것도 너무 익숙해지면 당연하게 받아들이게 된다. 주식도 마찬가지다. 방어적인 투자자라도 주식투자에 익숙해지고 나면 마땅히 해야 할 숙제도 미루는 나태한 태도를 갖게 되기 쉽다. 이 책을 읽는 독자들은 그렇게 되지 않기를 바란다.

스스로 할 수 있는가

방어적인 투자자 중에 주식 포트폴리오 구성에 필요한 숙제를 기꺼이 할 준비가 되어 있는 이들이 있다면 요즘이야말로 황금기다. 투자 역사상 어느 때보다도 저렴하고 편리하게 주식을 매수할 수 있기 때문이다.[4]

자신이 직접 하라: 셰어빌더ShareBuilder(www.sharebuilder.com), 폴리오에프엔FOLIOfn(www.foliofn.com), 바이앤드홀드BUYandHOLD(www.buyandhold.com)와 같은 특화된 온라인 증권회사를 이용하면 약간의 여윳돈으로도 주식을 자동으로 구입할 수 있다. 4달러 정도의 수수료만 지불하면 이러한 웹사이트를 통해 수천 가지의 미국 주식 중 하나를 정기적으로 매수할 수 있다. 매주 또는 매월 투자하거나, 배당금을 재투자할 수 있으며, 은행계좌의 자동인출 서비스를 이용하거나 현금을 직접 납부하여 투자자금을 주식에 투입할 수도 있다. 폴리오에프엔이 탁월한 세금 추적 도구를 제공하는 반면 셰어빌더

---

4 컬럼비아 경영대학원의 투자론 교수인 찰스 존스(Charles Jones)에 따르면, 뉴욕증권거래소의 1회 거래비용(매수 혹은 매도)은 그레이엄의 시절에는 1.25%였으나 2000년에는 0.25%로 낮아졌다. 뮤추얼펀드 같은 기관을 이용하면 거래비용은 조금 더 높아진다. 찰스 M. 존스(Charles M. Jones)의 "주식시장의 유동성 및 거래비용 100년사(A Century of Stock Market Liquidity and Trading Costs)"를 참조하라.

는 살 때보다 팔 때 수수료를 더 많이 부과하는 만큼 급매도는 절대로 안 된다는 것을 명심해야 한다.

기존의 증권회사나 뮤추얼펀드는 2,000달러나 3,000달러 이하의 소액 투자자에게는 문턱이 높았지만, 최근 등장한 온라인 회사들은 최소 잔고 제한도 없을 뿐만 아니라 자동조정 포트폴리오를 구성하고자 하는 초보 투자자도 이용할 수 있는 맞춤형 상품을 제공한다. 단, 매월 50달러를 투자하면서 4달러의 거래수수료를 지급한다면 투자금액 중 8%를 수수료로 물게 된다는 맹점이 있다. 그래도 투자 가능한 금액이 그 정도가 전부인 투자자로서는 이러한 소액 투자 사이트가 분산형 포트폴리오를 구축할 수 있는 유일한 곳이다.

또한 원하는 주식을 해당 회사에서 직접 살 수도 있다. 일반 투자가에게 주식을 직접 매도하는 공개모집 방식은 오랫동안 엄격히 제한되고 있었는데, 1994년 미국 증권거래위원회가 드디어 이 규정을 완화했다. 이러한 기회를 틈타 많은 기업이 투자자가 중개인을 통하지 않고 주식을 직접 살 수 있는 인터넷 기반 프로그램을 제공하였다. 주식을 회사로부터 직접 살 수 있는 대표적인 온라인 창구로는 www.dripcentral.com, www.netstockdirect.com(셰어빌더의 계열사), www.stockpower.com 등이 있다. 이 창구를 이용하려면 매년 25달러가 넘는 수수료를 부담해야 하지만, 공개모집 프로그램을 통해 주식을 직접 사는 것이 증권회사를 통해 매수하는 것보다 훨씬 경제적이다.

하지만 장기간에 걸쳐 소량의 주식을 지속해서 매수하다 보면 골치 아픈 세금 문제가 생길 수 있다는 점을 주의해야 한다. 주식 매수를 지속해서 아주 상세하게 기록할 자신이 없다면 처음부터 주식에 손대지 않는 것이 상책이다. 마지막으로, 한 가지 주식에만 투자하는 것은 피해야 한다. 손으로 꼽을 수 있을 정도만이라도 다양한 주식에 투자하라. 투자를 다양화할 생각이 전혀 없다면 절대 투자해서는 안 된다. 직접 주식을 선택하고자 하는 투자자는 "10개에서 30개 정도의 주식을 보유하라"라고 한 그레이엄의 지침을 출발점으로 삼아야 한다. 단, 동일한 업종에 과도하게 치중하지 않도록 한다. 포트폴리오에 포함될 개별 종목을 고르는 방법은 5장, 11장, 14장, 15장에서 더 자세히 소개된다.[5]

온라인 자동조정 포트폴리오를 구축하고서도 1년에 2번 이상 직접 매매를 한다거나 한 달에 한두 시간을 투자 활동에 할애한다면 뭔가 아주 잘못된 것이다. 인터넷의 편안함과 최첨단 기술을 구실 삼아 투기의 선을 넘지 않도록 경계해야 한다. 방어적인 투자자는 차분히 앉아서 경기해도 결국 이기게 된다.

도움을 받으라: 방어적인 투자자는 증권회사, 재무설계사는 물론 주식 매매와 관련한 제반 서비스를 제공하는 중개인 등을 통해 주식을 거래할 수 있다. 할인 증권을 구매할 경우에는 주식 선별 작업 중 대부분을 투자자가 직접 해야 한다. 이러한 경우라면 그레이엄의 지침이 최저 비용으로 가장 높은 수익성을 기대할 수 있는 핵심 포트폴리오를 구성하는 데 도움이 될 것이다. 또는 시간 여유가 없거나 수고로움을 감수할 정도로 흥미를 느끼지 않는 투자자라면 주식이나 뮤추얼펀드를 고르는 데 중개업체의 손을 빌리는 것도 한 방법이다. 그러나 어떤 경우에도 투자자가 미루어서는 안 되는 책임이 있다. 즉, 투자자금을 맡기기 전에 해당 업체의 신뢰성과 수수료의 합리성 여부를 직접 조사해 보아야 한다. 이와 관련한 더 자세한 지침은 10장에서 확

---

5 현재 보유 중인 주식이 여러 산업에 걸쳐 충분히 분산투자 되었는지 판단하려면 www.morningstar.com의 '인스턴트 엑스레이(Instant X-ray)' 기능 또는 www.standardandpoors.com의 섹터정보(세계산업 분류기준)를 활용해 볼 수 있다.

인할 수 있다.

일을 맡기라: 뮤추얼펀드는 방어적인 투자자가 자신의 포트폴리오를 직접 관리하지 않고서도 주식을 보유할 수 있는 최선의 방법이다. 비교적 저렴한 비용으로 제공되는 전문적인 주식 선택과 관리 서비스를 이용함으로써 투자자는 높은 수준의 분산투자 효과를 얻을 수 있다. 지수 포트폴리오처럼 가장 바람직한 형태의 뮤추얼펀드는 추가적인 관리나 유지가 필요하지 않다. 인덱스펀드는 워싱턴 어빙Washington Irving의 단편소설에 등장하는 게으른 농부를 빗대어 립 반 윙클Rip Van Winkle 투자라고 부를 수 있겠다. 이 농부는 어느 날 사냥을 갔다가 이상한 경험을 한 후 20년간 잠이 들어 버렸다. 그동안은 무엇에든 시달릴 일도 놀랄 일도 없었다. 방어적인 투자자가 꿈꾸는 것이야말로 이런 것이 아닐까? 좀 더 자세한 내용은 9장을 살펴보라.

깊은 구덩이 메우기

금융시장이 매일 등락을 거듭하며 요동치더라도 방어적인 투자자는 혼란을 극복할 수 있다. 적극적인 투자자로 변신하는 것을 마다하고, 미래를 섣불리 예측하려는 욕망을 잠재우는 것이야말로 가장 강력한 무기가 될 수 있다. 주식의 행방을 점칠 수 있다는 착각을 버리고 모든 투자 결정을 자동 프로그램에 맡긴다면 아무리 시장 상황이 예기치 않게 급변하더라도 시장 분위기에 휩쓸리지 않을 수 있다.

그레이엄이 언급한 '정액분할투자'는 매월 예정된 대로 일정한 자금을 투자하는 방식이다. 즉, 투자자는 매주, 매월 또는 매분기에 시세의 급작스러운 등락이나 정체에 상관없이 주식을 더 매수하게 된다. 이 과정에서 뮤추얼펀드나 증권회사는 투자금을 안전하게 자동이체한다. 따라서 투자자는 별도로 가계수표를 발행하거나 다른 지불 방법을 고민하는 번거로움을 피할 수 있다. 눈에서 멀어지면 마음도 멀어진다는 말과 같은 이치다.

정액분할투자를 이상적으로 구현하는 방법은 살 만한 가치가 있는 주식이나 채권을 모두 모아 인덱스펀드로 포트폴리오를 구성하는 것이다. 이 전략은 시장의 행방은 물론, 특정한 업종이나 해당 업종 내 어떤 주식 또는 채권의 가능성을 추리하려는 시도까지 접어 두는 것을 의미한다.

정액분할투자를 이용해 매달 500달러의 여윳돈으로 3개의 인덱스펀드를 구입한다고 가정하자. 300달러는 전체 미국 주식시장을 포함하는 인덱스펀드에, 100달러는 외국 주식을 포함하는 인덱스펀드에, 나머지 100달러는 미국 채권을 포함한 인덱스펀드에 각각 투자한다. 이렇게만 해도 투자자는 지구 상에서 살 만한 거의 모든 투자자산을 가졌다고 자신할 수 있다.[6] 매월 시계처럼 정확한 계획에 따라 주식을 더 사들인다. 시장이 하락하면 한 달 전보다 더 많은 주식을 사게 되어 예정된 수량이 더 많아진다. 반대로 시장이 상승하면 더 적은 수량을 사게 된다. 이처럼 영구적인 자동조정 포트폴리오에 투자를 맡기면 시장이 가장 매력적일 때(실제로는 가장 위험할 때) 돈을 시장에 던지거나 시장 붕괴로 인해 투자자산의 가치가 하락하였을 때(투자자 입장에서는 훨씬 더 위험해 보일 때) 주식 매수를 주저하는 현상을 방지할 수 있다.

대표적인 투자분석기관인 이봇슨 어소시에이츠Ibbotson Associates에 따르면, 1929년 9월 초 S&P500 주가지수에 1만 2000달러를 투자했다면 10년 후에 7,223의 수익을 올리는 데 만족해야 할 것이다. 그러나 100달러로 시작해서 매월 같은 금액을 투자한다면, 1939년 8월에 투자자산은 1만 5571달러로 불어나 있을 것이다. 이것이 바로 규칙적인 매수의 힘이다. 여태까지 최악의 약세장이었던 대공황하에서도 이러한 원칙은 통했다.[7]

---

6 포트폴리오의 일정 부분을 외국 주식에 투자하는 이론적 근거에 대해서는 7장 논평을 참조하라.

〈그림 5-1〉은 좀 더 최근의 약세장에서 확인된 정액매입법의 묘수를 보여 주고 있다. 무엇보다 핵심이 되는 인덱스펀드로 영구적인 자동조정 포트폴리오를 구축한 방어적인 투자자는 "알지도 못하고 관심도 없다"라는 식의 무심한 태도로 모든 시장 상황에 슬기롭게 대처할 수 있다. 누군가 채권으로 주식보다 높은 성과를 올렸는지 묻는다면, 역시 또 이렇게 대답하라. "알지도 못하고 관심도 없습니다." 어쨌든 자동 프로그램으로 투자자는 두 가지 모두 매수하게 된다. 다른 모든 질문에 대한 답도 마찬가지다. "헬스케어

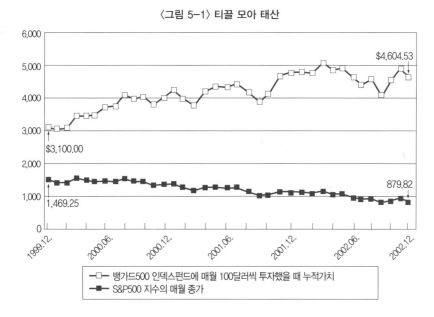

〈그림 5-1〉 티끌 모아 태산

* 1999~2002년 말까지 S&P500 지수는 가혹하게 하락했다. 투자자가 3,000달러로 인덱스펀드 계좌를 개설하고 매달 100달러를 적립하는 경우, 최종 결과는 6,600달러로 30.2% 손실을 보게 된다. 시장 전체 손실률 41.3%보다 상당히 낮은 수준이다. 그러나 저가에 계속 매수한다면, 시장이 반등할 때 빠른 회복의 발판을 만들 수 있을 것이다.
* 출처: The Vanguard Group

7 출처: 이봇슨 어소시에이츠가 제공한 스프레드시트다. 1976년까지는 소액 투자자가 S&P500 지수 전체를 매수할 수는 없었다. 그럼에도 이 사례는 주가가 하락할 때 더 많은 주식을 매수할 힘을 보여 준다.

주식이 하이테크 주식을 밀어내게 될까요?" "알지도 못하고 관심도 없습니다." 이렇게 답하는 사이 투자자는 두 가지 주식 모두를 영구적으로 보유하게 된다. "차세대 마이크로소프트로 거론될 만한 새로운 주식에는 어떤 것이 있을까요?" "알지도 못하고 관심도 없습니다." 그처럼 가능성 있는 회사의 주식을 매수할 시점이 되면 인덱스펀드가 나을 것이다. 투자자는 그 성장세만 따라가면 된다. "내년에는 외국 주식이 미국 주식보다 수익이 많을까요?" "알지도 못하고 관심도 없습니다." 외국 주식의 수익성이 높아지면 투자자도 그만큼 수익을 올릴 것이고, 수익성이 떨어진다면 더 저렴한 가격으로 주식을 더 매수하게 될 것이다.

영구적인 자동조정 포트폴리오 덕분에 여유 있게 "알지도 못하고 관심도 없다"라고 말할 수 있는 투자자는 결국 금융시장의 예측에 대한 부담감과 예측의 정확성에 대한 망상으로부터 해방될 수 있다. 미래를 예측한다는 것이 얼마나 헛된 바람인지 이해하고 자신의 무지를 인정하는 것이야말로 방어적인 투자자가 갖출 수 있는 가장 강력한 무기다.

6장

적극적인 투자자를 위한 포트폴리오 전략: 소극적인 접근

방어적인 투자자뿐 아니라 적극적인 투자자도 처음에는 우량채권과 합리적인 가격의 주식을 대상으로 한 분산투자부터 시작해야 한다.[*] 이후 타당한 근거에 따라 합리적인 판단을 내리며 다른 주식으로 투자 범위를 확대해 나가는 것이 좋다. 적극적인 투자에는 하나의 이상적인 투자 패턴이란 존재하지 않는다. 따라서 투자에 관해 단계별로 순서를 정해 논하기 어렵다. 선택의 범위도 넓을뿐더러 선택 방식 또한 개인의 능력이나 소양, 관심 및 선호도에 따라 다양해질 수 있다.

그렇다고 하더라도 적극적인 투자자가 일반화하여 적용할 수 있는 가장 유용한 방법이 바로 여기에서 소개할 소극적 접근이다. 먼저 우량우선주는

---

[*] 이 문장에서 그레이엄이 한 말은 다른 곳에서 한 설명과 차이가 있다. 1장에서 그는 '적극적인' 투자자란 투자자가 감당하고자 하는 위험의 정도가 아니라 노력의 크기를 기준으로 정의할 수 있다고 주장했지만, 여기에서는 좀 더 '공격적인' 투자자에 가까운 통상적인 개념으로 후퇴한 것으로 보인다. 하지만 나머지 부분에서는 먼저 정의했던 내용이 일관성 있게 제시된다. 참고로, '적극적인 투자'를 '분석적인 투자'와 같은 개념으로 처음 사용한 사람은 영국의 위대한 경제학자인 존 메이너드 케인즈(John Maynard Keynes)다.

기관투자자에게 양보하기를 권한다. 비우량채권과 우선주도 할인 가격으로 살 수 있는 경우가 아니라면 피하는 것이 좋다. 예를 들어 고이윤 채권high coupon bond의 경우에는 액면가보다 30% 이상 가격이 떨어질 때를 노릴 수 있다. 저금리 채권의 경우에는 할인폭이 약간 적다.* 또한 수익률이 매력적이더라도 외국 정부 채권은 매수하지 말라. 투자자의 흥미를 유도하는 전환사채나 우선주를 비롯한 다양한 신종 상품, 최근 수년간 높은 수익을 기록한 종목 등을 대할 때도 신중해야 한다.

일반적인 채권투자에서도 적극적인 투자자는 일반적으로 적용할 수 있는 투자 패턴을 따르는 것이 바람직하다. 즉, 현재 채권투자를 고려하는 투자자는 7.25%의 금리를 제공하는 우량과세채권이나 만기가 더 길고 5.30%의 수익률을 제공하는 우량비과세채권 중에서 선택할 수 있다.**

비우량채권과 우선주

1971년 후반에 우량회사채 수익률은 이미 7.25%를 넘어섰다. 따라서 그보다 높은 수익률을 찾아서 비우량채권에 투자하는 것은 적절하지 못했다. 더군다나 신용 상태가 비교적 좋지 않은 회사로서는 지난 2년간 전환사채가 아닌 일반 회사채를 발행한다는 것이 사실상 불가능했다. 이 때문에 이 회사들은 일반 회사채와는 질적으로 다른 전환사채나 신주인수권부 사채를 발행하여 자금을 조달해야 했다. 그 결과 과거에 발행되었던 낮은 신용등급의

---

* '고이윤 채권'은 평균 이상의 금리를 지불하는 회사채(요즘 시장에서 8% 이상) 또는 높은 배당수익률을 기록하는 우선주(10% 이상)를 의미한다. 만약 어떤 기업이 높은 금리에도 불구하고 돈을 빌리려 한다면 그 기업은 위험하다는 신호다. 고수익 채권(high-yield bond) 또는 정크본드(junk bond)에 대해서는 6장 논평을 참조하라.

** 2003년 초 현재, 우량회사채의 수익률은 대략 5.1%이고 20년 만기 비과세지방채의 수익률은 4.7%이다.

비전환 회사채들이 현재 대폭 할인되어 유통되고 있다. 따라서 앞으로 발행 기업의 신용등급이 상향 조정되고 시중 이자율이 하락하게 되는 등 상황이 개선되면 이러한 비우량채권의 원금 가치는 크게 상승할 수 있다.

비우량채권은 가격 할인과 수익률 측면에서도 우량채권과 치열한 경쟁을 벌이고 있다. 표면금리가 연 2.5%에서 4% 수준인 기존 채권들은 1970년에 1달러당 50센트에 거래되었다. 예를 들어 표면금리가 2.62%이고 만기가 1986년인 AT&T의 채권은 51에, 표면금리가 4%이고 만기가 1995년인 애치슨 토피카&산타페Atchison, Topeka & Santa Fe의 채권은 51에, 표면금리가 3.87% 이고 만기가 1992년인 맥그로힐의 채권은 50.5에 거래되었다.

따라서 1971년 말경에 적극적인 투자자들은 대폭 할인된 우량채권을 매입함으로써 이자소득과 시세차익을 모두 챙길 수 있었다.

이 책에서 우리는 과거에 관찰된 명확하고 고질적인 시장 상황이 미래에 다시 재현될 가능성을 언급하고 있다. 이 가능성을 따져 보려면 공격적인 투자자 입장에서 우량채권의 가격과 수익률이 이전의 정상적인 상태로 회복될 경우 어떤 채권투자전략을 선택해야 하는지 검토해야 한다. 따라서 우리는 우량채권의 수익률이 4.5%에 불과했던 당시에 출간한 1965년판에서 논의한 내용을 다시 짚어 보고자 한다.

그렇다면 과거에 견주어 이제 우리가 고민해야 할 것은 수익률이 현재 8%대를 넘어선 비우량채권에 대한 투자다. 우량채권과 비우량채권의 중요한 차이는 기업의 수익에 대한 이자의 배수에서 찾을 수 있다. 예를 들어, 1964년 초에 표면금리 5%였던 시카고 밀워키 세인트 폴 앤드 퍼시픽 레일로드Chicago, Milwaukee, St. Paul and Pacific Railroad의 수익사채는 7.35%의 수익률로 68에 거래되었다. 그러나 1963년에 이 철도회사의 세전 순이익은 총이자 비용의 1.5배에 불과하여 우량 철도회사에 필요한 5배 요건에 크게 미치지 못하였

다.[*]

많은 투자자가 우량채권의 수익에 만족하지 못하고 더 높은 수익을 찾아 비우량채권에 눈을 돌린다. 그러나 과거 경험을 통해 분명히 알 수 있듯이, 단지 수익률이 높다는 이유만으로 안전성이 확보되지 않은 비우량채권이나 우선주에 투자하는 것은 현명하지 못한 선택이다.[**] 여기에서 '단지'라고 표현한 것은 사실상 채권의 가격이 크게 할인되는 것도 아니어서 원금 가치가 상승할 가능성이 거의 없다는 의미다. 이러한 채권을 액면가, 다시 말해 100에서 크게 밑돌지 않는 가격[***]으로 매수한 경우에는 조만간 채권 시세가 그보다 훨씬 더 떨어질 가능성이 매우 높다. 불경기나 약세장에 접어들면 이러한 채권의 가치는 대폭 하락할 수 있기 때문이다. 이렇게 가격이 떨어지면 이자나 배당금 지급에 차질이 생기거나 중단되는 사태도 벌어진다. 심지어 회사의 영업실적이 전혀 나쁘지 않은데도 가격이 폭락하기도 한다.

1946년부터 1947년 사이의 10개 철도회사 수익사채 가격 동향을 살펴보면 비우량채권의 특징을 좀 더 구체적으로 정리할 수 있다. 이 철도회사들의 수익사채는 1946년에 96 이상에서 거래되었고 고가는 평균 102.5 수준에서 형성되었다. 이듬해 이 채권은 평균 68 수준까지 폭락했고, 결국 투자자들은 단기간에 시장가치의 3분의 1에 해당하는 손실을 입었다. 특이한 점은 정작 이 철도회사들은 1946년보다는 1947년에 훨씬 좋은 실적을 기록했다

---

[*] 1970년에 밀워키 로드(Milwaukee Road)는 큰 손실을 보자 수익사채의 이자 지급을 중지했다. 당시 5% 발행 가격은 10으로 하락했다.

[**] 그레이엄의 이러한 견해를 뒷받침하는 최근의 사례는 6장 논평을 참조하라.

[***] 채권가격은 액면가에 대한 비율, 즉 백분율로 표시된다. 예를 들어 어떤 채권의 가격이 '85'라면 원래 가치의 85%에 팔린다는 것을 의미한다. 즉, 이 채권의 처음 가격은 1만 달러였으나 현재 채권가격이 85라면 실제 판매되는 가격은 8,500달러가 된다. 채권가격이 100 이하이면 할인채권(discount bond), 100 이상이면 할증채권(premium bond)이라고 부른다.

는 사실이다. 따라서 당시의 급격한 채권가격 하락은 해당 기업의 사업 성과와는 상관없이 전체 시장의 하락세를 반영한 것이었다. 여기에서 또 지적해야 할 것은 이러한 수익사채의 하락률이 당시 23% 정도였던 다우존스 지수의 하락률보다 더 큰 폭이었다는 점이다. 이러한 채권을 100 이상의 가격으로 매수한 투자자들은 당연히 추가적인 상승세 효과를 노리기 어려웠다. 당시 이 채권이 내세울 수 있는 유일한 매력은 평균 4.25% 정도의 표면금리였다. 우량채권의 수익률이 2.5%였음을 고려할 때, 이 채권은 1.75%가량 더 높은 연수익률을 보였다. 그러나 조금 더 높은 연수익을 바라며 비우량채권을 너무 조급하게 사들인 투자자들은 얼마 지나지 않아 상당한 원금 손실을 감수해야 했다.

위의 사례에서 우리는 '사업가의 투자'라는 미명하에 벌어지는 일반적인 오류를 확인할 수 있다. 사업가를 자처하는 투자자는 우량채권보다 더 큰 수익을 얻을 수 있지만, 그만큼 위험성도 더 높은 채권을 매수하려고 한다. 1%에서 2% 정도의 이자를 더 받겠다고 투자원금이 줄어들 가능성을 감수하는 것은 손해 보는 장사다. 이러한 위험 부담을 받아들이려면 상황이 호전될 무렵 원금 가치가 상당한 수준으로 증가할 것이 확실해야 한다. 따라서 5.5%에서 6%의 표면금리로 액면가에 거래되는 비우량채권의 성과는 대부분 좋지 않다. 같은 채권이 70 정도라면 좀 더 합리적일 수 있다. 인내심을 갖고 기다릴 수 있다면 이 정도 수준에서 매입을 시도하는 것이 좋다.

비우량채권과 우선주에는 현명한 투자자라면 반드시 명심해야 할 두 가지 모순된 특성이 있다. 거의 모든 종목은 약세장에서는 심각한 하락세를 겪는다. 반면 장세가 호전되면 일반적으로 원래 상태로 돌아가며 결과적으로 "정상적으로 작동한다." 이러한 특성은 오랫동안 배당금을 지급하지 못한 누적적 우선주의 경우에도 마찬가지로 관찰되었다. 1930년대 장기불황의 결과로 1940년대 초기에는 이러한 추세를 보이는 종목이 많았다. 1945년부터 1947년까지 전후 호황기 동안 이렇게 누적된 배당금은 현금 또는 신주로 지급되었고, 원금상환도 자주 이루어졌다. 그 결과 몇 해 전만 해도 헐값으로 팔리던 이러한 비인기 종목을 샀던 투자자들은 큰 수익을 거둘 수 있었다.*

전체적으로 계산해 보면 비우량채권에서 거둘 수 있었던 높은 수익률은 이전의 원금 손실을 상쇄한다. 다시 말하면, 이러한 종목을 시장가격으로 매입한 투자자는 우량증권에만 집중했던 투자자만큼 수익을 거두었거나 오히려 조금 더 나은 성과를 볼 수 있었다.**

그러나 현실적으로는 의문의 여지가 많다. 액면가로 비우량채권을 매입한 사람은 채권가격이 급락하면 성과와 상관없이 불안하고 괴로울 것이다. 더욱이 '평균적인' 성과를 보장받을 만큼 충분한 양을 매입할 수도 없고, 영구화될 여지가 있는 원금 손실분을 상쇄하거나 '상각'할 만큼 자산을 확보하는 것 또한 쉽지 않다. 결국, 오랜 경험에 비추어 볼 때 이러한 종목은 다음 약세장에서 70 이하의 가격으로도 매입할 가능성이 있으므로 액면가 100 선에서는 자제하는 것이 바람직하다.

---

* 예를 들어 배당금을 지급하지 않고 주당 6달러에 거래된 제1우선주 시티스 서비스(Cities Service)는 1937년에 15까지 하락한 후, 1943년에 27 수준으로 회복된 당시 주가는 주당 60달러에 육박했다. 1947년에 이 종목은 주당 3% 채권의 196달러 50센트 수준에서 거래되고, 186 수준에서 매각되었다.

** 국가경제연구소(National Bureau of Economic Research)의 지휘 아래에서 정교하게 수행된 한 연구 또한 이와 같은 사례를 입증하고 있다. 여기에서 그레이엄은 월터 브라독 히크만(Walter Braddock Hickman)의 『회사채 품질과 투자자의 경험(Corporate Bond Quality and Investor Experience)』(Princeton University Press, 1958)을 참조하고 있다. 히크만의 이 책에서 훗날 영감을 받은 드렉셀 번햄 램버트(Drexel Burnham Lambert)의 마이클 밀켄(Michael Milken)은 신용등급이 뛰어나지 않은 회사에 고수익 융자를 제공함으로써 1980년대 후반 기업 담보차입매수(LBO) 및 공격적인 인수 열풍에 불을 붙였다.

외국 정부 채권

경험이 적은 투자자라도 1914년 이후 외국 채권의 투자 성과가 대체로 별볼 일 없었다는 것은 잘 알고 있을 것이다. 두 차례의 세계대전과 그 사이에 발생한 유례없는 불황에 따른 불가피한 결과였다. 그러나 몇 년에 한 번씩은 시장 상황이 호전되어 새로운 외국 채권을 거의 액면가로 거래할 기회가 만들어지기도 하였다. 이와 같은 현상에 비추어 우리는 채권뿐만 아니라 일반 투자자의 심리 상태에 대해서도 많은 특징을 추론할 수 있다.

오스트레일리아나 노르웨이 등과 같이 안정된 국가에서 발행하는 채권은 미래 지급 능력을 염려하지 않아도 된다. 그러나 외국 채권 발행 국가에 문제가 발생하는 경우에는 해당 채권의 소유자가 청구권을 강하게 주장할 수 있는 법적, 제도적 수단이 미미한 실정이다. 예를 들어, 1953년에 표면금리가 4.5%인 쿠바 채권을 117의 고가에 매입한 이들은 이자도 받지 못했고, 1963년에는 채권가격이 1달러당 20센트로 곤두박질쳤다. 같은 해에 뉴욕증권거래소 상장 채권 중에서 벨기에령 콩고 채권은 표면금리 5.25%에 36, 그리스 채권은 표면금리 7%에 30으로 거래되었다. 폴란드 채권은 7 정도 수준에서 거래되기도 했다. 1922년에 96.5의 가격으로 처음 상장된 후 등락을 거듭한 표면금리 8%의 체코슬로바키아 채권에 대해 아는 독자는 또 얼마나 될까? 이 국가의 채권은 1928년에 112까지 상승한 후 1932년에는 67.75까지 하락했다. 1936년에는 106 선을 회복했으나 1939년에 다시 6으로 대폭락했다. 믿기 어려운 수치지만 사실이다. 1946년에는 117까지 다시 회복되었지만, 1948년에 곧바로 35로 폭락하더니 1970년에는 결국 8까지 내려갔다.

몇 년 전 미국과 같은 부유한 채권국은 외국을 지원해야 할 도덕적 의무가 있다는 이유로 이와 같은 외국 채권을 매입해야 한다는 논의가 있었다. 그러나 시대가 바뀌면서 미국 또한 자국의 고질적인 재정 및 경상수지 적자 문제에 직면하게 되었다. 미국의 투자자들이 고수익을 기대하며 외국 채권을 대규모로 매입했던 것도 이처럼 어려운 상황을 이끈 원인 중 하나로 꼽힌다. 오랫동안 우리는 이러한 투자 형태가 과연 매수자 입장에서 실제로 바람직한지 의혹을 제기해 왔다. 이 기회를 경계한 투자자는 자신은 물론 자국에도 더 많은 이익을 돌려줄 수 있었을 것이다.

신규 발행 주식

신규 발행 주식을 한 번에 포괄적으로 설명하기에는 무리가 있다. 신용등급과 매력도가 워낙 천차만별이기 때문이다. 일반적인 법칙을 적용한다 하더라도 분명히 예외는 존재할 것이다. 그래도 우리가 투자자에게 권고할 수 있는 한 가지 사항은 바로 신규 종목을 주의하라는 것이다. 신규 종목을 매입하려는 투자자는 해당 종목에 대해 먼저 신중하고 엄격한 검증을 거쳐야 한다.

이처럼 신중한 선택의 중요성을 거듭 강조하는 데에는 두 가지 이유가 있다. 첫째, 신규 종목들은 특별한 판촉 정책을 앞세운다.* 둘째, 신규 종목들이 '유리한 조건'으로 팔리는 것은 이 종목의 거래가 발행자에게 유리하고 매입자에게는 상대적으로 불리하다는 것을 의미한다.**

이와 같은 특징은 최고 등급 채권에서부터 비우량채권, 보통주 등 등급이

---

* 회사가 기업공개(IPO)를 통해 처음 발행하는 보통주를 매매할 때에는 통상 7%의 '인수할인' 수수료가 포함된다. 반면 기존 주식에 대해 매수자에게 부과되는 수수료는 일반적으로 4%를 밑돈다. 월스트리트에서는 기존 주식에 비해 신규 주식에 약 2배의 수수료를 부과하는데, 그만큼 신규 발행되는 주식의 거래가 더 어렵다는 것을 의미한다.

내려갈수록 더욱 두드러진다. 과거에 많은 기업이 기존 채권을 매수가격으로 상환하고, 이를 더 낮은 표면금리의 신규 종목으로 교체하는 방식으로 자금을 운용해 왔다. 이 방식은 대부분 우량채권과 우선주를 대상으로 적용되었다. 매입자들은 대개 자신의 수익을 보호할 여력이 있는 금융기관이었다. 이에 따라 이러한 신규 발행 종목의 가격은 유사 종목의 현행 이자율에 맞춰 신중하게 정해졌고, 고도의 판매 전략은 결과에 그다지 영향을 미치지 않았다. 이후 이자율이 점점 하락하자 매입자 입장에서는 결국 너무 높은 값을 지불한 셈이 되었다. 더군다나 이러한 종목 중 대다수가 가격이 크게 떨어졌다. 이와 같은 결과는 신규 종목이 발행자에게 가장 유리한 조건과 시기에 판매되는 일반적인 경향에서 비롯된다. 그러나 우량 종목의 경우 매입자에게 끼치는 악영향이 그렇게 심각하지 않은 경우가 많다. 대개는 불편함을 느끼게 하는 정도에서 그친다.

1945년부터 1946년, 그리고 1960년부터 1961년까지 팔린 비우량채권과 우선주를 연구해 보면 또 다른 상황을 관찰할 수 있다. 이 기간에는 대부분의 주식이 개인투자자나 비전문 투자자에게 팔린 만큼 판매 촉진 효과가 좀 더 뚜렷이 나타난다. 또한 여러 해에 걸친 경영 성과를 고려할 때 마땅한 실적을 거두지 못했다는 특징이 있다. 급격한 감소 없이 최근 수익을 이어갈 수 있다고 가정한다면 당시 종목들은 대부분 안전해 보였다. 이를 인수한 투자은행들 역시 이러한 가정에 동의했을 것이고 판매 중개인들 또한 고객을 설득하는 데 별 어려움은 없었을 것이다. 그렇다고 하더라도 이러한 투자는

** 최근 재정학 교수인 시카고 대학의 오웬 라몽(Owen Lamont)과 노트르담 대학의 폴 슐츠(Paul Schultz)는 주식시장이 거의 정점일 때 기업들이 신규 공모를 선택하는 경향이 있다고 밝혔다. 관련 종목에 대한 기술적 분석은 http://papers.ssm.com에서 라몽의 "가치할당 평가: 사업성과와 시장선택(Evaluating Value Weighting: Corporate Events and Market Timing)"과 슐츠의 "IPO의 시장선택과 장기성과(Pseudo Market Timing and the Long-Run Performance of IPOs)"를 참조하라.

건전하지 못한 것이었다. 당연히 투자자 입장에서 큰 손실을 입을 가능성도 컸다.

강세장에서는 개인 소유 기업이 주식회사의 형태로 전환되는 특징이 있다. 1945년부터 1946년 사이에 그러한 경향이 나타났고, 1960년 초에도 마찬가지였다. 1962년 5월에 파국적인 종말을 맞기까지 이와 같은 전환 사례는 비정상적인 수준으로 증가했다. 이후에 시장 상황은 잠잠해졌지만, 1967년부터 1969년 사이에 과거의 악순환은 단계별로 다시 되풀이되었다.*

신주 공모

다음은 1959년판에 포함된 내용을 논평만 추가하여 다시 실은 것이다.

보통주를 발행하여 자금을 조달하는 방법에는 두 가지 형태가 있다. 먼저, 이미 상장된 회사의 경우 기존 주주들에게 보유 중인 주식 수에 비례하여 유상 증자를 할당한다. 납입가는 현재 시장가격 이하로 결정되고 신주 청약권은

---

* 1960년 6월부터 2년 뒤인 1962년 5월까지 850개 이상의 기업이 처음으로 신규 공모를 했는데, 평균 하루에 한 개 이상의 기업공개(IPO)가 이루어졌다. 1967년 후반부터 IPO 시장은 다시 과열되기 시작했고, 1969년에는 한 해에만 781개 종목이 신규 상장되었다. 이러한 과잉공급은 1969년과 1973~1974년까지 이어진 약세장의 원인이 되었다. 1974년에 IPO 시장은 완전히 쇠퇴하여 1년 동안 겨우 9개 종목만이 상장되었고, 1975년에는 14개 종목이 상장되는 데 그쳤다. 이에 대한 반대급부로 1980년대에는 강세장이 형성되어 약 4,000여 개의 신규 종목이 시장에 쏟아졌다. 이러한 과열은 결국 1987년 대폭락의 원인이 되었다. 이후 1988~1990년까지 IPO 시장은 다시 쇠퇴하였고, 당시의 공급 부족은 1990년대 강세장을 이끄는 요인이 되었다. 월스트리트에서는 또다시 신규 종목이 활발하게 형성되어 거의 5,000여 개의 IPO를 성사시켰다. 이후 2000년에는 거품이 붕괴되었고, 2001년에는 상장된 IPO가 88개에 불과했다. 1979년 이후 최저치였다. 이 모든 과정을 겪으며 IPO에서 쓴맛을 톡톡히 본 투자자들은 최소한 2년 정도는 발길을 멈추는 듯하지만, 이내 이 열기 속으로 뛰어들기를 반복했다. 주식시장이 존재하는 한 투자자들은 이렇게 주기적으로 조울증을 겪게 마련이다. 1825년에는 미국 최초의 IPO 호경기 중에 뱅크 오브 서더크(Bank of Southwark)의 신주를 사려는 투기자들이 쇄도하는 바람에 한 사람이 깔려 죽었다고 하고, 어떤 부자는 대기자 줄의 앞에 서기 위해 깡패를 고용했다고도 한다. 이렇게 열풍을 불러일으켰던 주식은 1829년에 약 25% 하락했다.

일정한 현금 가치를 지니게 된다.** 신규 발행 주식의 매출은 거의 언제나 한 곳 이상의 투자은행이 인수한다. 일반적으로 모든 신주는 신주인수권 행사로 소화될 것으로 기대된다. 따라서 상장회사들이 신주발행을 할 때는 별도의 판촉활동을 할 필요가 없다.

두 번째 유형은 개인 소유 기업의 보통주 중 일부를 일반 투자자를 대상으로 공모하는 것이다. 이 방법은 대부분 회사 입장에서 유리한 시세에 주식을 현금화하고 자기자본 조달 경로를 다양화하려는 방편으로 사용된다. 단, 이미 언급한 대로 투자 목적으로 신규 자금을 조달하고자 하는 경우에는 우선주를 발행한다. 증시의 본질을 고려할 때 이러한 공모에 참여하는 일반 투자자들은 큰 손실을 입고 큰 좌절을 경험하게 되기 쉽다. 자금 조달을 목적으로 하는 사업상 특징과 이러한 방법이 통용되는 시장 상황에서부터 이미 위험은 시작되기 때문이다.

금세기의 전반기에는 우량회사들이 대거 상장되었다. 시간이 갈수록 비상장 우량회사들의 수가 감소하면서, 상장 대상도 점차 상대적으로 작은 규모의 회사에 집중되는 경향을 보이고 있다. 하지만 일반 투자자들은 오히려 우량 대형회사들에 몰리며 소형회사들에 대한 편견을 키웠다. 이러한 편견은 강세장이 형성되는 시기에 많이 약화되는 경향이 있다. 주식으로 단기간에 큰 수익을 올릴 가능성이 높아 보이면 일반 투자자들은 비판적 사고에 소홀히 하고 그만큼 본능적으로 매수에 매달리게 되기 때문이다. 이러한 강세장에서는 개인 소유 회사들이 탁월한 성과를 올리는 경우도 적지 않게 볼 수 있다. 그러나 10년 이상의 장기간 기록을 추적해 보면 인상적인 실적을 남기지 못하

** 여기에서 그레이엄은 회사 지분을 유지하려는 기존 주주들에게 더 많은 자금의 투입을 요구하는 유상증자를 설명하고 있다. 이러한 형태의 자금 조달은 유럽에서는 지금도 보편적이지만, 미국에서는 드물게 적용된다. 단, 폐쇄형 펀드는 예외다.

는 경우가 대부분이다.

이러한 현상을 모두 종합해 보면 다음과 같은 결론에 다다르게 된다. 신주발행은 강세장 중반부에 시작된다. 이러한 주식은 가격 면에서 매력적이다. 따라서 상장 초기에 신주를 매입한 투자자는 어느 정도 큰 수익을 기대할 수 있다. 강세장이 이어질수록 이러한 형식의 자금 조달은 더욱 빈번하게 이루어진다. 문제는 이 과정에서 발행주의 수준이 지속해서 떨어지고 발행 가격은 터무니없이 오르게 된다는 것이다. 이제 강세장의 종말이 다가오는 신호는 특색 없는 소규모 회사들의 신규 주식이 기존의 중형 상장 회사들의 주식보다도 높은 가격대에서 발행되는 시점에서 감지할 수 있다. 최고의 규모와 명성을 자랑하는 금융기관이 이러한 자금 조달 방식에 거의 참여하지 않는다는 것도 눈여겨보아야 할 점이다.[*]

일반 투자자들의 부주의한 선택과, 이익을 남길 수 있다면 무엇이든 팔고 보려는 중개업체의 태도는 결국 가격 폭락이라는 한 가지 결과로 귀결된다. 대부분 신규 상장 종목은 공모 가격에서 75% 이상 하락한다. 투자자들이 너나 없이 그토록 쉽게 사들인 소형 종목들이 주가가 바닥을 친 후에는 찬밥 신세가 된다는 것도 이러한 사태를 더욱 악화시키는 요인이다. 이러한 종목들은 대개 적정 가치보다 훨씬 비싼 수준에서 매수되고, 나중에는 적정 가치보다 훨씬 아래까지 떨어지고 만다.

현명한 투자자의 기본 요건은 강세장에서도 신규 상장주식을 발행하는 판매

---

[*] 그레이엄 시절에 가장 드높은 명성을 자랑하던 투자은행들은 일반적으로 IPO 사업을 멀리했다. IPO 사업은 품위 없이 순진한 투자자들을 착취하는 것으로 여겨졌기 때문이다. 하지만 1999년 말에서 2000년 초까지 IPO 열기가 극에 달할 무렵에는 월스트리트의 최대 투자은행들도 이 사업에 적극적으로 뛰어들기 시작했다. 전통을 자랑하는 투자은행들은 오랫동안 고수해 오던 신중함을 벗어던지고 술 취한 씨름꾼처럼 진흙탕에서 뒹굴며 시장 열기에 들뜬 일반 투자자에게 터무니없이 높은 가격으로 주식을 떠넘기려 했다. 투자은행을 위한 윤리 교육이 있다면 IPO 사업의 진행 과정을 요약한 그레이엄의 설명이야말로 반드시 언급되어야 할 명문이다.

자의 감언이설에 넘어가지 않는 능력이다. 그중에는 물론 투자등급과 가치에 대한 엄격한 검증을 통과할 만큼 건전한 종목도 소수 있겠지만, 기본적으로 이러한 종류의 사업에 개입하는 것은 바람직하지 못하다. 물론 판매자는 신규 상장 이후 급격하게 상승한 일부 종목을 포함해서 큰 폭의 상승세를 보인 종목들을 열거할 것이다. 그러나 이 모든 것은 투기성이 농후한 건전하지 못한 이익일 뿐이다. 이러한 방식에 현혹되어 잠시 1달러를 버는가 싶다가 결국 2달러를 잃는 것으로 끝낸 투자자가 있다면 운이 좋았다고 생각해야 한다.

이러한 종목 중 일부는 몇 년 후에 아무도 관심을 두지 않아 적정 가치보다 훨씬 낮은 가격으로 떨어진다면 괜찮은 매수 대상이 될 수도 있다.

1965년판에서 우리는 이 주제에 대한 논의를 다음과 같이 계속 이어 갔다.

1949년 이후 주식시장 양상은 너무 광범위하여 지난 경험에 비추어 분석하기 어려웠지만, 신주발행의 증가와 관련한 행태는 정확히 과거와 같은 방식으로 전개되었다. 1960년부터 1962년 사이에 우리가 경험한 것처럼 낮은 투자 등급의 신규 종목들이 그렇게 우후죽순 상장되고, 극단적인 폭락 사태가 이어진 적이 있는지 의아할 따름이다.** 또한 주식시장 전체가 그러한 재난 상황에서도 급속히 회복되었다는 점은 아주 특이한 현상으로, 1925년의 플로리다 부동산 가격 대폭락 이후 관찰되었던 시장 회복 능력을 떠올리게 한다. 그렇다면 현재의 강세장이 확실한 마무리 국면에 이르기 전에 또다시 광적인 신주 공모가 재현될 수 있을까? 그렇지 않으리라고 누가 장담할 수 있을까?

** S&P 지수 41개 대표 종목 중 5개 종목은 고가에서 90% 이상 하락했고, 30개 종목은 절반으로 떨어지며, 전체적으로 약 3분의 2에 달하는 손실을 입었다. 이 시장에 상장되지 않은 많은 기업이 전체적으로 크게 위축된 것은 마찬가지였다.

적어도 1962년의 사태를 기억하는 현명한 투자자라면 순간의 달콤한 이익 후 이어지는 비참한 손해를 다시 경험하는 우를 범하지는 않을 것이다.

1965년판에서는 이와 관련한 '끔찍한 예'로 1961년 11월에 9달러 가격으로 신규 발행되었던 애트나 메인트넌스Aetna Maintenance의 주식을 언급했다. 이 주식은 상장 이후 15달러까지 곧바로 상승한 후 이듬해에 2달러 25센트로 떨어진 데 이어, 1964년에는 65센트까지 폭락했다. 이후 이 회사의 사례는 최근 미국 기업에서 발생한 특수한 형태의 변신 사례를 대표한다. 이 회사의 이야기가 궁금한 독자들은 부록 5를 참조하라.

이와 같은 상황은 1967년부터 1970년 사이에 다시 반복되었고, 그사이 우리는 더 끔찍한 사례를 어렵지 않게 목격할 수 있었다. 그중에서도 S&P의 《증권 가이드Stock Guide》에 처음으로 소개된 AAA 엔터프라이지스AAA Enterprises는 특히 대표적인 사례였다. 이 회사의 주가는 1968년에 14달러로 공모된 후 곧바로 28달러로 상승했지만, 1971년 초에 들어서 25센트로 폭락했다. 당시 이 회사는 회생불능 상태로 법정관리에 들어간 탓에 이 가격마저도 과대평가된 것이라고 할 수 있다. 신주 공모와 관련한 이와 같은 사례에서는 투자자가 배울 점이나 명심해야 할 것이 많은 만큼 17장에서 다시 한 번 자세히 다루고자 한다.

6장 논평

당신이 헛친 펀치들이 당신을 지치게 한다.

복싱 트레이너 안젤로 던디(Angelo Dundee)

성공적인 투자를 위해서는 해야 할 것만큼 하지 말아야 할 것 또한 지켜야 한다. 이러한 원칙은 방어적인 투자자뿐만 아니라 공격적인 투자자에게도 그대로 적용된다. 6장에서 그레이엄은 공격적인 투자자가 '하지 말아야 할 것'을 정리하고 있다. 여기에서는 현재 투자자가 유념해야 할 사항을 덧붙여 소개하고자 한다.

쓰레기 처리장의 개들

그레이엄이 적극적으로 만류했던 것은 고수익채권 투자였다. 그레이엄은 이러한 채권을 '비우량' 또는 '이류'라고 정의했다. 요즘에는 '정크본드'라고 불린다. 그레이엄이 고수익채권 투자에 그토록 반대했던 이유는 당시 상황에서 개인투자자가 들여야 하는 비용과 수고가 너무 컸을 뿐만 아니라 채무불이행 위험을 분산화하기도 어려웠기 때문이다.[1] 예를 들어, 월드콤 채권

사태가 전 세계에 미친 영향을 보면 채무불이행이 얼마나 고약한 결과를 초래하는지, '노련한' 전문 채권투자자들이라도 한 가지 종목에만 집중하는 것이 얼마나 위험한 일인지 분명히 확인할 수 있다. 그러나 오늘날 투자자들은 정크본드를 집중 공략하는 130개 이상의 뮤추얼펀드를 이용할 수 있다. 이러한 펀드는 정크본드를 대량으로 구매하고 수십 개의 다양한 채권을 보유한다. 이 전략은 그레이엄이 고수익채권에 대해 제기했던 분산화의 어려움을 어느 정도 완화시켜 준다. 물론 그렇다고 해도 고수익 우선주에 대한 그레이엄의 우려는 현재도 유효하다. 적은 비용으로 광범위하게 적용할 수 있는 위험 분산 전략은 사실상 거의 없기 때문이다.

 월드콤 채권 사태가 일으킨 파장

수익률만을 기대하고 채권을 사는 것은 마치 결혼의 가치를 배우자의 성적인 매력에만 두는 것과 같다. 첫눈에 반했던 요소가 사라지면 이렇게 자문하게 될 것이다. "다른 매력은 또 무엇이 있을까?" 결국 "다른 매력은 없다"는 결론에 이르게 되면 배우자나 채권 보유자 모두 절망만을 안게 될 것이다.

2001년 5월 9일, 월드콤은 119억 달러 규모의 채권을 발행했다. 미국의 기업 역사상 최대 규모였다. 8.3%에 달하는 수익률에 솔깃해진 발 빠른 펀드 중에는 당시 세계 최대 연금펀드 중 하나였던 캘리포니아 공무원연금(CALPERS: California Public Employees' Retirement System)과 앨라배마 퇴직연금(RSA: Retirement System of Alabama), 스트롱 회사채 펀드(SCBF: Strong Corporate Bond Fund) 등도 포함되었다. 앨라배마 퇴직연금의 매니저도 이 채권을 매수했을 당시 '무엇보다 매력적인 요소'는 바로 더 높은 수익률이었다는 점을 인정했다. 스트롱 회사채 펀드의 매니저 역시 월드콤의 높은 수익률을 지적하며 이 채권이 내포한 '위험성'을 충분

---

1 1970년대 초 그레이엄이 책을 썼을 때는 정크본드 펀드가 10여 개 남짓 있었다. 이 중 대부분의 경우에 판매수수료는 8.5%까지 부과되었고, 매월 배당을 펀드에 재투자할 경우 우대수수료를 적용하는 상품도 있었다.

히 감수할 수 있을 정도라도 자랑하기도 했다.

그러나 월드콤의 채권 발행 안내서를 얼핏 훑어보는 것만으로는 이 채권이 내세우는 수익률 이외에 긍정적인 요소가 전혀 없다는 것을, 즉 투자자 입장에서 모든 것을 잃을 수 있다는 사실은 누구도 예측할 수 없었다. 지난 5년 중 2년간 월드콤의 세전 이익, 즉 국세청에 세금을 납부하기 전의 기업 수익은 채권자에게 이자를 지급하는 비용인 고정부채비용보다 무려 41억 달러나 부족했다. 결국 채권이자를 갚으려면 월드콤은 은행에서 더 많은 돈을 빌려야 했다. 이에 따라 산더미 같은 채권을 신규 발행한 월드콤이 감당해야 할 이자비용은 매년 9억 달러씩 늘어나는 형편이었다.[1] 코미디그룹 몬티 파이선Monty Python의 시리즈 중 〈삶의 의미The Meaning of Life〉 편에 등장하는 크레오소테 씨Mr. Creosote처럼 월드콤은 너무 많이 먹어 배가 터질 지경이었다.

아무리 수익률이 높다고 해도 투자자는 폭발 위험을 감수해서는 안 된다. 월드콤 채권은 몇 달 동안 최대 8%의 높은 수익률을 기록했다. 하지만 그레이엄이 예언한 것처럼 이와 같은 수익률은 어느 날 갑자기 어떤 피난처도 마련할 틈 없이 폭락하고 말았다.

- 2002년 7월, 월드콤은 파산 신청을 했다.
- 2002년 8월, 월드콤은 70억 달러 이상 수익을 과대 계산한 것을 시인했다.
- 월드콤이 더 이상 이자를 지급하지 못하게 되면서 이 회사의 채권은 채무불이행되었다. 결국 채권 보유자들은 원래 가격의 80% 이상 손실을 보았다.

---

1 이 수치는 모두 채권 상품과 관련한 월드콤의 투자설명서 또는 영업 자료에 기초한 것이다. 월드콤의 수익이 과대 포장되는 사실이 자명하게 드러나지 않았더라도 그레이엄은 월드콤의 채권 발행에 경악했을 것이다.

1978년 이후 정크본드 시장에서 채무불이행된 채권 비율은 연평균 4.4%였다. 그러나 채무불이행의 위험을 감안하더라도, 정크본드는 연간 10.5%의 수익을 낸다는 점에서 여전히 매력적이다. 참고로 10년 만기 미국 재무부 채권의 수익률은 8.6%다.[2] 그렇더라도 투자자 입장에서는 대부분의 정크본드 펀드가 높은 수수료를 부과한다는 점과 투자원금 보장이 취약하다는 점을 다시 한 번 고려해야 한다. 은퇴 후 연금을 보충할 수 있는 추가적인 월 소득을 기대하고, 일시적인 가치 등락을 감당할 여유가 있는 투자자라면 정크본드 펀드가 유효한 선택이 될 수 있다. 만약 은행이나 다른 금융기관에 종사하는 투자자인 경우에는 금리의 급격한 상승이 직업 안정성을 제약하거나 위협할 수도 있다. 그래서 금리가 상승하는 시기에 대부분의 다른 채권 펀드보다 높은 수익을 내는 정크본드 펀드는 401(k)의 평형추 역할을 하기도 한다. 이 모든 가능성을 종합해 볼 때 현명한 투자자 입장에서 정크본드 펀드란 꼭 거쳐야 할 관문이 아니라 다양한 선택지 중 하나일 뿐이다.

보드카와 부리토의 포트폴리오

그레이엄은 외국 채권이 정크본드보다 조금도 나을 것이 없다고 생각했다.[3] 그러나 오늘날에는 높은 위험 부담을 감수할 여유가 있는 투자자들 사이에서 다양한 외국 채권이 많은 인기를 끌고 있다. '제3세계'라고도 불리는 브라질, 멕시코, 나이지리아, 러시아, 베네수엘라와 같은 신흥시장 국가가 발행하는 채권은 10개의 특화된 뮤추얼펀드를 통해 구입할 수 있다. 합리적인 투자자라면 누구라도 전체 채권 포트폴리오 중 위험한 채권에 10% 이상을 투자하지는 않을 것이다. 그러나 신흥시장의 채권펀드는 미국 주식시장과 거의 상관없이 운용되므로 다우존스 지수가 약세일 때 동반 하락하지 않는다는 점에서 특이한 투자자산으로 평가된다. 따라서 정말로 필요하다고 판단하는 투자자라면 포트폴리오에 이러한 외국 채권을 어느 정도 포함해

---

2 뉴욕 대학 스턴비즈니스스쿨 교수 에드워드 I. 올트먼(Edward I. Altman)과 구라브 바나(Gaurav Bana)의 연구 논문 "고수익 회사채의 채무불이행 및 수익률(Defaults and Returns on High-Yield Bonds)"(2002)을 참조하라.

3 그레이엄이 외국 채권을 꼼꼼히 비판할 수 있는 이유는 그가 뉴욕에서 일본 채권 발행 대행 업무에 처음 몇 년간 종사했기 때문이다.

별도의 수익을 기대할 수 있을 것이다.[4]

서서히 죽어 가는 트레이더

1장에서 이미 살펴본 바와 같이 주식을 고작 몇 시간 동안 보유하는 데이 트레이딩은 주식시장에서 지금까지 등장한 투자전략 중 금전적 자살을 하기에 최적이라 할 만하다. 물론 이 방법으로도 몇 번은 수익을 올릴 수 있겠지만, 결국은 대부분 잃게 된다. 어느 경우든 항상 돈을 벌게 되는 사람은 투자자가 아닌 중개인이라는 점을 명심해야 한다.

또한 주식 매수나 매도에 열을 올릴수록 수익은 더 낮아질 수밖에 없다. 어떻게든 주식을 사려고 덤비는 투자자가 현재 주식 시세보다 10센트 더 비싸게 매수 주문을 했다고 해 보자. 매도자들은 그 가격에 주저 없이 처분하려고 할 것이다. 소위 '시장충격market impact'이라고 하는 추가적인 비용은 거래 내역에는 나타나지 않지만 엄연한 실제 비용이다. 이 투자자가 1,000주를 매수하는 데 그렇게 필사적이지 않았다면 매수가격을 5센트 정도만 올리고, 거래비용으로 지불하는 금액은 50달러 정도로 마무리할 수 있었을 것이다. 급매도의 경우에도 마찬가지다. 주식을 팔지 못할까 좌불안석인 투자자가 최근 시세보다 훨씬 낮은 가격에 주식을 내놓으면 이로 인한 시장충격은 다시 추가비용을 초래하게 된다.

이처럼 거래비용을 조급하게 감당하는 것은 사포로 끊임없이 문질러 수익을 마모시키는 것과 같다. 등락이 심한 소형주는 매매 과정 중 2%에서

---

4 비용이 저렴하고 관리가 양호한 신흥시장 채권펀드의 두 가지 예로는 피델리티 뉴 마켓 인컴 펀드(Fidelity New Market Income Fund)와 T. 로위 프라이스 이머징 마켓 본드 펀드(T. Rowe Price Emerging Markets Bond Fund)를 들 수 있다. 투자자들은 운용 수수료가 1.25% 이상인 신흥시장 채권펀드에는 투자를 삼가야 하며, 3개월 이내에 해지할 때 단기 해지 수수료가 부과된다는 점을 명심해야 한다.

4% 정도의 거래비용이 발생한다. 매수와 매도를 거듭하면 이 비용은 4%에서 8% 정도로 늘어난다.[5] 1,000달러로 주식 거래를 한다면 거래비용으로만 약 40달러가 소요되는 셈이다. 주식을 팔게 되면 추가로 4%를 수수료로 지불하게 된다.

여기에 한 가지 문제가 더 있다. 투자가 아닌 트레이딩을 하게 되면 장기수익이 보통수익으로 전환된다. 장기수익에는 최대 20%의 자본이득세율이 적용되지만, 보통수익에 적용되는 세율은 최대 38.6%로 증가한다.

따라서 주식 트레이더가 매수 및 매도를 통해 적어도 본전을 유지하려면 최소한 10%의 수익을 내야 한다.[6] 운이 좋으면 어쩌다 한 번은 그럴 수 있다. 그러나 트레이딩을 하는 과정에서 감내해야 하는 강박적인 집중과 악몽과도 같은 스트레스를 보상하고도 남을 만큼의 수익을 연거푸 내는 것은 불가능하다.

이렇게 시도한 투자자는 수없이 많다. 그리고 그 결과는 명백했다. 즉, 트레이딩을 하면 할수록 투자자의 주머니는 가벼워진다.

캘리포니아 대학의 투자론 교수인 브래드 바버Brad Barber와 테렌스 오딘Terrance Odean은 주요 증권회사의 고객 6만 6000명 이상의 트레이딩 기록을 조사했다. 1991년부터 1996년까지 이들은 190만 건 이상의 거래를 했다. 수익을 마모하는 거래비용을 제외하면 조사 대상 고객들이 매년 올리는 평균수익은 시장수익을 0.5% 이상 능가하는 것으로 나타났다. 그러나 거래비용을 감안하면 훨씬 다양한 편차가 관찰되었다. 매월 보유 주식의 20% 이상

---

5 거래비용에 대한 확실한 자료원은 플렉서스 그룹(Plexus Group)과 그 웹사이트다. 플렉서스는 빙산의 대부분이 해수면 아래에 있는 것처럼, 거래비용의 대부분은 보이지 않기 때문에 투자자로 하여금 수수료만 낮으면 거래비용은 무시해도 된다고 잘못 생각하게 만든다고 주장한다. 개인투자자에게 있어서 나스닥 종목의 거래비용은 뉴욕증권거래소의 거래비용보다 상당히 높다.

6 실제 상황은 훨씬 더 험난하다. 흔히 무시되는 주정부 소득세가 있기 때문이다.

을 교체하며 가장 적극적으로 트레이딩을 하는 투자자의 경우에는 시장수익을 초과하는 성과를 보이기도 했지만, 시장수익보다 매년 6.4%나 낮은 수익을 올리는 이들도 있었다. 하지만 매월 보유 주식의 0.2%만을 매매하며 가장 신중한 성향을 보인 투자자들은 거래비용을 포함하여도 시장수익보다 높은 성과를 보였다. 이들의 신중한 트레이딩은 증권회사와 국세청으로 흘러들어 가는 수수료나 세금을 줄여 보유 자산을 지켜주는 효과로 이어진 것이다.[7] 이와 관련한 내용은 〈그림 6-1〉을 참조하라.

이 연구 결과가 시사하는 바는 명백하다. 즉, 섣불리 움직이지 말고 그대로 있으라는 것이다. 이제 우리는 굳이 '장기 투자자'를 따로 분류할 필요가 없다. 장기적인 접근은 투자자라면 누구나 지향해야 할 방향이기 때문이다. 한 주식을 몇 개월 이상 느긋하게 보유하지 못하는 투자자는 결국에 포식자가 아닌 먹잇감으로 전락하게 된다.

일찍 일어나는 새가 먼저 먹이가 된다

1990년대 투자대중의 마음을 사로잡은 위험천만한 일확천금의 환상 중 가장 치명적이었던 것은 바로 신규 공모 주식을 사면 재산을 모을 수 있다는 생각이었다. '기업공개'를 의미하는 IPO_Initial Public Offering 는 기업이 자기 주식을 일반 투자자에게 처음으로 파는 것을 말한다. 얼핏 IPO에 투자하는 것은 좋은 생각처럼 들린다. 마이크로소프트의 예를 들어 보자. 1986년 3월 13일에 이 회사의 주식을 처음으로 공모했을 때 2,100달러를 투자해 100주를 산 투

---

7 바버와 오딘의 연구 결과는 http://faculty.haas.berkeley.edu/odean/Current%20Research.htm에서 확인할 수 있다. 많은 연구들이 전문 투자자에 대해서도 동시에 같은 결과를 보여 주었다. 따라서 이것은 순진한 개인투자자에 국한된 문제가 아니다.

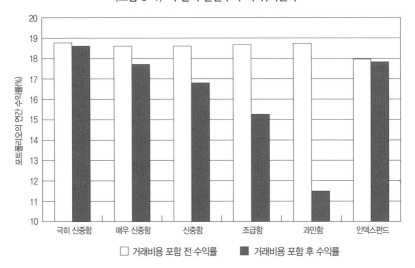

〈그림 6-1〉 더 빨리 달릴수록 더 뒤처진다

□ 거래비용 포함 전 수익률   ■ 거래비용 포함 후 수익률

＊ 브래드 바버와 테렌스 오딘은 보유 자산의 회전 빈도에 따라 수천 명의 트레이더들을 5가지 범주로 분류했다.
  가장 매매를 적게 하는 그룹(그림에서 맨 왼쪽)은 수익 대부분을 유지했다. 그러나 조급하고 과민한 성향의
  트레이더들은 결국 증권회사의 배만 불리는 결과를 초래했다. 그림에서 맨 오른쪽 막대는 비교 대상으로
  인덱스펀드의 상황을 보여 준다.
＊ 출처: Prof. Brad Barber, University of California at Davis / Prof. Terrance Odean, University of California
  at Berkeley

자자의 잔고는 2003년 초에는 72만 달러로 불어나 있을 것이다. 투자론 교
수인 제이 리터Jay Ritter와 윌리엄 슈워트William Schwert에 의하면, 1960년 1월에 각
IPO에 공모가 기준으로 총 1,000달러씩 투자하고 같은 달 말에 정리한 후
매달 이와 같은 방식에 재투자를 반복했다면, 41년이 지난 2001년 말에 포
트폴리오는 533데실리온(1,000의 11제곱) 달러 이상의 가치가 되었을 것이라
고 한다.

데실리온을 풀어 쓰면 다음과 같다.
533데실리온＝533,000,000,000,000,000,000,000,000,000,000,000

하지만 간과하지 말아야 할 것은 마이크로소프트처럼 괄목할 만한 성공을 거둔 IPO의 이면에는 수천 건에 달하는 실패작이 있다는 사실이다. 다니엘 카네만Daniel Kahneman과 아모스 트버스키Amos Tversky는 사람들이 어떤 사건의 발생 빈도나 가능성을 판단할 때 근거로 삼는 것은 비슷한 과거의 보편적인 사실이 아니라 생생하게 각인된 특정 사례라고 지적한다. 그래서 우리는 지금도 '또 다른 마이크로소프트'를 사고 싶어 한다. 더 정확히 말하자면 마이크로소프트의 주식을 처음에 살 기회를 놓쳤다는 기억이 우리에게 너무 생생하게 남아 있는 것이다. 그 와중에 마이크로소프트 이외의 다른 IPO가 대부분 끔찍한 결과를 낳았다는 사실은 쉽게 잊는다. IPO 시장에서 마이크로소프트처럼 희귀한 성공작을 용케 놓치지 않는다면 533데실리온 달러의 수익도 기대할 수 있을 것이다. 그러나 실제로 이 기대가 실현되는 것은 불가능하다. 마지막으로 고수익이 기대되는 IPO는 대부분 이 정보를 배타적으로 공유하는 집단의 차지라는 점을 기억해야 한다. 이 종목은 이미 상장되기 전에 거대 투자은행과 펀드 회사들이 일괄적인 가격으로 인수한다. 단, 최고 수준으로 '급등'하는 주식은 소형주 중에서도 자주 나타나는데, 이 경우는 대형 투자회사들이 매수하기 어렵다. 투자회사 입장에서 이러한 종목 일부만 매수하기에는 규모가 너무 작기 때문이다.

거의 모든 투자자가 그렇듯 이처럼 배타적인 일괄 인수 가격보다 한참 높은 가격으로만 IPO에 접근할 수 있다면 결과는 불 보듯 뻔하다. 1980년부터 2001년까지 보통 IPO를 첫 거래일 종가로 사서 3년간 보유한 경우, 매년 23% 정도 시장수익을 하회하게 된다.[8]

IPO로 부자가 될 수 있다는 헛된 꿈을 잘 보여 준 사례는 VA 리눅스VA Linux

---

8 2002년 8월호 《저널 오브 파이낸스Journal of Finance》 1797쪽에 실린 제이 R. 리터(Jay R. Ritter)와 이보 웰치(Ivo Welch)의 "IPO 실행, 가격 책정 및 배정 검토(A Review of IPO Activity, Pricing, and Allocations)"를 보라.

의 주식이다. VA 리눅스의 초기 주주들은 "리눅스야말로 마이크로소프트의 후속 주자"라고 환호하면서 "지금 사 두면 5년 안에 은퇴할 수 있을 것"이라며 기대에 부풀었다.[9] 1999년 12월 9일, 이 회사의 주식은 공모가인 30달러에서 시작했지만, 당일 수요가 너무 몰리는 바람에 주가는 299달러까지 뛰었다. VA 리눅스 주식을 처음 매수했던 주주들은 한 주도 내놓지 않았다. 결국 이날 이 회사의 주식은 320달러까지 올랐다가 239달러 25센트에 마감하며, 단 하루 만에 무려 697.5%의 수익을 거두었다. 그러나 이 수익을 챙긴 것은 일부 기관투자자들이었다. 개인투자자들은 완전히 찬밥 신세였다.

IPO 매수를 경계해야 하는 또 다른 중요한 이유는 이 방식이 그레이엄의 기본적인 원칙에서 완전히 벗어나기 때문이다. 그의 원칙에 따르면 아무리 많은 투자자가 몰리는 주식이라도 IPO 가격이 저렴한 수준일 때 매수하는 것만이 기업의 주식을 소유할 수 있는 바람직한 방법이다. 첫날 최고가를 기준으로 투자자들은 VA 리눅스의 주식을 총 127억 달러로 평가하고 있었다. 그렇다면 실제 이 회사의 기업가치는 어떠했을까? 5년이 채 되지 않은 VA 리눅스가 현재까지 판매한 소프트웨어 및 용역의 가치는 총 4400만 달러였고, 이 과정에서 발생한 비용은 2500만 달러였다. 최근 분기에서 VA 리눅스가 기록한 매출은 1500만 달러였으나, 벌어들인 돈의 거의 70%를 손해 보고 있었다. VA 리눅스의 누적 적자, 즉 총수입을 초과한 총비용의 합은 3000만 달러였다.

울타리 하나를 사이에 둔 이웃이 이 정도의 가치를 지닌 VA 리눅스를 소유하고 있다고 가정해 보자. 어느 날 울타리에 기대어 서서 한가롭게 이야기를 나누던 중, 이 이웃이 이처럼 위태로운 작은 회사를 넘기는 데 얼마나 줄

---

9 1999년 12월 16일 VA 리눅스(LNUX) 게시판에 ID 'GoldFinger69'가 올린 내용이다. MSFT는 마이크로소프트의 종목기호다.

수 있겠냐고 묻는다. 독자라면 이렇게 대답할 수 있을까? "127억 달러 정도가 적당해 보이네요." 아니면 정중하게 제안을 거절하고 바비큐 그릴로 돌아서서 다시 고기를 구우며 도대체 무슨 허풍인지 모르겠다고 생각할까? 상식적인 판단에만 온전히 집중할 수 있다면 어떤 투자자도 이미 3000만 달러나 적자를 보고 있는 기업에 130억 달러를 선뜻 지불하겠다고 나서지 않았을 것이다.

그러나 이러한 판단이 개인적인 수준에 머물지 않고 군중심리에 휘말린다면, 그래서 기업의 가치평가가 갑자기 인기투표로 변질된다면, 주가는 기업가치보다 훨씬 더 중요하게 부각된다. 그도 그럴 것이, 나보다 훨씬 더 많은 돈을 들여 어떤 주식을 사려는 사람이 많이 있다면 그 기업의 가치를 따져 묻는 것 자체가 불필요해 보이지 않겠는가?

〈그림 6-2〉는 이 문제가 왜 중요한지 분명히 보여 주고 있다.

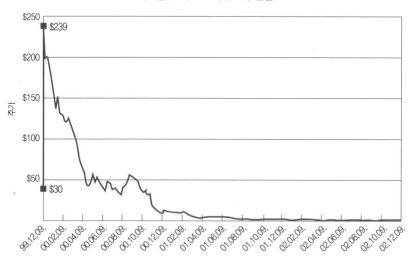

〈그림 6-2〉 VA 리눅스의 전설

* 출처: VA Linux Systems Inc., www.morningstar.com

이렇게 거래 첫날 로켓이 솟아오르듯 급등한 VA 리눅스는 이내 불판 위의 버터처럼 녹아내렸다. 239달러 50센트의 주가를 기록한 첫 거래일로부터 3년 후인 2002년 12월 9일, VA 리눅스 주가는 1달러 19센트로 마감했다.

이러한 사례를 객관적으로 검토하였다면 현명한 투자자는 IPO가 단지 '신규 공모'의 약자가 아니라는 결론을 내릴 수 있다. 좀 더 정확하게 말하면, IPO는 다음과 같이 풀어 쓸 수 있을 것이다.

It's Probably Overpriced(십중팔구 과대평가되었다)

Imaginary Profits Only(단지 상상 속의 수익이다)

Insiders' Private Opportunity(내부자들만의 개인적인 기회다)

Idiotic, Preposterous and Outrageous(바보 같고 비상식적이고 터무니없다)

7장
적극적인 투자자를 위한 포트폴리오 전략: 긍정적인 면

적극적인 투자자란 평균치보다 높은 수익률을 얻기 위해 많은 주의와 노력을 기울이는 이를 말한다. 우리는 지금까지 일반적인 투자 방법을 논하는 가운데 주로 적극적인 투자자를 대상으로 채권투자에 관한 몇 가지 조언을 제시했다. 적극적인 투자자라면 다음과 같은 특정 채권에 관심이 있을 것이다.

(1) 미국 정부가 보증하는 비과세 뉴하우징 채권
(2) 미국 정부가 보증하는 과세형 고수익 뉴커뮤니티 채권
(3) 지방자치단체가 발행하고 우량기업의 리스 지급으로 원리금이 상환되는 비과세 산업채권

이 특별한 유형의 채권 종목에 대해서는 4장에서 먼저 살펴보았다.*

---

* 이미 언급한 것처럼(4장 주석을 보라) 뉴하우징 채권과 뉴커뮤니티 채권은 더는 발행되지 않는다.

할인 가격으로 매수할 수 있는 낮은 등급의 채권 중에서도 좋은 기회는 찾아볼 수 있을 것이다. 그러나 이러한 경우는 채권과 보통주의 경계를 명확히 구분하기 어려운 '특수한 상황'에 해당한다.*

주식투자 방법

주식투자 활동에서 적극적인 투자자의 특징은 다음과 같이 네 가지로 정리할 수 있다.

(1) 약세장 매수 후 강세장 매도
(2) 성장주의 신중한 매수
(3) 다양한 형태의 할인 종목 매수
(4) 특수한 상황에서의 매수

일반적인 시장 전략: 공식에 의한 투자 시기 선택

침체기에 진입하여 활황기에 매도하는 투자전략의 가능성과 한계에 대한 논의는 다음 장으로 미루겠다. 주식시장의 주기적인 등락 패턴을 그린 표만 얼핏 보면 이러한 전략은 간단히 실천할 수 있을 것처럼 보인다. 하지만

---

* 요즈음 이처럼 특수한 상황의 '신용등급이 낮은 채권'은 재무상태가 어렵거나 채무불이행 채권으로 알려져 있다. 어떤 회사가 파산하거나 거의 파산 상태에 있다면 이 회사의 주식은 가치가 거의 없다. 미국 파산법에 따라 주주보다는 채권자에게 법적으로 우선청구권이 부여되기 때문이다. 단, 해당 회사가 구조조정을 성공적으로 마치고 파산에서 벗어나면 채권자들은 새로운 회사의 주식을 받게 된다. 이후 이 회사가 이자를 다시 지불할 수 있게 되면 채권 가치는 빠르게 회복된다. 따라서 재무상태가 어렵더라도 이 회사의 채권은 우량한 회사의 주식과 거의 같은 가치를 갖는다. 그레이엄이 "채권과 주식 사이에 진정한 구별은 없다"라고 설명한 특수한 상황이란 이런 경우를 가리킨다.

과거 20년의 실제 시장 동향을 보면 수학적으로 어떻게 따져 보아도 매수와 매도 시기를 이처럼 절묘하게 틈타 투자한다는 것은 불가능하다. 주가 등락 자체도 문제지만, 그 틈바구니에서 기회를 잡아 수익을 내려면 어느 정도 특별한 재능이나 '감각'이 뒷받침되어야 한다. 우리가 독자들에게 강조해 온 현명함과는 전혀 다른 차원의 문제다. 따라서 여기에서는 이러한 재능이나 감각에 기댄 주식 거래는 논외로 하겠다.

　4장에서 보수적인 투자자에게 제시한 50 대 50 전략은 1972년의 환경에서 모든 투자자에게 추천할 수 있는 최선의 자동화된 포뮬러 투자 방법이었다. 단, 주식의 비중을 최소 25%부터 최대 75%까지 폭넓게 제시하고, 시장의 위험 수준이나 가능성에 대해 강한 확신을 가진 투자자만이 이러한 선택의 폭을 활용할 수 있도록 권했다. 약 20년 전에는 주식 보유 비율을 조정하는 데 적용할 확실한 공식들을 상세히 논의하는 것이 가능했고, 이러한 공식의 실제 효용성에 대해서도 확신이 있었다. 그러나 이러한 접근이 통용되던 시대는 이미 지난 듯하다.** 1949년 이후 시장의 패턴을 참고하여 매수 및 매도 시기를 결정하는 작업이 의미가 없어진 것이다. 미래를 내다볼 수 있는 믿을 만한 지침을 마련하기에는 너무나 짧은 기간이다.***

** 이러한 용어상의 혼란과 상관없이 정상적인 기록을 보유하고 있는 회사는 미래에 평균보다 더 나은 성과를 올릴 수 있을 것이라는 기대 속에 성장 회사 또는 '성장주'로 불릴 수 있다. 즉, '성장이 기대되는 회사'라는 의미다. 그레이엄은 여기에서 다음과 같이 미묘하지만 아주 중요한 요점을 제시하고 있다. 성장주가 미래에 번성할 회사를 의미하는 것이라고 말한다면, 이것은 개념 정의라기보다 희망사항일 뿐이다. 이러한 희망사항은 지금도 광범위하게 존재한다. 예를 들어, 뮤추얼펀드 업계에서 '성장' 포트폴리오는 '평균 이상의 성장잠재력' 또는 '수익 성장에 유리한 전망'을 품고 있는 회사의 지분을 보유한 경우를 가리킨다. 이보다 더 바람직한 정의를 내리자면 성장 회사란 적어도 5년간 주당순이익이 연평균 15% 이상 증가한 회사라고 말할 수 있을 것이다(과거에 이 기준을 충족한 회사라도 미래에는 그렇지 않을 수 있다).

성장주 투자전략

투자자라면 누구나 앞으로 몇 년 동안 시장평균보다 뛰어난 수익을 올릴수 있는 회사를 선택하고 싶을 것이다. 성장주는 과거와 마찬가지로 미래에도 평균 이상 성장할 것으로 기대되는 회사의 주식을 말한다.* 그렇다면 논리적으로 따져 볼 때 현명한 투자자는 성장주 선정에 집중해야 하겠지만, 현실은 다음에 설명하는 것처럼 좀 더 복잡하다.

과거에 "평균 이상의 성과를 보인" 회사들은 간단히 통계 자료만 살펴보아도 구별할 수 있다. 더군다나 증권회사에 문의하면 이러한 성과를 보인 50개 또는 100개의 회사 목록을 구하는 일은 식은 죽 먹기다.** 그렇다면 이렇게 구한 목록 중에서 가장 좋아 보이는 회사를 15개나 20개 정도 추려 내기만 하면 되는 것 아닐까? 이렇게 구성한 주식 포트폴리오라면 성공이 보장되어야 하는 것 아닐까?

아쉽게도 이렇게 기대하는 것은 너무 단순한 생각이다. 여기에는 두 가지 위험 요소가 있다. 첫째, 실적도 좋고 전망도 남다른 종목이라면 이미 주가가 높게 형성되었을 수 있다. 투자자가 올바른 식견으로 주식을 전망한다 하

*** 그레이엄이 여기에서 말한 내용에 유의해야 한다. 그레이엄은 1949년 이후부터 이 글을 쓴 1972년 당시까지 22년 정도의 기간은 신뢰할 만한 결론을 내기에 충분하지 않다고 말한다. 수학에 조예가 깊었던 그레이엄은 객관적인 결론은 장기간에 걸친 대규모의 자료에 기반을 두어야 한다는 사실을 결코 잊지 않았다. '시장에서 검증된' 종목 선택 기법이라며 회자되는 것은 대부분 단기간에 형성된 것이므로 그레이엄의 시각에서는 결코 인정할 수 없었다. 그레이엄은 여기에서 50년 동안 축적된 자료를 토대로 증시를 분석하고 있다.

* 이와 관련한 예는 루실 톰린슨의 『성공적인 투자를 위한 실전 포뮬러(Practical Formulas for Successful Investing)』(W. Funk, 1953)와 시드니 코틀과 휘트먼 테이트가 공저한 『투자 타이밍: 포뮬러 플랜 방식 (Investment Timing: The Formula Plan Approach)』(McGraw-Hill, 뉴욕, 1953)을 참조하라.

** 요즘음 적극적인 투자자들은 www.morningstar.com(Stock Quickrank를 참조하라)과 같은 웹사이트를 통해 이러한 정보를 모을 수 있다.

더라도, 이렇게 선별된 주식을 매수하려면 성장 전망으로 인해 아마도 고평가된 가격을 지불해야 할 것이다. 따라서 투자자 입장에서는 실질적으로 좋은 성과를 얻지 못할 수도 있다. 둘째, 회사의 전망에 대한 판단이 틀릴 수도 있다. 이례적인 고성장이 영원히 지속될 수는 없다. 더욱이 그 회사가 눈부신 성장을 이미 기록한 상태라면, 확대된 규모에서 그와 같은 성공을 반복하기란 쉽지 않을 것이다. 어떤 시점부터는 성장 곡선이 완만해지게 마련이고, 많은 경우 하락세로 돌아서게 된다.

어떤 투자자가 뒤늦게 상황을 파악하고 선별된 일부 종목에만 집중한다면 성장주로 큰 성과를 올릴 수도 있겠지만, 결국 모든 것을 잃을 수 있다는 현실을 다시 한 번 절감하게 될 것이다. 그렇다면 성장주 투자로 얻을 수 있는 전체 결과를 정확하게 판단하려면 어떻게 해야 할까? 성장주에 전문적으로 투자하는 펀드의 결과를 연구하면 신뢰성 있는 결론을 도출할 수 있다. 뉴욕증권거래소 회원사인 아서 와이젠버거&컴퍼니Arthur Wiesenberger & Company가 매년 발행하는 권위 있는 투자가이드 《인베스트먼트 컴퍼니스Investment Companies》는 120개 성장주 펀드의 최근 투자 성과를 제시했다. 이 중 45개 펀드는 10년 이상 장기간에 걸친 투자 성과를 보여 준다. 펀드 규모를 고려하지 않을 경우 이러한 펀드의 전체 평균수익은 1961년부터 1970년까지 10년 동안 108%로, S&P 지수의 105% 및 다우존스 지수의 83%를 웃도는 것으로 나타났다.[***] 그러나 1965년과 1970년 두 해에는 126개의 '성장주 펀드' 중 대다수가 S&P 지수와 다우존스 지수보다 실적이 떨어졌다. 이전 연구에서도 이와 비슷한 결과를 찾아볼 수 있다. 전체적으로 볼 때 성장주에 분산투자하는 것은 보통주에 투자하는 것에 비해 더 나은 보상을 제공하지 않는 것

[***] 〈표 7-1〉을 참조하라.

으로 보인다.*

결국, 일반적인 수준의 현명한 투자자가 엄청난 노력을 기울인다 하더라도 성장주에 장기간 투자해서는 이 분야의 전문 투자회사들보다 뛰어난 결과를 얻을 수 없다. 더욱이 전문 투자회사들은 일반 투자자에 비해 마음껏 활용할 수 있는 전문가와 더 나은 연구 시설들을 충분히 보유하고 있다. 따라서 적극적인 투자자들은 일반적인 유형의 성장주 매매는 자제하는 것이 좋다.** 성장주는 해당 기업에 대한 장밋빛 전망이 시장에 이미 폭넓게 인식되어 적어도 20배 이상의 주가수익비율을 보이는 주식을 말한다. 참고로, 우리는 지난 7년 평균수익의 25배를 방어적인 투자자의 주식 매수 상한선으로 제안하였다. 이 두 가지 기준은 대부분의 경우에 거의 동일하게 적용될 수 있다.***

---

* 2002년 말까지 10년간 대형 성장주에 투자하는 펀드(과거 그레이엄이 성장 펀드라고 불렀던 것)는 연평균 5.7%의 수익을 거두었는데, 이 수치는 전체 주식시장의 연간 성과보다 3.7% 정도 낮다. 좀 더 합리적인 가격의 대형주에 투자하는 '대형 가치주' 펀드의 시장수익률도 같은 기간 매년 1% 정도 평균을 밑돈다. 이 문제는 단순히 성장주 펀드가 미래에 시장의 평균수익률을 능가할 종목을 고르지 못하기 때문에 발생하는 것일까? 아니면 성장주나 가치주를 막론하고 펀드의 평균 운영비가 일반적으로 펀드매니저의 종목 선택에 따른 추가 수익을 초과하는 것일까? 유형별 펀드의 성과는 www.morningstar.com의 'Category Returns'에서 추적해 볼 수 있다.

** 그레이엄은 적극적인 투자자란 평균 이상의 위험 부담을 감수하거나 '공격적인 성장주'를 매수하는 사람을 일컫는 것이 아니라고 강조한다. 그에 따르면, 적극적인 투자자는 더 많은 시간과 노력을 들여 자신의 포트폴리오를 분석하는 사람이다.

*** 여기에서 유의해야 할 것은 그레이엄이 과거 수년간의 평균수익을 기준으로 주가수익비율을 계산했다는 점이다. 이러한 기준에 따르면 일시적인 수익성에 현혹되어 주가를 고평가할 위험이 줄어든다. 예를 들어, 지난 12개월 동안 한 회사의 수익이 주당 3달러였지만, 6년간 평균수익은 50센트에 그쳤다고 하자. 갑작스럽게 증가한 3달러의 수익과 장기간 꾸준한 추세를 보인 50센트의 수익 중에 투자자는 어느 것을 더 신뢰할까? 최근 연 수익 3달러를 25배 하면 주가는 75달러로 계산된다. 그러나 지난 7년간 평균수익으로 따지면 사정이 달라진다. 7년간 총 수익인 6달러를 7로 나누면 연평균 수익은 85.7센트가 된다. 여기에 25배를 하면 주가는 21달러 43센트에 그친다. 즉, 어떤 수치를 선택하느냐에 따라 결과는 크게 달라진다. 더군다나 요즘 월스트리트에서는 앞으로 12개월 동안의 예상수익을 근거로 주가수익비율을 계산하는 방식이 유행인데, 그레이엄의 입장에서 보자면 이러한 방식을 따르는 것은 영락없이 낭패를 볼 일이다. 어떻게 아직 발생하지도 않은 이익을 기준으로 주가를 평가할 수 있을까? 신데렐라가 근처에 새로운 성을 짓는다는 소문만 듣고 집값을 정하는 것이나 마찬가지다.

성장주의 특징은 시세가 큰 폭으로 변동할 수 있다는 점이다. GM이나 IBM처럼 설립된 지 오래된 대기업도 등락을 거듭한다. 짧은 기간에 성공을 거둔 중소기업의 경우는 훨씬 더 심하다. 1949년 이후 주식시장의 주된 특징으로 간주되는 이러한 현상은 화려한 실적과 높은 투자등급을 자랑하는 회사들의 주식에 상당히 투기적인 요소가 유입되어 있다는 사실을 반증한다. 최고 수준의 신용등급을 바탕으로 이러한 회사들에 대해서는 채무에서도 최저이자율이 적용된다. 이러한 회사의 경우 투자등급이 단기간에 떨어지는 경우는 드물지만, 주식의 투자 위험도는 시장 변수에 따라 커질 수 있다. 일반 투자자들의 매수 열기가 높아질수록, 그리고 주가의 상승 속도가 실제 수익증가율을 앞지를수록 투자 위험도는 더욱 높아진다.****

〈표 7-1〉 1961~1970년 성장주 펀드의 평균 결과ᵃ

성장주 펀드	1년 1970년	5년 1966~ 1970년	10년 1961~ 1970년	1970년 배당 수익률
대형성장주 펀드 17개	-7.5%	23.2%	121.1%	2.3%
소형성장주 펀드 106개: A그룹	-17.7	20.3	102.1	1.6
소형성장주 펀드 38개: B그룹	-4.7	23.2	106.7	1.4
'성장'이라는 단어가 포함된 펀드 15개	-14.2	13.8	97.4	1.7
S&P 지수	3.5%	16.1	104.7	3.4
다우존스 지수	8.7	2.9	83.0	3.7

a) 와이젠버거 파이낸셜 서비스(Wiesenberger Financial Services)에서 제공한 수치다.

**** 최근의 사례들은 그레이엄의 말에 신빙성을 더한다. 2000년 9월 21일, 컴퓨터 칩 제조업체인 인텔은 다음 분기에 수입이 5% 정도 증가할 것이 기대된다고 발표했다. 얼핏 굉장한 소식처럼 들린다. 3개월 이내에 5%가량 판매 수익이 증가하리라는 예상은 대부분의 대기업들에게 분명히 희소식일 것이다. 그러나 인텔의 주가는 22%나 하락했고, 결국 하루 사이에 시가총액 중 910억 달러 상당의 손실을 입었다. 어떻게 이러한 결과가 초래되었을까? 원인은 월스트리트의 분석가들이 인텔의 수입증가율을 10% 정도로 내다보았다는 데 있었다. 비슷한 예로, 데이터 저장장치 제조업체인 EMC는 2001년 2월 21일에 2001년의 수입이 적어도 25% 이상 증가할 것으로 보인다고 발표했다. 그러나 시중에서는 "판매 주기가 더 길어질 수 있다"라는 경계심이 팽배했다. 이러한 우려로 머뭇거리는 사이 EMC의 주가는 하루 만에 12.8%가량 폭락했다.

그래도 앞날이 창창한 회사에 초기에 투자해서 투자가치가 100배 이상으로 증가할 때까지 느긋하게 주식을 보유한다면 큰돈을 벌 수 있지 않을까 생각하는 독자도 있을 것이다. 그러한 경우도 분명히 있다. 그러나 한 회사에 투자해서 큰 수익을 챙길 기회는 거의 고용이나 친인척 관계 등으로 밀접하게 얽힌 사람들에게 돌아가는 것이 현실이다. 이 정도 관계에 있는 사람들이라야 값을 높게 쳐줄 테니 넘기라는 수많은 유혹도 마다하고 오랫동안 자신이 투자한 몫을 느긋하게 지킬 수 있다. 이에 반해 외부 투자자들은 자산을 한 종목에 너무 몰아넣은 것은 아닌지 끊임없이 고민하게 된다.* 장기적으로는 일시적인 하락세일 뿐인데도 주가가 떨어질 때마다 이들의 고민은 더욱 깊어지고, 대박의 꿈에는 미치지 못하더라도 당장 손에 쥘 수 있는 큰 수익을 놓칠세라 조바심을 내게 될 것이다.**

'적극적인 투자'에 적합한 세 가지 추천 분야

장기간에 걸쳐 평균 이상의 투자 성과를 얻으려면 다음과 같은 두 가지 장점을 가진 종목을 선택하여 운용하는 전략이 필요하다. 즉, (1) 투자의 건전성에 대한 객관적이고 합리적인 검증을 거친 종목이어야 하고, (2) 대부분의 투자자나 투기자가 지향하는 방향과 다른 전략을 선택해야 한다. 그동

---

* 현재 '특정 회사와 밀접한 관계를 맺고 있는' 투자자의 예는 소위 실세로 불린다. 즉, 막대한 지분을 가지고 회사 경영에 참여하는 최고경영자나 이사진이다. 예를 들어, 마이크로소프트(Microsoft)의 빌 게이츠(Bill Gates)나 버크셔 해서웨이(Berkshire Hathaway)의 워런 버핏과 같은 경영자는 회사 운명에 결정적인 영향력을 행사한다. 외부 투자자들에게는 최고경영자가 많은 지분을 유지하고 있는 것이 신뢰의 표시로 받아들여진다. 반면, 하위 관리자나 일반 직원이 내리는 개인적인 의사 결정은 주가에 영향을 미치지 못한다. 그래서 자신의 회사 주식에 자산을 큰 비중으로 투자해서는 안 된다. 회사 사정을 아무리 잘 안다고 자부하는 외부 투자자들의 경우에도 마찬가지다.

** 월스트리트에 떠도는 말 중 이와 같은 판매에 대해 조언하는 오래된 금언 두 가지가 있다. "천국을 뚫을 만큼 높이 자라는 나무는 없다"와 "황소와 곰은 돈을 벌 수 있지만, 돼지는 결코 그럴 수 없다"이다.

안의 경험과 연구 결과에 비추어 이와 같은 기준을 충족하는 세 가지 분야를 추천하고자 한다. 이러한 분야들은 서로 투자 방법에서 상당한 차이를 보일 뿐 아니라, 투자자 개인의 특성에 따라서도 다양한 형태의 지식과 성향이 요구된다.

비교적 인기 없는 대형회사

급속한 성장이나 다른 요인으로 한 회사의 주가가 과대평가되는 것이 시장의 속성이라고 가정한다면, 일시적인 실적 부진으로 인기가 떨어진 회사의 주가가 적어도 상대적으로 과소평가될 수 있다고 판단하는 것도 지극히 논리적인 사고다. 우리는 주식시장의 기본적인 법칙으로도 인식될 수 있는 이러한 경향에 근거하여 보수적이고 장래성 있는 투자 방법을 제안하고자 한다.

여기에서 핵심은 적극적인 투자자는 관심이 시들한 시기에 더 큰 규모의 회사에 집중한다는 것이다. 소규모 회사들 또한 비슷한 이유로 과소평가되는 시기를 거친 후 수익성과 주가를 다시 회복할 수 있다. 그러나 규모가 더 큰 회사에 비해 시장에서 장기적으로 관심을 끌기 어려우므로 실적이 향상되더라도 그에 합당한 주목을 받지 못할 위험이 있다. 따라서 대규모 회사의 장점은 두 가지로 요약해 볼 수 있다. 첫째, 불황을 겪은 후 만족스러운 수익 기반을 되찾을 수 있는 자본과 인적 자원을 갖추고 있다. 둘째, 상황이 개선되면 시장의 반응을 곧바로 기대할 수 있다.

이와 같은 명제는 다우존스 지수 중 비인기 종목들의 가격 추이에서도 분명히 확인된다. 이 연구에서는 다우존스 지수 종목 중 당해 또는 전년도 수익에 비해 가장 낮은 승수로 거래되는 6개 또는 10개 종목에 매년 투자한다고 가정했다. 상장 종목 중 가격이 '가장 낮은' 주식이라고 할 수 있다. 즉,

투자자 사이에서 비교적 인기가 없는 종목들이다. 이렇게 매입한 주식을 1년에서 5년까지 보유한 후 매도한다고 가정하고, 투자 결과를 다우존스 지수 전체 또는 가장 높은 승수의 종목, 즉 가장 인기가 높은 종목의 투자 성과와 비교하였다.

우리가 확인한 상세한 자료에는 과거 53년간 연간 매수 결과도 포함되어 있다.[*] 1917년부터 1933년, 주식시장 초창기라고 할 수 있는 시기에는 이러한 방법으로 수익을 올리기 어려웠지만, 1933년 이후에는 큰 성과를 거둘 수 있었다. 1937년부터 1969년까지 1년 동안 주식 보유와 관련하여 드렉셀 파이어스톤Drexel Firestone[**]의 전신인 드렉셀&컴퍼니Drexel & Company가 실시한 34개 실험에서 값싼 주식이 다우존스 지수보다 확실히 떨어진 기간은 3년 동안이었고, 6년 동안은 거의 동일한 결과를 보였으며, 25년 동안은 뚜렷이 앞질렀다. 〈표 7-2〉는 낮은 승수로 형성된 종목의 성과를, 다우존스 지수와 높은 승수로 형성된 종목 10개의 성과와 비교하여 보여 준다. 이 표에 따르면 연속된 5년 주기 동안 승수가 낮은 종목들의 평균 성과가 일관성 있게 유지되었다.

드렉셀&컴퍼니의 분석에 비추어 보면 1936년에 1만 달러를 승수가 낮은 종목에 투자하여 원칙대로 매년 종목을 교체할 경우 이 투자금은 1962년에 6만 6900달러로 불어난다. 승수가 높은 종목에 같은 방식으로 투자할 경우에 수익은 2만 5300달러에 그치지만, 다우존스 30개 종목 모두에 투자한다

---

[*] 이와 관련한 자료는 두 가지 연구에서 참조하였다. 1951년 6월에 출간된 첫 번째 연구는 나의 제자인 H. G. 슈나이더(H. G. Schneider)가 수행한 것으로 1917년부터 1950년까지의 상황을 다루고 있다. 여기에 실린 자료는 이들의 허락하에 기재되었음을 밝힌다.

[**] 필라델피아 소재 투자은행인 드렉셀 파이어스톤은 1973년에 번햄&컴퍼니(Burnham & Co.)와 합병하고, 이후 1980년대 인수합병 호황기에 정크본드 투자로 유명했던 드렉셀 번햄 램버트(Drexel Burnham Lambert)가 되었다.

기간	저수익 종목 10개	고수익 종목 10개	다우존스 지수 종목 30개
1937~1942년	−2.2	−10.0	−6.3
1943~1947년	17.3	8.3	14.9
1948~1952년	16.4	4.6	9.9
1953~1957년	20.9	10.0	13.7
1958~1962년	10.2	−3.3	3.6
1963~1969년(8년)	8.0	4.6	4.0

면 원금이 4만 4000달러로 증가한다.***

앞서 설명한 것과 같이 '인기 없는 대형 회사'의 매수나 포트폴리오 관리 모두 상당히 간단하다. 그러나 개별 종목에 대해서는 그와 반대로 해석할 수 있는 특수한 요소를 고려해야 한다. 즉, 순이익의 변동폭이 큰 종목은 본질적으로 투기성이 있는 것으로 보아야 한다. 이러한 경우, 회사의 순이익이 증가할 때에는 높은 주가와 상대적으로 낮은 승수로 거래되지만, 순이익이 하락할 때에는 낮은 주가와 상대적으로 높은 승수로 거래되는 경향이 있다. 이러한 관계는 크라이슬러사의 주가 등락을 정리한 〈표 7-3〉에 잘 나타나 있다. 이 표에 따르면, 일반적이지 않은 고수익이 지속될 경우 시장은 회의적인 시각으로 이 회사에 보수적인 평가를 내리지만, 수익이 적거나 없을 경우에는 오히려 그 반대의 현상이 나타난다는 것을 알 수 있다. 단, 산술적으로 회사의 수익이 미미한 수준이라면, 회사의 주가는 이러한 수익에 대해 승수가 높을 수밖에 없다는 점을 유의해야 한다.

이러한 현상은 다우존스 지수에 포함되는 대표적인 기업 중에서도 독보적인 위치를 차지하는 크라이슬러사에서도 관찰된 만큼, 낮은 승수 계산 방

*** 다우존스 지수 종목 중에서 가장 저렴한 주식을 선택하는 이러한 투자전략은 '다우의 개(Dogs of the Dow)'라는 별칭으로 알려져 있다.

연도	주당순이익(EPS)	최고가 또는 최저가	주가수익비율(PER)
1952년	$9.04	H98	10.8
1954년	2.13	L56	26.2
1955년	11.49	H101½	8.8
1956년	2.29	L52(in 1957)	22.9
1957년	13.75	H82	6.7
1958년	(def.) 3.88	L44[a]	–
1968년	24.92[b]	H294[b]	11.8
1970년	def.	L65[b]	–

a) 1962년 최저치는 37.5였다.
b) 주식분할로 조정된 수치. def.는 순손실을 의미한다.

식에 큰 영향을 미치지 않았다. 가격 기준을 과거 평균수익에 근거하여 낮게 잡거나 유사한 다른 검증 방법을 포함한다면 이 회사와 같이 이례적인 종목이 낮은 승수 종목에 포함되는 사례를 피할 수 있을 것이다.

이 개정판을 집필하면서 우리는 낮은 승수 종목을 공략하는 다우존스 지수 투자전략을 검증했다. 즉, 1968년 말에 매수된 것으로 보이는 해당 종목의 가치를 1971년 6월 30일에 재평가하는 방식이었다. 분석 결과는 기대와 사뭇 달랐다. 낮은 승수의 6개 또는 10개 종목의 가치가 급락했고, 높은 승수의 종목들은 상당한 수익을 올린 것으로 나타났다. 이것만으로 30여 차례의 실험을 근거로 도출한 결론을 부정할 수는 없다. 하지만 최근에 분석한 결과라는 점에서는 눈여겨볼 만하다. 적극적인 투자자 또한 '낮은 승수' 종목을 공략하는 전략에서 출발해야겠지만, 실제로 포트폴리오를 구성할 때에는 다른 양적, 질적 요소들을 추가하여야 할 것이다.

할인 종목의 매수

우리는 분석 결과를 근거로 거래 가격보다 상당한 가치가 있다고 판단하는 종목을 할인 종목으로 정의한다. 이 범주에는 주식뿐 아니라 액면가 이하로 거래되는 채권과 우선주도 포함된다. 더 구체적으로 한 종목의 내재가치가 가격보다 최소한 50% 높은 경우만을 '할인'으로 인정할 것으로 제안한다. 그렇다면 이처럼 큰 격차는 어떤 요인에서 비롯되는 것일까? 이 정도의 할인이 어떤 연유로 가능하며, 투자자는 어떻게 이러한 할인으로부터 수익을 얻을 수 있을까?

할인 종목을 찾는 방법에는 두 가지가 있다. 첫째는 각 종목에 대한 평가를 통해 가려내는 것이다. 이때 평가는 주로 미래 이익을 예상한 후 이를 특정 종목의 증가율을 곱하는 방식으로 이루어진다. 만약 투자자가 신뢰하는 이 기법에 근거하여 결과치가 시장가를 충분히 상회한다면, 이 주식은 할인 종목으로 분류할 수 있다. 두 번째 방법은 개인 소유주에게 있어서 기업의 가치를 평가하는 것이다. 이 가치는 미래의 기대수익을 기준으로 평가되기도 하는데, 이때 결과는 첫 번째 방법의 결과와 동일할 수 있다. 그러나 두 번째 방법에서는 순유동자산 또는 운전자본에 특히 주목하여 자산의 실현 가능한 가치를 평가하는 데 비중을 두어야 한다.

이와 같은 기준을 따를 경우 시장지수가 저점인 시기에는 많은 주식이 할인 종목으로 분류될 수 있다. 일례로, GM사의 주식은 1941년 30 이하에서 거래되었지만, 1971년에는 불과 5에 거래되었다. 이 회사의 주당순이익은 4달러를 상회하였고, 주당 3달러 50센트 이상의 배당금을 지급했다. 현재 수익과 단기 전망 면에서 보자면 빈약한 수준으로 보이는 것이 사실이지만, 일반적인 향후 조건을 고려하면 그 가치는 일반 시세를 훨씬 웃돌 것이다. 따라서 침체기에 접어든 시장에서도 지혜로움을 잃지 않으려면 과거 경험에 귀를 기울일 뿐 아니라 믿을 만한 가치분석 기술을 적극적으로 활용할 필요가 있다.

변덕스러운 시장의 속성상 할인 종목이 발생하는 상황은 거듭 조성되고, 이러한 조건 속에 수많은 개별 할인 종목이 시장 전반에 걸쳐 수시로 등장하게 된다. 시장에서는 으레 작은 흙무덤이 산으로 둔갑하기도 하고, 일시적인 침체가 심각한 부진으로 확대되기도 한다.* 그저 관심이나 열의가 조금 수그러든 것만으로도 주가는 폭락할 수 있다. 따라서 한 회사의 주가가 과소평가되는 원인은 크게 두 가지로 나눌 수 있다. 즉, (1) 기대에 미치지 못하는 현재의 경영 실적, 그리고 (2) 오랫동안 이어진 소외와 낮은 인지도다.

그러나 이 두 가지 원인 중 어느 것 한 가지만 고려해서는 주식투자를 성공적으로 이끌 수 없다. 현재의 부진한 경영 실적이 일시적일 것이라고 어떻게 확신할 수 있는가? 이와 관련한 명확한 예는 얼마든지 있다. 한때 경기순환형 주식으로 잘 알려져 있던 철강 주식은 민첩한 투자자들이 실적이 나쁠 때 저가로 매입하고 호황기에 매도하며 상당한 수익을 올릴 수 있었다. 〈표 7-3〉에 소개된 크라이슬러 자동차회사도 비슷한 사례다.

이러한 현상이 수시로 수익이 변동하는 주식의 전형적인 움직임이라면 주식시장에서 수익을 쉽게 올릴 것이다. 그러나 현실적으로 수익과 주가가 하락한 후 회복세가 이어지지 않은 사례도 많다. 아나콘다 와이어 앤드 케이블Anaconda Wire and Cable의 사례가 그렇다. 이 회사는 1956년까지 큰 수익을 기록했고, 그해에 고가는 85에서 형성되었다. 이후 이 회사의 수익은 6년간 불규

---

* 최근에도 이와 같은 침소봉대의 사례를 몇 가지 엿볼 수 있다. 1998년 5월 화이자(Pfizer)와 미국 식품의약국은 화이자의 발기부전 치료제인 비아그라를 복용한 후 6명이 성관계 중에 심장마비로 사망했다고 발표했다. 이 발표 직후 화이자의 주가는 대량 매도 사태와 함께 하루 만에 3.4% 하락하였다. 그러나 이 약에 어떤 부작용도 없다는 연구결과 발표를 앞두고 화이자의 주가는 다시 급등하였고, 이후 2년간 주가는 대략 3분의 1 이상 상승했다. 워너 램버트(Warner-Lambert Co.)의 경우에는 새로운 당뇨병 치료제 판매가 영국에서 일시 중단되었을 무렵 주가가 하루 만에 19% 하락하였지만, 6개월 후에는 2배로 뛰었다. 그런가 하면 2002년 말에는 유람선을 운영하는 카니발(Carnival Corp.)을 이용한 승객이 심한 설사와 구토로 쓰러졌다는 소문이 돌았다. 나중에 다른 회사의 유람선 승객이었다는 것이 밝혀졌지만, 이 소문만으로 카니발의 주가는 10%나 하락하는 사태를 겪었다.

칙하게 하락세를 거듭하다. 1962년 주가는 23.5까지 떨어졌고, 이듬해에는 불과 33 수준으로 모회사인 아나콘다Anaconda Corp.에 인수되었다.

이와 비슷한 수많은 사례가 암시하는 것은 투자자가 매수 판단을 위해 고려해야 할 합리적인 기준이 수익과 주가의 하락에만 국한되어서는 안 된다는 사실이다. 투자자는 해당 회사가 최소한 과거 10년 이상에 걸쳐 적자를 보인 해가 없을 정도로 안정적인 수익성과 함께 미래에 닥칠 어려움을 견딜 수 있을 충분한 규모와 우량한 재무구조를 갖추고 있는지 확인해야 한다. 따라서 이상적인 조합은 과거 평균주가와 주가수익비율이 모두 저평가되어 팔린 탁월한 실적의 대형 회사가 된다. 이 기준에 따르면, 대개 주가가 낮은 시기에 주가수익비율이 상승하는 크라이슬러와 같은 회사에 투자하면 가장 큰 수익 가능성을 노릴 수 있다. 그러나 여기에서 우리는 '추정수익'과 '실제수익' 사이에 간극이 존재한다는 사실을 강조하고자 한다. 이 점은 다른 곳에서도 다시 언급할 것이다. 따라서 크라이슬러처럼 주가가 큰 폭으로 등락을 거듭하는 종목이 적극적인 투자자가 거래하기에 과연 적당한 종목인지에 대해서는 심각하게 고민해야 한다.

저평가의 두 번째 원인으로 앞서 우리는 장기간의 소외와 낮은 인지도를 언급하였다. 내셔널 프레스토 인더스트리스National Presto Industries 사례가 여기에 해당한다. 1968년 강세장에서도 이 회사의 주식은 고가 45에 거래되었는데, 이러한 주가는 그해 주당순이익 5달러 61센트의 8배에 불과하다. 이 회사의 주당순이익은 1969년과 1970년에 증가했으나, 1970년에 주가는 오히려 21까지 하락했다. 주당순이익의 4배에 미치지 못할 뿐만 아니라 순유동자산 가치보다도 낮은 수준이었다. 1972년 3월에는 34에 거래되었는데, 이 또한 최근 순이익의 5.5배에 불과한 것으로, 그 사이 증가된 순유동자산가치 수준에 지나지 않았다.

또 다른 사례로 최근 주요 관심사로 떠오른 스탠더드 오일 오브 캘리포니아Standard Oil of California를 들 수 있다. 1972년 초, 이 회사 주식은 13년 전과 거의 같은 수준인 56 선에서 거래되었다. 회사 수익은 상당히 안정적이었다. 성장률은 상대적으로 낮았지만, 마이너스 성장을 기록한 것은 10년 동안 단한 번이었고, 하락폭 또한 미미했다. 장부가치와 주가는 거의 같은 수준이었다. 1958년부터 1971년까지 꾸준히 양호한 실적을 보였는데도 이 회사의 평균 가격은 현재 수익의 15배 정도에 머물렀다. 1971년 초의 경우 이 회사의 주가수익비율은 10배에 그쳤다.

주식이 지나치게 저가에 형성되는 세 번째 이유는 시장이 실제수익 현황을 파악하지 못하는 경우다. 이에 대한 고전적인 사례로는 철도회사인 노던 퍼시픽 레일웨이Northern Pacific Railway를 들 수 있다. 1946년과 1947년 사이 이 회사 주가는 36에서 13.5로 하락했다. 1947년 주당순이익은 거의 10달러였지만, 배당금을 1달러만 지급했기 때문에 주가는 낮은 수준에 머물렀다. 또한 철도회사 고유의 회계처리 방식 때문에 수익성이 투명하게 드러나지 않았다는 점도 또 다른 투자기피 요인이었다.

가장 쉽게 파악할 수 있는 할인 종목은 모든 우선채무를 차감한 후 남는 회사의 순운전자본보다 낮은 가격으로 거래되는 주식이다.[*] 이 주식은 매입자가 고정자산, 즉 건물이나 기계 등 유형 자산 또는 기타 신용에 기반을 둔 자산에 대해서는 한 푼도 더 지급하지 않는다는 것을 의미한다. 간혹 사례를 찾을 수는 있지만 최종 가치가 순운전자본보다 적게 산정되는 회사는 거의 없다. 그런데도 이와 같은 수준의 할인 가격으로 저평가되는 주식이 시장에 많이 등장했다는 것은 놀라운 일이다. 시장 상황이 전혀 나쁘지 않았던

---

[*] 그레이엄은 '순운전자본(net working capital)'을 현금, 현금화 가능한 증권, 재고 등을 포함한 회사의 현금성 자산에서 우선주와 장기부채를 포함한 총부채를 차감한 것으로 정의했다.

주식시장	회사 수	주당순유동자산 합계	1957년 12월 주가 합계	1959년 12월 주가 합계
뉴욕증권거래소	35	$748	$419	$838
아메리칸증권거래소	25	495	289	492
미드웨스트증권거래소	5	163	87	141
장외시장	20	425	288	433
합계	85	$1,831	$1,083	$1,904

1957년 자료를 살펴보면 그해에 이러한 할인 종목에 해당하는 주식이 150개나 있었다. 〈표 7-4〉에서는 1957년 12월 31일 현재 S&P의 월간《증권 가이드》목록에 오른 85개 회사의 주식을 단주로 매입한 후 2년간 보유했을 경우를 확인할 수 있다.

우연인지 몰라도 이 회사들의 주가는 2년 만에 순유동자산가치 수준으로 상승했다. 이 기간 전체 포트폴리오에서 얻은 수익률은 75%로, S&P 425개 업체의 50%와 비교된다. 더욱 주목할 만한 것은 이들 중 심각한 손실이 발생한 경우는 없었다는 사실이다. 7개사는 비슷한 수준의 주가를 유지했고, 78개사의 주가는 큰 폭으로 올랐다.

분산 전략에 기반을 둔 이러한 유형의 투자 선택은 1957년 이전 오랫동안 좋은 성과를 보였다. 이 결과에 비추어 이 전략이 과소평가된 주식을 활용하여 안전하면서 높은 수익을 올리는 방법이라고 말할 수 있다. 그러나 1957년 이후 전반적인 상승기가 이어지면서 이와 같은 기회는 상당히 제한되었다. 또한 채택 가능한 종목 중 다수가 미미한 영업수익을 올리거나 심한 경우 손실을 보이기도 하였다. 급기야 1969년과 1970년 사이에 발생한 하락장에서는 '운전자본 이하 주식'이라는 새로운 종목군을 등장하기도 했다. 이 종목군에 대한 자세한 내용은 15장에서 다시 검토할 것이다.

이류 회사의 할인 종목 유형: 이류 회사secondary company는 주요 산업에서 선두적인 위치가 아닌 회사를 의미한다. 이 회사들은 해당 산업 분야에서는 비교적 작은 규모인 경우가 많지만, 비주류 부문에서는 대형 회사 못지않게 중요한 역할을 할 수 있다. 따라서 성장주로 인식된 회사는 '이류'로 취급하지 않는다.

1920년대 초강세장에서 일정한 규모를 갖추었다면 업계의 선두 자리를 지키는 회사나 기타 상장회사 사이에 뚜렷한 구분은 없었다. 당시 일반 투자자들은 중간 규모의 회사도 폭풍우를 이겨낼 만큼 강인할 뿐 아니라 덩치가 큰 회사보다 화려하게 성장할 기회가 더 많다고 생각했다. 그러나 1931년과 1932년 사이에 이어진 불황은 아직 업종에서 선두에 나서지 못한 회사들에 규모나 안정성 면에서 큰 타격을 입혔다. 이 과정을 겪으면서 투자자들은 업종별로 선두 회사를 편애하는 경향이 뚜렷해졌고, 이류에 남은 일반 회사에는 관심을 두지 않았다. 결과적으로 선두 기업과 비교해 볼 때 이류에 속하는 회사들의 주식은 실질적인 수익이나 자산에 비해 훨씬 낮은 가격으로 거래되었다. 또한 이류 회사의 경우 가격이 심하게 하락하면 할인 종목이 되기도 했다.

이처럼 상대적으로 낮은 가격에도 불구하고 이류 회사 주식이 투자자들로부터 외면당했던 이유는 바로 부정적인 전망에 대한 막연한 믿음과 두려움 때문이었다. 은연중에 투자자들은 상대적으로 낮은 가격이라고 해도 어차피 쇠락의 길을 걸을 이류 회사들의 주가치고는 여전히 높다고 생각했던 것이다. 하지만 이러한 태도는 1929년 당시 대형 우량주, 즉 '블루칩blue chip'의 밝은 미래를 믿으며 아무리 높은 가격도 기꺼이 치르려고 했던 경향과 마찬가지다. 이 두 가지 태도는 모두 현실을 과장한 것으로, 결국 심각한 투자상 오류로 귀결되었다. 사실 중형 상장회사는 보통의 개인 소유 기업에 비하면 규모 면에서 결코 작지 않다. 이 회사들이 끊임없이 교차하는 경제적인 불황기와 호황기 속에서 투자자본을 토대로 수익을 벌어들이며 영업을 지속하지 못할 이유는 없었다.

이와 같은 간략한 개관을 통해 우리가 짐작할 수 있는 것은 이류 회사들을 바라보는 시장의 시각이 현실을 제대로 반영하지 못하고 있고, 정상적으로 운영되고 있는 상태에서도 과소평가되는 경향이 자주 발생한다는 사실이다. 2차 대전 기간과 전후 호황기는 대형 회사들보다 소형 회사들이 더 많은 혜택을 누렸다. 당시에는 판매 촉진 경쟁이 현실적으로 불가능해 대형 회사들이 물량 공세를 펼칠 수 없었을 뿐 아니라, 판매 및 수익 마진을 증대하는 면에서도 소형 회사보다 불리했기 때문이다. 이에 따라 1946년 시장은 전쟁 전과 역전된 상황을 보여 주었다. 다우존스 지수의 선도주들은 1938년 말부터 1946년까지 겨우 40% 상승한 반면, 저가주들이 참여한 S&P 지수는 같은 기간 280%나 급등했다. 투기자들과 귀가 얇은 자칭 투자자들은 고평가된 가격에도 불구하고 비주류 회사의 구주와 신주를 매수하지 못해 안달이었다. 결국 시장 중심축은 반대편으로 쏠렸다. 이전에는 단연 큰 폭의 할인 기회를 제공했던 이류 종목들이 이제는 과열되고 과대평가되기 시작한 것이다. 이 현상은 1961년과 1968년에 또 다른 형태로 되풀이되었다. 당시에는 이류에도 미치지 못하는 소형 회사들의 신주 공모와 '전자', '컴퓨터', '프랜차이즈' 등 특정한 선호 분야의 거의 모든 회사로 관심이 집중되었다.*

---

* 1975년부터 1983년까지 소형주, 즉 이른바 이류 종목은 대형주보다 매년 평균 17.6% 정도 높은 수익률을 올렸다. 이 놀라운 성과에 고양된 일반 투자자들은 소형주를 매수하는 데 열을 올렸고, 뮤추얼펀드 역시 소형주에 전문화된 새로운 펀드를 무수히 양산했다. 이후 10년간 소형주는 대형주보다 5% 정도 낮은 수익률을 기록했지만, 1999년에는 다시 상황이 역전되어 소형주의 수익률은 대형주보다 9%가량 앞서게 되었다. 이때는 투자은행들도 수백 개의 소형 하이테크 주식을 신규 공모하는 데 열심이었다. 이 종목들은 저마다 전자, 컴퓨터, 프랜차이즈와 같은 철 지난 이름 대신 닷컴, 광학, 무선 또는 'e'와 'I'로 시작하는 유행어를 포함하고 있었다. 이러한 유행어는 항상 소음처럼 투자자들의 믿음을 어지럽힌다.

당연히 주식시장의 침체기에 가장 큰 폭으로 하락한 주식은 이처럼 과대평가된 회사들의 주식이었다. 어떤 경우에는 반대로 과소평가로 이어지기도 했을 것이다.

대부분의 이류 종목이 과소평가되는 경향이 일반적이었다면, 투자자가 이 종목을 통해 수익을 기대하는 근거는 무엇일까? 과소평가되는 경향이 지속된다면 그 종목을 매수한 투자자의 상황도 나아질 것이 없지 않을까? 이 질문에 대한 답은 다소 복잡하다. 이류 종목을 할인 가격으로 매수한 투자자는 다양한 방식으로 큰 수익을 기대할 수 있다. 첫째, 이 종목은 배당수익률이 상대적으로 높다. 둘째, 매수가격에 비하여 높은 재투자 수익을 기대할 수 있으며, 이 결과는 결국 주가에도 영향을 미칠 것이다. 종목 선택만 잘한다면 5년에서 7년 후에 이 이점은 상당한 영향력을 발휘할 수 있다. 셋째, 강세장은 저평가된 종목에 유리하게 작용하는 경향이 있다. 따라서 강세장에서는 전형적인 할인 종목의 주가가 적어도 합리적인 수준까지 오를 것으로 기대할 수 있다. 넷째, 비교적 특이사항이 없는 시장에서도 주가는 지속해서 조정되는데, 이 과정에서 이류 종목 주가는 정상적인 수준까지 오를 수 있다. 다섯째, 수익에 악영향을 미치는 특수한 요인들이 환경 변화나 새로운 정책의 채택 또는 경영 방침의 변화 등으로 개선될 수 있다.

최근 중요하게 부각된 새로운 요소는 사업다각화의 일환으로 큰 기업이 작은 기업을 인수하는 경향이다. 이러한 변화는 비교적 큰 관심을 끌며, 해당 회사의 주가는 머지않아 할인 가격 수준을 훨씬 초과하게 된다.

이자율이 1970년보다 낮아지면서 할인 종목에는 대폭 할인된 가격으로 발행된 채권과 우선주까지 포함되었다. 현재 우리는 우량기업들도 표면금리를 4.5% 이하로 대폭 할인하여 채권을 발행하는 새로운 상황을 경험하고 있다. 예를 들어 표면금리 2.62%, 만기 1986년인 AT&T 채권은 1970년에 51 이하로 거래되었고, 표면금리 4.5%, 만기 1983년인 디어&컴퍼니Deere & Co.의 채권은 62 이하에서 거래되었다. 시장 이자율이 큰 폭으로 동반 하락하는 상황이라면 투자자들은 조만간 이러한 시점이 할인 기회였다는 것을 알게 될 것이다. 지금은 재정난에 허덕이고 있는 철도회사가 1920년대와 1930년대에 발행한 우선주택저당채권first-mortgage bond을 보면 할인 채권 발행을 좀 더 전통적인 시각에서 살펴볼 수 있다. 이 상황은 전문 지식이 없는 일반 투자자가 노리기에 적합하지 않다. 즉, 이 분야의 적정가치를 제대로 감지하지 못하는 투자자는 큰 손해를 볼 수도 있다. 그러나 이 분야에서 시장 하락은 본질적으로 과도해지는 경향이 있다. 따라서 신중하면서 과감한 분석에 기반을 둔다면 전반적으로 이 분야에서 큰 수익을 노리는 것도 가능하다. 1948년까지 10년 동안 수십억 달러 규모의 채무불이행이 발생한 철도채권의 경우에도 엄청난 수익을 올릴 기회가 많이 있었지만, 이후에는 거의 찾아볼 수 없었다. 그러한 기회는 1970년대에 들어 다시 돌아온 것으로 보인다.*

특수상황 혹은 워크아웃

얼마 전만 해도 이 분야에 해박한 사람들은 매력적인 수익률을 보장받을 수 있었다. 일반적인 시장 상황에서도 마찬가지였다. 그렇다고 일반 투자자가 엄두도 내지 못할 성역은 아니었다. 천부적인 감각이 있는 사람이라면 오랜 학문적 연구나 수련 기간 없이도 필요한 요령을 익혀 능숙한 전문가로 거듭날 수 있었다. 그런가 하면 어떤 이들은 투자전략의 내재가치에 정통한 지

---

* 요즈음에는 채무불이행된 철도채권으로 상당한 수익을 올릴 만한 기회를 잡을 수 없다. 그러나 앞서 언급했듯이 하이테크 분야 회사들이 발행하는 전환사채뿐만 아니라 재무상태가 나쁘거나 채무불이행 상태인 정크본드는 2000년부터 2002년까지 이어진 시장 폭락 기간 이후에 적정 가치까지 다시 상승하기도 했다. 그렇다고 해도 이 분야에서 분산투자는 필수이며, 주식에만 최소한 10만 달러를 투자하지 않는 이상 효용성이 떨어진다. 따라서 억만장자가 아니라면 이러한 분산투자는 선택하지 말아야 한다.

식을 바탕으로 '특수상황'에 대한 투자 펀드를 주로 관리하는 젊은 투자전문가들의 힘을 빌렸다. 그러나 최근에는 '차익거래나 워크아웃' 분야의 위험성이 더 높아지고 수익도 낮아졌다. 그 이유는 나중에 살펴보겠다. 이 분야의 상황은 앞으로 좀 더 나아질 가능성이 있다. 어떤 경우를 감안하더라도 몇 가지 사례와 함께 이 투자 방법이 지니는 일반적인 성격과 그 기원을 살펴보는 것이 도움이 될 것이다.

전형적인 '특수상황'은 대형 회사가 소형 회사를 인수하는 횟수가 증가하는 가운데 발생한다. 즉, 갈수록 더 많은 경영자가 사업다각화 전략을 채택함에 따라 발생하는 상황이다. 사업다각화를 추진하는 회사는 처음부터 완전히 새로 시작하는 것보다 진입을 원하는 분야의 기존 회사를 인수하는 편이 더 바람직하다고 생각한다. 기존의 소형 회사를 인수하고 대주주의 인수 승인을 얻기 위해 꼭 필요한 것은 바로 현재 수준보다 높은 가격을 제시하는 것이다. 기업의 이러한 움직임은 이 상황과 관련하여 깊이 분석하고 많은 경험을 쌓은 이들에게 흥미로운 수익 창출 기회를 제공한다.

수년 전 주도면밀한 투자자들은 파산한 철도회사의 채권을 매수하여 큰 수익을 거두었다. 철도회사가 나중에 재건되면서 가치가 매수가격보다 월등히 상승했기 때문이다. 철도재건 계획이 발표된 후 신규 발행된 주식을 대상으로 한 '발행일' 시장이 등장했다. 당시 신규 발행된 주식은 교체된 과거 주식보다 훨씬 비싼 가격에 거래되었다. 재건 계획이 완료되지 못하거나 예상치 못한 지연이 생길 위험도 있었으나 전체적으로 보았을 때 이러한 '차익거래'는 상당한 수익을 낳았다.

1935년 입법된 조항에 따라 공공 유틸리티 지주회사들이 분리되면서 이와 비슷한 기회들이 다시 증가하기 시작했다. 즉, 분리된 회사들이 독립 회사로 전환될 때 이 회사의 가치는 훨씬 높아졌다.

여기에서 고려해야 할 요소가 있다. 바로 주식시장에서는 어떤 내용이든 복잡한 소송에 걸려 있는 회사의 주가가 과소평가되는 경향이 있다는 점이다. 월스트리트에서 오랫동안 회자되어 온 금언 중에 '소송 중인 주식에 투자하지 말라'라는 것이 있다. 이 말은 단기투자에만 집중하는 투기자에게는 유용한 충고가 될 것이다. 그러나 일반 투자자들이 이러한 태도를 견지하면 해당 종목에 편견이 강해져 가격 수준을 더욱 떨어뜨리는 결과를 초래할 수 있다.*

이와 같은 특수상황은 다소 비상한 정신력과 지식을 갖춘 투자자가 시도할 만한 전문적인 영역이다. 적극적인 투자자 중에서도 이러한 요건을 갖춘 사람은 소수에 불과하다. 따라서 이 책에서 다루기에는 적합한 주제가 아니다.**

투자 원칙의 광의적 의미

이미 여러 차례 거론하였듯이 투자전략 방향은 투자자가 방어적인(소극적인) 입장과 공격적인(적극적인) 입장 중 어느 쪽을 선택하느냐에 따라 달라진다. 공격적인 투자자는 주식 가치에 관해 상당한 지식을 갖추고 있어야 한다. 실제로 주식에 투자한다는 것은 기업을 경영하는 것과 마찬가지다. 이렇

---

* 최근의 고전적인 사례로는 필립 모리스(Philip Morris)를 들 수 있다. 필립 모리스의 주가는 플로리다 법정이 이 회사에 대한 2000억 달러의 손해배상 소송을 배심원 평결에 맡긴 후 이틀 사이에 23%나 폭락했다. 이 소송에서는 결국 담배가 암을 유발한다는 원고의 주장이 받아들여졌다. 1년 이내에 회사의 주가는 다시 2배가 뛰었지만, 이후 일리노이 법정에서 수십억 달러의 재판이 진행되면서 주가는 다시 제자리로 돌아갔다. 존스 맨빌(Johns Manville), W. R. 그레이스(W. R. Grace), USG 그룹(USG Group) 등 다른 회사들도 채무 소송으로 인해 곤란을 겪었다. 따라서 자신이 무모한 편이라고 생각하는 투자자라면 '소송 중인 주식에 투자하지 말라'라는 금언이야말로 생존을 위해 염두에 두어야 할 원칙이다.

** 1971년 당시 특수상황의 세 가지 예에 대해서는 15장 마지막 부분에 소개되는 "특수상황 또는 '워크아웃'"을 참조하라.

게 따진다면 사실 수동적인 태도와 능동적인 태도 사이에 중도적인 입장이라든지 정도의 차이가 끼어들 여지는 없다. 대부분의 투자자가 중도적 위치에 서고 싶을지 모르지만, 이렇게 타협적인 자세는 성취감보다는 실망감을 낳기 쉽다.

투자자라면 '절반만 사업가' 행세를 해서는 안 된다. 그러다 정상적으로 올릴 수 있는 수익의 절반만 얻고 만족할 수는 없지 않은가.

그렇다면 대다수 투자자는 자신의 입지를 방어적인 범주에 확실히 두어야 한다. 대부분은 자기 사업을 하듯이 매달릴 만한 시간 여유도 없을뿐더러, 결단력이나 배경지식도 부족하기 때문이다. 그러므로 방어적인 포트폴리오에서 얻을 수 있는 적당한 수익에 만족하고, 수익을 더 올릴 다른 기회에 대한 끊임없는 유혹을 완강히 뿌리쳐야 한다.

적극적인 투자자는 기존의 사업 평가를 기준으로 장래가 충분히 기대되고, 자신의 경험과 판단에 비추어 볼 때 가능성이 보이는 증권 거래에 참여할 수 있다. 따라서 적극적인 투자자에게 조언할 때에는 그러한 사업 기준을 적용하고자 했다. 반면 보수적인 투자자의 경우에는 대체로 산술적일 뿐 아니라 심리적인 측면에서 투자 대상의 안전성, 선택의 단순함 그리고 만족스러운 결과 보장 등 세 가지 요건을 투자 기준으로 삼았다. 그 결과 다양한 유형의 투자자들에게 적합하다고 여겨지던 주식 중 많은 경우가 추천 투자 분야에서 제외되었다. 이 금지대상들은 1장에서 열거한 바 있다.

이 금지대상의 의미를 좀 더 깊이 생각해 보자. 우리는 다음 세 가지 증권 대상 즉, (1) 외국 채권, (2) 보통우선주, (3) 이류 주식과 이들의 신규 공모주를 정가에 매입하지 말라고 충고했다. '정가'란 채권이나 우선주의 경우에는 액면에 가까운 가격, 보통주의 경우에는 회사의 공정한 사업 가치를 나타내는 가격을 의미한다. 가격에 상관없이 이 분야에 대한 투자를 기피하는 보수적인 투자자가 많아질수록, 적극적인 투자자는 할인 가격으로 매수할 기회를 잡게 된다. 통상 할인 가격은 적정가치의 3분의 2 이하로 매겨진 가격을 말한다.

이러한 문제에 대해 모든 투자자가 우리의 조언을 따른다면 어떤 결과가 발생할까? 6장에서 외국 채권과 관련해 이 문제를 다룬 바 있고, 여기에서 더 추가할 것은 없다. 투자 등급의 우선주는 보유 주식에 대해 특별소득세 혜택을 받을 수 있는 보험회사 같은 회사들이 주로 매입할 것이다.

금지대상 중 가장 곤란한 결과를 초래하는 것은 바로 이류 보통주다. 대다수 투자자가 방어적인 태도를 견지하며 이류 보통주를 전혀 사지 않는다면, 매수 가능한 투자자 범위는 상당히 제한될 것이다. 게다가 공격적인 투자자가 이러한 주식을 할인 수준으로만 사려고 한다면, 신중하지 못한 일부 투자자가 섣불리 매수하지 않는 한 이 종목들은 적정가치보다 훨씬 낮은 가격으로 거래될 것이다.

이 결과는 가혹하고 심지어 비도덕적으로 보일 수도 있다. 그러나 우리는 과거 40년 동안 이 분야에서 실제로 발생한 일들을 제시한 것뿐이다. 이류 주식의 가격은 대개 적정가치보다 상당히 낮은 수준에서 등락을 거듭한다. 물론 적정가치에 이르거나, 훨씬 상회하기도 한다. 그러나 이 현상은 강세장의 고점 부근에서 발생하는 것으로, 경험상 보통주의 시세에 대해 건전성 논란이 발생하는 시점이다.

그러므로 공격적인 투자자들은 이류 주식의 주가 변동 추이를 파악하고 이들의 정상적인 평균 시장가격을 매수 시점 기준으로 삼을 것을 추천한다.

하지만 여기에도 모순이 있다. 신중하게 선별된 이류 주식은 대개 일반적인 선도주 못지않게 유망하다. 규모가 작아서 안전성이 떨어질 수 있다는 약점은 뛰어난 성장 가능성으로 쉽게 상쇄된다. 따라서 건전한 이류 종목을

'사업가치'에 합당한 정가로 매수하는 것이 '현명하지 못하다'라고 말하는 것은 많은 독자에게 비논리적으로 보일 수 있다. 가장 강력한 논리는 경험에서 나온다. 역사적인 경험을 돌이켜 보건대, 투자자가 이류 주식에서 평균적으로 만족한 결과를 기대할 수 있을 때는 내재가치보다 낮게, 즉 할인 가격으로 산 경우뿐이었다.

앞 문단에서 마지막 문장은 이 원칙이 일반적인 외부 투자자에게 해당한다는 것을 의미한다. 이류 회사에 대한 통제권을 갖고 있거나 그 정도의 영향력을 가진 이들이라면 마치 '비상장회사'나 다른 개인 기업에 투자하는 것과 마찬가지로 이러한 주식 매수를 합리화할 수 있다. 해당 기업 자체의 중요성이 감소하는 상황이라면 내부자와 외부자라는 서로 다른 입장에 따른 투자전략 차이를 더욱 유념해야 한다. 대표적인 일류 회사들, 또는 업계 선두를 유지하는 회사들의 기본적인 특성은 주식 한 주의 가치가 지배주주의 주식 한 주 가치에 맞먹는다는 점이다. 그러나 이류 회사의 경우에는 주식 한 주의 평균 시장가치가 지배주주가 가진 주식 한 주의 가치에 훨씬 못 미친다. 그런 이유로 이류 회사의 주주와 경영진 그리고 내부주주와 외부주주 사이의 문제는 주요 선도회사보다 훨씬 중요하고 논란거리가 되기도 한다.

5장의 마지막 부분에서 선도회사와 이류 회사를 분명하고 간단하게 구별하기가 어렵다고 언급했다. 경계 부근에 있는 많은 주식은 당연히 중간적인 가격 동향을 보일 것이다. 투자자가 이러한 종목을 내재가치에 비해 약간 할인된 가격에 매입하는 전략은 이 종목이 선도 종목과 질적으로 큰 차이가 없고 가까운 장래에 그에 걸맞은 등급을 얻을 수 있다는 점을 고려하면 논리적으로 그렇게 불합리한 것은 아니다.

따라서 선도회사와 이류 회사의 구분을 너무 정확히 할 필요는 없다. 너무 뚜렷이 경계를 짓다 보면 현재 미미한 등급상의 차이가 적정한 매수가격에서 큰 격차를 낳을 수 있기 때문이다. 이처럼 보통주의 분류에서 중간적인 입장을 인정하지만, 투자자의 입장에서만큼은 중간적인 태도를 피할 것을 조언했다. 그 이유는 다음과 같다. 주식 한 종목에 대한 관점에서 약간의 불확실성은 큰 손해를 유발하지는 않는다. 이 경우는 예외적인 것으로, 이 문제와 관련된 종목은 그렇게 많지 않기 때문이다. 그러나 투자자가 방어적 또는 공격적 전략을 선택하는 것은 개인에게 중대한 결과를 초래하게 된다. 즉, 이처럼 중요한 결정 앞에서 혼란스럽거나 타협적인 입장을 취해서는 안 된다.

7장 논평

> 큰돈을 벌려면 상당한 수준의 대담함과 신중함이 필요하다. 큰돈을 벌었다면 그보다 10배의 임기응변을 발휘해야 유지할 수 있다.
>
> 나단 메이어 로스차일드(Nathan Mayer Rothschild)

마켓 타이밍market timing 무용론

이상적으로 생각하자면 현명한 투자자는 주가가 저렴할 때에만 주식을 사고 주가가 많이 올랐을 때 팔면 된다. 이렇게 얻은 수익은 주식을 다시 사들일 수 있을 만큼 가격이 떨어질 때까지 채권이나 현금으로 묻어 두면 될 것이다. 한 분석에 따르면 1966년부터 2001년 후반까지 1달러 가치의 주식을 계속 보유할 경우 11달러 71센트로 늘어났다고 한다. 그러나 만약 매년 시장 상황이 최악인 시점보다 5일 전에 빠져나올 수 있다면 1달러를 987달러 12센트로 불릴 수 있을 것이다.[1]

---

1 투자전문매체《바론스(Barron's)》2001년 11월 5일자 기사 중 20쪽에 실린 "타이밍의 진실(The Truth About Timing)"을 참조하라. 이 기사의 제목은 현명한 투자자라면 유념해야 할 불변의 원칙을 되새기게 한다. 우선 투자 관련 기사에서 '진실'이라는 단어가 보이면 정신을 바짝 차려야 한다. 그 뒤에 이어지는 말들은 거짓말이기 쉽기 때문이다. 어떤 투자자가 1966년에 주식을 사서 2001년 말까지 보유하였다면 최종 수익은 11달러 71센트가 아니라 적어도 40달러는 되어야 한다.《바론스》에서 인용한 연구는 배당금의 재투자를 무시한 것으로 보인다.

돈 버는 요령에 대해 주식시장에서 떠도는 수많은 이야기는 대부분 마술과도 같다. 1달러를 이렇게 크게 불릴 수 있다는 이야기도 말장난에 불과하다. 최악인 날보다 5일 전에 나오면 된다지만, 사실 어떤 날이 최악의 날이 될지 어떻게 알 수 있겠는가? 1973년 1월 7일, 《뉴욕 타임스》에는 미국의 한 최고 증시예측가의 인터뷰가 실렸다. 이 기사에서 그는 투자자들에게 주저하지 말고 주식을 사라고 독려했다. "시장이 지금처럼 절대적으로 강세일 수 있는 경우는 아주 드뭅니다." 이 예측가는 훗날 연방준비제도이사회의 의장을 역임한 앨런 그린스펀Alan Greenspan이었다. 그의 말마따나 이렇게 절대적으로 예측이 틀릴 수 있는 경우도 아주 드물 것이다. 1973년과 1974년 두 해 동안 대공황 이후 경제성장과 주식시장은 최악의 상황을 겪으며 그의 예측은 보기 좋게 빗나갔다.[2]

그렇다면 다른 전문가들이라고 해서 앨런 그린스펀보다 시장을 더 잘 예측할 수 있을까? 2001년 12월 3일, 시장예측 전문회사인 R. M. 리어리&컴퍼니R. M. Leary & Co.의 케이트 리어리 리Kate Leary Lee 사장은 "어느 모로 보나 대부분의 하락세는 이제 종결되었다고 판단할 수 있다"라고 선언했다. 이어 2002년 1/4분기 주식시장을 "매우 긍정적"으로 전망하면서, "지금이 시장에 진입할 적기"라고 덧붙였다.[3] 하지만 이후 3개월간 주식은 현금보다 1.5% 정도 낮은 0.28%의 수익을 거두는 데 그쳤다.

이러한 오류를 범한 것은 R. M. 리어리&컴퍼니만이 아니었다. 듀크 대학의 투자론 교수들은 한 연구에서 모든 마켓 타이밍 뉴스레터 중 최고 10%

---

2 1973년 1월 7일자 《뉴욕 타임스(The New York Times)》에 실린 특집 기사 "경제조사(Economic Survey)" 중 2쪽, 19쪽, 44쪽을 참조하라.

3 2001년 12월 3일에 배포된 보도자료 "R. M. 리어리&컴퍼니, 지금이 투자하기에 적당한 시기라고 밝혀(It's a good time to be in the market, says R. M. Leary & Company)"를 참조하라.

의 자문을 따른다면 1991년부터 1995년까지 연평균 12.6%의 수익을 올릴 것이라고 분석했다. 하지만 그러한 자문을 무시하고 인덱스펀드에 투자금을 묻어 두었다면, 그보다 더 높은 16.4%의 수익을 거두었을 것이다.[4]

덴마크의 철학자 키르케고르S. Kierkegaard가 말한 것처럼, 인생은 지난 뒤에서야 비로소 이해할 수 있다. 하지만 우리는 이해할 수 있을 때까지 기다릴 수 없고 먼저 살아야 한다. 시간이 지나고 보면 언제 주식을 사야 했고 언제 팔아야 했는지 정확히 보이는 듯하다. 그렇다고 해서 앞으로 들어갈 때와 빠져나올 때를 예측할 수 있다고 생각하는 것은 어리석은 일이다. 금융시장에서 사람들은 지난 일에 대해서는 완벽한 시력을 자랑하지만 앞으로의 일을 전망할 때는 눈뜬장님이나 마찬가지다. 즉, 투자자 입장에서 정확한 마켓 타이밍을 잡는다는 것은 현실적으로나 감정적으로 모두 불가능한 일이다.[5]

어떤 주식이 오를까?

폭발적인 속도를 내며 성층권을 뚫고 솟아오르는 우주선처럼 성장주는 중력에 도전하는 것처럼 보이기도 한다. 그중에서도 1990년대 가장 큰 관심을 끌었던 GEGeneral Electric, 홈데포Home Depot, 선 마이크로시스템스Sun Microsystems의 궤적을 따라가 보기로 하자. 〈그림 7-1〉을 보라.

---

4 수천 달러에 이르는 연간 구독료 또한 절약할 수 있다. 이러한 뉴스레터의 구독료는 수익에서 공제되는 것도 아니다. 더욱이 거래비용과 단기 양도소득세는 장기 보유 투자자보다 단기 트레이더에게 훨씬 더 큰 부담이 된다. 듀크 대학 연구와 관련한 내용은 1997년 11/12월호《파이낸셜 애널리스트 저널(Financial Analysts journal)》중 54쪽부터 56쪽까지 실린 존 R. 그레이엄(John R. Graham)과 캠벨 R. 하비(Campbell R. Harvey)의 연구 논문 "마켓 타이밍 뉴스레터의 성과 등급 평가(Grading the Performance of Market-Timing Newsletters)"를 참조하라.

5 마켓 타이밍과 관련하여 현명한 대안으로 평가되는 포트폴리오 재조정과 정액분할투자 전략에 대한 자세한 내용은 5장과 8장을 참조하라.

회사	주가지표	1995년	1996년	1997년	1998년	1999년
GE	총수익(백만 달러)	43,013	46,119	48,952	51,546	55,645
	EPS(달러)	0.65	0.73	0.83	0.93	1.07
	연간 배당률(%)	44.5	40.0	50.6	40.7	53.2
	연말 PER	18.4	22.8	29.9	36.4	47.9
Home Depot	총수익(백만 달러)	15,470	19,536	24,156	30,219	38,434
	EPS(달러)	0.34	0.43	0.52	0.71	1.00
	연간 배당률(%)	4.2	5.5	76.8	108.3	68.8
	연말 PER	32.3	27.6	37.5	61.8	73.7
Sun Microsystems	총수익(백만 달러)	5,902	7,095	8,598	9,791	11,726
	EPS(달러)	0.11	0.17	0.24	0.29	0.36
	연간 배당률(%)	157.0	12.6	55.2	114.7	261.7
	연말 PER	20.3	17.7	17.9	34.5	97.7

＊ 출처: 블룸버그, 밸류라인
＊ 주: 총수입과 수익은 회계연도 기준이다. 주식수익은 연간 수치다. 주가수익비율(PER)은 연말 종가를 이전 4분기 총이익으로 나눈 수치다.

〈그림 7-2〉 아래를 조심하라

주가	주가 1999년 12월 31일	주가 2002년 12월 31일	PER 1999년 12월 31일	PER 2003년 3월
GE	$51.58	$24.35	48.1	15.7
Home Depot	$68.75	$23.96	97.4	14.3
Sun Microsystems	$38.72	$3.11	123.3	해당사항 없음

＊ 주: 선 마이크로시스템스의 경우는 2002년 순손실기록이다.
＊ 출처: www.morningstar.com, yahoo.marketguide.com

1995년부터 1999년까지 이 회사들은 매년 높은 성장률과 수익률을 기록했다. 선 마이크로시스템스와 홈데포의 매출은 2배 이상 늘었다. 증권정보 사이트인 밸류라인Value Line에 따르면 당시 GE의 매출 증가율은 29%, 수익은 65% 상승했으며, 홈데포와 선 마이크로시스템스의 경우 주당순이익 증가율은 거의 3배에 이르렀다.

이 회사들에 일어난 변화는 이것만이 아니었다. 물론 그레이엄이라면 충분히 짐작하고도 남을 일이었다. 즉, 빠르게 성장하면 할수록 주가도 더욱 치솟은 것이다. 주가상승이 기업 성장을 앞지르기 시작하면 투자자의 끝은 좋을 수가 없다. 〈그림 7-2〉에서 확인할 수 있듯이, 아무리 건실한 기업의 주식이라도 너무 비싼 가격에 매수하는 것은 좋은 투자라고 할 수 없다.

상한가를 계속 기록하는 주식은 언제까지나 오를 것처럼 보이기 쉽다. 그러나 이러한 본능적인 믿음은 투자물리학의 기본적인 법칙을 분명히 거스른다. 즉, 덩치가 커질수록 증가 속도는 느려지게 마련이다. 현재 매출 규모가 10억 달러인 기업은 매출을 쉽게 2배로 올릴 수 있다. 그러나 매출 규모가 이미 50억 달러라면 50억 달러의 매출을 올릴 기회를 어디에서 또 찾을 수 있겠는가?

따라서 성장주는 가격이 합리적인 경우에만 살 만한 가치가 있다. 주가수익비율이 이미 25배나 30배를 훌쩍 넘은 상태라면 승산이 점점 없어진다.

- 언론인 캐럴 루미스Carol Loomis가 발견한 내용에 따르면, 1960년부터 1999년까지《포천》500대 기업 목록에서 상위 150위에 해당하는 회사 중 지난 20년간 연평균 15% 이상의 수익증가를 보인 곳은 8개에 불과했다.[6]
- 50년간의 데이터를 분석한 결과, 투자분석회사인 샌퍼드 C. 번스타인&컴퍼니Sanford C. Bernstein & Co.는 미국 대기업 중 10%만이 연속 5년 이상 약 20%의 수익증가율을 보였고, 10년 이상 연속으로 20%의 연 성장률을 보인 기업은 3%에 불과하였으며, 15년 동안 성장세를 이어 간 기

---

6 2001년 2월 5일자《포천》에 실린 캐럴 J. 루미스의 "15% 환상(The 15% Delusion)" 102쪽부터 108쪽을 참조하라.

업은 단 한 곳도 없다고 밝혔다.[7]

- 1951년부터 1998년까지 수천 개의 미국 기업을 대상으로 한 연구에 따르면, 각 10년 단위 기간에 순이익은 평균적으로 연간 9.7%씩 증가한 것으로 나타났다. 그러나 상위 20% 대기업은 연평균 증가율이 9.3%에 그쳤다.[8]

심지어 많은 재계 지도자도 이러한 차이를 이해하지 못한다(이 장의 글상자 "과장 광고를 위한 높은 잠재력"을 보라). 하지만 현명한 투자자가 성장주에 눈을 돌릴 때는 관심이 가장 들끓을 때가 아니라 어떤 문제로 인해 주춤해질 때다. 2002년 7월, 존슨앤드존슨Johnson & Johnson의 주가는 연방당국이 한 제약 공장에서 회계부정을 조사하고 있다는 발표가 나면서 하루 만에 16%나 하락했다. 존슨앤드존슨 주가가 이전 12개월 수익의 24배에서 20배 수준으로 떨어진 셈이었다. 하지만 이후 존슨앤드존슨 주가는 반등하여 다시 한 번 성장 여지가 있는 성장주로 주목받았다.[9] 그레이엄이 "상대적으로 인기가 적은 대기업"이라고 부른 사례. 이처럼 건실한 기업이 일시적인 사건으로 인해 관심에서 멀어지는 경우는 해당 주식을 좋은 가격에 매수하고 이후 장기간 재산을 형성할 좋은 기회다.

---

7 2001년 1월호 《머니》에 실린 제이슨 츠바이크의 "기대의 문제(A Matter of Expectations)" 49쪽과 50쪽을 참조하라.

8 2001년 5월, 《NBER 조사보고서(NBER Working Paper)》 8282호에 실린 루이스 K. C. 찬(Louis K. C. Chan), 제이슨 카체스키(Jason Karceski), 조지프 라코니쇼크(Josef Lakonishok)의 "성장률의 수준과 지속성(The Level and Persistence of Growth Rates)"을 참조하라. 이 글은 www.nber.org/papers/w8282에서 확인할 수 있다.

9 거의 정확히 20년 전인 1982년 10월에 존슨앤드존슨의 주가는 일주일 사이에 17.5%나 하락했는데, 그 이유는 누군가가 악의적으로 타이레놀에 청산가리를 넣었고, 그 약을 복용한 사람들이 사망하는 사건이 발생했기 때문이었다. 존슨앤드존슨은 쉽게 열 수 없는 포장법을 처음으로 도입하며 이 위기를 극복했고, 1980년대의 최고의 투자대상 기업으로 부활했다.

📋 과장 광고를 위한 높은 잠재력

초고성장이 영원히 지속될 수 있다는 착각의 희생자는 투자자만이 아니었다. 2000년 2월, 노텔 네트웍스Nortel Networks의 CEO인 존 로스John Roth는 이 거대한 광섬유 케이블 회사가 어느 정도까지 성장을 거듭할 수 있을 것인지에 대한 질문을 받았다. 로스는 이렇게 답했다. "이 산업의 연 성장률은 14%에서 15%입니다. 우리는 그보다 6% 정도 더 빠르게 성장할 것입니다. 우리 회사의 규모를 감안하면 상당히 고무적인 일입니다." 그 이전 6개월 동안 연간 주가상승률이 거의 51%에 육박한 노텔의 주가는 2000년 당시 벌어들일 것으로 월스트리트가 추정한 수익의 87배 수준에서 거래되고 있었다. 이 주가가 과대평가되었던 것일까? 여기에 대해 로스는 어깨를 으쓱하며 말했다. "점점 그렇게 되는 것 같습니다. 하지만 무선통신망 전략을 시행하고 있는 만큼 그에 걸맞게 가치를 높일 수 있는 여지는 충분하다고 봅니다."(결국 그는 시스코 시스템즈가 예상순이익의 121배에 거래되고 있다고 덧붙였다.)[1]

2000년 11월, 시스코의 CEO, 존 챔버스John Chambers는 이 회사가 적어도 연간 성장률 50%를 계속 유지할 수 있다고 호언장담하며, "업계에서 파격적인 행보"가 될 것이라고 단언했다. 전년도 순이익의 98배 수준에서 거래되던 시스코의 주가는 하락세에 접어들었고, 챔버스는 투자자들에게 매수를 촉구했다. 그는 투자자들을 이렇게 독려했다. "이제 돈을 어디에 걸겠습니까? 지금이 바로 기회일지도 모릅니다."[2]

그러나 이러한 성장 기업들은 퇴보의 길을 걸었고, 이들의 주가는 바닥을 쳤다. 2001년 당시 노텔의 매출은 37% 감소했고 260억 달러 이상의 손실을 기록했다. 같은 해 시스코는 매출이 18% 정도 증가했으나 손실은 10억 달러를 넘어섰다. 노텔 주가는 로스가 발언한 당시 113달러 50센트였으나, 2002년에는 1달러 65센트로 끝났다. 시스코 주가는 챔버스가 자신의 회사를 일컬어 '파격'이라고 부르던 때 52달러에서 13달러로 주저앉았다.

이후 두 회사 모두 미래를 예상하는 데 좀 더 신중한 자세를 취하게 되었다.

---

1 2000년 4월호 《머니》의 54쪽과 55쪽에 실린 리사 깁스(Lisa Gibbs)의 "옵틱 업틱(Optic Uptick)"을 참조하라.

2 2000년 11월 30일자 《인베스트먼트뉴스(InvestmentNews)》에 브룩 사우스올(Brooke Southall)이 기고한 "시스코의 엔드게임 전략(Cisco's Endgame Strategy)" 1쪽과 23쪽을 참조하라.

모든 달걀을 한 바구니에 담아야 하는가

한 세기 전 앤드루 카네기_{Andrew Carnegie}는 다음과 같은 말을 남겼다. "모든 달걀을 한 바구니에 담아라. 그리고 그 바구니를 지켜보아라." "집중해서 쏘아라. 인생에서 큰 성공은 집중으로부터 나온다." 그레이엄이 지적한 바와 같이, "보통주로 아주 큰 재산을 모을 기회"는 정통한 한 분야에 집중적으로 투자할 때 가능한 일이다.

미국의 최고 재력가들은 대부분 한 가지 업종이나 기업에 집중적으로 투자하여 부를 축적했다. 마이크로소프트의 빌 게이츠, 월마트의 샘 월튼, 스탠더드 오일의 록펠러 등을 생각해 보라. 이처럼《포브스》400대 부호 목록은 1982년에 처음 발표된 이래 거의 한 가지 분야에 집중한 재력가들의 이름으로 대부분 채워졌다.

하지만 작은 부자들은 이러한 노선을 그다지 따르지 않았다. 사실 큰 부자의 경우에도 마찬가지였다. 카네기가 간과한 것은 집중적인 투자가 인생에서 가장 큰 실패를 이끌 수도 있다는 사실이다.《포브스》의 부호 목록으로 다시 돌아가 보자. 1982년《포브스》400대 부호의 평균 순자산은 2억 3000만 달러였다. 2002년과 비교하면 1982년 목록에 이름을 올린 부호들은 연평균 4.5%의 수익만 유지하면 되었다. 당시에는 은행예금도 2002년보다 훨씬 높은 수익률을 제공하였고 주식시장은 연평균 수익률이 13.2%에 달했다.

그렇다면 그로부터 20년 후에도《포브스》400대 부호 목록에 이름을 유지한 이들은 얼마나 될까? 처음에 선정된 400명 중 2002년 목록에 이름을 남긴 이들은 전체 인원 중 16%에 불과한 64명이 전부였다. 이 64명 이외에 석유, 가스, 컴퓨터 하드웨어, 기초 제조업 등 한때 호황을 누린 산업에 집중적으로 투자하며《포브스》400대 부호의 반열에 오른 재력가들은 추풍낙엽처럼 자취를 감췄다. 남들에 비해 계속해서 큰돈을 벌 기반을 갖추고 있었지만 이들 중 누구도 어려운 시기에 적절히 대응하지 못한 것이다. 그들은 변화무쌍한 경제 상황을 그저 방관만 하다가 유일하게 지키고 있던 바구니의 달걀마저 깨지면서 심화된 위기 속에 더욱 위축될 뿐이었다.[10]

할인 종목 모음

한없이 네트워크화된 세상에서 그레이엄의 할인 기준을 충족하는 종목을 선별하고 매수하는 작업이 그리 어려운 일은 아닐 것이라고 생각할 수도 있다. 인터넷이 도움 되는 것은 사실이지만, 그래도 일일이 손을 거쳐야 할 과정은 여전히 많다.

우선 오늘자《월스트리트 저널》한 부를 집어 들고 '금융&투자' 면을 넘겨 뉴욕증권거래소와 나스닥의 주식 시세표에서 지난해 처음으로 저점을 찍은 주식의 당일 목록을 훑어보라. 그레이엄이 말한 순운전자본 기준에 적합한 종목을 쉽고 빠르게 찾아볼 수 있다.

어떤 주식이 순운전자본(그레이엄을 따르는 이들은 본질이라는 의미로 '네트네스$_{net nets}$'라고 부른다)보다 싸게 팔리는지 알아보려면 해당 회사의 웹사이트나 www.sec.gov의 EDGAR 데이터베이스에서 조회 또는 다운로드할 수 있는 최근 분기 및 연간 보고서를 참고하면 된다. 살펴보고자 하는 회사의 유동자산에서 우선주나 장기성 부채를 포함한 총부채를 빼라. 증권정보업체의 비싼 구독료를 아끼고 싶다면 공공도서관에서《밸류라인 투자 조사$_{Value}$

10《포브스》선정 400대 부자에 이름을 계속 올리는 것이 정말 어려운 일이라는 사실은 투자 관리자이자《포브스》의 칼럼니스트이기도 한 케네스 피셔(Kenneth Fisher)의 자료를 통해 확인할 수 있었다.

$_{Line\ Investment\ Survey}$》를 찾아보는 것도 방법이다. 이 자료에서는 그레이엄의 정의에 상당히 근접하는 '할인 주식$_{Bargain\ Basement\ Stock}$' 목록을 확인할 수 있다. 이 주식들은 대부분 하이테크주나 통신주와 같이 최근에 대폭락 사태를 겪은 종목이다.

예를 들어, 2002년 10월 31일 현재 순운전자본이 14억 달러인 컴버스 테크놀로지$_{Comverse\ Technology}$는 유동자산이 24억 달러, 총부채가 10억 달러다. 이 회사는 대략 1억 9000만 주를 발행했고, 주가는 8달러 정도다. 컴버스 테크놀로지의 시가총액은 14억 달러에 조금 못 미친다. 결국, 컴버스 테크놀로지의 주가는 이 회사의 현금 및 재고자산의 가치에 불과하다. 다시 말해 이 회사가 진행 중인 사업을 거저 사는 것이나 마찬가지다. 하지만 그레이엄이 이미 간파한 것처럼 투자자는 컴버스 테크놀로지와 같은 종목에서도 돈을 잃을 수 있다. 이러한 종목을 한 번에 수십 개씩 찾아 끈기 있게 보유할 수 있는 경우에만 수익을 기대할 수 있다. 단, 진정한 의미의 할인 종목이 시장에 많이 방출되는 흔치 않은 경우에는 분명히 돈을 벌 수 있다.

외국 주식 투자전략은 무엇인가

외국 주식 투자는 현명한 투자자에게 꼭 필수적인 선택은 아니지만, 제한적인 선에서는 권할 만하다. 왜 그럴까? 함께 생각해 보자. 1989년 말 현재 투자를 고려하는 일본인 투자자를 가정해 보라. 당시 경제 상황은 다음과 같다.

• 과거 10년간 일본 주식시장은 연평균 21.2%씩 상승했다. 이러한 연간 상승률은 미국의 17.5%를 훨씬 상회하는 것이었다.

- 일본의 기업들은 페블비치 골프장에서 록펠러 센터에 이르기까지 미국의 다양한 자산을 사들였다. 반면, 드렉셀 번햄 램버트Drexel Burnham Lambert, 파이낸셜 코퍼레이션 오브 아메리카Financial Corporation of America, 텍사코Texaco와 같은 미국 기업들은 파산을 면치 못했다.
- 하이테크 산업은 미국에서 주춤해진 반면 일본에서는 호황을 누리고 있었다.

1989년 떠오르는 태양의 나라, 일본의 상황을 지켜본 이 투자자는 일본 이외 지역에 투자하는 것이 초밥 자판기만큼이나 어리석은 생각이라고 단정하고, 모든 돈을 일본 주식에 투자할지도 모른다.

결과는 어떨까? 이후 10년 동안 이 투자자는 대략 3분의 2의 자금 손실을 보게 된다.

이 결과에서 우리가 얻을 수 있는 교훈은 무엇일까? 일본과 같은 외국 시장에 절대로 투자해서는 안 된다는 것일까? 아니다. 오히려 투자를 국내에만 국한해서는 안 된다는 것이다. 위 사례의 일본인은 물론 다른 국적의 투자자들에게도 모두 해당하는 교훈이다. 미국에서 거주하고, 미국에서 일하며, 달러로 급여를 받는 사람은 이미 복합적으로 미국 경제에 투자하고 있는 셈이다. 신중한 검토를 통해 투자 포트폴리오의 일정 부분은 다른 지역을 겨냥해야 한다. 미래에 국내나 해외 지역 중 어느 곳의 상황이 좋을지 아무도 모른다는 이유만으로도 그렇다. 주식투자자금의 3분의 1까지는 외국 주식 및 신흥시장 투자를 포함한 뮤추얼펀드에 맡기는 것이 내 집 안마당에 도사리고 있을 위험을 확실히 줄이는 방법이다.

8장

투자자와 시장 변동

신용등급이 높고 7년 이하 정도로 비교적 만기가 짧은 우량채권은 시장가격의 변동에 크게 영향을 받지 않기 때문에 투자자는 시장 상황을 매번 걱정할 필요가 없다. 언제든지 최소한 매입했을 때의 가격을 보장받을 수 있는 미국 저축채권을 보유한 경우에도 마찬가지다. 반면 장기채의 경우에는 만기까지 가격에 상당한 변화가 발생할 수 있다. 주식 포트폴리오 역시 몇 년 사이에는 가격 변동을 겪을 것이 거의 확실하다.

투자자들은 이러한 가능성을 충분히 숙지하고 금전적으로나 심리적으로 만반의 준비를 해야 한다. 투자자는 시장가격이 변화하는 틈을 이용해 수익을 노린다. 시간이 흐른 후 보유한 주식 가치가 상승한 시점에 매도하거나 매수자 입장에서 유리한 가격대가 형성될 때 주식을 사들여 나중의 기회를 도모하는 방식이다. 이처럼 투자자가 시장 변화에 따라 어떻게 발 빠르게 움직일지 고민하는 것은 너무나도 당연하고 정당한 일이다. 그러나 이러한 관심도 지나치면 투기로 변질될 수 있다. 투기를 멀리하라고 충고하기는 쉽지만, 실제로 그렇게 하기란 여간 어려운 일이 아니다. 이 책 서두에서 제시한 조언을 다시 상기해 보자. 투기에 관심이 있다면 돈을 잃을 가능성을 명심하고 각별히 조심해야 한다. 위험을 감수할 수 있을 만한 금액의 한도를 반드시 정하고, 이 금액은 다른 투자 계획에서 완전히 분리하여 관리해야 한다.

이 장에서는 주식의 가격 변화라는 중요한 주제를 먼저 다룬 다음, 채권을 살펴보도록 하겠다. 3장에서는 역사적인 조사 자료를 통해 주식시장의 과거 100년사를 엿보았다. 여기에서는 논의를 이어 가는 동안 이러한 자료를 토대로 주식 시세가 끊임없이 등락을 거듭하는 가운데에서도 상대적으로 변경되지 않는 장기 포트폴리오를 구성하거나, 약세장의 저점 근처에서 매입하고 강세장의 고점 근처에서 매도할 수 있는 가능성을 짚어 볼 것이다.

투자 결정의 나침반, 시장 변동

투자 등급과 마찬가지로 주가 역시 주기적이고 폭넓은 변화를 겪는다. 따라서 현명한 투자자라면 진동하는 시계추의 움직임을 잘 포착하여 수익을 얻을 기회를 노려야 한다. 이 기회는 '시기선택$_{timing}$'과 '가격결정$_{pricing}$'을 통해 실현된다. 시기선택이란 주식시장의 움직임을 예측하는 것을 말한다. 어떤 주식이 향후 오를 것으로 기대되면 계속 보유하거나 적절한 시기에 더 매수하고, 반대로 하락할 것으로 보이는 주식은 매도하거나 매수를 유보한다. 가격결정이란 주가가 타당하다고 판단되는 가격 이하로 떨어지면 해당 주식을 매수하고, 그 이상 상승할 때 파는 것을 말한다. 더 단순한 예로, 너무 비싼 가격에는 주식을 매수하지 않는 좀 더 소극적인 가격결정 방법도 있다. 이 방법은 주식의 장기보유를 우선 고려하는 방어적인 투자자에게 적합하지만, 방어적인 투자자라 하더라도 시장의 가격 수준을 주시하는 최소한의 노력은 필요하다.*

우리는 현명한 투자자라면 종류에 상관없이 모든 가격결정에서 만족스러운 결과를 얻을 것이라고 확신한다. 반면 예측 수준에서 시기를 선택하는 투자자는 결국 요행을 바라는 투기자의 길을 걷게 되리라는 것도 자명한 사실이다. 시장예측을 둘러싼 이러한 구분은 일반 투자자에게는 큰 의미가 없어보인다. 월스트리트에서도 사정은 마찬가지다. 관행이나 확신에 근거해 투자자와 투기자 모두에게 신중한 시장예측이 중요하다고 믿는 측은 증권회사와 투자자문업체들이다.

월스트리트에서 멀찌감치 떨어질수록 주식시장 전망을 예측하거나 정확한 시기를 선택하는 것이 얼마나 어려운 일인지 깨닫게 된다. 거의 매일 무수한 '예측'이 쏟아지고 쉽게 구할 수 있는 자료도 많지만 그중에서 투자자가 진지하게 받아들일 수 있는 정보는 드물다. 그런데도 투자자들은 이 난립하는 예측을 뒤좇고 그에 따라 행동할 때가 많다. 왜 그럴까? 투자자들은 주식시장의 미래를 나름대로 전망하는 것이 투자 활동에 아주 중요한 요소라고 생각하기 때문이다. 또한 증권회사나 투자자문업체가 제시하는 전망이 적어도 투자자 개인이 직접 예측하는 것보다 더 믿을 만하다고 느끼기 때문이다.**

여기에서 시장예측에 대한 찬반론을 상세히 논의하기에는 지면이 부족하다. 이 분야는 탁월한 사고력을 필요로 한다. 그러한 사고력을 바탕으로 주식시장 분석가로 성공하는 사람들도 물론 존재한다. 그러나 일반 투자자가 시장예측을 통해 돈을 벌 수 있다고 생각한다면 큰 오산이다. 일반 투자자들이 신호에 따라 수익을 노리고 일제히 매도에 나선다면 그 주식을 살 사람이 누가 있을까? 시장예측과 관련한 시스템이나 영향력 있는 리더의 방식을

---

* 합리적인 가격 수준에서 정액분할투자를 시작한 경우는 예외일 것이다.

장기간 답습하며 언젠가 부자가 되기를 바라는가? 아쉽지만 이미 같은 꿈을 꾸는 도전자가 무수히 많다. 수많은 경쟁자들보다 탁월한 성과를 내야 간신히 성공의 단맛을 볼 수 있다. 하지만 논리적으로나 경험적으로 평범한 일반 투자자가 다른 투자자에 비해 시장 동향을 전망하는 데 특출한 능력을 발휘하기는 어렵다.

'시기선택'의 원칙을 말할 때 사람들이 대부분 간과하는 것은 조급하게 수익을 챙기려는 투기자에게 이 원칙은 심리적으로 매우 중요한 요소라는 사실이다. 주가가 상승할 때까지 1년을 기다려야 한다고 하자. 이 정도의 기다림은 투자자라면 견딜 만하지만 투기자에게는 여간 고역이 아니다. 주식을 사야 할 때라는 느낌이 들 때까지 느긋하게 현금을 보유할 수 있는 투자자에게는 어떤 이점이 있을까? 이 투자자가 기다림의 전략으로 성과를 보려면 배당수익 손실을 상쇄할 수 있을 만큼 가격이 내려간 시점에 보유 현금으로 주식을 매수해야 한다. 이처럼 시기선택과 가치평가가 일치하지 않는다면 투자자에게 돌아오는 실익은 없다. 다시 말해, 투자자는 이전에 매도한 가격보다 훨씬 낮은 가격으로 해당 주식을 매수할 수 있어야 한다.

** 1990년대 후반 들어 이른바 '투자전략가'들의 전망은 이전보다 훨씬 큰 영향력을 발휘했지만, 아쉽게도 정확도는 그만큼 나아지지 못했다. 2000년 3월 10일, 나스닥 종합지수가 사상 최고치인 5,048.62를 기록했던 바로 그날, 푸르덴셜 증권(Prudential Securities)의 선임 기술적 분석가인 랠프 아캄포라(Ralph Acampora)는 《USA 투데이(USA Today)》에서 12개월에서 18개월 안에 나스닥 지수가 6,000까지 오를 것으로 예상한다고 말했다. 그러나 5주 뒤에 나스닥은 3,321.29까지 주저앉고 말았다. 이와 같은 하향세에 대해 DLJ(Donaldson, Lufkin & Janrette)의 투자전략가 토머스 갤빈(Thomas Galvin)은 "나스닥 지수의 하락폭은 200이나 300 정도에 그칠 것이고, 2,000 정도 더 오를 가능성이 있다"고 전망했다. 하지만 현실에서는 더 이상의 상승 없이 2002년 10월 9일에 저점 1,114.11까지 하락을 거듭하며 낙폭만 2,000 이상을 기록했다. 한편, 2001년 3월에 골드만삭스&컴퍼니(Goldman, Sachs & Co.)의 수석 투자전략가 애비 조셉 코헨(Abby Joseph Cohen)은 2001년 말에 S&P500 지수는 1,650으로, 다우존스 지수는 13,000으로 마감할 것으로 예측하며, 침체 가능성을 부인했다. 더불어 "기업 이익은 2001년 후반기에 추세성장률과 같은 수준으로 증가할 것으로 전망"한다고 말했다. 그러나 그의 예상과 달리 미국 경제는 곧 침체기에 접어들었고, 2001년 말 S&P500 지수는 1,148.08, 다우존스 지수는 10,021.50으로 장을 마감했다. 이러한 수치는 코헨의 전망보다 각각 30%, 23% 낮은 수준이었다.

이 점에서 우리는 매수와 매도의 시기선택에 관한 유명한 다우이론을 살펴볼 수 있다. 이 방법에 따르면 상승중인 주식이 특정 수준을 '돌파'하는 때는 매수신호로, 반대로 하락중인 주식이 특정 수준을 '돌파'하는 때는 매도신호로 해석된다. 실제 결과와는 다를 수 있지만, 이 방법을 이용해 계산상의 결과를 따져 보면 1897년부터 1960년대 초까지 매매에서 지속적으로 수익이 발생한 것으로 나타난다. 이 결과는 다우이론의 현실적인 가치를 증명하는 것으로 보이지만, 이 이론을 따르는 투자자들이 시장에서 실제로 실천하는 행위를 보면 이렇게 공표된 '기록'이 과연 신뢰할 수 있는 것인지 의문이 든다.

그러나 이 수치를 좀 더 들여다보면, 월스트리트에서 다우이론이 심각하게 고려되기 시작한 지 몇 년이 지난 1939년 이후부터는 이 이론을 적용한 투자 결과가 급격하게 달라졌음을 알 수 있다. 다우이론의 가장 중요한 성과는 1929년 대폭락이 일어나기 약 한 달 전에 지수 396에서 매도신호를 보였다는 것과 1933년 지수 84 정도에서 시장이 어느 정도 안정을 되찾을 때까지 다우이론 추종자들을 오랜 약세장에 참여하지 않도록 이끌었다는 것이다. 그러나 1938년부터는 다우이론을 따르는 투자자들이 낮은 가격에 주식을 매도하고 더 높은 가격에 이를 다시 매수하게 되는 일이 자주 발생했다. 이후 거의 30여 년 동안은 다우존스 지수 종목을 매수하고 그대로 보유하는 편이 훨씬 좋은 결과를 가져왔다.*

이와 관련한 분석에 따르면 다우이론의 투자 결과가 달라진 것은 우연한 결과가 아니었다. 이 변화는 산업과 금융 분야의 예측 및 매매공식이 내포한 본질적인 특징과 관련이 있었다. 정형화된 공식이 권위와 인기를 유지할 수

---

* 그러나 다우이론의 권위자인 로버트 M. 로스(Robert M. Ross)에 따르면, 1966년 12월과 1970년 12월에 등장한 두 차례의 마지막 매수신호는 이전 셀링 포인트(selling point)를 한참 밑돌았다.

있는 것은 한동안은 잘 들어맞고, 과거 통계 기록과도 어느 정도 일치하기 때문이다. 그러나 어떤 공식이라도 채택하는 사람들이 많아지면 신뢰도는 점차 감소하기 시작한다. 이 현상이 일어나는 데에는 두 가지 원인이 있다. 첫째, 시간이 흐름에 따라 기존 공식이 더는 통하지 않는 새로운 조건이나 현상이 발생하게 된다. 둘째, 주식시장에서 어떤 투자이론을 따르는 사람들이 많아지면, 결국 이 이론으로 수익을 창출할 가능성은 떨어지게 된다. 다우이론 또한 이러한 과정을 분명히 보여 주는 사례다. 매수신호 또는 매도신호의 불이 밝혀지면 다우이론을 따르는 투자자들이 일제히 행동에 나서 주가 전체를 요동치게 했다. 물론 이러한 '집단행동'은 일반 투자자에게 이롭기는커녕 아주 위험한 것이었다.

저가매수 고가매도 전략

일반 투자자가 시장을 예측하려고 노력한다고 해도 가격 변동의 틈에서 성공적인 투자 기회를 잡을 가능성은 거의 없다. 시장 폭락 이후 주식을 사고 크게 상승할 때 매도하는 식으로 실제 가격 변동이 발생하고 나서 뒤늦게 움직인다면 어떻게 큰 수익을 기대할 수 있겠는가? 주식시장이 오랫동안 큰 폭의 등락을 보이던 1950년 이전에는 시장예측으로 한몫 보려는 꿈을 꿀 만도 했다. 실제로 과거에 '영리한 투자자'란 '다른 투자자들이 주식을 팔려고 하는 약세장에서 매수하고, 반대로 모두 주식을 사려고 하는 강세장에서 매도하는 사람'으로 이해되었다. 〈차트 3-1〉과 〈표 3-1〉은 1900년부터 1970년 사이에 발생한 S&P 지수의 변동을 보여 준다. 이 수치들을 검토해 보면 최근까지도 이런 시각이 왜 유효했는지 쉽게 알 수 있다.

1897년과 1949년 사이 약세장의 저점에서 강세장의 고점으로, 다시 약세장의 저점으로 향하는 시장주기가 10차례 반복되었다. 이 중 6차례의 기간은 4년 이하였고 4차례는 6년 내지 7년에 걸쳐 발생했다. 또 하나는 이른바 '새로운 시대new era'라 불린 주기로, 1921년부터 1932년까지 11년이나 지속되었다. 저점에서 고점으로 이동한 상승폭은 44%에서 500%까지 다양했으며, 일반적으로 50%에서 100%의 상승률을 보였다. 이러한 상승장에 이은 하락률은 최저 24%에서 최고 89% 정도였다. 대개 40%에서 50% 사이가 대부분이었다. 여기서 기억해야 할 것은 50%의 하락률은 직전 100%의 상승폭을 완전히 상쇄한다는 점이다.

거의 모든 강세장이 다음과 같이 뚜렷한 여러 특성을 가지고 있다. (1) 역사적으로 높은 수준의 주가, (2) 높은 주가수익비율, (3) 채권수익률에 비해 낮은 배당수익률, (4) 신용거래에 의한 투기의 증가, (5) 투자등급이 낮은 종목의 신규 공모 증가 등이다. 따라서 주식시장의 역사를 공부하는 입장에서 볼 때, 현명한 투자자라면 반복되는 약세장과 강세장을 구별해서 약세장에서 매수하고 강세장에 매도할 수 있으며 어느 정도 단기간 내에 그렇게 할 수 있다고 생각될 것이다. 따라서 가치요인 또는 가격 변동폭 또는 이들 모두를 기초로 매수와 매도 수준을 결정할 다양한 수단들이 개발되었다.

1949년에 유례없는 강세장이 시작되기 이전에도 시장의 주기적 순환에서 저가매수와 고가매도의 원칙을 실행하기 어려운 돌발 상황은 무수히 존재했다. 그중에서도 1920년대 말의 대규모 강세장에서는 특히 모든 계산이 완전히 틀어지기 일쑤였다.* 이에 따라 1949년에 시작된 강세장에서도 투자자들은 '약세장의 저가에 사서 강세장의 고가에 매도'하는 전략을 실천하는 데 확신이 없었다.

결과적으로는 그 반대였다. 지난 20년 동안 시장이 보인 움직임은 과거 패턴을 따르지 않았을 뿐만 아니라, 한때는 확실한 위험신호 역할을 했던 것도 더는 통하지 않았다. 저가매수 고가매도라는 오랜 투자전략 또한 성공적으로 적용할 수 없게 되었다. 과거에 상당히 규칙적이었던 강세장과 약세장의 반복 패턴이 다시 나타날지도 알 수 없다. 어떤 경우에든 주식 매수를 위해 약세장을 기다리는 것과 같은 과거의 전략을 현재에도 적용하는 것은 다소 비현실적으로 보인다. 우리가 여기에서 추천하려는 방법은 가치 기준 대비 주가 수준의 타당성을 따져 포트폴리오 내에서 주식과 채권의 비중을 조정할 수 있는 기준을 만드는 것이다.[**]

포뮬러 플랜

1949년과 1950년경의 강세장 초기에 주식시장의 주기적 순환을 이용할 수 있는 다양한 방법에 투자자들의 관심이 쏠렸는데, "포뮬러 투자 플랜formula investment plan"도 그중 하나였다. 정액분할투자도 여기에 속하지만, 매달 일정한 금액을 투자하는 가장 단순한 형태의 이 방법을 제외하고 포뮬러 투자 플랜의 공통적인 핵심은 주가가 상당한 폭으로 상승할 때 주식을 자동으

---

[*] 주가가 하락하는 약세장을 찾아보기 힘든 시기에 '저가매수' 기회를 노리는 투자자들은 마냥 뒤처지는 것처럼 느껴진다. 그래서 이전에 고수하던 신중함은 벗어던지고 조바심을 내며 주식시장에 뛰어드는 경우를 자주 목격하게 된다. 그레이엄이 주장하는 '감정의 원칙'이 중요한 것은 바로 이 때문이다. 1990년 10월부터 2000년 1월까지 다우존스 지수는 쉼 없이 상승행진을 이어 갔다. 10%가량의 하락이 세 차례 있었을 뿐, 20% 이상 지수가 떨어진 적은 한 번도 없었다. 배당을 감안하지 않을 경우 다우존스 지수의 총상승률은 395.7%에 달했다. 크랜달 피어스&컴퍼니(Crandall, Pierce & Co.)에 따르면, 이 강세장은 과거 100년사 중 1949년부터 1961년까지 이어진 강세장에 이어 두 번째로 긴 것이었다. 강세장이 오래 지속될수록 투자자의 건망증도 심해진다. 강세장이 5년 정도 지속된 후에는 약세장이 다시 도래할 가능성조차 믿지 않는 사람들이 늘어났다. 결국 이들은 그렇게 잊고 있던 기억을 조만간 되찾게 될 운명에 놓았다. 주식시장에서 잊었던 기억을 되살린다는 것은 늘 불쾌한 일이다.

[**] 그레이엄은 4장 앞부분에서 '추천 전략'에 대해 설명했는데, 이 전략은 현재 '전술적 자산배분(tactical asset allocation)'이라는 이름으로 연금펀드나 대학 기부금펀드 같은 기관투자자 사이에서 광범위하게 이용되고 있다.

로 매도하는 것이다. 이때 대부분의 투자자는 보유 중인 주식을 모두 매도하지만, 소량을 남겨 두는 경우도 있다.

논리적이면서도 보수적으로 보이는 과거에 실제로 우수한 수익률을 보인 사례가 있다는 점에서 투자자들의 눈길을 끌었다. 하지만 정작 이 방법이 가장 큰 인기를 끌었을 때는 그 효과가 더는 먹히지 않았다. 결국 1950년대 중반에 들어서자 주식시장에서 '포뮬러 플래너formula planner'들은 점차 설 자리를 잃어 갔다. 다행히 이들은 이 방법으로 뛰어난 수익을 거두었지만, 이때부터 시장은 그들의 손에서 벗어나기 시작한 것이다. 이후에는 공식에 근거해 주식 환매의 기회를 노릴 여지는 자취를 감추었다.***

1950년대 초 많은 투자자의 관심을 끈 '포뮬러 투자' 전략과 이보다 약 20년 전에 유행한 다우이론은 모두 인기 절정의 순간에 효력을 상실했다는 점에서 공통점이 있다. 우리도 다우존스 지수의 매수 매도 수준을 결정하는 '중앙값 방법Central value method'으로 실패한 경험이 있다. 이 경험을 통해 우리가 배운 것은, 주식시장에서 쉽게 돈을 벌 수 있는 방법은 그만큼 많은 사람이 따라 하기 때문에 계속해서 성공하기는 힘들다는 사실이었다.**** "모든 고귀한 일은 찾기 드문 만큼 하기도 어렵다"라고 말한 스피노자Spinoza의 가르침은 철학뿐만 아니라 월스트리트에도 그대로 적용된다.

*** '포뮬러 플래너' 중 상당수는 주식시장이 사상 두 번째로 높은 연간 수익률인 52.6%를 기록하자 1954년 말에 보유한 모든 주식을 매도했다. 이후 5년 동안 주식시장은 2배의 상승세를 보였지만 이들은 이 호황을 그저 구경할 수밖에 없었다.

**** 주식시장에서 돈을 쉽게 버는 방법이 그만큼 쉽게 자취를 감추는 데에는 두 가지 이유가 있다. 첫째는 시간의 흐름과 함께 '평균으로 회귀'하며 자연스럽게 역전이 이루어지는 경향 때문이다. 둘째는 쉬운 방법을 찾는 사람들이 급속히 늘어남에 따라 처음에 이러한 방법으로 볼 수 있었던 이익을 망치기 때문이다. 독자들은 그레이엄이 '혼란스러웠던 경험'을 언급하며 늘 자신이 저질렀던 실수에 대해 정직하게 고백했다는 것을 기억할 필요가 있다. 제이슨 츠바이크가 2002년 7월호 《머니》에 기고한 "머피는 투자자였다(Murphy Was an Investor)" 61쪽과 62쪽을, 2000년 12월호 같은 잡지에 기고한 "새해맞이 게임(New Year's Play)" 89쪽과 90쪽을 참조하라.

투자자 포트폴리오의 가격 변동

주식을 소유한 투자자는 주식가격이 변동하기를 기대한다. 이전 개정판이 출간된 1964년 이후 다우존스 지수는 좋은 실적과 보수적인 자금 운용을 특징으로 하는 대형우량주식만 보유한 보수적인 투자자의 주식 포트폴리오와 비슷한 맥락의 움직임을 보였다. 1966년에 주가는 평균 890에서 최고 995 선까지 상승했다. 1968년에 985 선까지 다시 오르던 주가는 1970년에는 631 선까지 하락했고, 1971년 초에 940 선까지 다시 상승했다. 단, 개별 종목별로 고가와 저가가 형성되는 시기가 서로 다르므로, 다우존스 지수 전체의 변동폭은 종목별로 따져 보았을 때의 수치보다 적다는 점은 감안해야 한다. 그러나 보수적으로 잘 분산된 주식 포트폴리오의 경우에는 다우존스 지수 전체의 변동폭과 크게 다르지 않은 결과를 보였다. 일반적으로 이류 회사*의 종목들이 우량회사 종목보다 가격 변동폭이 크다. 하지만 이러한 경향은 현재 우량한 소형회사가 장기간 상대적으로 열악한 성과를 보인다는 뜻은 아니다. 회사 규모에 상관없이 투자자가 보유한 주식이 향후 5년간 저가에서 50% 이상 상승하거나 고가에서 3분의 1 이상 하락할 가능성을 미리 따지기는 어렵다. 그보다는 확률에 맡기는 편이 더 나을 것이다.**

신중한 투자자라면 날마다 또는 매월 일어나는 시장 변화를 잘 타면 갑자

---

* 그레이엄이 '이류 회사'라고 부른 예로는 현재 S&P500 지수 종목에 포함되지 않는 수많은 회사가 해당한다. S&P500 지수의 업데이트 목록은 www.standardandpoors.com에서 확인할 수 있다.

** 그레이엄이 보유 주식이나 시장 전체 상관없이 저가에서 50% 이상 상승하거나 고가에서 33% 이상 하락하리라 본 것은 가능성뿐만 아니라 확률을 의미한다는 점에 유의해야 한다. 이 점을 이해할 수 없다면, 또는 자신의 포트폴리오만큼은 마술처럼 비켜 갈 수 있으리라 생각한다면, 자신을 투자자라고 부를 자격이 없다. 그레이엄은 33% 하락을 50% 상승과 동일한 것으로 정의한다. 예를 들어, 10달러인 주가가 50% 상승하면 15달러가 된다. 그리고 15달러에서 33%, 즉 5달러의 손실을 입으면 원래 주가인 10달러로 돌아가게 된다.

기 부자가 될 수 있을 것이라 기대하지 않고, 또한 어느 순간 모든 것을 잃게 되지 않을까 노심초사하지도 않는다. 더 장기적이고 폭넓은 변동에 대해서는 어떨까? 이 경우에는 실질적인 문제와 함께 복잡한 심리적인 변수가 등장한다. 시세가 상당한 폭으로 상승하면 투자자는 당장 만족해하면서도 우려를 갖게 된다. 또한 더 큰 상승에 대한 유혹을 이기지 못하고 경솔하게 행동할 수도 있다. 현재 보유한 주식의 가격이 올랐다면 축하받을 일이다. 그로 인해 부자가 되었다면 이 역시 정말 좋은 일이다. 그런데 이제 어떻게 해야 할까? 가격이 너무 많이 올랐으니 주식을 팔아야 한다고 생각하는가? 아니면 저가일 때 더 사지 않은 것을 후회하는가? 아니면 투자자 사이에 만연하는 열망과 자만, 탐욕에 물든 채 시장 분위기에 휩쓸려 더 규모가 크고 위험한 매매에 뛰어들겠는가? 이것이야말로 정말 나쁜 선택이다. 답은 명료하다. "그러한 선택은 하지 말아야 한다." 하지만 현실은 그렇게 명료하지 않다. 독자 또한 유혹에 쉽게 넘어가는 많은 투자자 중 한 명이라는 사실을 명심해야 한다. 아무리 현명한 투자자라도 군중심리에 휩쓸리지 않으려면 대단한 의지력을 발휘해야 한다.

우리가 투자자의 포트폴리오에서 주식과 채권의 비율을 조정하는 데 기계적인 방법을 선호하는 것도 단순히 투자상의 이익이나 손실을 편리하게 계산하기 위함이 아니라 위에서 말한 인간의 본성을 최소화할 수 있기 때문이다. 무엇보다 기계적인 공식은 투자자에게 상황에 따라 '해야 할 일'을 알려 준다는 점에서 도움이 된다. 즉, 투자자는 시장이 상승하면 보유한 주식을 팔아서 채권으로 전환하고, 하락하면 반대로 채권을 팔아 주식으로 전환할 수 있다. 이처럼 구체적인 행동을 통해 투자자는 심리적으로 억눌린 '에너지'를 건전하게 분출할 수 있다. 올바른 투자자라면 그가 욕망에 휩쓸려 행동하는 다른 사람들과 정반대로 움직이고 있다는 사실에서 더 큰 만족감

을 얻을 것이다.[*]

사업가치평가 대 시장가치평가

시장 변동이 투자자의 실제 상황에 미치는 영향은 다양한 기업의 주식을
보유한 소액주주의 입장에서도 생각해 볼 수 있다. 상장주식을 보유한 사람
은 실제로 주주와 투자자라는 지위를 모두 갖고 있고, 그 지위를 선택해서
이용할 권리가 있다. 다른 한편으로 투자자는 개인 기업의 소액주주나 조용
한 동업자에도 빗댈 수 있다. 이때 투자자의 성과는 전적으로 회사 수익이나
자산의 내재가치 변동에 따라 달라진다. 투자자들은 보통 가장 최근의 대차
대조표상 순가치 중에서 자기 몫을 계산해 보고 개인 기업의 가치를 판단한
다. 반면, 보통주 투자자는 주권이라는 종이 한 장을 쥐고 있다. 매 순간 변
화하는 가격에 따라 팔 수 있는 이 주권은 대차대조표의 가치와는 동떨어진
경우가 많다.[**]

최근 수십 년간 전개된 주식시장의 변화에 따라 투자자들은 단순한 주주
의 지위를 넘어 시세 움직임에 더욱 민감하게 반응하기 시작했다. 투자자들
이 매수하기를 원하는 건실한 회사들은 순자산가치 또는 장부가치나 대차
대조표상의 가치를 훨씬 웃도는 가격으로 거래되는 경우가 많았기 때문이
다.[***] 따라서 주식 매매의 성패를 판가름하는 기준은 회사 상황보다 주식시장
자체가 되었다. 투자자들은 이제 시장 프리미엄을 감수하며 운명에 미래를

---

[*] 오늘날 투자자들이 이러한 '포뮬러'를 이상적으로 따를 수 있는 전략은 4장 논평에서 논의한 포트폴리오
조정이다.

[**] 현재 대부분의 기업이 별도로 요청할 때에만 인쇄된 형태의 주식 증서를 발급한다. 그 외 주식은 모두
전자 양식으로 존재한다. 은행계좌에 실제 현금이 아니라 전산화된 대차만 표시되는 것과 마찬가지다. 이
러한 변화로 주식 매매는 그레이엄 시절보다 훨씬 쉬워졌다.

맡기게 된 셈이다.

이러한 상황은 현재 투자에서 핵심적인 요소지만, 그만큼 주목을 받지는 못하고 있다. 주식시장의 가격형성 체계는 본질적으로 모순을 안고 있다. 회사 실적과 전망이 좋을수록 주가와 장부가치의 관련성은 적어진다. 또한 장부가치를 웃도는 프리미엄이 크면 클수록 내재가치를 결정하는 기준은 불확실해진다. 즉, 이러한 '내재가치'는 회사 실적이나 전망보다 주식시장의 분위기와 평가에 더 의존하게 된다. 따라서 회사가 잘될수록 주가는 더 크게 변동한다는 역설적인 결론에 도달하게 된다. 적어도 다른 일반 종목과 비교했을 때 우량주가 투기 위험을 더 안게 되는 이유도 바로 여기에 있다.*** 이 분석은 선도적인 성장주와 우량주를 비교할 때에도 적용될 수 있다. 단, 투기 성격이 지나치게 강한 종목의 경우는 해당 사업 자체가 투기이므로 여기에서는 논외로 한다.

지금까지 논의한 내용은 가장 탁월한 성과를 보이고 대중의 이목을 집중시키는 회사들 주식의 가격결정이 바람직하지 않은 방향으로 이루어지는 과정을 설명하고자 할 때 적용할 수 있다. 대표적인 사례 중에서도 압권은

*** 순자산가치, 장부가치, 대차대조표상의 가치, 유형 자산가치 등의 용어는 모두 순가치와 동의어다. 순가치란 기업의 현물 및 현금자산의 총가치에서 총부채를 차감한 것을 말한다. 이러한 가치는 기업의 연간 또는 분기 대차대조표를 기준으로 하여 총주주지분에서 영업권, 상표권 등의 모든 무형자산(soft asset)을 차감함으로써 구할 수 있다. 이를 희석 발행주 수로 나누면 주당 장부가치가 된다.

**** 그레이엄이 여기에서 '역설(paradox)'이라는 용어를 사용한 것은 1957년 9월 《저널 오브 파이낸스(The Journal of Finance)》 12권 3호 348쪽부터 365쪽에 실린 데이비드 듀랜드(David Durand)의 고전적 논문인 "성장주와 피터즈버그 패러독스(Growth Stocks and the Petersburg Paradox)"에 빗대어 말한 것으로 보인다. 이 논문은 고가의 성장주에 투자하는 것을 매번 상금이 올라가는 동전 던지기 게임에 비유했다. 듀랜드에 따르면, 성장주가 고성장을 무한히 이어 갈 수 있다면 이론적으로 볼 때 투자자는 그 주식에 무한히 상승하는 가격도 기꺼이 지불할 수 있어야 한다. 하지만 그렇게 무한히 상승하는 가격으로 팔리는 주식은 찾아볼 수 있다. 왜 그럴까? 미래 성장률이 높게 평가될수록 예상 기간은 길어지고, 실수의 여지가 클수록 아주 작은 계산 착오라도 투자자가 치러야 할 대가는 더 커지기 때문이다. 그레이엄은 부록 4에서 이 문제를 좀 더 상세히 다루고 있다.

단연 IBM이다. IBM의 주가는 1962년과 1963년 사이 7개월 만에 607에서 300으로 하락했고, 두 차례의 주식분할 이후 1970년에 그 가격은 387에서 219까지 하락했다. 최근 수십 년간 아주 인상적인 수익을 창출한 바 있는 제록스도 1962년과 1963년 사이에 171에서 87로 떨어졌고, 1970년에는 116에서 65까지 하락했다. 그러나 가격이 큰 폭으로 떨어졌다고 해서 이 결과가 IBM이나 제록스의 장기 성장 전망이 비관적이라는 것을 의미하지는 않았다. 그보다는 이 회사들의 탁월한 성장 전망에 주식시장이 매긴 프리미엄을 확신하지 못한다는 것을 보여 주었다.

이제 보수적인 주식투자자에게 정말 중요한 결론에 도달하게 된다. 특별히 신중하게 포트폴리오를 구성하고자 하는 투자자라면 합리적인 근거에 따라 유형 자산가치에 거의 근사한 가격에서 거래되는 종목들에 집중하는 것이 가장 최선일 것이다. 여기에서 근사치란 유형 자산가치의 3분의 1을 넘지 않는 수치를 말한다. 이 수준 이하에서 종목을 매수했다면 비교적 회사의 대차대조표에 근거하고, 주식시장에서 개별적인 가격 변동에 정당성을 설명할 수 있는 종목이라고 볼 수 있다. 장부가치 이상의 프리미엄은 상장주식이라는 이점과 이에 따른 시장성에 지급되는 일종의 추가요금이다.

여기에 한 가지 유의할 점이 있다. 자산가치에 근사한 가격으로 주식을 매수했다고 해서 안전한 투자라고 장담할 수는 없다. 여기에 덧붙여 투자자는 만족스러운 주가수익비율, 건실한 재무상태, 수익의 향후 지속성 등을 살펴보아야 한다. 독자들은 이미 적정한 가격에 거래되는 주식을 매수한 마당에 우리가 너무 많은 것을 요구한다고 생각할지도 모른다. 그러나 주가가 위험할 정도로 상승한 상황이 아니라면 생각보다 그렇게 번거로운 기준은 아니다. 일단 투자자가 평균 기대성장률보다 지나치게 높은 결과를 기대하지만 않는다면, 이 기준에 맞는 종목을 선택하는 것 또한 크게 어렵지는 않을 것이다.

종목 선택에 관해서는 14장과 15장에서 다시 언급할 것이다. 여기에서는 1970년 말 다우존스 지수에 편입된 종목 중 절반 이상이 앞서 제시한 자산가치 기준에 적합하다는 것을 보여 주는 자료를 제시하겠다. AT&T처럼 가장 많은 투자자가 보유하고 있는 종목들은 실제로 유형자산가치보다 낮은 수준에서 거래된다. 또한 전력회사들의 주식은 다른 이점까지 더해져 1972년 현재 대부분 자산가치에 가까운 가격으로 살 수 있다.

이처럼 장부가치에 근사한 주식 포트폴리오를 보유한 투자자는, 수익 및 유형 자산에 비해 훨씬 높은 배수로 주식을 매수한 투자자보다 주식시장의 변동을 훨씬 독립적이고 초연한 자세로 지켜볼 수 있다. 보유 주식이 별다른 문제없이 수익을 창출하는 한 변덕스러운 시장 변동에 일희일비할 필요가 없기 때문이다. 때로는 이러한 주가 변동을 틈타 저가매수 고가매도라는 게임을 능숙하게 즐길 수도 있다.

A.&P.의 사례

이쯤에서 색다른 사례 한 가지를 살펴보자. 벌써 여러 해 전의 일이지만 지금도 회사나 투자자에게 다양한 시사점을 던져 준다. A.&P.Great Atlantic & Pacific Tea가 바로 이 사례의 주인공이다.

A.&P.의 주식은 1929년에 미국증권거래소American Stock Exchange의 전신인 장외시장에 처음 상장되어 494의 고가에 매매되었다. 전반적으로 폭락세를 보인 1932년에도 이 회사는 전년도와 비슷한 수준의 높은 수익을 올렸지만, 주가는 104까지 곤두박질쳤다. 1936년에는 111과 131 사이를 오가더니, 1938년에는 경기 후퇴와 약세장의 이중고 속에서 새로운 저점을 기록하며 36까지 폭

락했다.

이 종목의 주가 움직임은 상당히 특이했다. A.&P.는 보유 현금만 8500만 달러, 운전자본, 즉 순유동자산은 1억 3400만 달러에 이른다고 공시했음에도 불구하고, 우선주와 보통주를 합한 시가총액은 1억 2600만 달러에 머물렀다. A.&P.는 여러 해 동안 연이어 탁월한 수익을 기록한 미국 최대의 소매 회사였다. 하지만 1938년에 월스트리트가 이 회사에 내린 평가는 인색했다. 마치 청산 절차 중인 회사를 대하는 것 같았다. 왜 그랬을까? 월스트리트에서 전하는 세 가지 이유는 연쇄점에 대한 특별세 부과 우려와 이 회사의 전해 순이익 감소 및 전체 주식시장의 침체였다. 이 중 첫 번째 이유는 과장되고 근거 없는 기우에 불과한 것으로 밝혀졌다. 다른 두 가지는 회사나 시장에서 전형적으로 볼 수 있는 일시적인 요인이었다.

어떤 투자자가 1937년에 A.&P.의 보통주를 5년 평균수익의 12배, 다시 말해 약 80 수준에 매수했다고 가정하자. 수익이 36까지 떨어진 것이 이 투자자에게 중요한 일이 아니라고 주장하는 것이 아니다. 이 투자자는 제대로 된 조언을 들으며 전체적인 그림을 통해 계산이 잘못되지 않았는지 신중하게 살펴보았어야 했다. 그러나 자신의 조사 결과에 확신이 든다면, 금융계의 일시적인 변덕으로 발생하는 시장 침체는 무시하고 넘어갈 수 있다. 무엇보다 투자자는 이러한 조사 결과에 확신을 가져야 한다. 단, 여유 자금이 충분하거나 이 틈에 할인 가격으로 제공되는 종목을 더 사 둘 용기가 있다면 사정은 다를 수 있다.

이후 결과와 반성

그다음 해인 1939년에 A.&P.의 주가는 117.5까지 상승했다. 1938년 최저가의 3배이자 1937년 평균주가를 훨씬 웃도는 수준이다. 이와 같은 주가

급반전은 종종 볼 수 있는 일이지만, A.&P.의 경우는 경이로운 면이 있었다. 1949년 이후부터 이 식료품 연쇄점은 시장의 상승세에 힘입어 10분의 1로 분할한 주식이 1961년에는 1938년 705와 같은 수준인 70.5까지 상승했다.

여기에서 주목해야 할 점은 70.5라는 주가는 1961년 이익의 30배에 달한다는 사실이다. 같은 해 다우존스 지수의 주가수익비율은 23배 수준이었다. A.&P.의 이처럼 높은 주가수익비율은 수익증가에 대한 시장의 기대 심리가 반영된 것이라고 보는 것이 옳다. 그러나 이와 같은 낙관론이 회사 수익 전망에 대한 논리적 정당성을 보장할 수는 없다. A.&P.의 경우에 결과는 그와 정반대로 드러났다. 이 회사의 수익은 시장의 기대처럼 급증하지 않았고, 오히려 이듬해부터 전반적인 감소 추세로 돌아섰다. 주가가 70.5를 기록한 이후, 다음 해에는 절반 이상 하락한 34를 기록하였다. 물론 할인 등급으로 평가되었던 1938년과는 사정이 달랐다. 하락세는 여기에서 그치지 않았다. 여러 번 등락을 거듭한 후, 1970년에는 21.5, 1972년에는 18까지 하락하였다. 이 시기에는 사상 최초로 분기 적자를 기록하기도 하였다.

A.&P.의 사례는 한 세대 남짓한 기간에 미국의 주요 대형회사가 얼마나 큰 주가 변동을 겪을 수 있는지 잘 보여 준다. 또한 일반 투자자들이 주식을 평가하는 과정에서 보일 수 있는 오산과 지나친 낙관론, 회의론을 모두 망라한다. 1938년에 이 회사의 주식은 아무도 거들떠보지 않았지만, 1961년에는 말도 안 되는 고가에라도 이 주식을 사지 못해 안달하는 투자자들로 넘쳐났다. 이후에 주가는 시장가치의 절반으로 폭락했고, 몇 년 후까지 상당한 폭의 하락세가 이어졌다. 이 시기를 거치며 A.&P.가 자랑하던 대규모 수익은 평범한 수준으로 전락했다. 경기가 좋았던 1968년에도 1958년 수준에 미치지 못했고 주식 배당 또한 미미한 수준이었다. 잉여금도 추가로 늘리지 못했다. 한마디로, A.&P.는 1938년보다 1961년과 1972년에 회사 규모가 커

졌지만, 사업 성과나 수익은 예전에 미치지 못했다. 당연히 투자자들에게 매력적이지도 않았다.[*]

A.&P.의 사례에서 우리는 두 가지 중요한 교훈을 얻을 수 있다. 첫째, 주식시장의 평가가 항상 옳은 것은 아니다. 기민하고 대담한 투자자들은 시장의 오판을 역이용하여 기회를 잡을 수도 있다. 둘째, 대부분의 기업은 장기간에 걸쳐 사업의 특성이나 투자 등급에 변화가 생긴다. 더 긍정적인 방향으로 변화할 수도 있지만, 반대 상황도 발생한다. 투자자는 자신이 투자하는 회사의 성과를 빈틈없이 감시할 필요는 없더라도 수시로 엄격한 기준에 근거해 평가해야 한다.

이제 다시 상장주식을 보유한 사람과 개인 사업을 하는 사람을 비교해 보자. 직접 사업을 하는 사람과 달리 주식을 보유한 사람은 동업자 관점에서 투자한 기업의 지분을 일부 소유한 주주의 입장을 선택할 수도 있지만, 언제든지 원하는 가격이 형성될 때 보유한 주식을 처분할 수 있는 주식 소유자 정도로 선을 그을 수도 있다.

어느 경우든 한 가지 중요한 사실이 있다. 진정한 투자자라면 섣불리 주식을 팔려고 하지 않을 것이며, 적합한 기준에 따라 언제든지 시장가격을 무시할 수 있다. 진정한 투자자는 주식의 '시장가격이 자신의 장부가치에 맞을 때'에만 관심을 보이고 적절한 행동을 취한다.[**] 그렇지 않은 경우라면 움직일 필요가 없다고 생각한다. 진정한 투자자의 자세를 갖추지 못한 이들은 정

---

[*] A.&P.의 최근 역사도 별반 다르지 않다. 1999년 말 주가는 약 27달러 88센트였고 2000년 말에는 7달러였다. 1년 후 23달러 78센트까지 상승했지만 2002년 말에는 8달러 6센트로 떨어졌다. 나중에 회계부정 사건이 드러나기도 했지만, 식료품 기업은 상대적으로 안정적이라는 기대치를 뒤엎고 이 회사의 가치는 1년 사이에 4분의 3까지 떨어지고, 다음 해에는 3배 상승하더니 그 이후에는 3분의 2까지 다시 하락하며 요동쳤다.

[**] 여기에서 '시장가격이 자신의 장부가치에 맞을 때'라는 말은 '주가가 주식 매도를 정당화할 만큼 충분히 올랐을 때'를 의미한다. 증권 용어로 '장부(book)'란 투자자의 주식 보유나 매매를 기록한 원장을 말한다.

반대로 명확한 근거 없이 보유한 주식의 가격이 떨어질 때 쓸데없이 걱정하거나 성급하게 매도하여 더 큰 손실을 자초한다. 이렇게 조급한 투자자들이라면 주식 시세 정보가 아예 없는 편이 나을지도 모른다. 적어도 다른 사람들의 잘못된 판단으로 정신적인 고통에서 시달릴 일은 없을 것이기 때문이다.[***]

1931년부터 1933년까지 이어진 침체기에 실제로 이러한 상황이 발생했다. 당시 투자자로서는 시세가 형성되지 않는 비상장 주식을 소유하는 편이 심리적인 안정을 찾기에 더 유리했다. 예를 들어, 계속 이자를 지불하는 부동산 우선담보권을 가진 사람들은 부동산 시세가 존재하지 않기 때문에 적어도 투자원금은 지키고 있다며 스스로를 위로할 수 있었다. 반면, 훨씬 나은 신용등급과 내재가치를 지닌 상장 회사채를 보유한 투자자들은 시세가 폭락할 때마다 크게 위축되고 결국 가난해지고 말 것이라며 불안에 떨어야 했다. 또한 낮은 가격의 종목이라도 상장주를 보유한 투자자의 사정은 그보다 나았다. 적어도 때가 되면 가진 종목을 팔아 더 저평가된 종목과 교환할 수 있었기 때문이다. 이렇게 심리적 안정을 상대적으로 지킬 수 있는 투자자들은 잦은 시장 변동에 큰 의미를 부여하지 않고 무시할 수 있었다. 그러나 시세가 없다는 이유만으로 보유한 주식의 가치가 감소하지 않는다고 단정할 수는 없다.

1938년 A.&P.의 경우로 다시 돌아가 보자. 주가하락이 내재가치의 감소에서 비롯된 것이 아니라면, 가격이 떨어진 주식을 매도하여 실제로 금전적인 손실을 본 것이 아닌 이상 이러한 가격 하락으로 투자자가 손실을 입었다

[***] 이 문단은 그레이엄이 평생 겪은 경험을 요약하며 책 전체의 핵심을 꿰뚫고 있다. 투자자들이 이 문단에만 매달릴 수는 없지만, 약세장에서는 마치 슈퍼맨의 능력을 약화시키는 가상의 화학원소 크립토나이트처럼 심리적인 영향을 완화하는 효과를 볼 것이다. 따라서 이 문단이 담고 있는 내용을 투자 인생의 지침으로 삼는다면, 시장이 어떻게 움직이더라도 투자자는 그 틈에서 살아남을 수 있다.

고 말할 만한 근거는 없다. 내재가치에 이상이 없는 한 시간이 지나면 적어도 1937년 수준이나 그 이상으로 회복하리라고 기대하는 것이 바람직하다. 실제로 그다음 해에 A.&P.의 주가는 회복되었다. 이렇게 시세가 회복될 때까지 A.&P. 주식을 계속 보유한 투자자들이 거둔 성과는 혼란스러운 환경에서도 적어도 시세에 신경 쓰지 않고 비상장 개인 기업의 주식을 보유한 투자자들만큼은 되었다. 물론 이렇게 큰 손실을 피한 경우라 하더라도, 1938년의 불황 여파로 입은 보유 주식의 일부 손실에 대해 회사 사정에 따라 마음을 비울 수 있는 투자자들도 있겠지만 그렇지 못하는 이들도 있을 것이다.

주식투자의 가치접근법을 비판하는 이들은 상장주를 개인 회사의 비상장주와 같은 선상에서 논의할 수는 없다고 주장한다. 주식시장이 조직적으로 개입하면서 지분소유권과 관련하여 상장주에는 '유동성'이라는 중요한 새로운 속성이 더해지기 때문이다. 여기에서 유동성이 의미하는 바는 다음과 같다. 첫째, 투자자는 '주식의 가치를 구체적으로 이해하지 못하더라도' 주식시장이 매일 자신이 보유한 주식을 대신 평가해 주는 편의를 누릴 수 있다. 둘째, 투자자는 임의로 시장의 일별 가격에 따라 투자 규모를 늘리거나 줄일 수 있다. 이처럼 투자자는 시장가격에 기반을 두어 형성되는 새로운 선택권을 이용할 수 있다. 그러나 다른 경로로 가치를 파악하고자 하는 투자자는 현재 시세에 얽매일 필요는 없다.

이 이야기는 한 가지 일화를 소개하면서 끝맺고자 한다. 어떤 투자자가 개인 회사에 1,000달러 정도의 지분을 가지고 있다고 가정하자. 이 투자자의 파트너인 미스터 마켓Mr. Market은 아주 친절한 사람이다. 그는 이 투자자가 보유한 주식 가치에 대해 매일 의견을 전하고 어떤 수준에 다다르면 이 투자자의 지분을 사들이겠다거나 추가로 주식을 팔겠다는 식의 제안을 한다. 이 투자자는 미스터 마켓이 내리는 가치평가가 회사의 실적이나 전망 면에서 어느 정도 타당성이 있다고 생각한다. 하지만 간혹 미스터 마켓은 욕심이나 조급함과 같은 감정에 치우치기도 하고, 그 때문에 그가 제안하는 가치는 불합리해 보일 수도 있다.

이 투자자가 신중하고 현명하다면 1,000달러 가치를 지닌 보유 주식에 대한 판단을 미스터 마켓이 매일 전하는 의견과 정보에 고스란히 맡길 수 있을까? 아마 미스터 마켓의 의견에 동의하거나 그와 거래할 필요가 있다고 생각하는 경우에만 귀를 기울일 것이다. 미스터 마켓이 제시하는 가격이 아주 높다고 생각하면 주저 없이 그에게 주식을 넘길 것이다. 반대로 아주 낮은 가격을 제시하면 주식을 더 매입할 수도 있다. 그러나 이렇게 특별히 매력적인 가격을 제시하는 경우가 아니라면 투자자가 보유한 지분의 가치는 해당 회사의 영업실적이나 재무상태를 기초로 스스로 판단하는 것이 현명하다.

진정한 투자자라면 상장주를 보유했을 때 이와 같이 처신한다. 자신의 판단에 따라 매일 변동하는 시세를 이용할 수도 있고 무시할 수도 있다. 그러나 판단 근거가 되는 중요한 가격 동향은 예의 주시해야 한다. 이 동향은 투자자에게 위험신호를 전할 수도 있다. 보통 위험신호는 '가격 하락으로 상황이 더욱 나빠질 것으로 전망되기 때문에 주식을 매도'해야 한다는 의미로 받아들여진다. 우리가 볼 때 이 신호는 도움이 되기도 하지만, 투자자의 판단을 그르치는 경우도 적지 않다. 기본적으로 진정한 투자자에게 가격 변동은 하나의 중요한 의미로 수렴된다. 즉, 가격 변동을 통해 투자자는 가격이 급격히 하락할 때 주식을 추가로 매수하고, 급상승할 때 현명하게 매도할 기회를 노릴 수 있다. 이처럼 급격한 변수가 발생하는 때가 아니라면 변덕스러운 가격에 대한 관심은 접어두고 대신 배당수익과 회사의 영업 성과에 주의를 기울이는 편이 더 효율적이다.

요약

투자자와 투기자의 가장 뚜렷한 구분은 주식시장 동향에 대한 태도에서 찾을 수 있다. 투기자의 가장 큰 관심사는 시장 변동을 예측하고 그로부터 이익을 취하는 것이다. 반면, 투자자는 적합한 주식을 적정한 가격에 매수하여 보유하는 데 관심을 둔다. 투자자에게 있어서 시장 동향은 실질적인 의미에서 매우 중요하다. 시장에서는 매수에 적합한 낮은 가격과, 매수보다는 매도에 집중하는 편이 나을 것으로 판단되는 높은 가격이 번갈아 형성되기 때문이다.

일반 투자자에게 주가가 충분히 낮아질 때까지 매수를 마냥 유보하라고만 충고하기는 어렵다. 여유 자금이 충분하지 않은 일반 투자자는 그만큼 오래 기다리는 사이 다른 수익이나 투자 기회를 상실할 수도 있기 때문이다. 따라서 시세가 확고한 가치 기준에 근거하여 정당화할 수 없을 정도로 높은 수준으로 형성되는 때가 아니라면, 투자자들 입장에서는 여유 자금이 있을 때마다 적당한 주식을 매수하는 편이 더 좋을 수도 있다. 더 현명한 투자를 하고 싶다면 할인 기회를 제공하는 개별 종목을 탐색할 수도 있다.

전체 시장 동향을 예측하는 것과는 별도로 월스트리트에서 많은 노력을 기울이는 것이 바로 머지않은 미래에 가격 면에서 경쟁력 있는 좋은 주식이나 업종을 찾는 작업이다. 이러한 노력은 얼핏 매우 논리적인 것처럼 보인다. 그러나 진정한 투자자의 욕구나 기질에는 맞지 않는다. 기본적으로 이러한 작업은 주식시장의 수많은 트레이더나 일류 투자분석가와의 경쟁을 의미하는 것이기 때문이다. 더군다나 회사의 내재가치보다 가격 동향에 먼저 집중하는 방식은 결국 자포자기식의 결과로 이어질 수 있다. 월스트리트의 고급 두뇌들이 이미 과거에 오랫동안 겪은 과정이다.

안전한 주식으로 구성된 포트폴리오를 보유한 투자자는 시장가격의 변동을 미리 감안하고, 가격이 큰 폭으로 오르내리더라도 쉽게 흥분하거나 우려해서는 안 된다. 투자자는 시세의 존재 가치는 어디까지나 이용자의 편의를 위한 것이라는 점을 기억해야 한다. 주가가 올랐다고 해서 사거나 내렸다는 이유만으로 팔아서는 안 된다는 말이다. 다음 격언이 쉽게 이해된다면 투자자로서 바람직한 자세를 가졌다고 보아도 된다. "주식은 큰 폭으로 상승한 직후에 사지 말고 큰 폭으로 하락한 직후에 팔지 말라!"

추가 고려사항

경영자 성과에 대한 평가 척도로써 평균 시장가격의 중요성에 대해 언급해야 할 것이 있다. 배당금과 시장가격의 장기적인 동향은 주주의 투자 성공 여부뿐만 아니라, 회사 경영의 효율성과 주주를 대하는 태도의 건전성을 평가하는 데에도 기준이 된다.

이러한 기준은 진부하게 들릴지 모르지만 강조할 필요가 있다. 회사 경영에 대한 시장평가를 파악할 별다른 공인된 기법이나 접근법이 없기 때문이다. 그런가 하면 경영자들은 주식의 시장가치에 발생하는 변동은 자신들의 책임이 아니라고 주장해 왔다. 물론 회사에 내재된 조건이나 가치와 별개로 발생하는 가격 변동도 존재한다. 그러나 만족스럽지 못한 주가 수준이 장기화되는 등 이러한 가격 변동이 시장가격 전체에 영향을 미치게 된다면 경영자가 회사 주주들을 보호하기 위해 그만큼 노력하지 않았다는 비판을 면하기 어렵다. 올바르게 경영했다면 적정한 평균 시장가격이 형성될 것이고, 그렇지 않다면 시장가격은 나빠질 것이다.*

---

* 그레이엄은 현재 우리가 '기업 지배구조(corporate governance)'라고 부르는 것에 대해 훨씬 많은 이야기를 했다. 19장 논평을 참조하라.

채권가격의 변동

채권투자자가 장기채권에 투자하였다면 원금과 이자의 안전성은 비교적 보장되더라도 이자율의 변동에 따라 시장가격이 크게 변할 수 있다는 것을 유의해야 한다. 〈표 8-1〉에는 1902년 이후 우량회사채와 비과세채권의 수익률이 정리되어 있다. 개별 채권으로는 당시 대표적인 철도채권이었던 두 종목의 가격 변동을 덧붙였다. 수십 년 동안 대표적인 만기상환채권의 위치를 고수한 종목들로, 1995년 만기에 표면금리 4%인 애치슨 토피카&산타페 일반저당채권과 Baa급 장기채권으로 2047년 만기, 표면금리 3%의 노던 퍼시픽 레일웨이의 채권이다. 노던 퍼시픽 레일웨이 채권의 경우 만기는 무려 150년이나 된다.

채권수익률과 채권가격은 역의 상관관계에 있으므로 높은 수익률은 곧

〈표 8-1〉 대표적인 두 채권의 1902~1970년 수익률 및 가격 변화

채권수익률			채권가격		
연도	S&P AAA 등급 종합	S&P 지방채	연도	애치슨 토피카 &산타페 만기 1995년, 표면이율 4%	노던 퍼시픽 만기 2047년, 표면이율 3%
1902년 저점	4.31%	3.11%	1905년 고점	105.5	79
1920년 고점	6.40	5.28	1920년 저점	69	49.5
1928년 저점	4.53	3.90	1930년 고점	105	73
1932년 고점	5.52	5.27	1932년 저점	75	46.75
1946년 저점	2.44	1.45	1936년 고점	117.25	85.25
1970년 고점	8.44	7.06	1939~ 1940년 저점	99.5	31.5
1971년 종료	7.14	5.35	1946년 고점	141	94.75
			1970년 저점	51	32.75
			1971년 종료	64	37.25

낮은 가격을 의미한다. 1940년에 표면금리 3%인 노던 퍼시픽 레일웨이 채권은 안전성을 의심받기 시작하면서 가격이 하락하기 시작했다. 몇 년 후에 이 채권은 사상 최고가를 기록했고, 곧 전반적인 시장이자율 상승으로 최고가 대비 3분의 2가 폭락하였다. 당시 가격 변동은 매우 이례적인 일이었다. 이와 같은 가격 변동은 지난 40년 동안 최고등급 채권들에서도 재현되었다.

단, 채권가격은 계산된 수익률과 같은 비율로 변동하지 않는다는 점을 유의해야 한다. 100% 만기 가치가 시장 영향을 중화하는 역할을 하기 때문이다. 그러나 노던 퍼시픽 레일웨이 채권처럼 만기가 아주 긴 경우에는 채권수익률과 가격이 거의 동일한 비율로 변한다.

1964년 이후 우량채권 시장에서는 '양쪽 방향'으로 기록적인 가격 변동이 있었다. 비과세 '우량지방채'는 1965년 1월 3.2%였던 수익률이 1970년 6월에 7%까지 오르며 2배가 넘는 수익률 상승을 기록했다. 채권가격은 같은 비율로 110.8에서 67.5까지 하락했다. 1970년 중반 우량장기채 수익률은 200년 미국 경제 역사상 어느 때보다도 높은 수준을 기록했다.* 오랜 강세장이 시작되기 25년 전인 1948년에 채권수익률은 사상 최저 수준이었다. 장기지방채는 1%에도 못 미치는 수준에서, 회사채는 2.4% 수준에서 거래되었다. 이전에 '정상적인' 회사채수익률로 간주했던 수치는 4.5%에서 5%대였다. 월스트리트에서 잔뼈가 굵은 사람들은 뉴턴의 '작용과 반작용의 법칙'이 주식시장에서 재현되는 시기를 여러 차례 목격했다. 그중에서도 가장 주목할 만한 시기는 1921년부터 1932년까지였다. 이 시기에 다우존스 지수

---

* 그레이엄이 '역의 법칙(rule of opposite)'이라고 부른 원칙에 따라 2002년에 미국 재무부 장기채권의 수익률은 1963년 이후 최저치를 기록했다. 채권수익률은 가격과 역으로 움직이므로 이처럼 낮은 수익률은 곧 가격 상승을 의미한다. 채권가격이 가장 비싸고 미래수익률이 낮을 것이 거의 확실할 때 투자자들은 채권 매수에 가장 열심히 뛰어든다. 이러한 현상은 현명한 투자자라면 시장 변동에 따라 의사결정을 해서는 안 된다는 그레이엄의 교훈을 다시 한 번 반증한다.

는 1921년부터 1929년까지 64에서 381로 크게 상승했지만, 1932년에는 41로 폭락했다. 특이한 점은 이러한 여파가 과거에 급격한 변동을 보이지 않았던 우량채권 가격과 수익률에까지 이어졌다는 사실이다. 여기에서 얻을 수 있는 교훈은 다음과 같다. "이전과 똑같이 반복되는 것 중 월스트리트에서 중요한 것은 아무것도 없다." 우리가 즐겨 사용하는 속담에 이런 말이 있다. "변하면 변할수록 같은 것이 더 많아진다." 여기에서 변화의 중요성을 지적한 앞부분이 바로 우리가 여기에서 얻은 교훈을 암시한다.

주가 동향을 예측하는 일이 거의 불가능하다고 한다면, 채권 동향 예측은 완전히 불가능하다. 채권의 과거 동향을 통해 강세장이나 약세장이 언제쯤 끝날지는 짐작할 수 있다. 그러나 이자율과 가격 변화를 예측할 단서는 어디에도 없다. 따라서 장기채와 단기채 어떤 것에 투자할지는 주로 투자자의 개인 판단에 따라 결정해야 한다. 채권의 시장가치가 하락하지 않을 것이라고 확신하는 투자자에게 최선의 선택은 미국 저축채권과 시리즈 E 및 시리즈 H다. 이 두 가지 채권의 표면금리는 앞서 설명한 바와 같이 모두 5%다. 시리즈 E는 5.8년, 시리즈 H는 10년 만기이며 되팔 때 그 이상의 가치를 보장받을 수 있다.

우량장기회사채에서 7.5% 또는 비과세지방채에서 5.3%의 수익률을 기대하는 투자자는 가격 변동 가능성에 대비해야 한다. 은행과 보험회사에서는 시장가격이 아닌 '상각후 원가amortized cost'에 근거하여 우량채권을 평가한다. 이 방식을 개인투자자가 직접 적용해 보는 것도 좋은 생각이다.

전환사채와 우선주의 가격 변동은 (1) 보통주의 가격 변화, (2) 발행회사의 신용도 변화, (3) 일반적인 시장이자율 변화 등 세 가지 원인에 따라 이루어진다. 전환 종목은 최고 신용등급에 한참 못 미치는 회사들이 발행하는 경우가 많았다.* 그중 일부는 투자 심리가 위축되었던 1970년에 큰 타격을 입었다. 결과적으로 최근 전환 종목 중 대부분에 미친 불안한 영향은 3배나 더 심각했고, 가격 변동폭은 비정상적으로 확대되었다. 따라서 투자자는 안정성과 가격이 보장되는 우량채권이나 보통주의 가격 상승에 따른 차익을 노릴 수 있는 전환사채를 찾으려는 기대는 접는 것이 좋다.

이제 '미래의 장기채권'과 관련한 제언을 해야 할 때다. 이자율 변동에 따른 수익을 채권자와 채무자가 공평하게 나눌 수는 없을까? 한 가지 가능한 방법은 시장이자율에 따라 연동되는 이자를 지급하는 장기채권을 발행하는 것이다. 이때 예상되는 결과는 다음과 같다. (1) 채권을 발행한 회사의 신용 등급이 유지되는 경우 투자자는 항상 약 100의 원금 가치를 보장받을 수 있다. 그러나 이자는 새로운 종목에 적용되는 이자율에 따라 달라진다. (2) 발행회사는 잦은 갱신이나 상환으로 발생하는 비용이 절감되는 장기채무의 이점을 누릴 수 있으나, 역시 이자비용은 해마다 달라진다.**

지난 10여 년간 채권투자자들은 점점 더 어려운 선택을 해야 했다. 원금 가치의 안정성은 보장되지만 이자율이 변동하고 대개는 단기간에 낮은 이자를 지급하는 채권을 선택할 것인가, 아니면 원금 가치의 하락폭은 클 수 있지만 이자율이 고정된 채권을 선택할 것인가? 대부분의 투자자에게 있어서 최고의 선택은 아마 이 두 가지 조건을 적절히 혼합할 수 있고 20년 동안 원리금도 적정 수준에서 보장받을 수 있는 종목이 될 것이다. 이러한 조건은 새로운 형태의 채권 약정을 통해 어렵지 않게 설정할 수 있다. 실제로 미국

---

* 채권에서 무디스가 부여하는 최상위 등급 세 가지는 Aaa, Aa, A다. S&P는 AAA, AA, A등급을 적용한다.

** 이 아이디어는 이미 유럽에서 일부 적용되고 있다. 이탈리아 정부 소유의 전기에너지 종목에 대한 1980년 만기 '보장형 변동금리 대출'이 그러한 예다. 1971년 6월에 뉴욕에서는 다음 6개월 동안 연간 8.125%의 이자가 지급될 것이라고 발표했다. 이처럼 유동적인 조건이 토론토-도미니온 뱅크(Toronto-Dominion Bank)의 1991년 만기 '7%에서 8% 채권'에 적용된 적도 있었다. 이 채권은 1976년까지 7%를 지급하고 이후에 8%를 지급하지만, 채권 소유주의 선택에 따라 1976년 7월에 원금이 지급될 수도 있다.

정부도 원래의 저축채권과 더 높은 이자율로 만기를 연장하는 조건을 결합함으로써 이와 비슷한 조율을 한 적이 있다. 여기에서 우리가 제안하는 조건은 저축채권보다 장기간에 걸친 투자 기간을 가질 것과 더 큰 유연성을 보장하는 이자율 도입이다.*

비전환우선주에 대해 논의하는 것은 큰 의미가 없다. 세법상 특별한 지위를 갖는 이 종목은 개인보다는 보험회사와 같은 법인이 보유하는 편이 더 낫기 때문이다. 신용등급이 낮은 불량채권은 가격 변동의 폭이 언제나 크다. 변동 비율은 주식과 크게 다르지 않다. 이 채권에 대해서는 여기에서 논의하지 않겠다. 1968년 12월부터 1970년 12월까지 등급이 낮은 비전환우선주의 가격 변동은 16장 〈표 16-2〉에서 확인할 수 있다. 같은 기간 S&P 지수의 하락률은 11.3%인 것에 반해 이 채권들의 평균 하락률은 17%에 달했다.

---

* 2장 논평과 4장 논평에서 언급한 것처럼, 재무부 발행 물가연동채권(TIPS)은 그레이엄이 여기에서 제안한 내용에서 더욱 개선된 새로운 상품이다.

8장 논평

인기를 바라는 사람들의 행복은 다른 사람들의 손에 달려 있다. 즐거움을 추구하는 사람들의 행복은 자신들이 통제할 수 없는 분위기에 좌우된다. 그러나 현명한 사람들의 행복은 자신의 자유로운 행동에서 비롯된다.

마르쿠스 아우렐리우스(Marcus Aurelius)

지킬 박사와 미스터 마켓

시장에서 매겨지는 주식가격은 대부분 정확한 편이다. 가격을 흥정하는 수많은 매수자와 매도자가 기업가치를 평가하는 작업은 상당히 신뢰할 만하다. 일반적으로는 그렇다. 그러나 시장에서 형성된 가격이 올바르지 않을 때도 있다. 가끔은 아주 큰 차이로 틀리기도 한다. 주가가 잘못 평가되는 상황을 이해하려면 그레이엄이 소개한 미스터 마켓이라는 가상인물을 파악해야 한다. 미스터 마켓은 지금까지 제기된 어떤 모델보다도 이러한 현상을 가장 효과적으로 설명해 주는 매개체다.[1] 조울증을 앓고 있는 미스터 마켓이 주가를 평가할 때는 다른 평가 전문가들이나 개인 매수자들이 사용하는 방법에만 의존하지 않는다. 주가가 오르면 서슴없이 목표가보다 높은 가격을 매기고, 주가가 하락하면 정당한 가치 이하로 주식을 처분한다.

---

1 8장에 소개된 "A.&P.의 사례" 중 뒷부분을 참고하라.

주변에 미스터 마켓과 같은 인물이 아직도 있는가? 그에게서 조울증 기질이 보이는가? 분명히 그럴 것이다.

2000년 4월 17일, 인터넷 검색 소프트웨어 회사인 잉크토미Inktomi Corp.의 주식은 231달러 63센트로 최고가를 기록했다. 1998년 6월에 상장된 이후 이 회사의 주가상승률은 무려 1,900%에 달했다. 1999년 12월 이후 몇 주 사이에만 거의 3배가 오른 것이다.

잉크토미 주식이 높이 평가된 근거는 무엇이었을까? 답은 명확하다. 1999년 12월까지 3개월간 잉크토미는 제품 및 서비스 영업을 통해 3600만 달러의 판매 실적을 올렸다. 1998년 한 해 동안 거둔 실적보다도 많았다. 만약 잉크토미가 지난 12개월간의 성장률을 향후 5년간 유지한다면, 회사 수입은 분기당 3600만 달러에서 매월 50억 달러로 폭증할 것으로 예상되었다. 이처럼 명확한 실적에 근거해 주가가 빠르게 오를수록 이 회사가 더 크게 성장하리라는 믿음도 더욱 커졌다.

그러나 잉크토미 주식의 성장을 맹신하는 사이 미스터 마켓은 이 회사에 대한 중요한 사실을 간과했다. 바로 회사의 손실이었다. 그것도 상당히 큰 규모였다. 잉크토미는 가장 최근 분기에 600만 달러를 비롯해 지난해 1년간 2400만 달러는 물론, 지지난해에도 1년간 2400만 달러의 손실을 기록했다. 사실 이 회사는 수익을 낸 적이 단 한 번도 없었다. 그런데도 2000년 4월 17일에 미스터 마켓은 이 회사의 시가총액을 250억 달러로 평가했다. 이토록 작은 규모의 회사에 말도 안 되는 가격이었다.

하지만 미스터 마켓은 곧 악몽과도 같은 우울증에 빠져들었다. 주당 231달러 63센트를 기록했던 이 회사의 주가가 불과 2년 반이 지난 2002년 9월 30일에 25센트로 폭락한 것이다. 250억 달러로 평가되었던 시가총액은 4000만 달러도 안 될 정도로 붕괴되었다. 잉크토미 회사가 어디론가 사라지기라도 한 것일까? 전혀 아니다. 지난해 12개월간 이 회사는 1억 1300만 달러의 수입을 거두었다. 그러면 변한 것은 무엇이었을까? 바로 미스터 마켓의 기분이었다. 2000년 초에 투자자들은 인터넷 주식에 너무나 열광한 나머지 잉크토미 주가를 수입의 250배 수준으로 평가했다. 하지만 지금은 수입의 0.35배 정도에 불과하다. 분노한 미스터 마켓은 지킬 박사에서 하이드로 변신했고, 자신을 바보로 만든 모든 주식을 잔인하게 쓰레기 취급했다.

미스터 마켓의 기분이 아주 우울할 때 내린 판단은 지나치게 들떠 있을 때만큼이나 좋지 않았다. 2002년 12월 23일, 야후$_{\text{Yahoo Inc.}}$는 잉크토미를 주당 1달러 65센트에 매수하겠다고 발표했다. 같은 해 9월 30일 잉크토미 주가의 거의 7배나 높은 가격이었다. 그러나 훗날 돌아보면 야후가 상당한 할인 가격으로 매수한 것임을 알 수 있다. 미스터 마켓이 어떤 주식가격을 터무니없이 싸게 불렀을 때 매수하겠다고 덤비는 기업들이 있는 것은 당연한 일이다. 야후의 행보도 그래서 전혀 놀랄 만한 일은 아니었다.[2]

스스로 생각하라

누군가 나에게 일주일에 적어도 다섯 번은 그 사람의 감정과 똑같이 느껴야 한다고 강요한다면, 정신이 이상한 사람인 것 같다고 확신할 수 있을까? 어떤 사람이 행복하거나 불행하다고 느낄 때 그 사람과 감정을 공유하는 것이 과연 가능한 일일까? 물론 아니다. 사람들은 저마다 자신의 경험과 믿음에 따라 자신의 감정을 조절할 권리가 있다. 그런데 투자에서만큼은 많은 사

---

2 그레이엄이 1932년에 집필한 고전적인 글에서 연이어 언급했듯이, 대공황 이후 수십여 개 회사는 주가가 현금이나 기타 유동자산의 가치 이하로 떨어지면서 "살아 있다기보다 차라리 죽은 상태"라고 보는 것이 타당할 지경에 이르렀다.

람이 미스터 마켓이 시키는 대로 느끼고 행동한다. 미스터 마켓이 간혹 제정신이 아닐 때도 있다는 것을 누구나 아는데도 말이다.

1999년에 미스터 마켓이 한껏 들떠 환호를 지르던 시기에 미국의 근로자들은 급여의 8.6%를 401(k) 퇴직적립금으로 투자했다. 미스터 마켓이 3년 동안 휴지 조각이 된 주식들을 쓰레기봉투에 정신없이 주워 담은 후인 2002년경에 근로자들의 평균 기여율은 7%였다. 1999년에 비해 4분의 1 정도 하락한 수치다.[3] 주식값이 떨어지면 주식을 매수하려는 열기도 시들해진다. 사람들이 스스로 생각하기보다 미스터 마켓의 기분에 의존하기 때문이다.

그렇다고 해서 미스터 마켓을 완전히 무시할 수는 없다. 현명한 투자자라면 그에게 의존하는 대신 그와 거래를 해야 한다. 단, 이 거래는 호기심을 채우는 정도에서 그치는 것이 좋다. 미스터 마켓이 하는 일은 가격을 제공하는 것이다. 투자자는 이 가격에 대응하는 것이 자신에게 유리한지 결정해야 한다. 미스터 마켓이 자꾸 조른다고 해서 그와 덥석 거래해서는 안 된다.

투자자가 주인 모시듯 따르기를 거부하면 미스터 마켓은 이제 투자자의 종이 된다. 미스터 마켓이 가격을 깎아내리려고 열중인 것처럼 보이는 순간에도 어디에선가는 가격을 올리고 있다. 1999년, 미국 주식의 성과를 확인할 수 있는 가장 광범위한 지표인 윌셔5000 지수는 기술주와 통신주에 힘입어 23.8% 상승했다. 그러나 이러한 상승세에도 불구하고 윌셔 지수의 7,234개 종목 중 3,743개 종목은 가격이 하락했다. 이 시기에 하이테크 주식과 통신주들은 8월의 뜨거운 볕에 달구어진 경주용 자동차의 엔진커버보다도 더 뜨겁게 달아올랐지만, 제조업 중심의 '구舊경제old economy'의 주식들은 차가운 진흙 속에 깊숙이 빠져들고 있었다.

---

3 2002년 10월 25일자 보도자료에서 스펙트럼 그룹(Spectrum Group)은 "연기금 기관이 확정기여형 퇴직연금의 유예와 참여도 하락을 막는 싸움에서 지고 있다"고 밝혔다.

회사	사업	총수익률				1999년 초 투자한 1,000달러의 최종가치
		1999년	2000년	2001년	2002년	
Angelica	공업용 의복	−43.7	1.8	19.3	94.1	1,328
Ball Corp.	금속 및 플라스틱 포장	−12.7	19.2	55.3	46.0	2,359
Checkers Drive-In Restaurants	패스트푸드	−45.5	63.9	66.2	2.1	1,517
Family Dollar Stores	할인 소매점	−25.1	33.0	41.1	5.0	1,476
International Game Technology	게임 시설	−16.3	136.1	42.3	11.2	3,127
J B Hunt Transportation	트럭 운송	−39.1	21.9	38.0	26.3	1,294
Jos. A. Bank Clothiers	의복	−62.5	50.0	57.1	201.6	2,665
Lockheed Martin	군사 시설 및 우주항공	−46.9	58.0	39.0	24.7	1,453
Pier 1 Imports	가구	−33.2	63.9	70.5	10.3	2,059
UST Inc.	담배	−23.5	21.6	32.2	1.0	1,241
윌셔 인터넷 지수		139.1	−55.5	−46.2	−45.0	315
윌셔5000 지수(총주식시장)		23.8	−10.9	−11.0	−20.8	778

＊출처: AJO(Aronson+Johnson+Ortiz, L.P.), www.wilshire.com

일례로, 1999년 인터넷 신생기업들의 인큐베이터이자 지주회사인 CMGI
의 주가는 무려 939.9%의 상승률을 보였다. 반면, 그레이엄의 제자인 워런
버핏이 운영하는 투자지주회사로 코카콜라, 질레트, 워싱턴 포스트 등 구
경제의 대표적인 기업들을 보유한 버크셔 해서웨이Berkshire Hathaway의 주가는
24.9% 하락했다.[4]

---

4 몇 개월 후인 2000년 4월 10일, 나스닥 지수가 사상 최고가를 기록한 바로 그날, 온라인 트레이딩의 대가
인 제임스 J. 크레이머는 최근에 그가 '지속적으로' 버크셔 해서웨이를 공매도하고 싶은 유혹에 흔들리
고 있다고 썼다. 즉, 버핏의 주식이 훨씬 더 하락할 가능성을 노리고 싶다는 의미였다. 거친 수사를 불사
하며 크레이머는 이제 버크셔의 주식을 "처리해 버릴 때가 되었다"고 선언했다. 같은 날 푸르덴셜 증권
의 투자전략가 랠프 아캄포라는 다음과 같은 질문을 받았다. "노퍽 서던(Norfolk Southern)이나 시스코 시
스템즈 중에서 앞으로 어느 쪽이 유망해 보입니까?" 그는 시스코는 미래 인터넷 초고속도로의 핵심으로
과거의 철도시스템의 일부인 노퍽 서던을 압도할 것이라고 대답했다. 결과는 정반대였다. 이듬해, 노퍽
서던의 주가는 35% 상승했지만, 시스코는 70% 하락했다.

그러나 월스트리트 분위기는 갑작스럽게 전환되는 일이 잦다. 이번에도 예외는 아니었다. 〈그림 8-1〉은 1999년의 애물단지 종목이 2000년부터 2002년 사이에 일약 스타덤에 오르게 된 사례를 보여 준다.

2개의 지주회사 중에서 CMGI는 2000년에 96% 하락했다. 여기에 그치지 않고 2001년에는 70.9%, 2002년에는 39.8%까지 떨어졌다. 이를 모두 누적하면 하락률이 99.3%에 달한다. 반대로 버크셔 해서웨이는 2000년에 26.6%, 2001년에는 6.5%씩 각각 상승했고, 2002년에는 3.8%가량 하락했다. 누적 상승률은 30%였다.

투자전문가와 같은 방법으로 그들을 이길 수 있는가

그레이엄의 설득력이 가장 빛을 발하는 통찰은 다음과 같이 요약할 수 있다. "비합리적인 시장 하락에 조급하게 반응하거나 지나치게 염려하는 투자자는 본의 아니게 자신의 기본적인 장점을 기본적인 약점으로 둔갑시키게 된다."

그레이엄이 말한 '기본적인 장점basic advantage'이란 무엇일까? 여기에서 그가 의미한 것은 미스터 마켓을 따를지를 자유롭게 선택하는 현명한 투자자의 의지다. 이렇게 미스터 마켓에 무작정 매달리지 않는 투자자는 스스로 생각할 줄 아는 사치를 누리는 것이다.[5]

하지만 일반적으로 펀드매니저들은 미스터 마켓의 모든 움직임을 따라

---

5 개인투자자가 대부분 고전을 면치 못하는 이유는 무엇일까? 그레이엄은 명쾌했다. "가장 큰 실패 원인은 주식시장의 현재 동향에 너무 많은 주의를 기울인다는 것이다." 1991년 3월호 《파이낸셜 히스토리(Financial History)》에 실린 "벤저민 그레이엄: 증권분석에 대한 소고(Benjamin Graham: Thoughts on Security Analysis)" 8쪽을 참조하라. 이 글은 1972년 3월 노스이스트 미주리 주립대학 경영대학에서 그가 강의한 내용을 녹취한 것이다.

하는 것 외에는 별다른 선택의 여지가 없다. 이들이 하는 일이란 주가가 높을 때 매수하고 낮을 때 매도하며 미스터 마켓의 잘못된 발자취를 생각 없이 따라 하는 것이다. 뮤추얼펀드 매니저나 다른 전문 투자자들이 이렇게 할 수밖에 없는 데에는 다음과 같은 몇 가지 이유가 있다.

- 펀드매니저들은 수십억 달러를 관리하기 때문에 시가총액이 가장 큰 종목에 끌리는 경향이 있다. 이러한 종목에 집중해야 수백만 달러어치를 쉽게 매수해 자신들이 관리하는 큰 규모의 포트폴리오를 채울 수 있기 때문이다.
- 투자자들은 시장이 상승세를 타면 일반적으로 펀드에 더 많은 돈을 투입한다. 펀드매니저들은 이렇게 새로 투입된 자금을 이용해 이미 보유하고 있는 종목을 더 매수한다.
- 시장이 하락함에 따라 투자자들이 환매를 요청하면 펀드매니저들은 보유한 주식을 팔아 현금화한다. 펀드가 상승장일 때 어쩔 수 없이 오른 가격의 주식을 사야 하는 것과 마찬가지로, 이때도 역시 펀드매니저들은 개인적인 판단에 상관없이 주가가 하락할 때 주식을 매도해야 하는 입장에 놓인다.
- 포트폴리오 매니저들은 대부분 시장수익률을 초과하는 성과를 보일 때 보너스를 받는다. 그래서 이들은 S&P500 지수와 같은 벤치마크에 자신들의 수익률을 끊임없이 비교한다. 따라서 어떤 회사가 이 지수에 새롭게 편입되면 수많은 펀드에서는 이 회사의 주식을 살 수밖에 없다. 펀드매니저가 사지 않은 주식이 많이 오르면 이들은 바보 취급을 당한다. 하지만 매수한 주식이 오르지 않은 경우에는 아무도 이들을 비난하지 않는다.

- 펀드매니저들은 점차 전문화되고 있다. 의료계에서 일반 주치의보다 소아 알레르기나 노인성 이비인후과와 같은 특화된 분야의 전문의들이 주목받는 것과 마찬가지로, 펀드매니저들도 '소형 성장주', '중형 가치주' 또는 '대형 혼합주' 등 특정 종목에 집중해야 한다.[6] 따라서 어떤 회사의 규모가 너무 확대 또는 축소되거나 주가 등락폭이 너무 심해서 기존 범주에 맞지 않는다면 펀드는 해당 주식을 팔아야 한다. 펀드매니저가 개인적으로 이 회사의 주식을 아무리 좋아한다 해도 상관없다.

따라서 일반 투자자가 전문 투자자들보다 못하라는 법은 없다. 단, 전문가들이 긍정적으로 격려한다고 하더라도 일반 투자자 입장에서 불가능한 것은 바로 '투자전문가의 규칙을 따라 해 이들을 이기는 것'이다. 하지만 투자전문가들에게도 먹히지 않는 규칙이다. 그렇다면 이렇게 질 것이 뻔한 게임을 굳이 왜 하려고 하는가? 전문가들을 따라 하는 투자자는 패자가 된다. 투자전문가들처럼 미스터 마켓의 노예가 될 것이기 때문이다.

여기에서 기억해야 할 것은 현명한 투자란 투자자 스스로 통제할 수 있는 것을 통제하는 것이다. 예를 들어 매수한 주식이나 펀드가 오늘이나 다음 주, 혹은 이번 달 아니면 연내에 시장수익을 능가할 수 있을지 여부는 투자자가 통제할 수 없는 사항이다. 단기적으로 이 투자자의 수익은 미스터 마켓의 변덕에 좌우될 수 있기 때문이다. 투자자가 직접 통제할 수 있는 것은 다음과 같다.

- **중개비용**: 중개서비스는 되도록 적은 빈도로, 신중하게, 그리고 저렴하

---

6 이러한 용어의 의미는 신경 쓸 필요가 없다. 금융업계에서도 공개적으로 이러한 분류가 아주 중요한 것처럼 거론되지만, 사적으로는 재미없는 농담 정도로 치부되는 것이 일반적이다.

게 이용한다.

- **보유비용**: 뮤추얼펀드의 연간 매수비용을 과도하게 지출하지 않는다.
- **기대수익**: 희망 사항이 아닌 실제 자료를 토대로 예상수익을 판단한다.[7]
- **위험관리**: 주식시장의 위험에 총자산을 어느 정도 노출할 것인지 결정하고 분산화 및 재조정 과정을 거친다.
- **세금**: 주식을 1년 이상, 가능하면 5년 이상 보유할 경우 양도소득세 부담을 줄일 수 있다.
- **자신의 행동**: 무엇보다 투자자가 직접 통제할 수 있는 부분이다.

경제전문 TV와 주식시장 해설기사만 보다 보면 투자가 스포츠나 전투 또는 황량한 불모지에서 벌이는 생존게임으로 여겨진다. 그러나 투자는 상대방을 물리쳐야 내가 이기는 게임이 아니다. 이 게임에서 견제해야 하는 것은 바로 나 자신이다. 현명한 투자자가 되기 위해 완수해야 할 과제는 가격이 가장 많이 상승하고 적게 빠지는 주식을 찾는 것이 아니라, 스스로가 최악의 적이 되지 않도록 하는 것이다. 비싼 가격인데도 미스터 마켓이 "사라"고 해서 사고, 싼 가격인데도 미스터 마켓이 "팔라"고 해서 팔지 않는 것이다.

적어도 25년에서 30년 정도의 장기간에 걸친 투자를 염두에 두고 있다면 현명한 투자자가 되는 길은 한 가지뿐이다. 매월 일정한 주식을 자동으로 매수하고, 여윳돈이 생기면 그때마다 추가로 더 매수하라. 이 방식으로 주식을 평생 보유하기에 가장 좋은 선택은 전체 주식시장을 대상으로 하는 인덱스펀드다. 매도는 불가피하게 현금이 필요할 때에만 해야 한다. 이러한 원칙을 실천하려면 마음의 준비가 필요하다. 이 장의 마지막 부분에 실린 "투자자

---

7 2002년 2월호 《머니》 53쪽부터 56쪽에 실린 월터 업디그레이브(Walter Updegrave)의 재기 넘치는 칼럼 "진실되게 하라(Keep It Real)"를 참조하라.

서약"을 오려 서명하면 도움이 될 것이다.

현명한 투자자가 되려면 다른 사람의 행보에 따라 투자의 성공 여부를 예상하는 자세도 버려야 한다. 더뷰크나 댈러스, 덴버에 사는 어떤 사람이 S&P500에서 승리를 거뒀는데 나는 그렇지 못했다고 가정해 보자. 그렇다고 해서 내가 그 사람보다 더 가난해지는 것은 아니다. 묘비석에 "그는 시장을 이겼노라"라고 새길 사람은 아무도 없다.

언젠가 보카 라톤Boca Raton에 거주하는 퇴직자들을 상대로 인터뷰한 적이 있다. 보카 라톤은 플로리다 주의 부촌으로 퇴직자들이 모여 사는 곳이다. 대부분 70대인 이들에게 평생 투자하면서 시장을 이겨 보았는지 물었다. 그렇다고 하는 사람도 있었고, 그렇지 않다고 하는 사람도 있었다. 하지만 대부분은 확신하지 못했다. 그런데 한 사람이 이렇게 답했다. "그게 무슨 상관이에요? 보카 라톤에서 살 수 있을 만큼 돈을 벌었다는 것이 중요하죠."

이보다 더 완벽한 대답이 있을까? 투자에서 중요한 것은 남보다 많이 버는 것이 아니라 내가 필요한 만큼 버는 것이다. 투자 성공을 판단하는 최고의 기준은 내가 시장을 이기고 있는지 여부가 아니라 내가 바라는 목적지에 도달할 수 있도록 투자 계획과 기준을 제대로 세웠는지 여부다. 마지막으로, 중요한 것은 다른 사람보다 먼저 결승점을 통과하는 것이 아니라 결승점을 확실히 통과하는 것이다.[8]

돈과 두뇌

그런데도 미스터 마켓이 그토록 투자자의 마음을 사로잡는 이유는 무엇

---

8 2000년 1월호 《머니》 55쪽부터 58쪽에 실린 제이슨 츠바이크의 "시장을 이겼는가?(Did You Beat the Market?)"를 참조하라.

일까? 우리의 두뇌는 말썽 많은 투자에 결국 뛰어들도록 프로그래밍된 것 같다. 인간은 패턴을 찾아 헤매는 동물이다. 심리학자들의 연구 결과에 따르면 대상을 무작위로 배열하여 보여 준 후 다음은 예측할 수 없는 것이라고 알려 주어도 사람들은 다음에 나올 대상을 추측하려고 애쓴다. 이렇게 애쓴 결과 우리는 주사위를 굴렸을 때 다음 숫자가 7이 될 것이라거나, 1루타를 칠 타자가 누가 될 것인지, 파워볼 복권의 다음 회 당첨번호가 분명히 4-27-9-16-42-10이 되리라는 것, 어떤 소형주가 제2의 마이크로소프트로 등극할 것인지 등을 "안다".

이처럼 존재 자체도 불분명한 경향을 인지하려고 노력하는 우리 두뇌의 특징을 증명한 획기적인 연구 결과가 신경과학 분야에서 나왔다. 어떤 사건이 연속으로 두세 번 일어나면 대뇌의 전방대상피질anterior cingulate cortex과 중격의지핵nucleus accumben은 자동으로 그 사건이 다시 일어날 것이라고 기대하게 된다. 기대한 대로 사건이 다시 일어나면 대뇌에서는 즐거움을 느끼게 하는 도파민dopamine이 분비된다. 같은 이유로 주식이 연속해서 몇 차례 오르면 사람들은 반사적으로 이 상승세가 계속 유지될 것이라고 기대한다. 또한 기대한 대로 주가가 오르면 대뇌의 성분 변화로 인해 사람들은 '황홀감'을 경험하게 된다. 이 과정이 반복되는 사람들은 자신의 예측에 중독되어 버린다.

그러나 주가가 하락하여 금전적 손실을 입으면 뇌 안쪽에 위치한 편도amygdale가 활성화된다. 편도는 걱정과 근심을 관장하는 영역으로, 궁지에 몰린 동물이 맞서 싸우거나 도망가는 반응을 일으키게 한다. 화재경보기가 울리면 심장박동이 나도 모르게 빨라지고, 산길을 가다 방울뱀과 마주치면 저절로 주춤하게 되는 것처럼, 주가가 급락하면 사람들은 자연히 공포심을 느끼게 된다.[9]

실제로 저명한 심리학자이자 경제학인인 다니엘 카네만과 그의 동료 심리학자 아모스 트버스키는 금전적 손실로 인한 고통은 같은 액수의 이득으로 얻은 기쁨보다 강도가 두 배 이상 높다고 밝혔다. 주식투자로 1,000달러를 벌었다면 기분이 아주 좋을 것이다. 그런데 1,000달러를 잃었다면 기분이 몹시 나쁜 정도에 그치지 않고 2배 이상의 강력한 펀치를 맞게 된다. 돈을 잃은 고통이 너무 큰 나머지 사람들은 추가적인 손실을 입게 될까 봐 진저리를 치며 가격이 바닥을 맴돌 때 매도해 버리거나 추가로 매수하기를 거부하고 만다.

이와 같은 설명은 우리가 시장 하락의 절대 수치에 왜 그토록 집중하고, 그만큼 손실을 보고 있다는 사실은 쉽게 잊어버리는지 이해하는 데 도움이 된다. 그래서 TV 기자가 "시장이 급락하고 있습니다. 다우존스 지수가 100포인트나 하락했습니다!"라며 다급하게 소식을 전하면 사람들은 본능적으로 몸서리를 치게 된다. 이 기자가 말한 100포인트는 사실 8,000에서 불과 1.2% 하락한 것을 의미하는 것인데도 말이다. 바깥 기온이 화씨 81도인 어느 날, TV 기상예보관이 "기온이 급락하고 있습니다. 화씨 81도에서 80도로 급격히 하락했습니다!"라고 외치며 호들갑을 떤다면 얼마나 우습게 들리겠는가? 역시 온도는 1.2% 떨어졌을 뿐이다. 시장가격의 변화를 % 단위로 보는 법을 잊으면 아주 작은 등락에도 쉽게 겁을 먹을 수 있다. 수십 년 전에 투자를 한 경험이 있는 독자라면 당시 투자뉴스 방송이 어땠는지 생생히 기억할 것이다. 이 장의 글상자 "가상 뉴스"를 보라.

1990년대 후반 많은 사람이 하루에도 몇 번씩 주가를 확인하지 않으면 안 될 것처럼 생각했다. 그러나 그레이엄이 말한 것처럼 모름지기 투자자

---

9 투자의 신경과학에 관한 이 내용은 2002년 9월호 《머니》 74쪽부터 83쪽에 실린 제이슨 츠바이크의 "부유함이 뇌를 초조하게 하는가?(Is Your Brain Wired for Wealth?)"를 참조하라. http://money.cnn.com/2002/09/25/pf/investing/agenda_brain_short/index.htm에서 확인할 수 있다. 2000년 11월호 《머니》 67쪽부터 70쪽에 실린 츠바이크의 "인간의 문제(The Trouble with Humans)"도 함께 확인해 보라.

📋 가상 뉴스

주가가 곤두박질치고 있다. 걱정스러운 마음에 증권뉴스를 보러 TV를 켠다. 하지만 CNBC 나 CNN을 보는 대신, 벤저민 그레이엄 투자 네트워크인 BGFN을 시청한다고 상상해 보자. BGFN에서는 귀에 익은 시장 종료 벨소리를 들을 수 없다. 쥐떼처럼 정신없이 증권거래소 플로어를 휘젓고 돌아다니는 중개인들의 모습도 보이지 않는다. BGFN은 하락세를 표시하는 붉은 화살표가 전자식 시세판 전체를 물들이자 차디찬 인도를 서성이며 탄식하는 투자자들의 모습도 내보내지 않는다.

대신에 이 채널의 화면을 가득 채우는 영상은 "50% 할인 판매"를 광고하는 대형 현수막이 걸린 뉴욕증권거래소의 정면이다. 록밴드 바흐만 터너 오버드라이브의 곡 "정말 재미있는 것은 이제부터다You Ain't Seen Nothing Yet"의 몇 소절과 함께 프로그램의 막이 오른다. 이어 등장한 앵커는 밝은 목소리로 이렇게 전한다. "오늘 주식은 더욱 매력적인 장면을 연출했습니다. 다우존스 지수가 또다시 2.5% 하락했습니다. 4일 연속으로 주가가 내려가고 있습니다. 마이크로소프트와 같은 선도기업이 당일 거의 5% 하락하면서 기술주 가격이 더욱 하락한 만큼 기술주 투자자들에게는 더 좋은 기회가 되고 있습니다. 주가는 현재 이미 50%나 하락한 상태로 당분간 볼 수 없는 할인 수준입니다. 지난 1년간 전해 드린 소식 중 최고의 소식입니다. 현 상황에 대해 저명한 투자분석가들은 가격이 향후 수주 내지 수개월간 더 하락할 가능성이 있다며 낙관하고 있습니다."

앵커는 월스트리트의 케첨&스키너Ketchum & Skinner의 투자전략가인 이그나츠 앤더슨Ignatz Anderson에게 마이크를 넘긴다. 앤더슨은 이렇게 말한다. "주가는 6월까지 추가로 15% 정도 하락할 것으로 보입니다. 만약 모든 상황이 순조롭게 전개된다면 주가는 25%나 그 이상 더 하락할 수 있지 않을까 조심스럽게 낙관해 봅니다."

앵커는 앤더슨의 말에 경쾌한 목소리로 화답한다. "앤더슨 님의 전망이 옳기를 바랍니다. 장기적인 계획하에 투자하고 있는 분들에게 주가하락은 아주 좋은 소식입니다. 이제 하락하는 주가는 아주 긴 투자지평을 가지고 있는 투자자에게는 아주 좋은 뉴스입니다. 이제 월리 우드Wally Wood와 함께 우리의 전문 기상 예보 애큐웨더AccuWeather를 전해 드리겠습니다.

는 "주식 시세 정보가 아예 없는 편이 나을지도 모른다. 적어도 다른 사람들의 잘못된 판단 때문에 정신적인 고통에서 시달릴 일은 없을 것이기 때문이다." 오후 1시 24분에 주식 포트폴리오의 가격을 확인했는데 불과 10여 분이 지난 오후 1시 37분에 다시 확인하고 싶어진다면 자기 자신에게 다음과 같은 질문을 해 보라.

- 부동산 중개인에게 오후 1시 24분에 전화를 걸어 집값을 알아본 후에 1시 37분에 다시 전화를 하겠는가?
- 전화를 다시 하면 그사이에 집값에 변화가 있을까? 변화가 있었다면 집을 급하게 팔아치우겠는가?
- 10여 분 동안 집값을 확인하지 않았다는 이유로, 혹은 몰랐다는 이유로, 집값이 그사이에 영향받을 수 있을까?[10]

정답은 물론 "아니다"이다. 또한 포트폴리오는 다음과 같이 이해할 수 있다. 10년이나 20년, 또는 30년의 세월을 두고 보면 매일 마주치는 미스터 마켓의 속임수는 그다지 중요하지 않다. 어떤 경우에라도, 향후 오랫동안 투자를 계획한 사람에게 주가하락은 나쁜 소식이 아니라 오히려 좋은 소식이다. 왜냐하면 더 적은 돈으로 더 많은 주식을 살 수 있기 때문이다. 주식이 오랜 기간 큰 폭으로 하락할수록, 그리고 이러한 하락세에서 꾸준히 주식을 매수할수록, 투자자가 마지막에 손에 쥘 수 있는 돈은 많아진다. 끝까지 꿋꿋하게 버티기만 한다면 말이다. 약세장을 두려워하는 대신에 이를 적극적으로 활용해야 한다. 현명한 투자자는 주식시장이 앞으로 10년간 매일의 주가를

---

10 신문이나 TV에서 매일 주가의 종가만 보도한다면 가정에 더 충실할 수 있을지도 물어볼 만하다.

제공하지 않더라도 편안한 마음으로 주식이나 뮤추얼펀드를 보유할 수 있어야 한다.[11]

신경과학자 안토니오 다마지오_{Antonio Damasio}는 이렇게 말한다. "스스로 얼마나 통제되지 않는지 깨닫고 나면 더욱 효율적으로 자신을 통제할 수 있다." 비싸게 사고 싸게 파는 자신의 생물학적 충동을 깨닫게 되면 정액분할투자의 필요성을 받아들이고 포트폴리오를 재조정하며 투자 계약에 서명할 수 있게 된다. 포트폴리오의 상당 부분을 영구적인 자동항법장치에 맡겨 둠으로써, 예측에 대한 탐닉과 싸우고 장기적인 투자 목적에 집중하고 미스터 마켓의 변덕을 뿌리칠 수 있게 된다.

미스터 마켓이 레몬을 건네면 레모네이드를 만들라

그레이엄은 미스터 마켓이 "팔라"고 할 때 사야 한다고 가르쳤지만, 현명한 투자자가 유념해야 할 한 가지 예외가 있다. 세금 혜택으로 큰 이득을 취할 수 있다면 약세장에서 매도하는 것도 방법이 될 수 있다. 미국의 세법은 실현된 손실, 즉 주식 매도를 통해 확정된 가치 하락분을 3,000달러까지 일반 공제할 수 있도록 허용하고 있다.[12] 2000년 1월에 한 투자자가 총투자금 1만 2000달러를 투입해 코카콜라 주식 200주를 주당 60달러에 매수했다고 가정해 보자. 2002년 말경에 이 주식은 주당 44달러로 하락했다. 결과적으로 이 투자자의 잔고는 8,800달러로 줄어 총 3,200달러의 손실을 보였다.

---

11 1980년대 후반, 컬럼비아 대학과 하버드 대학의 심리학자인 폴 안드리아센(Paul Andreassen)은 주가 관련 뉴스를 자주 보는 투자자는 뉴스를 전혀 보지 않는 투자자에 비해 오히려 절반 정도 낮은 수익을 거둔다는 실험 결과를 발표했다. 1998년 7월호 《머니》 63쪽과 64쪽에 실린 제이슨 츠바이크의 "뉴스를 제대로 활용하고 잡음을 줄일 수 있는 도구(Here's Hoe to Use the News and Tune Out the Noise)"를 참조하라.

손실을 입은 이 투자자의 반응은 비슷한 처지의 다른 사람들과 비슷할 것이다. 손실로 인한 충격에서 헤어나오지 못하고 슬퍼하거나, 아무 일도 일어나지 않은 것처럼 행동하며 손실을 입은 사실을 남들에게 알리지 않을지도 모른다. 하지만 좀 더 적극적으로 나서서 상황을 정리할 수도 있다. 먼저 2002년이 끝나기 전에 보유한 모든 코카콜라 주식을 처분하고 3,200달러의 손실을 확정한다. 국세청 규정에 따라 31일을 기다린 후, 코카콜라 주식 200주를 모두 다시 매수한다. 그러면 2002년에 부과될 과세소득 중 3,000달러를 줄일 수 있고, 나머지 200달러의 손실분은 2003년으로 이월되어 소득공제를 받을 수 있다. 미래에 대해 확신이 있다면 이 회사의 주식을 그대로 보유하는 것이 더 좋은 방법일 수 있다. 이 경우 투자자는 처음 매수한 가격보다 3분의 1 정도 싼 가격으로 소유할 수 있게 된다.[13]

미국 정부가 손실을 보조한다는 점에서, 주식을 팔아 손실을 확정하는 방법은 활용 가치가 있다. 만약 미국 정부가 미스터 마켓이 논리적으로 보일 수 있게 하는 데 더 힘을 쓴다면 투자자들의 불평은 누구를 향하겠는가?

---

12 연방 세법은 항상 변화한다. 여기에서 예를 든 코카콜라 주식의 사례는 2003년 초 미국 세법의 경우에 해당한다.

13 이 사례는 투자자가 2002년에 아무런 자본이득도 실현하지 못하고, 결과적으로 코카콜라 주식의 배당금을 재투자하지 못한 상황을 가정한다. 세금스왑(tax swap)은 잘못 운용되기 쉬우므로 가볍게 다루어져서는 안 된다. 세금스왑을 실행하기 전에 "IRS 퍼블리케이션 550(IRS Publication 550)"을 먼저 읽어 보는 것이 좋다. 세금투자 관리를 위한 유용한 안내서로는 로버트 N. 고든(Robert N. Gordon)과 잔 M. 로젠(Jan M. Rosen)이 공저한 『세금-효율적인 투자를 위한 월가의 비결(Wall Street Secrets for Tax-Efficient Investing)』(Bloomberg Press, Princeton, New Jersey, 2001)이 있다. 마지막으로 방아쇠를 당기기 전에 세금전문가에게 자문을 구하라.

투자자 서약

본인 _____는 앞으로 수년 동안 재산을 모으고자 하는 투자자임을 명시한다.

본인은 가격이 상승하거나 상승할 것이라는 기대로 주식이나 채권의 투자 유혹을 여러 차례 받게 되리라는 것을 이해한다. 또한 가격이 하락하거나 하락할 것이라는 우려로 주식이나 채권을 매도하고자 하는 욕구가 강하게 드는 경우도 여러 차례 있으리라는 것을 이해한다.

본인은 다른 많은 사람이 내 투자 결정을 대신하는 것을 단호히 거부한다. 나아가 본인은 결코 주식시장이 오른다는 이유로 주식을 사거나 하락한다는 이유로 팔지 않을 것을 엄숙히 서약한다. 대신 본인은 자동화된 투자 계획이나 '정액분할투자 프로그램'을 통해 매달 _____씩 다음과 같은 뮤추얼펀드나 분산화된 포트폴리오에 투자할 것이다.

_____

_____

_____

또한, 본인은 단기에 잃어도 타격이 없는 여윳돈이 생길 때마다 추가로 투자할 것이다.

본인은 적어도 다음 날짜(당 계약일로부터 최소한 10년 이상이어야 함)까지 이러한 투자 각각을 계속 유지할 것을 이와 같이 다짐한다. 이 기간에 허용된 유일한 예외는 건강상 응급사태, 실직, 계획된 지출(주택 구입이나 학비 등)과 같이 갑작스럽거나 긴급하게 현금이 필요한 경우에 한한다.

아래 서명을 통해 본인은 본 서약 내용을 지킬 뿐만 아니라 투자자산을 매도하고자 하는 욕구가 생길 때마다 본 서약서를 다시 읽겠다. 본 서약은 한 명 이상의 증인과 함께 서명할 때에만 유효하고, 쉽게 접근할 수 있는 안전한 장소에 보관하여 미래에 참고할 수 있도록 한다.

서명 _____   날짜 _____

증인 _____

9장

투자펀드에 투자하기

　방어적인 투자자가 이용할 방법 중 하나는 투자회사 지분, 즉 투자펀드에 참여하는 것이다. 주주가 원할 경우 순자산가치로 상환받을 수 있는 펀드를 '뮤추얼펀드mutual fund' 또는 개방형 펀드open-end fund라고 한다. 뮤추얼펀드는 대부분 영업직원을 통해 추가 지분을 적극적으로 판매하는 일을 한다. 이와 달리 상환이 불가능한 펀드는 폐쇄형 회사 또는 폐쇄형 펀드라고 한다. 폐쇄형 펀드closed-end fund의 주식 수는 비교적 변동이 없다. 주요 펀드 업체들은 증권거래위원회에 등록되어 있으며 해당 규칙 및 규제에 따라 운영된다.*

　펀드 산업은 상당히 큰 규모를 자랑한다. 1970년 말에 증권위원회에 등록된 펀드는 383개이고, 총 펀드 규모는 546억 달러였다. 이 중 356개는 506억 달러 규모의 뮤추얼펀드이고, 27개는 40억 달러의 폐쇄형 펀드였다.**

　펀드를 분류하는 방법에는 여러 가지가 있다. 먼저 포트폴리오 배분 방법

---

* 개방형 뮤추얼펀드, 폐쇄형 펀드 또는 상장지수 펀드(ETF) 등에서 증권거래위원회에 '등록하지 않고'(또는 의무적인 재정 신청을 하지 않고) 일반 투자자에게 주식을 파는 것은 연방법 위반이다.

에 따라 펀드를 분류할 수 있다. 포트폴리오에 채권을 적당하게 포함시키는 경우(일반적으로 3분의 1 정도)를 '혼합형 펀드'라고 하고, 주식 비중이 높으면 '주식형 펀드'라고 한다. 이 외에 '채권형 펀드', '헤지펀드ₕₑdge fund', '비공개 주 펀드ₗₑtter-stock fund' 등도 있다.*** 또 다른 방법은 수익, 가격의 안정성 또는 자본 증가, 즉 사업 성장 등 펀드의 목적에 따라 분류하는 것이다.**** 그 밖에 판매 방법에 따라 분류할 수도 있다. '로드펀드ₗₒₐd fund'는 일반적으로 최소 구입 자산가치의 9%가 적용되는 판매수수료를 펀드 가치에 더하는 것이다. 반면 '노로드펀드ₙₒ-load fund'는 자문수수료만을 부과한다. 노로드펀드는 판매수수료를 부과하지 않기 때문에 소규모에 머무는 경향이 있다.***** 폐쇄형 펀드의 매매 가격은 회사에서 정하는 것이 아니라 보통 주식처럼 공개시장에서 변동된다.

대부분의 투자회사는 펀드 투자자의 소득에 대한 이중과세 부담을 줄일 수 있도록 설계된 소득세법상 특별규정을 준수한다. 사실, 펀드는 통상적인

** 펀드 산업은 과거에도 상당히 큰 규모였지만, 이제는 막대한 규모로 성장했다. 2002년 말 현재 8,279개 뮤추얼펀드가 6조 5600억 달러, 514개 폐쇄형 펀드가 1496억 달러, 116개 상장지수펀드가 1097억 달러 규모의 자산을 보유하고 있다. 이 수치는 연금이나 투자신탁과 같은 상당한 수의 펀드형 투자를 제외한 것이다.

*** 뮤추얼펀드의 주요 형태별 목록은 http://news.morningstar.com/fundReturns/CategoryReturns.html 에서 찾을 수 있다. 증권거래위원회 규칙에 따라 연간 소득 20만 달러, 순자산 100만 달러 이하인 투자자에게는 헤지펀드가 주식을 팔 수 없도록 규제함에 따라 비공개주 펀드는 이제 찾아볼 수 없다.

**** 판매수수료는 판매 가격의 백분율로 표시하는 것이 일반적이다. 판매 가격에는 이 수수료가 포함된다. 따라서 순자산가치로만 계산할 경우 수수료는 낮아진다. 이러한 판매 기법은 이처럼 유망한 산업에서는 고려할 만하지 않다.

***** 오늘날 주식펀드에 부과되는 최고 판매수수료는 약 5.75%다. 예를 들어, 판매수수료가 5.75%인 펀드에 1만 달러를 투자했다면 투자금 중 575달러는 펀드를 판매한 증권회사에 지불된다. 따라서 이 투자자의 초기 순투자금액은 9,425달러가 된다. 문제는 실제로 투자한 금액을 기준으로 볼 경우 575달러를 증권회사에 지불한 투자자는 6.1%의 판매수수료를 낸 것으로 계산된다. 그레이엄이 이러한 판매수수료 계산방법을 '판매 속임수'라고 부른 이유도 바로 이 때문이다. 1980년대 이후부터는 노로드펀드가 유행하게 되었다. 규모 면에서도 이제 더 이상 로드펀드보다 작지 않았다.

모든 소득, 즉 배당금과 이자수입에서 비용을 뺀 금액을 펀드 투자자들에게 지급해야 한다. 또한 투자자산 매각으로 실현된 장기수익을 지급할 수도 있다. 투자자들이 자신의 투자수익으로 간주하는 경향이 있는 이러한 수익은 '자본이득 배당capital gains dividend'의 형태로 지급된다. 또 다른 방법은 여기에서는 혼란을 야기할 수 있으므로 생략한다.[*] 대부분의 펀드는 종류별로 뛰어난 주식만을 보유한다. 1967년에는 새롭게 부상한 추세에 따라 펀드는 모든 통상적인 수익을 지급하는 우선주와 지분 판매에 따른 자본이득을 배분하는 보통주로 나누어 투자를 유치했다. 이러한 펀드는 '이중목적 펀드dual purpose fund'라고 부른다.[**]

펀드의 목적을 자본이득에 두고 '성장주' 매수에 치중하는 펀드들은 대개 회사 이름에 '성장'이라는 단어가 들어 있다. 화학, 항공, 해외투자 등 특정 분야에 전문성을 지닌 펀드의 경우에도 회사 이름에 이러한 단어가 포함되어 있다. 따라서 펀드 이름을 보면 어떤 분야에 특화된 곳인지 짐작할 수 있다.

현명한 투자자가 되고자 하는 이들은 펀드를 선택하는 과정에서도 개별 주식에 투자할 때와 마찬가지로 여러 가지 혼란스러운 상황에 직면하게 된다. 이 장에서는 다음과 같은 몇 가지 중요한 질문에 대한 답을 구해 보고자 한다.

---

[*] 오늘날 거의 모든 뮤추얼펀드는 '규제 대상 투자회사'로 분류되어 세법 적용을 받는다. 단, 투자자들에게 모든 수익을 배분하는 경우에는 법인소득세를 면제받는다. 그레이엄이 혼란을 피하기 위해 여기에서 생략한 것은 펀드가 증권거래위원회의 특별승인을 받아서 투자자에게 직접 보유 자산을 배분하는 방법이다. 1948년에 그레이엄의 그레이엄-뉴먼은 실제로 투자자들에게 GEICO 주식을 직접 배분했다. 이렇게 배분하는 방식은 매우 드문 일이다.

[**] 이중목적 펀드는 1980년대 후반에 유행하였지만, 시장에서 사라져 갔다. 이 펀드가 존 네프(John Neff)와 같은 탁월한 종목 선택 전문가들의 기술을 이용하여 좀 더 유연한 방법을 제공했다는 점에서 아쉬운 면이 있다. 최근의 약세장은 이처럼 매력적인 투기기관의 부흥을 다시 이끌지도 모르겠다.

1. 평균수익 이상을 보장하는 펀드를 선택하는 방법이 있는가? '퍼포먼스 펀드_performance fund'는 어떠한가?***
2. 만약 그러한 비결이 없다면 평균 이하의 수익을 내는 펀드를 피하는 방법은 무엇인가?
3. 주식형, 개방형/폐쇄형, 로드/노로드 등 다양한 형태의 펀드 중에서 현명한 선택을 하려면 어떻게 해야 하는가?

전체적인 투자펀드의 성과

이러한 질문에 답하기 전에 펀드 산업의 전체적인 성과를 먼저 살펴보자. 펀드 산업은 주주들을 위해 제대로 일을 해 왔는가? 가장 보편적인 방법을 사용하는 펀드 투자자가 어떻게 직접 투자자처럼 성과를 낼 수 있을까? 큰 그림에서 보았을 때 펀드는 투자자의 경제활동에 분명히 긍정적인 영향을 미쳤다. 즉, 펀드는 저축과 투자와 관련한 좋은 습관을 촉진했고, 수많은 개인투자자가 주식시장에서 값비싼 대가를 초래하는 실수를 피하도록 지원했다. 또한 펀드 투자자에게 주식에 뒤지지 않는 수준의 수익을 안겨 주었다. 우리는 상대적인 기준을 감안하면 과거 10년간 펀드에만 돈을 투자한 개인투자자의 수익 평균이 주식에 직접 투자한 개인의 수익 평균보다 더 좋았을 것이라고 짐작한다.

위에서 마지막에 언급한 내용은 아마 사실일 것이다. 펀드의 실제 성과가 전체적으로 보통주에 미치지 못하고, 뮤추얼펀드 투자비용이 직접투자비용보다 더 많이 드는 것으로 보이더라도 사실이 그렇다. 보통 일반적인 개인투

***'퍼포먼스 펀드'는 1960년대 후반에 대유행하였다. 이들은 1990년대 후반의 공격적인 성장주 펀드에 해당하는 것으로, 투자자에 대한 서비스는 더 나을 것이 없었다.

자자 입장에서 할 수 있는 선택은 균형 잡힌 보통주 포트폴리오를 구성할 것이냐, 좀 더 돈을 들여 펀드를 이용해 포트폴리오를 구성할 것이냐의 문제가 아니었다. 그보다 문을 두드리는 뮤추얼펀드 영업사원의 감언이설에 속아 넘어가거나, 더 위험한 경우로 이류, 삼류의 신규 공모 주식을 파는 영업사원의 말에 솔깃해 펀드를 접하게 되는 사례가 더 많았다. 우리는 또한 보수적인 보통주 투자를 염두에 두고 위탁계좌를 개설한 개인투자자가 투기성 짙은 투자에 현혹되어 막대한 손실을 입기 쉽다는 점을 지적하지 않을 수 없다. 뮤추얼펀드 투자자는 이러한 유혹에 현혹될 가능성이 훨씬 적다.

그러나 일반 시장과 비교할 때 투자펀드는 어떤 성과를 보였을까? 이 문제는 다소 논란의 여지가 있지만 좀 더 간단하게 답을 구하고자 한다. 〈표 9-1〉은 1970년 말에 각 관리 그룹 중 가장 규모가 큰 것만을 고른 10개의 주식펀드가 1961년부터 1970년 사이에 기록한 투자수익률을 보여 주고 있다. 여기에는 1961년부터 1965년, 1966년부터 1970년까지 이들 펀드의 전체 기간 수익률과 1969년과 1970년의 연도별 수익률이 포함된다. 또한 10개 펀드에 각각 한 주씩 투자한 경우의 합계에 기초한 평균수익률도 확인할 수 있다. 여기에 소개된 펀드의 총자산 규모는 1969년 말 기준 150억 달러 이상으로, 전체 주식펀드의 3분의 1을 넘는 규모였다. 따라서 이 펀드들은 펀드 산업 전체를 대표한다고 할 수 있다. 단, 이론적으로 생각하면 이러한 우량펀드의 성장률이나 실적이 다른 펀드에 비해 월등할 것 같지만 실제로는 그렇지 않았다.

이 표에는 몇 가지 흥미로운 사실이 있다. 첫째, 1961년부터 1970년까지 10개 펀드의 전체 수익은 같은 기간 S&P500 지수의 성과와 비슷한 수준이었으나, 다우존스 지수보다는 확실히 나은 수익을 보였다. 이 결과에 대해서는 다우존스 지수의 30개 대형 우량주가 S&P 지수의 중소형주에 비해 더

<표 9-1> 10대 뮤추얼펀드의 투자수익률[a]

뮤추얼펀드	1961~ 1965년 5년간(%)	1966~ 1970년 5년간(%)	1961~ 1970년 10년간(%)	1969년 (%)	1970년 (%)	1970년 말 순자산 (백만 달러)
Affiliated Fund	71%	19.7%	105.3%	−14.3%	2.2%	$1,600
Dreyfus	97	18.7	135.4	−11.9	−6.4	2,232
Fidelity Fund	79	31.8	137.1	−7.4	2.2	819
Fundamental Inv.	79	1.0	81.3	−12.7	−5.8	1,054
Invest. Co. of Am.	82	37.9	152.2	−10.6	2.3	1,168
Investors Stock Fund	54	5.6	63.5	−80.0	−7.2	2,227
Mass. Inv. Trust	18	16.2	44.2	−4.0	0.6	1,956
National Investors	61	31.7	112.2	4.0	−9.1	747
Putnam Growth	62	22.3	104.0	−13.3	−3.8	684
United Accum.	74	−2.0	72.7	−10.3	−2.9	1,141
평균	72	18.3	105.8	−8.9	−2.2	$13,628
S&P 종합지수	77	16.1	104.7	−8.3	3.5	(합계)
다우존스 지수	78	2.9	83.0	−11.6	8.7	

a) 1970년 말 순자산 기준으로 최대 규모에 속하는 주식형 펀드다. 각 회사에서 한 가지 펀드만 사용했다. 위 자료의 출처는 와이젠버거 파이낸셜 서비시스(Wisenberger Financial Services)다.

낮은 성과를 보인 이유가 무엇일지 의문을 가질 수 있다.[*] 둘째, S&P 지수와 비교한 펀드의 전체 성과는 전반 5년에 비해 후반 5년에 다소 향상되었다. 즉, 1961년부터 1965년에는 펀드 이익이 S&P 수익률보다 약간 낮았고, 1966년부터 1970년에는 S&P보다 약간 높았다. 셋째, 수익률은 펀드별로 큰 차이를 보였다.

이러한 자료에 비추어 뮤추얼펀드 산업이 금융시장 전체에 비해 더 나은 성과를 내지 못한다는 이유로 비판하기는 어렵다. 펀드매니저들과 전문가들이 전체 상장주식의 상당 부분을 관리하고 있으므로 시장 변동 상황은 이

---

* 10년 정도의 투자 기간에서 다우존스 지수와 S&P500 지수의 수익률은 상당히 큰 차이를 보였다. 하지만 25년에서 50년 정도의 투자 기간에서는 수익률이 거의 근접하게 수렴하는 경향이 있다.

들이 관리하는 펀드 전체에도 대체로 반영된다. 예를 들어, 1969년 말에 상업은행의 신탁자산에 포함된 보통주는 1810억 달러 규모였다. 투자 자문업체들이 관리하는 계좌에 이 내용을 포함시키고, 여기에 560억 달러 규모의 뮤추얼펀드 및 기타 유사 펀드까지 더하여 감안하면, 이 전문가들의 종합적인 의견이 평균주가의 동향에 상당한 영향력을 미치며, 이러한 평균주가는 다시 펀드 전체의 성과를 좌우하게 된다고 보아야 할 것이다.

그렇다면 개인투자자가 평균 이상의 실적을 내는 우수한 펀드를 발굴해서 직접 투자를 통해 높은 성과를 올리는 것도 가능할까? 이렇게 하려면 투자자가 처음부터 모든 과정을 거쳐야 하는 데다 남보다 나은 성과를 올리는 것도 쉬운 일이 아니므로 누구나 할 수 있는 선택이 아닌 것만큼은 분명해 보인다. 이 질문에 담긴 아이디어를 구체적으로 풀어 보면 다음과 같다. 어떤 투자자가 과거에 충분한 기간 탁월한 실적을 보인 펀드를 발굴했다고 가정해 보자. 투자자는 과거 실적을 통해 이 펀드가 최고의 역량을 갖추었다고 판단했다. 이제 투자자는 더 나은 실적을 기대하며 이 펀드에 투자하면 된다. 이 아이디어는 뮤추얼펀드의 경우 상대적으로 별도의 프리미엄을 부담하지 않고도 '가장 유능한 경영 능력'을 확보할 수 있다는 점에서 더욱 현실적으로 보인다. 참고로, 일반 회사 중 최고의 경영 성과를 보이는 회사는 경상이익과 자산의 가치만큼 고가에 거래된다.

장기적으로 볼 때 이와 관련한 증거 자료는 상충하는 면이 있다. 그러나 〈표 9-1〉에 포함된 10개의 대형 펀드 중에서 1961년부터 1965년까지 상위 5개 펀드가 보인 성과는 1966년부터 1970년 기간에도 대체로 이어졌다. 단, 상위 5개 펀드 중 2개 펀드는 나머지 5개 펀드 중 2개 펀드의 실적 정도로 다소 처진 것으로 나타났다. 이 자료가 시장 전체의 상당한 상승세를 반영한 것이 아니라면 뮤추얼펀드에 투자한 투자자는 과거 최소 5년간 높은 성과를 거둔 것으로 보인다. 1966년부터 1970년 기간에는 변칙적인 방법으로 놀라운 성과를 거둔 투자자들도 있을 것이다. 이와 관련한 내용은 뒤에 이어지는 "퍼포먼스 펀드" 절에서 살펴보겠다. 하지만 이러한 성과가 암시하는 것은 펀드매니저가 과도한 투기적 위험을 무릅쓰고 있으며, 당분간은 이러한 방법이 어느 정도 먹히리라는 사실이다.

퍼포먼스 펀드

최근에 나타난 새로운 현상 중 하나가 투자펀드는 물론 신탁펀드의 운용에서 '성과$_{performance}$'를 강조하는 풍토다. 이 절에서는 성과라는 것이 효과적으로 구성된 펀드보다 구성이 불균형하고 많은 투자자의 관심을 끄는 소규모 펀드에만 적용된다는 사실부터 논의해 보려고 한다. 이야기는 아주 간단하다. 일부 투자회사들이 시장의 평균수익, 즉 다우존스 지수의 수익보다 나은 결과를 보이기 시작했다. 이 회사들은 많은 인기 덕분에 자금을 추가로 모으게 되면서 얼마간 성공을 이어 갔다. 목적은 충분히 합법적이었다. 그러나 문제는 상당히 큰 규모의 펀드에 투자하여 목적을 달성하려면 그만큼 위험을 감수해야 했다는 점이다. 그 위험은 생각보다 이른 시기에 투자자들을 위협했다.

1920년대를 경험한 투자자들은 성과를 둘러싼 몇 가지 상황을 두고 불길한 느낌을 지울 수 없었다. 하지만 이 우려는 주식시장에 두 번째로 도래한 '새로운 시대'에 맞지 않는 낡은 태도로 취급되었다. 이유는 두 가지로 압축된다. 첫째, 이 시기에 뛰어난 성과를 보인 이들은 대부분 1948년부터 1968년까지 강세장만 경험한 30~40대의 젊은 투자자들이었다. 둘째, 이들에게 '건전한 투자'란 앞으로 큰 상승이 예상되는 주식에 투자하는 것을 의미하는 듯했다. 이 분위기 속에서 새로운 시대의 젊은 투자자들은 기업의 자산이나 실적과는 완전히 별개인 가격으로 새로운 벤처에 대규모 투자를 하기 시작했다. 이 과정에서 이들은 기업의 미래 성과에 대한 순진한 희망과 무지하고 탐욕스러운 일반 투자자의 투기적 성향을 조합하는 치밀함을 보였다.

이 절에서는 실명을 거론하지는 않겠지만, 구체적인 회사의 예는 제시하고자 한다. 1965년 말에 구성된 '맨해튼 펀드_{Manhattan Fund}'는 당시 가장 큰 인기를 끈 퍼포먼스 펀드였다. 이 펀드는 처음에 주당 9달러 25센트 또는 10달러에 2700만 주를 발행하였고, 2억 4700만 달러의 자본으로 시작했다. 물론 이 회사는 자본 이득을 얻는 데 치중했다. 이 펀드는 높은 주가수익비율이나 배당금 지급 조건이 없는 경우가 대부분이었다. 배당금을 지급하는 경우에도 매우 미미한 수준이었다. 여기에 투기적 거래가 수반되면서 가격 변동이 매우 심한 종목들에 대해 투자가 이루어졌다. 1967년에는 38.6%의 높은 수익을 거두었다. 당시 S&P 지수 수익률이 11%였던 것과 확연히 비교된다. 〈표 9-2〉에서 확인할 수 있듯이 이후의 성적도 그다지 좋지 않았다.

1969년 말의 맨해튼 펀드 포트폴리오는 아무리 보아도 변칙적이었다. 첫 번째로 이상한 점은 이 펀드가 집중적으로 투자했던 종목 중 2개 회사가 6개월 내에 파산을 신청하였고, 1971년에는 채권자들이 또 다른 회사에 소송을 제기했다. 두 번째로 이상한 점은 투자펀드뿐만 아니라 대학기부금 펀드, 대형 은행의 신탁부 등에서도 당시 불운한 종목 중 적어도 하나를 매입했다는 사실이다.* 세 번째로 이상한 점은 맨해튼 펀드의 설립자이자 경영자인 사람

---

* 그레이엄이 '불운한 종목'이라고 부른 예 중 하나는 주식을 가장한 사기극으로 악명 높았던 NSM(National Student Marketing Corp.)이었다. 이와 관련한 내용은 앤드루 토비아스(Andrew Tobias)의 『퍼니 머니 게임(The Funny Money Game)』(Playboy Press, 뉴욕, 1971)에 잘 소개되어 있다. NSM의 설립자 코트 랜달(Cort Randall)에게 피해를 입은 자칭 정교한 투자자들 중에는 코넬 대학과 하버드 대학의 기부금 펀드는 물론, 모건 개런티(Morgan Guaranty), 뱅커스 트러스트(Bankers Trust)와 같은 유수 은행의 신탁부도 포함되어 있었다.

주수 (1,000주)	종목	주가	1969년 주당 실적	1969년 배당	시장가치 (백만 달러)
60	Teleprompter	99	$ .99	무배당	$6.0
190	Deltona	60.5	2.32	무배당	11.5
280	Fedders	34	1.28	$ .35	9.5
105	Horizon Corp.	53.5	2.68	무배당	5.6
150	Rouse Co.	34	.07	무배당	5.1
130	Mattel Inc.	64.25	1.11	.20	8.4
120	Polaroid	125	1.90	.32	15.0
244[a]	Nat'l Student Mkt'g	28.5	.32	무배당	6.1
56	Telex Corp.	90.5	.68	무배당	5.0
100	Bausch & Lomb	77.75	1.92	.80	7.8
190	Four Seasons Nursing	66	.80	무배당	12.3[b]
20	Int. Bus. Machines	365	8.21	3.60	7.3
41.5	Nat'l Cash Register	160	1.95	1.20	6.7
100	Saxon Ind.	109	3.81	무배당	10.9
105	Career Academy	50	.43	무배당	5.3
285	King Resources	28	.69	무배당	8.1
					$130.6
				기타 주식	93.8
				기타 유가증권	19.6
				투자 합계[c]	$244.0

a) 2 대 1 분할 후의 수치다.
b) 계열사 주식 110만 달러를 포함한 수치다.
c) 현금등가물은 제외되었다.

S&P 지수와 비교한 연간 성과

	1966년	1967년	1968년	1969년	1970년	1971년
맨해튼 펀드	−6%	38.6%	−7.3%	−13.3%	−36.9%	9.6%
S&P 지수	−10.1%	23.0%	10.4%	−8.3%	3.5%	13.5%

이 별도로 설립한 관리회사의 주식을 다른 대형 회사에 2000만 달러 이상의 가격으로 팔아넘겼다는 것이다. 당시 이 관리회사의 자산은 100만 달러도 채 못 되었다. 이 정도면 '관리자'의 규모와 '관리 대상'의 성과 사이에 너무

큰 차이가 나는 것이었다.

1969년 말에 출간된 한 서적에서는[*] "수십억 달러나 되는 다른 사람의 돈을 관리하는 어려운 게임에서 정상 자리에 올라선 사람들"이라는 제목으로 19명의 인물이 소개되었다. 이 사람들은 하나같이 "젊고, 연봉이 백만 달러를 훌쩍 넘으며, 금융계의 새로운 부류를 형성하고, 시장의 재미에 완전히 매료되었으며, 유망 종목을 골라내는 데 탁월한 식견을 지니고 있었다." 이 정상급 집단이 올린 성과는 이들이 관리한 펀드의 기록을 살펴보면 충분히 짐작할 수 있다. 다행히 『머니 매니저The Money Managers』에 소개된 19명 중 12명이 관리한 펀드에 대한 관련 기록을 확인할 수 있다. 전형적으로 이들은 1966년에는 두각을 나타내기 시작해 1967년에 탁월한 성과를 보였다. 1968년에도 전반적으로 좋은 성과를 올렸지만, 개별 펀드에서는 희비가 엇갈렸다. 1969년에는 모든 펀드가 손해를 보았다. S&P 지수 수익률보다 좋은 성과를 보인 펀드는 단 한 개였다. 1970년에는 이들의 상대적인 성과가 훨씬 더 나빠졌다.

우리가 이렇게 과거 펀드의 전모를 소개하는 것은 "변하면 변할수록 더 같아진다"라는 프랑스 속담의 교훈을 전하기 위해서다. 똑똑하고 정열적인 사람들, 주로 젊은 투자전문가들은 꽤 오랫동안 '다른 사람들의 돈'으로 기적을 행하겠다고 장담해 왔다. 잠시 동안은 가능하기도 했다. 적어도 그렇게 해낸 것처럼 보였다. 그러나 결국에는 돈을 맡긴 고객들에게 손실만 안겨 주는 때가 많았다.[**] 거의 반세기 전에 이러한 '기적'은 끔찍한 시장 조작, 회계 보고서 부정, 무모한 자본구조, 기타 사기성 금융행위를 통해 이루어졌다. 그 결과 증권거래위원회는 금융을 통제할 정교한 시스템을 만들었고, 일반

---

[*] 길버트 E. 카플란(Gilbert E. Kaplan)과 크리스 웰레스(Chris Welles)의 『머니 매니저(The Money Managers)』 (Random House, 1969)를 참조하라.

투자자들은 주식에 대한 조심스러운 태도를 갖게 되었다. 1965년부터 1969년까지는 새로운 '머니 매니저'들이 등장했고, 1926년부터 1929년에 출몰했던 다양한 사기행위도 다시 고개를 들었다.[***] 1929년의 대폭락 이후 금지된 부정행위들은 그대로 재현되지는 않았다. 과거와 같이 부정을 저지르면 형사상 실형을 선고받을 수 있기 때문이다. 대신 월스트리트의 곳곳에서는 유사한 속임수들이 속속 등장했다. 결국 이러한 속임수가 초래하는 결과는 비슷했다. 또한 공공연한 주가 조작은 자취를 감췄지만, '급등 종목'에 속기 쉬운 대중 심리를 이용하는 다른 방법들이 많이 생겨났다. 예를 들어, 비공개주[****]는 판매 실적이 드러나지 않기 때문에 시장가격보다 훨씬 싼 가격에 매수된 즉시 원래 가격으로 거래되면서 투자자들에게 상당한 수익을 돌려줄 수 있었다. 규제 분위기가 완전히 달라졌는데도 1920년대의 실수와 과열이 월스트리트에서 다시 재현될 수 있었다는 것은 정말 놀라운 일이다.

앞으로도 분명히 새로운 규제와 금지 조항들이 생길 것이다. 1960년대 후반의 폐해는 월스트리트에서 이제 적절한 규정에 따라 규제될 것이다. 그러나 투기를 조장하는 분위기는 여전히 존재할 것이고, 이러한 분위기의 악용을 완전히 근절하기는 어려울 것이다. 현명한 투자자라면 이처럼 '비정상적

** "변하면 변할수록 더 같아진다"라는 속담의 의미를 가장 최근에 입증한 이는 바로 라이언 제이콥(Ryan Jacob)이다. 29세의 청년이었던 그는 1999년 말에 자신의 기존 닷컴 펀드에서 216%의 수익을 거둔 후, 제이콥 인터넷 펀드(Jacob Internet Fund)를 창립했다. 2000년 들어 몇 주 만에 제이콥의 펀드에는 거의 3억 달러에 이르는 투자금이 몰렸다. 이 펀드가 이후 기록한 손실률은 2000년에 79.1%, 2001년에 56.4%, 2002년에 13%로, 이를 모두 누적하면 무려 92%에 달했다. 덕분에 제이콥의 투자자들은 인생의 큰 교훈을 얻는 데 큰 대가를 치러야 했다.

*** 1999년부터 2002년까지 혹독하게 급등락이 반복되었던 장세 또한 약 35년 만에 재현된 것이었다. 투자자들 사이에 신경제의 광기가 잠잠해지는 데에는 대략 이 정도의 시간이 걸리는 모양이다. 만약 이것이 사실이라면 현명한 투자자들은 앞으로 한 세대 후인 2030년 전후를 특히 조심해야 할 것이다.

**** 서문 각주에 소개된 '비공개주'의 정의를 보라.

으로 대중을 현혹하는 분위기[*]가 늘 존재한다는 사실을 이해하고 가능한 한 이러한 가능성을 멀리하는 것이 최선이다.

뛰어난 수익률을 보였던 1967년 이후 퍼포먼스 펀드의 수익률은 대체로 저조했다. 1967년의 수치까지 포함하면 전체 실적은 그렇게 나쁘지만은 않다. 『머니 매니저』에 소개된 펀드 중 한 사례는 S&P 지수보다 훨씬 좋았고, 셋은 확실히 뒤처졌으며, 나머지 여섯은 거의 비슷했다. 다른 퍼포먼스 펀드 10개도 살펴보자. 이 펀드는 모두 1967년에 최고의 성적을 보였으며 그해에 84%에서 301% 사이의 수익률을 기록했다. 1967년 수익을 포함하면 이들 중 4개는 4년간 S&P 지수보다 전체적으로 더 나은 성적을 올렸다. 1967년 수익을 제외하면 2개는 1968년부터 1970년까지 S&P 지수 수익률을 능가했다. 이 펀드의 평균 규모는 6000만 달러 정도로 작은 편이었다. 이는 뛰어난 성과를 지속해서 이어 가려면 더 작은 규모의 펀드가 필수 조건이라는 것을 암시한다.

앞서 우리는 펀드매니저가 거두는 뛰어난 성과 이면에 위험이 도사리고 있을 가능성에 대해 강하게 암시했다. 지금껏 금융업계에서 과거 경험에 근거해 건전하게 관리되는 대형 펀드는 오랫동안 보통 수준이나 그보다 약간

---

* 1852년에 처음 출간된 책의 제목이다. '남해포말사건(South Sea Bubble)', 튤립 파동을 비롯해 과거에 발생한 투기 양상이 소개된 이 책은 1932년에 금세기에 성공신화를 연이어 이룩한 유일한 투기자 버나드 M. 바루크(Bernard M. Baruch)에 의해 재간행되었다. 대공황이 발생한 후 다시 이 책을 찾는 것은 한마디로 소 잃고 외양간 고치는 격이었다. 찰스 맥케이(Charles Mackay)의 『대중의 미망과 광기(Extraordinary Popular Delusions and the Madness of Crowds)』(Metro Books, New York, 2002)가 처음 출간된 해는 1841년이었다. 쉽게 읽히지도 않고 전하는 정보가 모두 정확한 것은 아니지만, 이 책은 많은 사람이 터무니없는 이야기를 믿는 경우가 얼마나 많은지 광범위하게 보여 주고 있다. 예를 들어, 쇠를 녹여 금으로 만들 수 있다거나, 악마는 금요일 밤에 가장 자주 출몰한다거나, 주식시장에서 순식간에 부자가 될 수 있다는 이야기들은 모두 이 점에서 일맥상통한다. 좀 더 현실적인 설명을 담은 책으로는 에드워드 챈슬러(Edward Chancellor)의 『금융투기의 역사(Devil Take the Hindmost)』(Farrar, Straus & Giroux, New York, 1999)가, 좀 더 가볍게 읽을 수 있는 책으로는 로버트 멘스첼(Robert Menschel)의 『시장, 군중 그리고 대혼란: 현대 군중의 광기(Markets, Mobs, and Mayhem: A Modern Look at the Madness of Crowds)』(John Wiley & Sons, New York, 2002)가 있다.

나은 수준의 성과를 보이는 데 그쳤다. 펀드가 불건전하게 운용될 경우 잠시 동안은 착각이나마 굉장한 수익을 얻을지 모르지만, 결국 비참한 손실을 감수해야 하는 경우가 대부분이다. 물론 10년 이상 지속해서 시장평균보다 높은 수익률을 올린 펀드도 존재한다. 그러나 이 경우는 대부분 특수 분야에서 운용되고, 운용 자본에도 스스로 제한을 둔다. 따라서 일반 투자자들에게는 적극적으로 판매하지 않는 편이다.[**]

폐쇄형 펀드 대 개방형 펀드

거의 모든 뮤추얼펀드, 즉 개방형 펀드를 이용하는 주주는 매일 포트폴리오를 평가한 결과에 따라 주식을 현금화할 수 있다. 이를 위해 신주 판매에 맞는 장치를 갖추고 있다. 개방형 펀드는 대부분 오랫동안 이 방법으로 규모를 늘려 왔다. 폐쇄형 펀드는 대부분 오래전에 설립되어 고정된 자본 구조를 갖추고 있고, 따라서 현금의 중요성이 상대적으로 작다. 개방형 펀드는 수많은 영업사원이 열심히 발로 뛰며 판매하지만, 폐쇄형 펀드는 판매에 특별히 노력을 기울이지 않는다. 뮤추얼펀드에서 판매하는 일반 펀드에는 영업사원에게 돌아가는 판매수수료를 포함해 순자산가치의 9%에 해당하는 고정 프리미엄이 더해져 상대적으로 가격이 높지만, 폐쇄형 펀드는 대개 자산가치보다 약간 낮은 수준으로 살 수 있다. 펀드의 가격 할인폭은 회사마다 조금씩 차이가 있으며, 전체적인 평균할인율도 매일 변동한다. 〈표 9-3〉에서

[**] 그레이엄이 말한 '아주 예외적인 경우'에 해당하는 최신의 예로는 신규 투자자들에게 폐쇄적인 개방형 펀드를 들 수 있다. 즉, 이 경우 펀드매니저는 추가적인 자금 조달을 중단함을 의미한다. 결과적으로 펀드는 운용수수료를 절감하면서 기존 투자자들에게 돌아가는 수익을 극대화할 수 있다. 대부분의 펀드매니저들은 일인자라기보다 일인자가 되고자 하는 이들이기 때문에, 신규 투자를 제한하는 것은 상당히 이례적이고 용기가 필요한 행위다.

<표 9-3> 폐쇄형 펀드, 개방형 펀드 및 S&P 지수 자료

연도	폐쇄형 펀드의 평균할인율	폐쇄형 펀드의 평균수익률[a]	뮤추얼펀드의 평균수익률[b]	S&P 지수 수익률[c]
1970	−6%	평균	−5.3%	3.5%
1969		−7.9%	−12.5	−8.3
1968	(7)[d]	13.3	15.4	10.4
1967	−5	28.2	37.2	23.0
1966	−12	−5.9	−4.1	−10.1
1965	−14	14.0	24.8	12.2
1964	−10	16.9	13.6	14.8
1963	−8	20.8	19.3	24.0
1962	−4	−11.6	−14.6	−8.7
1961	−3	23.6	25.7	27.0
10년간 평균		9.14%	9.95%	9.79%

a) 분산화된 회사 10개에 대한 와이젠버거 평균이다.
b) 매년 보통주 펀드의 5개 와이젠버거 평균에 대한 평균이다.
c) 모든 경우에서 배당금이 후에 추가된다.
d) 할증된 수치다.

는 이와 관련하여 1961년부터 1970년까지의 수치를 확인할 수 있다.

개방형 펀드에 비해 상대적으로 낮은 폐쇄형 펀드 가격이 이 두 유형 사이에서 보이는 전체적인 투자 결과의 차이와 그다지 상관이 없다는 것은 누구나 쉽게 알 수 있다. 이러한 사실은 1961년부터 1970년까지 두 펀드의 연간 성과를 정리한 〈표 9-3〉에서도 확인된다.

이제 우리는 투자자의 선택에 꼭 필요한 규칙 중 하나를 떠올릴 수 있다. 펀드에 투자하기를 원한다면 9%의 프리미엄을 부담하고 개방형 주식을 사는 대신에 10%에서 15%까지 자산가치의 할인 가격을 제공하는 폐쇄형 회사 주식을 사는 편이 더 유리하다. 개방형 펀드와 폐쇄형 펀드의 미래 배당 및 자산가치 변화가 동일하게 진행된다면, 폐쇄형 회사 주식에 투자할 때 20% 정도의 수익을 더 기대할 수 있다.

〈표 9-4〉 1961~1970년 폐쇄형 펀드의 평균 결과[a]

	1970년	1966~1970년 5년간	1961~1970년 10년간	1970년 12월 할증 또는 할인
할증발행 펀드 3개	-5.2%	25.4%	115.0%	11.4% 할증
할인발행 펀드 10개	1.3	22.6	102.9	9.2% 할인

a) 와이젠버거 파이낸셜 서비시스에서 제공한 자료다.

이러한 주장에 대해 뮤추얼펀드의 영업직원은 이렇게 반박할 것이다. "폐쇄형 회사 주식을 소유하게 되면 그 주식을 얼마에 되팔 수 있을지 전혀 알 수 없습니다. 또 할인폭이 현재보다 더 늘어날 수도 있지요. 이렇게 되면 그만큼 손실이 발생할 수 있습니다. 대신 개방형 회사 주식을 사면 자산가치의 100% 가격으로 주식을 팔 수 있는 권리가 보장됩니다." 논리적인 면에서나 상식적인 면에서나 연습 삼아 이 직원의 말을 좀 더 따져 보자. 우리는 이렇게 질문을 다시 던질 수 있다. 폐쇄형 주식의 할인폭이 커질 경우, 폐쇄형 주식을 보유한 투자자는 개방형 주식을 보유한 투자자보다 상황이 얼마나 더 불리해질까?

이 질문에 답하려면 약간의 수학적 계산이 필요하다. 투자자 A는 자산가치의 109%로 개방형 주식을 매입하였고, 투자자 B는 85%로 할인된 가격에 1.5%의 수수료를 부과하는 폐쇄형 주식을 매입했다고 가정하자. 그로부터 4년 후에 두 사람은 모두 자산가치 대비 수익률 30%와 동일한 가격의 성과를 올렸다. 이 경우 투자자 A는 9%의 프리미엄을 뺀 100%의 가격에 주식을 상환받게 된다. 이 기간 자산가치에 대한 전체 수익률은 자산가치의 30%에서 프리미엄 9%를 뺀 값, 즉 21%다. 따라서 투자한 금액 전체에 대한 투자수익률은 19%가 된다. 그렇다면 투자자 B가 투자자 A와 동일한 수익률을 기록하려면 주식을 얼마만큼 현금화해야 할까? 정답은 73%다. 또는 자산가치가 27%가량 할인되어야 한다. 다시 말해서, 투자자 B의 수익률이 투자자 A의 수익률만큼 낮아지려면 시장 할인폭이 애초 9%에서 12%나 더 커져야 한다. 하지만 폐쇄형 주식의 역사상 할인폭이 그 정도로 확대된 적은 거의 없었다. 따라서 투자 성과가 비슷하다면 할인가로 매입한 대표적인 폐쇄형 회사의 주식수익률이 전반적으로 개방형 주식에 비해 낮아지기는 어렵다. 대개 8.5%의 수수료가 부과되는 펀드 대신 수수료가 적은 펀드나 노로드펀드로 대체한다면 폐쇄형 투자의 장점은 다소 줄어들겠지만 그래도 여전히 유리한 면이 있다.

하지만 투자자들에게 여전히 한 가지 의문이 남는다. 일부 폐쇄형 펀드는 개방형 펀드에 부과되는 9%보다 더 높은 프리미엄 가격에 팔리고 있다는 사실이다. 그렇다면 프리미엄이 적용된 회사들은 비싼 가격을 보상할 만큼 뛰어나게 관리하고 있을까? 과거 5년 또는 10년의 자료를 토대로 살펴보면 정답은 '아니오'다. 프리미엄 회사 6개 중 3개는 해외 투자에 주력해 왔다. 이들의 두드러진 특징은 몇 년 동안 큰 가격 변동폭을 보였다는 점이다. 이 중 한 회사는 1970년 말에 최고가에서 겨우 4분의 1에 해당하는 가격에 팔렸다. 또 다른 회사는 원래 가격의 3분의 1에 매도되었다. 심지어 절반에도 못 미치는 가격에 팔린 회사도 있었다. 미국 내에서 자산가치 이상으로 팔리는 회사가 3개인 점을 감안하면, 지난 10년간 이 회사들이 거둔 전체 수익률

〈표 9-5〉 선도 폐쇄형 펀드 2개 비교[a]

	1970년	1966~1970년 5년간	1961~1970년 10년간	1970년 12월 할증 또는 할인
General American Investors Co.	-0.3%	34.0%	165.6%	7.6% 할인
Lehman Corp.	-7.2	20.6	108.0	13.9% 할증

a) 와이젠버거 파이낸셜 서비시스에서 제공한 자료다.

은 10개의 할인 펀드보다는 다소 나았지만, 마지막 5년간의 현실은 그와 정반대였다. 〈표 9-5〉는 가장 오래되고 규모도 큰 폐쇄형 회사인 레만Lehman Corp.과 제너럴 아메리칸 인베스터General American Investor Co.가 1961년부터 1970년 사이에 올린 수익률을 비교하고 있다. 1970년 말에 이 중 한 회사는 순자산가치보다 14% 할증된 가격에 팔렸고, 또 다른 하나는 순자산가치보다 7.6% 할인된 가격에 팔렸다. 순자산가치 대비 가격의 차이는 이 수치에 반영되지 않았다.

균형펀드 투자

와이젠버거 보고서에 포함된 23개의 균형펀드는 자산의 25%에서 59% 범위까지 우선주와 채권을 보유하고 있었다. 평균 40% 수준이었다. 일반 투자자는 뮤추얼펀드에 일부 투자하는 것보다 채권형 투자를 직접 하는 것이 더 논리적으로 합당해 보일 것이다. 1970년에 균형펀드가 거둔 연평균 수익률은 자산가치의 3.9%, 매입 가격의 3.6%에 그쳤다. 채권 포트폴리오를 고려하는 투자자들은 미국 저축채권이나 A급 이상의 회사채 또는 비과세채권을 매입하는 것이 더 좋다.

9장 논평

완벽에 가까운 완벽함

미국에서 탄생한 뮤추얼펀드는 1924년 에드워드 G. 레플러Edward G. Leffler라는 알루미늄 주방기기 영업직원에 의해 처음 도입되었다. 뮤추얼펀드는 연방 증권법의 엄격한 규제에 따라 저렴한 비용과 편리한 방법으로 분산투자를 전문적으로 관리한다. 누구나 쉽고 여유 있게 투자할 길을 열며 뮤추얼펀드는 미국의 5400만 가구를 투자의 주류로 이끌었다. 전 세계로 범위를 넓혀 보면 수백만 가구가 더해진다. 아마도 역사상 가장 획기적인 금융 민주주의의 진보일 것이다.

뮤추얼펀드가 완벽한 것은 아니다. 그러나 거의 완벽하다. 여기에서 '거의'라는 말은 사소한 차이 같지만, 의미 전체에 큰 영향을 미친다. 대부분의 펀드는 작은 불완전함 때문에 시장수익을 따라가지 못하고, 투자자에게 과도한 수수료를 부과하며, 세금 문제나 변덕스러운 펀드 성과로 투자자에게 번뇌를 안긴다. 작은 차이를 간과해 큰 골칫덩이를 안지 않으려면 투자자는 아주 신중하게 펀드를 선택해야 한다.

최고의 성적표

대부분의 투자자는 가장 급격한 상승률을 보인 펀드를 산다. 앞으로 계속 오를 것이라는 기대 때문이다. 왜 그러지 않겠는가? 심리학자들에 따르면 사람들은 아주 단기간의 결과만으로도 장기적인 예측이 가능하다고 쉽게 믿는다. 그도 그럴 것이 어떤 배관공이 솜씨가 더 좋고, 어떤 야구선수가 홈런을 더 잘 치며, 어떤 레스토랑에 가면 언제든 맛좋은 요리를 기대할 수 있고, 똑똑한 아이가 계속 좋은 성적을 받더라는 것 등의 지식을 모두 경험을 통해 익혔기 때문이다. 뛰어난 기술과 명석한 두뇌, 부단한 노력은 사람들의 인정을 받고 그에 합당한 보상을 받는다. 이러한 인정과 보상은 계속 반복된다. 마찬가지로 어떤 펀드가 시장평균을 웃도는 수익을 내면 사람들은 이 펀드가 계속 그와 같은 성과를 낼 것이라고 기대하게 된다.

하지만 안타깝게도 금융시장에서 더 중요한 것은 기술보다 행운이다. 예를 들어, 어쩌다가 정확한 시점에 정확한 시장의 변곡점을 짚은 펀드매니저는 탁월한 식견이 있는 전문가처럼 보일 것이다. 그러나 모든 일이 그렇듯이 갑자기 달구어진 열기는 금세 식는다. 천재처럼 보이던 이 펀드매니저도 지능지수가 50은 더 떨어져 보일 것이다. 〈그림 9-1〉에서는 1999년 가장 인기 있었던 펀드에 실제로 어떤 일이 일어났는지 엿볼 수 있다.

이 자료는 시장에서 가장 뜨거운 관심을 받던 영역이 아무런 예고도 없이 눈 깜짝할 사이에 차갑게 얼어붙을 수 있다는 사실을 다시 한 번 되새기게 한다.[1] 1999년에는 기술주가 그러한 예였다. 따라서 과거 성과만 보고 펀드

펀드명	총수익률				1999년 1월 1일에 투자한 1만 달러에 대한 2002년 12월 31일의 가치
	1999년	2000년	2001년	2002년	
Van Wagoner Emerging Growth	291.2	−20.9	−59.7	−64.6	4,419
Monument Internet	273.1	−56.9	−52.2	−51.2	3,756
Amerindo Technology	248.9	−64.8	−50.8	−31.0	4,175
PBHG Technology&Communication	243.9	−43.7	−52.4	−54.5	4,198
Van Wagoner Post−Venture	237.2	−30.3	−62.1	−67.3	2,907
ProFunds Ultra OTC	233.2	−73.7	−69.1	−69.4	829
Van Wagoner Technology	223.8	−28.1	−61.9	−65.8	3,029
Thurlow Growth	213.2	−56.0	−26.1	−31.0	7,015
Firsthand Technology Innovators	212.3	−37.9	−29.1	−54.8	6,217
Janus Global Technology	211.6	−33.7	−40.0	−40.9	7,327
윌셔5000 지수(총주식시장)	23.8	−10.9	−11.0	−20.8	7,780

＊ 출처: 리퍼

＊ 주: 모뉴멘트 인터넷(Monument Internet)은 나중에 오비텍스 이머징 테크놀로지(Orbitex Emerging Technology)로 이름을 바꾸었다. 위에 제시된 10개의 펀드는 1999년에 탁월한 실적을 거두었다. 사상 최고의 연간 실적이었다. 그러나 이후 3년간 1999년에 거둔 막대한 수익을 모두 날리고도 추가로 더 큰 손실을 보았다.

를 선택하는 것은 정말 어리석은 일이다. 지난 반세기 동안에 뮤추얼펀드가 보인 성과를 연구한 투자론 학자들은 다음과 같은 동일한 결론에 도달했다.

- 평균적인 펀드는 분석 및 매매 비용을 상쇄하고 남을 정도로 수익을 낼 수 있는 주식을 잘 고르지 못한다.
- 펀드의 운영비용이 높을수록 수익은 더 낮아진다.

---

1 거의 모든 분야를 망라하여 업종별로 특화된 섹터펀드의 역사는 1920년대까지 거슬러 올라간다. 거의 80년의 역사를 거친 만큼 증거는 얼마든지 찾아볼 수 있다. 어떤 해에 높은 수익성과 가장 큰 인기를 누렸던 섹터가 바로 다음 해에 최악의 종목으로 전락하는 경우는 부지기수였다. 게으른 손에 악마가 깃든다면 섹터펀드는 투자자에게 내려지는 천벌과도 같았다.

- 주식을 자주 매매하는 펀드는 수익을 낼 가능성이 더 작아진다.
- 등락폭이 큰 펀드는 계속해서 그와 같은 폭의 변동성을 유지할 가능성이 크다.
- 과거수익률이 높은 펀드는 앞으로도 승자로 남기 어렵다.[2]

과거수익률을 따져 미래에 최고 수익률을 올릴 펀드를 찾기 바라는 것은 로키산맥과 히말라야산맥의 설인이 모두 분홍색 발레슈즈를 신고 칵테일파티에 오기를 기대하는 것과 마찬가지다. 그럴 가능성이 전혀 없지는 않더라도 거의 없을 것이다.

그러나 과거 성과를 살펴보면 도움이 되기도 한다. 첫째, 좋은 펀드를 찾는 것이 왜 그렇게 어려운지 이해하는 데 보탬이 될 것이다. 둘째, 과거 성과가 미래수익을 점칠 수 있는 효과적인 척도는 아니지만 좋은 펀드를 찾을 가능성을 높일 수는 있다. 마지막으로, 어떤 펀드는 시장수익을 능가하지 못하더라도 경제적으로 보유자산을 분산하고 번거롭게 주식을 선택할 시간에 자유롭게 다른 일을 할 수 있도록 함으로써 그만한 가치를 제공하기도 한다.

일등이 꼴찌가 될 수 있다

성공을 거둔 펀드 중 많은 경우가 계속 성공하지 못하는 이유는 무엇일까? 펀드 성과가 좋으면 좋을수록, 투자자는 다음과 같이 더 많은 난관에 봉착하게 된다.

---

2 뮤추얼펀드의 성과에 관한 연구는 일일이 열거하기 어려울 정도로 많다. 이러한 내용을 확인할 수 있는 유용한 사이트로는 www.investorhome.com/mutual.htm#do, www.ssrn.com(검색창에서 'mutual fund'를 입력하라) 등이 있다.

이동하는 펀드매니저: 미다스의 손을 가진 천부적인 펀드매니저가 있다면 경쟁사에서는 너도나도 스카우트하러 나설 것이다. 예를 들어, 1997년에 47.5%의 수익을 올린 글렌 빅커스타프Glen Bickerstaff의 실력을 믿고 트랜스아메리카 프리미어 이쿼티 펀드Transamerica Premier Equity Fund를 산 투자자들의 운은 금세 끝나 버렸다. 1988년 중반, TCW가 갈릴레오 셀렉트 이쿼티 펀드Galileo Select Equities Fund를 이끌 인재로 글렌 빅커스타프를 영입했기 때문이다. 이후 4년 중 3년간 트랜스아메리카 펀드는 시장에서 뒤처진 성과를 보였다. 1997년 이후 주주의 자산을 3배로 늘리는 성과를 보인 에린 설리번Erin Sullivan의 높은 수익률을 믿고 2000년 초에 피델리티 공격적 성장형 펀드Fidelity Aggressive Growth Fund에 투자한 사람들도 낭패를 보았다. 에린 설리번은 2000년에 헤지펀드를 직접 운영하기 위해 피델리티 펀드에서 물러났다. 그 결과 이 펀드는 이후 3년 동안 원래 가치의 4분의 3 이상을 잃었다.[3]

달갑지 않은 자산 팽창: 어떤 펀드가 높은 수익을 올리면 투자자들은 금세 알아차리고 몇 주 만에 수억 달러를 그 펀드에 쏟아붓는다. 상황이 이렇게 되면 펀드매니저에게는 선택의 여지가 없다. 그나마 할 수 있는 선택 중 어느 것도 펀드매니저에게 우호적이지 않다. 우선, 펀드매니저는 만일에 대비하여 현금을 묻어 둘 수 있다. 그러나 이 경우 주가가 계속 오르면 현금 보유로 인한 낮은 수익률이 펀드의 성과를 갉아먹을 것이다. 다음으로, 그는 이 돈을 자신이 이미 보유한 주식에 재투자할 수 있다. 문제는 처음에 그가 매수했을 때보다 주가가 많이 올라 있을 것이라는 점이다. 수백만 달러를 더 투입해야 할 상황이라면 위험한 수준의 과대평가가 될 수 있다. 또 다른 선택 사항으로, 그는 예전에는 관심 밖이었던 새로운 주식을 살 수도 있다. 그

---

3 '슈퍼스타' 펀드매니저가 떠나지 않았다면 이들이 더 좋은 성과를 냈으리라고 말하기는 어렵다. 다만, 확실한 것은 2개의 펀드가 슈퍼스타 펀드매니저의 부재로 인해 부실한 실적을 거두었다는 것이다.

러나 이 주식에 대해 처음부터 연구해야 한다. 이미 익숙한 종목을 거래할 때보다 훨씬 많은 회사에 주의를 기울여야 할 것이다.

마지막으로 한 가지 예를 더 들어 보자. 1억 달러 규모의 님블 펀드_{Nimble Fund}가 자산의 2%에 해당하는 200만 달러를 시가총액 5억 달러인 미노우_{Minnow Corp.}에 투자한다면, 님블 펀드는 미노우 시가총액의 0.5%에 미치지 못하는 금액으로 매수한 것이 된다. 만약 이후에 님블 펀드가 탁월한 성과를 바탕으로 100억 달러 규모로 성장한다면, 자산의 2%에 해당하는 투자 규모는 총 2억 달러로 늘어난다. 이러한 투자액은 미노우 시가총액의 거의 절반에 이른다. 연방법은 이 정도의 지분 비율을 허용하지 않는다. 따라서 님블 펀드의 포트폴리오 매니저가 소형주에 계속 투자하고 싶다면 다른 많은 회사에 자산을 분산투자해야 한다. 이 과정에서 자칫 펀드매니저의 주의력도 산산조각 날 수 있다.

바닥난 재주: 어떤 투자전문회사는 '인큐베이팅 펀드_{incubating fund}'에 특화되어 있다. 인큐베이팅 펀드란 공개적으로 팔기 전에 시험 운용되는 펀드를 말한다. 이 경우 펀드회사의 직원 및 계열사가 유일한 주주로 참여한다. 이 펀드는 아주 소규모로 운용되고, 여기에 투자한 사람들은 위험 부담이 있는 인큐베이팅 펀드의 전략을 시험해 볼 대상이 된다. 여기에서 위험 부담이 있는 전략이란 실제로 아주 소량의 주식을 매수하거나 신규 공모에서 발 빠른 매매를 통해 성과를 올리는 것 등을 의미한다. 이 전략이 성공적인 것으로 판단되면 그동안의 수익률을 공개하여 일반 투자자들을 공략한다. 또 다른 예로, 펀드매니저는 관리 수수료를 '포기 또는 면제'하여 투자자의 순수익률을 올리는 효과를 노리기도 한다. 이렇게 만들어진 높은 수익률로 많은 투자자를 끌어모은 다음에는 슬며시 수수료를 끼워 넣는 수법이다. 인큐베이팅 펀드의 그럴싸한 성과와 수수료 면제를 내건 펀드의 경우는 외부 투자자들이

수백만 달러를 쏟아부은 후에 퇴색되는 것이 전형적인 수순이다.

상승하는 비용: 주식은 대량으로 일괄 매매할 때 거래비용이 더 많이 소요된다. 매수자와 매도자가 적어서 거래가 성사되기 어렵기 때문이다. 예를 들어, 거래비용으로 연간 1%를 지출하는 자산 규모 1억 달러의 펀드가 있다고 가정하자. 이 펀드가 높은 수익률을 유지해 자산을 100억 달러까지 급성장시키면, 이 펀드의 거래비용은 총자산의 2% 이상으로 쉽게 늘어난다. 펀드의 주식 보유 기간은 보통 11개월에 불과하므로 잦은 거래비용은 매매가 이루어질 때마다 수익률을 소리 없이 부식시킨다. 또한 자산이 증가한다고 해서 펀드 운영비용이 하락하는 경우는 거의 없다. 오히려 증가하기도 한다. 평균 1.5%의 운영비용과 약 2%의 거래비용을 상쇄하려면 펀드는 적어도 매년 약 3.5% 정도 시장수익을 능가해야 한다.

순한 양으로 변한 펀드매니저: 일약 성공을 거둔 펀드의 매니저는 소심해지고 남을 따라 하려고만 하는 경향이 있다. 펀드 규모가 커지면 펀드 수수료는 수익성도 좀 더 좋아진다. 그래서 펀드매니저는 굳이 풍파를 일으키고 싶어 하지 않는다. 투자 초기에 펀드매니저가 고수익을 내기 위해 감수했던 위험 부담은 이제 투자자의 몫이 된다. 결국 늘어난 수수료 수입마저도 위태로워진다. 그래서 가장 큰 규모를 자랑하는 대형 펀드는 하나같이 느릿느릿 무리 지어 움직이며 "매애애애"하고 동시에 울어대며 무성한 풀을 한없이 뜯어 먹는 양떼를 닮아 가게 된다. 거의 모든 성장주 펀드는 시스코, GE, 마이크로소프트, 화이자Pfizer, 월마트 등의 주식을 거의 같은 비율로 보유하고 있었다. 이러한 투자 패턴이 너무 일반적이어서 투자이론가들은 이들을 '무리herding'라고 부르기도 했다.[4] 이렇게 순한 양이 된 펀드매니저들은 외부 투자자의 수익을 높여 줄 능력은 포기한 채 안정적인 수수료 수입만 지키려고 한다.

이처럼 증가한 수수료와 바람직하지 않은 행동 때문에 대부분의 펀드는

〈그림 9-2〉 깔때기형 펀드 성과

2002년 12월 31일 이전에 뱅가드500 지수 인덱스펀드의 수익을 능가한 미국의 주식형 펀드 수는 얼마나 될까?

1년: 2,423개 펀드 중 1,186개(48.9%)

3년: 1,944개 펀드 중 1,157개(59.5%)

5년: 1,494개 펀드 중 768개(51.4%)

10년: 728개 펀드 중 227개(31.2%)

15년: 445개 펀드 중 125개(28.1%)

20년: 248개 펀드 중 37개(14.9%)

＊출처: 리퍼

회사의 유지비용을 벌기도 벅차다. 높은 수익률이 실온의 생선처럼 쉽게 부패한다는 사실은 놀라운 일이 아니다. 게다가 시간이 지날수록 〈그림 9-2〉에서 볼 수 있듯이 초과비용의 부담을 안은 펀드는 점점 더 경쟁력을 잃게 된다.[5]

---

4 여기에서 두 번째 교훈을 찾을 수 있다. 성공하고 싶다면 개인투자자는 거대 기관투자자가 이미 매입한 종목들은 피해야 하며, 관심이 있더라도 훨씬 신중하게 매수해야 한다. 1998년 10월호《저널 오브 파이낸스》53권 8호 1589쪽부터 1622쪽에 실린 에릭 R. 시리(Erik R. Sirri)와 피터 투파노(Peter Tufano)의 "값비싼 검색과 뮤추얼펀드의 흐름(Costly Search and Mutual Fund Flows)", 1996년 3월에 발간된 같은 저널 51권 1호 85쪽부터 110쪽에 실린 키스 C. 브라운(Keith C. Brown), W. V. 할로우(W. V. Harlow), 로라 스타크스(and Laura Starks)의 "토너먼트와 유혹에 대해(Of Tournaments and Temptations)", 1997년 2월 일리노이 대학에서 조지프 라코니쇼크(Josef Lakonishok), 안드레이 슐라이퍼(Andrei Shleifer), 로버트 비쉬니(Robert Vishny)가 집필한 조사보고서 "자산관리자의 역할(What Do Money Managers Do?)", 1998년 봄호《쿼털리 리뷰 오브 이코노믹스 앤드 파이낸스(Quarterly Review of Economics and Finance)》38권 1호 93쪽부터 110쪽에 실린 스탠리 이킨스(Stanley Eakins), 스탠리 스탠셀(Stanley Stansell), 폴 베르트하임(Paul Wertheim)의 "기관 포트폴리오 구성(Institutional Portfolio Composition)", 2001년 2월호《쿼털리 저널 오브 이코노믹스(The Quarterly Journal of Economics)》116권 1호 229쪽부터 260쪽에 실린 폴 곰퍼스(Paul Gompers)와 앤드루 메트릭(Andrew Metrick)의 "기관투자자와 주식거래대금"을 참조하라.

5 놀랍게도 〈그림 9-2〉에서는 인덱스펀드의 이점이 과소평가되고 있는데, 이 그림의 근거가 되는 데이터베이스에는 이 기간에 사라진 수백 개 펀드의 기록이 포함되지 않았기 때문이다. 좀 더 정확하게 평가한다면 인덱스펀드의 이점이 훨씬 부각될 것이다.

그렇다면, 현명한 투자자가 명심해야 할 것은 무엇일까?

우선, 장기적으로 인덱스펀드에 투자하는 것이 다른 어떤 펀드보다도 유리하다. 인덱스펀드에 투자하면 투자자는 '최고'와 '최악'을 가릴 필요 없이 시장의 모든 주식을 항상 보유하는 효과가 있다. 현재 고용된 회사가 401(k)에 저비용 인덱스펀드를 제공하지 않는다면 동료들과 힘을 모아 인덱스펀드를 추가할 것을 회사에 공식적으로 탄원하라. 인덱스펀드는 소요되는 간접비용이 연간 운영비용 0.2%, 연간 거래비용 0.1%로 매우 저렴하다. 이처럼 저렴한 비용은 인덱스펀드의 경쟁력을 한층 높여 준다. 예를 들어, 주식투자에서 향후 20년 동안 매년 7%의 수익을 올릴 수 있다면, 뱅가드 토털 스톡 마켓Vanguard Total Stock Market과 같은 저비용 인덱스펀드에서는 이보다 조금 낮은 6.7%의 수익을 내게 된다. 즉, 1만 달러를 투자하면 20년 후에 3만 6000달러가 된다. 수익률로만 따지면 인덱스펀드의 수익이 낮은 것처럼 보이지만, 일반적인 주식형 펀드의 경우 연간 지출되는 1.5%의 운영비용과 거의 2%에 이르는 거래비용을 포함하면 연간 3.5%의 수익만 낼 수 있어도 다행이다. 이러한 비용을 제외하면 1만 달러를 투자했을 때 투자자에게 돌아오는 결과는 2만 달러를 조금 넘는다. 인덱스펀드 성과의 절반 수준에 불과하다.

하지만 인덱스펀드에도 한 가지 중요한 약점이 있다. 바로 지루하다는 것이다. 인덱스펀드에 투자하는 사람은 바비큐 파티에 가서 어떻게 국내 최고 수익의 펀드를 살 수 있었는지 자랑할 기회가 없을 것이다. 인덱스펀드의 목적은 시장수익을 능가하는 것이 아니라 따라가는 것이기 때문에 시장수익을 얼마나 초과했는지도 자랑할 일이 없다. 더군다나 인덱스펀드의 펀드매니저는 공간이동이나 긁으면 향이 나는 웹사이트, 텔레파시 체중감량 프로그램 등 솔깃한 아이디어를 앞세운 차세대 업종에 도박을 하거나 '주사위를 굴리는 짓'을 하지 않는다. 왜냐하면 인덱스펀드에서는 펀드매니저가 최고의 주식 종목을 선택하는 것이 아니라 항상 시장 전체의 주식을 관리하기 때문이다. 이처럼 투자 과정은 심심하게 보일 수 있지만 시간이 지나면서 인덱스펀드의 비용 우위는 지속해서 투자자의 수익을 높여 준다. 인덱스펀드를 20년 이상 보유하고 매달 투자 금액을 추가하라. 그러면 다른 개인투자자나 전문투자자의 수익을 확실히 능가할 수 있게 된다. 워런 버핏과 마찬가지로 그레이엄 역시 말년에 개인투자자들에게 인덱스펀드야말로 개인투자자를 위한 최선의 선택이라고 극찬한 이유가 바로 이것이다.[6]

약점의 역이용

이렇게 태생적으로 여러 가지 약점이 있는 펀드라면 주식시장 수익률을 넘어서기는 어려워 보인다. 그런데 놀랍게도 어떤 펀드라도 시장수익률을 능가할 수 있다. 적어도 일부 펀드는 실제로 그만한 수익을 내고 있다. 그렇다면 시장수익을 능가하는 펀드의 공통적인 특징에는 어떤 것들이 있을까?

펀드매니저가 바로 최대 주주: 펀드매니저와 투자자 중 누구에게 최선인 방법을 택할 것인가의 문제는 펀드매니저가 펀드의 최대 주주라면 상당히 해소될 수 있다. 이 때문에 롱리프 파트너스 펀드_{Longleaf Partners Funds}의 경우는 임

---

6 벤저민 그레이엄이 쓰고 시모어 채트먼(Seymour Chatman)이 엮은 『벤저민 그레이엄: 월스트리트 학장의 회고록(Benjamin Graham: Memoirs of the Dean of Wall Street)』(McGraw-Hill, 뉴욕, 1996) 중 273쪽, 자넷 로위(Janet Lowe)의 『벤저민 그레이엄의 재발견: 월스트리트의 전설이 남긴 글 모음(The Rediscovered Benjamin Graham: Selected Writings of the Wall Street Legend)』(John Wiley & Sons, 뉴욕, 1999) 중 273쪽을 보라. 워런 버핏이 1996년 연차보고서에 기술한 것처럼, "기관투자자이건 개인투자자이건 대부분의 투자자는 주식에 투자하는 최선의 방법이 최저 비용을 지불하는 인덱스펀드라는 것을 발견하게 된다. 이러한 방법을 따르는 사람들은 확실히 수수료와 비용을 차감한 순수익이 대다수의 개인 전문투자자를 능가할 것이다." 이 내용은 www.berkshirehathaway.com/1996ar/1996.html에서 확인할 수 있다.

직원이 자회사 이외의 펀드를 보유하지 못하도록 금지하기도 한다. 롱리프 이외에도 데이비스$_{Davis}$와 FPA 등의 다른 펀드에서도 펀드매니저들은 상당한 규모의 지분을 소유하고 고객의 투자자금을 자신의 자산처럼 관리하고 있다. 이렇게 하면 수수료로 수입을 챙기려 안달하거나 펀드가 감당하기 어려울 정도로 팽창하거나 성가신 세금 문제로 낭패를 당할 가능성은 줄어든다. 미국 증권거래위원회의 웹사이트 www.sec.gov를 방문하면 EDGAR 데이터베이스에서 위임장 설명서$_{Proxy\ Statement}$와 추가정보 설명서$_{Statement\ of\ Additional\ Information}$를 확인할 수 있는데, 이 자료를 통해 펀드매니저가 1%라도 펀드 지분을 소유하고 있는지 확인할 수 있다.

저렴한 수수료: 펀드 업계에서 가장 흔한 정서는 '싼 게 비지떡'이라는 말로 표현된다. 어떤 펀드의 수수료가 높다면 수익률도 높을 것이므로 그만한 가치가 있다는 의미다. 여기에는 두 가지 문제점이 있다. 첫째, 이 말은 사실이 아니다. 지난 수십 년간의 연구 결과에서 확인할 수 있듯이 수수료가 높은 펀드는 시간이 지남에 따라 더 낮은 수익을 낸다. 둘째, 펀드의 높은 수수료는 바윗돌처럼 영구적으로 고정된 것이지만, 높은 수익은 일시적으로 발생하는 것이다. 불붙듯 치솟은 수익률만 보고 펀드를 산 투자자가 결국 손에 쥐는 것은 한 줌의 차가운 재일 뿐이다. 문제는 펀드 수익이 하락한다고 해서 수수료가 함께 내려가는 일은 거의 없다는 점이다.

대담한 차별화 전략: 피델리티 마젤란을 운용하던 당시 피터 린치는 저렴하다고 판단되는 것은 무엇이든 매수했다. 다른 펀드매니저가 무엇을 사는지는 상관하지 않았다. 1982년에 그가 가장 큰 규모로 투자한 것은 재무부 채권이었다. 곧이어 크라이슬러를 최대 보유 종목으로 삼았다. 당시 대부분의 전문가가 이 자동차 회사가 파산할 것이라고 예상하였다. 이처럼 독특한 행보를 이어 가던 피터 린치는 여세를 몰아 1986년에 피델리티 마젤란

의 20%를 혼다, 노스크 하이드로, 볼보와 같은 외국 주식에도 투자했다. 미국의 주식형 펀드를 사기 전에 최근 보고서에서 확인할 수 있는 보유 자산을 S&P500 지수의 종목과 비교해 보라. 결과가 비슷하다면 다른 펀드를 찾는 것이 좋다.[7]

폐쇄적 운용: 최고의 펀드는 신규 투자자를 제한하고, 기존 투자자들의 추가 투자만 허용한다. 이러한 운용 방식은 높은 수익만 좇는 신규 투자자들의 욕심을 잠재우고 펀드가 무분별한 자산 팽창으로 인해 곤란을 겪는 일을 막아 준다. 또한 이 방식은 펀드매니저들이 자신들의 지갑을 채우는 것보다 투자자들의 지갑을 채우는 것이 우선이라는 것을 의미한다. 단, 신규 투자자의 진입을 제한하는 이와 같은 방식은 펀드 규모가 팽창하기 전에 이미 시행되어야 한다. 폐쇄적인 펀드 운영의 모범적인 사례로는 롱리프 파트너스 펀드, 뉴머릭 인베스터스Newmeric Investors, 오크마크 펀드 The Oakmark Funds, T. 로위 프라이스T. Rowe Price, 뱅가드, 와사치 펀드Wasatch Funds 등이 있다.

떠들썩한 광고의 지양: 플라톤Platon이 『국가론The Republic』에서 이상적인 통치자란 지배하려고 하지 않는 자라고 말한 것처럼, 최고의 펀드매니저 또한 돈을 좇지 않는 것처럼 행동한다. 이들은 경제 TV에 자주 모습을 드러내거나 최고 수익률을 자랑하는 광고도 하지 않는다. 작지만 건실한 메어스&파워 그로스 펀드Mairs & Power Growth Fund의 경우 2001년까지 그 흔한 웹사이트도 없었고, 현재에도 24개 주에서만 판매되고 있다. 토레이 펀드Torray Fund는 1990년에 출범한 이후 광고를 한 번도 한 적이 없다.

그 밖에 또 어떤 특징에 주목해야 할까? 펀드를 매수하려는 투자자들은 대개 펀드의 과거 실적을 먼저 살피고, 다음에 펀드매니저의 명성, 펀드의

---

7 S&P500 종목의 전체 목록은 www.standardandpoors.com에서 확인할 수 있다.

위험도, 마지막으로 펀드의 운영비용을 따져 본다.[8]

현명한 투자자들도 이 모든 요소를 고려하지만, 우선순위가 그 반대다.

펀드의 운영비용을 가장 먼저 고려해야 하는 이유는 미래 위험이나 수익보다 훨씬 예측하기 쉽기 때문이다. 투자를 고려할 수 있는 최대 연간 운영비용은 다음과 같다. 이 수준을 넘어가서는 안 된다.

- 과세 가능한 지방채 0.75%
- 미국 주식(중대형주) 1.0%
- 고수익 정크본드 1.0%
- 미국 주식(소형주) 1.25%
- 외국 주식 1.50%[9]

그다음으로 평가해야 할 것은 위험도다. 모든 펀드는 안내 자료에 분기별로 최악의 손실을 그래프로 표기한다. 이 손실이 한 분기 만에 감당할 수 없는 수준이라면 다른 펀드를 찾아야 한다. 또한 모닝스타Morningstar의 등급 평가를 확인할 필요가 있다. 선도적인 투자분석회사인 모닝스타는 수익을 위해 펀드가 부담하는 위험도에 근거하여 펀드에 '별 등급'을 부여한다. 별이 1개면 위험도가 가장 높고, 별이 5개면 가장 낮은 것이다. 그러나 다른 성과 표

---

8 1996년 《저널 오브 파이낸셜 서비스 리서치(Journal of Financial Services Research)》 10권 59쪽부터 82쪽에 실린 노엘 카폰(Noel Capon), 가반 피츠시몬스(Gavan Fitzsimons), 러스 알란 프린스(Russ Alan Prince)의 "개인투자자의 뮤추얼펀드 투자 결정 분석((An Individual Level Analysis of the Mutual Fund Investment Decision)", 1997년 봄에 ICI(Investment Company Institute)가 발표한 "주주의 정보 및 자문가 이용에 대한 이해(Understanding Shareholders' Use of Information and Advisers)", 1997년 12월에 고든 알렉산더(Gordon Alexander), 조너선 존스(Jonathan Jones), 피터 니그로(Peter Nigro)가 발표한 OCC 조사보고서 "뮤추얼펀드 주주: 특징과 투자자의 지식 및 정보원(Mutual Fund Shareholders: Characteristics, Investor Knowledge, and Sources of Information)"을 참조하라.

9 www.morningstar.com, http://money.cnn.com과 같은 펀드 검색 도구를 이용하면 이러한 비용 조건을 충족하는 펀드를 쉽게 찾을 수 있다.

시와 마찬가지로 이러한 등급 평가 역시 과거를 기준으로 하는 것이므로, 투자자는 이 등급을 통해 어느 펀드가 최고가 될지는 알 수 없다. 다만 최고였던 펀드가 어떤 것인지만 확인할 수 있다. 실제로 별 5개 등급을 받은 펀드가 1개 등급을 받은 펀드보다 수익이 떨어지는 황당한 경우가 자주 발생한다. 따라서 우선 매니저가 주요 주주이고, 대담한 차별화 전략을 사용하며, 수익률을 자랑하지 않고, 무분별한 규모 확대를 자제할 줄 아는 저비용 펀드를 먼저 찾아야 한다. 모닝스타 등급 평가는 나중에 참조할 수 있는 자료다.[10]

마지막으로, 과거 성과를 참고할 때에는 미래수익을 예측하기에 이미 빛바랜 지표라는 점을 기억해야 한다. 이미 살펴본 것처럼 어제의 승자는 내일의 패자가 된다. 그러나 연구 결과에 비추어 볼 때 한 가지는 거의 확실하다. 즉, 어제의 패자는 내일의 승자가 되기는 정말 어렵다는 것이다. 과거 성과 또한 이러한 측면에서 참고해야 한다. 과거수익이 지속적으로 좋지 않은 펀드는 피하라. 특히 연간 운영비용이 평균을 넘어서는 경우는 더더욱 피해야 한다.

폐쇄형 펀드의 폐쇄적인 세계

폐쇄형 주식펀드는 1980년대에 인기를 끌었지만 서서히 쇠퇴해 갔다. 현재 30개의 분산화된 주식형 펀드만이 명맥을 유지하고 있다. 그나마 이들은 대부분 규모가 매우 작고, 특정 분야에만 특화되어 있다. 예를 들어, 모건 펀

---

10 2002년 11/12월호 《저널 오브 인베스트먼트 컨설팅(Journal of investment Consulting)》 5권 2호에 실린 매슈 모레이(Matthew Morey)의 "평가자에 대한 평가: 뮤추얼펀드 등급 서비스 연구(Investigation of Mutual fund Rating Services)"를 참조하라. 모닝스타의 스타 등급 판정은 미래 성과에 대해서는 약한 예측력을 보이지만, 개인투자자를 위한 펀드의 정보원으로서는 가장 좋은 곳이다.

셰어스_Morgan Funshares_는 술, 카지노, 담배처럼 개인적인 기호와 관련한 산업에만 특화되어 있다. 또한 이러한 펀드는 높은 비용으로 하루에 몇백 주만 매매한다. 리퍼_Lipper Inc._의 폐쇄형 펀드 전문가 도널드 캐시디_Donald Cassidy_는 초기에 그레이엄이 주장했던 내용을 뒷받침하는 연구 결과를 발표했다. 그에 따르면, 할인 가격에 거래되는 분산화된 폐쇄형 주식펀드는 할증 가격으로 거래되는 펀드뿐만 아니라 보통의 개방형 뮤추얼펀드보다도 높은 수익을 낸다. 문제는 분산화된 폐쇄형 펀드가 항상 할인된 가격으로 거래되지는 않는다는 것이다.[11]

그러나 지방채 중에 특히 강력하게 추천할 만한 다양한 폐쇄형 채권펀드가 있다. 이러한 펀드는 할인 가격으로 거래될 때 수익이 더욱 증폭한다. 또한 연간 비용이 위에 제시한 수준보다 적다면 매력적인 투자 대상이 될 수 있다.[12]

새롭게 등장한 상장지수펀드_exchange-traded index fund_도 살펴볼 만하다. 저비용의 상장지수펀드는 벨기에에 기반을 둔 회사나 반도체 업종의 주식 등과 같이 협소한 시장에 진출하고자 하는 투자자들이 이용할 수 있는 거의 유일한 수단이다. 그밖에 인덱스 상장지수펀드를 이용하면 더욱 광범위한 시장에 투자할 수 있다. 이러한 펀드는 정기적으로 돈을 적립하는 투자자들에게는 적당하지 않다. 대부분의 증권회사가 매번 투자할 때마다 별도의 수수료를 부과하기 때문이다.[13]

---

11 뮤추얼펀드와 달리 폐쇄형 펀드는 투자하려는 사람들에게 직접 신주를 발행하지 않는다. 대신 투자자는 펀드 자체가 아니라 보유 주식을 나눌 의향이 있는 다른 주주들로부터 매수해야 한다. 따라서 주가는 수요와 공급에 따라 순자산가치(NAV)를 기준으로 높거나 낮게 형성된다.

12 자세한 사항은 www.morningstar.com, www.etfconnect.com 등을 참조하라.

접어야 할 때를 알라

일단 펀드를 매수했다면 매도할 시점은 어떻게 알 수 있을까? 이 질문에 대해 일반적으로 들을 수 있는 조언은 1년, 2년 또는 3년간 펀드 수익이 시장수익을 밑돌 때 정리하라고 한다. 그러나 이러한 충고는 아무 의미가 없다. 1970년에 개시한 때부터 1999년까지 총 29년간 세쿼이아 펀드—Sequoia Fund 수익이 S&P500 시장수익보다 낮은 기간은 12년으로, 전체 펀드 운용 기간의 41%에 달한다. 그러나 세쿼이아 펀드는 이 기간에 S&P500 시장의 4,900%보다 높은 1만 2500% 이상의 수익률을 기록했다.[14]

펀드 성과가 주춤하는 이유는 종목별 인기가 일시적으로 시들해졌기 때문인 경우가 대부분이다. 특별한 방법으로 투자할 펀드매니저를 고용했다면, 약속대로 투자금을 관리하는 한 그를 해고할 이유가 없다. 투자 스타일이 시대에 뒤떨어졌다는 이유로 펀드를 매도한다면 이는 손실을 확정하는 행위일 뿐 아니라 손실의 회복 자체를 포기하는 것이다. 한 연구에 따르면, 1998년부터 2001년까지 뮤추얼펀드 투자자의 수익은 시장평균 수익보다 연간 4.7% 낮았다. 단순히 비싸게 사서 싸게 팔았기 때문에 빚어진 결과다.[15]

그렇다면 언제 팔아야 할까? 매도 시점을 암시하는 몇 가지 분명한 위험

---

13 인덱스 뮤추얼펀드와 달리 인덱스 ETF는 사고팔 때 표준적인 수수료를 내야 하며, 이러한 수수료는 재투자되는 배당이나 추가적인 매수의 경우에도 흔히 부과된다. 자세한 사항은 www.ishare.com, www.indexfunds.com 등을 참조하라.

14 1999년 6월 말 세쿼이아의 주주보고서는 www.sequoiafund.com을 참조하라. 세쿼이아는 1982년부터 신규 투자를 자제했고, 이후 이들의 탁월한 실적은 더욱 강화되었다.

15 2002년 6월호 《머니》 110쪽부터 115쪽에 실린 제이슨 츠바이크의 "펀드 투자자들이 정말 알아야 할 것(What Fund Investors Really Need to Know)"을 참조하라.

신호는 다음과 같다.

- 투자전략이 급격하고 예기치 못한 방향으로 변경된다. 1999년에 기술 주를 대량 사들인 가치주 펀드나 2002년에 보험주로 가득 채운 성장주 펀드가 이러한 예에 속한다.
- 비용이 증가한다. 이 변화는 펀드매니저들이 자기 주머니를 채우고 있음을 암시한다.
- 세금계산서의 액수가 크고 빈번하게 발행된다. 이것은 매매가 과다하게 이루어지고 있다는 의미다.
- 수익이 갑작스럽게 변화한다. 보수적인 펀드가 큰 손실을 입었을 때 나타나는 현상이다. 큰 이익이 났을 때도 마찬가지다.

투자 컨설턴트 찰스 엘리스가 말했듯이 "결혼생활을 지속할 준비가 되어 있지 않다면 결혼을 해서는 안 된다."[16] 펀드 투자도 마찬가지다. 적어도 3년간 펀드를 유지할 준비가 되어 있지 않으면 처음부터 펀드를 사지 말아야 한다. 펀드 투자자가 유일하게 지켜야 할 원칙이자 가장 강력한 지원군은 바로 인내심이다.

---

16 2001년 6월호 《머니》 49쪽부터 52쪽에 실린 제이슨 츠바이크의 "월스트리트 최고의 현자(Wall Street's Wisest Man)"에서 찰스 엘리스와 인터뷰한 내용을 참조하라.

왜 우리는 운명에 기대고 싶어 할까?

단지 바람일 뿐이라도 앞으로 최고의 펀드를 고를 수 있다고 생각하면 기분이 절로 좋아진다. 내가 직접 내 투자 운명을 책임진다는 상상만으로도 즐겁다. "여기서는 내가 대장이다"라며 으쓱대는 기분은 인간의 본성이다. 심리학자들은 이를 '과잉확신overconfidence'이라 부른다. 이 본성이 작용하는 몇 가지 사례는 다음과 같다.

- 1999년, 《머니 매거진》은 500명 이상의 투자자에게 포트폴리오가 시장보다 높은 수익을 거두었는지 물었다. 4명 중 1명이 그렇다고 대답했다. 하지만 수익을 구체적으로 묻자 이들 중 80%는 시장보다 낮은 수익을 기록한 것으로 집계되었다. 응답자 중 4%는 포트폴리오의 자산이 얼마나 늘었는지 몰랐으나, 어쨌든 시장보다는 잘했다고 확신했다.
- 스웨덴의 한 연구에서는 심각한 자동차 사고를 경험한 운전자들에게 자신의 운전기술에 점수를 매기라고 했다. 이들 중에는 경찰 조사 결과 사고에 책임이 있는 것으로 확인된 운전자들도 있었고, 부상이 너무 심해 입원한 상태에서 조사에 응한 운전자들도 있었다. 이 응답자들은 스스로 평균 이상의 운전 실력을 갖췄다고 답했다.
- 2000년 후반에 실시된 여론조사에서, 《타임》과 CNN은 1,000명 이상의 조사 대상자들에게 자신들이 소득의 최상위 1%라고 생각하는지 물어보았다. 자신이 미국의 상위 1%에 속한다고 답한 응답자는 19%에 달했다.
- 1997년에 실시한 한 연구 결과에 따르면 투자자 750명 중 74%가 자신들이 보유한 뮤추얼펀드의 연간 수익이 "S&P500 지수보다 계속 높다"고 믿는다. 하지만 대부분의 펀드는 장기적으로 볼 때 S&P500 지수보다 성과가 높지 못하며, S&P500 지수의 수익을 아예 능가한 적이 없는 펀드도 많다.[1]

이러한 낙관주의는 건강한 심리를 나타내는 정상적인 신호일 수 있지만, 건전한 투자전략을 실천하는 데는 도움이 되지 않는다. 실제로 예측 가능한 지표만을 예측할 수 있다고 믿는 것이 합리적이다. 투자자의 믿음이 현실과 동떨어진 것이라면 자부심은 자기파멸로 이어질 수 있다.

---

1 2000년 1월호 《머니》 55쪽부터 58쪽에 실린 제이슨 츠바이크의 "시장을 이겼는가?(Did You Beat the Market?)", 10월 25일과 26일에 타임/CNN에서 실시된 15차 여론조사 중 29번 질문을 참조하라.

10장
투자자와 조언자

　주식투자는 항상 어느 정도 타인의 조언에 의지하게 된다는 점에서 다른 사업과 확연히 구별된다. 투자자 대부분은 아마추어다. 그러다 보니 투자자들은 투자 대상을 선택할 때 전문가의 조언이 있어야 수익을 올릴 수 있다고 생각한다. 그러나 이 조언이라는 말에 숨은 몇 가지 맥락을 고려해야 한다.

　투자의 목적이 돈을 버는 것이라면, 조언을 구하는 행위는 다른 사람에게 돈 버는 방법을 가르쳐 달라고 부탁하는 것과 같다. 참 순진한 행동이다. 사업을 하는 사람들도 다양한 분야에서 전문적인 조언을 구하지만, 다른 사람들이 수익을 올리는 방법까지 배울 수 있으리라고 기대하지는 않는다. 그 부분만큼은 각자 해결해야 할 영역이기 때문이다. 아마추어 투자자가 남의 말에 기대어 수익을 올리려고 한다면 그들은 정상적인 사업 관계에서 진정한 상대 없이 어떤 성과를 기대하는 것과 같다.

　주식투자에 정상적인 소득이나 표준 소득 기준이 있다면 조언자의 역할도 더 쉽게 정의할 수 있을 것이다. 조언자는 그동안 받은 뛰어난 훈련과 다양한 경험을 토대로 고객을 보호하며 자산을 투자해 이 기준에 맞는 성과를 얻도록 노력해야 한다. 정상적인 성과의 기준이 명확한 환경에서라면 투자자가 평균수익 이상을 요구하거나 조언자가 그러한 성과를 약속할 경우, 이것이 실현 가능한 요구나 약속인지 의문을 갖게 된다.

투자 조언은 (1) 증권에 대해 알 것 같은 친척이나 친구, (2) 각 지역의 상업은행 직원, (3) 증권회사나 투자은행, (4) 투자정보 서비스나 정기간행물, (5) 투자 상담가 등 다양한 경로를 통해 얻을 수 있다.* 이렇게 경로가 다양하다는 것은 그만큼 투자자들이 논리적이고 체계적으로 투자 조언에 접근하는 방법이 아직 구체화되지 않았음을 의미한다.

그렇다면 정상적인 또는 표준적인 성과는 어느 정도의 범주일까? 상식적인 수준에서 따져 보자. 여기에서 우리가 전하고자 하는 기본 논지는 다음과 같다. 투자자가 자금 운용을 전적으로 다른 사람의 조언에만 의존한다면, 별다르게 생각할 필요 없이 투자나 조언의 범위를 기본적이고 보수적인 형태로 엄격히 제한하거나 다른 경로로 자금을 운용해 줄 믿고 맡길 만한 투자전문가를 알아야 한다. 그러나 투자자와 조언자 사이가 업무적인 관계에만 국한된다면 투자자는 다른 사람의 투자 조언을 독립적으로 판단할 수 있을 정도로 투자 지식과 경험을 쌓아야 한다. 그래야 '습관적이지 않은' 조언을 받을 수 있다. 이러한 준비를 갖춘다면 투자자는 방어적이고 소극적인 투자자에서 적극적이고 공격적인 투자자의 단계로 옮겨 가게 된다.

---

* 투자 조언을 받을 수 있는 경로는 그레이엄이 이 글을 쓸 때만큼이나 여전히 다양하다. 증권업협회가 2002년 후반에 실시한 투자자 설문조사에서 투자자의 17%가 투자 조언을 배우자나 친구에게 가장 많이 의존하고, 2%는 은행직원에게, 16%는 증권회사에, 10%는 투자정보 정기간행물, 24%는 금융설계사에게 의존한다고 응답했다. 그레이엄 시절에 비해 다른 점이라면 투자자의 8%가 인터넷에, 3%가 금융전문 방송에 의존한다는 것 정도다.

투자자문회사와 은행의 신탁서비스

제대로 된 전문 투자 조언가들, 즉 탄탄한 투자자문회사에서 높은 연봉을 받는 실력가들은 약속이나 주장을 할 때 매우 신중한 태도를 보인다. 이들은 대부분 고객의 자금을 평균 이자와 배당금을 지급하는 증권에 투자하며 주로 정상적인 투자 경험에 따라 최종 목표를 향해 매진한다. 우량기업의 주식이나 정부가 발행하는 국채 및 지방채가 아닌 곳에 투자하는 경우에는 일반적으로 총 펀드의 10%를 넘기지 않는다. 또한 전체 시장의 등락에 크게 관여하지 않는다.

우량한 투자자문회사들은 스스로 탁월한 능력을 내세우지 않는다. 다만 이들은 조심스럽고 보수적이며 투자에 적합한 자질을 갖추고 있다. 이들이 가장 중요하게 여기는 목표는 수년 동안 원금의 가치를 보존하며 보수적인 투자 수준에서 인정할 수 있는 수익률을 올리는 것이다. 물론 이들 역시 그보다 나은 성과를 낼 수 있도록 노력한다. 일정한 수준을 초과하는 성과에 대해서는 추가 서비스 제공을 고려한다. 결국 우량한 투자전문회사들이 최고의 가치로 여기는 것은 투자 과정에서 실수로 값비싼 대가를 치르는 일이 없도록 고객을 보호하는 것이다. 보수적인 투자자에게는 다른 일반 투자자들이 통상적으로 투자자문회사에 기대하는 모든 서비스를 제공한다.

탄탄한 투자자문회사가 제공하는 서비스의 이와 같은 특징은 대형 은행의 신탁자문 서비스에도 일반적으로 적용된다.*

---

* 투자자문회사와 신탁은행의 특징은 오늘날에도 크게 변하지 않았다. 다만, 이러한 기관들은 현재 일반적으로 투자자산 100만 달러 이하의 투자자는 상대하지 않는다. 500만 달러 이상의 규모를 요구하는 기관도 있다. 금융자산관리 분석가 로버트 베레스(Robert Veres)가 지적한 것처럼 뮤추얼펀드가 대형우량주의 투자 대안으로 대두되고 분산투자가 안전 기준으로서 '투자등급'을 대체하고 있지만, 이와 더불어 오늘날에는 수천 개의 독립적인 금융설계회사도 비슷한 역할을 하고 있다.

금융정보 서비스

금융정보 서비스란 관련 기관이나 조직에서 구독자에게 일정한 형태의 회보를 보내는 것을 말한다. 회보는 전보 형식으로 전해지기도 한다. 여기에는 경기 및 주식시장의 현황과 전망은 물론 개별 종목에 대한 정보와 조언이 포함된다. 또한 개인 구독자의 질문을 접수해 답변해 주는 '투자상담부서'도 운영되고 있다. 서비스 요금은 평균적으로 개인 고객이 투자자문회사 서비스를 이용할 때 지불하는 것보다 훨씬 싸다. 일부 회사에서는 금융정보 서비스회사와 자문회사를 별개로 운영하고 있다. 특히 밥슨스Babson's와 스탠더드&푸어스Standard & Poor's가 그렇다. 그밖에 스커더Scudder나 스티븐스&클라크 Stevens & Clark 등의 다른 회사도 투자자문회사와 하나 이상의 투자펀드로 운영된다.

대체로 금융정보회사가 대중에게 미치는 영향은 투자자문회사 경우와 상당히 다르다. 투자자문회사를 찾는 고객은 일반적으로 의사 결정의 책임이나 번거로움에서 벗어나고 싶어 한다. 반면에 금융정보 서비스회사는 직접 금융 자산을 관리하거나 다른 사람의 투자에 조언하는 사람에게 정보를 제공하고 길잡이가 되어 준다. 이 서비스는 대부분 다양한 '기술적인' 방법을 이용해 시장의 움직임을 예측하는 데 치중하고 있다. 이 업무는 이처럼 우리가 말하는 '투자자'의 개념과는 거리가 있으므로 이 책에서는 논의에서 제외된다.

한편 무디스 인베스트먼트 서비스Moody's Investment Service 나 스탠더드&푸어스처럼 잘 알려진 일부 회사는 방대한 통계 데이터를 근거로 중요한 주식분석 자료를 제공하는 통계기관 역할도 한다. 이러한 서비스는 매우 보수적인 투자자로부터 대담한 투기자에 이르기까지 다양한 고객층을 대상으로 한다.

결과적으로 그들은 그들 자신의 의견과 추천 사유를 설명할 명확하고 기본적인 투자 원칙에 충실하기 어렵다는 것을 알게 될 것이다.

오랜 역사를 자랑하는 무디스와 같은 회사는 다양한 관심을 가진 투자자들에게 가치 있는 정보를 제공해야 한다. 이들이 제공할 가치 있는 정보란 무엇일까? 기본적으로 일반적인 수준의 적극적인 투자자나 투기자가 관심을 보이는 문제에서부터 시작된다. 이러한 문제에 대해 권위 있는 회사가 제공하는 견해는 투자에 관록이 있거나 독립적인 투자 활동을 하는 투자자 사이에서 신뢰성을 인정받고 있다.

금융정보회사는 아무도 이들의 활동을 진지하게 받아들이지 않았던 때부터 오랫동안 주식시장을 전망해 왔다. 이 분야가 그렇듯이 이들이 제시하는 전망은 맞을 때도 있고 그렇지 않을 때도 있었다. 이 회사들은 전망이 완전히 틀릴 때를 대비해 자신들의 의견을 옹호할 방어 수단도 발전시켜 왔다. 예를 들어, '이중적인 의미로 해석될 수 있는 애매한 표현'을 사용해 미래에 어떤 상황이 벌어지든 빠져나갈 구실을 만드는 식이다. 편견일지 모르지만 금융정보회사의 이러한 측면은 사람들의 본능적인 욕구를 해소해 준다는 점 이외에는 그다지 중요한 의미는 없다고 본다. 즉, 주식에 관심 있는 사람들 대부분은 시장 전망에 대해 다른 사람이 어떻게 생각하고 있는지 알고 싶어 한다. 바로 이러한 욕구에서 수요가 발생하고, 금융정보 서비스회사는 이 수요를 채울 정보를 공급하고 있다.

물론 이러한 회사가 제공하는 경기 상황 설명이나 시장 전망은 더 권위 있고 박식하다. 이들이 전하는 전망과 해석은 중요한 경제 지식으로 인정되며, 주식 매수자 및 매도자 사이에 확산되어 대부분 주식과 채권의 합리적인 가격 결정 과정에 중요한 역할을 하게 된다. 분명히 금융정보 서비스회사가 발간한 자료는 투자자들이 접할 수 있는 정보를 더욱 다채롭게 하고 투자 판단의 근거 자료로 활용된다.

개별 종목에 대한 금융정보회사의 추천 내용을 평가한다는 것은 매우 어려운 일이다. 이러한 추천 결과는 수년간에 걸친 정교하고 포괄적인 분석에 근거하여 모두 개별적으로 판단해야 하기 때문이다. 돌아보면 불합리한 태도가 만연해 있기도 했다. 바로 현재 가격과 관계없이 단기적인 실적 전망이 좋으면 매수하고 나쁘면 매도해야 한다는 견해다. 이러한 피상적인 원칙은 직원들의 건전한 분석 작업을 방해하여 더욱 유용한 조언을 할 기회를 놓치게 한다. 건전한 분석 작업이란 개별 주식의 장기적인 수익성을 고려할 때 현재 가격이 과대 혹은 과소평가되었는지 판단하는 작업을 말한다.

현명한 투자자라면 금융정보회사의 추천에만 의존하여 주식을 매매하지 않는다. 이 점을 확실히 기억한다면 금융정보회사는 관련 정보를 수집하고 의견을 들을 수 있다는 점에서 유용한 수단이 될 수 있다.

증권회사의 조언

투자자에게 있어서 증권회사는 최대의 정보원이자 조언자다. 증권회사는 뉴욕증권거래소 및 기타 거래소의 회원으로 등록하여 정해진 수수료를 받고 매도와 매수 주문을 대행한다. 실제로 일반 대중을 상대하는 모든 증권회사는 투자자의 의문사항에 답변하고 종목을 추천하는 조사부 또는 통계분석팀을 두고 있다. 이러한 경로를 통해 증권회사는 고객들에게 상당한 양의 분석 자료를 무료로 배포한다. 이들이 제공하는 자료 중에는 비싼 값에 거래되는 정교한 정보도 있다.

'고객_customer'과 '의뢰인_client' 중에 어느 것이 더 적절한 명칭일까? 답은 간단하지 않다. 기업은 고객을 상대하고, 전문가나 전문기관은 의뢰인을 상대

한다. 월스트리트에 등록된 증권회사들의 경우는 다른 회사에 비해 윤리적
기준은 높겠지만, 실제 직원들의 활동은 윤리적인 입장보다 직업인으로서
의 입장이 더 강한 느낌이 든다.*

과거 월스트리트의 번성을 이끈 것은 주로 투기였다. 그리고 주식시장에
뛰어든 투기자들은 대부분 돈을 잃었다. 이러한 분위기에서 증권회사가 원
칙을 철저하게 따른다는 것은 논리적으로 불가능했다. 원칙대로 한다면 사
업의 규모를 축소하는 방향으로 노력해야 했기 때문이다.

원칙만을 따르는 증권회사가 취할 수 있는 가장 극단적인 운영 방침은 투
기를 조장하거나 유인하는 행위를 사전에 차단하는 것이다. 이 경우 회사의
업무 범위는 고객 주문을 접수하고, 관련 정보와 재무분석만을 고객에게 제
공하며, 증권의 투자 매력에 대한 의견을 제시하는 것으로 제한된다. 이렇게
되면 적어도 이론적으로는 증권회사가 투기적인 고객의 손익에 대해서 책
임질 필요가 없어진다.**

그러나 대부분 증권회사에서는 여전히 수수료를 벌 수 있는 영업 방식을
고수하고 있다. 또한 이 사업에서 성공하기 위해서는 '고객이 원하는 것을
제공'해야 한다고 생각한다. 회사에 보탬이 되는 고객은 대부분 투기적인 자
문을 원하기 때문에 회사의 영업 활동은 시장의 일일거래에 따라 긴밀하게
움직인다. 따라서 증권회사는 수학적으로 볼 때 결국 고객의 대부분이 돈을
잃게 되어 있는 이 시장에서, 고객들이 돈을 벌 수 있도록 도와주려고 열심
히 노력한다.*** 우리가 여기서 말하고자 하는 것은 투기적인 거래를 하는 증

---

* 그레이엄은 대체로 월스트리트에 대해 비판적이고 냉소적인 입장을 취하는 편인데, 여기에서만큼은 그
렇게 부정적이지 않다. 월스트리트의 윤리적 기준은 일부 산업에 비한다면 높은 것일 수도 있겠다. 밀수나
매춘, 국회 로비, 언론 등에 비한다면 말이다. 그런데도 투자의 세계에는 지옥행 수속절차를 처리하는 사
탄이 수십 년은 족히 바쁘게 움직여야 할 정도로 거짓말쟁이, 사기꾼, 도둑이 넘쳐난다.

** 1990년대 말 월스트리트의 재무분석가들이 한결같이 제시하는 조언을 믿고 주식을 매수했던 많은 투자
자가 결국 뼈아픈 대가를 치르고서야 그레이엄의 조언이 얼마나 옳았는지 깨달을 수 있었다.

권회사 고객은 장기적으로 수익을 낼 수 없다는 것이다. 그러나 그들의 거래가 진정한 의미의 투자자와 유사하다면 투기적 손실을 보전할 만한 투자수익을 올릴 수도 있다.

증권회사에서 투자자들에게 정보와 조언을 제공하는 사람들은 주로 '고객담당 중개인customer's broker이나 계좌관리자account executive', 또는 '재무분석가financial analyst'다.

증권회사의 중개인은 '등록 대리인registered representative'이라고도 하는데, 예전에는 '커스터머스 맨customer's man'이라는 직설적인 명칭으로 불리기도 했다. 현재 증권회사 중개인은 대부분 주식에 대한 상당한 지식과 평판을 바탕으로 엄격한 규칙의 적용을 받으며 일하는 전문가들이다. 하지만 증권회사의 주요 수입원이 수수료이기 때문에 중개인 입장에서도 투기적인 마음을 완전히 버리기는 상당히 어렵다. 따라서 투기의 유혹을 피하고자 하는 투자자들은 중개인과 거래할 때 항상 신중하고 분명한 태도를 가져야 한다. 예를 들어, 주식시장에서 떠도는 '은밀한 정보'나 그와 유사한 어떤 소문에도 관심이 없다는 것을 말이나 태도에서 분명히 밝혀야 한다. 일단 중개인이 투자자의 생각을 확실히 읽으면 이러한 입장을 존중하고 진정한 투자를 할 수 있도록 협력해 줄 것이다.

재무분석가는 과거에 주로 증권분석가라는 이름으로 불리었다. 지난 50년 이상 직접 현장에 몸담았고 수많은 사람의 교육을 도왔던 본인에게는 특별히 중요한 존재다. 여기에서 말하는 재무분석가는 증권회사에 고용된 사람

*** 그레이엄이 그의 시대에 풀서비스 증권회사를 상대로 제기했던 이와 같은 통렬한 비판은 1990년대 후반 인터넷 증권회사에도 그대로 적용되었다. 이 회사들은 자극적인 메시지를 담은 광고에 수백만 달러를 쏟아부으며 고객들에게 더 많이 더 빨리 매매할 것을 부추겼다. 결국 대부분의 고객이 제대로 돈을 만져 보지도 못하고 주머니만 털리고 말았다. 이 정도 되면 아무리 수수료가 저렴하더라도 위로가 될 리 없다. 한편 많은 전통적인 증권회사들은 영업직원의 보상 체계를 이들이 거두는 수수료에만 의존하는 대신 재무설계나 '통합자산관리'를 강조하기 시작했다.

만을 의미한다. 재무분석가 또는 증권분석가는 이름에서도 충분히 짐작할 수 있듯이 개별 주식은 물론 동일한 분야의 다양한 종목들을 상세히 비교분석하여 다양한 주식과 채권의 내재가치, 안정성, 투자 매력도에 대한 전문적 의견을 개진하는 역할을 한다.

증권회사의 중개인이 되려면 관련 시험과 품성 검사를 통과한 후 뉴욕증권거래소에 정식으로 등록하고 승인을 받아야 한다. 반면에 재무분석가의 경우에는 특별히 정해진 조건이 없다. 외부인들에게는 다소 생소하게 느껴질 수 있는 부분이다. 실제로 젊은 재무분석가들은 경영대학원에서 다양한 교과과정을 거친 경우가 많고, 나이가 지긋한 재무분석가들은 오랜 경험을 통해 쌓은 지식을 토대로 활동하는 경우가 많다. 공식적인 기준은 없지만 증권회사들은 회사에 소속된 재무분석가들의 능력과 자질을 자체적으로 검증하고 있다.[*]

증권회사의 고객은 재무분석가와 거래하기도 하고 중개인을 통해 이들의 정보를 간접적으로 접할 수도 있다. 어느 경우든 고객은 재무분석가로부터 상당한 양의 정보와 객관적인 조언의 도움을 받을 수 있다. 여기에서 우리는 재무분석가의 가치를 판가름하는 것은 바로 투자자의 태도라는 점을

---

[*] 월스트리트에서 활동하는 유능한 재무분석가 중 많은 이들이 공인재무분석사(CFA) 자격증을 갖고 있지만, 이처럼 회사별로 자체적인 검증이 이루어지고 있는 것 또한 사실이다. CFA 자격증은 미국투자관리연구협회(AIMR: Association of Investment Management & Research)에서 부여한다. AIMR의 모태가 된 기관은 재무분석가협회(FAF: Financial Analysts Federation)다. CFA 자격증을 취득하고자 하는 이들은 수년간 엄격한 수학 과정을 이수하고 까다로운 시험을 통과해야 한다. 전 세계적으로 CFA 자격증을 보유한 재무분석가는 5만여 명 이상으로 추산된다. 문제는 스탠리 블록(Stanley Block) 교수의 최근 연구에서 밝혔듯이 대부분의 CFA가 그레이엄의 가르침을 무시하고 있다는 점이다. 이들은 주가수익비율을 결정하는 과정에서 이익, 위험, 배당정책에 대한 평가보다 성장잠재력을 우선하는 경향이 있다. 그런가 하면 재무분석가들은 매수 의견을 결정할 때 회사의 장기적인 전망보다 최근 가격에 기초하는 경우가 훨씬 많다. 이와 관련한 내용은 1999년 7/8월호 《파이낸셜 애널리스트 저널》에 실린 스탠리 블록의 "재무분석가 연구: 실제와 이론(A Study of Financial Analysts: Practice and Theory)"을 참조하라. 그레이엄이 자주 말했던 것처럼 그의 책은 재무 및 투자 분석 관련 서적 중 가장 많은 사람이 읽기도 했지만, 책에 담긴 내용은 동시에 가장 많이 무시되기도 했다.

강조하고자 한다. 투자자가 분석가에게 적절한 질문을 하면, 투자자는 적절한, 적어도 가치 있는 대답을 얻을 수 있다. 대체로 증권회사 소속의 재무분석가들은 동시에 시장분석가가 되어야 한다는 중압감으로부터 자유롭지 못하다. 고객이 어떤 주식이 괜찮은지 물을 때, 이 질문이 대부분 진짜 의미하는 것은 이렇다. "이 주식이 앞으로 몇 달 이내에 오를 것 같습니까?" 이 때문에 재무분석가는 자신이 본래 갖고 있는 사고나 가치와는 관계없이 주식 시세판을 주시하면서 분석에 임할 수밖에 없는 경우가 많다.[**]

다음 절에서는 증권분석의 몇 가지 개념과 방법을 살펴보겠다. 투자원금에 대한 적정한 수준의 수익이나 약간의 추가 수익을 기대하는 진정한 의미의 투자자라면 증권회사의 재무분석가로부터 큰 도움을 받을 수 있다. 모든 중개인이 무엇보다 먼저 재무분석가가 투자자의 태도와 목적에 어떤 생각을 하는지 분명하게 이해해야 한다. 시세보다 가치에 관심이 있는 재무분석가의 추천은 실제로 전반적인 수익을 이어질 가능성이 아주 높다.

공인재무분석사CFA 자격증

1963년에 재무분석가에게는 비로소 전문인으로서 지위와 책임이 공식적으로 부여되었다. 이제 시험을 통과하고 적합성 테스트를 거친 선임분석가에게 공인재무분석사, 즉 CFAChartered Financial Analyst라는 자격증이 수여되기 시

[**] 증권분석가가 평범한 투자자를 직접 접촉하는 것은 오늘날에는 매우 드문 일이다. 대부분 기관투자자 같은 귀족 계급만이 전능한 월스트리트 재무분석가의 옥좌에 다가갈 수가 있다. 평범한 개인투자자라면 뉴욕시 이외에 본사를 둔 지역의 군소 증권회사에서나 재무분석가를 만나는 행운을 누릴 수 있을지 모르겠다. 가장 많은 관심 속에 매매되는 종목들의 웹사이트에서 투자자관리(IR) 부문을 찾으면 관련 재무분석가 목록을 확인할 수 있다. www.zacks.com 같은 웹사이트에서는 재무분석가의 분석보고서 또한 제공된다. 단, 현명한 투자자가 명심해야 할 것은 대부분의 재무분석가가 기업 분석보다 미래 주가 추론에 집중한다는 사실이다.

작한 것이다.* 시험과목에는 포트폴리오 관리 및 증권분석이 포함되었다. 이보다 먼저 운용되고 있는 전문자격증인 공인회계사 CPA~Certified Public Accountant~와 명칭이 유사한 것은 다분히 의도적이었다. 이와 같은 새로운 자격증은 재무분석가의 수준을 높이고 전문성을 확보하는 데 도움이 될 것으로 기대된다.**

증권회사와의 거래

이 개정판을 쓰는 동안 가장 걱정스러웠던 상황 중 하나는 상당한 규모의 두 회사를 비롯해 뉴욕증권거래소에서 활동하는 많은 증권회사가 재정적인 곤란을 겪고 있다는 점이었다. 간단히 말하자면 이들 상황은 파산이나 그에 가까운 처지였다.*** 지난 수십 년간 이런 어려움은 처음 있는 일이었지만, 그렇다고 새삼스럽게 놀랄 일은 아니었다. 그동안 뉴욕증권거래소는 최소자본요건 적용 및 불시회계감사 등의 방법을 동원해 회원사들의 경영 및 재정상태를 더욱 엄격하고 세밀하게 통제해 왔다. 증권거래위원회 또한 지난 37년 동안 증권거래소와 회원사들을 통제했다. 결국 그동안 주식시장은 거래량 폭증, 최소 고정수수료 적용을 통한 수수료 경쟁 방지, 회원 수 제한 등을 비

---

* 이 조사는 FAF의 한 축인 ICFA(Institute of Chartered Financial Analysts)가 수행했다. FAF에서는 현재 총 5만 명 이상의 회원이 등록된 단체들이 활동하고 있다.

** 벤저민 그레이엄은 CFA 프로그램의 설립을 주도한 후원자였다. 그는 이 아이디어가 현실화되기까지 거의 20년 동안 이를 지원하였다.

*** 그레이엄이 여기에서 염두에 둔 두 기업은 듀폰 글로어 포건&컴퍼니(Du Pont, Glore, Forgan & Co.)와 굿바디&컴퍼니(Goodbody & Co.)였을 것이다. 석유화학 재벌의 상속인이 설립한 기업인 듀폰은 1970년에 텍사스의 기업가 로스 페로(H. Ross Perot)가 5000만 달러 이상을 빌려준 직후 파산에서 구제되었다. 미국 내 5번째 대형증권회사였던 굿바디는 1970년 말에 메릴 린치가 인수를 번복한 1970년 말에 파산하였다. 헤이든 스톤&컴퍼니(Hayden, Stone & Co.)도 인수되지 않았다면 파산했을 것이다. 1970년에 7개의 대형증권회사 외에는 모두 파산했다. 1960년대 후반 광적으로 팽창일로에 있던 월스트리트의 상황은 존 브룩스(John Brooks)의 『고고 시대(The Go-Go Years)』(John Wiley & Sons, New York, 1999)에서 역동적으로 묘사되고 있다.

롯한 다양한 통제하에 유리한 상황에서만 영업해 온 셈이었다.

1969년 증권업계에 처음 닥친 재정적인 어려움의 원인은 거래량 증가에서 찾을 수 있다. 거래량 증가는 매매 결제 및 정산 업무의 폭주로 이어졌고, 이에 따라 증권회사들은 전산설비 투자 등의 간접비용 급증과 새로운 설비에 대한 과중한 세금으로 신음하게 되었다. 업계의 주축을 이루던 회사가 과중한 업무로 인해 파산한 사례는 역사상 처음이었을 것이다. 1970년에 증권회사의 파산 사태가 더욱 심각해졌을 때 업계에서는 '거래량 감소'를 원인으로 지목했다. 그러나 1970년 뉴욕증권거래소의 총상장주식 수는 역사상 가장 많은 29억 3700만 주로 1965년 이전보다 2배가 넘는 규모였다는 점을 고려하면 이해하기 어려운 말이다. 1964년까지 15년간 이어진 강세장의 경우, 연간 평균 거래량은 7억 1200만 주로 1970년에 비해 4분의 1 수준에 지나지 않았지만, 증권회사들은 사상 최고의 영업실적을 올렸다. 뉴욕증권거래소의 증권회사들이 몇 달 동안 그 정도 거래량 감소를 감당할 수 없었다는 것은 그 전에 간접비와 기타 비용을 과다하게 투입했다는 것으로 해석된다. 결국, 파산 사태와 관련하여 비난받아야 할 것은 이들의 재무적 보수성이나 사업적 안목이었다.

증권회사들이 겪는 재정난의 세 번째 이유는 잠복해 있던 문제가 결국 드러나게 된 것으로 보이는데, 여기에서 제시한 세 가지 이유 중에 가장 본질적인 것이라고 생각한다. 파트너가 자본의 상당 부분을 보유하고 있는 증권회사 중 일부는 매우 투기적인 성향을 보였고 가격 또한 고평가되었다. 1969년 시장 하락기에 이러한 주식의 가격이 폭락하면서 회사 자본의 상당 부분도 함께 사라졌다.[****] 결국 이 파트너들은 증권회사의 재무상 위험으로부

[****] 뉴욕증권거래소는 일명 '헤어컷(haircut)'이라고 알려진 과감한 부채 탕감 정책으로 이러한 위험을 최소화하고자 했지만 크게 도움이 되지는 않았다.

터 고객을 보호하기 위해 확보해야 할 자본으로 이중의 수익을 노려 투기한 것이었다. 말할 것도 없이 이와 같은 행동은 용서받을 수 없는 일이었다. 더 이상의 언급은 하지 않겠다.

투자자는 투자 방법을 구체화할 때는 물론 이와 관련된 세부사항을 정할 때에도 스스로 쌓은 지식을 이용해야 한다. 물론 여기에는 투자자의 주문을 대행할 실력 있는 중개인을 선택하는 일도 포함된다. 지금까지는 독자가 비회원사를 이용해야 하는 특별한 이유가 없다면 뉴욕증권거래소 회원사들에 한해 거래하라고 권하는 것만으로도 충분했다. 여기에 몇 가지 충고를 덧붙이자면 신용계좌를 갖고 있지 않은 투자자, 또는 모든 비전문적 투자자들은 증권 교부나 수령을 은행에서 처리해야 한다. 이를 위해 투자자는 중개인에게 매수 주문을 할 때 은행에 돈을 지급하고 매수한 주식 또한 은행으로 보내 달라고 요청할 수 있다. 반대로 주식을 매도할 때도 은행 측에 중개인에게 주식을 전달해 줄 것을 주문할 수 있다. 이러한 서비스에는 약간의 추가 비용이 들지만, 번거로움을 덜고 마음의 평안을 찾을 수 있다는 점에서는 그만한 가치가 있다. 증권회사에서 모든 문제가 순조롭게 처리된다면 이러한 조언이 필요하지 않겠지만, 그렇지 않은 경우라면 신중하게 고려해야 한다.[*]

투자은행

'투자은행'은 주식과 채권의 신규 종목을 만들고 인수 및 판매하는 과정

---

[*] 오늘날 거의 모든 중개 거래는 전자식으로 이루어진다. 증권 또한 이제 실물로 교부되지 않는다. 1970년에 투자자보호공사(SIPC: Securities Investor Protection Corporation)가 설립된 이후 투자자는 증권회사가 파산하더라도 계좌잔고를 전액 보장받을 수 있게 되었다. SIPC는 증권회사들이 의무적으로 가입해야 하는 연합 출자기관으로, 모든 회원사는 파산한 회원사의 고객 손실 보상을 위해 자산을 공유하는 데 동의했다. SIPC의 보호로 그레이엄이 말한 은행을 통한 결제나 증권 교부의 필요성은 사라졌다.

에서 중요한 역할을 한다. 여기에서 '인수'란 해당 주식이 충분한 판매량을 발행회사나 기타 발행자에게 보증한다는 의미다. 증권회사들도 어느 정도 인수 업무를 담당하는 경우가 많다. 그러나 일반적으로 증권회사의 인수 업무는 선발 투자은행이 구성하는 인수단에 참여하는 것에 국한된다. 증권회사는 소규모의 신규 자금을 조달하거나, 특히 강세장에서 소량의 주식을 발행할 때 기업의 스폰서로 참여하는 경향이 있다.

투자은행은 사업 규모를 확장할 때 신규 자본을 공급하는 건설적인 역할을 한다는 점에서 월스트리트에서 가장 그럴듯해 보이는 분야다. 잦은 투기 거래에도 불구하고 주식시장이 활발하게 유지될 수 있는 이론적인 정당성은 조직화된 증권거래소가 주식과 채권의 신규 발행을 쉽게 한다는 사실에 있다. 만약 투자자 또는 투기자가 매입한 새로운 증권을 유통할 시장을 찾지 못한다면 그들은 그 증권을 사지 않을 것이다.

투자은행과 투자자의 관계는 기본적으로 판매사원과 장래 고객의 관계와 같다. 여러 해 동안 발행된 다량의 주식은 주로 은행이나 보험회사와 같은 금융기관에서 매입한 채권들로 구성되어 있다. 따라서 주식을 판매하는 측은 많은 지식과 경험을 토대로 현명한 판단을 내리는 매수자들을 상대해 왔다. 따라서 투자은행은 고객에게 추천할 종목을 그만큼 신중하고 치밀한 조사를 거쳐 선택해야 한다. 이러한 거래는 거의 언제나 실무적인 관계의 영향을 받게 된다.

그러나 인수자 역할을 하는 증권회사 또는 투자은행과 개인 매수자 사이의 관계는 상황이 다르다. 개인 매수자는 경험 부족으로 현명한 판단을 내리기 어려운 사람들이다. 노골적으로 밝히지는 못하더라도 이들이 바라는 것은 신속한 수익을 얻는 것이기 때문에 판매자가 하는 말을 더 쉽게 믿는 경향이 있다. 주식을 살 때에는 더욱 그렇다. 결과적으로 일반 투자자로서 매수자는 자산을 보호하는 데에 자신의 비판적 능력이 아닌 판매자의 윤리나 양심에 더 크게 의존하게 된다.[*]

이처럼 조화롭기 어려운 조언자와 판매자의 역할은 인수회사가 정직하고 그만한 역량이 있을 때 효과적으로 결합한다. 그렇더라도 매수자가 판매자의 판단에 온전히 의지하는 것은 신중하지 못한 태도다. 1959년판에서도 우리는 이 점에 대해 지적한 바 있다. "인수 분야에서 불건전한 태도는 주기적으로 나쁜 결과를 초래했다. 투기가 활발한 시기에 신규 주식의 판매 분야에서도 이러한 현상은 확연히 나타났다." 이러한 경고가 임박한 현실이었다는 사실은 곧 증명되었다. 이미 지적한 바대로 시장은 1960년부터 1961년, 1968년부터 1969년 사이에 또다시 낮은 투자등급 종목들의 유례없는 대량 판매로 얼룩졌다. 이 종목들은 대부분 터무니없이 높은 가격으로 일반 투자자들에게 팔려 나갔다. 더욱이 투기와 조작으로 가격은 높이 치솟았다. 월스트리트의 주요 증권회사들마저 이처럼 신뢰를 저버린 행위에 부분적으로나마 연루되었다. 욕심과 어리석음, 그리고 무책임의 익숙한 결합이 아직도 금융계에서 추방되지 않았음을 보여 준 사례였다.

현명한 투자자들은 투자은행의 조언과 추천에 관심을 기울인다. 특히 탁월한 명성을 자랑하는 투자은행이라면 더 말할 것도 없다. 이처럼 믿을 만한 회사의 도움을 받더라도 투자자들은 이들의 제안을 건전하고 독립적으로 판단할 수 있어야 한다. 그만한 준비가 된 투자자라면 본인의 판단에 따라 행동할 수 있지만, 그렇지 않다면 다른 조언자의 판단을 따라야 한다.[**]

---

[*] 신규 공모되는 주식은 이제 증권관리위원회의 투자 설명서에 의거하여 판매된다. 이 설명서에는 주식 발행 및 발행자에 관한 모든 사실과 투자자에게 제공되는 주식의 특성에 관한 정확한 정보가 포함되어야 한다. 그러나 너무 방대한 자료를 담은 탓에 투자 설명서는 읽기 버거울 정도로 장황했다. 당연히 설명서를 꼼꼼하게 읽은 후 신규 공모주를 매수하는 투자자는 극히 소수에 불과했다. 결국 투자자들은 여전히 자신의 판단이 아니라 발행회사 또는 영업직원이나 거래대행 직원의 추천에 따라 움직이는 경향이 있다.

기타 조언자들

특히 소도시의 경우, 투자에 관심이 있는 사람들은 지역별 은행지점에서 자문을 구해 왔다. 각 지역에 있는 상업은행은 주식평가에서 노련한 전문가는 아니지만 경험이 많고 보수적인 투자 경향을 고수하고 있다. 따라서 방어적인 투자 노선에서 쉽게 이탈하는 경향이 있고, 경험 많은 이들의 조언이 절실한 미숙한 투자자들이라면 이러한 은행을 이용하는 것이 특히 유용하다. 할인 종목 선택에 관한 조언이 필요한 기민하고 적극적인 투자자라면 굳이 자신의 목적에 딱 맞는 상업은행의 견해를 찾으려고 애쓸 필요는 없을 것이다.***

우리는 친척이나 친구에게 투자 조언을 구하는 것에 비판적이다. 질문하는 사람은 언제나 답을 해주는 상대방이 지식이나 경험 면에서 자신보다 낫다고 생각한다. 그러나 경험에 비추어 보면 비전문가의 조언에서 만족할 만한 답을 듣기란 아무 도움 없이 혼자 좋은 주식을 선택하는 것만큼이나 어려운 일이다. 나쁜 충고를 얻는 데는 돈이 들지 않는다.

요약

자금관리와 관련한 수수료를 기꺼이 부담할 용의가 있는 투자자는 탄탄한 기반과 명성을 갖춘 투자자문회사를 선택하는 것이 현명하다. 대형 신탁회사의 투자부서나 뉴욕증권거래소에 등록된 증권회사의 유료 자문서비스

** 그레이엄의 충고에 주의를 기울인 사람들은 1999년과 2000년의 인터넷 IPO 공모주를 속아서 매수하지는 않았을 것이다.

*** 은행들의 이러한 전통적인 역할은 대부분 회계사, 변호사, 재무설계사에 의해 대체되었다.

를 이용하는 것도 좋다. 이러한 자문이 특별히 탁월한 성과로 이어지는 것은 아니지만, 정보 수집에 능하고 조심성 있는 투자자들과 대체로 바람직한 조합을 이룬다.

주식을 매수하는 투자자 대부분은 별도의 대가를 지급하지 않고 조언을 구한다. 그렇다면 주식투자로 평균보다 더 나은 성과를 기대하는 것은 어불성설이다. 투자자들은 특히 환상적인 소득이나 수익을 장담하는 증권회사 중개인이나 주식판매원을 조심해야 한다. 주식 선택 과정이나 시장에서 착각을 유도하는 교묘한 매매 기법 역시 조심해야 한다.

방어적인 투자자들은 이미 정의한 것처럼 조언자들이 추천한 증권에 독립적인 판단을 내릴 준비가 되어 있지 않다. 그러나 매수하고자 하는 주식에 대해서는 분명하게, 반복적으로 의사를 표현할 수 있어야 한다. 조언에 따라 움직이는 투자자들이라면 과거 경험과 분석에 따라 높지 않은 가격으로 살 수 있는 우량채권 및 우량기업의 주식에만 투자를 국한해야 한다. 명성 있는 증권회사의 재무분석가들은 이 종목의 목록을 작성할 수 있어야 하고, 과거 경험에 비추어 현재 가격 수준이 보수적인 기준에서 적당한지 아닌지를 투자자에게 증명할 수 있어야 한다.

적극적인 투자자들은 대개 조언자와 활발하게 협력하며 투자할 것이다. 이러한 성향의 투자자들은 추천 사유에 대해 자세한 설명을 원하고, 투자 판단은 스스로가 내리고자 한다. 이러한 패턴은 투자자가 이 분야에 대한 지식과 경험을 토대로 주식 운용의 성격 및 기대 수준을 조절해 나간다는 것을 의미한다. 적극적인 투자자가 조언자의 결정을 별도로 이해하거나 판단하지 않고 그대로 따르는 경우는 이들의 능력과 성실성이 완벽하게 입증된 경우에 한한다.

무원칙한 주식판매자나 신뢰할 수 없는 증권회사들은 항상 존재해 왔다.

그래서 투자자에게는 뉴욕증권거래소의 회원사들과 거래하도록 조언하고 있다. 여기에 우리는 투자자의 은행을 통해 증권 교부 및 대금 수수 과정을 처리할 것을 당부했다. 현재 월스트리트 증권회사의 침울한 분위기는 수년 내에 회복될 것으로 보인다. 그렇지만 1971년 말 현재에도 '후회보다는 안전'을 꾀하라고 제언한다.

10장 논평

나는 밀레토스(Miletos)의 한 처자에게 감사함을 느낀다. 이 처자는 언제나 하늘을 올려다보며 깊은 사색에 잠기곤 하는 철학자 탈레스(Thales)를 보고 그가 지나는 길에 걸림돌을 놓아 넘어지게 하였다. 구름 속에 숨겨진 것들에 골몰할 시간에 발밑에 무엇이 있는지 살펴야 한다는 경고였다. 이 처자가 탈레스에게 전한 조언은 바로 하늘을 살피기 전에 자신을 먼저 돌아보라는 것이었다.

미셸 드 몽테뉴(Michel de Montaigne)

도움이 필요한 순간

1990년대 후반, 증권업계가 번창하자 주식시장을 찾는 '나홀로 투자자'들이 늘어났다. 이들은 주식 동향 분석과 종목 선택을 직접 하고, 자신의 선택에 따라 온라인 증권회사를 통해 주식을 매매했다. 이 과정에서 투자자들은 월스트리트가 제공하는 연구와 자문, 매매의 비싼 인프라를 피해 갔다. 하지만 많은 투자자가 대공황 이후 최악의 하락장이 도래하기 직전에 독립적인 행보를 멈춰야 했다. 결국 혼자서 모든 것을 한다는 것은 어리석은 짓이라는 사실을 깨닫게 된 것이다. 물론 반드시 그런 것만은 아니었다. 모든 의사결정을 주식 중개인에게 맡긴 투자자들도 돈을 잃기는 마찬가지였기 때문이다.

그렇더라도 많은 투자자가 실력 있는 조언가의 경험과 판단, 소견으로부터 적지 않은 위안을 받는다. 어떤 투자자에게는 투자 목적을 달성하기 위해 어느 정도의 여윳돈을 저축해야 하는지, 투자를 통해 어느 정도의 수익을 기대해야 하는지 조언해 줄 사람이 필요하다. 그런가 하면 투자자산에 손실을 입을 때 비난할 만한 대상을 두어 자기 책임을 피하고 싶은 사람들도 있을 것이다. 즉, 자기를 방어함과 동시에 투자자를 독려할 수 있는 대상을 두면 좋지 않은 성과를 보았을 때 자기불신으로 인한 고통에 신음하는 대신 이대상을 비판하면 그만이다. 이러한 이점은 다른 투자자들이 위축되어 주춤할 때에도 심리적인 동기를 유지해 계속 투자를 이어 갈 수 있게 한다. 자신의 포트폴리오를 직접 관리하지 못할 이유가 없듯이, 전문가의 도움을 주저할 필요도 전혀 없다.[1]

그렇다면 정말 도움이 필요한 순간은 어떻게 알 수 있을까? 다음과 같은 몇 가지 신호가 답이 될 수 있다.

막대한 손실의 발생: 2000년 초부터 2002년 말까지 발생한 포트폴리오의 자산 손실이 40%를 넘는다면 주식시장 전체의 비참한 성과보다도 훨씬 더 나쁜 결과를 낳은 것이다. 이 결과가 나태나 부주의 또는 불운에 따른 것인지는 중요하지 않다. 이처럼 큰 손실이 발생했다면 원인을 따지느라 시간을 허비하기보다 당장 도움을 구하는 것이 중요하다.

예산 운용의 어려움: 수지를 맞추기에 급급하고, 돈이 어디로 새는지 알지 못하며, 원래 계획대로 저축할 수 없고, 만성적으로 비용을 제때 지불하지 못하게 되었다면 이 투자자의 재정상태는 이미 혼자서는 해결하기 어려운 수준이다. 조언가는 이 투자자에게 지출과 저축 및 투자 규모의 재정비를 골자로 한 합리적인 재정계획을 세워 자금 관리에 도움을 줄 수 있다.

혼란스러운 포트폴리오: 1990년대 후반, 주식시장에는 자신이 분산투자를

---

1 이 주제와 관련한 깊이 있는 관점은 2003년 1월호 《머니》 53쪽부터 55쪽에 실린 월터 업디그레이브의 "조언에 대한 조언(Advice on Advice)"에서 확인할 수 있다.

잘하고 있다고 믿는 투자자가 많았다. 이를테면, 자신의 포트폴리오는 39개의 '다양한' 인터넷 주식과 7개의 '다양한' 미국 성장주 펀드로 구성되어 있다는 식이었다. 그러나 이 생각은 소프라노로만 구성된 합창단이 소프라노 한 명보다 "올드 맨 리버Old Man River"를 더 잘 부를 것으로 생각하는 것과 마찬가지다. 소프라노로만 채워진 합창단은 합창단에 걸맞은 곡을 소화할 수 없다. 낮은 음조를 소화하려면 바리톤도 합류해야 한다. 마찬가지로 포트폴리오에 포함된 종목이 모두 똑같은 패턴으로 등락을 거듭한다면 조화로운 투자라고 할 수 없을뿐더러 분산화의 진정한 의미 또한 퇴색된다. 조언가는 이러한 문제를 겪고 있는 투자자들에게 전문적인 '자산배분' 계획을 세울 수 있도록 도움을 줄 수 있다.

중대한 변화: 퇴직 후 자영업을 시작할 계획이 있는 투자자라면 퇴직준비금을 설정해야 한다. 또한 연로한 부모가 경제활동을 더 이상 할 수 없어 투자자가 지원해야 하는 상황도 있다. 자녀가 대학에 진학할 시기라면 학자금 마련도 또 다른 고민이다. 이처럼 인생에서 중대한 변화에 따라 경제적인 곤란을 겪는 투자자들이라면 조언가의 도움을 통해 조급한 마음을 다스리고 삶의 질을 개선할 방법을 찾을 수 있다. 또한 투자자가 지레 겁을 먹는 복잡한 세법과 퇴직제도의 문제를 처리하는 과정에서도 노련한 전문가의 도움을 받을 수 있다.

먼저 신뢰하라. 그리고 확인하라

투자 사기꾼은 투자자가 자신들을 믿게 만들고 직접 조사할 필요성을 느끼지 못하게 함으로써 자기 주머니를 채운다는 사실을 기억해야 한다. 따라서 투자의 미래를 조언가 손에 맡기기 전에 해야 할 일은 편안하게 업무를 처리하면서도 나무랄 데 없이 정직한 사람을 찾는 것이다. 로널드 레이건Ronald Reagan이 남긴 말 중에 다음과 같은 말이 있다. "먼저 신뢰하라. 그리고 확인하라." 우선 가장 잘 알고 가장 믿는 사람들을 떠올려 보라. 이들에게 믿을 만한 조언가 추천을 부탁하고, 그에게서 수수료를 지불한 만큼 좋은 결과를 기대할 수 있는지 물어보라. 내가 믿을 만한 사람들의 추천을 따를 수 있다면 좋은 출발이다.[2]

일단 믿을 만한 조언가와 자문회사의 존재를 확인하고, 주식중개, 금융설계, 회계, 보험중개 등 분야별 전문성까지 파악했다면 이제 주의 깊게 구체적인 배경을 알아보아야 한다. 즉, 조언가와 회사의 이름을 구글과 같은 인터넷 검색엔진에서 찾아보면 현재 일어나고 있는 상황을 파악할 수 있다. 예를 들면, 벌금이나 고소, 소송, 징계, 정직 등 이들에 대한 불미스러운 처분과 관련한 단어가 보이는지 살펴보아야 한다. 조언가가 주식중개인이거나 보험중개인이라면 주정부의 증권위원회를 통해 이들에 대한 징계나 고객 불만이 접수된 사례가 있는지 확인할 수 있다. 웹사이트 www.nasaa.org를 방문해 보라.[3] 투자 조언가로 활동하는 회계사라면, 주정부의 회계감독기관에서 그의 활동 기록을 찾아볼 수 있다. 웹사이트 www.nasba.org에서 NASBANational Association of State Board of Accountancy를 확인해 보라.

금융설계사 또는 관련 회사는 미국 증권거래위원회나 각 주의 증권당국 중 한 곳에 등록해야 한다. 등록 절차의 일환으로 조언가는 ADV 양식을 제출하여 www.advisorinfo.sec.gov, www.iard.com 또는 각 증권당국의 웹

---

2 믿을 만한 사람을 추천받지 못한 투자자들은 www.napfa.org를 통해 유료 금융설계사를 찾을 수 있다. 이들은 대개 높은 수준의 성실도와 서비스를 제공한다.

3 고객의 불만만을 근거로 조언가의 역량을 평가절하할 수는 없다. 그러나 불만이 지속해서 제기된다면 해당 조언가는 배제되어야 한다. 주 또는 연방감독기관의 징계 조치를 받은 기록이 있다면 반드시 다른 조언가를 물색해야 한다.

사이트에서 다운로드할 수 있도록 해야 한다. 특히 기업공시면_{Disclosure Reporting} _{Page}을 주의 깊게 살펴보아야 한다. 여기에서는 조언가가 당국에서 받은 징계가 있는지 확인할 수 있다. 간혹 비양심적인 조언가들이 ADV 양식을 장래 고객에게 넘기기 전에 이 부분을 삭제하는 경우가 있으므로, 반드시 투자자가 직접 완전한 형태의 사본을 구해야 한다. 다른 주에서 징계받은 경우 규제의 빈틈을 빠져나갈 수도 있으므로 www.cfp-board.org에서 금융설계사의 기록을 교차 확인하는 것도 좋은 방법이다. 다음 글상자에 포함된 표현들을 특히 주의해서 보라.

☑ 주의 깊게 보아야 할 표현들

조언가를 고용했다고 해서 투자자가 주의를 기울이지 않아도 되는 건 아니다. 메릴랜드 주의 증권위원회 위원인 멜라니 센터 루빈_{Melanie Senter Lubin}은 투자자들이 각별히 조심해야 할 표현들을 제시했다. 이 표현들은 처음에는 솔깃하게 들리지만 나중에 문제가 일어날 수 있음을 암시한다. 현재 자신의 조언가가 이러한 표현을 반복해서 사용하거나 듣는 사람이 불편함을 느낄 정도로 강요한다면, "즉시 감독당국에 연락하라"고 루빈은 말한다. 경보음을 울려야 할 표현의 예는 다음과 같다.

역외 종목입니다. 일생의 기회입니다. 1급 은행입니다. 엄청나게 성장할 것입니다. 보장해 드립니다. 서두르셔야 합니다. 확실합니다. 우리 회사 소유의 컴퓨터 모델입니다. 스마트머니가 몰리고 있습니다. 옵션 전략입니다. 정말 쉬운 일입니다. 꼭 사셔야 합니다. 시장을 이길 수 있습니다. 안 하면 후회하실 것입니다. 독점적으로 제공해 드립니다. 수수료가 아니라 성과에 집중하셔야 합니다. 부자가 되고 싶지 않으십니까? 실패할 일이 없는 투자입니다. 일단 오르기 시작하면 엄청나게 오를 것입니다. 더 떨어지지 않을 것입니다. 제 전부를 걸고 있습니다. 저를 믿으십시오. 상품거래입니다. 월별 수익률입니다. 적극적인 자산배분전략. 저희는 고객님의 손실가능액에 제한을 둡니다. 이 방법은 아직 아무도 모릅니다.

자신을 파악하라

최근에 한 유명 금융설계 관련 뉴스레터에서 수십 명의 조언가에게 의뢰하여 투자자가 조언가를 선택할 때 어떤 점을 살펴보아야 하는지 조사했다.[4] 투자자는 우선 다음과 같은 목적에 부합하는 조언가를 선별해야 한다.

- 조언가가 진정으로 고객을 돕고자 하는지, 아니면 흉내만 내는지 판단하라.
- 조언가가 이 책에서 개략적으로 소개하고 있는 기초적인 투자 원칙을 이해하는지 파악하라.
- 조언가가 투자자를 도울 수 있을 만큼 충분한 교육과 훈련을 받았고, 그와 관련한 경험을 쌓았는지 평가하라.

저명한 금융설계사들은 장래 고객이 조언가를 면담할 때 다음과 같은 질문을 해야 한다고 권한다.

이 일은 하게 된 이유는 무엇인가? 회사의 목표는 무엇인가? 알람시계 이외에 아침에 자리를 털고 일어나게 하는 동기는 무엇인가?

본인의 투자 철학은 무엇인가? 주식과 뮤추얼펀드 중에 무엇을 이용하는가? 기술적 분석을 활용하는가? 마켓 타이밍을 하는가?(마지막 두 질문 중 하나라도 '그렇다'라고 답한다면 다른 조언가를 알아보아야 한다.)

---

4 《인사이드 인포메이션(Inside Information)》 뉴스레터의 편집자이자 발행인인 로버트 베레스는 이 책에서 이와 같은 내용을 공유할 수 있도록 허락했다. 기타 질문과 관련하여 확인할 사항은 www.cfp-board.org와 www.napfa.org에서 찾을 수 있다.

자산관리에만 주로 집중하는가? 아니면 세금, 부동산, 퇴직연금, 생활비 및 부채관리, 보험에 대해서도 조언해 주는가? 자신의 학력, 경력, 자격증명이 투자 조언을 어떻게 보장하는가?[5]

고객들이 공통으로 필요로 하는 것은 무엇인가? 나의 목표 달성을 위해 어떻게 도울 수 있는가? 나의 성과를 어떻게 파악하고 보고할 것인가? 우리가 개발한 금융설계의 실행을 감시할 체크리스트를 제공하는가?

어떻게 투자 대상을 선택하는가? 어떠한 투자 방법이 가장 성공적이라고 믿는가? 과거에 고객이 그러한 성공을 성취할 수 있도록 도움을 준 증거를 보여 줄 수 있는가? 1년간 투자 성과가 부진했을 경우 어떻게 할 것인가?(이 질문에 대해 '매도'하겠다고 대답하는 조언가는 고용할 가치가 없다.)

투자 대상을 추천했을 때, 제3자로부터 어떤 보상을 받는가? 왜 받는가? 보상을 받지 않는다면 왜 그런가? 어떤 상황에서 그러한가? 첫해에 서비스 수수료로 얼마를 기대하는가? 서비스 수수료는 이후 시간이 지나면서 늘어나는가 아니면 줄어드는가?(만약 수수료가 자산의 1% 이상이라면, 다른 조언가를 찾아야 할 것이다.)[6]

현재 고객이 얼마나 되는가? 고객과 얼마나 자주 대화하는가? 고객을 위해 이룬 성과 중 가장 자랑스럽게 여기는 것은 무엇인가? 가장 좋아하는 고객의 성향은 어떠한가? 고객과 관련한 최악의 경험은 무엇이고, 어떻게 해

---

5 CFA, CFP, CPA 등과 같은 자격증은 조언가가 엄격한 수학 과정을 거쳤음을 의미한다. 반면, CFM이나 CMFC 등과 같이 금융설계사들이 과시하는 다른 자격증들은 별로 중요하지 않으므로 유의해야 한다. 자격증 소지 여부보다 더 중요한 것은 자격증을 부여한 기관을 통해 해당 조언가가 규칙 또는 윤리 위반으로 징계를 받은 적이 있는지 확인하는 과정이다.

6 투자금이 10만 달러 이하라면 투자계좌를 관리할 금융설계사를 따로 찾을 필요는 없다. 이 경우 저렴한 지수변동형 펀드의 분산화된 포트폴리오를 구매하고 이 책에서 소개한 요령을 충실히 따른다면 조언가를 따로 고용해야 할 수준까지 자본이 늘어나게 될 것이다.

결했는가? 조언가나 부하 직원 등 고객을 직접 응대할 수준은 어떻게 결정되는가? 고객과의 관계는 평균적으로 얼마 동안 유지되는가?

계좌설명서 견본을 볼 수 있는가?(직접 보고 이해하기 어렵다면 조언가에게 설명을 부탁하라. 만약 조언가의 설명도 이해하기 어렵다면 이 조언가는 적합한 사람이 아니다.)

금융 분야에서 성공적인 경력을 쌓았다고 생각하는가? 왜 그러한가? 금융 분야에서 성공을 어떻게 정의하는가?

나의 투자에서 적절한 연평균 수익률은 어느 정도라고 생각하는가?(8%에서 10% 이상이라고 답한다면 비현실적이다.)

이력서와 ADV 양식, 추천서 3개 이상을 보여 줄 수 있는가?(조언가나 회사가 ADV를 제출해야 할 의무가 있음에도 사본을 제공하지 않는다면 즉시 일어나서 지갑을 들고 떠나라.)

공식적인 불만사항이 본인 앞으로 제기된 적이 있었는가? 마지막 고객이 본인을 떠난 이유는 무엇인가?

자신의 최악의 적을 이겨내라

마지막으로 훌륭한 조언가는 쉽게 구할 수 없다는 점을 명심하라. 최고의 투자 조언가는 여력이 없을 정도로 이미 많은 고객을 확보하고 있다. 또한 거래를 원하는 투자자가 좋은 상대라고 판단할 때에만 새로운 고객으로 맞이할 수도 있다. 따라서 이들 역시 조언을 구하는 투자자에게 다음과 같은 엄격한 질문을 던질 것이다.

왜 투자 조언가가 필요하다고 느끼는가?

장기적인 목표가 무엇인가?

본인의 투자 경험이나 다른 투자 조언가와 거래하는 중에 가장 큰 좌절은 무엇이었는가?

현재 예산은 어느 정도인가? 소득 수준 내에서 생활하고 있는가? 총자산의 몇 %를 매년 소비하고 있는가?

지금부터 1년을 뒤돌아볼 때 행복한 미래를 위해 성취해야 할 것이 무엇이라고 생각하는가?

갈등이나 의견 충돌을 어떻게 조정하는가?

2002년부터 시작된 약세장에서 어떻게 감정적으로 대응했는가?

금전적으로 가장 두려워하는 것은 무엇인가? 금전적으로 가장 큰 희망은 무엇인가?

합리적이라고 생각되는 수익률은 어느 정도인가?(3장에서 답변한 내용에 기초하여 답하라.)

조언가가 위와 같은 질문을 하지 않는다면 좋은 상대가 아니다. 직관적으로 생각해 보아도 거래하고자 하는 투자자에게 관심을 제대로 보이지 않는 것이다.

무엇보다 투자자는 가장 강력한 적인 자기 자신으로부터 자산을 보호해야 하는 만큼 조언가를 믿어야 한다. 투자 평론가인 닉 머레이Nick Murray 역시 이렇게 말했다. "투자자는 자신이 아닌 돈을 관리하기 위해 조언가를 고용한다."

금융자산관리 분석가인 로버트 베레스Robert Veres는 또한 이렇게 지적한다. "조언가가 투자자와 최악의 충동적 성향 사이의 방어선이라면, 이 조언가는 투자자가 이러한 성향을 통제하도록 도울 수 있는 시스템을 갖추어야 한다."베레스가 말한 시스템에는 다음과 같은 예가 포함될 수 있다.

- 소득, 저축, 소비, 대출 및 투자 방법에 대한 개요를 담은 설득력 있는 금융자산 관리계획
- 기본적인 투자 방법을 기술한 투자전략 설명서
- 다양한 투자자산별로 배분 방식을 구체적으로 기술한 자산배분 계획

바람직한 투자 결정을 내리기 위한 이러한 기초 자료는 일방적으로 부과 되기보다는 투자자와 조언가가 공동으로 만들어 가야 한다. 이 기초가 제자 리를 잡고 희망 사항과 일치하기 전에는 한 푼도 투자해서는 안 된다.

11장
일반 투자자를 위한 증권분석:
일반적인 방법

이제 재무분석은 체계적인 전문 분야로 성공적으로 자리 잡았다. 미국재무분석가협회National Federation of Financial Analysts에는 총 1만 3,000명 이상의 회원을 거느린 다양한 재무분석가 단체들이 가입되어 있다. 이 회원들은 모두 전문 재무분석가다. 재무분석가들은 지침서와 윤리강령은 물론 분기별로 간행되는 자료를 공유한다. 이들은 이 분야에서 아직 해결되지 않은 문제들을 함께 고민하기도 한다.* 과거에 일반적으로 '증권분석'이라는 용어가 사용되었다면, 최근에는 '재무분석'이라는 용어로 대체되는 경향을 보인다. 여기에서 재무분석이란 넓은 의미로 사용되는 것으로, 월스트리트에서 근무하는 대다수 선임 분석가들이 하는 업무를 떠올리면 된다. 증권분석이 주로 주식과 채권의 조사 및 평가에 국한된다면, 재무분석은 여기에 포트폴리오 선택과 같은 투자 방법 결정과 경제 전반에 관한 분석을 더한다.** 이 장에서는 증권

---

* 미국재무분석가협회는 현재 미국투자관리연구협회(AIMR)의 전신이다. 이 기관에서는 분기별로 《파이낸셜 애널리스트 저널》을 간행하고 있다.

분석가 고유의 업무 영역에 중점을 두면서 상황에 따라 두 용어 중 더 적합한 것을 사용할 것이다.

증권분석가는 증권 종목의 과거, 현재 그리고 미래를 다룬다. 또한 영업실적과 재무상태, 사업의 강점과 약점, 가능성과 위험성을 토대로 사업을 설명하며, 다양한 가정 또는 '최선의 추측'에 근거하여 미래수익성을 평가한다. 증권분석가는 여러 기업을 자세히 비교하거나 한 기업을 기간별로 비교하는 작업을 한다. 마지막으로 투자 전망이 좋은 등급의 채권이나 우선주의 안전성을 확인하고, 보통주의 경우에는 매수자가 참고할 수 있는 투자등급을 제시한다.

이 모든 작업을 수행하는 동안 증권분석가는 기초부터 전문적인 수준에 이르기까지 다양한 기법을 사용하게 된다. 공인회계사의 감사를 마친 연차보고서라도 증권분석가들은 여기에 포함된 수치들을 상당 부분 수정하며 확인한다. 특히 보고서에 제시된 것보다 훨씬 많거나 적을 수 있는 항목에 대해서는 더욱 주의를 기울인다.

증권분석가들은 채권이나 우선주의 투자 가능성 및 건전성을 판단할 안전성 기준을 개발하고 적용한다. 이 기준은 주로 과거의 평균수익과 관련이 있지만, 자본구조나 운전자본의 자산가치 등 다른 문제들도 고려하여 결정된다.

채권이나 우선주의 안전성 기준은 그동안 증권분석가들이 적용해 온 가치기준 중에 가장 효과적으로 정의된 사례다. 다른 분야에서 증권분석가들은 과거 실적을 요약하거나 향후 12개월의 동향에 대한 일반적인 전망을 제

** 벤저민 그레이엄, 데이비드 L. 도드, 시드니 코틀, 찰스 테이텀이 공저한 주식투자의 교과서, 『증권분석』(McGraw-Hill, 4판, 1962)은 1934년 초판 제목을 그대로 따르고 있지만 재무분석에 대해 더욱 광범위한 내용을 담고 있다.

시하며, 약간의 자의적인 결론을 도출하는 정도로 만족해 왔다. 더욱이 이러한 결론은 면밀한 분석이라기보다 시세나 시장 정보를 겉눈질하는 수준에서 끌어낸 것이었다. 현재에도 그러한 사정은 마찬가지다. 하지만 몇 년 전부터 증권분석가들은 성장주 평가에 많은 관심과 노력을 기울여 왔다. 최근에 성장주 종목들이 과거 실적 및 현재 수익에 비해 아주 높은 가격에 거래되는 상황이 자주 발생하자, 이러한 종목을 추천하는 증권분석가들은 먼 미래의 예상수익까지 정확히 전망하여 현재 형성된 고가에도 투자자들에게 매수의 타당성을 입증해야 한다는 조바심을 내게 된 것이다. 결국 증권분석가들은 자신들의 평가를 뒷받침하기 위해 여러 가지 복잡한 수학적 방법을 억지로 끌어들이게 되었다.

이 기법에 대한 자세한 설명은 잠시 미루고, 여기에서는 먼저 골치 아픈 문제 하나를 지적해야겠다. 즉, 산술적인 평가 방법이 이처럼 근본적으로 적합하지 않은 목적을 위해 광범위하게 사용되고 있다는 점이다. 가치평가가 과거 실적으로 증명될 수 있는 수치보다 미래 예측에 의존할수록 계산상 착오나 심각한 오류에 빠질 가능성이 커질 수밖에 없다. 주가수익비율이 높은 성장주의 가치는 대부분 현재 성장률 이외에 미래 실적에 대한 전망을 기반으로 평가된다. 문제는 이러한 평가에 적용되는 미래 전망이 과거 실적과 현저하게 차이가 난다는 점이다. 따라서 오늘날 증권분석가들은 정확한 계산을 기대하기 가장 어려운 전망에서도 어쩔 수 없이 가장 수학적이고 '과학적'인 방법을 적용해야 한다.*

그렇다면 이제 증권분석가들이 사용하는 중요한 기법과 요소들을 살펴보자. 여기에서 간략하게 제시하는 설명은 증권분석에 전문 지식이 없는 일반 투자자를 위한 것이다. 이러한 이해를 바탕으로 투자자는 증권분석가의 설명과 그가 추구하는 방향을 이해해야 하며, 가능하다면 단순한 이해를 넘어 직접 옥석을 가려낼 수 있어야 한다.

초보 투자자의 증권분석은 회사의 재무제표를 해석하는 것에서 출발해야 한다. 이것은 우리가 『재무제표의 해석The Interpretation of Financial Statement』[**]에서 따로 다루었던 주제다. 이 책은 투자에 대한 자세한 정보나 설명보다 기본적인 원칙과 투자자의 태도에 중점을 두는 만큼, 『재무제표의 해석』에서 제시한 설명을 다시 반복할 필요는 없을 것으로 보인다. 따라서 이제 투자 선택과 관련한 두 가지 기본적인 질문으로 넘어가 보자. 우선주나 회사채와 관련한 안전성의 기준이란 무엇인가? 보통주를 평가할 때 어떤 요소들을 중요하게 고려해야 하는가?

채권분석

증권분석에서 가장 신뢰할 수 있는 평가는 채권의 안전성과 등급 그리고

---

[*] 미래 성장률에 대한 기대치가 높을수록 그 기대치에 도달할 것으로 예상되는 기간도 길어진다. 그만큼 애초 전망에 비추어 사소한 차이가 생겨도 투자자들은 더욱 민감하게 반응하게 된다. 예를 들어, 현재 주당순이익이 1달러인 한 회사가 향후 15년간 매년 15%의 수익증가율을 보일 것으로 예상한다면, 15년 후 이 회사의 주당순이익은 8달러 14센트가 될 것이다. 또한 이 회사의 주가는 수익의 35배로 평가되어 285달러를 호가하게 된다. 만약 연간 수익증가율을 15%가 아닌 14%로 추정할 경우, 15년 후 주당순이익은 7달러 14센트로 떨어진다. 수익증가율이나 주당순이익에서 보이는 이와 같은 차이는 작게 느껴질지 모른다. 그러나 이 경우 이 회사의 주가가 주가수익비율 35배보다 더 낮게 평가된다는 점을 고려하면 사정이 달라진다. 예를 들어 주가수익비율 20배 정도가 적용된다면, 이 회사의 주가는 35배를 적용할 때보다 50% 이상 낮은 주당 140달러로 크게 낮아진다. 미래를 전망한다는 것은 본질적으로 불확실할 수밖에 없는 일이다. 수학적인 현란한 수사로 정확한 것처럼 보이게 할 수는 있더라도 그러한 본질은 바꿀 수 없다. 따라서 투자자들은 기초적인 재무 문제를 복잡하게 계산하려 드는 사람을 아주 조심해야 한다. 그레이엄은 다음과 같이 말했다. "44년간 내가 직접 겪은 월스트리트 경험과 연구 활동에 비추어 볼 때, 기초적인 계산을 넘어 주식의 가치평가나 투자 방법을 정의할 수 있는 공식은 본 적이 없다. 복잡한 수학 공식을 들먹이는 사람이 있다면 경험보다 이론을 앞세우고 투자를 가장해 투기를 조장하려는 위험한 신호로 받아들여야 한다." 이와 관련한 내용은 부록 중 "4. 보통주의 새로운 투기"를 참조하라.

[**] 찰스 맥골릭(Charles McGolrick)과 공저인 저서로(Harper & Row, 1964), 이후 재출간되었다(HarperBusiness, 1998).

우선주의 투자등급 부문이다. 회사채의 평가는 과거 수년간 수익이 총이자 비용의 몇 배인가에 따라 정해진다. 반면, 우선주의 등급은 수익이 채권이자 및 우선주 배당을 합한 합계의 몇 배인가에 따라 평가된다.

그밖에 정확한 평가 기준은 기관별로 다르다. 각각의 기준은 자의적인 것이므로 그중 가장 적합한 기준을 하나만 꼽을 수는 없다. 이에 따라 우리는 1961년판 『증권분석』에 실린 〈표 11-1〉과 같이 일종의 '보상' 기준을 추천한 바 있다.[*]

우리가 실시한 기본적인 평가는 분기별 평균 결과에만 적용되지만, 다른 기관은 매년 발생하는 최소 보상비용까지 포함하기도 한다. 우리는 7년간 평균에 대한 평가 대신 '수익이 최악인 해'를 감안하기도 하는데, 채권이나 우선주가 이러한 기준 중 어느 한 가지만 충족해도 충분하다.

1961년 이후 채권이자율은 큰 폭으로 상승했다. 이에 따라 우리가 기준으로 삼은 보상비율 또한 이 변화를 감안하여 인하할 필요가 있을 것이다. 예를 들어, 이자비용의 7배를 보상해야 하는 제조업체라면 채권이자율이 4.5%일 때보다 8%일 때 더 버거울 수밖에 없다. 이러한 변화에 우리가 제시하는 방안은 채무 원금에 대한 수익비율을 적용하는 것이다. 즉, 제조업체, 유틸리티 기업, 철도회사 등에 대해 이 수치는 각각 세전 33%, 20%, 25%가 된다. 단, 기업 입장에서는 대부분 오래된 기존 채권의 경우 상대적으로 낮은 표면금리의 이점이 있기 때문에, 실제로 총부채에 대해 지급된 이자율은 8%보다 낮다는 것을 명심해야 한다. 따라서 '수익이 최악인 해'의

---

[*] 1972년 당시 회사채에 관심이 있는 투자자라면 자신의 포트폴리오를 직접 구성하는 것 외에는 다른 대안이 없었다. 오늘날에는 회사채를 취급하는 500여 개의 뮤추얼펀드가 분산투자를 유도하는 증권 포트폴리오를 제공하고 있다. 투자금이 10만 달러를 넘지 않는 투자자들은 효율적으로 분산화한 채권 포트폴리오를 직접 구성하기 어렵다. 따라서 현명한 투자자라면 저비용의 채권펀드를 구입하여 골치 아픈 신용평가는 펀드매니저에게 맡기는 것이 최선이다. 채권펀드와 관련한 자세한 사항은 4장 논평을 참조하라.

〈표 11-1〉 채권과 우선주를 위한 최소한의 보상비율

A. 투자등급 채권

기업형태	총고정이자비용 대비 이익의 최소비율			
	소득세 공제 전		소득세 공제 후	
	과거 7년 평균	대안: 최악의 해 적용	과거 7년 평균	대안: 최악의 해 적용
공공기업	4배	3배	2.65배	2.10배
철도회사	5	4	3.20	2.65
제조업체	7	5	4.30	3.20
소매관련	5	4	3.20	2.65

B. 투자등급 우선주

위와 같은 최소비율은 총고정이자비용과 우선주 배당의 2배를 합한 수치에 대한 세전 순이익의 비율이 사용되어야 한다.

* 우선주 배당의 2배를 합한 것은 지급이자는 공제가 가능하지만 우선주 배당은 소득세 공제가 불가능하기 때문이다.

C. 기타 채권과 우선주

위의 기준은 (1) 공공 유틸리티 지주기업, (2) 금융회사, (3) 부동산회사에는 적용될 수 없다. 이러한 특수 기업에 대한 요건은 여기에서 생략되었다.

기준은 7년간 평균 기준의 3분의 2 정도로 정할 수 있다.

수익보상 기준 외에도 다음과 같은 조건들이 일반적으로 적용된다.

1. 기업 규모: 회사의 경우 사업 규모, 지방자치단체의 경우 인구 규모에 적용되는 최소한의 기준을 의미한다. 회사의 사업 규모는 제조업체, 유틸리티 기업, 철도회사 등 분야에 따라 다르다.

2. 주식/자본 비율Stock/Equity Ratio: 부채총액 혹은 부채에 우선주를 포함한 총액에 대한 '후순위 주식junior stock**'의 시장가격 비율이다. 이 조건은 불리한 상황

** 여기에서 그레이엄이 말한 '후순위 주식'은 보통주를 의미한다. 우선주는 보통주에 비해 '선순위 주식 (senior stock)'이다.

에 먼저 반응하게 되는 후순위 주식의 안전장치 혹은 '완충장치'를 평가하기 위한 대략적인 기준을 의미한다. 이 기준에는 기업의 미래 전망에 대한 시장 평가가 포함된다.

3. 재산 가치Property Value: 과거에는 대차대조표나 감정을 통해 평가된 자산가치asset value를 기준으로 채권의 안전성을 판단할 수 있다고 보았다. 그러나 그 동안의 경험에 비추어 증권분석가들은 안전성을 좌우하는 것은 곧 기업의 수익성이며, 수익성에 문제가 생기면 평가된 자산가치는 대부분 상실된다는 사실을 알게 되었다. 단, 수익률이 자산투자에 따라 좌우되는 공공 유틸리티 기업이나 부동산회사, 투자회사 등 세 가지 기업군에서는 우선주 및 채권의 안전성 평가에서 자산가치가 여전히 중요한 역할을 한다.

그렇다면 눈치 빠른 투자자들은 다음과 같은 질문을 던질 수 있다. "이자와 원금의 지급이 미래의 기업 전망에 달려 있다면, 과거와 현재의 실적을 바탕으로 하는 안전성 기준을 얼마나 신뢰할 수 있습니까?" 이 질문에 대한 답은 경험을 통해서만 구할 수 있다. 투자의 역사를 돌아보면, 과거 실적에 따른 엄격한 안전성 기준을 통과한 채권과 우선주들은 대부분 미래의 변화에도 성공적으로 대처할 능력이 잠재하고 있었다. 이러한 사실은 파산과 심각한 손실이 특히 많이 발생했던 철도회사 채권을 통해서도 확인할 수 있다. 채권을 과다하게 발행한 철도회사들은 대개 문제를 안고 있었다. 평균 수준의 수익을 올리는 회사라도 고정이자비용을 감당하기 어려웠고, 결과적으로 엄격한 안전성 기준을 적용하는 투자자들로부터 외면당했다. 반면 이러한 안전성 기준을 충족한 철도회사들은 대부분 재정적 어려움에서 탈출할 수 있었다. 1940년대와 1950년대에 재건된 철도회사들의 투자 역사에서 이러한 경향은 충분히 살펴볼 수 있다. 당시 철도회사들은 경상이익이 고정이자 비용을 보상할 수 있을 정도로 고정이자 부담을 줄인 상태에서 출발했다. 단, 뉴 헤이븐New Haven의 경우는 예외였다. 1947년 재건 당시 보상비율이 1.1배에 불과했던 이 철도회사는 1961년에 세 번째 법정관리 대상이 되고 말았다. 지급 능력을 유지하여 어려운 시기를 견뎌낸 당시 철도회사들과는 다른 결과였다.

17장에서 다시 소개할 펜 센트럴 레일로드Penn Central Railroad는 1970년에 금융계에 큰 파장을 일으키며 파산했다. 이 회사가 안고 있던 근본적인 문제는 고정이자비용의 보상이 1965년의 보수적 기준을 충족시키지 못했다는 것이다. 따라서 신중한 투자자라면 펜 센트럴 레일로드가 재정적 붕괴 상태에 이르기 훨씬 전에 이 회사채의 매입을 피하거나 보유 중인 회사채라도 처분했을 것이다.

미래의 안전성 판단의 근거가 되는 과거 기록의 적정성 기준은 채권투자에서 큰 비중을 차지하는 공공 유틸리티 기업에서 훨씬 잘 적용된다. 건실하게 자본화된 유틸리티 기업, 특히 전력회사의 경우는 법정관리 상태에 이르는 경우가 거의 없다. 대부분의 지주회사 조직이 붕괴되고 증권거래위원회의 관리체제가 제도화됨에 따라,* 공공 유틸리티 기업의 재무구조가 더욱 견고해지고 파산 사례도 발생하지 않았기 때문이다. 1930년대의 전기 및 가스 회사 등 공공 유틸리티 기업의 재정난은 대부분 방만한 재정 운영과 부실 경영에서 비롯된 것이었다. 그 흔적은 이러한 기업의 자본구조에 분명히 남아 있었다. 따라서 단순하지만 엄격한 안전성 기준을 제대로 적용한 투자자라

---

* 무모한 열기 끝에 투자자들이 유틸리티 기업에서 수십억 달러를 잃은 사태가 벌어지자 미국 의회는 1935년 공익사업지주회사법(Public Utility Holding Company Act)에 따라 공익사업 관련 주식 발행을 관리할 수 있는 권한을 증권거래위원회에 부여했다.

면 어떤 회사가 채무불이행의 위험이 있는지 미리 파악할 수 있었을 것이다.

제조업체의 경우, 채권의 장기적인 성과는 다른 경향을 보였다. 제조회사들은 수익 면에서는 대체로 유틸리티 기업이나 철도회사보다 더 나은 성장을 보였지만, 개별 회사의 안전성은 상대적으로 낮은 편이었다. 따라서 과거에는 제조업체의 우선주나 채권을 매입할 때 일정 수준 이상의 기업 규모와 과거 심각한 경기침체를 견뎌낸 경험이 있는 회사들로 한정해야 했다.

1950년 이후 제조업체에서 채무불이행은 거의 발생하지 않았다. 부분적으로는 오랫동안 크게 어려운 경기침체가 없었기 때문이기도 했다. 그러나 1966년 이후 많은 제조업체의 재정 상태는 무분별한 사업 확장 탓에 급속도로 악화되었다. 그 결과 은행 채무와 장기부채가 증가했고, 기대했던 수익은 고사하고 영업 손실을 입는 회사들이 속출했다. 1971년 초에 과거 7년간 비금융기업의 이자비용은 1963년의 98억 달러에서 1970년에는 261억 달러로 증가했으며, 1971년의 이자비용은 이자 및 세금 공제 전 총이익의 29%에 달했다. 반면 1963년에는 이자비용이 이자 및 세금 공제 전 총이익의 16%에 불과했다.[*] 이처럼 많은 회사의 이자 부담이 이전보다 현저히 증가했다. 또한 제조업체들은 너 나 할 것 없이 과도하게 채권을 발행했다. 따라서 1965년판에서 언급했던 다음과 같은 조언이 현재에도 충분히 유효하다.

> 투자자는 이러한 호황이 언제까지나 계속될 것이라는 믿음으로 제조업 분야의 회사채 선택 기준을 완화해서는 안 된다.

---

[*] 이 수치는 뉴욕의 대형 채권거래기업 살로몬 브러더스(Salomon Brothers)의 자료를 참고하였다.

주식분석

이상적인 주식분석은 현재 가격과 비교 가능한 가치평가를 통해 한 주식의 투자매력을 판단하는 것이다. 여기에서 가치평가란 보통 향후 수년간의 평균수익을 추정하고, 이 추정된 수익에 '자본화 계수capitalization factor'를 곱하여 구하는 수치를 말한다.

미래의 수익성 추정은 과거의 평균적인 판매 수량, 판매 가격, 영업 마진을 파악하는 것으로부터 시작된다. 미래 매출액은 과거 실적과 함께 수량 및 가격 변화에 대한 가정을 기초로 산출된다. 이 추정치는 먼저 국민총생산 등 일반적인 경제 전망을 기초로 하며, 다음으로 해당 회사 및 산업에 적용될 수 있는 특수한 계산법에 근거한다.

이러한 평가 방법의 사례로 1965년판에 실은 내용에 이후의 평가 결과를 덧붙여 소개하고자 한다. 주요 투자정보 서비스 업체인 밸류라인Value Line은 위에서 설명한 절차대로 향후 수익 및 배당을 추정하고, 이를 과거수익과 주가의 관계를 바탕으로 한 가치평가공식에 적용하여 '가격 잠재력price potentiality 또는 예상되는 시장가치'를 산출한다. 〈표 11-2〉에서는 1964년 6월에 1967년부터 1969년까지 미래수익에 대해 밸류라인이 추정한 내용과 1968년의 실제 시장평균가격 및 수익을 비교해 볼 수 있다.

종합적인 예측 결과는 다소 정확성이 떨어지지만 심각한 수준은 아니었다. 같은 방식으로 6년 전에 전망했던 실제수익 및 배당은 지나치게 낙관적이었지만, 낮은 승수로 상쇄되었다. 결국 당시의 '가격 잠재력' 전망은 1963년의 실제 평균가격과 거의 일치했다.

독자들은 이러한 사례에서 개별적인 예측이 빗나가는 경우가 많다는 점을 확인할 수 있다. 종합적이거나 집단적인 예측의 신뢰성이 개별 회사를 대

<표 11-2> 다우존스 지수 평균

(1964년 중반에 밸류라인이 제시한 1967~1969년도 예측 내용을 1968년 실제 결과와 비교한 자료)

	예상수익 1967~1969년	실제수익 1968년[a]	주가 1964년 6월 30일	예상주가 1967~1969년	평균 주가 1968년[a]
Allied Chemical	$3.70	$1.46	54.5	67	36.5
Aluminum Corp. of Am.	3.85	4.75	71.5	85	79
American Can	3.50	4.25	47	57	48
American Tel. & Tel.	4.00	3.75	73.5	68	53
American Tobacco	3.00	4.38	51.5	33	37
Anaconda	6.00	8.12	44.5	70	106
Bethlehem Steel	3.25	3.55	36.5	45	31
Chrysler	4.75	6.23	48.5	45	60
Du Pont	8.50	7.82	253	240	163
Eastman Kodak	5.00	9.32	133	100	320
General Electric	4.50	3.95	80	90	90.5
General Foods	4.70	4.16	88	71	84.5
General Motors	6.25	6.02	88	78	81.5
Goodyear Tire	3.25	4.12	43	43	54
Internat. Harvester	5.75	5.38	82	63	69
Internat. Nickel	5.20	3.86	79	83	76
Internat. Paper	2.25	2.04	32	36	33
Johns Manville	4.00	4.78	57.5	54	71.5
Owens-Ill. Glass	5.25	6.20	99	100	125.5
Procter & Gamble	4.20	4.30	83	70	91
Sears Roebuck	4.70	5.46	118	78	122.5
Standard Oil of Cal.	5.25	5.59	64.5	60	67
Standard Oil of N.J.	6.00	5.94	87	73	76
Swift & Co.	3.85	3.41[b]	54	50	57
Texaco	5.50	6.04	79.5	70	81
Union Carbide	7.35	5.20	126.5	165	90
United Aircraft	4.00	7.65	49.5	50	106
U.S. Steel	4.50	4.69	57.5	60	42
Westinghouse Elec.	3.25	3.49	30.5	50	69
Woolworth	2.25	2.29	29.5	32	29.5
합계	138.25	149.20	2222	2186	2450
다우존스 지수(합계% 2.67)	52.00	56.00	832	820	918[c]
1968년 실제 결과	57.89				906[c]
1967~1969년 실제 결과	56.26				

a) 1964년 이후 주식분할에 따라 조정되었다.

b) 1967년부터 1969년까지 평균 수치다.

c) 변경된 제수로 인한 차이다.

상으로 한 경우보다 더 높다고 지적한 우리의 주장과도 일맥상통한다. 증권 분석가 입장에서는 가장 잘 아는 회사 몇 군데를 선정하고 분석하여 본인은 물론 고객의 관심을 여기에 한정한다면 그나마 이상적인 전망을 할 수 있을지도 모른다. 하지만 개별 회사에 대한 전망의 경우 신뢰할 수 있는 예측과 실제 결과와 크게 어긋날 예측을 미리 구별한다는 것은 사실상 불가능하다. 기본적으로 투자펀드가 다양한 분산투자에 골몰하는 이유도 바로 이 어려움 때문이다. 전망대로만 된다면 수익성이 아주 높을 것으로 예상되는 종목에 집중 투자하는 것이 시장평균 정도의 수익이 기대되는 분산투자보다 훨씬 더 나을 것임은 분명하다. 하지만 그러한 예측은 애초에 신뢰할 수 없으므로 분산투자를 선택하는 것이다.[*] 본질적으로 다양한 분산투자의 유행은 월스트리트가 끊임없이 유혹하는 '탁월한 선택'의 바람과 대치된다.[**]

---

[*] 최소한 다수의 증권분석가나 투자자들에게 해당되는 것은 아니다. 어떤 기업에 대해 집중적인 연구가 필요하다는 것을 예측할 수 있거나 그만한 자원과 역량을 갖춘 분석가라면 이러한 방식으로 지속적인 성공을 거둘 수도 있다. 이 접근 방식에 관한 자세한 내용은 필립 피셔(Philip Fisher)의 『위대한 기업에 투자하라(Common Stocks and Uncommon Profits)』(Harper & Row, 1960)를 참조하라.

[**] 최근 뮤추얼펀드는 펀드의 수익률과 S&P500 지수 수익률 사이에 차이가 드러나지 않게 하기 위해 거의 기계적으로 S&P500 지수를 모방하고 있다. 그런가 하면 펀드매니저가 지정한 '최고의 종목'을 25개에서 50개 정도 포함시킨 소위 '핵심' 포트폴리오를 선보인 펀드도 있다. 그렇다면 같은 펀드매니저가 운용하는 다른 포트폴리오에 포함된 종목은 부실하다는 것일까? 투자자 입장에서는 의문이 들 수밖에 없다. 더군다나 '최고의 종목'으로만 구성했다는 상품이 그다지 평균보다 월등히 높은 성과를 내는 것도 아니라는 점을 감안하면 펀드매니저의 판단 자체가 처음부터 제대로 된 것인지도 궁금하다. 워런 버핏처럼 누구나 인정하는 노련한 투자자라면 굳이 분산투자를 고집할 필요는 없다. 그러다 보면 몇 가지 좋은 종목에 투자할 수 있는 집중력이 그만큼 떨어지기 때문이다. 그러나 일반 투자자나 펀드매니저에게는 분산투자가 적합하다. 이들에게 최고의 종목을 선별하거나 최악의 종목을 걸러내는 것은 너무 어려운 일이다. 주식을 다양하게 보유할수록 한 종목의 손실에 따른 피해가 줄어들고 최고의 수익 종목을 보유할 가능성이 늘어난다. 대부분의 투자자들에게 이상적인 선택으로는 주식시장 자체에 대한 투자를 목적으로 주가지표의 움직임에 연동되도록 구성되는 인덱스펀드, 즉 주가연동형 펀드를 들 수 있다. 이 펀드를 이용하면 투자가치가 있는 모든 주식을 가장 저렴한 비용으로 보유할 수 있다.

자본환원율에 영향을 미치는 요인들

한 회사의 가치평가에서 무엇보다 중요한 요소는 미래의 평균수익이지만, 증권분석가들은 그밖에 다양한 요소들도 고려해야 한다. 이 요소들은 대부분 주식 등급에 따라 다양하게 나타나는 자본환원율capitalization rate과 관계가 있다. 예를 들어, 어떤 두 회사가 1973년부터 1975년까지 4달러의 동일한 주당순이익을 냈다고 하더라도, 증권분석가는 한 회사의 가치는 40달러로, 다른 회사의 경우는 100달러로 다르게 평가할 수 있다. 이처럼 다른 평가는 다음과 같은 몇 가지 요인이 영향을 미친 결과다.

1. 전반적인 장기 예측: 먼 미래에 일어날 일을 정확히 예측할 수 있는 사람은 아무도 없다. 그러나 분석가들과 투자자들은 저마다 미래에 대해 뚜렷한 견해를 갖고 있다. 이 점에 대해 우리는 1965년판에서 다음과 같이 언급했다.

예를 들어 1963년 말 다우존스 지수에서 화학회사는 정유회사보다 훨씬 높은 이익승수로 거래되었다. 이 현상은 그만큼 정유회사보다 화학회사의 미래에 시장이 더욱 긍정적으로 확신한다는 것을 암시한다. 이처럼 분야에 따라 다른 시장평가는 적절한 근거가 있기도 했지만, 과거 실적에 의존한 평가라면 맞을 수 있는 만큼이나 틀릴 수도 있다.

〈표 11-3〉에서는 다우존스 지수에 편입된 화학회사와 정유회사가 1963년 말과 1970년 말에 보인 실적을 비교하고 있다. 이 자료에 따르면 더 높은 이익승수로 거래된 화학회사들이 1963년 이후 실질적으로 수익증가를 전혀 보이지 않았다. 이에 반해 정유회사는 화학회사보다 훨씬 더 좋은 실적을 거

회사명	1963년			1970년		
	종가	EPS	PER	종가	EPS	PER
화학회사:						
Allied Chemical	55	2.77	19.8배	24.125	1.56	15.5배
Du Pont[a]	77	6.55	23.5	133.5	6.76	19.8
Union Carbide[b]	60.25	2.66	22.7	40	2.60	15.4
			평균 25.3			
정유회사:						
Standard Oil of Cal.	59.5	4.50	13.2배	54.5	5.36	10.2배
Standard Oil of N.J.	76	4.74	16.0	73.5	5.90	12.4
Texaco[b]	35	2.15	16.3	35	3.02	11.6
			평균 15.3			

a) 1963년 수치는 GM의 주식배당으로 인해 조정되었다.
b) 1963년 수치는 이후 주식분할로 인해 조정되었다.

됐고, 1963년 당시 주가수익비율에서 엿볼 수 있었던 성장세를 나타냈다.[*] 이처럼 우리가 제시한 화학회사의 주식 사례는 시장에서 평가한 주가수익 비율의 오류를 증명한다.[**]

---

[*] 이 장의 "성장주의 자본환원율"에서 우리는 예상성장률과 관련한 승수 공식을 소개하였다.

[**] 1960년대 화학회사와 정유회사를 대상으로 그레이엄이 지적한 내용은 다른 모든 시기와 산업에도 대부분 적용된다. 향후 특정 분야에 대해 월스트리트에서 형성되는 일반적인 의견은 언제나 너무 낙관적이거나 혹은 너무 비관적이다. 설상가상으로 특정 종목의 주가가 가장 고평가된 시점에 낙관론이 득세하고, 주가가 가장 저평가되었을 때 비관론이 주를 이룬다. 이러한 경향을 읽을 수 있는 가장 최근의 사례로는 기술주와 통신주를 들 수 있다. 1999년과 2000년 초, 이 종목들의 주가가 사상 최고가를 기록하자 낙관론 역시 정점에 이르렀지만, 이후 2000년 한 해 동안 줄곧 하락세를 면하지 못했다. 증시의 역사를 통해 우리가 알 수 있는 것은 월스트리트의 전문가들도 (1) 시장 전체, (2) 산업 부문, (3) 개별 종목의 실적을 예측하는 데에 일반 투자자와 마찬가지로 서투르다는 사실이다. 그레이엄이 지적한 것처럼 그렇다고 일반 투자자가 전문가보다 더 잘할 가능성도 희박하다. 현명한 투자자라면 자신이나 다른 사람의 전망에 기대어 의사결정을 하는 오류를 범하지 않고 성과를 낼 수 있다. 이와 관련한 내용은 8장을 참조하라.

2. **경영 능력:** 경영 능력에 대해서는 월스트리트에서 지속적으로 많은 논의가 있었지만, 실질적으로 도움이 되는 것은 찾기 힘들다. 경영 능력을 계량화하여 평가할 수 있는 개관적이고 합리적인 방법이 개발되기 전까지는 이 요소를 명확히 파악하기는 어려울 것이다. 과거의 경험을 비추어 보건대 성공적인 회사 뒤에는 뛰어난 경영자가 있다는 것만큼은 분명한 사실이다. 이러한 경영 능력은 향후 5년간 전망은 물론 앞서 논의한 장기적인 전망에도 영향을 미친다. 그러나 경영 능력에 대해서도 지나치게 낙관적인 전망으로 일관한다면 비싼 대가를 치를 수 있다는 점을 명심해야 한다. 경영 능력은 아직 구체적인 수치로 표현할 수 있는 요인은 아니지만, 경영상 변화가 발생했을 때 가장 유용하게 참고할 수 있다.

크라이슬러 모터스_{Chrysler Motors Corporation}와 관련한 두 가지 일화를 살펴보자. 먼저, 1921년에 월터 크라이슬러_{Walter Chrysler}는 거의 자멸 위기에 있던 맥스웰 모터스_{Maxwell Motors}의 경영권을 장악한 지 불과 몇 년 후에 이 회사를 가장 큰 규모와 높은 수익률을 자랑하는 기업으로 성장시켰다. 당시 다른 자동차회사들은 불황 끝에 문을 닫는 곳이 많았다. 다음으로, 1962년에는 크라이슬러가 투자처의 지위에 심각한 위기를 겪으며 주가가 수년 만에 최저가로 급락한 적이 있었다. 이 위기를 벗어나기 위한 전략으로 크라이슬러는 컨솔리데이션 콜_{Consolidation Coal}의 경영권을 인수했다. 이후 이 회사의 주당순이익은 1961년 1달러 24센트에서 1963년에는 17달러까지 올랐으며, 1962년 38달러 50센트였던 주가는 다음 해에는 200달러까지 상승했다.[*]

3. **재무 건전성과 자본 구조:** 주당순이익이 같은 수준이라면, 잉여현금이 많고 보통주 이외의 다른 주식을 발행하지 않는 회사가, 은행채무가 많고 우선주 등의 주식을 발행하는 회사보다 투자 대상으로 더욱 안전하다. 증권분석

가들은 이 요소들을 모두 면밀히 따져 본다. 그렇다고 해서 채권과 우선주 발행이 보통주보다 항상 불리한 상황을 암시하는 것은 아니다. 시기에 따라 발생하는 적정한 수준의 은행채무 역시 마찬가지다. 덧붙이자면 보통주보다 채권이나 우선주를 훨씬 더 많이 발행하는 회사가 상황이 유리하게 전개될 경우 보통주에서 상당한 투기적 수익을 창출할 수도 있다. 흔히 '레버리지$_{leverage}$'라고 말하는 요소가 바로 이것이다.

4. 배당 실적: 여러 해 동안 꾸준한 이어지는 배당 실적은 회사 주식을 긍정적으로 평가하는 데 가장 설득력 있는 기준이 될 수 있다. 특히 20년 이상의 연속적인 배당 실적은 회사의 투자등급을 평가할 때 무엇보다 중요한 가점 요소다. 따라서 방어적인 투자자들은 이 기준에 맞는 주식에 국한해서 매입할 필요가 있다.

5. 현재 배당률: 마지막으로 추가할 요인은 현재 배당률인데, 투자자 입장에서는 충분히 따져 보기 어려운 문제다. 다행히 현재 기업들은 '표준배당정책$_{standard\ dividend\ policy}$'이라고 하는 기준을 따르고 있다. 최근에 수익이 높아지고 자본 수요가 팽창하면서 배당률 수치가 낮아지는 경향이 있지만, 일반적

---

* 크라이슬러 주가의 불꽃놀이는 한편으로 1963년 한 해에만 두 차례 발생한 2 대 1 주식분할의 영향이었다는 사실에는 의심의 여지가 없다. 대기업으로서는 전례 없는 일이었다. 리 아이아코카(Lee Iacocca)가 이끌던 1980년대 초, 크라이슬러는 3연승을 거두며 파산의 끝자락에서 미국 역사상 가장 높은 수익률을 보인 종목 중 하나로 화려하게 부활했다. 하지만, 쓰러져 가는 기업을 거뜬히 일으켜 세울 수 있는 리더를 알아보는 일은 생각처럼 간단하지 않다. 알 던랩(Al Dunlap)이 구조조정을 거친 스콧 페이퍼(Scott Paper Co.)를 1996년에 인수한 후 이 회사의 주가가 18개월 만에 225%나 치솟자 월스트리트는 그가 재림한 예수라도 되는 듯이 환대했다. 하지만 던랩은 곧 부당한 회계와 거짓 재무제표로 선빔(Sunbeam)의 투자자들을 현혹한 것으로 드러났다. 그의 사기에 놀아난 인물 중에는 마이클 프라이스(Michael Price)와 마이클 스타인하트(Michael Steinhardt)처럼 당시 존경받던 자산관리자들도 포함되었다. 이들은 던랩을 선빔의 CEO로 추대한 장본인이기도 했다. 던랩의 경력에 관한 자세한 내용은 존 A. 번(John A. Byrne)의 『체인톱(Chainsaw)』(HarperCollins, New York, 1999)에서 확인할 수 있다.

으로 표준배당정책은 평균수익의 약 3분의 2를 배당하는 것을 의미한다. 참고로, 1969년 다우존스 주식 배당에서 이 수치는 59.5%였고, 미국 기업의 전체 배당 수치는 55%였다.* 배당과 수익 관계가 정상이라면 둘 중 어느 하나에 기초하더라도 가치평가 결과는 크게 달라지지 않는다. 예를 들어, 3달러의 평균수익과 2달러의 배당이 예상되는 전형적인 이류 기업의 경우, 수익의 12배 또는 배당의 18배로 계산하면 적정 가치는 모두 36 수준으로 계산된다.

그러나 최근 증가하고 있는 성장형 기업의 경우는 다른 경향을 보인다. 이들은 수익을 회사 내에 유보하며 성장을 위해 재투자하는 것이 주주에게도 결국 더 유리하다는 논리 하에 수익의 60% 정도를 지급하는 표준배당정책의 범위를 벗어나고 있다. 이러한 현상은 새로운 문제를 야기하는 만큼 투자자의 주의를 필요로 한다. 적절한 배당정책에 관한 핵심적인 문제에 대한 논의는 경영자와 주주 관계의 일환으로 19장에서 다시 다루겠다.

성장주의 자본환원율

증권분석가들이 제시하는 분석 자료는 대부분 성장주의 가치평가와 관계가 있다. 우리는 다양한 방법을 동원하여 성장주의 가치평가를 산출할 수 있는 계산법을 간단하게 공식화하였다. 이 공식을 이용하면 좀 더 정밀한 수학적 계산으로 구할 수 있는 결과의 근사치를 얻을 수 있다. 공식은 다음과 같다.

---

* 배당성향(dividend payout ratio)이라고 부르는 이 수치는 현재 그레이엄 시절보다 크게 하락했다. 미국 세법에 따라 투자자가 배당을 받는 것이 불리해졌기 때문이다. 2002년 말 현재, S&P500 지수의 배당성향은 34.1%이고, 2000년 4월에는 25.3%로 사상 최저치를 기록했다. 배당정책에 대한 좀 더 자세한 내용은 19장 논평에서 다룬다.

가치 = 현재(정상적) 수익 × (8.5 + 2 × 연간 예상성장률)

예상성장률은 향후 7년 또는 10년 동안 예상되는 성장률의 수치를 의미한다.[**]

〈표 11-4〉는 이 공식을 이용해 산출한 다양한 예상성장률을 보여 준다. 이 공식이 유효하다면 현재 시장가격이 감안한 성장률을 손쉽게 역으로 추적해 볼 수 있다. 이전 개정판에서는 6개의 주요 종목과 다우존스 지수를 계산해 보았는데, 그 결과는 〈표 11-5〉와 같다. 이 결과에 우리가 덧붙였던 설명은 다음과 같다.

제록스의 연간 예상성장률은 32.4%로, GM의 2.8%와 확실히 큰 차이를 보인다. 이러한 현상은, 어느 회사와 비교해 보아도 역대 최고 수준의 실적을 보인 GM이 1963년에 올린 수익은 앞으로 어렵게나마 유지되겠지만 그 이상의 성장은 지극히 미미한 수준에 그칠 것이라는 주식시장의 전망을 반영하고 있다. 다른 한편으로 제록스는 높은 주가수익비율과 전망이 밝은 회사를 상대로 이어지는 투기적 열기를 보여 주는 대표적인 사례였다.
다우존스 지수의 예상성장률 5.1%는 1951년부터 1953년까지와 1961년부터 1963년까지 사이의 실제 연간 성장률 3.4%와 비교된다.

이와 같은 설명에 이어 우리는 다음과 같은 경고를 덧붙였어야 했다. 만약 고성장 주식의 성장률이 실제로 실현될 것으로 생각한다면 예상 고성장 종목의 가치평가는 반드시 최저 수준으로 해야 한다는 것이다. 사실 산술적

[**] 여기에서 우리는 성장주의 '실제 가치'를 확인하기 위한 것이 아니라 현재 유행 중인 더 정교한 계산법의 결과를 유추하기 위한 목적으로 이 공식을 소개하고 있다.

<표 11-4> 단순화된 공식으로 산출한 예상성장률과 연간 이익승수

예상성장률	0.0%	2.5%	5.0%	7.2%	10.0%	14.3%	20.0%
10년간의 성장률	0.0%	28.0%	63.0%	100.0%	159.0%	280.0%	319.0%
현재 이익승수	8.5	13.5	18.5	22.9	28.5	37.1	48.5

<표 11-5> 1963년 12월과 1969년 12월의 예상성장률

종목	PER 1963년	예상 성장률[a] 1963년	EPS 1963년	EPS 1969년	실제성장률 1963~1969년	PER 1969년	예상 성장률[a] 1969년
AT&T	23.0배	7.3%	3.03	4.00	4.75%	12.2배	1.8%
GE	29.0	10.3	3.00	3.79[b]	4.0	20.4	6.0
GM	14.1	2.8	5.55	5.95	1.17	11.6	1.6
IBM	38.5	15.0	3.48[c]	8.21	16.0	44.4	17.9
International Harvester	13.2	2.4	2.29[c]	2.30	0.1	10.8	1.1
Xerox	25.0	32.4	.38[c]	2.08	29.2	50.8	21.2
다우존스 지수	18.6	5.1	41.11	57.02	5.5	14.0	2.8

a) 앞의 가치평가에 소개된 공식을 적용한 수치다.
b) 1969년에는 파업으로 수익이 급감하였으므로 1968년과 1970년의 평균을 사용했다.
c) 주식분할에 따라 조정된 수치다.

계산으로만 따졌을 때 어떤 회사가 앞으로 매년 8% 이상 무한히 성장한다면 이 회사의 주식은 어떤 가격에 매입해도 결코 비싼 가격이라고 할 수 없다. 이러한 경우에 평가자는 계산 과정에서 '안전마진'을 도입한다. 이것은 기술자가 건물 설계도에 적당한 여유 공간을 두는 것과 비슷한 개념이다. 이렇게 하면 실제성장률이 공식으로 예측한 것보다 크게 낮더라도 결과적으로 연간 예상수익률을 거둘 수 있다. 참고로, 1963년 전체 예상수익률은 연간 약 7.5%였다. 물론 이때 예상성장률이 실제로 실현된다면 투자자는 상당한 초과 수익을 올릴 수 있다. 증권분석가가 현재 수익에 대한 적절한 승수와 미래수익에 대한 예상승수를 모두 정확하게 예측하여 연간 8% 이상의 성장률이 기대되는 고성장 기업을 평가할 방법은 없다.

제록스와 IBM의 실제성장률은 우리가 제시한 공식으로 구한 성장률에 근접했다. 이처럼 긍정적인 결과로 두 회사의 주가는 큰 폭으로 상승할 수 있었다. 1963년 종가는 다우존스 지수 자체 성장도 반영하였다. 그러나 5%의 평범한 다우존스 지수 성장률과 제록스 및 IBM에서 보이는 수학적 딜레마 사이에서는 관련성을 찾기 어렵다. 즉, 1970년 말까지 주가는 23% 상승하고 여기에 28%의 배당수익이 더해졌지만, 이 수치는 공식에서 가정한 연간 총수익률 7.5%와 큰 차이가 나지 않았다. 4개의 다른 회사의 경우, 1963년 가격으로 계산된 예상성장률은 빗나갔고, 주가는 다우존스 지수만큼 오르지 못했다. 여기에서 한 가지 주의할 점은 이 자료가 조사 대상 회사들의 미래 성장률을 예측하는 과정에서 불가피한 필요성으로 분석한 한 가지 사례일 뿐이라는 것이다. 따라서 독자들은 이러한 예측의 신뢰성이나 예측의 실현 정도에 따른 미래 주가의 동향을 과대평가하지 않기를 바란다.

여기에서 우리는 향후 예상 실적에 근거한 주식평가가 '과학적'이거나 적어도 논리적으로 신뢰를 얻으려면 반드시 미래의 이자율을 고려해야 한다는 점을 지적하고자 한다. 예상 이자율이 높아질수록 예상수익이나 배당금에 대한 현재 가치는 훨씬 낮아진다.* 그러나 이러한 가정 또한 확신하기 힘든 영역이다. 더군다나 최근 장기이자율이 큰 폭으로 변동함에 따라 이러한

---

* 왜 그럴까? '72법칙'에 따르면 10% 이자율로 자금을 2배로 늘리려면 7년이 걸린다. 이자율이 7%라면 10년이 걸린다. 이처럼 이자율이 상승하면 미래에 일정한 금액에 도달하기 위해 현재 투자해야 하는 금액이 줄어든다. 이자율이 높은 만큼 더 빠른 속도로 금액이 증가하기 때문이다. 또한 현재 이자율이 상승하면 미래수익 흐름이나 배당금의 중요성이 줄어들게 된다. 따라서 이자율 상승은 채권에 대한 투자가치를 상대적으로 높이는 효과가 있다.

예측은 주제넘은 일이 되었다. 우리가 앞서 설명한 예전의 공식을 계속 사용하는 것은 그보다 더 설득력 있는 새로운 공식이 존재하지 않기 때문이다.

산업분석

기업에 대한 일반적인 전망은 시장 주가를 결정하는 과정에서 매우 중요한 요인이다. 따라서 증권분석가가 산업 내에서 한 기업의 경제적 위치에 큰 관심을 갖는 것은 당연한 일이다. 이 점에 대해서는 얼마든지 더 깊이 있는 분석이 가능하다. 때로 우리는 이러한 분석을 통해 시장에서는 아직 인식이 부족하지만 미래에 중요하게 작용할 요소를 알아볼 수도 있다. 이러한 분석을 통해 상당한 확신을 갖고 도달한 결론이라면 투자 결정을 할 때 적절한 근거가 될 만하다.

그러나 우리의 경험에 비추어 보면 투자자가 입수할 수 있는 산업분석 중 대부분은 실질적인 가치가 다소 떨어지는 것이 사실이다. 일단 일반 투자자가 손에 쥘 수 있는 분석 자료라면 시장에 벌써 파다하게 알려진 정보인 경우가 대부분이고, 주가에도 이미 상당한 영향을 미쳤을 것이기 때문이다. 더욱이 이해할 만한 사실을 근거로 현재 인기 산업의 하락세나 비인기 산업의 부상을 전망하는 데 도움을 주는 증권회사의 분석 자료는 좀처럼 찾아보기 어렵다. 훨씬 장기적인 미래를 내다보는 월스트리트의 전망은 어긋나기 일쑤인 것으로 이미 악명이 높다. 이와 같은 오류는 다양한 산업 분야의 수익을 전망하는 과정에서도 똑같이 반복된다.

하지만 최근 빠르게 확산되고 있는 기술 발전이 증권분석가의 태도나 업무에 크게 영향을 주고 있다는 사실 또한 인정해야 한다. 과거에 비해 앞으로 10년 동안 기업의 성장이나 퇴보는 신제품 및 새로운 생산 공정의 개발에 따라 판가름 나는 사례가 많을 것인 만큼, 증권분석가들은 이러한 영역 또한 미리 평가하고 연구해야 한다. 증권분석가가 전문가의 눈으로 가려낼 수 있는 유망한 산업 분야는 틀림없이 존재한다. 유망 산업의 발굴은 증권분석가가 직접 발로 뛰는 현장 견학과 기술자 면담 및 집중적인 기술 분석 등을 기초로 이루어져야 한다. 현재 증명할 수 있는 가치가 뒷받침되지 않은 상태에서 어림짐작한 전망으로 도출한 투자 결론에는 위험이 따른다. 실제 결과를 근거로 평가한 가치에 강하게 집착하는 태도 또한 위험하다. 투자자는 이 두 가지 방법을 모두 취할 수는 없다. 상상력이 풍부한 투자자라면 자신만의 통찰력을 근거로 도박에 가까운 모험을 할 수도 있을 것이다. 이때 크고 작은 계산 착오로 인한 상당한 위험 가능성을 무릅써야 한다. 반대로 보수적인 투자자라면 입증되지 않은 사실에 대해 어떤 프리미엄도 지급하지 않으려 할 것이다. 이 투자자는 황금 같은 기회를 놓치고 후회하게 될지도 모른다.

2단계 평가 방법

앞서 "주식분석"에서 논의했던 주식의 가치평가를 되새겨 보자. 이 주제를 깊이 탐구한 결과 우리는 지금까지의 관행과는 아주 다르게 접근해야 한다는 결론에 도달했다. 먼저 증권분석가는 과거 기록에만 기초한 '과거 실적 가치'를 계산해야 한다. 이 계산에 따라 구한 수치는 절대적 기준이나 S&P 또는 다우존스 지수와 관련한 상대적인 비율을 근거로 어떤 종목의 과거 실적이 미래에도 지속될 것이라고 가정할 경우 도출할 수 있는 미래 가치를 의미한다. 여기에는 과거 7년간의 상대적 성장률이 다음 7년 동안에도 변함없이 지속될 것이라는 가정이 포함되어 있다. 이 과정에서 증권분석가는 수익성, 안전성 및 성장성에 대한 과거 수치와 현재 재무상태에 개별적인 가중치를 주는 수학 공식을 적용할 수 있다. 다음으로 증권분석가는 과거 실적에만 기초를 둔 가치가 미래에 예상되는 새로운 상황을 감안할 때 어느 정도까지 수정되어야 하는지 따져 보아야 한다.

선임 분석가와 일반 분석가는 이러한 분석 업무를 다음과 같이 나누어 진행할 수 있다. (1) 선임 분석가는 모든 회사의 경우에 일반적으로 적용하여 과거 실적가치를 평가할 수 있는 공식을 정한다. (2) 일반 분석가는 특정 기업에 이러한 요소들을 기계적으로 적용해 본다. (3) 선임 분석가는 절대적 또는 상대적인 기준에서 개별 기업의 실적이 과거 기록과 어느 정도 다른지 판단하고, 그로 인해 예상되는 변화를 반영하려면 가치에 어떤 변화가 있어야 하는지 결정한다. 선임 분석가의 보고서에서 원래의 평가와 수정된 평가 내용을 모두 제시하고 수정에 대한 의견을 덧붙이면 좋을 것이다.

이러한 작업은 그만큼 가치가 있을까? 우리의 답은 긍정적이지만 독자에게는 그렇지 않을 수 있다. 또한 이 과정을 통해 도출된 가치평가가 전형적인 제조업체의 경우에도 충분히 신뢰할 만한 것인지는 의문이다. 다음 장에서 ALCOA~Aluminum Company of America~에 대해 논의할 때 이러한 작업의 어려움을 다시 설명하겠다. 이처럼 어려움이 따르지만 주식분석이 분명히 이루어져야 하는 이유는 다음과 같다. 첫째, 많은 증권분석가가 고유의 업무로서 현재 또는 미래의 가치평가를 하지 않을 수 없다. 우리가 제안하는 방법을 참고한다면 현재 증권분석가들이 일반적으로 추종하고 있는 방법의 문제점을 개선할 수 있을 것이다. 둘째, 우리가 제시하는 방법은 증권분석가에게 유용한 경험과 통찰력을 제공해 줄 수 있다. 셋째, 이러한 분석을 통해 증권분석가들은 값진 체험을 바탕으로 더 나은 분석 방법을 찾기 위한 가능성 및 한계에 도전할 수 있고, 결국 유용한 지식을 얻을 수 있다. 새로운 기술 개발과

임상 실험을 끊임없이 거치는 의학 기술의 발전과 비슷한 과정이다. 특히 공공 유틸리티 기업의 주식은 이러한 접근 방법의 실용적 가치를 증명해 줄 것으로 기대한다. 현명한 분석가라면 적정한 수준에서 미래를 예측할 수 있거나, 수익이 충분히 보장되는 우량증권처럼 현재 가격 대비 과거 실적가치의 안전마진이 커서 장래 변화 요인으로 인한 위험을 감수할 수 있다고 판단되는 산업군으로 분석 대상을 한정할 것이다.[*]

　다음 장에서는 분석 기법을 적용한 구체적인 사례들을 소개하겠다. 단, 이러한 사례는 예시일 뿐이라는 점을 유의하기 바란다. 이 주제에 흥미가 있고 이를 체계적이고 철저하게 검토할 수 있는 독자라면 자신이 보유한 증권 종목에 대한 최종 매수 및 매도 결정 또한 스스로 내릴 수 있을 것이다.

---

[*] 원칙적으로 이러한 산업군은 급변하는 이자율, 석유나 금속 같은 원자재 가격의 미래 방향과 같은 예측할 수 없는 요소에 크게 영향을 받지 않는다. 카지노나 화장품, 주류, 요양원, 폐기물 처리와 같은 종목 등을 포함한다.

11장 논평

미래가격의 결정요소

주식의 매수가격을 결정하는 요인은 무엇일까? 어떤 회사의 주가는 수익의 10배인 반면, 다른 회사의 주가는 20배로 정해지는 이유는 무엇일까? 장밋빛 미래를 믿고 높은 가격이라도 서슴없이 투자했지만, 이 결정이 결국 우울한 악몽으로 끝나지 않을 것이라고 어떻게 확신할 수 있을까?

그레이엄은 이러한 차이를 만드는 결정적인 요소를 다음과 같이 5가지로 정리했다.[1]

- 회사의 '일반적인 장기 전망'
- 회사의 경영 능력

---

[1] 오늘날 개인투자자들은 개별 채권을 사는 경우가 거의 없으므로, 여기에서는 주식분석에 논의를 국한한다. 채권펀드는 4장 논평에서 더 자세히 다루었다.

- 회사의 재력과 자본구조
- 회사의 배당 기록
- 회사의 최근 배당수익률

현재 시장 상황에 비추어 이 요소들을 살펴보자.

장기 전망: 현명한 투자자라면 www.sec.gov의 EDGAR 데이터베이스나 회사 웹사이트에서 최소한 지난 5년간 제출된 연례보고서Form 10-K를 다운로드하는 것으로부터 시작해야 한다.[2] 다음으로 재무제표를 꼼꼼히 살펴보며 다음 두 가지 중요한 질문의 답을 찾는 데 도움이 될 만한 증거를 모아야 한다. 이 회사가 성장하는 요인은 무엇인가? 이 회사의 수익은 어디에서 나오는가, 혹은 나올 것인가? 이 질문의 답을 구하는 과정에서 주의해야 할 사항은 다음과 같다.

- 어떤 회사는 '연쇄 인수자serial acquirer'다. 1년에 평균 두세 건 이상 기업을 인수하는 회사라면 잠재적으로 문제가 있다는 신호다. 회사가 자사주에 투자하기보다 다른 회사의 주식을 매수하는 데 골몰한다면 투자자도 눈치채고 다른 곳으로 눈을 돌리지 않겠는가? 따라서 다른 회사의 인수 기록을 확인하는 것이 좋다. 과거 기록에서 다른 회사들을 정신없이 인수하고 결국 뱉어내는 기업 폭식증 증상이 엿보인다면 반드시 경계해야 한다. 루슨트, 매텔Mattel, 퀘이커 오츠Quaker Oats, 타이코 인터내셔널은 인수한 기업에서 큰 손해를 보고 다시 토해냈던 기업들이다. 그밖에

---

2 1년간의 분기보고서(10-Q 양식)도 필요하다. 적극적으로 포트폴리오를 구성해 보려고 마음먹은 투자자가 있다고 가정하자. 그런데 이 장에서 제시하는 과정을 따라 하기에 너무 벅차다고 생각한다면 이 투자자는 기질적으로 주식을 직접 선택하는 데 적합하지 않은 사람이다. 여기에서 설명한 내용을 실천할 수 없다면 기대하는 만큼의 성과를 얻을 수 없다.

과거 기업 인수를 위해 과다하게 지출된 회계비용과 만성적인 감가상
각을 떠안은 회사들도 있다. 이 기록은 향후 거래를 생각할 때 나쁜 징
조다.[3]

- 그런가 하면 '차입금 중독'인 회사도 있다. 이러한 회사는 더 많은 차입
금, 즉 OPM_{Other People's Money}을 끌어들이기 위해 부채를 늘리고 주식을 발
행한다. 이렇게 과도하게 주입된 OPM은 감사보고서의 현금흐름표상
에서 '금융 활동의 현금'으로 분류된다. 따라서 OPM에 중독된 회사는
영업상 현금 수익이 충분하지 않은데도 성장하는 것처럼 보이게 된다.
이와 관련한 최근의 사례로는 글로벌 크로싱이나 월드콤이 있다.[4]

- 어떤 회사는 대부분의 수입을 한 고객에 의존하는 좁은 시야를 보인다.
1999년 10월 광섬유 제조업체인 시커모어 네트웍스_{Sycamore Networks Inc.}는
처음으로 주식을 공모했다. 모집 안내서에는 시커모어의 총수입 1100
만 달러가 모두 윌리엄스 커뮤니케이션스_{Williams Communications}라는 한 기업
에서 발생하는 것으로 소개되었다. 그런데도 분별력이 부족한 트레이
더들은 시커모어 주식을 150억 달러로 평가했다. 윌리엄스 커뮤니케이
션스는 이후 불과 2년 만에 파산했다. 시커모어는 다른 고객을 찾아야
했지만, 주가는 2000년부터 2002년 사이에 97%나 폭락하고 말았다.

---

3 인수와 관련한 자세한 사항은 일반적으로 10-K 양식에 포함된 '경영자의 검토와 분석(Management's
Discussion and Analysis)' 항목에서 확인할 수 있다. 재무제표의 주석도 상호 비교해 보아야 한다. '연쇄 인
수자'에 대한 내용은 12장 논평을 참조하라.

4 회사의 OPM 의존성 정도를 판단하려면 재무제표에서 현금 흐름을 파악하면 된다. 이 현금흐름표에서
는 영업활동, 투자활동, 재무활동과 관련한 현금 유입 및 유출 내용을 자세히 알 수 있다. 재무활동과 관
련한 현금이 지속해서 유입되는 반면, 영업활동에서 현금이 지속해서 유출된다면 이 회사는 영업 수익
이상의 현금을 확보하는 데 열중하고 있다는 것을 의미한다. 그렇다면 투자자 입장에서는 회사의 이러
한 습성을 유지하는 과정에 동참해서는 안 된다. 글로벌 크로싱은 12장 논평, 월드콤은 6장 논평에서 각
각 소개하고 있다.

성장과 수익의 원천을 분석하여 부정적인 면과 긍정적인 면 모두를 살펴야 한다. 긍정적으로 받아들일 수 있는 신호는 다음과 같다.

- 관련 산업 업체들 가운데에는 경쟁우위를 가진 회사가 있다. 이들의 경쟁우위는 경쟁사의 침투를 막는 '해자' 구실을 한다. 해자는 중세시대 성에서 적의 침입을 막기 위해 성벽 주위를 둘러 판 못을 말한다. 어떤 회사들은 해자의 폭이 좁아 경쟁자들에게 쉽게 자리를 빼앗긴다. 반면, 충분한 폭의 해자를 갖춘 회사들은 난공불락의 요새처럼 오랫동안 자리를 지키기도 한다. 회사의 '해자'를 강화할 요인으로는 강력한 브랜드 파워, 독점적인 시장 지위, 규모의 경제, 대량의 재화 및 용역을 경제적인 가격으로 공급할 수 있는 능력, 고유한 무형자산의 소유, 쉽게 대체할 수 없는 고유성 등이 있다.[5] 강력한 브랜드 파워의 예로는 할리 데이비슨Harley Davidson을 떠올려 보라. 할리 데이비슨의 소비자들은 회사 로고를 몸에 직접 문신하며 이 브랜드의 막강한 영향력을 반영한다. 수십억 개의 면도칼을 대량 생산하는 질레트Gillette는 값싼 제품을 대량 공급하는 기업의 전형적인 예다. 고유한 무형자산을 소유한 대표적인 기업은 바로 코카콜라Coca Cola다. 이 기업의 비법인 콜라 원액 자체는 특별한 가치를 지니고 있지 않다. 그런데도 코카콜라의 시장 지배력은 가치를 따질 수 없을 정도로 막강하다. 대체물을 쉽게 찾을 수 없는 고유성에 대해서는 전력회사를 생각해 보자. 전력 공급이 중단될 경우 이에 대한 대책을 곧바로 강구할 수 있는 기업은 거의 없다. 따라서 일반 회사들은 전력회사와 같은 유틸리티 기업에 의존하게 된다.

---

5 '해자'에 대해 더 자세한 사항은 하버드 경영대학원 교수 마이클 E. 포터(Michael E. Porter)의 고전인 『경쟁전략(Competitive Strategy)』(Free Press, 뉴욕, 1998)을 참조하라.

- 어떤 회사는 단거리가 아닌 마라톤 선수의 특징을 보인다. 회사의 손익계산서를 보면 지난 10년간 이 회사의 수입과 순수익이 어떤 증가 추세를 보였는지 확인할 수 있다. 최근《파이낸셜 애널리스트 저널》에 실린 한 논문에서는 과거 연구에서 분석되었던 많은 투자자의 안타까운 경험을 다시 한 번 입증하고 있다. 즉, 빠른 속도로 성장하는 기업은 그 속도만큼이나 너무 급속히 소실되고 산화해 버린다는 것이다.[6] 순이익이 장기적으로 세전 기준 10%, 세후 기준 6%에서 7%의 수준으로 성장하는 회사라면 자리를 지킬 수 있다. 하지만 많은 회사가 15%라는 과대망상적인 성장 목표를 설정하는 실정이다. 1, 2년 사이에 폭발적인 성장률을 보인 회사는 금방 사라지게 마련이다. 제대로 훈련받지 않은 마라톤 선수가 100미터 달리기하듯 전 구간을 완주하려고 한다면 탈이 날 수밖에 없다.

- 그런가 하면 "뿌린 대로 거둔다"라는 속담의 의미를 그대로 보여 주는 회사도 있다. 제품이 아무리 좋고 브랜드 파워가 아무리 강한 회사라도 새로운 사업을 성공적으로 이끌려면 그만큼 투자를 해야 한다. 연구개발비용은 당장 성공을 기대할 수 있는 것은 아니지만 미래 성장의 기반이 된다. 새로운 아이디어와 장비로 승부를 거는 회사라면 더욱 그렇다. 연구개발을 위해 책정하는 평균 예산은 산업이나 회사별로 각각 다르다. 예를 들어 2002년에 프록터&갬블Procter & Gamble과 3M, 존슨앤드존슨이 지출한 연구개발비용은 순매출 대비 각각 4%, 6.5%, 10.9%였다. 연구개발비용을 너무 많이 지출하는 것도 위험할 수 있지만, 오랫

---

6 사이러스 A. 라메자니(Cyrus A. Ramezani), 루크 소에넨(Luc Soenen), 앨런 정(Alan Jung)이 2002년 11/12월호《파이낸셜 애널리스트 저널》58권 6호 56쪽부터 67쪽에 기고한 "성장, 기업, 수익성 및 가치 창출(Growth, Corporate Profitability, and Value Creation)"을 참조하라.

동안 이러한 투자에 인색한 기업이라면 업계에서 뒤처지기 쉽다.

경영자의 품행과 자질: 한 회사의 경영자는 비전을 제시하고 이를 실천에 옮겨야 한다. 회사의 과거 연차보고서를 확인하면 경영자가 어떤 비전을 제시했고 얼마만큼 계획을 달성했는지 살펴볼 수 있다. 목표 달성에 실패하였다면 경영자는 애매하게 '경제'나 '계획의 불확실성', '저조한 수요'를 탓하는 대신 솔직히 실패를 인정하고 이에 대한 책임을 져야 한다. 또한 보도자료나 소식지에 담긴 회사 대표의 논조에 일관성이 있는지, 월스트리트의 유행에 따라 변덕스럽게 변하는 것은 아닌지 확인해야 한다. 특히 1998년과 같은 호황기에는 각별한 주의를 기울여야 한다. 시멘트나 내의류 제조업체의 경영자가 어느 날 갑자기 소프트웨어 혁명의 선두주자를 자처하고 있지는 않은가?

그렇다면 회사 경영진이 주주의 이익을 위해 행동하는지 확인하려면 어떻게 해야 할까? 다음과 같은 질문이 길잡이가 될 수 있다.

그 회사 경영진에게 우선순위는 CEO인가, 아니면 주주인가?

CEO에게 연간 10억 달러의 연봉을 지급하는 회사라면 그만한 핑계가 있어야 한다. 적어도 늙지 않는 젊음의 샘을 발견했거나, 그에 버금가는 기술 특허는 냈어야 한다. 엘도라도를 발견해 헐값에 황금의 땅을 샀는지도 모른다. 아니면 다른 혹성의 생명체와 성공적으로 접촉하고 이들에게 이 회사의 제품을 독점 공급한다는 계약을 체결했을지도 모른다. 이. 정도로 획기적인 소식이 아니라면 이렇게 과도한 연봉은 이 회사가 경영자에 의해 경영되는 것이 아니라 경영자를 위해 존재함을 암시한다고 볼 수 있다.

어떤 회사가 내부자를 대상으로 스톡옵션 가격을 재조정하거나 재발행 또는 교환을 한다는 소식이 들린다면 이 회사로부터 멀찍이 떨어져야 한다. 이러한 조치를 통해 회사가 노리는 것은 임직원을 대상으로 기존에 발행했던 가치 없는 스톡옵션을 철회한 후 유리한 가격으로 새로운 스톡옵션을 발행하는 것이다. 자신들이 발행하는 스톡옵션이 무용지물이 되는 것은 절대로 기피하고 잠재적인 수익을 무한히 챙기려 한다면 이 회사의 자산이 어떻게 충실하게 관리될 수 있겠는가? 과거 수십 개의 하이테크 회사가 그랬던 것처럼 알 만한 회사들이 자신의 스톡옵션 가격을 재조정하는 것은 불미스러운 일이다. 외부 투자자가 이러한 회사의 주식을 매수하는 것은 마치 양이 제 털을 깎아 달라고 간청하는 것과 같다.

회사의 연차보고서에서 스톡옵션과 관련한 주석을 살펴보면 이 회사의 '스톡옵션' 과잉이 어느 정도 심각한 수준인지 파악할 수 있다. 예를 들어, AOL 타임워너_AOL Time Warner_는 연차보고서 서문에 2002년 12월 31일 현재 45억 주의 보통주를 발행했다고 보고했다. 그러나 보고서 한 구석에 숨어 있는 주석을 자세히 살펴보면 이 회사는 6억 5700만 주의 스톡옵션을 발행했다고 보고하고 있다. 즉, AOL 타임워너의 미래수익이 분배되는 주식 수는 보통주 발행 수보다 15%가량 더 많아진다. 따라서 회사의 미래 가치를 평가할 때는 스톡옵션으로 인한 신주의 잠재적인 홍수 효과를 감안해야 한다.[7]

'4호 양식_Form 4_'은 www.sec.gov의 EDGAR 데이터베이스에서 확인할 수 있다. 이 양식에서는 회사 경영진의 자사 주식 매수 또는 매도 상황을 살펴볼 수 있다. 내부자가 자사 주식을 팔았다면 분산투자를 하기로 했다거나 더 큰 집을 장만한다거나 또는 이혼에 필요한 정산 자금을 마련해야 하는 등 그만한 사적인 이유가 있을 것이다. 그러나 대규모 매도가 반복된다면 외부 투자

---

7 제이슨 츠바이크는 스톡옵션을 받는 조건으로 AOL 타임워너에 입사했다. 스톡옵션에 관한 자세한 사항은 19장 논평을 참조하라.

자에게는 분명한 경계경보다. 투자자가 매수하는 회사의 주식을 정작 그 회사의 경영진은 계속 팔고 있다면 투자자는 이들과 진정한 파트너십을 맺을 수 없다.

그 회사 경영진은 회사를 관리하는가, 아니면 광고하는가?

회사의 경영진은 투자 대중에게 회사를 광고하기보다 회사를 관리하는 데 집중해야 한다. 회사 CEO는 자사의 주가가 아무리 높아져도 늘 저평가되었다고 불평하기 쉽다. 이러한 태도는 회사의 경영자라면 적당한 수준에서 주가를 유지하도록 노력해야 한다는 그레이엄의 교훈을 잊은 것이다.[8] 그런가 하면 CEO 중에는 자사의 '수익 지침'이나 분기별 수익에 대해 임의적인 추정치를 제공하는 이들이 꽤 많다. 또 어떤 회사들은 건강염려증에라도 걸린 것처럼, 가정에 불과한 미미한 '가능성'을 자랑하는 보도자료를 끊임없이 쏟아낸다.

코카콜라, 질레트, USA 인터랙티브USA Interactive와 같은 대표적인 기업들은 월스트리트가 내놓는 자사에 대한 단기적인 전망을 대담하게 거부하기도 한다. 이러한 회사들은 다음 분기 예상을 제쳐놓고 최근 비용과 좀 더 장기적인 계획에 대해 자세한 정보를 제공한다. 회사가 주주에게 제공하는 정보의 솔직함과 공평성을 가늠해 보려면 www.sec.gov의 EDGAR 데이터베이스에서 엑스페디터트 인터내셔널 오브 워싱턴Expeditors International of Washington이 제공하는 80-K 기록물을 확인해 보라. 이 정기 기록물에는 중요한 주주 질의응답 내용이 담겨 있다.

마지막으로, 회사의 회계 관행이 재무제표를 투명하게 하는 데 일조하는지,

---

8 19장 논평 각주 19를 참조하라.

아니면 모호한 작성을 유도하는지 살펴보라. 이들의 재무제표에서 '비반복적인' 비용이 반복적으로 등장하거나 '특별' 항목이 일반 항목을 무색하게 할 만큼 너무 자주 적용된다면 문제가 있다. 또한 세금이나 이자 지급 전 순이익을 뜻하는 EBITDA가 이 모든 비용을 제한 순이익보다 더 자주 사용되고, 자의성이 강한 '프로 포르마' 재무제표로 실제 손실을 은폐하는 회사라면 주주의 이익을 최우선으로 고려하지 않는 곳이다.[9]

재무 건전성과 자본구조: 건전한 회사란 기본적으로 지출하는 현금보다 창출하는 현금이 더 많은 곳이다. 유능한 경영자는 현금을 생산적으로 투입할 수 있는 길을 지속해서 찾는다. 장기적으로 이러한 노선을 추구하는 회사의 가치는 주식시장의 변동에 상관없이 꾸준히 상승한다.

회사의 건전성을 확인하려면 투자자는 우선 회사의 연차보고서에서 현금흐름표를 읽어야 한다. 과거 10년간 영업활동을 통해 이 회사의 현금이 꾸준히 증가해 왔는지 보라. 그래야만 앞으로 더 나아갈 수 있다. 이 점을 이해하기 위해서는 워런 버핏의 주주이익_owner earnings_이라는 유명한 개념을 되새겨볼 수 있다. 주주이익이란 순이익과 감가상각 등 현재 자금흐름에서 미래 요소인 자본 비용을 뺀 것을 말한다. 데이비스 셀렉티브 어드바이저_Davis Selective Advisor_의 포트폴리오 매니저인 크리스토퍼 데이비스_Christoper Davis_는 이렇게 질문한다. "이 회사를 100% 소유하고 있다면, 연말에 챙길 수 있는 현금은 얼마일까?" 주주이익은 회사의 현금 잔고에는 영향을 주지 않는 감가상각비 등의 전체 회계를 수정하는 것이기 때문에 순이익보다 더 나은 척도가 될 수

---

9 이와 관련한 더 자세한 내용은 12장 논평을 참조하라. 2002년 겨울호《저널 오브 어플라이드 코퍼레이트 파이낸스(Journal of Applied Corporate Finance)》 14권 4호 41쪽부터 46쪽에 실린 조지프 풀러(Joseph Fuller)와 마이클 C. 젠센(Michael C. Jensen)의 "월스트리트에 맞서라: 수익게임 멈추기(Just Say No to Wall Street: Putting a Stop to the Earnings Game)"를 참조하라.

있다. 주주이익을 좀 더 세밀하게 정의해 보자면 보고된 순이익에서 다음과 같은 항목을 차감해야 한다.

- 기존 주주로부터 새로운 내부 소유자들에게 회사 이익을 전용하는 스톡옵션 교부에 필요한 모든 비용
- '예외적'이고 '비반복적'이며 '특별한' 용도로 사용되는 모든 비용
- 회사 연금펀드에서 파생되는 모든 '수익'

만약 주당 주주이익이 과거 10년간 평균적으로 적어도 6%에서 7%씩 성장해 온 회사라면 현금을 안정적으로 창출하고 있다고 판단할 수 있다. 이러한 회사는 성장 전망도 좋다.

다음으로, 회사의 자본구조를 살펴보아야 한다. 대차대조표를 확인하면 회사의 부채 규모를 파악할 수 있다. 일반적으로 장기부채는 총자본의 50% 이하여야 한다. 재무제표의 주석을 꼼꼼히 살펴 장기부채가 고정금리인지 변동금리인지 파악하라. 고정금리는 지급 이자가 일정하지만, 변동금리는 금리가 오르면 함께 상승한다.

또한 연차보고서에서 공시나 기타 보고를 통해 고정비용에 대한 순이익 비율을 확인해야 한다. 아마존의 2002년 연차보고서 공시에 따르면 이 기업의 순이익은 이자비용보다 1억 4500만 달러가 부족했다. 따라서 앞으로 아마존은 영업활동으로 훨씬 많은 수익을 올려야 할 뿐 아니라 낮은 금리로 돈을 빌릴 방법을 찾아야 한다. 그렇지 않으면 이 회사는 주주가 아닌 채권자의 소유가 될 수 있다. 채권자들은 채무 회사의 이자 지급이 불안정하면 해당 회사의 자산에 대해 청구권을 행사할 수 있다. 다행히 아마존의 경우 2002년의 고정자산 대비 수익률은 이자를 지급하기에 11억 달러나 부족했

던 2년 전보다는 훨씬 나아진 상태였다.

배당과 주식 투자전략과 관련하여 투자자가 알아두어야 할 사항들은 다음과 같다. 더 자세한 내용은 19장에 소개된다.

- 회사가 배당금을 지급하지 않는 것이 주주에게 유리하다면 이를 입증할 책임은 회사에 있다. 시장 상황에 상관없이 경쟁사보다 지속적으로 높은 수익을 올리는 회사의 경영자는 현금을 적절한 용도로 투자하였음이 분명하다. 만약 경영자가 배당금을 지급하지 않으면서 현금을 잘못된 용도로 사용하였다면 그 회사의 사업은 휘청거리고 경쟁사에 비해 주식도 낮은 수익을 보일 것이다.

- 주식을 반복적으로 분할하고 주식분할 내용을 언론보도에서 과시하는 회사는 투자자를 바보 취급하는 것이다. 어느 날 레스토랑을 찾은 메이저리거 요기 베라Yogi Berra는 피자를 주문하며 웨이터에게 이렇게 말했다. "여덟 조각은 너무 배부르니까 네 조각으로 잘라 주세요." 하지만 어떻게 잘라도 피자 한 판을 먹는 것은 마찬가지다. 주식분할을 좋아하는 주주들은 바로 이러한 핵심을 놓친다. 즉, 100달러짜리 주식 1주를 50달러짜리 주식 2주로 분할한다고 해서 가치가 커지는 것이 아니다. 주가를 올리려는 목적으로 주식을 분할하는 경영자는 일반 투자자의 어리석은 착각을 이용하는 것이다. 현명한 투자자라면 이렇게 생색내는 사기꾼에게 돈을 내주기 전에 다시 한 번 생각해 보아야 한다.[10]

- 회사 입장에서는 자사주가 최고가일 때가 아니라, 아주 저가일 때 매수해야 한다. 하지만 최근 경향을 보면 주가가 과도하게 올랐을 때 자사

---

10 주식분할은 13장 논평에서 더 자세하게 논의된다.

주를 매입하는 것이 매우 보편화되었다. 고가의 자사주를 매입하는 것은 회사의 현금을 낭비하는 최악의 사례다. 이러한 전략은 '주주가치를 증대'시킨다는 명목을 내세우지만, 그 뒤에 숨은 진짜 목적은 최고 경영자가 자신의 스톡옵션을 팔아치워서 수백만 달러의 보너스를 챙기려는 것이기 때문이다.

사실, 많은 일화에서 확인할 수 있는 것처럼 '주주가치 증대'를 천명하는 경영자치고 실제로 주주가치를 증대시킨 경우는 찾아보기 어렵다. 보통 인생사가 그러하듯이, 투자에서도 마지막에 승리하는 자는 말하는 사람이 아니라 행동하는 사람이다.

12장
주당순이익에 관해 고려해야 할 사항들

이 장은 투자자 입장에서 모순적으로 들릴 수밖에 없는 두 가지 충고로 시작하겠다. 첫째, 한 해의 수익을 너무 중요하게 여기지 말아야 한다. 둘째, 단기적인 수익을 올리는 데 관심이 있다면 주당순이익 속에 감춰진 함정을 조심해야 한다. 첫 번째 충고를 충실히 따르는 투자자라면, 두 번째 충고는 별도로 신경 쓰지 않아도 된다. 문제는 일반 투자자 입장에서 보유 중인 주식과 관련한 모든 의사결정을 매번 장기적인 실적이나 전망에 근거하여 내리기는 어렵다는 사실이다. 따라서 한 해 수익에 너무 집중하지 말 것을 우리는 충고했지만, 투자자들은 분기별 영업실적, 특히 연간 영업실적에 여전히 관심을 집중할 수밖에 없다. 자연스럽게 단기 실적에 대한 투자자의 관심은 의사결정에까지 영향을 미치게 된다. 영업실적에 대해서는 오해 소지가 워낙 크기 때문에 이 분야에 대해서 어느 정도 교육이 필요하다고 생각한다.

이 장을 집필하던 중에 《월스트리트 저널》에 1970년 ALCOA의 영업보고서가 발표되었다. 보고서에 등장한 첫 번째 수치는 다음과 같다.

	1970년	1969년
주당이익[a]	$5.20	$5.58

　각주 a)에서는 주당이익이 특별비용을 적용하기 전 '기본 순이익primary earnings'을 가리킨다고 설명되어 있다. 이외에도 여러 개의 각주가 등장한다. 이 각주들은 보고서에 소개된 기본적인 수치보다도 곱절이나 공간을 더 많이 차지하고 있다.

　1970년 4/4분기만 본다면 주당순이익은 1969년의 1달러 56센트에 비해 다소 증가한 1달러 58센트를 기록했다.

　ALCOA 주식에 관심이 있는 투자자나 투기자는 이 수치를 보고 이렇게 생각했을지도 모른다. "별로 나쁘지는 않군. 1970년에 알루미늄 산업이 불경기였던 것으로 알고 있는데, 4/4분기 실적이 1969년보다 좋아졌고 연간 6달러 32센트의 수익을 보였어. 어디 보자. 주식은 62달러에 거래되고 있네. 왜 주가수익비율이 10배도 안 될까? 인터내셔널 니켈International Nickel의 주가수익비율이 16배인 것에 비하면 상당히 싼 것 같은데."

　하지만 귀찮더라도 각주 내용을 좀 더 확인해 보면 1970년의 주당순이익이 한 가지가 아니라 네 가지로 소개되어 있다는 것을 알 수 있다.

	1970년	1969년
1차 이익	$5.20	$5.58
순이익(특별비용 공제 후)	4.32	5.58
특별비용 공제 전 완전히 희석된 수치	5.01	5.35
특별비용 공제 후 완전히 희석된 수치	4.19	5.35

　4/4분기에 대해서는 2개의 수치만이 나와 있다.

	1970년 4/4분기	1969년 4/4분기
1차 이익	$1.58	$1.56
순이익(특별비용 공제 후)	.70	1.56

　이처럼 추가로 소개된 수익이 의미하는 것은 무엇일까? 한 해 또는 4/4분기 동안 진정한 수익이라고 할 수 있는 것은 어떤 것일까? 4/4분기의 수익을 특별비용 공제 후 순수익 기준으로 70센트로 잡는다면 연 수익은 6달러 32센트가 아닌 2달러 80센트일 것이며, 62달러인 주가 또한 당초 주당순이익의 10배가 아닌 22배가 될 것이다.

　ALCOA는 '진정한 수익'에 대한 질문 중 일부에 대해서는 아주 쉽게 대답할 수 있다. 수익이 5달러 20센트에서 5달러 1센트로 감소한 것은 주당순이익의 '희석$_{dilution}$'에 의한 것으로 명백히 필요한 과정이었다. ALCOA는 보통주로 전환 가능한 전환사채를 대량으로 발행했다. 따라서 1970년의 이익을 기초로 보통주의 '수익성$_{earning\ power}$'을 계산하기 위해서는 채권 보유자들이 채권을 보통주로 전환하는 것이 유리하다는 판단하에 전환권을 행사할 경우를 가정해야 한다. ALCOA 경우에는 규모가 비교적 작은 편이어서 자세하게 설명할 필요는 없지만, 어떤 경우에는 전환권이나 신주인수권을 고려할 경우 기대되는 수익의 절반 이상을 감소시킬 수도 있다. 이처럼 주당순이익을 희석시키는 요인들의 사례는 16장에서 다시 소개하겠다. 단, 투자정보 서비스기관들이 제공하는 분석 자료의 경우 주당순이익의 희석 요인들에 대해 항상 일관된 태도를 보이는 것은 아니다.[*]

　이제 '특별비용' 문제로 넘어가자. 4/4분기 순이익에서 공제된 1880만 달러 또는 주당 88센트라는 금액은 중요하다. 이 특별비용은 수익감소를 감안하여 완전히 무시할 것인가 또는 그대로 인정할 것인가? 아니면 부분적으로 인정하거나 무시할 것인가? 꼼꼼한 투자자라면 전해에 보이지 않던 특별비용이 1970년 막바지에 갑자기 나타나게 된 배경을 궁금해할지도 모른다. 허용 가능한 한도 내에서 교묘하게 조작한 것일까?[**] 자세히 들여다보면 이러한 특별비용은 실제로 지출이 발생하기도 전에 손실로 처리된 것임을 알 수 있다. 다시 말해 과거나 미래의 1차 수익에 아무런 영향을 주지 않는 비용이다. 심지어 세액공제금액을 조작하면 겉으로 드러나는 수익을 실제보다 2배 가까이 부풀릴 수도 있다.

ALCOA의 특별비용에서 우선 고려해야 할 문제는 이 비용이 발생하게 된 경로다. 구체적인 설명을 제시하는 영업보고서 각주 4개를 통해 추론한 결과는 다음과 같다.

1. 생산 부문 폐쇄에 따른 예상 소요비용 추정
2. ALCOA 캐스팅스_{ALCOA Castings Co.} 공장 폐쇄에 따른 예상 소요비용 추정
3. ALCOA 크레디트_{ALCOA Credit Co.}의 단계적 정리에 따른 손실액 추정
4. 커튼월 계약 완료와 관련한 530만 달러 상당의 비용 추정

---

* 유체역학의 개념을 빌려 주식을 설명하는 용어인 '희석'은 새로운 주식이 기존 주식을 보유한 사람의 지분율을 감소시키는 현상을 의미한다. 이와 비슷한 비유로 주식 거래량이 많으면 액체와 같이 '유동성(liquidity)'이 있다고 말하고, 주식을 신규 상장하는 것을 비유할 때에는 '유통하다(float)'라는 의미의 단어를 사용한다. 이전에는 어떤 회사가 대량의 전환사채 발행 및 몇 배에 이르는 증자를 통해 주식을 엄청나게 희석하는 경우 주식을 '물타기(watered)' 한다고 표현하기도 했다. 주식 '물타기' 기술은 훗날 주식시장의 투기꾼으로 변신한 가축 상인 대니얼 드루(Daniel Drew)(1797~1879)에서 비롯되었다. 대니얼 드루는 미국 남부에서 맨해튼으로 소를 운반하던 중 소들에게 억지로 소금을 먹였다. 할렘 강가에 도착했을 무렵 갈증이 난 소들에게 물을 많이 마시게 해 무게를 늘리려는 심산이었다. 살아 있는 가축은 몸무게로 가격을 정했기 때문에 체중이 불어난 소를 아주 비싼 가격에 팔 수 있었다. 드루는 이 묘수를 주식시장에도 적용하였다. 예고 없이 대량의 신주를 발행하여 이리 레일로드(Erie Railroad)의 주식을 '물타기' 하는 식이었다.

** 여기에서 그레이엄은 1900년대 초 뉴욕 건물의 평범한 외관을 정교한 솜씨로 화려하게 장식했던 이탈리아계 조각가들을 언급한다. 이들과 마찬가지로 회계사들도 평범한 재무상황을 모호하고 훨씬 이해하기 어려운 형태로 바꾸는 기술자들이다.

미래 비용 및 손실과 관계가 있는 위와 같은 항목은 1970년의 '일상적인 영업의 결과'가 아닌 것으로 판단하기 쉽다. 그렇다면 어떤 비용으로 분류해야 할까? 각각의 상황이 특수하고 비반복적이므로 어떤 범주에도 속할 수 없는 것일까? ALCOA와 같이 매년 15억 달러 규모의 사업을 진행하는 큰 회사는 수많은 사업부와 부서, 관계 자회사 등으로 구성된다. 이렇게 구조적인 특징을 가진 회사라면 수지가 맞지 않는다는 이유로 그중 한두 개 사업을 폐쇄하는 데 소요되는 비용은 특별비용이 아닌 정상비용으로 분류할 수도 있을 것이다. 커튼월 계약 체결도 마찬가지다. 한 회사가 일부 사업에서 손실을 볼 때마다 이에 따른 비용을 '특별항목'으로 분류해 결손 처리하고 수익이 발생하는 계약만으로 주당 1차 수익을 계산한다고 생각해 보라. 이러한 계산 방식은 마치 에드워드 7세의 해시계처럼 '해가 비칠 때'에만 시각을 읽는 꼴이다.*

독자들은 우리가 언급했던 ALCOA 방법에서 두 가지 독창적인 면에 주목해야 한다. 첫째, 미래 손실을 미리 처리했으므로 정작 손실이 발생한 해에는 손실액과 관련한 항목을 배정할 필요가 없다. 이 항목들은 실제로 1970년에 발생하지 않았기 때문에 그해에 속하는 것은 아니다. 그런데도 이미 반영되었기 때문에 실제로 발생한 해에는 보고되지 않는다. 기발함만큼은 칭찬할 만하지만 이 정도 되면 사소한 착오로 웃고 넘길 수는 없지 않을까?

---

* 에드워드 7세는 영국 작가 윌리엄 해즐릿(William Hazlitt)의 유명한 수필 "해시계에 대해(On a Sun-Dial)"(1827)에서 영감을 얻었다. 이 수필에서 해즐릿은 "나는 하늘이 맑을 때에만 시각을 읽는다(Horas non numero nisi serenas)"라는 구절이 새겨진 베니스 인근의 해시계에 대해 적고 있다. 해가 나지 않는 순간은 무시하는 해시계처럼 어떤 회사들은 부정적인 사건을 재무보고서에서 습관적으로 빠뜨린다. 이러한 사건은 예외적인 것일 뿐이고 앞으로 반복되지 않으리라는 이유에서다. 해즐릿은 그의 수필에서 독자들에게 이렇게 말한다. "시간의 이로운 점만 생각하고, 미소만 바라보며, 운명의 장난은 무시하고, 밝고 우아한 순간으로만 삶을 채우라. 그 나머지는 상상에서 지워 버리고 관심을 두지 말며 잊어버리라!" 하지만 투자자들은 밝은 순간과 어두운 순간을 모두 똑같이 고려해야 한다.

ALCOA 영업보고서 각주에서 손실과 관련한 이와 같은 미래의 절세효과에 대한 언급은 찾아볼 수 없다. 이러한 종류의 보고서에서는 '세후 결과'만이 결손으로 표기된다. 만일 ALCOA 영업보고서에 표기된 수치가 세액공제 이전 미래 손실액을 나타낸 것이라면 미래에 발생할 수익에서 이러한 비용 부담을 제할 필요가 없을 뿐 아니라, 오히려 세액공제 혜택을 통해 이 중 50% 가까운 금액이 증가할 수도 있다. 하지만 회계처리가 이렇게 이루어지기는 어렵다. 과거에 큰 손실을 입은 경험이 있는 일부 기업은 정상적인 세금을 내지 않은 상태에서 미래수익을 발표하였다. 이렇게 하면 부진했던 과거 실적을 이용해 실제보다 더 그럴싸해 보이는 수익을 보고할 수 있었다. 즉, 과거 몇 년간의 손실로 인한 세액공제를 '특별항목'으로 처리하고, 최종 '순이익'에 포함해 미래 통계치에 반영하는 방식이다. 그러나 미래의 손실에 대해 설정된 충당금은 이로 인해 예상되는 세액공제를 감안하면 이듬해의 순이익에 포함되어서는 안 된다.

두 번째로 특이한 점은 ALCOA를 비롯한 일부 회사들이 이러한 특별비용을 처리하는 과정에서 1970년 말의 수치를 이용했다는 점이다. 1970년 상반기에 주식시장은 참혹한 침체기를 경험했다. 따라서 누구든지 이해에는 대부분의 회사가 형편없는 실적을 보일 것이라고 예상했다. 반면 다가오는 1971년과 1972년에는 기업들의 실적이 반등하리라는 것이 월스트리트의 전망이었다. 즉, 1970년에 있어서만큼은 투자자들이 심리적으로 저조한 실적을 당연하게 받아들였고, 더군다나 이제 이러한 침체기는 과거사가 되는 듯했다. 따라서 회사 입장에서는 손실이 당연시되었던 1970년에 가능한 한 많은 금액을 넘겨 처리하고 다가올 미래의 수익을 그만큼 더 보기 좋게 포장할 수 있었다. 이 얼마나 멋진 방법인가! 이 전략은 훌륭한 회계 기법이자 사업 수완이며, 경영자와 주주 사이의 관계에도 좋은 일일 수 있다. 그래도

의문은 좀처럼 사라지지 않는다.

1970년 말에 부실 요인을 제거하려는 의도로 행해진 다양한 회계 조작으로 인해 그해 연차보고서에는 어색해 보이는 주석들이 속출했다. 그중에서도 독자들이 재미있어할 만한 예를 소개해 보겠다. 당시 뉴욕증권거래소에 상장된 한 회사는 결손처리 전 이익의 3분의 2에 달하는 총 235만 7000달러를 특별비용으로 처리한 후 이 특별항목의 내역을 다음과 같이 설명했다. "이 특별항목에는 스팰딩 유나이티드 킹덤Spalding United Kingdom 폐쇄에 따른 준비금, 부서 재건비용을 위한 준비금, 유아용 바지와 턱받이 제조회사 매각을 위한 준비금, 스페인 자동차 리스회사의 일부 지분 매각손실에 대비한 준비금, 스키화 영업부문 청산을 위한 준비금이 포함된다."*

수년 전 우량한 회사들은 다가올 경기침체기에 대비해 경기가 좋을 때 발생한 추가 이익에서 '비상위험준비금contingency reserve'을 조성했다. 여기에는 매년 보고되는 수익을 다소 균일하게 유지하고 회사 실적의 안정성을 높이고자 하는 전략도 숨어 있었다. 얼핏 건전한 동기로 보일 수 있지만, 실제수익을 속인다는 점에서 회계사들은 이러한 관행에 상당히 부정적이다. 회계사들은 좋든 나쁘든 회사의 영업실적은 사실대로 알려져야 하며, 실적의 평균을 내거나 균일하게 조정하는 일은 주주와 분석가들의 몫이라고 주장한다. 그러나 현재 우리는 정반대의 현상을 목격하고 있다. 즉, 지난 1970년 결산기에 가능한 한 많은 결손 처리를 하고, 흠잡을 데 없는 완벽한 수익 전망으로 다가오는 1971년을 시작하려는 것이다.

이제 처음 질문으로 돌아가 보자. 그렇다면 1970년에 ALCOA가 거둔 실

---

* 그레이엄이 조심스럽게 언급한 회사는 AMF(American Machine & Foundry, AMF Corp.)로, 1960년대에 가장 무질서한 기업이었다. 이 회사는 오늘날 볼링장을 운영하고 볼링 장비를 제조하는 AMF 볼링 월드와이드 (AMF Bowling Worldwide)의 전신이다.

제수익은 얼마였을까? 정확한 답은 다음과 같이 산출된다. 이 회사의 주당 순이익은 '희석' 후 5달러 1센트였다. 여기에서 '특별비용' 82센트 중 1970년에 발생한 것으로 간주되는 비용만큼을 뺀 금액이 실제수익이다. 하지만 이 비용이 얼마인지 모르기 때문에 1970년의 정확한 수익을 말할 수는 없다. 따라서 경영자와 회계사는 바로 이 부분에 대한 근거를 최대한 제시해야 했지만, 그렇게 하지 않았다. 또한 이들은 보통 향후 5년 이내의 통상적인 수익에서도 이러한 비용의 잔액을 공제하도록 준비해야 한다. 하지만 전체 액수를 1970년에 특별비용으로 일괄 처리해 버렸으므로 이러한 비용에 대한 잔액 공제는 이루어지지 않을 것이다.

발표된 주당순이익의 수치를 심각하게 고려하는 투자자라면 더더욱 이러한 수치의 타당한 비교를 저해하는 회계상의 요인들을 경계해야 한다. 이와 관련하여 우리는 첫째, 주당순이익에 반영되지 않을 수 있는 특별비용의 사용, 둘째 과거 손실을 이유로 한 정상적인 소득세 공제의 감소, 셋째 상당량의 전환사채나 워런트로 인한 희석 등 세 가지 요인을 제시했다.[**] 과거에 보고된 수익에 큰 영향을 미쳤던 네 번째 항목은 주로 '정액상각법'과 '가속상각법'의 중간으로서 감가상각을 처리하는 방법이다. 여기에서 상세한 설명은 하지 않겠다. 대신 간단한 예로 트레인_{Trane}의 1970년 영업보고서를 살펴보자. 이 회사의 1969년 주당순이익은 2달러 96센트에서 3달러 29센트로 거의 20%나 상승했다. 하지만 이 중 절반은 1968년에 사용한 가속상각방식보다 이익에 부담을 적게 주는 정액상각법으로 전환하는 과정에서 발생한 것이었다. 이 회사는 또한 소득세를 신고할 때에는 가속상각률을 계속 사용하여 차액에 대한 소득세 지급을 연기할 것이다. 그밖에 중요한 다른 요인으

[**] 워런트 희석과 관련하여 추천하는 방법은 아래에서 논의된다. 기본적으로 우리가 선호하는 전략은 보통주의 현재 시장가격보다 워런트의 시장가치를 추가로 고려하는 것이다.

로는 연구개발비용 등을 비용이 발생한 연도에 결손 처리를 하거나 수년의 기간에 걸쳐 상각 처리하는 방법을 들 수 있다. 마지막으로 재고자산을 평가할 때 선입선출법$_{\text{FIFO: First-in First-out}}$과 후입선출법$_{\text{LIFO: Last-in First-out}}$ 중에서 선택하는 상황도 포함된다.[*]

관련 금액이 크지 않다면 투자자들은 굳이 이러한 회계변수에 주목할 필요는 없다. 그러나 현재 월스트리트에서는 아주 사소한 항목이라도 중요하게 받아들여지는 분위기다. ALCOA의 영업보고서가 《월스트리트 저널》에 발표되기 이틀 전에, 이 신문은 다우 케미컬$_{\text{Dow Chemical}}$의 재무제표에 대해 많이 언급했다. 당시 기사는 다우 케미컬이 1969년에 21센트에 해당하는 항목을 '특별 수익'으로 처리하지 않고 정상적인 수익으로 처리했다는 사실에 대해 '많은 분석가'들이 난색을 표하고 있다는 말로 끝을 맺었다. 이렇게 예민하게 반응했던 이유는 무엇일까? 분명 시가총액이 수백만 달러에 달하는 다우 케미컬에 대한 평가가 1968년 대비 1969년의 수익증가에 의존한 것으로 보이기 때문이었을 것이다. 당시 수익증가는 9% 또는 4.5%였다. 그렇다고 해도 이러한 반응은 다소 부적절해 보인다. 한 해의 영업실적에서 보이는 작은 차이가 미래의 평균수익이나 성장은 물론 이 회사에 대한 보수적이고 현실적인 평가에 그다지 영향을 미치지는 않을 것이기 때문이다.

---

[*] 오늘날 투자자들은 재무제표상 수익을 왜곡할 수 있는 '회계상 요인'들을 알아둘 필요가 있다. 하나는 '프로 포르마(pro forma, 추정)' 또는 '가상' 재무제표인데, 이를 통해 회사는 일반회계원칙(GAAP: Generally Accepted Accounting Principles)대로 적용하지 않고 기업 이익을 보고할 수 있다. 또 하나는 경영자 보상의 일환으로 스톡옵션을 대량 발행한 데 따른 희석 요인을 들 수 있다. 이 경우 회사는 스톡옵션 발행 후 보통주의 가치 감소를 막기 위해 대량으로 자사주를 매입한다. 세 번째는 기업연금펀드에 대해 비현실적인 수익률을 가정하는 것이다. 이렇게 하면 자의적으로 호황기에 수익을 늘리고 불황기에는 감소시킬 수 있다. '특수목적법인' 또는 관련 자회사나 파트너십도 주의해야 할 요인이다. 이들은 모회사의 위험자산이나 채무를 사들여 대차대조표로부터 위험 요소가 삭제되게 한다. 또 다른 왜곡 요소는 마케팅 및 기타 속기 쉬운 비용을 정상적인 영업상 지출이 아니라 회사 자산으로 처리하는 것이다. 12장 논평에서 이와 같은 관행을 다시 한 번 검토할 것이다.

1971년 1월의 한 기사는 이와 대조적인 모습을 보인다. 노스웨스트 인더스트리스Northwest Industries Inc.의 1970년 영업보고서에 관한 기사였다.** 이 회사는 최소한 2억 6400만 달러를 특별비용으로 일괄 처리하고자 했다. 이 가운데 2억 달러는 자회사를 직원들에게 파는 과정에 발생하는 손실을, 나머지는 최근 주식 매입의 장부상 상각을 나타내는 것으로 처리되었다. 이 회사가 이처럼 특별비용으로 처리하려 했던 총금액은 희석하기 전 주당 약 35달러의 손실 또는 당시 시장가격의 2배에 해당한다. 여기에는 대단히 중요한 사실이 숨어 있다. 회계처리가 이렇게 끝나고 세법이 그대로 유지될 경우, 1970년 손실로 처리한 비용으로 인해 노스웨스트 인더스트리스는 다른 분산된 지분으로부터 소득세 없이 향후 5년 이내에 약 4억 달러의 수익을 실현할 수 있게 된다.*** 그렇다면 이 회사의 실제수익은 얼마가 될까? 내지 않아도 되는 소득세 50%에 대한 금액을 포함해서 계산해야 할까? 아니면 이 금액은 빼고 계산해야 할까? 우리의 견해로는 우선 전체 소득세를 지급한 것을 전제로 한 수익성을 고려한 후, 이렇게 산출한 추정치를 기초로 주식가치에 대한 포괄적인 결론을 도출하는 것이 적합하다. 여기에다 이 회사에 일시적으로 적용된 중요한 면세의 주당가치를 나타내는 보너스 수치가 더해져야 할 것이다. 이 경우에는 가능한 한 대규모의 희석도 감안해야 한다. 실제로 전환우선주와 신주인수권은 권리가 행사될 경우 발행주식 수를 2배 이

** 노스웨스트 인더스트리스는 특히 시카고 앤드 노스웨스트 레일웨이(Chicago and Northwest Railway Co.)와 유니언 언더웨어(Union Underwear)의 지주회사다. 유니언 언더웨어는 남성 언더웨어 브랜드 BVD와 주로 언더웨어를 생산하는 의류 브랜드 프루트 오브 더 룸(Fruit of the Loom)의 제조업체다. 1985년에 채무과다상태였던 금융업자 윌리엄 팔리(William Farley)가 이 회사를 인수했지만 회사 사정은 더욱 악화되고 말았다. 2002년 초에 워런 버핏의 버크셔 해서웨이는 파산 절차를 밟고 있던 프루트 오브 더 룸을 인수했다.

*** 그레이엄이 여기에서 말하는 것은 기업이 순영업손실을 이월할 수 있도록 허용한 연방세법 조항이다. 현행 세법에 따르면 기업의 순영업손실은 20년까지 이월할 수 있다. 결과적으로 기업은 이 기간에 세금 부담을 덜고, 세후 이익을 증가시킬 수 있다. 따라서 투자자는 기업의 미래 순이익 증가 여부를 따질 때 최근의 심각한 손실을 함께 고려해야 한다.

상 증가시키는 효과가 있다.

이와 같은 내용은 독자들에게 혼란스럽고 지루하겠지만 꼭 짚고 넘어가야 할 문제다. 기업 회계에는 속임수가 많다. 증권분석도 복잡해지기 일쑤고, 주식평가 또한 투자자 입장에서 신뢰할 수 있는 경우는 극히 드물다.* 따라서 일반 투자자로서는 현재 가격으로 가치 있는 종목을 사고 있다고 스스로 납득하는 것이 최선이다.

평균수익의 이용

이전에는 증권분석가나 투자자 모두 지난 7년에서 10년 정도의 장기간에 걸친 평균수익에 큰 관심을 기울였다. 이 '평균값$_{\text{mean figure}}$'**을 이용하면 빈번하게 등락을 거듭하는 경기순환의 문제를 해결하고 장기간의 수익을 살펴볼 수 있다. 따라서 가장 최근 해의 결과만이 아닌 회사의 전반적인 수익성을 보여 준다. 평균값을 산출하는 과정에서 기대할 수 있는 한 가지 중요한 이점은 특별비용과 특별수익의 처리 문제 또한 해결할 수 있다는 것이다. 회사에서 발생하는 특별비용이나 특별수익은 대부분 영업 역사의 일환이다. 따라서 평균수익을 포함하여 생각해야 한다. ALCOA의 계산 결과를 보면 1961년에서 1970년까지 10년간 이 회사의 평균수익은 주당 3달러 62센트였고, 1964년부터 1970년까지 7년 동안은 주당 4달러 62센트가 된다. 이러

---

* 투자자들이 명심하고 자주 되새겨야 할 말은 바로 이것이다. "주식평가는 예외적인 경우에만 믿을 수 있다." 주가는 대부분 정확하게 평가되지만, 주가와 사업가치는 거의 일치하지 않는다. 시장에서 이루어지는 가격 판단은 신뢰하기 어려운 경우가 많다. 이러한 가격 결정상의 오류는 거래비용을 고려하더라도 용납하기 어렵다. 현명한 투자자라면 가격 차이를 이용해 수익을 보려고 하기 전에 세금과 거래비용을 신중하게 평가해야 한다. 또한 시장에서 현재 호가하는 가격으로 팔 수 있다고 생각해서는 안 된다.

** '평균값'은 그레이엄이 앞 문장에서 언급한 산술적인 평균을 의미한다.

한 수치를 같은 기간 발생한 수익의 성장성 및 안정성의 비율과 함께 사용하면 해당 회사의 과거 실적에 대한 유익한 정보를 얻을 수 있다.

과거 성장률의 계산

기업 실적에서 반드시 고려해야 할 것은 성장 요인이다. 성장률이 높은 부문의 최근 수익은 과거 7년 또는 10년 평균을 훨씬 웃돌 것이다. 이 경우 장기적인 수치를 가볍게 넘기는 분석가도 있겠지만, 그렇게 해서는 안 된다. 수익은 평균수익과 최근 수익 등 두 가지로 제시될 수 있다. 우리가 제안하는 방식은 성장률 자체를 최근 3년 평균과 10년 전의 3년 평균을 비교해서 계산하는 것이다. 특별비용이나 특별수익에 문제가 있다면 절충안을 사용할 수도 있다. 〈표 12-1〉은 시어스 로벅Sears Roebuck과 다우존스 지수 전체 대비 ALCOA의 성장률을 계산한 결과를 보여 준다.

〈표 12-1〉 ALCOA와 시어즈 로벅의 수익 및 다우존스 지수 비교

	ALCOA	시어즈 로벅	다우존스 지수
1968~1970년 평균수익	$4.95[a]	$2.87	$55.40
1958~1960년 평균수익	2.08	1.23	31.49
성장률	141.0%	134.0%	75.0%
연평균 성장률(복리)	9.0%	8.7%	5.7%

a) 1970년 특별비용의 5분의 3에 해당하는 82%는 여기에서 제외되었다.

논평: 더 깊이 논의할 주제가 될 수 있는 이러한 수치는 정교한 수학적 계산으로 도출된 다른 수치 못지않게 1958년부터 1970년까지 발생한 실제수익 성장률을 제시하고 있다. 그렇다면 대체로 주식평가에서 중요하게 고려되는 이러한 수치들은 ALCOA의 사례와 어떤 관계가 있을까? 이 회사는 과

거에 뛰어난 성장률을 보였다. 우량기업에 속하는 시어스 로벅은 물론 다우
존스 지수 전체 평균보다도 높은 성장률이었다. 그러나 1971년 초의 주가에
는 이처럼 뛰어난 실적이 전혀 반영되지 못한 것으로 보인다. 시어스 로벅의
주가는 최근 3년 평균 주당순이익의 27배였고 다우존스 지수의 경우 15배
이상이었던 반면, ALCOA는 11.5배에 그쳤다. 이렇게 된 이유는 무엇일까?
분명히 월스트리트는 과거 실적에 비해 ALCOA의 미래를 상당히 회의적으
로 전망했다. ALCOA의 주가는 1959년에 급등했다. 그해 이 회사의 주가는
116달러로 주당순수익의 45배에 거래되었다. 시어스 로벅이 주당순이익의
20배인 25.5에 거래되었던 것과 확연히 비교되는 수치다. 이때부터 ALCOA
의 수익은 크게 증가했지만, 이 경우 미래 성장 가능성으로 주가가 크게 과
대평가된 것이 분명하다. ALCOA의 주가는 1970년에 1959년 최고가의 절
반으로 하락했지만, 시어스 로벅의 주가는 3배, 다우존스 지수는 30%가량
상승했다.

ALCOA의 자금 대비 이익*은 간신히 평균을 유지하거나 그 이하였다. 바
로 이 점이 결정적인 요인이었다. 회사의 수익성이 평균보다 높을 때에만 주
식시장에서 높은 주가수익비율이 유지되었던 것이다.

이제 앞 장의 "2단계 평가 방법"에서 제안했던 공식을 ALCOA에 적용해
보자.** 이렇게 하면 다우존스 지수의 10%에 해당하는 ALCOA의 '과거 실적
가치'를 산출할 수 있을 것이다. 즉, 1970년 다우존스 지수의 종가 840달러
에 대해 이 회사의 실적가치는 주당 84달러로 볼 수 있다. 이 기준에서 본다
면 57달러 25센트의 주가는 아주 매력적으로 보였을 것이다.

---

* '자금 대비 이익(earnings on capital fund)'에서 그레이엄이 의미한 것은 전통적인 개념의 장부가치 수익률
(return on book value)인 것으로 보인다. 즉, 순이익을 순유형 자산으로 나눈 것을 말한다.

** 11장 마지막 부분을 보라.

향후 발생할 수 있는 불리한 상황까지 고려한다면 선임 분석가는 '과거 실적가치'를 어느 정도 줄여야 할까? 솔직히 여기에 대해 특별한 견해는 없다. 만일 1971년 수익이 주당 2달러 50센트 수준으로 유지될 것으로 확신할 만한 이유가 있다고 가정하자. 이 정도의 주가 수준은 다우존스 지수에서 상승을 예상했던 1970년 수치에 비해 큰 폭으로 하락한 것이다. 물론 ALCOA의 일시적인 실적 악화가 주식시장의 주가에 심각하게 반영될 수는 있다. 그렇다고 해도 뛰어난 수익성을 보여 온 ALCOA의 가치를 이 회사의 유형자산 가치보다 낮게 평가하는 것이 합당할까?*** 참고로 이 회사의 주가는 1971년 5월에 70달러로, 고가를 형성한 12월에는 36달러 선으로 하락했지만 장부가치는 55달러였다.

ALCOA는 대표적인 대형 제조업체지만 주가와 수익의 역사에서 다른 대형 기업에 비해 특이하고 모순된 면이 관찰된다. 앞 장에서 대표적인 제조업체 주가평가 방식의 신뢰도에 대해 제기했던 의구심을 어느 정도 뒷받침하는 사례라고 할 수 있다.

*** 엄청난 양의 재무분석 기록을 확인할 수 있는 최근의 금융 역사를 돌아보면 시장은 수익이 고도성장 이후 급격한 추락이 보고된 기업에 특히 냉혹한 것으로 보인다. 그레이엄이 활동하던 당시의 ALCOA나 현재 안호이저–부시(Anheuser-Busch), 콜게이트–팔모라이브(Colgate-Palmolive)처럼 좀 더 완만하고 안정적인 성장을 보이는 기업이 실적은 다소 실망스럽더라도 주가가 급격히 떨어지지는 않는다. 기대가 크면 실망도 큰 법이다. 하지만 기대가 그다지 크지 않은 경우에는 결과가 그에 미치지 못하더라도 그렇게 큰 영향을 받지 않는다. 그래서 성장주 투자에서 최대의 위험 중 하나는 성장이 멈추는 것이 아니라 늦춰지는 것이다. 장기적으로 이러한 상황은 단순히 위험 요소에 그치지 않고 현실이 된다.

12장 논평

총을 가진 사람보다 펜을 가진 사람에게 빼앗기기가 더 쉽다.

보 디들리(Bo Diddley)

숫자 게임

최근 몇 년간 기업과 회계사들이 정당성을 얼마나 무시하는지 보았다면 그레이엄도 놀랐을 것이다. 회사의 최고경영자들은 스톡옵션으로 엄청난 보상을 받으며 불과 몇 년간 경영에 참여하여 회사 수익을 올리면 큰 부자가 될 수 있다는 것을 깨달았다.[1] 회계 원칙을 위반하는 회사들은 부지기수였다. 이들은 재무보고서를 이해하기 어려운 말로 채우고, 저조한 결과는 눈속임으로 가리며, 비용을 은폐하는가 하면, 가공의 수익까지 만들어 냈다. 여기에서는 이처럼 불편한 관행을 몇 가지 살펴보겠다.

---

1 스톡옵션은 기업 경영자들의 주머니를 두둑하게 채워 주지만, 외부 주주들도 그러한 혜택을 항상 볼 수 있는 것은 아니다. 19장 논평에서 이와 관련한 자세한 내용을 확인할 수 있다.

프로 포르마 수익

회계에서 가장 광범위하게 사용되는 속임수 중 하나는 '프로 포르마$_{pro}$ $_{forma}$' 수익이다. 월스트리트에서 자주 회자되는 오랜 속담 중 하나는 나쁜 생각도 알고 보면 모두 좋은 생각에서 시작되었다는 것이다. 프로 포르마 수익 또한 처음부터 속이려는 목적으로 출발한 것은 아니다. 이 방법이 사용된 원래 취지는 시장 추세에 따른 단기편차 또는 '비반복적인' 비용 발생 요인을 조정함으로써 장기적인 수익 성장의 청사진을 제시하는 것이었다. 예를 들면, 최근에 사업체를 인수한 회사는 프로 포르마 보도자료에서 이 사업체가 이미 지난 12개월간 계열사로 합류한 것처럼 수치를 계산해 회사의 잠정 수익을 발표하는 식이다.

그러나 '천방지축 1990년대'에 들어서면서, 프로 포르마 수익 활용은 이 정도에서 그치지 않았다. 프로 포르마 수익을 이용한 속임수 중 몇 가지 예만 추려 보면 다음과 같다.

- 종료일이 1999년 9월 30일인 분기에 대해 인포스페이스$_{InfoSpace\ Inc.}$는 우선주 배당에 1억 6000만 달러를 지급하지 않은 것처럼 꾸며 프로 포르마 수익을 제시했다.
- 종료일이 2001년 10월 31일인 분기에 대해 BEA 시스템스$_{BEA\ Systems\ Inc.}$는 임직원이 행사한 스톡옵션의 급여세 1억 9300만 달러를 지불하지 않은 것처럼 꾸며 프로 포르마 수익을 제시했다. 급여세란 종업원에게 지급된 임금 및 급여 총액을 기초로 고용주에게 부과하는 세금을 말한다.
- 종료일이 2001년 3월 31일인 분기에 대해 JDS 유니페이스가 제시한

프로 포르마 수익에서는 급여세 400만 달러도 지불하지 않은 것처럼 꾸며지고, 형편없는 주식에 투자해서 700만 달러를 손해 본 사실이 은 폐되었으며, 합병 및 영업권 명목으로 25억 달러의 비용이 발생하지 않은 것처럼 보고되었다.

쉽게 말해 프로 포르마 수익은 회사가 과거에 어떤 실수나 나쁜 짓을 하지 않았다면 지금 얼마나 더 잘될 수 있었는지 보여 주는 것이다.[2] 현명한 투자자라면 프로 포르마 수익은 간단히 무시해야 한다.

튀고 싶은 욕심

2000년에 거대통신업체인 퀘스트 커뮤니케이션스_{Qwest Communications International Inc.}는 건실한 기업으로 보였다. 그해에 주식시장은 9% 이상 하락했지만 이 회사의 주가는 5%도 채 빠지지 않았다.

하지만 퀘스트 커뮤니케이션스의 재무보고서에서는 심상치 않은 기운이 감지되었다. 이 회사는 1999년 후반에 전화번호부가 발간되자마자 여기에서 수입원을 찾기로 했다. 전화번호부 광고를 해 본 사람들은 잘 알겠지만 여기에 광고를 내는 회사들은 대부분 광고료를 매월 분할하여 납부한다. 이점에 착안해 약간의 마술을 부려 회계 원칙을 아주 조금 변경했을 뿐이었는데 이 회사의 1999년 순이익은 세후 기준으로 2억 4000만 달러나 상승했다.

---

2 여기에서 언급한 사례들은 각 기업이 언론사에 배포한 보도자료를 직접 인용한 것이다. 로브 워커(Rob Walker)의 "나의 프로 포르마 라이프(My Pro Forma Life)"에서는 회사가 장부상 수익을 조정하듯이 우리가 일상생활의 행동을 통제한다면 어떤 일이 벌어질지 풍자하고 있다. 이를테면 이런 식이다. "최근에 운동 후 점심으로 스미스 앤드 윌렌스키(Smith & Wollensky) 스테이크 식당에서 22온스짜리 갈비 스테이크와 버번위스키 3잔을 마셨다. 이 비용은 특별비용으로 처리된다. 다시는 이런 짓은 하지 않겠다!"

퀘스트 커뮤니케이션스가 그해에 벌어들인 수익의 5분의 1에 해당하는 금액이었다.

이처럼 조작으로 올릴 수 있는 수입을 인식한 회사는 수면 아래 잠긴 거대한 빙산처럼 위험천만한 문제를 키우게 된다. 퀘스트 커뮤니케이션스의 경우도 마찬가지였다. 2003년 초, 과거 재무제표를 검토한 후 이 회사는, 장비 판매로 발생 가능한 수익을 조기에 인지하고, 외부 업체가 제공한 서비스 비용을 부적절하게 기록하였고, 이와 관련한 비용은 자산으로 둔갑시켜 원가로 장부처리했으며, 자산의 교체는 현금을 받고 판매한 것처럼 조작했다고 발표하였다. 2000년부터 2001년까지 퀘스트 커뮤니케이션스의 수입에서 과대 계상된 금액은 무려 22억 달러였다. 앞서 말한 마술과도 같은 회계원칙의 변경으로 올린 8000만 달러의 증가분도 여기에 포함되었다. 다행히 지금은 다시 바로잡아졌다.[3]

---

3 휴런 컨설팅 그룹(Huron Consulting Group)의 관리하에 330개 상장회사는 과거의 모든 재무제표를 다시 작성했는데, 퀘스트 커뮤니케이션스도 그중 하나였다. 이 회사는 2002년에 모든 기록을 교체했다. 퀘스트 커뮤니케이션스에 대한 모든 정보는 이 회사가 증권거래위원회에 제출한 EDGAR 데이터베이스의 재무제표를 기반으로 한 것이다. 여기에는 연차보고서, 8K 양식, 10-K 양식 등이 포함된다. 퀘스트 커뮤니케이션스의 경우에는 모든 정보를 완전히 공개했기 때문에 '회계 기준의 변경 여부'를 따로 살펴볼 필요는 없었다. 이 시기에 퀘스트 커뮤니케이션스는 어떤 변화를 겪었을까? 2000년 말에 이 회사의 주가는 주당 41달러였고, 시가총액은 679억 달러였다. 그러나 2003년 초에는 주가가 4달러, 시가총액은 70억 달러 미만으로 크게 떨어지며 90%의 손실을 보았다. 문제는 투자자의 손실을 따질 때 주가 하락만이 유일한 근거는 아니라는 사실이다. 최근 연구에 따르면 증권거래위원회에 회계 부정으로 고발된 27개 회사가 연방소득세로 추가 납부한 금액은 3억 2000만 달러에 이른다. 회사들 입장에서는 이 중 대부분을 환급받을 수 있겠지만, 주주들은 세금 환급 혜택을 보기는 어려울 것이다. 멀 에릭슨(Merle Erickson), 미셸 한론(Michelle Hanlon), 에드워드 메이듀(Edward Maydew)가 공저한 "기업은 존재하지 않은 수익에 대해 얼마나 지불할 수 있을까? 사기성 수익에 대해 지급한 세금의 증거(How Much Will Firms Pay for Earnings that Do Not Exist? Evidence of Taxes Paid on Allegedly Fraudulent Earnings)"를 참조하라. 이 글은 http://papers.ssrn.com/sol3/papers.cfm?abstract_id=347420에서 확인할 수 있다.

치명적인 범죄

1990년대 후반, 글로벌 크로싱은 무한한 야망을 키우던 회사였다. 버뮤다에 위치한 이 회사는 전 세계 해저에 부설되는 10만 마일 이상의 케이블을 통해 소위 '최초 통합 국제 광통신망'을 건설하고 있었다. 글로벌 크로싱은 전 세계를 광통신망으로 연결하고 다른 통신회사에 통신망 이용권을 판매할 생각이었다. 1998년 한 해 동안에만 글로벌 크로싱이 지출한 광통신망 구축 비용은 6억 달러를 넘어섰다. 그해에 건설 경비 중 거의 3분의 1은 '설비매출원가'라는 비용으로 처리해 수입을 상계했다. 이렇게 잡힌 비용은 1억 7800만 달러였다. 글로벌 크로싱이 보고한 순손실은 9600만 달러였으나, 건설 경비 중 일부를 이렇게 처리하지 않았다면 약 8200만 달러의 순이익을 보고할 수 있었을 것이다.

이듬해인 1999년 연차보고서 각주에서 글로벌 크로싱은 '서비스계약 회계'를 시작했다. 이 회사는 이제 건설비 중 상당 부분을 통신망 이용권을 팔아 받은 수입으로 상계할 수 없었다. 대신 이 큰 금액은 운영비가 아닌 자본지출로 처리하게 되었다. 이렇게 하면 회사의 총자산은 증가하는 대신에 순이익이 감소하게 된다.[4]

마법 지팡이를 한 번 슬쩍 흔들기만 해도 글로벌 크로싱은 부동산 및 설

---

4 글로벌 크로싱은 이전에 건설비 대부분을 네트워크 사용권에 따른 매출 및 임대 수입 관련 비용으로 계상했다. 이 회사의 고객들은 설비비를 4년간 분납할 수도 있었지만, 권리금 명목으로 미리 지불하는 것이 일반적이었다. 글로벌 크로싱은 이러한 선불 수입 중 대부분을 장부에 포함하지 않고, 임대기간 동안 이연했다. 하지만 현재는 네트워크 사용 가능 기간이 최대 25년으로 추정되기 때문에 글로벌 크로싱은 이 비용을 감가상각이 가능한 장기자본자산으로 처리했다. 이러한 방식은 일반회계원칙에 부합한다. 문제는 글로벌 크로싱이 1999년 11월 1일까지는 왜 이러한 방식을 사용하지 않았는지, 또는 어떤 요인으로 인해 이와 같은 변화가 발생했는지 명확히 알 수 없다는 사실이다. 2001년 3월에 글로벌 크로싱의 시가총액은 126억 달러였다. 2002년 1월 28일 글로벌 크로싱은 파산을 신청했고 이 회사의 보통주는 휴지 조각이 되었다.

비 자산의 가치에서 5억 7500만 달러, 매출원가에서 3억 5000만 달러를 올릴 수 있었다. 정작 회사는 술 취한 선원처럼 돈을 마구 지출하였는데도 말이다.

자본지출은 경영자가 기업의 질을 높이기 위해 꼭 필요한 것이다. 그러나 회계 규칙이 느슨하면 경영자가 정상적인 운영비용을 자본지출로 전용하여 수익을 부풀릴 수 있다. 글로벌 크로싱의 사례에서 알 수 있듯이 현명한 투자자는 기업이 무엇을 왜 자본화하는지 확실히 이해해야 한다.

재고에 대한 이야기

대다수의 반도체칩 제조업체와 마찬가지로, 마이크론 테크놀로지Micron Technology Inc. 역시 2000년 이후 매출감소로 큰 곤란을 겪고 있었다. 마이크론은 수요 감소로 심각한 타격을 받은 이후 재고를 평가절하, 즉 상각하기 시

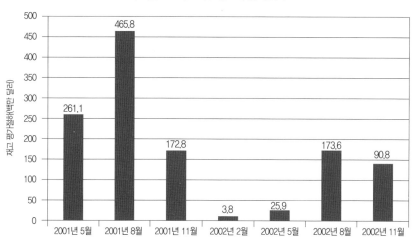

〈그림 12-1〉 오랜 재고의 평가절하

* 출처: Micron Technology 재정보고서

작해야 했다. 소비자들이 마이크론이 애초 책정한 가격으로는 사려고 하지 않을 것이 분명했기 때문이다. 2001년 5월에 종료되는 분기에 마이크론은 이러한 방식으로 재고 평가액을 2억 6100만 달러 정도 감소시켰다. 투자자들은 대부분 당시 평가절하를 정상적이고 반복되는 영업비용이 아니라 특별한 사건으로 받아들였다.

그러나 이후에 발생한 상황은 사뭇 달랐다. 마이크론은 다음 6분기 동안 매번 추가적인 재고 재평가를 실시했다. 마이크론의 재고 평가절하를 비반복적인 사건이라고 할 수 있을까? 아니면 만성적인 사건으로 변질된 것일까? 처음에는 특별한 경우로 시작되었더라도 합리적인 사람이라면 이제는 생각이 달라질 것이다. 한 가지 사실은 분명하다. 현명한 투자자는 에너자이저 건전지 광고 캐릭터인 토끼처럼 쉬지 않고 등장하는 '비반복적인' 비용에 주의해야 한다.[5]

연금에 대해서

2001년, 싱귤러 와이어리스_{Cingular Wireless}, 팩텔_{PacTel}, 서던 뉴잉글랜드 텔레폰_{Southern New England Telephone}에 출자하던 SBC 커뮤니케이션스_{SBC Communications Inc.}가 벌어들인 순이익은 72억 달러였다. 당시 통신 산업이 과잉 투자로 인해 전반적으로 불황을 겪고 있었다는 점을 감안하면 빛나는 성과였다. 그러나 이 수익은 SBC 커뮤니케이션스의 사업에서만 나온 것이 아니었다. 그중 18%에 해당하는 14억 달러는 이 회사의 연금계획에서 비롯되었다.

SBC 커뮤니케이션스는 향후 직원의 연금 지급에 필요한 추정액보다 더

---

5 이 사례를 제공한 금융연구분석센터의 하워드 슐리트(Howard Schilit)와 마크 하멜(Mark Hamel)에게 감사 드린다.

많은 자금을 연금계획에 확보하고 있었으므로 그 차이를 경상이익으로 처리할 수 있었다. 이처럼 연금계획에서 잉여금이 발생한 이유는 단순했다. 2001년에 SBC 커뮤니케이션스가 현재 적립금의 규모를 줄이면서 연금계획 투자 관련 예상수익률을 8.5%에서 9.5%로 올렸기 때문이다.

SBC 커뮤니케이션스는 "2001년까지 3년 동안 해마다 10년 투자수익률이 10%를 넘었다"라고 언급하며 장밋빛 미래를 제시했다. 과거수익률이 높았으므로 미래수익률도 역시 높을 것이라는 말이다. 그러나 이러한 가정은 가장 초보적인 수준의 논리에도 맞지 않는다. 설상가상 금리는 사상 최저치 근방까지 하락하면서 연금 포트폴리오 중 채권 부문에 대한 미래수익률을 압박했다.

같은 해에 워런 버핏이 이끄는 버크셔 해서웨이는 연금자산의 예상수익률을 8.3%에서 6.5%로 낮추었다. SBC 커뮤니케이션스는 자사의 연금 펀드매니저가 세계 최고의 투자자보다 훨씬 높은 수익을 낼 것으로 생각했던 것일까? 이러한 가정을 과연 현실적이라고 할 수 있을까? 그렇게 생각하는 사람은 아무도 없을 것이다. 실제로 2001년에 버크셔 해서웨이가 연금펀드에서 9.8%의 수익을 올렸지만, SBC 커뮤니케이션스의 연금펀드는 6.9%의 손실을 보았다.[6]

이제 현명한 투자자는 다음과 같은 질문을 던져야 한다. '순연금수익'이 기업 순이익의 5%를 넘는가? 만약 그렇다면 이러한 연금수익이 장래에 사라질 경우 회사의 다른 수익으로도 만족할 수 있는가? '연금계획 자산의 장기 수익률'에 대한 추정치는 합리적인가? 2003년 현재, 금리상승을 기대하기 어려운 환경에서 6.5% 이상의 수익률은 인정하기 어렵다.

---

6 연초 연금자산의 총 순가치를 연금자산의 실제수익률로 나누면 근사치를 구할 수 있다.

투자자에게 고함

회사의 재무보고서를 읽을 때 다음 지침을 명심하면 회계상 시한폭탄을 안고 있는 주식을 피하는 데 도움이 될 것이다.

뒷장부터 확인하라. 회사의 재무보고서를 분석할 때에는 맨 뒷장부터 시작해 앞으로 넘겨 가며 읽어야 한다. 회사가 노출하기 꺼리는 사실은 주로 뒷부분에 숨겨져 있다.

주석을 읽으라. 연차보고서 재무제표에 포함된 주석을 읽기 전에는 절대 주식을 사지 말아야 한다. 대개 '주요 회계정책 요약'이라는 제목이 붙은 부분을 살펴보면 그 회사가 어떻게 수입을 인식하고, 재고를 기록하며, 할부판매나 위탁판매 및 마케팅 비용을 처리하는지 확인할 수 있다.[7] 그밖에 다른 주석에서는 부채, 스톡옵션, 고객 대상 대출, 손실 충당금은 물론 수익을 축낼수 있는 '위험요소'에 대한 정보공개를 살펴보아야 한다. 특히 투자자가 촉각을 곤두세워야 할 것은 '자본화', '이연', '구조조정'과 같은 기술적인 용어들이다. '시작했다', '변경했다', '하지만'처럼 평범한 단어라도 기업의 회계관행 변화를 암시하는 표현 또한 마찬가지다. 이러한 단어 중 어떤 것도 그

---

7 회계에 포함된 장황한 주석은 반드시 꼼꼼하게 살펴보아야 한다. 회계상 정작 중요한 내용은 장광설로 엮여 일반 투자자들이 이해하기 어렵게 만든다. 그러니 절대 읽기를 단념해서는 안 된다. 예를 들어, 인포믹스(Informix Corp.)의 1996년 연차보고서의 주석에는 다음과 같은 내용이 포함되어 있다. "이 회사는 일반적으로 고객을 대상으로 한 소프트웨어 제품 배포 및 판매에 따른 특허 수입을 기반으로 한다. 단, 컴퓨터 하드웨어 제조업체와 소프트웨어 최종 사용자가 회사가 설정한 조건을 충족한다면 최소 환급불가 특허료 계약을 체결한 시점을 기준으로 이들에 대한 12개월 외상매출금 또한 수입으로 인정된다." 쉽게 풀어 말하자면, 인포믹스는 최종 소비자, 즉 인포믹스 소프트웨어의 실제 고객에게 재판매되지 않더라도 그러한 채권 자체를 제품에 대한 수입이라고 간주한다는 것이다. 실제로 회계부정 의혹과 관련하여 증권거래위원회의 조사를 받던 중에 인포믹스는 매출에서 이와 관련한 비용 2억 4400만 달러를 삭감했다. 따라서 투자자들은 작은 글씨의 주석도 놓치지 않고 매의 눈으로 살펴야 한다. 이 사례를 제공한 마틴 프리드슨(Martin Fridson)에게 감사드린다.

표현만으로 주식을 사서는 안 된다는 경고를 함축하는 것은 아니다. 다만 투자자 입장에서 왜 그러한 단어가 사용되었는지 더 조사해 볼 필요가 있음을 암시한다. 한 회사의 회계사가 얼마나 공격적인지 알아보려면 경쟁사 한 곳 이상의 재무제표를 확보해 비슷한 내용의 주석을 비교해 보면 된다.

더 **읽으라.** 포트폴리오에 충분한 시간과 노력을 투입할 의지가 있는 적극적인 투자자라면, 재무제표를 읽고 분석하는 능력을 더욱 키워야 한다. 이것이야말로 정직하지 못한 재무제표의 정보에 현혹될 가능성을 최소화할 수 있는 유일한 방법이다. 마틴 프리드슨Martin Fridson과 페르난도 알바레즈Fernando Alvarez의 『재무제표 분석Financial Statement Analysis』, 찰스 W. 멀포드Charles W. Mulford와 유진 E. 코미스키Eugene E. Comiskey의 『회계 숫자 게임The Financial Numbers Game』, 하워드 슐리트Howard Schilit의 『회계 속임수Financial Shenanigans』에서는 이와 관련한 구체적인 최근 사례들이 다수 소개되어 있다.[8]

---

8 마틴 프리드슨과 페르난도 알바레즈의 『재무제표 분석: 실무자 가이드(Financial Statement Analysis: A Practitioner's Guide)』(John Wiley & Sons, 뉴욕, 2002), 찰스 W. 멀포드와 유진 E. 코미스키의 『재무의 숫자 게임: 창조적인 회계 실무 탐구(The Financial Numbers Game: Detecting Creative Accounting Practices)』 (John Wiley & Sons, 뉴욕, 2002), 하워드 슐리트의 『회계 속임수(Financial Shenanigans)』(McGraw-Hill, 뉴욕, 2002)을 보라. 벤저민 그레이엄의 『재무제표의 해석(The Interpretation of Financial Statement』(HarperBusiness, 뉴욕, 1937년판의 1998년 재판)은 이익과 비용, 자산과 부채의 기초원리에 대한 간략한 입문서로 탁월하다.

13장

4개 상장회사의 비교

이 장에서는 엘트라$_{ELTRA\ Corp.}$, 에머슨 일렉트릭$_{Emerson\ Electric\ Co.}$, 에머리 에어 프라이트$_{Emery\ Air\ Freight}$, 엠하트$_{Emhart\ Corp.}$ 등 뉴욕 증시에 상장된 기업 중 알파벳 순으로 나란히 표기된 4개 회사를 무작위로 선택하여 이들에 대한 증권분석의 실제 사례를 소개한다. 엘트라는 일렉트릭 오토라이트$_{Electric\ Autolite}$와 머젠탈러 라이노타이프$_{Mergenthaler\ Linotype}$가 합병하여 탄생한 회사다. 에머슨 일렉트릭은 전기전자제품 제조업체이며, 에머리 에어 프라이트는 미국 내 항공화물 운송업체다. 엠하트는 원래 유리병과 관련된 기계를 제조했으나 건축자재로 사업을 다각화한 회사다.* 이 중 제조업체 세 곳은 유사성도 있지만, 차이점도 명확히 확인할 수 있을 것이다. 투자자가 관심 있는 분야가 있다면

---

* 그레이엄이 제시한 4개의 사례 중에 현재 그대로 남은 회사로는 에머슨 일렉트릭이 유일하다. 엘트라의 경우는 이제 더는 독립회사가 아니다. 이 회사는 1970년대에 벙커 라모(Bunker Ramo Corp.)와 합병하여 컴퓨터 네트워크를 기반으로 증권회사에 시세를 제공하는 사업을 하고 있다. 에머리 에어 프라이트는 현재 CNF(CNF Inc.)의 한 부문으로 자리 잡았다. 엠하트는 1989년에 블랙&데커(Black & Decker Corp.)에 인수되었다.

	ELTRA Corp.	Emerson Electric Co.	Emery Air Freight	Emhart Corp.
A. 자본항목				
주가(1970년 종가)	27	66	57.75	32.75
보통주 주식 수	7,714,000	24,884,000[a]	3,807,000	4,932,000
보통주 시장가치	$208,300,000	$1,640,000,000	$220,000,000	$160,000,000
사채와 우선주	8,000,000	42,000,000		92,000,000
총자본금	216,300,000	1,682,000,000	220,000,000	169,200,000
B. 수익항목				
매출액(1970년)	$454,000,000	$657,000,000	$108,000,000	$227,000,000
순이익(1970년)	20,773,000	54,600,000	5,679,000	13,551,000
주당순이익(1970년)	$2.70	$2.30	$1.49	$2.75[b]
주당 평균수익(1968~1970년)	2.78	2.10	1.28	2.81
주당 평균수익(1963~1965년)	1.54	1.06	.54	2.46
주당 평균수익(1958~1960년)	.54	.57	.17	1.21
현재 배당금	1.20	1.16	1.00	1.20
C. 대차대조표 항목(1970년)				
유동자산	$205,000,000	$307,000,000	$20,400,000	$121,000,000
유동부채	71,000,000	72,000,000	11,800,000	34,800,000
보통주 순자산	207,000,000	257,000,000	15,200,000	133,000,000
주당 장부가치	$27.05	$10.34	$3.96	$27.02

a) 우선주의 전환을 가정한 수치다.
b) 주당 특별비용 13센트를 공제한 후의 수치다.

이러한 내용을 검토할 수 있는 재무 및 운영 정보는 다양하게 찾을 수 있다.

〈표 13-1〉에는 1970년 말 현재 4개 회사의 시장가격 및 1970년 당시 영업 상황을 살펴볼 수 있는 몇 가지 수치가 제시되어 있다. 여기에 덧붙여 우리는 영업실적 및 주가와 관련된 중요한 재무비율을 상술하였다. 이러한 자료를 토대로 영업실적의 다양한 측면이 어떻게 주가에 상대적인 영향을 미쳤는지 검토해 볼 필요가 있다. 마지막으로 4개 회사의 자료를 분석하며 이들의 차이점과 연관성을 제시하고, 보수적인 투자자의 시각에서 각 회사를 평가하겠다.

	ELTRA Corp.	Emerson Electric Co.	Emery Air Freight	Emhart Corp.
D. 재무비율				
주가/이익(1970년)	10.0배	30.0배	38.5배	11.9배
주가/이익(1968~1970년)	9.7배	33.0배	45.0배	11.7배
주가/장부가치	1.00배	6.37배	14.3배	1.22배
이익/매출액(1970년)	4.6%	8.5%	5.4%	5.7%
주당순이익/장부가치	10.0%	22.2%	34.5%	10.2%
배당수익률	4.45%	1.78%	1.76%	3.65%
유동자산/유동부채	2.9배	4.3배	1.7배	3.4배
운전자본/부채	매우 큼	5.6배	부채 없음	3.4배
주당이익성장률				
(1968~1970년)/(1963~1965년)	81%	87%	135%	14%
(1968~1970년)/(1958~1970년)	400%	250%	매우 큼	132%
E. 주가 추이				
1936~1968년 최저가	0.75	1	0.125	3.625
최고가	50.75	61.5	66	58.25
1970년 최저가	18.625	42.125	41	23.5
1971년 최고가	29.375	78.75	72	44.375

4개의 회사에서 가장 두드러진 사실은 주가수익비율이 영업실적이나 재무상태보다 훨씬 크게 변동한다는 것이다. 엘트라와 엠하트의 경우 1968년부터 1970년까지 평균 주가수익비율은 각각 9.7배와 12배 정도로, 당시 다우존스 지수의 주가수익비율 15.5배보다 다소 낮은 편이었다. 반면 에머슨과 에머리의 주가수익비율은 각각 33배와 45배로 매우 높은 수준을 보였다. 이 정도의 차이를 이해하려면 별도의 이유를 생각해 보아야 한다. 예를 들어, 인기 있는 기업, 특히 화물운송업체의 수익증가가 최근 몇 년간 두드러졌다는 점을 들어 설명할 수 있을 것이다. 엘트라와 엠하트의 주가수익비율은 다소 낮았지만, 이 두 회사의 성장률은 만족할 만한 수준이었다.

이해의 폭을 좀 더 넓히기 위해 이러한 수치에서 엿볼 수 있는 실적의 주요 요인들을 간단히 살펴보자.

1. 수익성: (a) 4개 회사 모두 장부가치 대비 수익은 만족스러운 수준이다. 그중 에머슨과 에머리의 수치는 나머지 2개 회사보다 훨씬 높다. 자기자본에 대한 높은 수익률은 연간 주당순이익*의 높은 성장률과 비례한다. 에머리를 제외한 다른 회사들은 장부가치상 1961년보다 1969년에 더 나은 수익을 보였지만, 에머리의 수치는 두 해에 모두 예외적으로 높게 나타났다. (b) 제조업계에서 매출액 중 달러당 수익은 통상적으로 회사의 상대적인 강점이나 약점을 나타내는 지표로 이해된다. 여기에서 우리가 사용하는 수치는 S&P의 《상장주 리포트_Listed Stock Report》에 발표된 '매출액 대비 영업이익률'이다. 여기에서도 4개 회사 모두 만족할 만한 실적을 보이는데, 그중에서도 에머슨의 실적은 인상적이다. 1961년과 1969년 사이에는 회사마다 상당히 다른 변화를 보인다.

2. 안정성: 회사의 안정성은 최근 3년 평균 주당순이익에 대한 과거 10년 중 한 해의 주당순이익의 최대 하락폭으로 판단한다. 주당순이익이 평균에 비해 전혀 하락하지 않았다면 안정성이 100%인 것으로 해석된다. 여기에 소개한 인기 있는 2개의 회사가 바로 그러한 예다. 그러나 엘트라와 엠하트의 수익감소율은 '최악의 해'였던 1970년도에도 8%로 비교적 적은 편이었다. 다우존스 지수의 수익감소율 7%와 별 차이가 없는 수치다.

3. 성장성: 2개 회사의 경우 주가수익비율은 낮지만 다우존스 지수 종목들보다 앞선 높은 성장률을 보였다. 특히 엘트라의 성장률은 낮은 주가수익비율과 비교할 때 인상적이다. 물론 성장성은 주가수익비율이 높은 나머지 회

---

* 이 수치는 〈표 13-2〉에서 '주당순이익/장부가치'로 표시되며, 기업의 순이익을 유형 장부가치로 나눈 백분율을 의미한다.

사의 경우 더욱 인상적이다.

4. **재무상태:** 3개 제조회사의 재무상태는 유동부채 1달러 대 유동자산 2달러 기준보다 높아 건실한 것으로 판단된다. 에머리의 경우 이 비율이 다소 낮지만, 업종이 다르고 영업실적이 뛰어나기 때문에 필요한 자금을 확보하는 데 어려움이 없을 것으로 보인다. 4개 회사 모두 장기부채는 상대적으로 적었다. '희석'과 관련한 특이사항은 다음과 같다. 에머슨은 1970년 말 시장가치가 1억 6300만 달러인 저배당 전환우선주를 보유하고 있었다. 분석 결과, 우리는 우선주가 보통주로 전환되는 일반적인 방식으로 희석 요인을 이해했다. 이로 인해 최근 수익은 주당 10센트, 즉 약 4%가량 감소하였다.

5. **배당:** 배당에서 정말 중요한 것은 배당 지급의 지속성이다. 1902년 이래 배당 지급을 계속해 온 엠하트는 4개사 중 가장 오랜 기록을 보유하고 있다. 엘트라의 배당 기록도 매우 훌륭하다. 에머슨은 만족스러운 수준이며, 에머리는 이제 막 시작한 단계다. 배당지급률의 변동폭에서는 그리 큰 차이가 없다. 현재 배당수익률은 '값싼 2개 종목'이 '비싼 2개 종목'에 비해 2배 정도 높은 기록을 보이며 주가수익비율의 차이와 일관성을 보이고 있다.

6. **주가 동향:** 4개 회사는 모두 지난 34년간 최저가에서 최고가에 이르기까지 인상적인 주가상승률을 보였다. 낮은 주가는 모두 주식분할로 조정된 것이었다. 다우존스 지수의 경우 저가 대비 고가 비율이 1 대 11 정도지만, 여기에서 소개한 4개 회사의 경우 가장 비율이 적은 엠하트가 1 대 17이고, 에머리는 무려 1 대 528이다.* 이처럼 큰 폭의 가격 상승은 비교적 역사가 오래된 종목에서 볼 수 있는 특징으로, 과거 주식시장에 그만큼 큰 수익의 기

---

* 각각의 경우에 대해 그레이엄은 〈표 13-2〉의 C에서 1936년부터 1968년 사이의 고가를 저가로 나눈 비율을 제시한다. 예를 들어, 에머리의 고가 66을 저가 0.125로 나눈 값은 528이다. 따라서 저가 대비 고가의 비율은 1 대 528이 된다.

회가 존재했음을 보여 준다. 또는 반대로 1950년 이전의 약세장에서 발생했던 대폭락을 암시하기도 한다. 엘트라와 엠하트는 모두 1969년부터 1970년까지 이어진 폭락기에 50% 이상의 주가하락을 기록했다. 에머슨와 에머리의 주가 역시 심각하게 하락했지만, 에머슨 주가는 1970년 말 이전에, 에머리 주가는 1971년 초에 각각 사상 최고가를 기록했다.

4개 회사에 대한 전반적인 고찰

에머슨: 다른 3사의 시가총액을 합한 것보다도 월등히 큰 규모의 시가총액을 보유하고 있다.[**] 이 회사는 나중에 언급할 '영업권을 보유한 대기업'의 한 사례다. 기억력이 좋은 재무분석가라면 제니스 라디오Zenith Radio와 어딘지 비슷하다는 생각에 불길한 느낌이 들지도 모른다. 수년간 화려한 성장을 거듭한 제니스 라디오의 1966년 시가총액은 17억 달러에 달했다. 그러나 1968년에 4300만 달러에 달했던 이 회사의 순이익은 1970년에 절반으로 감소했다. 같은 해에 시장 전체가 위기에 빠지면서 이 회사의 주가 또한 이전 최고가인 89에서 22.5까지 급락했다. 가치평가가 높으면 그만큼 큰 위험도 뒤따르게 된다.

에머리: 여기에 소개된 4개 회사 중 미래 성장성이 가장 뛰어난 에머리는 수익의 거의 40배에 이르는 주가수익비율을 보인다. 과거의 성장률 또한 가장 인상적이다. 이 회사가 1958년에 순이익 57만 달러의 작은 규모에서부터 시작했다는 사실을 감안한다면 미래 성장성은 또 다른 문제일 수 있다. 매출액과 수익이 상당한 규모로 커진 이후에는 높은 성장률을 유지하는 것이 훨

[**] 1970년 말 에머슨의 시가총액 16억 달러는 당시 평균 주식시장 규모에 비해 막대한 것이었다. 2002년 말에 에머슨의 시가총액은 대략 210억 달러였다.

씬 더 어렵기 때문이다. 에머리의 역사에서 가장 놀라운 점은 미국 내 항공 여객산업이 최악이었던 1970년에도 수익과 주가에서 모두 지속적인 상승세를 보였다는 것이다. 그러나 업계 경쟁이 심화되고 있는 상황에서 운송업체 및 항공사와의 새로운 계약 압력 등 불리한 상황 변화가 미래수익 성장에 걸림돌이 되지 않을지 의문이다. 이러한 문제에 대해 합리적인 판단을 도출하려면 사전에 치밀한 조사를 수행해야 한다. 보수적인 투자자라면 일상적인 투자 판단에서도 이러한 사항을 간과하지 않을 것이다.

엠하트와 엘트라: 엠하트는 과거 14년간 주가에 비해 영업에서 더 좋은 실적을 보였다. 1958년의 경우 이 회사의 주가는 주가수익비율 22배로 거래되었다. 거의 다우존스 지수와 같은 수준이었다. 그 이후로 다우존스 지수의 다른 종목의 수익 상승폭이 100% 미만이었던 것에 반해, 이 회사의 수익은 3배까지 상승했다. 하지만 1970년에 엠하트의 종가는 1958년 고가의 3분의 1을 조금 넘는 수준이었다. 당시 다우존스 지수가 1958년 고가 대비 43% 이상이었던 것과 비교된다. 엘트라의 기록도 엠하트와 어느 정도 비슷하다. 두 회사 모두 현재 시장에서는 그다지 큰 매력이 없지만, 통계자료에 비추어 보면 여전히 건실한 기업임을 알 수 있다. 그렇다면 이들의 미래 전망은 어떨까? 1971년에 S&P가 이 4개 회사를 평가한 내용은 다음과 같다.

엘트라	장기 전망: 경기순환에 따라 다소 침체될 수 있으나 경쟁력 있는 업계 위치와 사업 다각화로 상쇄할 수 있다.
에머슨	현재 전망으로 이 회사의 주가는 71로 적절한 수준이지만, 장기적으로 볼 때 더 큰 매력이 있는 주식이다. 지속적인 인수 정책과 함께 제조업 부문에서의 확고한 위치로 추가적인 판매 및 이익 증대가 예상된다.
에머리	이 회사의 주가는 57로 현재 전망으로 볼 때 충분한 가격을 유지하고 있다. 장기적으로 보유 가치가 더 기대된다.
엠하트	올해 유리용기 산업 내의 낮아진 자본지출로 제한받았으나, 1972년에는 업계 환경 호전으로 수익이 개선될 것으로 보인다. 현재 주가가 34인 이 회사의 주식은 보유할 가치가 있다.

결론: 개선된 주가 동향과 최근 높아진 수익증가율로 인해 에머슨과 에머리가 나머지 두 회사보다 더 유망하다고 판단하는 재무분석가가 많을 것이다. 하지만 우리가 제시해 온 보수적인 투자 원칙에 따르면 '주가 동향'은 종목을 선택하는 데 유효한 판단 조건이 될 수 없다. 이러한 조건은 투기자들이나 신경 쓰는 것이다. 수익증가율의 상승 또한 다소 참고할 수는 있겠으나 한계가 있다. 에머리의 과거 성장과 향후 높은 성장 전망은 최근 주가수익비율이 60배에 이르는 주가를 충분히 뒷받침하는 근거가 될 수 있을까?* 이 질문에 대한 답은 다음과 같다. 성장 가능성을 깊이 분석한 끝에 이례적으로 확고하고 낙관적인 결론에 이른 투자자에게는 주가수익비율 60배가 당연하게 받아들여질 것이다. 그러나 괜찮은 주가와 수익에 쉽게 들끓는 월스트리트처럼 경솔한 실수를 범하지 않겠다고 다짐한 신중한 투자자들이라면 상황은 다르다.** 에머슨의 경우에도 똑같은 우려를 표할 수 있다. 특히 시장에서 무형의 수익 창출력에 대해 10억 달러 이상으로 평가한 것도 지적할 만하다. 한때는 주식시장의 총아였던 전자산업이 시장이 휘청거릴 때 폭락했다는 사실도 되새겨야 한다. 에머슨은 탁월한 실적은 보인 회사지만, 1970년의 종가가 그에 상응하는 실적으로 정당화되려면 앞으로도 상당 기간 과

---

* 1972년 3월, 에머리는 1971년에 거둔 수익을 64배에 달하는 가치로 매각했다.

** 그레이엄이 옳았다. 1972년 인기와 가치를 기준으로 가장 높게 평가된 '니프티 피프티(Nifty Fifty)' 중에서 에머리는 최악의 대가를 치러야 했다. 니프티 피프티는 S&P500 지수에 편입된 종목 중 상위 50 종목군을 가리키는 말이다. 1982년 3월 1일, 《포브스》에는 1972년 이후 에머리의 주가가 72.8% 하락하였다는 기사가 실렸다. 1974년 말 미니애폴리스의 로이트홀드 그룹(Leuthold Group) 투자분석가들에 따르면, 에머리의 주식은 당시에 이미 58% 하락했고 주가수익비율은 64배에서 15배 수준으로 급락했다. 그레이엄이 경고한 '과도한 흥분'은 급속히 식어 버린다. 그렇다면 이처럼 과도한 열기로 인한 손실은 시간이 더 흐르면 어느 정도는 회복하지 않을까? 항상 그렇지는 않다. 로이트홀드 그룹의 예측에 따르면, 1972년 에머리에 1,000달러를 투자한 투자자가 1999년에 손에 쥘 수 있는 금액은 839달러에 불과하다. 즉, 1990년대 말에 인터넷 주식에 과다하게 투자한 결과 손실을 보았다면 이후 수십 년 동안 회복하기 어렵다는 의미다. 이와 관련한 내용은 20장 논평을 참조하라.

거와 같은 뛰어난 성과가 지속되어야 할 것이다.

엘트라와 엠하트의 주가는 각각 27과 33으로 방어적 투자를 하기에 적절한 가치를 반영한 수준이다. 원한다면 투자자는 이 수준에서 대차대조표상 자기자본 가치에 준하는 비용으로 회사에 투자할 것을 고려할 수 있다.* 자기자본 수익률 또한 장기간 만족스러운 수준으로 유지되었고, 수익 안정성이나 과거 성장률도 뛰어났다. 두 회사는 모두 방어적인 투자자의 포트폴리오가 요구하는 7가지 통계적 조건을 충족한다. 이 조건은 다음 장에서 설명하겠지만, 간략히 요약하자면 다음과 같다.

1. 적정한 회사 규모를 갖추었다.
2. 재무상태가 충분히 건실하다.
3. 최소한 과거 20년간 배당 지급을 지속해서 해 왔다.
4. 과거 10년간 적자가 없다.
5. 최소한 10년간 주당순이익이 3분의 1 이상 성장했다.
6. 주가가 주당 순자산가치의 1.5배 이상을 넘지 않는다.
7. 주가가 과거 3년 평균 주당순이익의 15배를 넘지 않는다.

엘트라와 엠하트의 수익 전망은 여기에서 따로 하지 않겠다. 투자자의 분산화된 포트폴리오에는 실망을 주는 종목이 포함되게 마련이다. 엘트라나 엠하트가 그런 경우가 될 수 있다. 그러나 위와 같은 종목 선정의 원칙과 투자자 나름의 합리적 기준에 근거한 분산투자 포트폴리오라면 다년간 만족할 만한 실적을 기대할 수 있을 것이다. 적어도 오랜 경험은 그렇게 말한다.

---

* 그레이엄이 지적한 내용을 요약하자면 이렇다. 〈표 13-2〉 D 세 번째 열에서 볼 수 있듯이 당시 가격을 기준으로 할 때 투자자는 이 두 회사의 주식을 장부가치 수준으로 매수할 수 있다.

마지막 고찰: 노련한 증권분석가들은 이 4개 회사에 대한 일반적인 추론에 동의한다 하더라도 1970년 말에 에머슨이나 에머리의 주식 보유자들에게 엘트라 또는 엠하트로 종목을 변경할 것을 쉽게 권하지는 못했을 것이다. 주식 보유자가 분석가의 권고에 숨은 투자 원칙을 뚜렷이 이해하지 못하는 경우라면 더욱 그렇다. 더군다나 단기간에 주가수익비율이 낮은 이 2개 종목이 주가수익비율이 높은 나머지 2개 종목보다 주가가 더 많이 오르리라고 예측할 만한 근거도 없다. 주가수익비율이 높은 종목은 시장에서 그만큼 선호되고, 이에 따라 더 상승할 여력이 발생한다. 이 상승 추세는 오랫동안 이어질 수 있다. 어떤 투자자가 에머슨이나 에머리보다 엘트라나 엠하트를 선호한다면, 이 투자자가 시장이 선호하는 종목보다 내재가치가 높은 우량주를 선호하기 때문이라고 이해할 수 있다. 그러므로 주식투자 방법은 개별 투자자의 태도에 상당 부분 좌우된다. 이 방법은 다음 장에서 자세히 다루겠다.

13장 논평

공군에는 규칙이 하나 있다. 6시 방향을 확인하라는 것이다. 한 조종사가 모든 방향을 확인하고 안전하다고 느끼며 비행하고 있다. 다른 조종사가 그의 뒤에서(6시 방향에서 12시 방향은 바로 앞에 있다) 비행하며 총을 발사한다. 대부분의 전투기가 총탄에 맞아 추락하는 경우는 바로 이런 식이다. 안전하다고 생각하는 것은 매우 위험한 발상이다. 어디에선가는 약점이 드러나게 마련이다. 항상 6시 방향을 확인하라.

미국 공군 장성 도널드 커티나(Donald Kutyna)

E로 시작하는 회사들

그레이엄이 한 것처럼 1999년 12월 31일 현재 보고된 수치를 이용하여 4개 종목을 비교 분석해 보자. 이 시기는 주식시장에서 지금까지 보고된 가치평가 중 가장 극단적인 사례를 살펴볼 수 있는 때다.

에머슨 일렉트릭은 1890년에 설립된 회사이며, 종목 기호는 EMR이다. 13장에서 그레이엄이 분석했던 4개 회사 중 현재 살아남은 유일한 곳이다. 이 회사에서는 전동공구, 냉방장치, 전기모터를 포함하는 다양한 제품을 제조하고 있다.

EMC_{EMC Corp.}는 1979년에 설립된 회사이며, 종목 기호는 EMC다. 컴퓨터 통신망에서 전자정보 저장을 자동화하는 회사다.

익스페디터 인터내셔널 오브 워싱턴Expeditors International of Washington, Inc.은 1979년에

시애틀에서 설립된 회사로 종목 기호는 EXPD다. 화물을 운송하는 화주업체에 전 세계로 상품을 체계적으로 운송하고 추적할 수 있는 서비스를 제공한다.

엑소더스 커뮤니케이션스Exodus Communications, Inc.는 기업고객에 인터넷과 웹사이트 개설 및 관리 서비스를 제공하는 회사로 종목 기호는 EXDS다. 1998년 3월에 처음으로 주식을 공모했다.

〈그림 13-1〉은 1999년 말 현재, 이들 회사들의 주가, 실적 및 가치평가를 요약한 것이다.

〈그림 13-1〉 E-회사 평가

	EMR	EMC	EXPD	EXDS
A. 자본				
종가, 1999년 12월 31일, 달러	57.37	54.62	44.41	21.68
총수입, 1999년(%)	−3.1	157.1	1005.8	109.1
시가총액, 1999년 12월 31일, 백만 달러	24845.9	111054.3	14358.4	2218.8
총부채(우선주 포함), 백만 달러	4600.1	27.1	2555.7	0
B. 이익				
총수입, 1999년, 백만 달러	14385.8	6715.6	242.1	1444.6
순이익, 1999년, 백만 달러	1313.6	1010.6	−130.3	59.2
이익증가율, 1995~1999년, 연평균 %	7.7	28.8	NM	19.8
주당순이익, 1999년(완전희석 기준)	3.00	0.53	−0.38	0.55
주당순이익 증가율, 1995~1999년, 연평균 %	8.3	28.8	NM	25.8
연간배당, 1999년, 주당 달러	1.30	0	0	0.08
C. 대차대조표				
유동자산, 백만 달러	5124.4	4320.4	1093.2	402.7
유동부채, 백만 달러	4590.4	1397.9	150.6	253.1
주당 장부가치, 1999년 12월 31일, 달러	14.27	2.38	0.05	2.79
D. 재무비율				
주가/순이익, 배	17.7	103.1	NM	39.4
주가/장부가치, 배	3.7	22.9	888.1	7.8
순이익/총수입, % 순수익률	9.2	17.4	NM	4.1
순이익/장부가치, %	21.0	22.2	NM	19.7
운전자본/부채, 배	0.1	107.8	0.4	부채 없음
시가총액/총수입, 배	1.7	16.5	59.3	1.5

＊출처: 밸류라인, 톰슨 베이스라인(Thomson Baseline), 블룸버그, finance.yahoo.com, 증권거래위원회 기업 제출보고서

＊주: 모든 수치는 주식분할로 인해 조정되었다. 부채, 수입 및 이익은 회계연도 기준이다.

＊NM은 '의미 없음(not meaningful)'을 뜻한다.

짜릿함을 잃은 전기회사

에머슨 일렉트릭은 그레이엄이 비교했을 때만 해도 4개 회사 중 가장 비싼 종목이었지만, 여기에서는 가장 싼 종목이 되었다. 구경제산업에 기반을 둔 에머슨은 1990년대에는 다소 지루해 보인다. 인터넷 시대에 에머슨의 튼튼한 진공청소기가 과연 매력적으로 보이겠는가? 결국 이 회사의 주식은 생기를 잃었다. 1998년과 1999년에 에머슨 주식은 S&P500 지수에 비해 누적적으로 49.7%나 낮은 비참한 수익률을 보이며 부진을 면치 못했다.

하지만 이 회사의 위축된 지위는 주식에 한정되었다. 회사 자체의 실적은 여전히 건실했다. 1999년에 에머슨의 제품 및 서비스 판매 실적은 144억 달러에 달했다. 1년 전보다 거의 10억 달러가 늘어난 실적이다. 이 회사가 판매 수입으로 거둔 순이익 또한 13억 달러로 전년 대비 6.9%의 증가율을 나타냈다. 과거 5년 동안 주당순이익은 평균 8.3%로 꾸준한 성장세를 보였다. 에머슨의 배당은 주당 1억 3000만 달러로 2배 이상이 늘었다. 주당 장부가치 또한 6달러 69센트에서 14달러 27센트로 상승했다. 밸류라인에 따르면, 1990년대 전반에 걸쳐 에머슨은 순수익률 9%와 자본이익률 18%로 높은 수준을 유지했다. 특히 자본이익률은 기업 효율성을 가늠할 수 있는 핵심 척도다. 더욱이 에머슨의 수익은 42년 연속 증가세를 보였고, 43년 동안 지속해서 배당금을 올려왔다. 미국 기업 중 최장기간 꾸준한 성장을 보인 기업 중 하나다. 연말에 에머슨 주가는 주당순이익의 17.7배로 평가되었다. 에머슨은 결코 한때 반짝하고 마는 기업이 아니다. 이 회사가 만드는 전동공구처럼 묵직하고 신뢰할 만한 기업이다. 또한 어떤 과열의 신호도 찾을 수 없다.

EMC의 급속한 성장

EMC는 1990년대에 가장 탁월한 성과를 보인 종목 중 하나로 무려 81,000% 이상의 상승률을 기록했다. 공중부양을 했다고 표현하는 것이 적당할까? 1990년 초에 EMC 주식에 1만 달러를 투자했다면 1999년에 무려 810만 달러가 넘는 돈을 손에 쥘 수 있었다. EMC 주식은 1999년 한 해에만 157.1%의 수익을 올렸다. 1992년부터 1999년까지 8년 동안 에머슨 주식이 거둔 수익을 합한 것보다도 많다. 하지만 EMC는 배당을 지급한 적이 없다. 대신 모든 수익은 '회사의 지속적인 성장을 위한 펀드'에 재투자되었다.[1] 연말에 EMC 주가는 약 54달러 63센트로, 그해 보고한 수익의 103배로 거래되었다. 이는 에머슨 주식평가 수준의 거의 6배에 달하는 수치였다.

EMC 회사 자체는 어떠했을까? 1999년에 이 회사의 수입은 전년 대비 24% 증가한 67억 달러였다. 주당순이익은 전년 61센트에서 50% 증가한 92센트를 기록했다. 1999년까지 5년간 EMC의 수익은 연간 28.8%씩 확실한 증가세를 보였다. 누구나 인터넷 상거래의 폭발적인 증가가 지속될 것이라고 예측하던 분위기에서 이 회사의 미래는 더욱 밝아 보였다. 1999년에 EMC의 최고경영자는 2001년 수입이 100억 달러를 넘을 것이라고 공언했다. 1998년에 이 회사의 수입은 54억 달러였다.[2] 즉, 연평균 23%의 성장률

---

1 19장에서 보겠지만 사실 이 말은 '회사 최고경영자의 부를 계속 늘릴 수 있는 자금을 제공'하겠다는 것을 의미한다.

2 1999년 12월 30일 CNBC 방송에서 론 이스타나(Ron Istana)는 EMC의 최고경영자 마이클 루트거스(Micheal Ruettgers)에게 이렇게 질문했다. "2000년 이후에도 1990년대만큼 좋을까요?" 이 질문에 루트거스는 의기양양하게 답했다. "더 가속화되겠지요." 이스타나가 EMC 주식의 고평가 여부를 묻자 루트거스는 다음과 같이 말했다. "우리의 가능성은 앞으로 무궁무진합니다. (중략) 그런 면에서 보면 현재 과대평가 여부를 섣불리 말하기는 어렵지만, 중요한 변화가 시작되고 있는 것만큼은 분명합니다. 현재 탁월한 실적을 내는 승자를 잘 고를 수 있다면 미래에도 그만큼 보상을 받을 수 있겠지요. EMC도 분명 그러한 승자 중 하나라는 것은 확실히 말씀드릴 수 있습니다."

을 지속해야 하는 셈인데, 이 정도로 큰 규모의 기업으로서는 쉽지 않은 일이었다. 그러나 월스트리트의 투자분석가들과 대다수의 투자자들은 EMC가 그러한 성장률을 달성할 수 있다고 확신했다. 최근 5년 동안 EMC는 수입이 2배 이상, 순이익은 3배 이상 많아졌다는 것이 이유였다.

그러나 밸류라인에 따르면 1995년부터 1999년까지 EMC의 순이익률은 19.0%에서 17.4%로 낮아졌다. 자본이익률도 26.8%에서 21.0%로 떨어졌다. 아직 수익성이 높지만 다른 지표들은 EMC가 내리막길에 있음을 암시했다. 1999년 10월에 EMC는 데이터 제너럴Data General Corp.을 인수하였고, 그 결과 약 11억 달러의 수입을 더했다. 데이터 제너럴의 인수로 증가한 이 수입을 제외하면 EMC의 사업 규모가 1998년 54억 달러에서 1999년 56억 달러로 겨우 3.6% 성장하는 데 그쳤음을 알 수 있다. 다시 말해, 실제로 이 회사의 성장률은 제자리걸음이나 마찬가지였다. 1999년은 많은 기업이 'Y2K' 컴퓨터 버그를 우려하며 신기술에 기록적인 경비를 지출했던 해였는데도 말이다.[3]

화물의 반전

익스페디터 인터내셔널은 아직 EMC처럼 공중부양을 할 만큼 성장하지는 못했다. 이 회사의 주가는 1990년대에 연간 평균 상승률이 30%에 달했지만, 이 상승세의 대부분은 마지막에 집중되었다. 즉, 1999년 한 해에만

---

3 'Y2K 버그', 즉 '2000년 에러' 논란은 전 세계의 수많은 컴퓨터가 2000년 새해 1월 1일 오전 12시 1초에 기능을 멈출 수 있다는 우려에서 시작되었다. 1960년대와 1970년대 프로그래머들이 프로그램 코드에서 1999년 12월 31일 이후의 날짜를 가정하지 않았기 때문이다. 미국 기업들은 1999년에 컴퓨터의 Y2K 문제를 해결하기 위해 수십억 달러를 지출했다. 2000년 1월 1일 오전 12시 1초에도 모든 전산 시스템은 다행히 정상적으로 기능했다.

109.1%의 상승률을 기록했다. 반면 1998년에는 상승률이 9.5%에 그쳤다. S&P500 지수의 수익보다 19% 이상 낮은 수치였다.

하지만 회사 자체의 규모는 급속히 성장하고 있었다. 1995년 이후 이 회사의 수입은 연평균 19.8%씩 성장을 거듭했고, 1999년 수입은 3배 성장한 14억 달러에 이르렀다. 주당순이익은 연평균 25.8%, 배당은 연간 27%씩 증가했다. 장기부채 없이 익스페디터의 운전자본은 1995년 이후 거의 2배로 늘어났다. 밸류라인에 따르면, 익스페디터의 주당 장부가치는 129% 증가했고 자본이익률은 3분의 1 이상 상승하여 21% 수준이었다.

어떤 기준으로 보아도 익스페디터는 탁월한 기업이었다. 하지만 시애틀에 기반을 두고 아시아 지역에서 주로 영업을 하던 그 작은 화물운송업체는 월스트리트에는 아직 거의 알려지지 않았다. 실제로 총주식의 32%만 기관투자자가 보유하고 주주도 8,500명에 불과했다. 1999년 2배의 성장 이후, 이 회사의 주가는 그해에 벌어들인 순이익의 39배로 급상승했다. 익스페디터의 주식도 이제 제법 가격이 올랐지만, EMC의 아찔한 가치평가보다는 한참 아래였다.

약속의 땅일까?

1999년 말, 엑소더스 커뮤니케이션스는 주주들에게 바로 젖과 꿀이 흐르는 복지를 가져다줄 것만 같았다. 이 회사의 주식은 1999년에만 1,005.8% 급등하며 기염을 통했다. 연초에 1만 달러를 투자했다면 연말에 11만 달러 이상을 손에 쥘 수 있었다. 막강한 영향력을 행사하던 메릴 린치&컴퍼니 Merrill Lynch & Co. 의 헨리 블로짓을 포함한 월스트리트의 대표적인 인터넷 주식 애널리스트들은 이 회사의 주식이 이듬해에 25% 정도 더 오를 것으로 예측했다.

엑소더스 커뮤니케이션스의 수익을 정신없이 챙기던 온라인 트레이더들의 입장에서 최고의 호재는 이 회사의 주식이 1999년 한 해에만 3번이나 2 대 1 주식분할을 했다는 사실이었다. 2 대 1 주식분할을 할 경우 회사는 주식 수를 2배로 늘릴 수 있고, 가격은 절반이 된다. 그래서 주주 입장에서 가격은 이전의 절반 수준이지만 2배나 많은 주식을 보유하게 된다. 주식분할이 왜 그렇게 대단한 소식일까? 누군가 내 손에 든 10센트짜리 동전 1개를 가져가고 5센트짜리 동전 2개를 쥐어주며 "이제 더 부자가 된 것 같지 않습니까?"라고 묻는다고 상상해 보라. 아마 그 사람이 바보이거나 뭔가 착각했다고 생각할 것이다. 1999년, 닷컴주의 광풍이 몰아칠 때 온라인 트레이더들이 한 행동이 바로 이러한 것이었다. 이들은 5센트짜리 동전 2개가 10센트짜리 동전 1개보다 더 가치가 있다고 믿는 것 같았다. 실제로 주식을 2 대 1로 분할한다는 소식만 들려도 해당 주식의 주가는 당장 20% 이상 상승했다.

왜 이러한 현상이 벌어졌던 것일까? 주식을 더 많이 보유할수록 부자인 것처럼 느끼기 때문이다. 한 투자자는 1월에 엑소더스 커뮤니케이션스의 주식 100주를 매수했다. 4월에 단행된 주식분할로 그의 주식은 200주가 되었다. 그러더니 8월에는 200주가 다시 400주로 불어났다. 12월에는 400주를 분할하여 800주가 되었다. 1월에 처음 100주를 샀는데 무려 700주나 더 생기다니, 이 투자자는 감격스러울 정도였다. 불어난 주식 수를 보면 길 가다 돈이라도 주운 것 같은 기분이었다. 주식을 분할할 때마다 가격이 반 토막 난다는 사실은 안중에도 없었다.[4] 1999년 12월에는 주식분할의 재미에 한껏 고무된 엑소더스 커뮤니케이션스의 한 주주가 게시판에 다음과 같은 글을 남겼다. "저는 80살이 될 때까지 이 주식을 갖고 있을 것입니다. 앞으로 수백 번 더 분할되다 보면 CEO만큼 주식을 많이 갖게 될 테니까요."[5]

그렇다면 엑소더스 커뮤니케이션스의 회사 사정은 어떠했을까? 그레이엄이라면 방호복에 10피트의 긴 막대기를 들고 이 회사를 성가시게 하는 짓은 하지 않았을 것이다. 엑소더스 커뮤니케이션스의 수입은 폭발적이었다. 1998년 5270만 달러였던 수입은 1999년에는 2억 4200만 달러로 늘어났다. 단, 1999년에는 1억 3000만 달러의 손실이 발생했는데, 이 손실액은 1년 전의 2배 수준이었다. 총부채가 26억 달러에 달했던 엑소더스 커뮤니케이션스는 부족한 현금을 메우기 위해 같은 해 12월 한 달에만 9억 7100만 달러를 차입했다. 이 회사의 연차보고서에 따르면, 이 새로운 부채는 다음 해에 이자 지급으로 5000만 달러 이상의 추가비용을 더했다. 1999년 초에 이 회사가 확보하고 있던 현금은 1억 5600만 달러였다. 신규로 13억 달러의 자금을 조달하고도, 연말에는 현금 잔고가 10억 달러밖에 남지 않았다. 즉, 이 회사가 1999년에 지출한 현금이 4억 달러 이상이었다는 의미다. 어떻게 이런 회사가 부채를 갚을 수 있겠는가?

물론, 온라인 트레이더가 집중하는 것은 회사의 건전성이 아니라 주식의 신속한 등락이다. 'Launch-Pad 1999'라는 스크린네임을 사용하는 한 트레이더는 "이 주식은 무한대로 계속 오를 것"이라며 장담했다.[6]

'Launch-Pad 1999'가 단정한 예측의 특징은 바로 애매모호함이다. '무한대'라는 말이 의미하는 것은 정확히 무엇인가? 이러한 특징은 그레이엄의

---

4 주식분할의 어리석음에 관한 자세한 내용은 2001년 4월호 《머니》 55쪽과 56쪽에 실린 제이슨 츠바이크의 "스플릿빌(Splitville)"을 참조하라.

5 1999년 12월 7일 레이징 불(Raging Bull) 웹사이트의 엑소더스 커뮤니케이션스 게시판에서 게시번호 3622의 내용을 참조하라.

6 1999년 12월 15일 레이징 불 웹사이트의 엑소더스 커뮤니케이션스 게시판에서 게시번호 3910의 내용을 참조하라.

오랜 경고를 그대로 반영하고 있다. 그레이엄은 다음과 같이 말했다.

오늘날 투자자는 미래에 대한 기대가 너무 큰 나머지, 대가도 선불로 너무 후하게 지불한다. 그렇게 많은 연구와 관심으로 계획한 것들이 실제로 달성될지도 모른다. 그렇다고 해서 그 결과가 수익으로 이어지지는 않을 것이다. 기대만큼 수익이 발생하기는커녕 일시적이거나 회복하기 어려운 손실이 닥칠 수 있다.[7]

E-기업들의 종착지

1999년 이후 이 4개 회사 주식의 성과는 어떠했을까? 어떤 성과를 올렸을까?

에머슨 일렉트릭이 2000년에 올린 수익률은 40.7%였다. 2001년과 2002년에는 손실을 보았지만, 1999년 종가에 비해 4%도 채 되지 않는 하락세였다.

EMC의 수익은 2000년에 21.7% 상승했지만, 주가는 2001년에 79.4% 하락했고, 2002년에는 54.3%가량 더 떨어졌다. 1999년 말 가격 수준에 비해 88%나 급락한 것이었다. 2001년을 겨냥했던 100억 달러의 수입 예상은 어떻게 되었을까? 그해 EMC의 수입은 71억 달러에 그쳤고, 순손실은 5억 800만 달러를 기록했다.

2000년 이후 익스페디터 인터내셔널 주식은 약세장의 존재가 무색할 만큼 승승장구했다. 2000년과 2001년, 2002년에 이 회사의 주가는 각각 22.9%, 6.5%, 15.1%의 상승률을 보였다.

---

7 그레이엄의 강연 내용을 옮긴 부록의 "보통주의 새로운 투기"를 참조하라.

엑소더스 커뮤니케이션스의 주식은 2000년에 55% 하락하고 2001년에 99.8% 하락하였다. 2001년 9월 26일에 엑소더스 커뮤니케이션스는 파산법 11장에 따른 파산보호를 신청하였다. 이 회사 자산 중 대부분은 영국의 거대통신업체인 케이블&와이어리스Cable & Wireless에 매각되었다. 결국 엑소더스 커뮤니케이션스는 주주들에게 약속의 땅을 나눠주는 대신, 이들을 황무지로 유배시키고 말았다. 2003년 초, 이 회사 주식의 마지막 거래는 주당 1페니의 가격으로 마감했다.

14장

방어적인 투자자의 주식 선택

이제는 증권분석기법을 좀 더 광범위하게 응용해 보자. 방어적인 투자자와 공격적인 투자자에게 추천하는 투자 방법*에 대해서는 이미 일반적인 내용을 소개했으므로, 이제 이러한 방법을 실천하는 과정에서 증권분석이 하는 역할에 관해 설명하고자 한다. 우리의 투자 조언을 준수하는 방어적인 투자자라면 우량채권과 우량주를 집중적으로 분산 매수할 것이다. 투자자가 주식을 매수할 때에는 적용 가능한 기준을 통해 주식가치가 불합리하게 고평가된 것은 아닌지 확인해야 한다.

분산 포트폴리오는 두 가지 방법으로 구성할 수 있다. 하나는 다우존스 지수형 포트폴리오고, 다른 하나는 계량적인 검증 절차를 필요로 하는 포트폴리오다. 다우존스 지수형 포트폴리오를 구성하는 투자자는 대표적인 선도 종목을 참고하게 된다. 이 중에는 특히 높은 주가수익비율로 거래되는 인기 성

---

* 그레이엄이 추천하는 투자 방법은 4장부터 7장까지 소개되어 있다.

장주는 물론 낮은 주가의 비인기주도 포함될 수 있다. 가장 단순하게는 다우존스 지수를 구성하는 30개 종목 모두를 동일한 수량씩 매입하여 포트폴리오를 구성할 수 있을 것이다. 다우존스 지수 900을 기준으로 종목마다 10주씩 매수하려면 약 1만 6000달러가 필요하다.** 과거 기록을 볼 때, 몇 개의 대표적인 투자펀드의 주식을 매입해도 비슷한 투자 결과를 기대할 수 있다.***

두 번째 방법인 계량적 포트폴리오는 각각의 투자 건에 정해진 기준을 적용하는 것을 말한다. 이 기준에는 (1) 회사의 과거 영업실적과 현재 재무상태에 대한 최소한의 질적 정보와 (2) 주가 1달러당 수익 및 자산 등 최소한의 양적 정보가 포함된다. 13장 마지막에서 우리는 특정 주식의 선택을 위해 참고해야 할 일곱 가지의 질적 및 양적 기준을 간략히 소개했다. 이 내용을 순서대로 자세히 살펴보면 다음과 같다.

1. 회사의 적정 규모

우리가 확보한 모든 최소 수치는 임의적인 것이다. 기업 규모 문제에서는 더욱 그렇다. 특히 제조업 분야에서 평균 이상의 변화를 보이는 중소기업은 제외하는 것이 좋다. 물론 이러한 회사 중에도 탁월한 잠재성을 가진 경우도 있지만, 방어적인 투자자에게는 적합하지 않다. 일반적으로 투자자들이 고려할 수 있는 규모는 제조업체라면 연간 매출액 1억 달러 이상, 공공 유틸리티 기업이라면 총자산 5000만 달러 이상이다.

** 오랜 시간 이루어진 수많은 주식분할 이후 다우존스 지수 목록의 실제 평균가격은 1972년 초에 주당 약 53달러 수준을 보였다.

*** 5장 주석과 9장 주석에서 검토한 바와 같이 오늘날의 방어적인 투자자들은 주가연동형 펀드를 이용해 이러한 목표를 손쉽게 달성할 수 있다. 주가연동형 펀드는 미국 주식시장의 수익률을 따라잡기에 이상적인 저비용 상품이다.

2. 건실한 재무상태

제조업체의 경우, 유동자산이 적어도 유동부채의 2배, 즉 유동비율이 200% 이상이어야 한다. 또한 장기부채가 순유동자산 또는 '운전자본' 규모보다 작아야 한다. 공공 유틸리티 기업의 경우는 부채가 자기자본 또는 장부가치의 2배 미만이어야 한다.

3. 수익의 안정성

과거 10년 동안 매년 수익을 기록하여야 한다.

4. 배당 기록

최소 과거 20년 동안 배당이 중단 없이 지급되어야 한다.

5. 수익 성장

3년 평균 주당순이익이 지난 10년 동안 최소한 3분의 1 이상 증가해야 한다.

6. 적당한 주가수익비율

현재 주가가 과거 3년 평균수익의 15배를 넘지 않아야 한다.

7. 적정한 가격 대 자산 비율

현재 주가가 지난 결산기 장부가치의 1.5배를 넘지 않아야 한다. 하지만 이익승수가 15 미만인 경우는 자산승수가 더 높아야 한다. 경험에 비추어 보건대 주가수익비율과 주가순자산비율PBR: Price-to-Book Ratio을 곱한 결과는 22.5 미만이어야 한다. 주가수익비율 15배와 주가순자산비율 1.5배를 곱한 결과와 일치하는 수치다. 종목을 팔 때에는 주가수익비율 9배와 주가순자산비율

2.5배 수준에서 인정할 수 있다.

전반적인 논평: 지금까지 소개한 일곱 가지 기준은 특히 방어적인 투자자의 필요 및 성향에 맞추었다. 이 기준에 따르면 대다수의 보통주는 두 가지 상반된 방식에 따라 포트폴리오에서 제외된다. 먼저 (1) 규모가 너무 작은 회사, (2) 재무상태가 상대적으로 취약한 회사, (3) 지난 10년 동안 영업실적에서 적자를 보인 해가 있는 회사, (4) 지속적인 배당 지급 기록이 오랫동안 보이지 않는 회사는 제외된다. 이 중에서 최근에 가장 중요한 요소로 부상한 것은 재무상태의 건전성이다. 대형 회사 중에는 과거에 사업 기반이 건실했으나 최근 약화된 유동비율 또는 부채 증가를 보이는 경우가 늘고 있기 때문이다. 두 가지 문제를 모두 보이는 회사들도 있다.

그런가 하면 마지막에 소개된 두 가지 범주는 정반대의 입장에서 배타적인 기준을 제시한다. 즉, 포트폴리오 편입 대상이 되려면 주가에서 달러당 수익 및 자산이 인기주보다 더 많아야 한다. 이 기준은 재무분석가의 입장에서 볼 때 표준적인 시각이라고 볼 수 없다. 사실 대부분의 투자자가 회사를 선택할 때 주가에 대해서는 좀 더 관대한 기준을 적용해야 한다고 주장할 것이다. 현명한 투자자라도 마찬가지다. 이처럼 두 가지 방법의 상반되는 방향은 미래에 계속 증가할 것으로 기대되는 수익에 근거하여 주가를 평가할 경우 안전 요소가 크게 부족하다는 점에서 비롯된다. 이 점을 고려해 투자자는 양측의 논리를 비교 분석한 후 적합한 방향을 선택해야 한다.

우리는 이 두 가지 방법 중에서 지난 10년간 적당한 성장 요건을 갖춘 회사를 포함하는 쪽을 선택했다. 이 요건을 충족하지 못하는 회사는 적어도 자기자본이익 측면에서 퇴보한 것이기 때문이다. 할인 기회라고 할 만큼 주가가 내려가더라도 방어적인 투자자들로서는 이러한 종목에 투자할 이유가 없다.

앞에 제시한 최대 15배 수익은 12배에서 13배 정도의 평균적인 승수의

종목을 포함한 일반적인 포트폴리오 구성을 의미한다. 1972년 2월, AT&T
는 3년 평균수익의 11배 가격으로 거래되었고, 스탠더드 오일 캘리포니아
는 지난 결산 수익의 10배 이내에서 거래되었다는 사실을 눈여겨볼 필요가
있다. 우리가 기본적으로 추천하는 바에 따르면 주식 포트폴리오의 전체적
인 수익을 주가로 나눈 비율, 즉 주가를 수익으로 나눈 주가수익비율의 역수
가 최소한 우량채권수익률보다 높아야 한다. 예를 들어, AA급 채권수익률
이 7.5%일 경우 주가수익비율은 13.3 이내여야 한다.[*]

1970년 말 다우존스 지수와 제시된 기준의 적용

1970년 말 다우존스 지수를 구성하는 종목들은 모두 여기에서 제시한 기
준을 만족시켰다. 그중 두 종목은 간신히 기준을 충족했다. 1970년 종가와
관련 수치를 기초로 한 조사 결과를 살펴보자. 〈표 14-1〉과 〈표 14-2〉에는
각 회사의 기본적인 수치가 정리되어 있다.

1. 모든 회사는 규모가 대형이다.
2. 일부 회사를 제외하고 재정상태는 양호한 편이다.[**]
3. 늦어도 1940년 이후에 모든 회사는 일정한 배당금을 지급해 왔다. 이

---

[*] 2003년 초에 10년 만기 AA급 회사채 수익률은 약 4.6%였다. 그레이엄의 공식에 따르면 주식 포트폴리
오의 주가수익비율도 최소한 그 이상은 되어야 한다. 이 수익률의 역수(100/4.6)로 환산하면 제시 가능한
최대 주가수익비율은 21.7배가 된다. 이 절의 시작 부분에서 그레이엄은 보통 주식은 최대 비율보다 20%
정도 낮게 가격을 매길 것을 제안했다. 즉, 그레이엄은 현재 시장 상황과 이자율에서는 3년 평균이익의 17
배 이하에서 거래되는 주식이 잠재적으로 투자 매력이 있다고 본 것이다. 2002년 말 현재, S&P500 지수 종
목 중 40% 이상에 해당하는 200개 이상의 종목이 3년 평균이익의 17배 이하 수준에서 거래되고 있다.

[**] 1960년 29개 기업 중 유동자산이 유동부채의 2배를 넘지 못하는 기업과 순자산이 부채를 넘지 못하는 기
업 수는 각각 두 곳에 불과했다. 그러나 1970년 12월 무렵까지 이러한 기업 수는 12개로 증가했다.

⟨표 14-1⟩ 1971년 9월 30일 다우존스 지수 30개 주식 기초자료

회사명	주가 1971년 9월 30일	주당순이익[a]			배당지속 (~이후)	순자산 가치	현재 배당금
		1971년 9월 30일	평균 1968~ 1970년	평균 1958~ 1960년			
Allied Chemical	32.5	1.40	1.82	2.14	1887	26.02	1.20
Aluminum Co. of Am.	45.5	4.25	5.18	2.08	1939	55.01	1.80
Amer. Brands	43.5	4.32	3.69	2.24	1905	13.46	2.10
Amer. Can	33.25	2.68	3.76	2.42	1923	40.01	2.20
Amer. Tel. & Tel.	43	4.03	3.91	2.52	1881	45.47	2.60
Anaconda	15	2.06	3.90	2.17	1936	54.28	없음
Bethlehem Steel	25.5	2.64	3.05	2.62	1939	44.62	1.20
Chrysler	28.5	1.05	2.72	(0.13)	1926	42.40	0.60
DuPont	154	6.31	7.32	8.09	1904	55.22	5.00
Eastman Kodak	87	2.45	2.44	0.72	1902	13.70	1.32
General Electric	61.25	2.63	1.78	1.37	1899	14.92	1.40
General Foods	34	2.34	2.23	1.13	1922	14.13	1.40
General Motors	83	3.33	4.69	2.94	1915	33.39	3.40
Goodyear	33.5	2.11	2.01	1.04	1937	18.49	0.85
Inter. Harvester	28.5	1.16	2.30	1.87	1910	42.06	1.40
Inter. Nickel	31	2.27	2.10	0.94	1934	14.53	1.00
Inter. Paper	33	1.46	2.22	1.76	1946	23.68	1.50
Johns-Manville	39	2.02	2.33	1.62	1935	24.51	1.20
Owens-Illinois	52	3.89	3.69	2.24	1907	43.75	1.35
Procter & Gamble	71	2.91	2.33	1.02	1891	15.41	1.50
Sears Roebuck	68.5	3.19	2.87	1.17	1935	23.97	1.55
Std. Oil of Calif.	56	5.78	5.35	3.17	1912	54.79	2.80
Std. Oil of N.J.	72	6.51	5.88	2.90	1882	48.95	3.90
Swift & Co.	42	2.56	1.66	1.33	1934	26.74	0.70
Texaco	32	3.24	2.96	1.34	1903	23.06	1.60
Union Carbide	43.5	2.59	2.76	2.52	1918	29.64	2.00
United Aircraft	30.5	3.13	4.35	2.79	1936	47.00	1.80
U. S. Steel	29.5	3.53	3.81	4.85	1940	65.54	1.60
Westinghouse El.	96.5	3.26	3.44	2.26	1935	33.67	1.80
Woolworth	49	2.47	2.38	1.35	1912	25.47	1.20

a) 주식배당과 주식분할로 조정된 수치다.

회사명	PER		배당 수익률	이익증가율 1968~1970년 대 1958~1960년	유동 비율[a]	순유동 자산/ 부채[b]	주가 /순자산 가치
	1971년 9월	1968~ 1970년					
Allied Chemical	18.3배	18.0배	3.7%	(−15.0%)	2.1배	74%	125%
Aluminum Co. of Am.	10.7	8.8	4.0	149.0%	2.7	51	84
Amer. Brands	10.1	11.8	5.1	64.7	2.1	138	282
Amer. Can	12.4	8.9	6.6	52.5	2.1	91	83
Amer. Tel. & Tel.	10.8	11.0	6.0	55.2	1.1	−[c]	94
Anaconda	5.7	3.9	−	80.0	2.9	80	28
Bethlehem Steel	12.4	8.1	4.7	16.4	1.7	68	58
Chrysler	27.0	10.5	2.1	−[d]	1.4	78	67
DuPont	24.5	21.0	3.2	(−9.0)	3.6	609	280
Eastman Kodak	35.5	35.6	1.5	238.9	2.4	1764	635
General Electric	23.4	34.4	2.3	29.9	1.3	89	410
General Foods	14.5	15.2	4.1	97.3	1.6	254	240
General Motors	24.4	17.6	4.1	59.5	1.9	1071	247
Goodyear	15.8	16.7	2.5	93.3	2.1	129	80
Inter. Harvester	24.5	12.4	4.9	23.0	2.2	191	66
Inter. Nickel	13.6	16.2	3.2	123.4	2.5	131	213
Inter. Paper	22.5	14.0	4.6	26.1	2.2	62	139
Johns−Manville	19.3	16.8	3.0	43.8	2.6	−	158
Owens−Illinois	13.2	14.0	2.6	64.7	1.6	51	118
Procter & Gamble	24.2	31.6	2.1	128.4	2.4	400	460
Sears Roebuck	21.4	23.8	1.7	145.3	1.6	322	285
Std. Oil of Calif.	9.7	10.5	5.0	68.8	1.5	79	102
Std. Oil of N.J.	11.0	12.2	5.4	102.8	1.5	94	115
Swift & Co.	16.4	25.5	1.7	24.8	2.4	138	158
Texaco	9.9	10.8	5.0	120.9	1.7	128	138
Union Carbide	16.6	15.8	4.6	9.5	2.2	86	146
United Aircraft	9.7	7.0	5.9	55.9	1.5	155	65
U. S. Steel	8.3	6.7	5.4	(−21.5)	1.7	51	63
Westinghouse El.	29.5	28.0	1.9	52.2	1.8	145	2.86
Woolworth	19.7	20.5	2.4	76.3	1.8	185	1.90

a) 1970년 회계연도 말의 수치다.
b) 무디스 산업 매뉴얼(1971)에 제시된 수치다.
c) 순유동자산에 대한 차감수치다.
d) 1958년부터 1960년 사이에 발생한 적자를 의미한다.

중 5개 회사는 1900년 이전에 배당금을 지급하기 시작했다.

4. 모든 회사는 지난 10년간 상당히 인상적인 수익을 올렸다. 1961년부터 1969년 호황기에 적자를 보인 회사는 한 곳도 없다. 1970년에 크라이슬러가 소폭의 적자를 기록한 예가 유일하다.

5. 10년 간격을 둔 3년간 평균을 기준으로 총성장률은 77%, 연간 성장률은 6%를 기록했다. 그러나 5개 회사는 3분의 1 이상 성장하지 못했다.

6. 연말 종가 대 3년 평균수익은 839 대 55달러 50센트로 15 대 1의 비율을 보였다. 이 수치는 우리가 제안했던 상한선에 해당한다.

7. 주가 대 순자산가치 역시 839 대 562로, 역시 우리가 제안했던 한계인 1.5 대 1에 해당한다.

일곱 가지 기준을 각 회사에 개별적으로 적용했을 때, 모든 조건을 충족한 경우는 아메리칸 캔American Can, AT&T, 아나콘다, 스위프트Swift, 울워스

〈표 14-3〉 1970년 말 투자 기준을 모두 충족하는 다우존스 지수 종목

회사명	American Can	AT&T	Anaconda	Swift	Woolworth	5개사 평균
주가 1970년 12월 31일	39.75	48.875	21	30.125	36.5	
주가/이익 1970년	11.0배	12.3배	6.7배	13.5배	14.4배	11.6배
주가/3년 평균이익	10.5배	12.5배	5.4배	18.1배[b]	15.1배	12.3배
주가/장부가치	99%	108%	38%	113%	148%	112%
유동자산/유동부채	2.2배	해당사항 없음	2.9배	2.3배	1.8배[c]	2.3배
순자산가치/부채	110%	해당사항 없음	120%	141%	190%	140%
안정성지수[a]	85	100	72	77	99	86
성장률[a]	55%	53%	78%	25%	73%	57%

a) 13장 마지막 부분에 소개된 정의를 참조하라.
b) 1970년에 스위프트는 좋은 실적을 보였으므로 여기에서는 1968년부터 1970년의 부족분을 용인한다.
c) 2 미만에서 1까지의 작은 부족분은 추가 부채상환에 따른 마진으로 상쇄되었다.
＊해당사항 없음: AT&T의 부채는 주주 지분보다 적다.

Woolworth 등 5개 회사에 불과했다. 이 회사들에 대한 정보는 〈표 14-3〉에서 확인할 수 있다. 과거 성장률 이외에 다른 지표에서 이들은 다우존스 지수보다 훨씬 뛰어난 실적을 보인다.*

제조업 분야에서 선택된 회사에 이러한 기준을 구체적으로 적용해 보면 전체 상장사 중 모든 기준을 충족하는 종목의 비율이 비교적 낮은 것으로 나타난다. S&P 지수가 1970년 말에 발간한 《증권 가이드》에서 이 기준에 해당하는 100여 개 종목을 살펴볼 수 있다. 이 정도라면 투자자 입장에서 만족스러운 선택 범위일 것이다.**

공공 유틸리티 기업 '해법'

공공 유틸리티 기업으로 관심을 돌린 투자자들은 매력적인 투자 환경을 더 손쉽게 발견할 수 있다.*** 절대다수의 종목이 영업실적 및 주가수익비율 면에서 볼 때 우리가 제시한 방어적 투자자의 요구를 충족하기 때문이다. 공공 유틸리티 기업에 대해 유동자산 대 유동부채의 비율을 의미하는 유동비

---

* 단, 1970년 12월부터 1972년 초까지 이들이 보인 종합적인 시장 상황은 다우존스 지수 상황보다 열악했다는 점을 유의해야 한다. 이러한 점은 우월한 시장 결과를 보장하는 시스템이나 공식은 존재하지 않는다는 사실을 다시 한 번 입증한다. 여기에서 우리가 제시한 요건을 준수한다면 적어도 포트폴리오에 투자한 만큼의 가치는 '보장'받을 것이다.

** 간편한 온라인 주식창을 이용하면 S&P500 종목을 그레이엄의 기준에 따라 정렬해 볼 수 있다. www.quicken.com/investments/stocks/search/full을 이용해 보라.

*** 그레이엄이 이 책을 집필할 당시 유틸리티 종목에 특화한 뮤추얼펀드로는 프랭클린 유틸리티스(Franklin Utilities)가 유일했다. 오늘날에는 그 수가 30개 이상으로 늘어났다. 당시 그레이엄이 예상하지 못한 것은 원자력발전소의 건설 취소나 가동 중단으로 인한 막대한 투자손실 가능성이었다. 또한 캘리포니아 주정부의 서툰 규제로 어떤 결과가 발생할 수 있을지 당시로서는 예견할 수 없었다. 이러한 요인들 때문에 유틸리티 주식은 그레이엄 시절보다 훨씬 변동성이 크다. 따라서 일반 투자자들은 다우존스 유틸리티 인덱스 펀드(IDU)나 유틸리티 SPDR(XLU)처럼 저비용의 분산화 펀드를 이용하는 것이 좋다. 좀 더 상세한 사항은 www.ishares.com, www.spdrindex.com을 참조하라.

회사명	주가 1971년 9월 30일	순이익[a]	배당	장부 가치	주가/ 순이익	주가/ 장부 가치	배당 수익률	주당순이익 증가율 (1970/1960)
Am. Elec. Power	26	2.40	1.70	18.86	11배	138%	6.5%	87%
Cleveland El. Ill.	34.75	3.10	2.24	22.94	11	150	6.4	86
Columbia Gas System	33	2.95	1.76	25.58	11	129	5.3	85
Gommonwealth Edison	35.5	3.05	2.20	27.28	12	130	6.2	56
Consolidated Edison	24.5	2.40	1.80	30.63	10	80	7.4	19
Consd. Nat. Gas	27.75	3.00	1.88	32.11	9	86	6.8	53
Detroit Edison	19.25	1.80	1.40	22.66	11	84	7.3	40
Houston Ltg. & Power	42.75	2.88	1.32	19.02	15	222	3.1	135
Niagara–Mohawk Pwr.	15.5	1.45	1.10	16.46	11	93	7.2	32
Pacific Gas & Electric	29	2.65	1.64	25.45	11	114	5.6	79
Panhandle E. Pipe L.	32.5	2.90	1.80	19.95	11	166	5.5	79
Peoples Gas Co.	31.5	2.70	2.08	30.28	8	104	6.6	23
Philadelphia El.	20.5	2.00	1.64	19.74	10	103	8.0	29
Public Svs. El. & Gas	25.5	2.80	1.64	21.81	9	116	6.4	80
Sou. Calif. Edison	29.25	2.80	1.50	27.28	10	107	5.1	85
평균	28.5	2.66	1.71	23.83	10.7배	121%	6.2%	65%

a) 1971년 추정치다.

율 기준은 적용하지 않았다. 공공 유틸리티 기업의 경우 운전자본은 채권 및 주식 발행을 통해 자체적으로 조성된다는 이유에서다. 단, 부채에 대한 자기자본비율의 기준은 분명히 필요하다.****

〈표 14-4〉에서는 다우존스 유틸리티 지수에 포함된 15개 종목이 소개되어 있다. 이에 대한 비교 대상으로 〈표 14-5〉에서는 뉴욕증권거래소에서 임의로 선택한 다른 15개의 유틸리티 종목을 정리하고 있다.

**** 결과적으로 가스관 관련 기업은 담보 설정이 과하게 되어 있으므로 대부분 배제해야 한다. 이러한 설정은 채권 지급을 '보장'하기 위한 매수 계약의 기초지만, 여기에서 이러한 구조까지 고려하는 것은 방어적 투자자들에게 너무 복잡한 문제일 수 있다.

회사명	주가 1971년 9월 30일	순이익	배당	장부 가치	주가/ 순이익	주가/ 장부 가치	배당 수익률	주당순이익 증가율 (1970/1960)
Alabama Gas	15.5	1.50	1.10	17.80	10배	87%	7.1%	34%
Allegheny Power	22.5	2.15	1.32	16.88	10	134	6.0	71
Am. Tel. & Tel.	43	4.05	2.60	45.47	11	95	6.0	47
An. Water Works	14	1.46	.60	16.80	10	84	4.3	187
Atlantic City Elec.	20.5	1.85	1.36	14.81	11	138	6.6	74
Baltimore Gas. Elec.	30.25	2.85	1.82	23.03	11	132	6.0	86
Brooklyn Union Gas	23.5	2.00	1.12	20.91	12	112	7.3	29
Carolina Pwr. & Lt.	22.5	1.65	1.46	20.49	14	110	6.5	39
Cen Hudson G. & E.	22.25	2.00	1.48	20.29	11	110	6.5	13
Cen. Ill. Lt.	25.25	2.50	1.56	22.16	10	114	6.5	55
Cen. Maine Pwr.	17.75	1.48	1.20	16.35	12	113	6.8	62
Cincinnati Gas & Elec.	23.25	2.20	1.56	16.13	11	145	6.7	102
Consumers Power	29.5	2.80	2.00	32.59	11	90	6.8	89
Dayton Pwr. & Lt.	23	2.25	1.66	16.79	10	137	7.2	94
Delmarva Pwr. & Lt.	16.5	1.55	1.12	14.04	11	117	6.7	78
평균	23.5	2.15	1.50	21.00	11배	112%	6.5%	71%

1972년에 들어서면 방어적인 투자자들은 실적과 주가 양면에서 제시된 기준에 모두 부합하는 공공 유틸리티 기업을 상당히 폭넓게 선택할 수 있을 것이다. 이 회사들은 방어적인 투자자가 일반적으로 선택한 보통주 투자에서 기대할 수 있는 모든 권한을 제공하고 있다. 다우존스 지수의 대표적인 우량 제조업체들에 비해 유틸리티 기업은 비슷한 과거 성장률과 더불어 안정된 실적을 보이면서도 수익과 자산 면에서 상대적으로 낮은 주가를 기록했다. 배당수익률은 오히려 훨씬 뛰어났다. 해당 업종에서 독점적인 지위를 차지하는 유틸리티 기업은 보수적인 투자자에게 유리한 점이 많다. 유틸리티 기업은 우선 자본을 유치하기 위해 유리한 가격을 결정할 수 있는 권한을 법적으로 보장받고 있다. 즉, 비용이 증가하더라도 충분히 이를 상쇄할 능력

연도	제조업		철도		유틸리티	
	주가[a]	PER	주가	PER	주가	PER
1948년	15.34	6.56	15.27	4.55	16.77	10.03
1953년	24.84	9.56	22.60	5.42	24.03	14.00
1958년	58.65	19.88	34.23	12.45	43.13	18.59
1963년	79.25	18.18	40.65	12.78	66.42	20.44
1968년	113.02	17.80	54.15	14.21	69.69	15.87
1970년	100.00	17.84	34.40	12.83	61.75	13.16

a) 주가는 연말 종가를 의미한다.

을 갖추고 있다. 유틸리티 기업이 따라야 하는 사업상 규제는 간혹 경영이나 사업 진행을 방해하는 요인이 되기도 하지만, 수십 년간 투자자본 증가에 따른 적정한 수익을 올리는 데에는 문제가 없었다.

방어적인 투자자에게 있어서 유틸리티 종목이 갖는 주요 매력은 장부가치에 비해 주가가 저렴하다는 점이다. 따라서 투자자는 주식시장의 등락에 상관없이 건실한 기초와 탄탄한 수익성을 자랑하는 유틸리티 기업의 주식을 안심하고 소유할 수 있다. 이러한 종목의 주가는 항상 투자자에게 유리하게 작용해 왔다. 즉, 투자자는 거의 언제든지 저가에서 매수하거나 고가에 매도할 시점을 자유롭게 판단할 수 있었다.

〈표 14-6〉에서 다른 지수와 비교하여 제시된 유틸리티 지수의 시장 기록은 과거 이 업종에 대한 투자에서 이익을 볼 가능성이 컸음을 나타낸다. 상승률이 제조업 지수보다 크지는 않았지만, 개별 유틸리티 기업은 대부분 기간에 주가에서 다른 분야보다 나은 안정성을 기록했다.[*] 이 표에 나타난 인상적인 변화는 지난 20년 동안 제조업과 유틸리티 기업의 주가수익비율이

---

[*] 그레이엄의 이러한 주장은 2002년 말까지 30년 동안 둔해 보이던 S&P의 유틸리티 지수가 NASDAQ 종합지수보다 더 높은 성과를 거두면서 사실로 증명되었다.

자리를 맞바꿈 했다는 사실이다. 이 변화는 소극적인 투자자보다는 적극적인 투자자에게 더 큰 의미가 있다. 다른 한편으로 주가수익비율의 변화는 방어적인 포트폴리오도 때에 따라 재구성해야 할 필요가 있음을 암시한다. 특히 매수한 종목이 지나치게 상승하여 훨씬 저렴한 가격의 종목들로 대체할 수 있는 상황이라면 더욱 그러하다. 물론 이 경우에 자본이득세를 지급해야 한다. 대개 투자자들은 세금 내는 상황은 회피하고 싶어 한다. 하지만 경험에 비추어 보면 적당한 때 주식을 팔고 세금을 내는 것이 팔지 않고 후회하는 것보다 낫다.

금융회사 주식투자

'금융회사'의 범주로 분류되는 기업의 면면은 은행, 보험회사, 저축대출조합, 신용 및 소액대출회사, 부동산담보대출회사는 물론, 뮤추얼펀드와 같은 투자회사 등 다양하다.* 이 회사들은 자산 유형이 단순한 편으로 고정자산이나 상품재고처럼 다양한 형태를 띠지 않고, 자본금보다 훨씬 많은 단기부채를 안고 있는 경우가 많다. 따라서 제조업체를 비롯한 일반 회사에 비해 재무상태의 안정성이 훨씬 중요하다. 금융회사를 상대로 한 다양한 형태의 규제 및 감독이 실시되고 있는 이유는 바로 이와 같은 재무상 특징으로 횡행할 수 있는 불건전한 금융 관행을 저지하기 위해서다.

넓게 보면 금융회사의 주식은 다른 종목과 비슷한 투자 성과를 보였다. 〈표 14-7〉은 1948년부터 1970년 사이에 S&P 지수에 나타난 6개 업종의 가

---

* 오늘날 금융서비스산업은 상업은행, 저축대부 및 담보대출회사, 신용카드와 같은 소비자 금융회사, 투자관리 및 신탁회사, 투자은행과 증권회사, 보험회사, 부동산투자신탁과 같은 부동산투자개발회사 등을 포함하여 훨씬 다양한 부문을 포함하고 있다. 이처럼 구성이 다양해진 만큼 재무 건전성에 관한 그레이엄의 경고 또한 그 타당성을 더욱 폭넓게 인정받고 있다.

회사명	1948년	1953년	1958년	1963년	1968년	1970년
생명보험회사	17.1	59.5	156.6	318.1	282.2	218.0
손해보험회사	13.7	23.9	41.0	64.7	99.2	84.3
뉴욕시티은행	11.2	15.0	24.3	36.8	49.6	44.3
뉴욕시티 이외의 은행	16.9	33.3	48.7	75.9	96.9	83.3
파이낸스회사	15.6	27.1	55.4	64.3	92.8	78.3
신용조합	18.4	36.4	68.5	118.2	142.8	126.8
S&P지수[a]	13.2	24.8	55.2	75.0	103.9	92.2

a) 연말 S&P 지수다. 1941년부터 1943년까지의 평균을 10으로 환산한 수치다.

격 변화를 보여 준다. 여기에서는 1941년부터 1943년까지 3년 동안의 평균을 10으로 정하고 이를 기준으로 가격을 비교한다. 1970년 말 현재 주가지수는 9개 뉴욕시티은행의 44.3부터 11개 생명보험사의 218까지 다양한 분포를 보였다. 예를 들어, 1958년부터 1968년 사이에 뉴욕시티은행의 주식은 상당히 뛰어난 성과를 보인 반면, 생명보험회사의 주식은 1963년부터 1968년 사이에 폭락하기 시작했다. S&P 지수에서 이와 같은 희비 교차는 다른 업종 내에서도 대부분 찾아볼 수 있다.

이처럼 광범위한 투자 대상에 대해서는 특별히 도움이 될 말은 없다. 다만 수익과 장부가치에 근거한 주가 기준을 제조업이나 유틸리티 기업은 물론 금융회사 주식에도 동일하게 적용할 것을 충고한다.

철도회사의 문제

첨예한 경쟁과 엄격한 규제라는 이중고를 안고 있는 철도회사의 문제는 유틸리티 회사의 경우와 완전히 다르다. 인건비 또한 어려운 현안이지만,

이 문제는 철도 분야에만 국한된 것은 아니었다. 자동차, 버스 및 항공이 승객 운송을 대부분 감당하게 되면서 철도회사의 수익성은 심각한 타격을 입었다. 화물 운송 또한 트럭에 의해 상당 부분이 잠식되었다. 그 결과 지난 50년 동안 미국 전역의 철도회사 절반 이상이 수차례 도산되거나 '수탁경영' 대상으로 전락했다.

그러나 철도회사가 반세기 동안 늘 내리막길이었던 것은 아니다. 특히 전시에 철도산업은 활짝 꽃을 피웠다. 따라서 일부 회사는 어려운 여건 속에서도 수익성을 유지하고 배당금 또한 지속해서 제공할 수 있었다.

S&P 지수는 1942년의 저점에서 1968년의 고점까지 상승폭이 무려 7배에 달했다. 공공 유틸리티 지수의 상승률에도 크게 뒤지지 않는 수준이었다. 그러던 중 1970년에는 미국의 대표적인 철도기업인 펜 센트럴 트랜스포테이션이 도산하는 사태가 발생했는데, 이 사건은 당시 금융계에 큰 충격을 안겼다. 불과 1, 2년 전만 해도 이 회사 주식은 오랫동안 최고 수준의 가격을 유지했고, 무려 120년이 넘도록 지속해서 배당금을 지급해 오던 회사였다. 이 금융계의 재난은 철도 주식의 시장 수준에 전체적으로 심각한 타격을 입혔다. 이 회사에 대한 좀 더 자세한 내용은 17장에서 확인할 수 있다. 여기에서 우리는 이 회사에 대한 간략한 분석을 소개하며 실력 있는 한 학생이 회사의 약점을 파악하여 이 종목의 소유에 대해 조언한다면 어떻게 할 수 있을지 제시하고 있다.

어떤 분야의 주식을 뭉뚱그려 추천하는 것이 일반적으로 불합리하듯이 광범위하게 부정적인 견해를 보이는 것 또한 바람직하지 않다. 〈표 14-6〉에 소개된 철도회사 주가 기록을 보면 이 업종의 주식이 대체로 큰 수익을 올렸다는 것을 알 수 있다. 그러나 우리가 볼 때 이 정도의 수익이 이 업종에서 발생했다고 말하기에는 불합리한 면이 있다. 따라서 다음과 같이 우리의 제안을 한정하고자 한다. 투자자 입장에서 철도회사 주식은 반드시 보유해야할 만큼 큰 매력이 있는 것은 아니다. 따라서 이 분야의 주식을 매수하기 전에 투자자는 반드시 다른 종목에 투자할 가치가 더 있는 것은 아닌지 확인해보아야 한다.[*]

방어적인 투자자의 선택

투자자라면 누구나 자신의 포트폴리오가 평균 이상의 성과를 올리기를 바란다. 그래서 능력 있는 조언가나 증권분석가를 만나게 되면 탁월한 투자 포트폴리오를 구성해 줄 수 있는지 묻게 된다. 그러면 전문가는 이렇게 답할 것이다. "지금 구상하신 내용은 아주 단순하고 쉽게 할 수 있는 것입니다. 고도로 훈련된 분석가라면 모든 기술과 역량을 발휘해서 다우존스 지수 종목만큼 확실히 개선할 수 있어야 하겠지요. 그렇게 할 수 없다면 전문가로서 갖고 있는 통계 정보나 계산 방식, 독자적인 판단력 등이 다 무슨 소용이겠습니까?"

실제로 우리는 100명의 증권분석가를 대상으로 1970년 말에 다우존스 지수 종목 중에서 매수하기에 '가장 유망한' 종목 5개를 선택해 달라고 요청했다. 그 결과 동일한 종목을 선택한 경우는 거의 없었다. 선택한 종목들이 대부분 완전히 달랐다.

이러한 결과는 그리 놀라운 일은 아니다. 근본적인 이유로 생각해 볼 수 있는 것은 유망한 개별 종목의 현재 주가가 재무상 특성 및 장기 전망에 대

---

[*] 현재 철도 주식 중 살아남은 종목은 벌링턴 노던(Burlington Northern), CSX(CSX Corporation), 노퍽 서던(Norfolk Southern), 유니언 퍼시픽(Union Pacific) 등 소수에 불과하다. 이 절에서 제시한 조언은 최소한 오늘날 항공 주식에도 적용할 수 있다. 그레이엄 시대의 철도회사처럼 현재 항공회사는 막대한 경영 손실과 거의 반세기에 걸쳐 지속적으로 발생한 부진한 실적으로 신음하고 있다.

한 일반적인 견해를 잘 반영하고 있다는 사실이다. 따라서 개별 종목의 매수 가능성에 대한 증권분석가의 평가는 개인적인 편견이나 평가 작업에 비추어 어떤 요인을 더 중요하게 보는가에 따라 크게 좌우된다. 모든 분석가가 최고의 주식으로 동일한 종목을 지목할 수 있다면, 이 종목의 주가는 급등하며 다른 모든 이점을 무색하게 만들 것이다.*

현재 주가가 이미 알려진 정보와 앞으로의 전망을 충실히 반영한다는 말에는 곧 주가평가에 숨은 이중적인 기준에 주목하라는 의미가 담겨 있다. 증권분석가들은 추구하는 방법에 따라 기존 정보와 미래 전망이라는 두 가지 요소에 근본적으로 다르게 접근할 수 있다. 증권분석가들이 한 회사에 대해 자신의 분석 역량을 인정받는 데 있어서 분명히 중요하게 생각하는 것은 과거를 이해하는 것보다 미래를 내다보는 능력이다. 미래를 전망하기 위해서는 '예측prediction/projection'과 '방어protection' 등 두 가지 방법이 사용된다.**

'예측'을 강조하는 분석가들은 그 회사가 앞으로 무엇을 달성할 것인지, 특히 탁월한 수익과 지속적인 증가를 보일 것인지 정확하게 읽어 내려고 노

---

* 그레이엄은 여기에서 '효율적 시장가설(EMH: Efficient Market Hypothesis)'을 요약하고 있다. 이 이론에 따르면 한 기업의 주가는 그 기업에 관하여 공개적으로 이용 가능한 모든 정보를 즉시 반영한다. 수백만 명의 투자자가 매일 예민하게 예의주시하는 시장 상황을 감안하면 심각한 가격 오류가 오래 지속될 수는 없다. 이와 관련하여 늘 회자되는 농담이 하나 있다. 투자론 교수 두 명이 인도를 걷고 있었다. 길가에 20달러 지폐 한 장이 떨어진 것을 보고 한 교수가 주우려 하자, 다른 교수가 그의 팔을 잡으며 말했다. "쓸데없는 짓 하지 말게. 진짜 20달러 지폐라면 다른 사람이 벌써 집어 갔지 않았겠나?" 시장이 완벽하게 효율적이지는 않지만 대부분은 대체로 그렇다. 그래서 현명한 투자자라면 철저한 분석과 세금 및 거래비용을 최소화하려는 노력을 기울인 다음에야 주식시장 길가에 떨어진 20달러 지폐를 집을 것이다.

** 이것은 그레이엄 책의 핵심 포인트 중 하나다. 미래를 위해 현재에 투자한다는 점에서 모든 투자자의 활동은 지극히 모순적이다. 문제는 미래가 대부분 불확실하다는 점이다. 인플레이션과 이자율은 신뢰할 수 없고, 경기침체도 심심찮게 되풀이된다. 설상가상 전쟁, 물자 부족, 테러와 같은 지정학적 재난은 예고 없이 발생한다. 이러한 환경 속에서 개별 기업과 산업의 운명은 투자자들의 기대를 비껴가는 경우가 많다. 그러므로 추정을 기초로 투자하는 것은 헛수고다. 심지어 소위 전문가라고 하는 사람들의 전망 신뢰도 역시 동전 던지기만 못 하다. 따라서 대부분의 투자자에게 최선의 해결책은 바로 '방어'다. 즉, 과도한 주가를 지불하거나 자신의 판단을 과신하고자 하는 유혹으로부터 자신을 지켜야 한다. 이 내용은 그레이엄이 20장에서 더 자세히 설명하고 있다.

력할 것이다. 이러한 결론은 산업 내의 수급상황이나 수량, 가격, 비용 등의 요소들을 아주 세심하게 연구하거나, 과거 성장 추세를 미래에 간단히 대입함으로써 도출할 수도 있다. 분석 결과 어떤 종목의 장기 전망에 확신이 든다면, 이들은 투자자들에게 현재 주가 수준에 너무 신경 쓰지 말고 주식을 매수하라고 지속해서 추천할 것이다. 과거 항공운송회사 주식에 대한 전반적인 태도가 바로 이러했다. 1946년 이후 항공산업 실적이 심각하게 악화되었는데도 수년 동안 이러한 태도는 끈질기게 이어졌다. 서문에서 우리는 이미 항공산업에서 관찰된 활발한 주가상승과 그에 비해 실망스러운 실적 사이의 불균형을 언급한 바 있다.

이와는 대조적으로 '방어'를 강조하는 분석가들은 종목의 주가에 특히 관심을 둔다. 이들의 목표는 실제 가치가 시장가격을 상당한 차이로 상회하는 종목을 찾는 것이다. 이러한 종목에 투자하면 나중에 시장에 불리한 상황이 전개되더라도 그 영향을 어느 정도 흡수할 수 있다. 따라서 방어 방법을 추구하는 분석가에게 중요한 것은 회사 운영의 건전성이다. 장기 전망을 예측하는 데는 상대적으로 그만큼 집중할 필요는 없다.

처음 소개한 예측 방법은 질적인 접근 방법이라고 할 수 있다. 미래 전망, 경영 상태는 물론 수치에 따라 측정할 수는 없지만 중요한 기타 요소들을 질적인 측면에서 강조하기 때문이다. 다음으로 소개한 방어 방법은 거래되는 주가와 이익, 자산, 배당처럼 측정 가능한 요소만을 강조한다는 점에서 계량적 또는 통계적 접근 방법이라고 할 수 있다. 이 계량적 방법은 사실 증권분석에서 채권 및 우선주를 선택하는 데 유효하다고 인정된 방식을 주식 분야로 확대한 것이다.

우리의 접근이나 전문가들의 분석은 항상 계량적 접근 방법에 집중되었다. 투자하는 돈에 걸맞은 가치를 구체적이고 논증할 수 있는 형태로 판단하고자 했기 때문이다. 현재 부족한 가치가 미래의 밝은 전망으로 메워질 수 있을 것이라는 약속은 인정하고 싶지 않았다. 하지만 전문가 사이에서 이 태도는 변화를 겪고 있다. 현실적으로 사업 전망이나 경영 품질, 기타 무형의 요소 및 '인간적 요인'들이 과거 기록, 대차대조표를 비롯한 수치에 따른 지표보다 훨씬 더 중요하다는 의견을 따르는 이가 많을 것이다.

그러므로 '최선'의 주식을 선택하는 문제는 근본적으로 논란의 소지가 많다. 결국 방어적인 투자자에게 할 수 있는 충고는 종목을 개별적으로 선택하기보다 분산투자에 더 신경을 쓰라는 것이다. 분산투자에는 적어도 부분적으로는 개별 종목 선택을 부추기는 야심 찬 주장을 무시한다는 의미가 담겨 있다. 만일 틀림없는 최고의 종목 한 개를 정확하게 선택할 수 있는 능력이 있는 사람이 그 종목을 선택하지 않고 분산투자를 한다면 손해를 보게 될 것이다. 그러나 5장에서 방어적인 투자자를 위해 우리가 제안했던 가장 일반적인 보통주 선택 기준 4개를 적용하더라도 선호하는 종목을 선택할 여지는 많다. 최악의 상황에서라도 이와 같은 조건을 선호한 투자자라면 손해 볼 것은 없다. 오히려 더 나은 가치를 확인하게 될 수도 있다. 물론 투자자는 최근 회사의 장기적인 영업성과에 영향을 미치는 기술 진보에 대해서도 '무심함'과 '지나친 열광' 사이의 중용을 지켜야 한다.

14장 논평

확실한 이익에만 만족하는 사람은 큰 부자가 되기 어렵다.
모든 것을 모험에 거는 사람은 파산하기 쉽다. 그러므로 손
실을 확실히 막고 모험을 경계하며 확실함을 추구하는 것이
좋다.

프랜시스 베이컨 경(Sir Francis Bacon)

시작하기

종목 선택 과정은 실제로 어떻게 시작할까? 그레이엄이 '방어적인 투자
자'에게 제안하는 '가장 단순한' 방법은 다우존스 지수의 모든 종목을 사라
는 것이다. 다행히 오늘날의 방어적인 투자자들은 훨씬 쉽게 이 제안을 따를
수 있다. 해법은 바로 인덱스펀드, 즉 주가연동형 펀드다. 시장에서 살 수 있
는 모든 주식을 포함한 저비용의 주가연동형 펀드는 유지비용이 적게 드는
주식투자 방법을 찾는 이들에게 가장 적합한 도구다. 사실 이 유지비용을 개
선하려면 방어적인 투자자로서는 더 높은 위험과 비용이 소요되는 수고로
움을 감수해야 한다.

투자자가 직접 주식을 선택하고 분석하는 작업이 반드시 필요한 것은 아
니다. 일반 투자자에게 그리 권유할 만한 것도 아니다. 하지만 일부 방어적
인 투자자들은 개인적으로 종목을 선택하는 과정에서 지적인 도전을 즐기

기도 한다. 그렇게 직접 선택한 종목으로 약세장에서 살아남았고, 이후에도 종목 선택을 직접 즐기는 투자자라면 여기에서 그레이엄이나 내가 전하는 충고가 전혀 귀에 들어오지 않을 것이다. 이렇게 독립적인 투자를 즐기는 투자자라면 주가연동형 펀드를 포트폴리오의 기초로 삼는 정도로만 활용해볼 것을 권한다. 이 기초가 자리를 잡고 난 후에는 직접 종목을 선택하며 조금씩 자신의 역량을 실험해 볼 수 있다. 이 경우 총자금의 90%는 주가연동형 펀드에 투자하고, 나머지 10%를 활용해 종목을 선택하는 것이 좋다. 이렇게 견고한 기반을 잡은 다음에라야 모험을 할 수 있다. 다음 글상자에 실린 내용은 분산투자의 중요성을 더 자세히 설명하고 있다.

📋 왜 분산투자인가?

1990년대 강세장이 이어지던 시기에 분산투자에 대한 흔한 비판 중 하나는 이 방법이 고수익의 가능성을 떨어뜨린다는 것이었다. 제2의 마이크로소프트 종목이 어떤 것인지 정확히 알 수만 있다면 모든 투자자금을 그 종목에만 집중하는 것이 당연하지 않겠는가?

희극작가 윌 로저스Will Rogers는 언젠가 이렇게 말했다. "도박하지 말라. 모든 저축을 찾아서 좋은 주식을 사고, 그 주식이 오를 때까지 기다린 후에 팔라. 오르지 않는 주식은 사지 말라." 하지만 로저스처럼 모든 투자자가 백발백중 예측의 재능을 가진 것은 아니다. 우리가 아무리 어떤 종목의 가능성을 확신한다고 해도 매수한 후에 가격이 오를지 알아낼 방법은 없다. '제2의 마이크로소프트'라고 믿어 의심치 않았던 종목이 제2의 마이크로스트래터지MicroStrategy가 될 수도 있다. 마이크로스트래터지는 한때 인기주였지만 2000년 3월 주당 3,130달러에서 2002년 말 15달러 10센트로 하락하며 99.5%의 대폭락을 기록한 종목이다.[1]

따라서 다양한 종목과 업종으로 투자금을 분산하는 것이야말로 만에 하나 잘못될 위험에 대처할 수 있는 유일하게 믿을 만한 보험이다.

분산투자의 장점은 잘못될 가능성을 최소화하는 데 그치지 않는다. 잘될 가능성 또한 최대화한다. 주식시장의 오랜 역사에서 10,000% 이상 오르며 일명 '대박 종목'으로 등극한 주식은 손에 꼽을 수 있을 정도로 드물다. 《머니》에는 2002년까지 30년 동안 최고의 성과를 보인 30개 종목을 추려내어 소개한 기사가 실렸다. 소 잃고 외양간 고치는 격이긴 하지만, 이렇게 돌이켜 본 결과 이 30개 종목의 성공은 하나같이 예측 불가였다. 정작 기대를 모았던 기술산업이나 헬스케어산업 분야의 종목 대신 사우스웨스트 에어라인스Southwest Airlines, 워싱턴 스틸Worthington Steel, 달러 제너럴Dollar General, 담배제조업체USTUST Inc. 등이 영광의 자리를 대신 차지했다.[2] 1972년에 내가 투자할 기회가 있었더라면 이 종목들을 선택했을 것이라고 장담한다면 자신을 기만하는 일이다.

이렇게 생각해 보라. 거대한 시장이라는 건초더미 속에는 엄청난 수익을 낼 수 있는 바늘 몇 개가 숨겨져 있다. 건초더미가 많으면 많을수록 1개의 바늘이라도 찾을 가능성은 더 커진다. 미국 시장 전체를 소유할 수 있는 주가연동형 펀드처럼 건초더미를 통째로 가질 수 있다면, 바늘을 모두 확실히 찾을 수 있고, 대박 종목의 수익도 얻을 수 있을 것이다. 방어적인 투자자라면 건초더미를 통째로 가진 마당에 구태여 바늘을 찾으려고 조바심을 낼 필요가 있을까?

---

1 주식분할로 조정된 가격이다. 당시 많은 사람이 마이크로스트래터지가 2000년 초에 제2의 마이크로소프트가 될 것이라고 믿었다. 1999년에 566.7%의 수익을 거둔 이 회사의 마이클 세일러(Michael Saylor) 회장은 "우리의 미래는 지난 18개월보다 훨씬 더 밝을 것"이라고 장담했다. 이후에 증권거래위원회는 마이크로스트래터지를 회계부정으로 고발했고, 세일러에게 830만 달러의 벌금을 부과했다.

2 2002년 가을호 《머니》 88쪽부터 95쪽에 실린 존 버거(Jon Birger)의 "베스트 종목 30(The 30 Best Stocks)"을 참조하라.

검증하고 또 검증하기

그레이엄이 제시한 종목 선택의 기준을 최근 사례를 대입해 간략히 되짚어 보자.

적정한 규모: 요즈음 가장 방어적인 태도를 견지하는 투자자들이 '작은 규

모의 회사를 배제'하는 기준은 시가총액 20억 달러 미만이다. 2003년 초에는 이 기준에 따라 적정한 규모로 판단되어 선택 가능한 회사는 S&P500 지수의 기업 중 437개였다.

하지만 그레이엄 시절과 달리 오늘날의 방어적인 투자자들은 소형주에 특화된 뮤추얼펀드를 통해 소형주를 쉽게 소유할 수 있다. 아리엘Ariel, T. 로위 프라이스, 로이스 펀드The Royce Funds, 서드 애비뉴 매니지먼트Third Avenue Management처럼 공격적인 펀드도 합리적인 비용으로 이용할 수 있지만, 뱅가드 스몰캡 인덱스Vanguard Small-Cap Index와 같은 주가연동형 펀드를 이용하는 것이 최우선이다.

건실한 재무상태: 모건 스탠리의 시장전략가인 스티브 갈브레이스Steve Galbraith와 제이 래서스Jay Lasus에 따르면 2003년 초에 S&P500 지수 종목에서 그레이엄이 제시한 유동비율 2 대 1의 기준을 통과한 종목은 120여 개였다. 유동자산이 유동부채보다 2배 이상인 기업은 운전자본을 통해 상당한 충격을 흡수할 수 있으므로 힘든 시기도 대개 잘 넘길 수 있다.

월스트리트에는 항상 역설적인 사례가 넘친다. 성장주 버블의 붕괴는 그중에서도 걸작이었다. 1999년과 2000년에 '공격적인 성장'이 기대되었던 업종은 하이테크, 생명공학 및 통신 분야였다. 하지만 이 업종의 종목에 몰린 투자자들에게 돌아온 것은 공격적인 몰락이었다. 2003년 초에는 간신히 바퀴가 제자리를 찾았고, 공격적인 성장주들은 대부분 보수적인 재무관리로 방향을 틀었다. 이들은 운전자본을 확충했고, 많은 현금을 확보하여 부채도 청산했다. 〈그림 14-1〉에서 그러한 예를 확인할 수 있다.

이와 같은 자료가 투자자들에게 전하는 교훈은 이러한 종목은 '확실한 것'이니 당장 달려가서 모두 사라는 것이 아니다.' 방어적인 투자자가 과거 사례를 통해 깨달아야 하는 것은 바로 파멸이 난무하는 약세장을 차분하고

〈그림 14-1〉 새로운 것도 언젠가는 낡은 것이 된다

회사명	유동자산	유동부채	유동자산/ 유동부채	장기부채	장기부채/ 운전자본
Applied Micro Circuits	1091.2	61.9	17.6	0	없음
Linear Technology	1736.4	148.1	11.7	0	없음
QLogic Corp.	713.1	69.6	10.2	0	없음
Analog Devices	3711.1	467.3	7.9	1274.5	0.39
Qualcomm Inc.	4368.5	654.9	6.7	156.9	0.04
Maxim Integrated Products	1390.5	212.3	6.5	0	없음
Applied Materials	7878.7	1298.4	6.1	573.9	0.09
Tellabs Inc.	1533.6	257.3	6.0	0.5	0.0004
Scientific-Atlanta	1259.8	252.4	5.0	8.8	0.01
Altera Corp.	1176.2	240.5	4.9	0	없음
Xilinx Inc.	1108.8	228.1	4.9	0	없음
American Power Conversion	1276.3	277.4	4.6	0	없음
Chiron Corp.	1393.8	306.7	4.5	414.9	0.38
Biogen Inc.	1194.7	265.4	4.5	39	0.04
Novellus Systems	1633.9	381.6	4.3	0	없음
Amgen Inc.	6403.5	1529.2	4.2	3039.7	0.62
LSI Logic Corp.	1626.1	397.8	4.1	1287.1	1.05
Rown Cos.	469.9	116.0	4.1	494.8	1.40
Biomet Inc.	1000.0	248.6	4.0	0	없음
Siebel Systems	2588.4	646.5	4.0	315.6	0.16

＊모든 수치는 100만 달러 기준으로 2002년 말 현재 최근 재무제표를 참고했다. 운전자본은 유동자산에서 유동부채를 차감한 것이다. 장기부채는 우선주를 포함하고 이연된 세금 채무를 제외한 것이다.

＊출처: Morgan Stanley, Baseline, EDGAR 데이터베이스(www.sec.gov)

＊1999년에 이 회사들 대부분이 주식시장에서 가장 뜨거운 구애를 받으며 높은 성장잠재력을 장담했던 종목들이다. 그러나 2003년 초에 이르자 잔혹한 실제 가치가 증명되었다.

끈기 있게 견뎌낸 자만이 다음 기회에 번영을 기약할 수 있다는 사실이다. 재무 건전성에 대한 그레이엄의 기준은 여전히 유효하다. 유동부채의 2배 이상인 유동자산을 보유하고 장기부채가 운전자본을 초과하지 않는 회사

---

1 독자가 이 글을 읽고 있을 때는 2002년 말 상황과도 많이 달라져 있을 것이다.

를 선택한다면, 건전한 재무상태와 보수적인 자금 운용을 시행하는 회사들을 중심으로 분산화된 주식 포트폴리오를 구축할 수 있을 것이다. 요즘 최고의 가치를 지닌 종목은 과거 한때 인기주였다가 차가운 냉대를 받은 종목 중에서 흔히 발견된다. 역사적인 경험에 비추어 보건대, 이러한 종목은 방어적 투자자들이 찾는 안전마진을 제공하는 경우가 많다.

수익의 안정성: 모건 스탠리에 따르면, S&P500 지수 상장사 중 1993년부터 2002년까지 매년 수익을 기록한 기업의 비율은 86%에 이른다. 따라서 수익 안정성 평가의 기준으로 '과거 10년간 매년 수익을 보인 회사'를 제시한 그레이엄의 주장은 지금도 유효하다. 이 기준은 만성적으로 손실을 기록하는 회사를 배제할 정도로 엄격하지만, 그렇다고 선택의 폭을 비현실적으로 제한할 정도는 아니다.

배당 기록: 2003년 초 현재, 스탠더드&푸어스는 S&P500 종목 중 71%에 해당하는 354개 종목이 배당을 지급하고 있다고 밝혔다. 이 중 255개 종목은 20년 이상 연속으로 배당금을 지급했다. 25년 이상 연속으로 배당을 증가시킨 기록을 보인 종목은 57개였다. 앞으로도 계속 배당이 이루어질지 보장할 수 없지만 그래도 안심할 수 있는 신호다.

수익증가: 그레이엄의 기준에 따라 S&P500 종목에서 2002년까지 지난 10년간 최소한 3분의 1 이상의 주당순이익 증가를 한 기업은 얼마나 될까? 좀 더 구체적으로 1991년부터 1993년까지 3년간 각 회사의 수익 평균치를 계산하고, 이 평균수익에 비해 2000년부터 2002년까지의 평균수익이 33% 이상 증가하였는지 확인해 보면 된다. 모건 스탠리의 자료에 따르면, S&P500 지수 종목에서 이 기준을 통과한 종목은 264개다. 그러나 수익증가에 관한 한 그레이엄이 제시한 기준은 매우 낮아 보인다. 10년간 누적성장률 33%는 연평균으로 따질 경우 3%에도 미치지 못한다. 그나마 보수적인

회사	산업	배당개시 연도	과거 40년간 연간 배당이 증가된 해의 수
3M Co.	Industrials	1916	40
Abbott Laboratories	Health Care	1926	35
ALLTEL Corp.	Telecomm. Services	1961	37
Altria Group (Formerly Philip Morris)	Consumer Staples	1928	36
AmSouth Bancorp	Financials	1943	34
Anheuser-Busch Cos.	Consumer Staples	1932	39
Archer-Daniels-Midland	Consumer Staples	1927	32
Automatic Data Proc	Industrials	1974	29
Avery Dennison Corp.	Industrials	1964	36
Band of America	Financials	1903	36
Bard (C. R.)	Health Care	1960	36
Becton, Dickinson	Health Care	1926	38
CenturyTel Inc.	Telecomm. Services	1974	29
Chubb Corp.	Financials	1902	28
Clorox Co.	Consumer Staples	1968	30
Coca-Cola Co.	Consumer Staples	1893	40
Comerica Inc.	Financials	1936	39
ConAgra Foods	Consumer Staples	1976	32
Consolidated Edison	Utilities	1885	31
Donnelley(R. R.) & Sons	Industrials	1911	36
Dover Corp.	Industrials	1947	37
Emerson Electric	Industrials	1947	40
Family Dollar Stores	Consumer Discretionary	1976	27
First Tenn Natl.	Financials	1895	31
Gannett Co.	Consumer Discretionary	1929	35
General Electric	Industrials	1899	35
Grainger (W. W.)	Industrials	1965	33
Heinz (H. J.)	Consumer Staples	1911	38
Household Intl.	Financials	1926	40
Jefferson-Pilot	Financials	1913	36
Johnson & Johnson	Health Care	1944	40
Johnson Controls	Consumer Discretionary	1887	29
KeyCorp.	Financials	1963	36
Kimberly-Clark	Consumer Staples	1935	34

회사	산업	배당개시 연도	과거 40년간 연간 배당이 증가된 해의 수
Leggett & Platt	Consumer Discretionary	1939	33
Lilly (Eli)	Health Care	1885	38
Lowe's Cos.	Consumer Discretionary	1961	40
May Dept Stores	Consumer Discretionary	1911	31
McDonald's Corp.	Consumer Discretionary	1976	27
McGraw–Hill Cos.	Consumer Discretionary	1937	35
Merck & Co.	Health Care	1935	38
Nucor Corp.	Materials	1973	30
PepsiCo Inc.	Consumer Staples	1952	35
Pfizer, Inc.	Health Care	1901	39
PPG Indus.	Materials	1899	37
Procter & Gamble	Consumer Staples	1891	40
Regions Financial	Financials	1968	32
Rohm & Haas	Materials	1927	38
Sigma–Aldrich	Materials	1970	28
Stanley Works	Consumer Discretionary	1877	37
Supervalu Inc.	Consumer Staples	1936	36
Target Corp.	Consumer Discretionary	1965	34
TECO Energy	Utilities	1900	40
U. S. Bancorp	Financials	1999	35
VF Corp.	Consumer Discretionary	1941	35
Wal–Mart Stores	Consumer Discretionary	1973	29
Walgreen Co.	Consumer Staples	1933	31

＊출처: S&P
＊2002년 말 기준 수치다.

기준이라고 할 수 있으려면 주당순이익의 누적성장률이 적어도 50%, 연평균으로는 4% 이상은 되어야 한다. 2003년 초 현재, S&P500 지수 종목에서 이 기준을 충족하는 종목은 245개다. 이 정도면 방어적 투자자들이 선택할 여지는 충분하다. 기준을 2배 정도 상향 조정하여 누적성장 100%, 연평균 성장 7%로 잡는다면 198개 종목이 추려진다.

　　적정한 주가수익비율: 그레이엄은 현재 주가가 과거 3년간 평균수익의 15배

가 넘지 않는 주식으로 선택의 폭을 한정할 것을 권유했다. 믿기 어렵지만 현재 월스트리트에서 현재 주가를 평가하는 방법은 현재 가격을 '내년도 수익'으로 나누는 것이다. 소위 '예상 주가수익비율'이라고 부르는 기준이다. 우리가 현재 알고 있는 가격을 아직 알지 못하는 미래수익으로 나누어 주가수익비율을 추론한다는 것은 말도 안 되는 일이다. 펀드매니저 데이비드 드레만David Dreman에 따르면 장기적으로 보았을 때 월스트리트에서 '합의'된 수익 추정 중 59%는 큰 차이로 어긋났다. 즉, 이들의 추정치는 실제 보고된 수익과 비교해 15% 이상 과대평가되거나 과소평가되었다.[2] 이처럼 1년 앞을 내다본다는 어설픈 점괘를 믿고 투자하는 것은 눈 가리고 활시위를 당기는 자를 위해 과녁을 들어주겠다고 나서는 것만큼이나 위험천만한 일이다. 이렇게 근시안적이고 부정확한 점괘를 따르는 대신 현재 주가를 과거 3년간의 평균수익으로 나누는 그레이엄의 공식을 이용하여 주가수익비율을 직접 계산하라.[3]

2003년 초 현재 S&P500 지수 상장사 중 2000년부터 2002년까지 평균수익의 15배 미만으로 평가되는 종목은 얼마나 될까? 모건 스탠리에 따르면, 여유롭게 보아 185개 종목이 이 기준을 통과했다.

적정한 주가순자산비율: 그레이엄은 주가순자산비율 1.5배 미만을 기준으로 삼을 것을 권했다. 최근 몇 년간, 기업가치의 증가분은 독점판매권, 브랜드 가치, 특허권 및 상표권과 같은 무형자산에서 창출되었다. 기업 인수로 인한 영업권과 더불어 이러한 무형의 요소는 장부가치의 표준적 정의에서는 고

---

2 2003년 《저널 오브 사이콜로지 앤드 파이낸셜 마켓(The Journal of Psychology and Financial Markets)》 3권 1호 4쪽부터 14쪽에 실린 데이비드 드레만의 "버블과 분석가 예측의 역할(Bubbles and Role of Analysts)"을 참조하라.

3 이 비율을 기업의 연차보고서에서 계산해 볼 수 있다. www.morningstar.com, http://finance.yahoo.com을 참조하라.

려되지 않았다. 따라서 오늘날 회사의 주가는 그레이엄이 활동하던 시절보다 더 높은 주가순자산비율로 형성된다. 모건 스탠리에 따르면, S&P500 지수 종목에서 약 25%에 해당하는 123개 종목이 장부가치의 1.5배 미만으로 가격이 형성되고 있다. 주가순자산비율을 2.5배 미만으로 잡을 경우, 이 기준을 충족하는 종목은 전체 종목 중 약 55%에 해당하는 273개다.

그레이엄은 주가수익비율에 주가순자산비율을 곱하여 그 결과가 22.5를 넘지 않아야 한다는 기준을 제시했다. 이 기준은 현재 얼마나 유효할까? 모건 스탠리의 자료에 따르면 2003년 초 현재 S&P500 지수 종목에서 다나_{Dana} Corp., 일렉트릭 데이터 시스템스_{Electronic Data Systems}, 선 마이크로시스템스, 워싱턴 뮤추얼_{Washington Mutual}을 포함해 최소한 142개 기업이 이 기준을 충족했다. 따라서 주가수익비율과 주가순자산비율을 곱한 그레이엄의 '통합승수'는 현재 주가의 합리성을 판단하기 위한 최초의 심사 기준으로 여전히 유효하다.

끊임없는 주의

아무리 방어적인 투자자라 하더라도 종목 선택에 투입하는 노력을 최소화하기를 바라는 그레이엄의 판단 기준으로 볼 때 간과해서는 안 될 몇 가지 과정이 있다.

숙제를 하라. www.sec.gov에서 확인 가능한 EDGAR 데이터베이스를 통해 경영자의 보상, 소유권 및 잠재적 이해 갈등을 비롯한 정보 공개 내용과 회사의 연차 및 분기보고서를 직접 찾아보아야 한다. 적어도 지난 5년 치 자료를 꼼꼼히 확인할 필요가 있다.[4]

파트너를 확인하라. http://quicktake.morningstar.com, http://finance.yahoo.com, www.quicken.com 같은 웹사이트에서는 회사의 주식 중 기

관투자자의 보유 비중이 몇 퍼센트인지 확인할 수 있다. 이 비중이 60% 이상인 주식은 시장에서 거의 유통되지 않거나 기관투자자가 과잉 보유하고 있는 것으로 판단할 수 있다. 이 경우 대규모의 기관투자자가 한꺼번에 매도에 나서는 경향이 있으므로 재앙이 초래될 수 있다. 라디오 시티 뮤직홀Radio City Music Hall의 전속무용단 로켓Rockettes의 무용수들이 무대 가장자리에 몰려 한꺼번에 떨어지는 장면을 상상해 본다면 어떤 상황인지 이해가 될 것이다. 이러한 웹사이트에서는 해당 종목 주식의 최대 소유자도 확인할 수 있다. 이 최대 소유자의 투자 방식이 투자자 자신과 비슷하다면 긍정적인 신호다.

---

4 이와 관련한 더 자세한 내용은 11장 논평, 12장 논평, 19장 논평을 참조하라. 위임장을 자세히 읽어 보거나 5년간 연차보고서를 토대로 기초적인 재무 건전성을 비교 분석하는 등 최소한의 노력도 번거롭게 느껴진다면 개별적으로 종목을 선택해 투자하기에는 너무 소극적인 성격이다. 이러한 성향의 투자자는 직접 종목을 선택할 필요 없는 주가연동형 펀드에 투자하는 것이 더 적합하다.

15장
적극적인 투자자를 위한 주식 선택

앞 장에서는 수많은 종목 중에 올바른 주식을 선택하는 방법을 소개했다. 우리가 제안한 기준에 따라 적절하게 분산투자를 한다면 방어적인 투자자들도 자신이나 조언가가 선호하는 대로 포트폴리오를 자유롭게 구성할 수 있다. 주식 선택에서 중요한 것은 조건에 부합하지 않은 종목을 배제하는 것이었다. 이와 관련하여 우리는 질적으로 가치가 낮은 주식, 또는 아무리 최우량주 하더라도 이미 가격이 너무 올라서 투기 위험을 떠안아야 하는 종목은 배제해야 한다고 조언했다. 이 장에서는 적극적인 투자자를 위해 조언하려고 한다. 적극적인 투자자에게 적합한 개별 종목 선택은 시장 전체의 수익률보다 높은 수익률을 얻을 수 있는 수단과 가능성을 검토하는 것으로부터 출발해야 한다.

이러한 검토가 얼마나 성공적일 수 있을까? 성공 여부에 대해 무덤 몇 개는 예약한 셈이라고 분명히 밝히지 않고 에둘러 표현한다면 솔직하지 않은 것이다. 얼핏 성공적으로 보이는 종목을 선택하는 것은 너무 당연하다. 주식시장의 평균수익률 또는 다우존스 지수의 수익률 정도를 거두는 데는 아주 유별한 재능이나 능력이 필요하지 않다. 실적 좋은 30개 종목으로 포트폴리오를 구성하면 그만이다. 학습이나 경험, 타고난 감각으로 어느 정도 기술을 다지고 연습한다면 다우존스 지수보다 상당히 높은 성과를 올리는 것도 가능하다.

그러나 아무리 최상의 기술과 경험을 갖춘 전문가라고 하더라도 시장 전체 수익률을 능가하는 종목만 선택하여 포트폴리오를 구성하기란 아주 힘들다는 사실을 보여 주는 증거도 상당히 많다. 오랫동안 주식투자를 운용해 온 투자회사나 펀드의 지난 기록을 살펴보면 그러한 사례는 얼마든지 찾아볼 수 있다. 이 기관들은 대부분 자체적으로 조사하는 부서를 운영하고 있고, 업계 최고의 금융 및 증권분석가들도 마음껏 활용할 정도로 거대한 지원 시스템을 갖추고 있다. 이들이 막대한 자금을 운용하는 데 소요되는 제반 비용은 평균적으로 연간 운용자본의 0.5% 이하다. 이 정도의 비용은 결코 무시할 바는 아니지만, 1951년부터 1960년까지 10년 동안 보통주의 연간 수익률인 약 15%와 1961년부터 1970년 사이의 연간 수익률 6%와 비교해 본다면 그렇게 큰 규모는 아니다. 유망한 종목을 알아보는 눈이 있다면 이러한 제반 비용을 충당하고도 펀드 가입자의 순수익을 쉽게 증대시킬 수 있을 정도다.

그러나 전체적으로 보았을 때 투자펀드의 수익률은 시장 전체나 S&P500 지수의 수익률을 넘어서지 못했다. 최근에 이루어진 포괄적인 연구 결과도 부진한 실적을 증명하고 있다. 1960년부터 1968년을 대상으로 가장 최근에 발표된 한 연구 내용을 인용해 보면 다음과 같다.[*]

이 결과에 따르면 뉴욕증권거래소에 상장된 종목을 개별적으로 선택하여 균등하게 투자한 포트폴리오가 같은 기간에 위험 등급이 동일한 뮤추얼펀드보다 높은 수익을 올렸다. 위험도가 낮은 포트폴리오와 위험도가 보통 수준인 포트폴리오에서는 연평균 수익률의 차이가 각각 3.7%와 2.5%로 크게 나타났다. 반면 위험도가 높은 포트폴리오는 0.2%로 매우 작았다.

9장에서 이미 지적했듯이 이처럼 투자 방법별로 수치를 비교하여 제시하는 것은 금융기관으로서 투자펀드의 가치나 유용성을 부정하려는 것이 아니다. 무엇보다 투자펀드는 주식시장에 참여하는 모든 일반 투자자에게 주식 매매를 통해 시장평균 정도의 수익을 얻을 가능성을 열어 준다. 하지만 주식시장에 참여하는 일반 투자자 또한 여러 가지 이유로 앞서 설명한 투자펀드 예처럼 시장평균에 미치지 못하는 수익을 올리는 경우가 많다. 관찰자 입장에서 말하자면 개인이나 기관투자자들이 시장평균 수익보다 나은 펀드를 구성하는 데 실패하는 사례가 많은 이유는 결국 펀드 구성이 지극히 어렵다는 사실을 암시한다.

왜 그렇게 어려운 것일까? 그 이유는 부분적으로 적용 가능한 두 가지 가능성으로 해석할 수 있다. 첫 번째 가능성은 주식시장에서 형성되는 한 회사의 주가에 과거 및 현재 실적에 관한 모든 중요한 사실뿐만 아니라 합리적인 근거에 따라 기대할 수 있는 미래 예상치가 반영된다는 점이다. 만약 이것이

---

* 프렌드, 블룸, 크로켓은 1960년 1월부터 1968년 6월까지 100개의 주요 뮤추얼펀드의 실적을 뉴욕증권거래소에 상장된 500개 이상의 주식 중에서 임의로 선정한 포트폴리오의 수익률과 비교했다. 그레이엄이 자신의 연구 결과를 통해 증명했던 것처럼 이들이 임의로 선택한 포트폴리오도 1960년부터 1964년 기간보다 1965년부터 1968년 기간에 더 높은 수익률을 보였다. 그러나 이러한 성장세는 계속 유지되지 않았다. 운용비용과 거래비용을 감안할 때 뮤추얼펀드의 평균수익률이 시장평균을 밑돈다는 연구 결과는 이외에도 여러 차례 재확인되었다. 그런데도 아직 이 사실을 받아들이지 않는 사람들이 있으니, '평평한 지구학회(The Flat Earth Society)'의 투자에 관한 장을 따로 만들어야 할 정도다. 아직도 지구가 평평하다고 믿는 사람들처럼 명백한 사실보다 과거의 인습에 더 매달리는 이들이다.

사실이라면, 시장에서 끊임없이 때로는 극단적으로 발생하는 다양한 가격 변동은 예측할 수 없는 새로운 가능성과 여건의 변화에 따른 결과물임이 틀림없다. 따라서 주가는 본질적으로 임의적이고 무작위로 변동하게 된다. 그렇다면 아무리 현명하고 철두철미한 증권분석가가 제시하는 결과라도 거의 무용지물이 되고 만다. 이 분석가는 본질적으로 예측할 수 없는 것은 예측한 셈이기 때문이다.

증권분석가의 수가 폭발적으로 늘어난 것 또한 성공적인 펀드 구성을 어렵게 하는 큰 요인일 수 있다. 이제 중요한 종목의 내재가치는 수많은 전문가가 너 나 할 것 없이 분석 결과를 내놓고 있다. 그만큼 현재 주가에는 전문가들의 합의가 충분히 반영되어 있다고 할 수 있다. 이처럼 비교적 합의된 가치로 평가된 주식을 선택하는 문제는 해당 종목에 대한 개인의 편견이나 낙관적인 태도로 인해 달라질 수 있다. 물론 이러한 선택은 성공적인 것일 수도 있고 그렇지 않을 수도 있다.

월스트리트에 존재하는 수많은 증권분석가의 분석 작업은 카드 게임의 일종인 듀플리케이트 브리지duplicate bridge 토너먼트 경기에 출전하는 노련한 선수들의 시합에 빗댈 수 있다. 증권분석가들이 가장 수익률이 높을 것으로 예상하는 종목을 선택하려고 한다면, 브리지 선수들은 내놓는 모든 수마다 최고의 점수를 얻으려고 한다. 하지만 목적을 달성할 수 있는 이들은 극히 소수다. 브리지 게임에 참가하는 선수들은 모두 탁월한 능력을 갖추고 있다. 그중에서 가려지는 승자는 다른 선수보다 더 우월한 기술이 있다기보다 여러 면에서 작용하는 운으로 결정될 가능성이 높다. 월스트리트의 증권분석가들 역시 분석 능력은 평준화되는 경향이 있으며, 이들의 견해와 수집된 정보는 다양한 형태의 소규모 집단에서 자유롭게 공유되고 있다. 마치 게임이 벌어질 때마다 전문가들이 서로 예의주시하며 누가 어떤 패를 왜 냈는지 설전을 벌이는 양상이다.

두 번째 가능성은 첫 번째 가능성과는 아주 다른 종류다. 즉, 대다수 증권 분석가가 주식 선택과 관련한 기본적인 접근 방법에 결함을 갖고 있을 가능성이 있다. 이 분석가들은 가장 유망한 산업을 선택하고, 그 분야 중에서 경영 실적 및 기타 이점이 가장 탁월한 기업을 찾는다.

문제는 이렇게 선택된 주식이라면 아무리 주가가 높아도 매수할 것이고, 애초에 선택 범위에서 배제된 종목은 가격이 아무리 낮아도 관심을 기울이지 않게 된다는 점이다. 이 방법은 선택한 우량기업의 순이익이 앞으로도 지속해서 높은 성장률을 유지할 것이 분명한 경우에만 옳다. 그처럼 꾸준한 성장이 보장된다면 이론적으로 이 기업의 가치 또한 무한히 성장할 것이다. 마찬가지로 분석가들이 회피한 기업이 파산하여 구제도 받지 못하고 청산되는 경우라면 아무리 낮은 가격에도 투자 매력이 없다고 판단했던 이들의 분석을 인정해 줄 수 있겠다.

그러나 우리가 생각하는 기업의 운명은 이러한 그림과는 완전히 다르다. 장기적으로 높은 성장률을 기록한 기업은 극소수에 불과하다. 제법 규모가 큰 기업 중에 완전히 소멸한 경우 또한 극소수다. 시장에서 기업의 위치는 번영과 고전의 시기를 번갈아 겪으며 변화해 가는 것이 대부분이다. 철강산업의 변화무쌍한 변화를 묘사하는 흔한 수사처럼 수많은 회사는 거지 신세에서 부자로 화려하게 우뚝 서다, 다시 거지 신세로 전락하기를 반복한다. 기업 경영의 성패는 바로 이 변화의 폭으로 결정되었다.[*]

---

[*] 9장 논평에서 검토한 바와 같이 뮤추얼펀드가 시장평균 이상의 성과를 낼 수 없는 데에는 몇 가지 이유가 있다. 펀드의 현금잔고 대비 낮은 수익률, 높은 연구조사비용과 주식 거래비용 등도 그러한 이유에 포함된다. 또한 펀드는 대개 120개 정도의 종목으로 구성되는데, 나머지 380개 중에 탁월한 수익을 올리는 종목이 있다면 펀드 수익률은 S&P500 지수도 밑돌게 된다. 펀드가 편입하는 종목의 수가 적을수록 마이크로소프트의 차기 주자라 할 만한 종목을 놓칠 가능성은 그만큼 커진다.

탁월한 성과를 기대하는 적극적인 투자자들은 주식을 선택할 때 분석가들의 작업을 어떻게 응용할 수 있을까? 아쉽지만 일반 투자자 입장에서는 거의 실현 불가능한 과제를 떠안는 것과도 같다. 아무리 현명하고 해박한 투자자라고 하더라도 최고의 전문 분석가보다 나은 포트폴리오를 구성하는 것은 어려운 일이다. 주식시장에서 많은 종목이 전문가들의 표준적인 분석 과정에서 냉대를 받거나 외면되는 상황이라면, 현명한 투자자는 이처럼 저평가된 종목 중에서 숨은 진주를 찾을 수도 있다.

그렇다면 월스트리트에서 일반적으로 받아들여지지 않는 특별한 방법을 따라야 이러한 성과를 기대할 수 있다. 주식시장에서 일반적으로 받아들여지는 방법으로는 모두가 원하는 결과를 얻을 수 없기 때문이다. 유능한 인재가 넘치는 주식시장에서 합리적이지만 사람들의 관심 밖인 방법이 있다고 말한다면 이상하게 들릴 것이다. 하지만 우리가 그동안 화려한 경력과 명성을 쌓을 수 있었던 것은 바로 그처럼 있음 직하지 않은 사실을 발굴해 온 결과였다.**

그레이엄-뉴먼 방법의 개요

앞에서 한 말을 좀 더 구체적으로 이해하려면 1926년부터 1956년까지 30여 년간 그레이엄-뉴먼Graham-Newman Corp.의 펀드를 운용하면서 적용했던 거래

** 이 절에서 그레이엄은 14장 마지막 부분에서처럼 효율적 시장 가설을 요약하고 있다. 현재 주식시장의 문제는 재무분석가들이 오히려 너무 똑똑하다는 것이다. 시장에 할인 가격을 찾는 똑똑한 사람들이 몰릴수록, 할인 기회는 줄어들 수밖에 없기 때문이다. 이러한 상황은 역설적으로 분석가들이 지적 능력이 부족해 할인 기회를 찾지 못하는 것처럼 보이게 한다. 어떤 종목에 대한 시장의 가치평가는 방대한 규모의 집단지성이 지속적이고 즉각적으로 작용해 온 결과물이다. 한 종목에 대한 집단지성의 평가는 대부분 정확하다. 그레이엄이 소개한 미스터 마켓처럼 아주 엉뚱한 가격을 제시하는 경우도 있지만, 이런 일은 아주 드물다.

유형을 살펴보는 것이 도움 될 것이다.[*] 우리가 적용한 거래 유형은 다음과 같다.

차익거래_{Arbitrage}: 구조조정이나 합병 등의 계획하에 동일한 대상을 싸게 매수하여 즉시 비싸게 매도함으로써 수익을 남기는 거래를 의미한다.

청산거래_{Liquidation}: 회사를 청산할 때 주식 매입대금 이상의 현금지급을 받을 수 있는 증권을 매입한다.

위의 두 매매 형태는 (1) 연수익률이 20% 이상이며, (2) 이러한 거래의 성공 확률이 적어도 80% 이상일 때 사용할 수 있다.

연관된 헤지 거래_{Related Hedges}: 전환사채 또는 전환우선주 매입과 동시에 그러한 증권들과 교환될 수 있는 보통주를 매도하는 것이다. 이때 포지션은 패리티_{parity}에 가깝게 설정되어야 한다. 예를 들어, 실제로 전환사채가 보통주로 전환될 경우 최대 손실폭을 크게 줄일 수 있고 포지션은 청산된다. 그러나 이익은 보통주 가격이 전환사채 가격보다 훨씬 크게 떨어진 경우 발생할 수 있고 포지션은 청산된다.

순유동자산 종목 또는 '할인' 종목: 순유동자산만을 고려하여 장부가치보다 주가가 낮게 형성되는 주식을 가능한 한 많이 편입시키는 것을 의미한다. 즉, 공장 및 기타 고정자산은 평가에서 제외된다. 우리는 이러한 종목의 시세가 해당 기업의 순유동자산의 3분의 2 이하 수준에서 형성될 때에만 매입을 시도했다. 이 방식으로 우리는 오랫동안 100개 이상의 종목으로 다양한 분산 포트폴리오를 운용할 수 있었다.

---

[*] 그레이엄이 그레이엄-뉴먼을 설립한 때는 1936년 1월이었다. 이 회사는 1956년 그가 투자관리 현장에서 물러날 때 문을 닫았다. 그레이엄-뉴먼은 1926년 1월부터 1935년 12월까지 그가 운영했던 벤저민 그레이엄 조인트 어카운트(Benjamin Graham Joint Account)라는 파트너십의 후신이다.

기업 인수합병처럼 경영권 획득을 목적으로 이루어지는 대규모 매수도 있지만, 이러한 내용은 현재 논의하는 바와 관계가 없으므로 상세한 논의는 접어 두겠다.

우리는 각 거래 유형의 결과를 구체적으로 분석했고, 그 결과 성과가 만족스럽지 못한 두 가지 방식에 대해서는 적용을 중단했다. 첫 번째 방식은 일반적인 기준으로는 매력적이더라도 주가가 운전자본가치보다 높은 종목을 매입하는 것이다. 두 번째 방식은 '연계되지 않은 헤지 거래'다. 연계된 헤지 거래가 보통주를 팔고 이와 교환 가능한 증권의 매입하는 것이라면, 연계되지 않은 헤지 거래는 매도된 보통주와 이를 헤지하기 위해 매입하는 증권이 서로 교환되지 않는 것을 말한다. 이처럼 연계되지 않은 헤지 거래는 요즘 투자회사들이 새로운 '헤지펀드'를 통해 취하는 매매 형태와 대략 일치한다.** 이 두 가지 방식을 통해 지난 10년 이상의 기간에 실현된 수익률을 분석한 결과 이 번거로운 형태의 매매를 감수할 만큼 매력적인 성과는 아니었다는 결론에 도달했다.

따라서 1939년부터 우리는 '자체 변제$_{\text{self liquidating}}$', 연관된 헤지 거래, 운전자본 또는 순유동자산 이하의 할인 거래 및 몇 차례의 인수합병에만 한정하였다. 이 시기부터 각 거래에서 우리는 지속해서 만족스러운 수익률을 올릴 수 있었다. 특히 저평가된 주식 또한 수익률이 저조한 약세시장에서도 '연관된 헤지 거래'를 통해 높은 수익을 기록했다.

하지만 이러한 투자 방법을 다수의 적극적인 투자자에게 권유하는 것은 망설여진다. 분명한 것은 우리가 사용한 전문적인 투자 기법들이 비전문가

** '연계되지 않은' 헤지 거래는 한 회사의 주식이나 채권을 매수하고 다른 회사의 주식을 공매도하는 것을 말한다. '연계된' 헤지 거래는 같은 회사의 다른 주식이나 채권을 매매하는 것이다. 그레이엄이 '새로운 그룹'으로 언급한 헤지펀드는 1968년경에 크게 번성했다. 이후 증권거래위원회는 일반 투자자들의 헤지펀드 투자를 제한하였다.

인 방어적인 투자자들이 사용하기에는 적합하지 않다는 사실이다. 적극적인 투자자 중에서도 증권시장에서 자체 변제나 연관된 헤지 거래 등 특수한 상황에만 거래를 제한할 수 있는 역량을 갖춘 이들은 극소수에 불과하다. 적극적인 성향을 지닌 투자자들이라면 대부분 다양한 형태의 거래에 도전해 보고자 할 것이다. 더욱이 이러한 투자자들이 주식투자를 할 때에는 특수한 상황이 아닌 주식시장 전체를 대상으로 하는 것이 일반적이다. 이들이 보기에 주식시장 전체는 (1) 보수적인 기준으로도 분명히 과대평가되지 않고, (2) 과거의 기록과 미래 전망에 따라 평균적인 수준의 보통주보다 매력적으로 보일 것이다. 적극적인 투자자들은 우리가 방어적인 투자자들을 위해 제시한 방법대로 투자할 주식의 질적인 측면과 가격의 합리성 등 다양한 기준을 충실히 적용하면서도 어떤 기준의 작은 결점을 또 다른 기준의 큰 장점으로 상쇄할 수 있는 유연성을 발휘해야 한다. 예를 들면, 어떤 회사가 1970년에 적자를 보았더라도 평균수익이나 다른 중요한 요인을 따져 보았을 때 그 회사의 주식이 저평가된 것으로 판단된다면, 이 주식 또한 투자 대상으로 고려해야 한다. 적극적인 투자자들은 선택 범위를 자신들이 낙관적으로 바라보는 업종이나 회사에 국한하는 경향이 있다. 하지만 미래가 아무리 낙관적으로 보인다고 해도 현재 수익이나 자산가치에 비해 터무니없이 높은 가격을 지불하는 것을 철저하게 경계해야 한다. 우리가 지금까지 제시한 투자 방법을 고수하는 투자자라면 현재 일시적으로 기업 사정이 좋지 않고 가까운 장래에 대한 시장 전망도 비관적이어서 가격이 상당히 저평가된 경기순환 주식을 매수할 수 있을 것이다. 철강회사의 주식이 그러한 예다.*

---

* 그레이엄의 조언을 충실히 따르는 현명한 투자자라면 2003년에 기술, 통신, 전력 같은 유틸리티 산업에서 기회를 찾았을 것이다. 역사는 어제의 패자가 내일의 승자가 될 수 있음을 증명해 준다.

이류 회사들

다음으로 주식 선택을 검토할 가능성이 있는 대상은 현재 영업성과가 좋고 과거 실적도 만족스럽지만, 아직 일반 투자자들의 관심을 끌지 못하고 있는 이류 회사다. 1970년 종가를 기준으로 볼 때 엘트라, 엠하트 등이 이러한 예에 속한다. 이 회사들에 대한 정보는 13장에 소개된 바 있다. 이러한 이류 회사를 찾는 방법에는 여러 가지가 있다. 여기에서 우리는 새로운 접근 방법을 소개하고, 이 방법으로 주식을 선택하는 과정을 상세히 설명하고자 한다. 이러한 설명은 독자에게 두 가지 면으로 도움이 될 수 있다. 즉, 독자는 여기에서 실용적인 가치를 찾을 수 있고, 이를 기반으로 우리의 방법에 필적할 만한 독자적인 방법을 개발할 수도 있다. 이처럼 시장에서 수익성 있는 거래를 직접 시도할 수 있는 길잡이 역할 이외에 여기에서 우리가 또 소개하고자 하는 것은 작지만 실용적인 가치로 가득한 읽을거리다. 바로 S&P에서 매월 발간하는 《증권 가이드Stock Guide》다. 일반 투자자들은 1년 구독 신청을 하여 이 월간지를 받아볼 수 있다. 많은 증권회사에서는 고객이 요청할 경우 이 잡지를 무료로 배포하고 있다.

《증권 가이드》는 약 230페이지에 걸쳐 4,500개 이상의 주식에 대한 통계 자료를 소개한다. 여기에 소개된 4,500여 개의 기업에는 여러 거래소의 상장사 3,000여 개와 비상장사 1,500여 개가 포함되어 있다. 또한 한 기업의 상황을 간략하게 살펴보거나 신중하게 분석하는 데 필요한 거의 모든 항목을 참고할 수 있다. 단, 주당 순자산가치나 장부가치는 우리가 중요하게 생각하는 자료지만 이 잡지에서는 다루지 않는다.

각 기업의 통계 자료를 참고하고자 하는 투자자들에게 《증권 가이드》는 충분히 활용할 만한 가치가 있다. 어디든 펼치면 주식시장의 영고성쇠가 한

편의 드라마처럼 펼쳐진다. 각 기업의 1936년 이후 최고가와 최저가는 물론, 보잘것없던 가격에서 2,000배나 상승해 초고가를 기록한 기업의 사례도 확인할 수 있다. 참고로, 그 유명한 IBM 주식도 '겨우' 333배 상승하는 데 그쳤다. 그런가 하면 주가가 0.375에서 68까지 상승했다가 다시 3까지 떨어진 파란만장한 기업의 역사도 찾아볼 수 있다. 배당 기록은 무려 1791년까지 거슬러 올라간다. 당시 배당금을 지급하기 시작했던 회사는 인더스트리얼 내셔널 뱅크 오브 로드 아일랜드Industrial National Bank of Rhode Island였다. 이 회사는 최근에 오래된 회사명을 변경했다.* 1969년 연말에 발간된 《증권 가이드》에서는 펜실베이니아 철도회사의 후신인 펜 센트럴이 1848년 이후에 꾸준히 배당을 지급해 왔다는 사실을 확인할 수 있다. 안타깝게도 이 기록이 실린 후 불과 몇 개월 뒤에 이 회사는 파산할 운명이었다. 어떤 회사는 최근 연도 재무제표상 주당순이익의 겨우 2배 수준에 거래되었는가 하면, 무려 99배로 거래된 회사도 있다는 사실을 발견할 수 있다. 대부분의 경우 회사 이름만으로 사업 분야를 연관 짓기는 어렵다. 예를 들어, U. S. 스틸U. S. Steel Corp.에는 제빵 원료를 제조하는 ITIITI Corp., 대형 선로를 제조하는 산타페 인더스트리스Santa Fe Industries를 포함해서 3개의 사업 분야가 있었다. 이처럼 투자자들은 이 잡지를 통해 다양한 주가 추이는 물론, 배당과 수익의 역사, 재무상태, 자본구성 등 다양한 정보를 확인할 수 있다. 그밖에도 기울어가는 보수적인 회사, 특색 없는 평범한 회사, 알짜 사업만 골라서 하는 회사 등 월스트리트에 상장된 형형색색의 기업들이 진지한 탐구의 대상이 되기를 기다리고 있다.

《증권 가이드》에서는 최근 12개월의 수치를 근거로 현재 배당수익률과 주가수익비율을 확인할 수 있는 부록을 항상 제공하고 있다. 이 자료는 주식

---

* 인더스트리얼 내셔널 뱅크 오브 로드 아일랜드는 플릿 보스턴 파이낸셜(Fleet Boston Financial Corp.)로 새롭게 문을 열었다. 이 기업의 전신으로는 1791년에 설립된 프로비던스 뱅크(Providence Bank)가 있다.

을 선택할 때 참고할 훌륭한 단서가 된다.

《증권 가이드》에서 선별하여 골라내기

저평가된 주식을 한눈에 알아보려면 어떤 지표를 참고해야 할까? 첫 번째로 떠올릴 수 있는 단서는 최근 수익에 비해 주가가 낮은 경우다. 우선, 1970년 말에 주가수익비율 9배 이하로 거래되는 표본 주식 목록을 만들어 보자. 짝수 페이지의 마지막 열에서 이 기준에 해당하는 종목을 선택할 수 있다. 이 자료를 참고하여 주가수익비율 9배 이하에서 거래되는 종목 20개를 선택해 표본을 만든다. 이 표본에서 첫 번째로 이름을 올릴 종목은 여섯 번째로 등장하는 애버딘Mfg.ₐberdeen Mfg. Co.이다. 이 회사의 그해 종가는 1970년 9월까지 12개월간 주당순이익 1달러 25센트의 9배 수준인 10달러 25센트였다. 스무 번째 표본으로 이름을 올릴 종목은 아메리칸 메이즈 프로덕츠ₐmerican Maize Products로, 이 종목의 종가 역시 주가수익비율 9배 수준인 9달러 50센트였다.

이 표본에 포함된 20개 종목 중 10개 종목은 당시 주당 10달러 이하에서 거래되었다. 한마디로 보잘것없어 보인다. 이러한 면은 실제로 중요하지 않다. 이러한 종목은 보수적인 투자자의 투자 종목으로는 대체로 바람직하지 않은 편이지만, 적극적인 투자자에게는 오히려 긍정적인 면이기도 하다.** 좀 더 세심히 살펴보기 전에, 산술적인 계산을 해 보자. 낮은 주가수익비율로

** 오늘날의 투자자에게 기준선은 주당 1달러가 될 가능성이 크다. 그 이하일 때는 주요 증권거래소에서 상장 폐지되거나 거래부적격 판정을 받게 된다. 회사 주가를 모니터링하는 작업도 상당한 노력이 필요하다. 따라서 방어적인 투자자에게는 적절하지 않은 방법이다. 또한 저가주의 거래비용은 매우 높을 수 있다. 초저가주를 매수하다 파산하는 경우도 발생한다. 하지만 이 정도의 침체기에 있는 회사 12개를 대상으로 분산투자한 포트폴리오는 현재 적극적인 투자자들에게 여전히 매력적일 수 있다.

거래되는 20개 표본은 해당 열에 소개된 200개 종목에서 선택한 것이므로 전체 종목 중 10분의 1에 해당한다고 볼 수 있다. 따라서 《증권 가이드》에 등장하는 4,500개 종목 중에서 10분의 1인 450개 종목이 주가수익비율 10배 이하에서 거래된다고 유추할 수 있다. 즉, 투자자가 더 많은 종목을 선택하고자 할 때 가능한 후보 종목의 수는 450개 정도까지 예상된다.

이렇게 선택한 표본 목록에 다음과 같이 추가 기준을 적용해 보자. 방어적인 투자자에게 우리가 이미 제안했던 것과 비슷하지만 그보다는 조금 느슨하다.

1. 재무상태: (1) 유동자산이 유동부채보다 최소한 1.5배 이상이고, (2) 특히 제조업체의 경우 부채가 순유동자산의 110%를 넘지 않아야 한다.
2. 수익 안전성: 최근 5년 동안 적자를 기록한 해가 없어야 한다.
3. 배당 기록: 일정한 금액의 현금 배당이 지급되어야 한다.
4. 수익증가: 지난해 수익이 1966년의 수익보다 많아야 한다.
5. 주가: 순유형자산의 120% 미만이어야 한다.

《증권 가이드》에 실린 수익 관련 자료는 일반적으로 1970년 9월 30일을 기준으로 한 것이다. 따라서 1970년 4/4분기에 악화된 실적이 있더라도 여기에 포함되지 않는다. 하지만 불가능한 것은 애초에 바라지도 않는 현명한 투자자라면 문제 될 것은 없다. 우리가 제시한 기준에 회사의 최소 규모에 대한 설정은 없다는 점도 주목해야 한다. 작은 회사라도 일정한 수로 묶어 선택한다면 충분히 안전성을 보장받을 수 있다.

먼저 선택한 표본 20개 종목에서 이 다섯 가지 기준을 추가로 적용하면 표본 종목 수는 5개로 줄어든다. 《증권 가이드》에서 처음 선택한 표본 450개 종목이 15개 종목으로 추려질 때까지 여섯 가지 기준을 계속 적용한다. 이렇게 선택된 최종 15개 종목으로 포트폴리오를 구성할 수 있다. 〈표 15-1〉에는 이 방식으로 최종 선택된 종목들이 소개되어 있다. 물론, 여기에서 소개한 종목 구성은 단지 예를 들기 위한 것이므로 호기심 많은 투자자라면 반드시 이 구성을 따를 필요는 없다.

우리가 제시한 방법을 사용하면 투자자는 폭넓게 종목을 선택할 수 있다. 《증권 가이드》에 소개된 4,500개 종목 중에서 처음 기준을 적용하여 10분의 1인 450개 종목을 선택한 후, 여기에서 여섯 가지의 조건을 모두 충족하는 종목을 뽑으면 약 150개 종목으로 압축된다. 예를 들어, 적극적인 투자자는 150개 종목의 20%인 30개 종목을 추리면 최종 15개 종목 이외에 개인적인

〈표 15-1〉 주가수익비율이 낮은 제조업 주식의 표본 포트폴리오

(1971년 12월 31일 《증권 가이드》에 소개된 종목 중 여섯 가지 기준을 모두 충족하는 처음 15개 종목)

회사명	주가 1970년 12월	주당순이익 과거 12개월 동안	장부 가치	S&P 등급	주가 1972년 2월
Aberdeen Mfg.	10.25	$1.25	$9.33	B	13.75
Alba–Waldensian	6.375	.68	9.06	B+	6.375
Albert's Inc.	8.5	1.00	8.48	n.r.[a]	14
Allied Mills	24.5	2.68	24.38	B+	18.25
Am. Maize Prod.	9.25	1.03	10.68	A	16.5
Am. Rubber & Plastics	13.75	1.58	15.06	B	15
Am. Smelt. & Ref.	27.5	3.69	25.30	B+	23.25
Anaconda	21	4.19	54.28	B+	19
Anderson Clayton	37.75	4.52	65.74	B+	52.5
Archer–Daniels–Mid.	32.5	3.51	31.35	B+	32.5
Bagdad Copper	22	2.69	18.54	n.r.[a]	32
D. H. Baldwin	28	3.21	28.60	B+	50
Big Bear Stores	18.5	2.71	20.57	B+	39.5
Binks Mfg.	15.25	1.83	14.41	B+	21.5
Bluefield Supply	22.25	2.59	28.66	n.r.[a]	39.5[b]

a) n.r.은 '등급 없음(not ranked)'을 의미한다.
b) 주식분할로 조정된 수치다.

판단이나 선호도에 따라 제3의 포트폴리오를 구성할 수 있다.

《증권 가이드》에는 과거 8년간 수익 및 배당의 안전성과 성장성을 기초로한 '수익 및 배당 등급'을 참고할 수 있다. 현재 주가 수준의 매력도는 여기에서 제외된다. S&P 등급은 〈표 15-1〉에 포함되어 있다. 15개 종목에서 10개 종목이 '평균 등급'에 해당하는 B+를 받은 반면, '우량 등급'인 A를 받은 종목은 아메리칸 메이즈 프로덕츠 1개에 불과하다. 적극적인 투자자가 S&P 평균 등급 이상이라는 일곱 번째 조건을 추가하여 적용하여도 여전히 100여 개의 종목 중에서 선택할 수 있다. S&P 평균 등급 이상, 만족스러운 재무상태, 낮은 주가수익률, 자산가치에 비해 낮은 주가 등의 기준을 모두 충족하는 주식을 매입한다면 만족스러운 투자 결과를 보장받을 수 있을 것이다.

주식 선택을 위한 한 가지 기준

호기심이 많은 독자라면 지금까지 소개한 방법보다 더 간단하게 평균 이상의 수익률이 기대되는 포트폴리오를 선택할 수 없는지 묻고 싶을 것이다. 낮은 주가수익비율, 높은 배당률, 높은 자산가치 등의 지표처럼 간편하게 적용할 수 있는 한 가지 기준은 없을까? 이 질문에 대해서는 오랫동안 좋은 성과를 이끌어 온 방법 두 가지를 소개하는 것으로 답을 대신할 수 있다. 첫 번째 방법은 다우존스 지수에 편입된 종목처럼 주식시장에서 비중이 큰 종목에서 주가수익비율이 낮은 주식을 매입하는 것이다. 두 번째 방법으로는 순유동자산가치 또는 운전자본가치에 비해 저평가되어 거래되는 주식을 분산 매입할 수 있다. 1968년 말에 다우존스 지수에서 낮은 주가수익비율의 기준을 적용하여 1971년 중반에 수익률을 측정한 결과는 그다지 좋지 않았다. 그러나 운전자본가치보다 저평가된 주식을 매입한 경우에는 수익률은 좋았지만, 과거 10년 동안 운전자본가치 이하로 주식을 매입할 기회가 거의 없었다는 것이 문제였다.

다른 선택 기준의 경우는 어떠할까? 이 책을 쓰면서 주식 선택에서 보편적으로 적용할 수 있는 한 가지 분명한 기준을 찾기 위해서 우리는 몇 가지 실험을 해 보았다. 필요한 자료는 S&P의 《증권 가이드》에서 쉽게 찾을 수 있었다. 먼저 30개 종목으로 구성된 포트폴리오를 가정하고, 각 종목을 1968년 말에 종가로 매입해서 1971년 6월 30일에 재평가했다. 여기에는 (1) 최근 수익에 대한 낮은 이익승수(다우존스 지수 종목에 국한되지 않음), (2) 높은 배당수익률, (3) 장기간 배당 기록, (4) 상장주식 수를 기준으로 한 대형회사, (5) 우량한 재무상태, (6) 주당 낮은 달러 가격, (7) 이전 고점에 비해 낮은 가격, (8) 높은 S&P 투자등급 등의 기준이 적용되었다.

《증권 가이드》에는 위에서 제시한 기준에 대한 자료를 모두 확인할 수 있다. 이 잡지의 발행인은 이 기준이 주식을 선택하거나 분석할 때 중요한 요인임을 인식하는 것으로 보인다. 하지만 앞서 지적한 대로 여기에 주당 순자산가치에 대한 자료까지 더해졌다면 더욱 좋았을 것이다.

여러 실험을 통해 우리가 얻은 가장 중요한 결과는 무작위로 매입한 주식의 성과에 관한 것이었다. 검증을 위해 우리는 각각 30개 종목으로 3개의 포트폴리오를 구성했다. 이 종목들은 모두 1968년 12월 31일자와 1971년 8월 31일자 《증권 가이드》의 첫 줄에 등장한다. 이 기간 S&P 지수는 실질적으로 거의 변동하지 않았고, 다우존스 지수는 약 5% 정도 하락하였다. 그러나 우리가 무작위로 선택한 90개 종목은 같은 기간에 평균적으로 약 22% 하락하였다. 이 하락폭에는 《증권 가이드》에서 제외된 19개 종목의 수치는 포함되지 않았다. 따라서 실제 손실을 훨씬 더 컸을 것으로 보인다. 이와 같은 비교분석 결과 우리가 이해할 수 있는 분명한 사실은 다음과 같다. 평가등급이 낮고 규모가 작은 주식은 주가가 상승할 때에는 상대적으로 과대평가되지만, 주가가 하락하는 시기에는 우량한 주식보다 훨씬 큰 폭으로 하락하였다. 주가가 다시 회복되는 데에도 많은 시간이 걸릴 뿐 아니라 주가 회복이 거의 불가능한 경우도 부지기수였다. 따라서 현명한 투자자라면 주가가 절대적으로 저평가되었다는 확신이 없는 한 자신의 포트폴리오를 구성할 때 이류 주식을 피해야 한다.

포트폴리오 실험으로부터 얻은 기타 결과는 다음과 같이 요약할 수 있다.

다우존스 지수는 물론, S&P 지수보다 높은 수익률을 보인 경우는 세 가지로 압축되었다. 첫 번째 경우는 최고의 평가등급인 A+를 받은 제조업체들이었다. 같은 기간 S&P 지수에 상장된 제조업체들의 주가가 2.4%, 다우존스 지수가 5.6% 하락한 데 반해, 이 회사들은 9.5% 상승을 기록했다. 그러나 55개 종목으로 구성된 S&P 유틸리티 지수의 하락률이 14%인 반면, A+ 등급을 받은 유틸리티 기업 10개의 주가는 18%의 하락률을 보였다. 한 가지 기준에 따른 검증에서 S&P 등급이 유효하게 적용된다는 사실은 주목할 만하다. 즉, 모든 경우에 높은 등급의 포트폴리오가 낮은 등급의 포트폴리오보다 성과가 높았다. 두 번째, 상장주식 수가 5000만 주 이상의 기업 주가는 S&P가 소폭 하락했는데도 거의 변동이 없었다. 세 번째의 경우는 주당 100달러가 넘는 고가 주식으로, 전체적으로 볼 때 1% 정도로 약간 상승했다.

우리가 실시한 다양한 실험에는 장부가치를 기준으로 한 실험도 포함되었다. 앞서 밝혔듯이 장부가치 관련 자료는 《증권 가이드》에는 실리지 않았다. 여기에서 우리의 투자 원칙과 반대되는 사실을 발견할 수 있었다. 즉, 규모도 크고 시장가격에 영업권이 많이 계상된 대형 기업의 주가는 2년 반에 걸친 보유 기간에 전체적으로 수익률이 좋았다. 영업권이 계상되는 부분은 가격에서 장부가치를 뺀 부분에 해당한다.* '영업권이 많이 계상된 기업'으로 구성한 포트폴리오에는 영업권 가격이 10억 달러 이상이며 해당 기업 시장가격의 절반 이상을 나타내는 30개 종목이 포함되었다. 1968년 말 현재 이 영업권 항목들의 전체 시장가치는 1200억 달러가 넘었다. 이러한 시장의 낙관적인 가치평가에도 불구하고 전체적으로 볼 때 이와 관련한 기업의 주가는 1968년 12월부터 1971년 8월까지 15% 상승했다. 이 기록은 분석 대상인 약 20여 개의 포트폴리오 중에서도 가장 탁월했다.

투자전략 연구에서 이와 같은 사실을 간과해서는 안 된다. 큰 기업 규모, 과거 뛰어난 수익 기록, 미래의 지속적인 수익증가에 대한 일반 대중의 기대, 과거 수년간 강한 주가 추이와 같은 장점들을 모두 가진 회사들이 주식 시장에서 상당히 유리한 위치를 차지하게 된다는 것은 분명한 사실이다. 주가가 계량적 기준으로 과도해 보이더라도 내재된 시장의 이점은 이러한 종목들에 상당히 오랜 기간 영향을 미친다. 물론 같은 기준에 포함된다고 해서 이러한 가정이 모든 종목에 다 적용되지는 않는다. 예를 들어, 자타가 공인하는 영업권 가치를 지닌 IBM의 주가는 30개월 동안 315에서 304로 떨어졌다. 시장에서 평균 이상의 탁월한 주가 추이를 보이는 종목 중에서 실제로 객관적인 척도에 따른 투자 이점에 의해 상승한 종목과 장기간에 걸쳐 형성된 인기로 상승한 종목을 구별하기는 어렵다. 의심할 여지 없이 이 두 가지 요소 모두 중요하다.

영업권 가치가 큰 기업들은 장기적인 주가 추이나 최근의 주가 추이를 보더라도 분명히 포트폴리오의 분산투자 대상으로 추천할 만하다. 그러한 경우라 하더라도 주식을 선택할 때 자산가치의 3분의 2 수준인 주가를 조건으로 설정하는 등 다양한 투자 기준을 조합할 것을 권한다.

---

* 그레이엄은 대규모의 영업권이 두 가지 원인으로 발생할 수 있다고 했다. 즉, 어떤 기업이 다른 기업을 그 자산가치보다 훨씬 비싸게 인수하는 경우와 자신의 주식이 장부가치보다 상당히 비싸게 거래되는 경우다.

또 다른 검증 방식은 자신이 선호하는 기준으로 무작위 추출한 포트폴리오가 그와 반대되는 기준으로 무작위 추출한 포트폴리오보다 좋은 성과를 보였는지 확인하는 것이다. 이렇게 검증한 결과에 따르면 주가수익비율이 낮은 종목이 주가수익비율이 높은 종목보다 하락률이 낮았고, 배당금 지급을 오랫동안 지속해서 한 기업의 주식은 1968년 말에 배당을 하지 않은 기업의 주식보다 상대적으로 낮은 주가하락률을 보였다. 이 결과는 계량적이거나 실질적인 기준의 조합을 충족하는 종목을 추천하는 우리 방식의 정당성을 입증해 준다.

마지막으로 우리가 제시한 포트폴리오가 S&P 지수에 비해 훨씬 부진한 결과를 보인 경우를 언급해야겠다. S&P 지수는 기업 규모에 따라 가중평균치를 사용하고 있고, 우리가 실험한 포트폴리오에는 단순평균치가 적용되었다는 점에서 그 원인을 찾을 수 있다. S&P의 방법은 거대 기업에 더 큰 비중을 두는 만큼 결과에서 큰 차이가 발생하게 된다. 또한 거대 기업 주가가 평범한 기업 주가보다 훨씬 안정적이라는 점도 고려해야 한다.

할인 종목 또는 순유동자산 주식

위에서 논의한 검증 방법에서 우리는 순유동자산가치 이하의 가격으로 매수할 수 있는 30개 종목의 결과를 포함하지 않았다. 1968년《증권 가이드》에서 그러한 예에 해당하는 종목을 거의 발견할 수 없었기 때문이다. 그러나 1970년 증시가 하락세를 보이자 상황이 역전되어 가장 저렴한 수준의 주식 중 순유동자산 또는 운전자본가치 이하로 매입할 수 있는 경우가 상당히 많아졌다. 순유동자산가치란 모든 선순위 청구권을 공제하고 고정자산 및 기타 자산을 0으로 가정하여 산출한 가치를 말한다. 이보다 저평가된 종목들을

회사	주가 1970년	주당 순유동 자산가치	주당 장부가치	주당 순이익	현재배당 1970년	1970년 이전 최고가
Cone Mills	13	$18	$39.3	$1.51	$1.00	41.5
Jantzen Inc.	11.125	12	16.3	1.27	.60	37
National Presto	21.5	27	31.7	6.15	1.00	45
Parker Pen	9.25	9.5	16.6	1.62	.60	31.25
West Point Pepperell	16.25	20.5	39.4	1.82	1.50	64

모아 분산화된 포트폴리오를 구성한다면 상당히 만족스러운 결과를 얻을 수 있다. 이 조언이 어이없을 정도로 너무 간단하게 들릴지도 모른다. 주식 시장이 심각한 곤란을 겪었던 1930년부터 1932년 기간을 제외하고 1923년 부터 1957년까지 30년 이상 이러한 조언의 타당성은 충분히 입증되었다.

그렇다면 이 조언은 1971년 초에도 여전히 유효할까? 우리는 단연코 "그렇 다"라고 말할 수 있다. 《증권 가이드》를 대충 훑어보아도 순유동자산가치 이하 로 매입할 수 있는 종목 수는 50개가 넘는다. 이 중 상당수 기업은 1970년에 어려운 시기를 보냈으리라는 것은 쉽게 짐작할 수 있다. 지난 12개월 동안 순손실을 기록한 기업을 선택 대상에서 제외하더라도 순유동자산가치를 기 준으로 분산화된 포트폴리오를 구성할 수 있는 정도의 기업은 충분히 남게 된다.

〈표 15-2〉에는 1970년 최저가에서 운전자본가치보다 낮은 가격으로 거래 된 5개 종목에 대한 자료를 예시하고 있다.* 이 예를 통해 우리는 주가변동

---

* 기술적으로 주식의 운전자본가치는 유동자산에서 유동부채를 차감하고 발행주식 수로 나눈 것이다. 하 지만 여기에서 그레이엄이 말하고 있는 것은 '순운전자본가치(Net working capital value)'로, 유동자산에서 총부채를 차감하고 발행주식 수로 나눈 값을 의미한다.

의 다양한 속성을 생각해 볼 수 있다. 높은 성장률을 보이는 다른 회사들이 재무제표상의 가치보다 고평가되어 수십억 달러에 팔리는 마당에 사업 기반이나 브랜드의 인지도가 탄탄한 우량기업이 어떻게 이 정도로 저평가될 수 있을까? 다시 한 번 '지난 시절'을 인용해 보자면, 무형자산으로서의 영업권은 통상 '브랜드', 즉 상표와 관련되었다. 인쇄용지 브랜드 '레이디 페퍼럴_{Lady Pepperell}', 수영복 브랜드 '잰트젠_{Jantzen}', 필기구 브랜드 '파카_{Parker}' 등은 실제 그 이름만으로도 큰 자산으로 여겨졌다. 하지만 이제 주식시장에서 이러한 브랜드를 내세운 종목이 더 이상 주목을 받지 못한다면, 해당 기업은 브랜드뿐만 아니라 기업 부지나 건물, 기계 등 다른 유형자산의 가치까지 저평가될 수 있다. "마음은 이성이 알지 못하는 이성을 갖고 있다."* 수학자이자 철학자인 블레즈 파스칼_{Blaise Pascal}이 남긴 유명한 말이다. 여기에서 우리는 마음 대신 월스트리트를 대입하여 그 의미를 되새겨 볼 수 있다.

이제 또 다른 대조적인 현상이 문득 떠오른다. 바로 주식시장 상황도 좋고 신주가 발행되는 즉시 소화되는 시점에서 등급이 아주 낮은 주식이 발행되는 현상이다. 이 주식은 매수자들의 눈에 쉽게 들어오게 마련이다. 게다가 주가는 발행 직후에 해당 기업의 수익이나 자산가치에 비추어 이해할 수 없을 정도로 높게 상승하여 IBM, 제록스, 폴라로이드_{Polaroid}와 같은 우량주의 주가마저 무색하게 한다. 이와 같은 광란의 고공행진은 필연적으로 폭락 사태를 맞이할 수밖에 없다. 하지만 월스트리트에서는 그러한 사태가 일어나기 전에는 그 누구도 나서서 이 행진을 저지하려고 노력하지 않는다. 증권거래위원회의 입장에서도 이미 투기적인 성향을 보이는 일반 투자자들이 관

---

* 이 문장에 해당하는 프랑스어 원문은 다음과 같다. "Le coeur a ses raisons que la raison ne connait point." 이처럼 시적인 구절은 '파스칼의 내기(Pascal's wage)'로 잘 알려진 프랑스의 위대한 신학자 파스칼이 남긴 말이다. 이와 관련한 내용은 20장 논평을 참조하라.

심도 갖지 않을 정보 공시를 해당 기업에 요구하거나, 명백한 위법 사항이 있는 경우에만 조사를 실시해 솜방망이 처벌을 하는 것 외에는 별다르게 할 수 있는 일이 없다. 실제에 비해 가치가 터무니없이 부풀려진 회사 대부분이 결국 대폭락의 조짐이 보이거나 시장에서 완전히 자취를 감출 때가 되면, 사람들은 이 모든 현상을 '게임의 일부'로 치부하는 모호한 태도를 보이며 그제야 현실을 받아들인다. 그러면서 변명의 여지 없는 이 무절제한 실수를 다시는 범하지 않겠다고 맹세한다. 다음에 비슷한 현상이 다시 벌어질 때까지만 말이다.

점잖은 독자들은 넌지시 이렇게 묻고 싶을지 모른다. "이것저것 가르쳐주셔서 감사합니다. 그러면 할인 종목은 어떻습니까? 심각한 위험을 감수하지 않고도 돈을 벌 수 있나요?" 할인 종목이란 자산가치 이하로 거래되는 종목을 말한다. 충분한 수의 종목에 분산투자를 하고 매입 후 주가가 오르지 않더라도 인내하고 기다릴 수 있다면 실제로 가능한 일이다. 문제는 상당한 수준의 인내심을 필요로 하는 경우도 있다는 사실이다. 우리는 이전 판에서 이 책을 집필할 당시의 순자산가치 기준을 적용하여 한 가지 사례를 과감하게 소개한 바 있다. 바로 당시 장부가치는 50, 순유동자산가치는 30인 데 반해 20에 거래되고 있던 버튼-딕시Burton-Dixie였다. 이 종목을 매입한 투자자들은 수익을 금방 거두지 못했다. 그러나 1967년 8월에 장부가치와 비슷한 수준으로 가격이 상승하여 주당 53.75에 거래되었다. 주가 20에 처음 매입하여 참을성 있게 기다린 투자자들은 결국 3년 반 만인 1964년 3월에 167%의 수익을 올릴 수 있었다. 복리로 하지 않을 경우 연 47% 수익에 해당하는 수치였다. 경험에 비추어 보면 할인 종목 중 대부분은 오래지 않아 이처럼 훌륭한 수익을 올리거나 높은 성장률을 보인다. 지금 이 글을 쓰는 현재 시장에서 이와 유사한 상황은 7장에서 이미 언급한 바 있는 내셔널 프레스토의 주식에서 관찰할 수 있다.

특수상황 또는 '워크아웃'

이 경우는 논리적으로 적극적인 투자자의 투자 방법에도 포함될 수 있으므로 여기에서는 간략하게 언급하겠다. 앞에서도 언급한 바 있으므로, 여기에서는 현명한 투자자를 위해 약간의 사례와 논평을 추가하는 정도로 정리하겠다.

1971년 초 현재 관찰할 수 있는 다음과 같은 세 가지 상황을 각각 살펴보자.

상황 1: 1971년 1월, 보든Borden Inc.은 주식 1주당 자사주 1.33주를 교환하는 조건의 지분인수 계획과 함께 다각화 의류업체인 카이저 로스Kayser Roth에 대한 인수 계획을 발표했다. 바로 다음 날 활발한 거래 속에 보든과 카이저 로스의 종가는 각각 26과 28로 마감했다. 만약 현명한 투자자가 이 가격으로 카이저 로스 주식을 300주 매입하고 보든 주식을 400주 매도하는 거래를 하였고, 발표된 조건에 따라 인수 거래가 이루어졌다면, 이 투자자는 수수료 및 기타 제반 비용을 제하더라도 약 24%의 수익을 보게 된다. 더욱이 인수가 6개월 이내에 이루어진다고 가정하면 그의 최종 수익은 연 40%에 달할 것이다.

상황 2: 1970년 11월, 내셔널 비스킷National Biscuit Co.은 주당 11달러 현금지급을 조건으로 오로라 플라스틱스Aurora Plastics Co.를 인수할 것을 제안했다. 당시 이 회사의 주식은 8.5에 거래되고 있었다. 11월 말 종가는 9였고, 이 주가는 연말까지 유지되었다. 이 거래에서 기대 가능한 총수익은 약 25% 정도였다. 하지만 인수가 성사되지 않을 수도 있고, 성사되더라도 인수가 완료되기까지 시간이 많이 소요될 수 있음을 감안해야 한다.

상황 3: 영업활동을 중단한 유니버설-마리온Universal-Marion Co.은 주주들에게 회사 청산을 승인해 줄 것을 요청했다. 회계 담당자의 보고에 따르면 이 회사의 당시 주당 장부가치가 28달러 50센트였고, 대부분 유동자산 형태로 보유하고 있었다. 결국 이 회사 주식은 1970년 말에 21.5로 끝났다. 만일 이 회사의 청산이 이루어져 장부가치가 실현되었다면 약 30% 이상의 총수익을 기대할 수 있었을 것이다.

위험 부담을 낮추는 것이 목적인 분산투자의 기준으로 볼 때 연간 수익률이 20% 이상 된다면 이러한 거래는 충분히 해 볼 만하다. 하지만 우리가 주로 이 책에서 다루고자 하는 상황은 '특수상황'이 아니므로, 이러한 경우에 대해서는 상세히 설명하지 않겠다. 실제로 이러한 거래는 투자라기보다는 사업을 한다고 보는 것이 더 옳다. 최근 수년간 이와 같은 분야에서는 두 가지 문제점이 드러났다. 첫 번째 문제점은 과거 10년 전보다 인수합병과 같은 '특수상황'이 지나치게 많아졌다는 것이다. 이러한 현상은 기업의 영업 활동을 분산시키기 위한 목적으로 과열된 기업 인수 및 합병의 결과였다. 1969년에 공시된 합병 건수는 6,000건이었고, 1970년에도 5,000건을 넘어섰다. 이러한 합병과 관련된 총비용은 수십억 달러에 달한다. 이처럼 공시된 수천 건의 합병 사례 중 특수상황에서 수익을 기대하는 투자자가 직접 매입할 기회는 극히 제한되어 있다. 그러나 이렇게 작은 부분이라도 특수상황을 열심히 분석하고 기회를 노리는 투자자들에게는 그만한 가치가 있다.

두 번째 문제점은 합병 공시를 한 후 합병이 완료되지 못하는 경우가 점점 증가하고 있다는 사실이다. 이렇게 되면 목표 수익률이 실현되지 않을 뿐 아니라 심각한 손실을 초래할 수 있다. 합병이 완료되지 못하는 이유로는 독점금지법 적용, 주주들의 반대, 시장 상황의 변화, 더 깊이 분석한 결과 합병 효과가 부정적이라는 판단, 합병회사와의 세부조정 의견 불일치 등 여러 가지 상황을 들 수 있다. 투자자가 이러한 문제에 대처하기 위해서는 실전 투자 경험을 통해 성공 가능성이 가장 높거나, 실패하더라도 가장 손실이 적게 발생할 것으로 기대되는 합병 공시를 식별할 수 있는 판단력을 키워야 한다.[*]

추가 논평

카이저 로스: 이 장을 쓰고 있던 1971년 1월에 카이저 로스의 경영진은 보든의 인수 제의를 이미 거부했다. 이 거래가 즉각 '불발'되었다면, 수수료를 포함한 전체 손실은 카이저 로스사 주식대금의 약 12% 정도였을 것이다.

오로라 플라스틱: 1970년의 영업실적이 부진했던 탓에 인수 조건이 재협상되었고, 현금지급 가격도 주당 10.5로 하락하였다. 주식대금은 5월 말에 지급되었다. 당시 연간 수익률은 약 25%였다.

유니버설–마리온: 이 회사는 1차로 주주들에게 1주당 7달러 가치의 현금과 주식을 배분하며 주가를 14.5로 낮추었다. 그러나 청산의 궁극적 결과에 대한 의문이 제기되면서 주가는 즉각 13으로 더 떨어졌다.

위의 세 가지 예가 1971년의 전체적인 '차익거래 기회'를 대표한다고 본다면, 무작위로 특수상황의 주식을 매입하는 행위는 분명히 바람직하지 않은 것으로 보인다. 이러한 기회는 과거 어느 때보다도 경험과 판단력을 겸비한 전문가의 영역이 되었다.

카이저 로스사의 사례에서는 아주 재미있는 사실이 있다. 1971년 말에 보

---

[*] 7장 논평에서 논의한 것처럼, 합병 차익거래는 일반 투자자에게는 대부분 부적절하다.

든의 주가는 25였던 반면, 카이저 로스의 주가는 20 이하로 하락했다. 애초 인수 제의되었던 교환 조건에 따르면 보든의 주가 25는 카이저 로스의 주가 33에 맞먹는다. 결국, 이 제안을 거부한 카이저 로스 경영진의 결정이 큰 실수였거나, 이 회사의 주가가 시장에서 지나치게 저평가된 것으로 보인다. 이 부분은 증권분석가들이 연구해 볼 만하다.

15장 논평

세상 속에서 세상의 틀에 맞춰 사는 것은 쉽다. 자기 멋대로 사는 것도 쉽다. 군중 속에서 고독의 달콤함을 즐길 수 있는 자야말로 가장 위대한 사람이다.

랠프 월도 에머슨(Ralph Waldo Emerson)

연습하고, 연습하고, 또 연습하라

뮤추얼 셰어즈Mutual Shares Corp.의 창업자인 맥스 하인Max Heine은 다음과 같은 말을 하곤 했다. "예루살렘으로 가는 길은 많다." 이 주식투자의 귀재는 가치 중심적인 자신의 주식 선택 방법이 성공적인 투자를 위해 따라야 하는 유일한 길이 아님을 말하고 있다. 이 장에서 우리는 현재 시장을 이끄는 노련한 펀드매니저들이 주식을 선택할 때 사용하는 몇 가지 기술을 소개하고자 한다.

우선, 대부분의 투자자가 종목을 개별적으로 선택할 필요는 없다는 점을 상기해야 한다. 대부분의 전문 투자자들도 종목 선택에 미숙함을 보이는 경우가 많지만, 그렇다고 해서 이 사실이 일반 투자자가 전문가보다 낫다는 것을 의미하지는 않는다. 주식 선택을 해 본 사람들이 결국 깨우치는 것은 자신이 생각만큼 잘하지 못한다는 사실이다. 그나마 일찍 깨닫는 사람은 운이 좋은 편이다. 운이 나쁜 사람은 더 오랜 시간이 걸린다. 아주 드물게 주식 선택에서 탁월함을 발휘하는 사람들도 있다. 그러나 대부분의 사람은 혼자 하기보다 도움을 받는 편이 낫다. 이들에게는 인덱스펀드가 가장 이상적인 도움을 줄 수 있다.

가장 뛰어난 기량을 가진 운동선수나 음악가도 실제 시합이나 공연에 나서기 전에 끊임없이 연습을 반복한다. 그레이엄은 투자자들도 이들처럼 실전에 나서기 전에 수없이 연습해야 한다고 충고한다. 그레이엄이 제안한 방법은 주식을 실제로 매입하기 전에 1년 동안 다양한 주식을 자세히 조사하고 선택하는 연습을 하는 것이다.[1] 그레이엄 시절에는 장부책에 가상의 주식 매수 및 매도 상황을 직접 기입하며 연습해야 했지만, 요즘에는 www.mornigstar.com, finance.yahoo.com, money.cnn.com/services/portfolio/, www.marketocracy.com 등 웹사이트에서 제공하는 '포트폴리오 트래커portfolio tracker' 서비스로 대신할 수 있다. 맨 끝에 소개한 사이트에서는 자신들의 펀드와 서비스가 "시장수익을 능가한다"라고 떠들썩하게 광고하는데, 이러한 광고는 간단히 무시하는 것이 좋다.

주식을 매입하기 전에 기술을 시험 삼아 연습하면 실수해도 실제로 돈을 잃을 위험 부담이 전혀 없다는 장점이 있다. 따라서 투자자는 가벼운 마음으로 빈번한 매매를 피하는 원칙을 개발하고, 노련한 펀드매니저의 기술과 자신의 기술을 비교 분석하며, 자신에게 꼭 맞는 전략을 배울 수 있다. 무엇보다 주식 선택의 결과를 추적함으로써 회심의 노림수라고 믿었던 전략이 결국 골칫덩이가 되고 만 경험을 잊지 않고 다음 투자에서도 되새길 수 있게 된다. 수익뿐만 아니라 결국 손실로 이어진 모의 선택에서도 이러한 점을 배

---

1 1976년 7월호 《머니》 36쪽에 실린 퍼트리샤 드레퓌스(Patricia Dreyfus)의 "간단한 두 가지 교훈에 따른 투자 분석(Investment Analysis in Two Easy Lessons)"(그레이엄과의 인터뷰)을 보라.

울 수 있다. S&P500 지수 인덱스펀드에 모든 돈을 투자했다면 1년 후에 어떻게 되었을까? 이러한 가정을 현재 자신이 선택한 주식의 투자 결과와 비교해 보는 것도 좋다. 이 연습 과정이 지루했던 데다 인덱스펀드 투자에 비해 성과마저 부진했다 하더라도 어차피 연습이니 손해날 일은 없다. 한 가지 확실한 것은 개별적으로 종목을 선택하는 투자 방식이 내 취향에 맞지 않는다는 사실이다. 이 점을 깨달았다면 종목을 선택하는 데 시간을 낭비하지 말고 주가연동형 펀드에 투자를 맡기는 편이 낫다.

반면에 연습 과정이 즐거웠고 좋은 성과도 올렸다면, 이제 실제로 자신이 선택한 주식으로 바구니를 조금씩 채워 볼 때다. 단, 전체 포트폴리오 중 자신이 선택한 주식 비중은 최대 10%로 제한해야 한다. 또한 이후에라도 이러한 투자 방식이 재미없고 수익도 많지 않다면 언제든지 중단할 수 있다는 것을 기억하라.

남들이 지나치는 곳을 살피라

수익 가능성이 높은 주식을 찾으려면 어떻게 해야 할까? 우선 14장에서 우리가 제안한 통계 필터를 이용해 볼 수 있다. 이 방법으로 주식의 가능성을 가늠해 보고 싶다면 finance.yahoo.com, www.morningstar.com과 같은 웹사이트를 찾아보라. 이보다 좀 더 인내심을 요구하는 전문적인 방법도 있다. 대부분의 일반 투자자와 달리 최고 수준의 전문 투자자들은 주가가 오르는 종목이 아니라 하락하는 종목에 관심을 보인다. 트위디 브라우니 글로벌 밸류 펀드Tweedy, Browne Global Value Fund의 크리스토퍼 브라우니Christopher Browne, 오크마크 펀드의 윌리엄 나이그렌William Nygren, FPA 캐피털 펀드FPA Capital Fund의 로버트 로드리게스Robert Rodriguez, 토레이 펀드의 로버트 토레이Robert Torray 등의 전문가들은 하나같이《월스트리트 저널》에 매일 소개되는 52주 최저가 목록과 《바론스》의 '마켓위크Market Week' 섹션에 소개되는 비슷한 내용의 목록을 살펴볼 것을 권한다. 이렇게 하면 향후 시장 환경의 변화로 고수익을 창출할 잠재력은 있지만 현재로써는 유행에 뒤지거나 일반 투자자의 관심 밖에 있는 종목 또는 업종을 발견할 수 있다.

데이비스 펀드Davis Funds의 크리스토퍼 데이비스Christopher Davis, 레그 메이슨 밸류 트러스트Legg Mason Value Trust의 윌리엄 밀러William Miller가 찾는 것은 투하자본수익률ROIC: Return On Invested Capital이 증가할 것으로 기대되는 종목이다. 투하자본수익률은 워런 버핏이 말한 '주주이익'을 얼마나 효율적으로 창출하는지 평가하는 지표다. 투하자본수익률에 대한 자세한 내용은 다음 글상자에 소개되어 있다.[2]

오크마크 펀드의 윌리엄 나이그렌, 롱리프 파트너스의 O. 메이슨 호킨스 O. Mason Hawkins와 같은 펀드매니저는 '비교 가능'한 수치나 수년 동안 유사한 기업이 인수된 가격을 검토하며 회사 가치를 분야별로 판단할 더 나은 기준을 모색했다. 일반 투자자들로서는 무척 어려운 작업이다. 먼저 시작해야 할 단계는 회사의 연차보고서 중 '영업 분야'의 주석을 살펴보는 것이다. 여기에서는 회사의 업종 정보, 수입 및 각 계열사의 수익을 일반적으로 정리하고 있다. 연차보고서에서 '경영 논의 및 분석'에 관한 내용을 찾아보는 것도 도움이 된다. 또한 팩티바Factiva, 프로퀘스트ProQuest, 렉시스넥시스LexisNexis 같은 뉴스 데이터베이스를 이용해 같은 업계에서 최근 인수된 다른 기업의 사례를 찾아보는 것도 좋다. 과거 연차보고서는 www.sec.gov 웹사이트의 EDGAR 데이터베이스를 이용하면 확인할 수 있다. 여기에서는 인수된 기업의 수익

---

2 11장 논평을 참조하라.

📋 주당순이익을 넘어 이제 투하자본수익률로

최근에 주당순이익은 스톡옵션 교부나 회계상 차익 및 비용과 같은 요인으로 많이 왜곡되었다. 투자한 자본으로 회사가 실제로 얼마만큼의 수익을 올렸는지 알아보려면, 주당순이익을 넘어 이제 투하자본수익률을 확인해야 한다. 데이비스 펀드의 크리스토퍼 데이비스는 이 내용을 확인할 공식을 다음과 같이 정리했다.

투하자본수익률 = 주주이익 ÷ 투자자본

주주이익이 동일한 경우:

> 영업이익
>
> + 감가상각비
>
> + 영업권 상각
>
> − 평균세율로 납입된 연방소득세
>
> − 스톡옵션 비용
>
> − 운전 또는 필수 자본지출
>
> − 부적절한 연금펀드의 수익률로 인한 수익(2003년 현재 6.5%를 넘을 수 없음)

투자자본이 동일한 경우:

> 총자산
>
> − 현금(단기투자와 무이자 유동부채를 포함)
>
> + 투자자본을 감소시켰던 과거의 회계상 비용

투하자본수익률을 파악하면 모든 정당한 비용을 공제한 후 회사가 영업활동을 통해 실제로 벌어들인 수익을 확인할 수 있다. 즉, 이 회사가 수익을 내기 위해 주주의 돈을 얼마나 효율적으로 사용했는지 증명해 준다. 투하자본수익률이 적어도 10% 이상이라면 바람직하다. 만약 브랜드 인지도가 높고 경영에 전념하는 건실한 회사지만 일시적인 부진을 겪는 상황이라면 6%나 7% 수준이더라도 긍정적으로 평가할 수 있다.

에 대한 인수 가격의 비율이 제공된다. 투자자는 이 비율을 이용해 현재 관심을 두고 조사 중인 기업에 대해 기업 인수자가 얼마나 지불할 수 있을지 가늠해 볼 수 있다.

이렇게 회사의 각 부분을 개별적으로 분석함으로써 투자자는 현재 가격에 비해 실제 가치가 어떻게 평가되고 있는지 판단할 수 있다. 롱리프의 메이슨 호킨스는 소위 '60센트짜리 달러60-cents dollar'를 찾는다고 말한다. 즉, 자신이 평가한 가치의 60% 이하에서 거래되는 종목을 의미한다. 이 차이는 결국 그레이엄이 주장한 '안전마진' 역할과도 연관된다.

누가 주인인가

마지막으로 최고 수준의 전문 투자자들은 대부분 오크마크의 윌리엄 나이그렌이 말한 것처럼 경영자가 '관리자가 아닌 주인'의 태도를 견지하는 회사를 찾고자 한다. 경영자가 어떤 태도를 가졌는지 알아보려면 다음과 같은 질문에 대한 답을 구하면 된다. 회사의 재무제표가 쉽게 이해할 수 있게 작성되었는가, 아니면 혼란스러운가? 비반복적인 비용, 특별비용, 비정상적인 비용은 정말로 일시적으로 사용된 것인가, 아니면 꺼림칙한 습관처럼 계속 등장하는가?

롱리프의 메이슨 호킨스는 '건전한 파트너'로서 솔직하게 문제점을 이야기하고, 현재와 미래의 현금 흐름을 배분하는 데 명확한 계획이 있으며, 스톡옵션보다는 현금으로 직접 매입한 자사 주식을 상당히 소유한 기업 경영자를 선호한다. 그러나 토레이 펀드의 로버트 토레이는 이렇게 경고하기도 한다. "우리는 사업보다 주가에 대해 더 많이 이야기하는 경영자에게는 관심을 두지 않는다." 데이비스 펀드의 크리스토퍼 데이비스는 스톡옵션의 발행한도를 발행주식 수의 대략 3% 정도 제한하는 기업을 선호한다.

뱅가드 프라임캡 펀드Vanguard Primecap Fund의 하워드 쇼Howard Schow는 검토 과정에서 '1년 전에 회사가 천명한 것과 이후 일어난 상황이 얼마나 일치하는지, 경영자가 주주뿐만 아니라 자신에게도 정직한지' 확인한다. 이를테면, 어떤 회사의 경영자가 사업이 분명히 부진한 때에도 모든 것이 다 잘되고 있다고 말한다면 조심해야 한다. 요즘에는 단 몇 주라도 주식을 소유하고 있으면 회사의 정기적인 설명회인 컨퍼런스 콜에 참여할 수 있다. 본사 투자자 관련 부서에 문의하거나 회사 웹사이트에서 일정을 확인할 수 있다.

FPA 캐피털 펀드의 로버트 로드리게스는 회사 연차보고서 뒷장에 실린 영업부서 책임자들의 기록을 꼼꼼히 살펴본다. 새로운 CEO가 취임한 후 1, 2년 사이에 책임자 교체가 많이 이루어졌다면 좋은 신호로 해석할 수 있다. 즉, 썩은 나무를 베어 낸 것이다. 그러나 상당한 변화가 오랫동안 지속된다면 혼란을 초래할 수 있다.

길에서 눈을 떼지 말라

이밖에도 예루살렘으로 가는 길은 더 많이 존재한다. 드레만 밸류 매니지먼트Dreman Value Management의 데이비드 드레만이나 서드 애비뉴 매니지먼트의 마틴 휘트먼Martin Whitman을 포함한 일부 일류 포트폴리오 매니저들은 자산, 수익 및 현금 흐름의 매우 낮은 승수로 거래되는 종목에 초점을 맞춘다. 그런가 하면 로이스 펀드의 찰스 로이스Charles Royce, 피델리티 로-프라이스 스톡 펀드Fidelity Low-Priced Stock Fund의 조엘 틸링해스트Joel Tillinghast는 저평가된 소형주를 노린다. 워런 버핏처럼 가장 존경받는 투자자들은 어떤 기준으로 주식을 선택했을까? 다음 글상자에서 '워런 버핏의 방법'을 확인할 수 있다.

📋 워런 버핏의 방법

그레이엄의 뛰어난 제자인 워런 버핏은 그레이엄의 아이디어를 재창조함으로써 세계에서 가장 성공적인 투자자로 우뚝 섰다. 워런 버핏과 그의 파트너인 찰스 멍거Charles Munger는 그레이엄의 '안전마진'과 시장으로부터의 분리 개념을 미래 성장과 관련한 자신들의 혁신적인 주장과 결합했다. 버핏의 방법을 간략히 요약하면 다음과 같다.

버핏은 H&R 블록, 질레트, 워싱턴 포스트처럼 강력한 소비자 브랜드, 쉽게 이해할 수 있는 사업구조, 건전한 재무상태, 거의 독점적인 시장 지위를 가진 소위 '프랜차이즈' 회사를 찾았다. 특히 스캔들이나 큰 손실을 비롯한 악재가 폭풍우처럼 닥친 시기에 주식을 매입하곤 했다. 마치 '뉴 코크New Coke'라는 재앙과도 같은 신제품이 출시되고 1987년에 시장이 붕괴한 직후에 코카콜라의 주식을 매입한 것처럼 말이다. 또한, 그는 현실적인 목표를 세우고 이 목표를 실제로 달성하는 경영자를 좋아했다. 이러한 경영자는 기업 인수보다는 내부에서 신사업을 구축하고, 자본을 현명하게 배분하며, 수백만 달러짜리 잭폿과 같은 스톡옵션을 자기 주머니에 챙기지 않는다. 버핏은 수익증가가 꾸준히 지속되어 현재보다 미래에 더 높은 가치가 기대되는 회사를 고집했다.

www.Berkshirehathaway.com에서 확인 가능한 그의 연차보고서를 보면 버핏의 생각을 명확히 읽을 수 있다. 그레이엄을 포함해 어떤 투자자들도 자신의 방법을 이처럼 공개적으로 드러내며 유용한 보고서를 내놓지는 못할 것이다. 버핏이 남긴 고전적인 명언 중 하나는 다음과 같다. "명석함으로 명성이 높은 경영자와 불황을 견뎌낸 생존력으로 명성이 높은 기업이 맞붙으면 마지막에 남는 것은 기업의 명성이다." 현명한 투자자라면 이러한 거장이 걸어온 길로부터 투자 방법을 배우고 익혀야 한다.

도움이 될 만한 요령 하나를 더 소개하고자 한다. 일류 전문 투자자들이 보유한 주식이 자신이 보유한 것과 얼마나 비슷한지 확인해 보자. 계속 반복해 등장하는 이름이 있다면, 펀드 투자회사의 웹사이트를 방문해 해당 전문가의 최근 기록을 다운로드한다. 이들이 투자하는 다른 주식을 살펴보며 공통점과 특징을 더 파악해 본다. 이러한 자료에서 펀드매니저들의 설명을 읽으면 자신의 방법을 개선할 아이디어를 얻을 수도 있다.[3]

주식 선택에 사용하는 기술은 제각각이지만, 성공적인 투자를 하는 전문 투자자에게는 대체로 두 가지 공통점이 보인다. 첫째, 자신들이 사용하는 기술이 유행에 맞지 않더라도 고수해 온 원칙을 지키며 일관적으로 적용한다. 둘째, 투자와 관련해 무엇을 어떻게 해야 할지 고민을 많이 한다. 그러나 시장이 어떻게 될 것인가에 대해서는 거의 신경을 쓰지 않는다.

---

3 전문가들의 포트폴리오 분석 내용을 전하는 소식지들은 많이 있다. 그러나 적극적인 투자자에게 이러한 정보는 시간과 돈의 낭비일 경우가 많다. 금전적으로 여유가 있는 투자자라면 아웃스탠딩 인베스터 다이제스트(Outstanding Investor Digest, www.oid.com)와 같은 서비스를 이용해 볼 수 있다.

16장

전환사채 발행과 워런트

전환사채와 우선주는 최근 수년간 선순위 자금조달 분야에서 눈에 띄게 중요해졌다. 이러한 발전과 더불어 약정된 가격에 보통주의 장기적인 매입 권리를 보장하는 스톡옵션 워런트도 증가 추세에 있다. S&P의 《증권 가이드》에 소개되는 우선주 중 절반 이상은 전환권을 제공하는데, 이러한 방식은 1968년부터 1970년까지 회사채 자금조달에서도 거의 대부분을 차지한다. 아메리칸 증권거래소에서는 최소한 60개 이상의 스톡옵션 워런트가 거래되고 있다. 1970년에 뉴욕증권거래소에서 역사상 최초로 상장된 장기 워런트 종목은 주당 52달러에 3140만 주의 AT&T 주식을 구입할 권리를 제공했다. 이 종목의 상장을 주도한 마더 벨Mother Bell과 더불어 새로운 '제조자'들이 또 다른 워런트 종목을 속속 만들어 냈다. 나중에 살펴보겠지만 어떤 의미에서 워런트는 '제조'된다고 볼 수 있다.*

---

* 다음에 다시 설명하겠지만, 그레이엄은 워런트를 아주 싫어했다.

전체적으로 워런트보다 중요한 위치에 있는 전환사채 발행에 대해 먼저 논의해 보자. 우선 투자자 입장에서 고려해야 할 것은 두 가지다. 첫째, 전환 사채 발행에서 투자 기회 및 위험은 어떻게 평가되는가? 둘째, 전환사채 발행은 이와 관련 있는 보통주 가격에 어떤 영향을 미치는가?

전환사채 발행은 특히 투자자와 발행회사에 모두 유익하다고들 한다. 투자자에게는 채권이나 우선주 행사의 권리가 보장될 뿐만 아니라, 보통주 가격이 상당히 상승할 때 거래 참여 기회도 제공된다. 발행회사 입장에서는 전환사채가 일반 회사채보다 이자율이 낮고, 우선주에 대한 배당만으로 자본을 조달할 수 있다는 점에서 유리하다. 또한 전환사채가 보통주로 전환될 경우 채무에서 벗어날 수 있다. 이러한 이유로 다른 거래와 달리 전환사채 발행은 투자자와 발행회사 모두 만족스러운 결과를 기대하게 된다.

앞서 설명한 내용 중 일부는 분명히 과장된 면이 있다. 기발한 장치 하나로 거래 당사자들을 모두 만족시킬 수는 없다. 예를 들어, 투자자 입장에서는 전환사채를 주식으로 전환할 때 채권수익률이나 우선청구권과 같은 중요한 요소를 포기해야 하는 경우가 많다.* 반대로 발행회사는 전환권을 제공하는 대신 낮은 비용으로 자금을 조달할 수 있다는 점은 좋지만, 그만큼 투자자가 주식을 통해 만족스러운 수익을 올릴 수 있도록 순익을 증가시키고 실적을 유지하며 보통주에 대한 배당 또한 신경 써야 하는 부담을 갖게 된다. 그래야 차후에 또 다른 전환사채 발행 기회를 노릴 수 있다. 이 주제와 관련하여 논의할 사항은 찬반 의견 대립이 잦을 정도로 단순하지 않다. 그나마 우리가 내릴 수 있는 가장 안전한 결론은 전환사채 발행은 그 자체만으로

---

* 이 점은 1971년 11월에 포드 모터 파이낸스(Ford Motor Finance Co.)가 동시에 발행한 두 가지 채권에서도 잘 드러난다. 하나는 7.5%의 수익률을 보이는 20년 만기 비전환형 채권이었다. 다른 하나는 수익률 4.5% 의 25년 만기 1순위 채권이었는데, 이 채권은 포드 모터 주식으로 전환된 후 가격이 68.5로 떨어졌다. 전환 특권을 얻으려면 매수자는 소득의 40%를 포기하고 후순위 채권자의 입장을 받아들여야 했다.

가능성이나 투자 매력을 단정할 수 없다는 점에서 다른 주식과 다를 바 없다는 것이다. 결국 이 문제는 각 종목을 둘러싼 다양한 조건과 상황에 따라 달라질 수밖에 없다.

한 가지 분명한 점은 강세장이 막을 내릴 즈음에 발행되는 전환사채는 일반적으로 불만족스러운 결과를 낳는다는 사실이다. 과거에 전환사채를 통해 자금을 조달하는 경우는 대부분 해당 종목의 주가가 호황기일 때 발행된 것이었다. 시기상으로 보아 만족스럽지 못한 수익은 필연적인 결과로 보인다. 주가가 전반적으로 하락세를 보이기 시작하면 전환권 행사를 하기 어렵게 되고, 자연히 전환사채는 제 역할을 하지 못하게 된다. 심지어 전환사채의 근본적인 안전성마저 의심받기에 이른다.** 이 책 초판에서는 강세장의 마지막 해였던 1946년에 발행된 전환사채 및 비전환우선주의 상대적인 가격 추이를 제시한 바 있다. 여기에서도 당시 제시했던 사례들을 그대로 소개하고자 한다.

1967년부터 1970년 시기에는 이처럼 상대적인 가격을 비교 분석하기 어려웠다. 이 기간에 비전환주를 신규 발행한 예가 없었기 때문이다. 그러나 1967년 말부터 1970년 말까지 발생한 전환우선주 평균가격의 하락이 약 5% 정도였던 상장 보통주 전체의 하락보다 더 컸다는 사실은 쉽게 확인할 수 있다. 또한 1968년 말부터 1970년 말까지 전환우선주는 비전환우선주보다 훨씬 더 큰 하락폭을 보였다. 20개 종목을 표본으로 제시한 〈표 16-2〉

** 골드만삭스와 이봇슨 어소시에이츠에 따르면, 1998년부터 2002년까지 전환사채는 연평균 4.8%의 수익을 올렸다. 미국 주식이 연평균 0.6% 손실을 기록한 것에 비해 꽤 좋은 성적이다. 그러나 중기 회사채(연 7.5%)나 장기 회사채(연 8.3%)의 수익률보다는 상당히 떨어진다. 1990년대 중반에 메릴 린치에 따르면 전환사채는 연간 대략 150억 달러 규모가 발행되었고, 1999년에는 390억 달러로 2배 이상 증가하였으며, 2000년에는 580억 달러, 2001년에는 1050억 달러로 급증했다. 그레이엄이 경고한 것처럼, 전환증권은 항상 강세장의 끝자락에 느닷없이 나타난다. 이때에는 등급이 아주 낮은 회사라도 전환권이 매력적으로 보일 정도로 주가수익비율이 높기 때문이다.

〈표 16-1〉 1946년에 신규 발행된 우선주 주가 추이

(단위: 종목 수)

1947년 7월까지 발행가 대비 하락률	비전환우선주	전환 및 참여 우선주
하락하지 않음	7	0
0~10%	16	2
10~20%	11	6
20~40%	3	22
40% 이상	0	12
	37	42
평균 하락률	약 9%	약 30%

에서 이와 관련한 자료를 확인할 수 있다. 즉, 전환사채는 선순위 채권으로
서는 일반 회사채보다 상대적으로 수익이 떨어지고, 주식으로서는 투기적
인 환경에서 급등하는 경우를 제외하고 시장지수보다 나쁜 결과를 보였다.
특히 1968년과 1969년에는 우량기업들이 최우량 등급의 회사채에도 비정
상적으로 높게 형성되는 이자율을 피하려는 목적으로 전환사채를 발행하는
사례가 많았다. 그러나 표에서 볼 수 있듯이 20개의 전환우선주 중에서 상
승한 종목은 단 한 개였고, 나머지 종목은 모두 하락했다는 점에 주목할 필
요가 있다. 특히 이 중 14개 종목의 하락폭은 심각한 수준이었다.*

　그렇다고 해서 이러한 수치가 전환사채가 본래 비전환사채보다 바람직하
지 않다는 것을 증명하지는 않는다. 다른 조건들이 같다면 사실은 그 반대
다. 하지만 현실적으로 조건들이 항상 같을 수는 없다. 더군다나 주식에 전

---

* 최근 전환증권시장에서의 구조적인 변화는 이러한 비난을 쓸모없게 만들었다. 그레이엄 시절에는 전환
시장의 절반을 차지하던 전환우선주가 이제는 시장의 12.5%에 불과하다. 만기가 짧아지면서 전환사채 가
격 변동성도 줄어들게 되었다. 또한 발행자의 만기 전 조기상환에 대한 보호조항(call protection)이 일반적
으로 뒤따른다. 모든 전환사채의 절반 이상이 투자등급이며, 그레이엄 시절보다 신용등급도 상당한 개선
이 이루어졌다. 2002년에 S&P500 지수는 22.1% 하락하고 나스닥 종합지수는 31.3% 하락한 데 비해서 메
릴 린치의 미국 전체 전환증권 지수는 8.6% 하락하였다.

(각 20종목의 표본에 기초)　　　　　　　　　　　　　　　　　　　　　　　　　　　(단위: 종목 수)

	비전환 우선주 (A 이상)	비전환 우선주 (A 미만)	전환 우선주	상장 보통주	상장 워런트
상승	2	0	1	2	1
하락					
0~10%	3	3	3	4	0
10~20%	14	10	2	1	0
20~40%	1	5	5	6	1
40% 이상	0	0	9	7	18
평균 하락률	10%	17%	29%	33%	65%

S&P500 지수 하락률은 11.3%이었다.

환권을 부여한다는 것은 곧 진정한 투자가치가 없음을 드러내는 것이기도 하다.

　물론 같은 회사가 발행한 전환우선주가 보통주보다 더 안전한 것은 사실이다. 전환우선주가 궁극적으로 원금 손실 위험에 적게 노출된다는 점에서 그렇다. 따라서 보통주를 매입하는 대신 신규 전환주에 관심을 돌리는 것은 나름대로 논리적인 대응이라고 할 수 있다. 단, 주식투자를 시작하는 투자자가 보통주를 현재 가격에 매입하는 것은 현명하지 못하다. 이러한 경우에는 보통주 대신 전환우선주를 매입한다고 해서 상황을 만족스럽게 변화시킬 수는 없다. 전환우선주를 매입하는 투자자들은 대부분 보통주에 대해 특별한 확신이 없거나 아예 관심이 없는 경우가 대다수다. 즉, 보통주 매입을 한 번도 생각해 본 적이 없는 사람들이 현 시세에 가까운 전환권과 우선적 청구권까지 받을 수 있다는 점에 매료되어 투자한 경우다. 전환권과 우선적 청구권의 조합은 성공적인 시도지만, 통계에 의하면 이 조합이 오히려 함정일 가능성도 높아 보인다.

그런데 전환사채 소유권과 관련하여 대다수 투자자가 간과하는 특수한 문제가 있다. 바로 수익이 발생하는 경우에도 딜레마가 따른다는 사실이다. 전환사채를 소유한 사람은 가격이 조금 올랐을 때 팔아야 할까? 아니면 더 많이 오를 때까지 보유해야 할까? 보통주 가격이 상당히 올라 전환사채를 전환할 기회가 왔다면, 바로 매도하는 것이 좋을까? 아니면 보통주로 전환해서 계속 보유하는 것이 좋을까?*

이제 좀 더 구체적으로 따져 보자. 25달러의 가격으로 주식전환이 가능한 6% 표면금리의 전환사채를 100달러에 매입했다고 하자. 즉, 1,000달러 채권당 40주의 비율이다. 이 주식의 가격이 30달러가 되면 채권가격은 적어도 120달러가 된다. 시장에서 채권이 125달러에 거래되는 시점이 되면 채권 소유자는 이 채권을 팔거나 계속 보유할 수 있다. 일반적인 주식투자자와 비슷한 입장에서라면 가격이 더 올라갈 것을 기대하며 전환사채를 계속 보유하려고 할 것이다. 주식가격이 하락하면 보유 채권의 가격도 함께 떨어질 것이기 때문이다. 보수적인 투자자 입장에서는 채권가격이 125달러를 넘어서면 자신의 포지션이 너무 투기적인 성향을 띠게 되므로 채권을 매도하여 25%의 수익을 보는 것에 만족할 것이다.

여기까지는 좋다. 그러나 문제를 좀 더 살펴보자. 어떤 전환사채 소유자가 125달러에서 채권을 매도하였는데, 이후에 이 회사의 보통주 가격이 계속 상승한 경우는 어떨까? 보통주 가격과 함께 전환사채 가격도 상승하게 되면 이 투자자는 주식을 너무 일찍 팔았다며 땅을 칠 것이다. 그러면서 다음번에는 150달러나 200달러가 될 때까지 기다리겠다고 다짐한다. 하지만 이것도 완벽한 해법은 아니다. 가격이 140달러까지 상승한 후에도 매도하지 않았는

---

* 채권은 발행회사가 만기일 전에 강제로 상환하는 경우 조기상환될 수 있다. 전환사채 운용에 관한 간략한 요약은 16장 논평에서 확인할 수 있다. 16장 논평 앞부분을 참조하라.

데, 시장이 침체되어 80달러까지 떨어질 수도 있다. 그렇게 되면 이 투자자를 기다리는 것은 또 한 번의 쓰라린 경험뿐이다.

잘못된 예측으로 실패를 맛보게 되는 경우가 아니더라도 전환사채 거래에는 산술적으로 금전적인 손실을 입을 가능성이 뒤따른다. 그나마 손실을 최소화할 가장 효과적인 전략은 25%에서 30% 정도의 수익을 볼 수 있을 때 매도한다는 투자 원칙을 단호하고 일관성 있게 지키는 것이다. 단, 수익의 상한선을 설정하는 이 방법은 모든 종목을 대상으로 하는 것이 아니라, 25% 또는 30% 이상의 수익을 올릴 수 있는 종목에 한해서만 적용할 수 있다. 하지만 여기에도 현실에서 심심치 않게 출몰하는 변수가 있다. 만약에 전환 대상이 되는 주식의 수가 적고, 전환사채 발행이나 매입이 강세장 후반부에 이루어진다면, 전환사채 가격은 125달러에 도달하지 못할 뿐만 아니라 주식시장이 반전할 경우 가격이 더 떨어지게 된다. 따라서 전환사채에 투자하기 좋은 기회란 거의 환상에 불과하다. 그리고 과거의 경험을 비추어 볼때 수익을 보는 기회만큼 일시적이라도 그만큼의 손실을 보는 기회가 많이 발생했음을 알 수 있다.

1950년부터 1968년까지 18년간 유난히 장기간 이어진 강세장 덕분에 전환사채는 전반적으로 좋은 성과를 거둘 수 있었다. 그러나 이 성과는 대부분 급격히 가격이 뛰어오른 보통주와 함께 동반 상승한 것에 불과하다. 따라서 전환사채의 투자 효율성은 시장 전체의 주가가 하락할 때 어떤 성과를 보였는지 확인함으로써 파악할 수 있다. 이렇게 검증한 결과 전환사채 수익률은 전반적으로 불만족스러운 것으로 밝혀졌다.[**]

[**] 최근에 전환증권들은 약세장에서도 S&P500 지수보다 높은 수익을 거두는 경향이지만, 다른 채권보다는 일반적으로 성과가 좋지 않다. 따라서 그레이엄이 여기에서 비판한 사항은 그 영향력이 다소 약해졌을 뿐 완전히 무시할 수 있는 것은 아니다.

1949년, 이 책 초판에서 우리는 전환사채 가격이 상승하면 "어떻게 할 것인가?"에 대해 한 가지 사례를 제시하였다. 이 특수한 문제를 설명하기에 그 사례의 가치는 지금도 유효하다. 이 사례 역시 우리의 투자 경험에 기초한 것이다. 자세한 내용은 다음과 같다. 우리는 에버샤프_{Eversharp}의 사모방식 전환사채 발행에 참여하는 '선발 인수단'의 일원으로 주당 40달러에 보통주로 전환 가능한 표면금리 4.5%의 전환사채를 액면가에 인수하였다. 이러한 인수단은 주로 투자펀드로 구성된다. 이 회사의 주가가 곧바로 65.5까지 급격히 상승하였다. 이후 2 대 3의 주식분할을 실시하였는데, 주식분할 전 가격으로 환산해 볼 때 주가는 88까지 상승효과를 보였다. 거듭되는 보통주 가격 상승에 힘입어 전환사채 가격 또한 220까지 올랐다. 이 기간에 기존 전환 매입자, 즉 채권 인수에 참여한 투자펀드는 주가가 전환가격을 약간 웃돌 때 전량 주식으로 전환하여 보유했다. 하지만 곧 주가는 심각하게 급락하더니 1948년 3월에 7.375까지 떨어졌다. 전환사채의 가치로 환산하면 27에 불과한 수치였다. 결국 이 전환사채 투자로 75%의 손실을 기록한 것이다.

　　이 사례에서 눈여겨보아야 할 점은 원래 채권 인수에 참여한 다수의 매입자가 채권을 주식으로 전환하였고, 주가가 심각하게 하락한 기간에도 주식을 계속 보유하고 있었다는 점이다. "전환사채를 절대로 전환하지 말라"라는 월스트리트의 오랜 격언을 정면으로 거스른 것이다. 그렇다면 이 격언에 숨은 의미는 무엇일까? 일단 채권을 전환하면 우선청구권과 매력적인 수익을 볼 기회를 동시에 활용할 수 있는 장점이 사라진다. 또한 투자자에서 투기자로 입장이 바뀌는 데다, 전환하는 시점이 대부분 주가가 많이 오른 시점에서 이루어지기 때문에 시기적으로도 좋지 않다. 그런데 전환을 말리는 이 격언이 그렇게 훌륭한 원칙이라면 어째서 노련한 펀드매니저들마저 에버샤프의 전환사채를 주식으로 전환해서 막대한 손해를 보는 것일까? 답은 분명하다. 이 전문가들도 '주가 상승세'와 기업의 장밋빛 전망에 도취되었던 것이다. 월스트리트에서 떠도는 현명한 원칙들을 늘 되새기다가도 정작 가장 필요한 시점에는 잊어버리고 만다.* 오랜 속담 하나가 전문가들도 자주 범하는 이러한 실수를 꼬집는다. "내가 하는 대로 하지 말고, 내가 말한 대로 하라."

그래서 신규 발행되는 전환사채에 대해 우리가 기본적으로 갖는 태도는 거의 불신에 가깝다. 다른 투자에서도 마찬가지지만, 우리는 전환사채 종목을 매입하기 전에 최소한 두 번 이상 생각해 볼 것을 권한다. 제대로 분석해 보면 신규 발행되는 전환사채 중에서 유망한 종목을 발견할 수 있을 것이다. 전환 대상 보통주 자체가 매력적인 종목이거나 현재 주가보다 약간 높은 가격으로 전환될 수 있는 조건 등의 환경이 결합된 전환사채라면 이상적이다. 가끔 이와 같은 조건을 모두 충족하는 전환사채가 실제로 발행되기도 한다. 그러나 주식시장의 속성상 새로 발행된 것보다 이러한 조건을 충족시키는 단계로 발전된 기존 전환사채에서 좋은 투자 기회를 발견할 확률이 더 높다. 설사 신규 발행되는 전환사채가 정말로 우량한 것이라고 해도 이 경우에는 유리한 전환권을 확보하기 어려울 가능성이 그만큼 커진다.

일반적으로 전환사채에 기대되는 조건과 실제로 각 전환사채가 발행될 때 포함되는 조건 사이에는 미세한 차이가 있다. AT&T가 자금 조달을 목적으로 발행한 다양한 전환사채를 살펴보면 그 차이를 엿볼 수 있다. 1913년부터 1957년까지 AT&T는 적어도 9가지의 전환사채를 발행하였다. 대부분은 주주 배정을 통해 이루어졌다. 전환사채를 발행하는 회사는 주식을 발행

---

* 이 문장은 1990년대 강세장의 묘비명으로 쓸 만하다. 투자자들 사이에서 잊혀진 '현명한 원칙' 중에는 다음과 같은 말들이 있다. "나무는 하늘을 향해 자라지 않는다.", "소도 돈을 벌고 곰도 돈을 벌지만, 돼지는 도살된다."

할 때보다 더 다양한 투자자로부터 자금을 조달할 수 있다. 자금은 충분하지만 주식 운용이 불가능한 펀드를 소유한 금융기관에는 채권이 제격이기 때문이다. 전환사채의 이자수익률은 일반적으로 주식배당률의 절반에도 미치지 못한다. 주로 이러한 이유로 전환사채를 보유한 투자자들은 우선청구권을 행사하게 된다. AT&T는 1919년부터 주식분할을 실시한 1959년까지 40년 동안 9달러의 배당률을 유지하였기 때문에 결과적으로 모든 전환사채는 보통주로 전환되었다. 처음부터 이 회사의 보통주에 투자했던 투자자의 수익에는 미치지 못했지만, 전환사채를 매입했던 투자자들도 수년간 양호한 성과를 올릴 수 있다. 이 사례는 AT&T가 그만큼 우량한 기업이었음을 말하는 것이지, 전환사채가 본질적으로 매력적인 투자 방법이라는 것을 의미하지는 않는다. 전환사채가 실제로 매력적이라면 한 기업의 보통주가 부진한 실적을 보일 때에도 전환사채에서 만족스러운 수익을 올려야 하는데, 이러한 경우는 쉽게 찾아볼 수 없다.[*]

전환사채가 보통주에 미치는 영향

전환사채는 대부분 기업의 인수합병과 관련한 자금 조달을 목적으로 발행되어 왔다. 가장 두드러진 사례로는 NVF_{NVF Corp.}가 발행한 것으로, 샤론 스틸_{Sharon Steel Co.}의 보통주와 대부분 교환 가능한 약 1억 달러 규모에 표면금리 5%인 전환사채였다. 여기에는 워런트가 포함되었다. 이처럼 대규모 거래에 대한 자세한 내용은 17장에서 다시 논의할 것이다. 일반적으로 이러한 거래는 보통주의 장부상 주당순이익이 형식적으로 증가하는 결과를 초래한

---

[*] AT&T는 이제 전환사채의 주요 발행 기업이 아니다. 오늘날 최대의 전환사채 발행 기업으로는 GM, 메릴 린치, 타이코 인터내셔널, 로슈(Roche) 등을 들 수 있다.

<표 16-3> 1969년 말 전환증권 및 워런트를 대량 보유한 회사

(단위: 1,000주)

회사명	보통주	전환사채	전환우선주	워런트	전환 가능 총 주식 수
Avco Corp.	11,470	1,750	10,436	3,085	15,271
Gulf & Western Inc.	14,964	9,671	5,632	6,951	22,260
International Tel. & Tel.	67,393	190	48,115		48,305
Ling–Temco–Vought	4,410[a]	1,180	685	7,564	9,429
National General	4,910	4,530		12,170	16,700
Northwest Industries[b]	7,433		11,467	1,513	12,980
Rapid American	3,591	426	1,503	8,000	9,929

a) 특별주를 포함한 수다.
b) 1970년 말 기준이다.

다. 따라서 주당순이익 증가에 따라 주가도 동반 상승했다. 또한 주주 수익을 증대시켜 줄 것으로 기대되는 경영진의 능력, 기업가 정신 및 역량의 표현도 주가상승의 요인으로 작용했다.[**] 그런데 이러한 상승 요인들을 상쇄할 두 가지 요인이 있다. 하지만 실제로 투자자들 사이에서는 미치는 영향이 크지 않다는 이유로, 또는 낙관적인 시장 분위기로 인해 무시되어 왔다. 먼저 첫 번째 요인은 새로운 전환사채 발행으로 보통주의 현재 및 미래의 주당순이익이 희석되는 현상이다. 이러한 희석 효과는 최근 순이익 및 관련 수치를 참고하여 전환사채를 모두 전환하였을 경우를 가정해 조정된 주당순이익을 기준으로 예상할 수 있다. 대부분의 경우에 희석되어 조정된 순이익에서 감소폭은 그다지 크지 않아 무시할 수 있을 정도다. 그러나 예외 상황은 언제나 있다. 더욱이 그러한 사례가 무시하지 못할 정도로 많아질 위험도 있다.

[**] '프로 포르마' 재무 성과와 관련한 더 자세한 논의는 12장 논평을 참조하라.

특히 전환사채 마술을 자주 부리는 장본인은 급속히 확장해 가는 '거대 복합 기업'이었다. 〈표 16-3〉에서는 전환사채나 워런트를 통해 보통주로 전환함으로써 다량의 주식을 발행할 가능성이 있는 7개 기업을 확인할 수 있다.*

보통주에서 우선주로 전환

1956년까지 수십 년 동안 보통주는 같은 기업의 우선주에 비해 높은 수익률을 보였다. 이러한 현상은 우선주의 전환가격이 시장가격에 거의 근접할 때 특히 두드러졌다. 오늘날에는 상황이 역전되어 보통주보다 매력적인 전환우선주의 예가 상당히 많다. 따라서 보통주 보유자는 청구권이 후순위인 보통주를 선순위인 전환우선주로 바꿈으로써 손실 위험 없는 이점을 확보할 수 있다.

사례: 1970년 말, 스튜드베이커-워싱턴Studebaker-Worthington은 이와 관련한 전형적인 사례를 보여 준다. 이 회사의 보통주는 57달러에 거래되었지만, 주당 5달러의 배당을 보장받은 전환우선주는 87달러 50센트에 거래되었다. 우선주 1주는 보통주 1.5주로 교환되므로, 85.5달러를 의미한다. 전환우선주 매입자 입장에서 이 차이는 크지 않았다. 보통주에 대해 지급된 배당은 1달러 20센트, 또는 보통주 1.5주로 계산할 경우 1달러 80센트였지만, 이에 반해 전환우선주는 주당 5달러의 배당을 지급했기 때문이다. 따라서 전환우선주에서 주당 2달러의 손실액은 1년 이내에 배당을 통해 메울 수 있었다. 그러나 무엇보다 중요한 사실은 보통주를 전환우선주로 변경한 투자자는 선순위 주식의 지위를 갖게 된다는 점이다. 1968년과 1970년의 주가침체기

---

* 최근에 전환사채 중 상당량은 금융, 건강 의약, 기술 분야 산업의 기업들에 의해 발행되었다.

에도 전환우선주는 보통주 1.5주의 가격보다 15포인트 높은 가격으로 거래되었다. 전환우선주가 제공하는 전환권은 전환 대상인 보통주보다 싸게 거래될 수 없다는 것을 절대적으로 보장해 주는 것이다.[**]

스톡옵션 워런트

처음부터 단도직입적으로 말해 보자. 우리는 최근 스톡옵션 워런트의 발행은 거의 사기에 가까운 것이며, 지금은 위협적인 수준이지만 언젠가는 재앙이 될 수 있다고 생각한다. 이 방식은 느닷없이 무에서 거대한 현금가치를 창출했다. 또한 투자자나 투기자를 현혹하는 것 이외에는 존재할 이유도 찾을 수 없다. 워런트는 법으로 금지하거나, 아니면 적어도 회사가 자본을 조달할 때 극히 부분적으로 사용하도록 제한해야 한다.[***]

문학 작품 속, 괴테Johann Wolfgang von Goethe가 '종이돈'의 발명을 묘사한 『파우스트Faust』 2장에서 이와 유사한 예가 등장한다. 월스트리트 역사상 재앙의 선례로는 아메리칸&포린 파워American & Foreign Power가 발행한 워런트가 있다. 이 워런트는 1929년 대차대조표상에 주석으로 표기되었지만, 시장가격으로는 10억 달러가 넘었다. 1932년경 10억 달러 규모의 워런트는 800만 달러로 줄어들었으며, 1952년에는 부도는 면했으나 자본변경으로 청산되었다.

[**] 1971년 말, 스튜드베이커-워싱턴의 보통주는 5달러의 우선주가 약 77 선에서 거래된 반면 38 수준에서 팔렸다는 점에 유의하라. 그해 차액은 2에서 20으로 증가했고, 결과적으로 한때 선망의 대상이자 주식시장의 흐름을 주도했던 이 종목은 산술적으로 투자자들의 관심에서 사라졌다. 그런가 하면 보통주에 대해 그나마 우선주가 갖고 있던 작은 특권은 1970년 12월에 배당금이 더 높아지면서 이미 상쇄되었다.

[***] 19세기에 널리 유행한 워런트는 그레이엄이 활동하던 시절에도 상당히 일반적이었다. 이후 이 기법의 중요도나 인기는 점차 떨어지기 시작했다. 2002년 말 현재, 뉴욕증권거래소에 남은 워런트는 7개로, 간신히 명맥을 유지하고 있다. 주요 기업들이 더는 워런트를 활용하지 않고 있으므로, 이 기법에 대한 나머지 부분은 그레이엄의 논의를 살펴보는 정도로 참고만 하면 될 것이다.

원래 스톡옵션 워런트는 채권을 발행할 때 간혹 부가하여 발행하는 것으로, 보통 부분적인 전환권을 가진 것으로 인식되었다. 또한 초창기에 발행된 워런트는 양이 많지 않았기 때문에 큰 해악도 끼치지 않았다. 그러나 1920년대 후반에 다양한 자금조달 노력이 거세지면서 워런트 발행도 급속히 증가하다가, 그 후 수년간 시야에서 사라졌다. 하지만 나쁜 것은 그렇게 쉽게 뿌리 뽑히지 않는 법이다. 워런트 또한 다시 고개를 들기 시작하더니 1967년 이후에는 친숙한 '자금조달 수단'으로 자리 잡았다. 사실상 워런트를 발행하는 대표적인 형태는 새로운 부동산기업을 만들거나 큰 은행들을 합병하고자 할 때 자본조달 수단으로 발전된 것이다. 보통주와 워런트를 결합한 단위를 유닛$_{Unit}$이라고 하는데, 추가로 매입할 보통주와 같은 가격으로 유닛을 구성하고 매입하고자 하는 수량만큼 유닛을 매도하는 방법으로 자금조달이 이루어졌다.

사례: 1971년에 클리브 리얼티 인베스터스$_{Cleve\ Realty\ Investors}$는 보통주와 워런트를 결합한 형태의 250만 유닛을 매도했다. 유닛당 가격은 20달러였다.

그렇다면 이러한 자금조달 방법은 실제로 어떤 의미를 가질까? 일반적으로 회사 경영진이 보통주를 발행해서 조달하는 것이 바람직하다고 판단하면 추가로 발행하는 보통주에 대해 매입 우선권을 제공한다. 이러한 '선매수권'은 배당 지급과 회사 발전에 참여할 기회, 임원 선출 권리와 더불어 투자자들의 보통주 보유를 유도하는 이점으로 작용한다. 그런데 같은 회사에서 새로운 자본을 조달하기 위해 별개의 워런트를 발행한다면 결국 보통주에 내재된 가치 일부를 떼어내어 새로운 워런트에 옮기는 셈이 된다. 이와 유사한 현상은 제한 또는 무제한의 기간 동안 배당을 받을 권리, 기업의 순이익을 나누어 가질 권리, 기업청산 시 청산에 참여할 권리, 의결권 등을 제공하는 별개의 증서를 발행함으로써 야기될 수도 있다. 그렇다면 원래 자본구조에서 워런트가 한자리를 차지하게 되는 이유는 무엇일까? 간단히 말해 투자자들은 자금조달 전문가가 아니기 때문이다. 일반 투자자들은 보통주와 관련하여 발행되는 다른 어떤 수단보다도 워런트가 발행되었을 때 보통주의 가치가 가장 크게 떨어진다는 사실을 잘 알지 못한다. 게다가 보통주와 워런트를 묶어서 거래하는 것이 보통주만 거래하는 것보다 시장에서 더 높은 가격을 형성하게 된다. 일반적으로 기업의 재무제표상에 나타나는 주당순이익은 이미 발행된 워런트의 효과를 적절하게 반영하지 않는다는 점에 주목하여야 한다. 물론 이러한 결과는 회사 자본의 시장가치와 순이익 간의 관계를 과대포장하게 된다.*

워런트가 자금을 조달하는 방법으로 가장 간단하면서도 확실하게 기대되는 것은 보통주의 시가총액에 워런트의 시장가치를 합하여 '실질' 시장가격을 올리는 것이다. 다른 한편으로 한 회사의 채권이나 우선주와 연계하여 워런트를 발행하는 경우에는 주식으로 전환하여 조달된 자금으로 이를 회수하고자 사용하는 것이 관례다. 그러나 이 방법은 통상 워런트에 포함되는 '프리미엄 가치'를 제대로 감안하지 못한다. 〈표 16-4〉에서 우리는 1970년 내셔널 제너럴사의 사례를 통해 이 두 가지 방법의 효과를 비교해 보고 있다.

워런트가 이렇게 여러 가지 방법으로 추가적인 자금을 조달하는 기능이 있다면, 회사는 자금이 필요할 때 워런트를 발행하여 이러한 이점을 활용할 수 있는 것일까? 전혀 그렇지 않다. 일반적으로 만기 전에 워런트 소유자에게 권리를 행사하도록 요청하여 필요한 자금을 당장 조달할 방법은 없다. 이 기간에 회사가 추가로 보통주 자본을 늘리고 싶다면 보통주를 소유한

---

* 오늘날 워런트의 마지막 생존자들은 나스닥 '게시판'이나 초소형 회사의 주식이 워런트와 함께 유닛(그레이엄은 패키지라고 불렀다)으로 거래되는 장외시장과 같은 쓰레기 처리장에서 볼 수 있다. 어떤 회사의 유닛을 팔려고 하는 중개인이 있다면, 여기에 워런트가 포함될 확률이 95%이고, 그 중개인이 도둑이거나 바보일 확률 또한 90%이다. 합법적인 중개인이나 증권회사는 이와 같은 방식으로 영업하지 않는다.

〈표 16-4〉 대량의 워런트를 제공하는 보통주의 "실질 시장가격"과 수정 PER 계산

(1971년 6월 내셔널 제너럴의 예)

1. 실질 시장가격의 계산

워런트 3개 종목의 시장가치(1971년 6월 30일)	$94,000,000
보통주 1주당 워런트 가치	$18.80
보통주만의 가격	24.50
워런트를 고려한 보통주의 수정 주가	43.30

2. 워런트 희석을 고려한 PER 계산

1970년의 이익	워런트 희석 이전	워런트 희석 이후	
		회사의 계산	우리의 계산
특별항목 이전			
주당순이익	$2.33	$1.60	$2.33
보통주 주가	24.50	24.50	43.30(조정)
PER	10.5배	15.3배	18.5배
특별항목 이후			
주당순이익	$ .90	$1.33	$ .90
보통주 주가	24.50	24.50	43.30(조정)
PER	27.2배	18.4배	48.1배

특별비용 이후 회사의 계산 결과는 주당순이익을 증가시키고 주가수익비율을 낮추는 결과를 보인다. 이러한 방식은 명백히 불합리하다. 우리의 계산에 따르면 희석의 효과는 주가수익비율의 상당한 증가로 이어진다.

투자자들에게 시장가격보다 다소 낮은 가격으로 유상증자하는 방법을 적용할 수 있을 것이다. 한마디로 워런트는 이러한 상황에서 도움이 되지 않는다. 투자자들에게 보유 중인 워런트의 행사가격을 낮추어 달라는 요구를 빈번하게 하게 되면 상황만 더 복잡해질 뿐이다. 다시 말해 스톡옵션 워런트를 대량 발행하는 것은 가상적인 시세조작 외에는 아무런 효과가 없다.

『파우스트』에서 괴테가 말한 '종이돈'은 프랑스 정부가 발행했던 일종의 국채인 아시냐Assignat를 일컫는 것으로, 처음 등장했을 때는 획기적인 발명품으로 환영받았지만 결국은 휴지 조각으로 전락하고 말았다. 아메리칸&포린 파워가 발행한 10억 달러 규모의 워런트도 마찬가지였다.『파우스트』중 다음과 같은 묘사는 현재에도 유효하다.

파우스트: 상상력을 아무리 동원해 보아도 제대로 이해하기 어렵군.

메피스토펠레스(종이돈을 만든 악마): 사람들이 돈이 필요하다면 중개인이 언제라도 만들어 낼 수 있다는 것이지요.

바보(마침내 입을 열며): 요술 종이……군요!

실무에 도움이 되는 후기

워런트는 탄생 자체가 죄악이다.* 일단 발행된 워런트는 다른 주식처럼 수익과 손실 기회에 모두 노출된다. 신규 발행되는 모든 워런트는 일반적으로 5년에서 10년 사이의 제한된 기간에 유효하다. 반면, 오래전에 발행된 워런트는 영구적이어서 인내심을 갖고 기다리면 매력적인 가격을 기록할 가능성이 높았다. 만기가 긴 채권이 가격 변동 가능성이 더 크기 때문에 높은 프리미엄을 받는 것과 같은 이치다.

사례: 기록에 따르면 트리콘티넨털Tri-Continental이 발행한 워런트는 1929년 공황의 바닥에서 거의 무시해도 좋을 만한 가격인 32분의 1로 매도되었다. 하지만 이 바닥 수준의 가격은 1969년에는 75달러 75센트나 상승하였다. 무려 242,000%의 천문학적인 상승률을 기록한 것이다. 그 당시 워런트는 주식보다 더 높은 가격으로 거래되었다. 이러한 현상은 주식분할과 같은 월스트리트의 기술적인 발전에 의한 것이었다. 최근의 예로는 1971년 상반기에 1.5에서 12.5로 상승하였다가 4로 하락한 LTVLing-Temco-Vought의 워런트를 들수 있다.

---

* 스페인 문학 애호가였던 그레이엄은 페드로 칼데론 데 라 바르카(Pedro Calderón de la Barca, 1600~1681)의 『인생은 꿈(Life is a Dream)』이라는 희곡에서 다음과 같은 구절을 인용했다. "인간의 가장 큰 죄악은 태어났다는 사실 그 자체다."

물론 워런트를 운용하면서 민첩하게 거래하며 수익을 노릴 수도 있지만, 너무 기술적인 문제이므로 여기에서는 다루지 않기로 한다. 다만 워런트는 채권이나 우선주의 전환권과 같은 비슷한 요소들에 비해 비교적 높은 가격으로 거래되는 경향이 있다는 점을 지적하고 싶다. 따라서 똑같은 희석이라도 전환증권을 발행하는 것보다 워런트를 포함한 채권을 발행하는 것이 더 타당하다는 논의가 있다. 워런트 발행 규모가 상대적으로 작다면 이러한 이론적인 측면을 심각하게 받아들일 필요가 없다. 하지만 워런트 발행 규모가 회사의 상장주식 수에 비해 상대적으로 크다면, 이 회사의 자본구성에서 채권 등의 선순위 주식 발행으로 조달된 자본 비중이 높다는 것을 의미한다. 이러한 회사는 보통주를 추가로 발행하여야 한다. 따라서 재무 수단으로서 우리가 경계하는 대상은 적절한 규모의 채권과 함께 부가적으로 발행되는 워런트가 아니라 '종이돈'이라는 괴물을 무분별하게 찍어 내는 관행이다.

16장 논평

네가 뿌리는 씨가 죽지 않으면 살아나지 못하느니.

고린도전서 15장 36절

전환에 대한 열망

전환사채는 '채권'으로 분류되기는 하지만, 주식처럼 움직이고 옵션처럼 행사되며 실제 모습을 애매하게 숨긴다.

전환사채를 보유한 투자자는 옵션도 갖게 된다. 옵션이란 소유자에게 다른 증권을 일정한 기간 내에 정해진 가격으로 사거나 팔 권리를 주는 것을 말한다. 즉, 채권으로 보유한 채 계속 이자를 받을 수도 있고, 사전에 정해진 비율에 따라 발행회사의 보통주로 전환할 수도 있다. 전환사채는 주식으로 교환 가능하므로 다른 채권에 비해 낮은 이자율이 적용된다. 하지만 회사 주가가 급등하면 전환사채 또한 가치가 상승하므로 일반 채권보다 더 높은 수익을 기대할 수 있다. 반대로, 이자율이 훨씬 낮은 전환사채는 채권시장이 하락세에 접어들 때 더 큰 타격을 입게 된다.[1]

이봇슨 어소시에이츠에 따르면 1957년부터 2002년까지 전환사채가 거둔 연간 평균수익률은 8.3%였다. 주식수익률보다 2% 정도 낮은 수치지만 가격은 더 건실하고 손실은 더 적었다. 결과적으로 주식보다 소득은 더 높고 위험부담은 적었다.[2] 월스트리트의 영업직원들이 전환사채를 일컬어 '채권 및 주식 양 분야에서 최고의 투자자산'이라고 추켜세운 것도 무리는 아니었다. 그러나 현명한 투자자라면 이들의 말과 달리 전환사채가 대부분의 다른 채권보다 수익은 더 낮고 위험 부담이 더 크다는 사실을 즉시 알아챌 수 있을 것이다. 그래서 똑같은 논리로 전환사채는 '최악'의 투자자산으로 불릴 수도 있다. 전환사채가 '최고'의 선택이 되느냐, 또는 '최악'의 선택이 되느냐는 결국 이 자산을 어떻게 사용하는가에 달려 있다.

사실 전환사채는 채권보다는 주식처럼 움직인다. 전환사채 수익률은 S&P500 지수의 주가 동향과 83% 정도 상관관계를 갖고 있다. 재무부 채권 수익률과 30% 정도 상관관계를 갖는 것과 대비된다. 따라서 전환사채 동향은 대부분의 채권이 가는 방향과 다른 방향으로 흘러가게 된다. 대부분의 자

---

1 전환사채의 한 가지 예로 1999년 더블클릭(DoubleClick Inc.)이 발행한 표면금리 4.75%의 후순위 전환사채를 살펴보자. 이 전환사채를 매수한 투자자는 연간 47달러 50센트의 이자를 지급하고 각 채권당 24.24주의 주식으로 전환할 수가 있었다. 즉, 이 경우 '전환율'은 24.24가 된다. 2002년 말 더블클릭 주가는 5달러 66센트였고, 각 채권의 전환가치는 이 주가에 전환율 24.24를 곱한 값인 137달러 50센트였다. 그러나 실제로 이 채권은 이 값의 6배 이상인 881달러 30센트에 거래되고 있었다. 전환가치를 542%나 초과하는 '전환 프리미엄'이 붙은 것이다. 이렇게 프리미엄이 붙은 가격으로 이 채권을 매수한 경우에는 원금회수기간이나 상환기간은 그만큼 길어지게 된다. 다시 말해, 더블클릭 전환사채의 원래 전환가치보다 750달러나 더 붙은 프리미엄 가격을 지불한 투자자가 비용을 상쇄하려면 47달러 50센트의 이자를 약 16년이나 받아야 한다. 더블클릭의 각 채권을 24주 이상의 보통주로 전환할 수 있다는 점을 감안할 때, 2006년 만기 이전에 이 채권의 실제 가치를 회수하려면 이 주식의 가격은 현재 5달러 66센트에서 36달러 이상으로 올라야 한다. 물론 이러한 주식수익률이 아주 불가능한 것은 아니지만, 거의 기적을 기대하는 것이나 다를 바 없다. 이와 같은 특정 채권에 대한 현금 수익률은 낮은 전환 가능성을 고려할 때 적절하지 않은 것으로 보인다.

2 월스트리트에서 흔히 인용되는 실적 기록과 마찬가지로 이것 역시 가설에 불과하다. 즉, 여기에서 의미하는 것은 모든 주요 전환사채를 편입한 가상적인 인덱스펀드에서 얻을 수 있는 수익이다. 전환사채에서 상당히 큰 비중을 차지하는 운용 및 거래비용은 포함되지 않는다. 따라서 투자자가 실제로 기대할 수 있는 수익률은 이보다 2% 정도 낮을 것이다.

산을 채권에 투자하는 보수적인 투자자들에게 분산화된 전환사채는 주식에 직접 투자하는 위험을 감수하지 않고도 주식과 같은 수익을 올릴 수 있는 현명한 방법이 될 수 있다. 그래서 전환사채를 '겁쟁이를 위한 주식'이라고 부를 수도 있을 것이다.

어드벤트 캐피털 매니지먼트_{Advent Capital Management}의 전환사채 전문가 F. 배리 넬슨_{F. Barry Nelson}이 지적한 것처럼, 그레이엄 시대 이후 전환사채는 대략 2000억 달러의 시장으로 성장하고 있다. 현재 대부분의 전환사채는 7년에서 10년 만기의 중기채로 발행된다. 이 중에서 투자등급에 해당하는 전환사채 비중은 대략 절반 정도다. 오늘날에는 조기상환 보호조건을 제공하는 전환사채도 많이 등장하고 있다. 조기상환 보호조건이란 투자자가 조기상환 요구를 거부할 권리를 보장하는 조건을 말한다. 이러한 변화로 인해 최근 전환사채의 위험성은 다소 감소하였다.[3]

전환사채를 소량으로 매매하면 비용이 많이 소요된다. 전환사채에만 투입할 수 있는 자금이 10만 달러 이상 되지 않는다면 분산투자를 하기는 어렵다. 다행히 현재 현명한 투자자들은 저렴한 비용으로 전환사채펀드를 구입할 수 있다. 예를 들어 피델리티와 뱅가드는 연간 비용이 1%도 안 되는 뮤추얼펀드를 제공한다. 일부 폐쇄형 펀드 또한 합리적인 가격으로 이용할 수 있다. 간혹 순자산가치 이하로 할인되기도 한다.[4]

---

3 하지만 대부분의 전환사채는 다른 장기부채나 은행대출보다 후순위다. 따라서 회사가 파산하는 경우에 이 회사의 전환사채를 보유한 투자자는 잔여자산에 대해 우선청구권을 행사할 수 없게 된다. 또한 고수익 정크본드만큼 위험하지는 않더라도 우량신용등급 이하의 회사들이 전환사채를 발행하는 예가 많다는 점을 유의해야 한다. 결국 전환사채는 대부분 헤지펀드가 보유하고, 이들의 발 빠른 매매 행보로 인해 가격 변동성이 증폭될 수 있다.

4 좀 더 자세한 사항은 www.fidelity.com, www.vanguard.com, www.morningstar.com을 참조하라. 현명한 투자자라면 운용수수료가 1.0%를 넘는 전환사채 펀드에는 절대 투자하지 말아야 한다.

월스트리트에서는 어느 투자 방법이든 매력과 복잡한 요인이 동반된다. 전환사채도 예외는 아니다. 더욱 다양한 형태로 발행되는 신규 전환사채들은 LYONS, ELKS, EYES, PERCS, MIPS, CHIPS, YEELDS와 같은 약칭으로 혼란스럽게 소개된다. 한눈에 알아보기도 힘든 이렇게 난해한 주식 종목들은 잠재적 손실에 대해 '하한선'을, 잠재적 수익에 대해 '상한선'을 두며, 정해진 기간에 강제적으로 보통주로 전환되기도 한다. 손실을 야기하기 쉬운 대부분의 투자가 그렇듯이 신규 발행되는 전환사채 또한 본래 가치보다 더 큰 문제를 발생시키는 경우가 많다. 그래서 이렇게 기이한 신상품을 사는 것보다는 현금, 채권, 국내외 주식에 걸쳐 자산을 현명하게 분산투자하는 것만이 손실을 최소화하며 자신을 방어할 수 있는 최선의 방법이다.

커버드 콜의 실체

2003년 한 해, 약세장이 투자자들의 마음에 긴 생채기를 내는 분위기를 틈타 시장에서는 오래전에 유행했던 방식이 다시 고개를 들었다. 커버드 콜 옵션_covered call option_을 매도하는 전략이 바로 그것이다. 이와 같은 관심을 반영하듯이 '커버드 콜 매도'와 관련한 구글 검색은 최근에 2,600건을 넘어섰다. 커버드 콜이란 무엇이고, 어떻게 행사되는 것일까? 한 투자자가 익스네이_Ixnay Corp._의 주식 100주를 주당 95달러에 샀다고 가정하자. 이 투자자는 보유한 주식에 대해 콜 옵션을 매도할 수 있다. 이 경우 투자자에게는 '콜 프리미엄_call premium_'이라고 하는 현금이 지급된다. 이 프리미엄을 주당 10달러라고 가정하자. 이 옵션을 매수한 사람은 서로 합의된 가격에 이 주식을 살 권리를 갖는다. 이때 합의된 가격을 100달러라고 가정한다면 주가가 100달러 이하에 머무는 한 이 투자자는 주식을 계속 보유할 수 있다. 이때 1,000달러를 프리미엄 수익으로 취득하게 된다. 주가가 폭락할 경우 받을 수 있는 이 프리미엄이 다소 완충작용을 할 수 있다.

그렇다면 커버드 콜 옵션은 위험이 더 적고 수익은 많은 전략이라고 할 수 있을까?

주가가 밤새 급등하여 110달러가 되었다고 가정하자. 그러면 콜 옵션 매수자는 자신의 권리를 행사해 투자자에게 주식을 100달러에 넘기라고 요구할 것이다. 이 경우 투자자는 1,000달러의 수익은 확보할 수 있지만 주식을 넘겨야 한다. 이후에 주가가 계속 오른다면, 이 투자자는 두고두고 자신의 선택을 후회하게 될 것이다.[1]

주식은 100% 이상의 손실은 없는 반면 잠재 수익은 무한하다. 따라서 이러한 전략으로 주머니를 채울 수 있는 유일한 사람은 중개인이다. 투자자 입장에서는 손실에 하한선을 두는 만큼 수익에도 상한선을 둔 셈이다. 개인투자자로서는 손실에 하한선을 두는 대가로 앞으로 가능한 수익 대부분을 양도하는 것은 결코 그만한 가치가 있는 일은 아니다.

---

1 선택적으로 당신은 콜 옵션을 상환할 수 있다. 그러나 그에 따른 손실을 감수해야 한다. 또한 이러한 옵션은 주식보다 훨씬 더 높은 거래비용을 발생시킬 수 있다.

17장
극단적인 사례 4가지

최근 몇 년 사이에 월스트리트에서는 다양한 종류의 극단적인 사건이 속속 발생했다. 그래서 제목에도 '극단적'이라는 다소 자극적인 표현을 붙여보았다. 월스트리트의 극단적인 사례들은 일반 투자자와 투기자뿐만 아니라 전문투자자, 증권분석가, 펀드매니저, 신탁재산관리자와 심지어 기업에 자금을 빌려주는 은행가에 이르기까지 주식 및 채권 거래와 관련 있는 모든 이에게 교훈과 함께 심각한 경고를 하고 있다. 이 장에서 극단적인 사례로 소개할 4개 회사의 면면은 다음과 같다.

펜 센트럴 레일로드: 이 회사의 주식이나 채권을 보유하고 직접 관리하던 모든 투자자가 가장 기초적인 경고 신호를 무시하고 있었다. 바로 이 회사의 재정적인 취약성이었다. 자금난에 휘청거리던 이 거대한 회사의 주가는 터무니없이 높게 형성되었다.

LTV: 결국 붕괴할 것이 뻔한데도 이 회사는 급속하고 불건전한 '제국 건설'에 박차를 가하고 있었다. 하지만 분별없는 은행의 대출 지원은 계속 이어졌다.

NVF: 막대한 부채를 끌어들이고 신기에 가까운 회계기법으로 규모 면에서 7배나 더 큰 회사를 합병한 극단적인 사례다.

AAA 엔터프라이지스: 소규모 회사가 주식공모로 자금조달을 한 극단적인 사례다. 주요 증권거래소에 상장된 이 회사의 가치는 마법의 주문과도 같은 '프랜차이즈' 이외에는 아무것도 없었다. 주식공모 후 분별력을 잃은 시장에서 이 회사 주식의 상장 초기 가격은 2배나 부풀려졌고, 이후 2년도 채 되지 않아 이 회사는 결국 파산하고 말았다.

펜 센트럴 레일로드

펜 센트럴은 자산과 총매출 면에서 미국에서 가장 큰 규모의 철도회사였다. 그런 만큼 1970년에 발생한 이 회사의 부도 사태는 당시 금융계에 심각한 충격을 안겼다. 이 회사가 발행한 채권 중 대부분은 채무불이행 되었으며 회사 운영 자체가 중단될 위기에 처했다. 주식가격은 폭락해서 1968년 최고치 86달러 50센트에서 1970년 최저치인 5달러 50센트까지 급락했다. 당시 이 주식은 영락없이 상장폐지될 것으로 보였다.*

이 사태를 바라보는 우리의 기본적인 시각은 이렇다. 증권분석의 가장 기본적인 법칙과 건전한 투자의 가장 기본적인 기준만 적용해 보더라도 펜 센트럴이 부도 이전에 이미 취약점을 드러내고 있었다. 적어도 1968년에는 그 조짐이 분명히 보였다. 당시 이 회사의 주식은 1929년 이후 최고 가격을 기

---

* 1970년 6월 20일과 21일 주말에 전파된 펜 센트럴 부도 소식은 금융계에 엄청난 충격을 안겼다. 6월 19일 금요일에만 해도 펜 센트럴 주식의 최종 주가는 11달러 25센트였다. 부도가 우려되는 주가는 전혀 아니었다. 최근에 엔론, 월드콤과 같은 회사의 주식도 파산보호 신청 직전까지 비교적 높은 가격에 거래되었다.

록했고, 채권 또한 동일한 표면금리의 다른 우량한 유틸리티 기업 수준으로 거래되고 있었다. 이와 관련한 몇 가지 논평은 다음과 같다.

1. S&P의 《채권 가이드_Bond Guide》에 따르면 이 회사의 이자비용 대비 수익률은 1967년에는 1.91배, 1968년에는 1.98배였다. 『증권분석』에서 우리는 철도회사의 경우 최소이자보상배율이 세전 5배, 세후 2.9배여야 한다고 지적한 바 있다. 우리가 아는 한 이 기준의 유용성에 대해 반론을 제기한 투자기관은 한 곳도 없다. 세후 수익 요건으로 따지면 펜 센트럴은 일단 안전성 면에서 부실함을 드러낸다. 그러나 우리가 제시한 세후 요건이란 채권이자 지급 후 소득세를 공제한 세전 5배 비율을 의미한다. 따라서 이 회사의 세전 이자보상배율은 2배에도 미치지 못한다. 즉, 세전 수익이 이자 지급액의 5배 수준이어야 한다는 우리의 보수적인 기준에 전적으로 부적합한 수준이다.

2. 이 회사가 장기간 소득세를 내지 않았다는 점에서 회사 장부에 기록된 수익의 유효성이 심각하게 의심된다.

3. 펜 센트럴의 채권은 1968년과 1969년에는 추가비용 없이 훨씬 더 안전한 채권으로 교체될 수 있었다. 예를 들어, 1969년에 펜 센트럴의 계열사인 펜실베이니아 레일로드의 1994년 만기 표면금리 4.5%의 채권은 61에서 74.5 수준으로 거래되었고, 펜실베이니아 일렉트릭의 1994년 만기 표면금리 4.375%인 채권은 64.5에서 72.25 수준으로 거래되었다. 1968년 펜 센트럴이 이자비용의 1.98배를 벌어들인 데 비해 펜실베이니아 일렉트릭은 세전으로 이자비용의 4.2배를 벌어들였다. 1969년에 들어와 펜 센트럴의 상황은 점차 악화되었다. 채권 교체가 꼭 필요한 시점이었다. 그렇게 했다면 펜 센트럴의 채권 소유자들은 살아남을 수

있었을 것이다. 참고로, 1970년 말 표면금리 4.25%인 철도채권은 채무불이행으로 18.5에 거래되었지만, 표면금리 4.375%의 펜실베이니아 일렉트릭의 채권 종가는 66.5이었다.

4. 1968년 펜 센트럴의 장부상 수익은 주당 3달러 80센트였으며, 그해 주가의 최고치였던 86달러 50센트는 주당순이익의 24배 수준이었다. 그러나 최소한 밥값을 하는 분석가라면 소득세를 한 푼도 내지 않는 상태에서 발표되는 이러한 수익이 과연 얼마나 현실적인지에 대해 의문을 제기했어야 했다.

5. 1966년 합병으로 새롭게 탄생한 펜 센트럴*은 주당 6달러 80센트의 '수익'을 공표하였고, 이후 이 회사의 보통주 가격은 86달러 50센트까지 상승했다. 이 수치는 펜 센트럴의 자기자본이 20억 달러 이상으로 평가되었다는 것을 의미한다. 하지만 1971년에 합병에 따른 손실 및 비용으로 2억 7500만 달러, 즉 주당 12달러의 비용이 초래되었다. 합병 이후 한참 주가를 올리던 시기에 이 회사의 주식을 매수한 투자자 중 이러한 상황을 짐작했던 이가 과연 몇 명이나 될까? 한쪽에서는 주당 6달러 80센트의 수익을 발표하면서, 다른 한쪽에서는 주당 12달러의 손실과 비용을 공표하는 꼴이었다. 그런데도 이 동화의 나라 월스트리트에 사는 주주와 투기자들은 기쁨에 들떠 있었던 것이다!**

6. 철도회사의 분석가들은 이미 오래전에 펜 센트럴의 수익성이 다른 건전한 철도회사보다 불량하다는 사실을 알았을 것이다. 예를 들어, 1968년

---

* 펜 센트럴은 1966년 펜실베이니아 레일로드와 뉴욕 센트럴 레일로드의 합병 발표와 함께 탄생했다.

** '비정상적', '예외적'이거나 '비반복적'인 비용이 문제 될 것이 없는 것처럼 수익을 보고하는 이러한 회계 속임수는 1990년대 후반에 '프로 포르마' 재무제표가 유행하게 될 가능성을 예감하게 한다. 12장 논평을 참조하라.

에 펜 센트럴의 운송비율$_{\text{transportation ratio}}$은 47.5%였지만, 경쟁사인 노펵
&웨스턴의 경우는 35.2%였다.[*]

7. 특이한 결과를 보인 이상한 거래도 발견되었다.[**] 세부사항은 여기서 언
급하기에는 지나치게 복잡한 상황이다.

결론: 펜 센트럴이 경영에 좀 더 신경을 썼더라면 파산을 모면할 수 있었
을까? 이 점에 대해서는 논란의 여지가 많다. 분명한 사실은 유능한 증권분
석가, 펀드매니저, 신탁관리자 또는 투자자문가라면 1968년 이후 이들이 관
리하는 계좌에 펜 센트럴의 주식이나 채권이 남아 있어서는 안 되었다.

교훈: 증권분석가들은 주식시장의 동향을 분석 및 전망하고, 산술적인 계산
을 하며, 출장 조사를 하기 전에 전문가로서 기초적인 책임을 다해야 한다.[***]

LTV

LTV는 무분별한 사세 확장과 무책임한 부채 관리로 인해 엄청난 손실과
막대한 재정난으로 막을 내린 기업이다. 이러한 경우가 대부분 그렇듯이, 이
위대한 제국의 건설과 비참한 몰락의 책임은 주로 한 젊은 천재에게 물을 수
있겠지만, 다른 사람들도 그만한 책임에서 자유로울 수는 없다.[****]

---

[*] 철도회사의 '운송비율'은 철도운영비용을 철도회사의 총수입으로 나눈 값이다. 이 비율이 높을수록 철도
회사의 운영이 비효율적이라는 것을 의미한다. 오늘날에는 운송비율이 70% 정도라도 효율성이 좋은 회사
로 간주된다.

[**] 예를 들어 A. J. 브릴오프(A. J. Briloff)가 1971년 1월 11일자《바론스》에 기고한 "절반의 돛대에 달린 여섯
개의 깃발(Six Flags at Half Mast)"을 보라.

[***] 펜 센트럴은 이제 과거의 추억이다. 1976년 이 회사는 연방정부 지원을 받아, 파산한 여러 개의 철도회
사를 구제 중이던 콘레일(Consolidated Rail Corp., Conrail)에 흡수되었다. 콘레일은 1987년에 주식을 공모했
고, 1997년에 CSX와 노펵 서던에 양도되었다.

LTV의 흥망성쇠는 〈표 17-1〉에서 정리한 것처럼, 1958년부터 1970년까지 5년 동안의 손익계정과 대차대조표상의 기록을 통해 요약할 수 있다. 〈표 17-1〉에서 1958년의 기록을 보면 당시 매출액은 약 700만 달러에 불과했다. 그런데 불과 2년 뒤인 1960년에는 무려 20배의 성장률을 보였음을 알 수 있다. 하지만 이 정도의 성장은 시작에 불과했다. 이어 1967년, 1968년의 전성기에 접어들면서 회사 매출은 20배가 늘어 28억 달러로 성장했고, 부채 또한 4400만 달러에서 16억 5300만 달러로 경이적으로 증가했다. 1969년에는 새로운 합병이 이루어졌고, 이에 따라 부채는 다시 엄청나게 증가했다. 당시 전체 부채는 18억 6500만 달러에 이르렀다. 뒤이어 재앙이 시작되었다. 특별손실로 대규모 적자가 발생하여 주가는 1967년 최고가 169달러 50센트에서 24달러까지 하락했고, 회사를 이끌었던 이 젊은 천재는 결국 경질되었다. 1970년에는 더욱 처참했다. 회사는 7000만 달러의 순손실을 보고했고, 주가는 약 7달러 13센트까지 하락했다. 가장 많이 발행된 채권은 한때 달러당 15센트에 호가되었다. 확장에 매진하던 회사 정책은 급선회했다. 회사가 보유하던 여러 회사의 지분이 시장에 쏟아져 나왔고, 산더미 같은 채무를 줄이는 작업이 진행되었다.

**** LTV는 제임스 조세프 링(James Joseph Ling)이 1955년에 설립한 회사다. 전기하청업자였던 링은 텍사스 주 박람회에 참여해 주식발행 안내서를 팔며 직접 투자은행 역할을 함으로써 100만 달러 규모의 주식을 공모하는 데 성공했다. 이를 시작으로 그는 10여 개의 다른 회사를 인수했고 이와 관련한 비용은 LTV 주식으로 지불하였다. 결과적으로 LTV가 더 많은 회사를 인수할수록 이 회사의 주가는 더 상승했다. 1969년에 LTV는 《포천》이 선정한 주요 기업 목록에서 14번째로 규모를 자랑했다. 하지만 곧 그레이엄이 경고했듯이 이 회사의 사상누각은 붕괴하기 시작했다. 현재 LTV사는 철강업만 유지하고 있고, 2000년 말에 파산보호 신청을 한 상태다. 주로 인수합병을 통해 성장하는 회사를 가리켜 '연쇄 인수자'라고 한다. '연쇄 살인자'와 유사한 어감으로 들리는 것은 결코 우연이 아니다. LTV사의 경우만 보더라도 연쇄 인수자는 결국 재정적인 파멸로 끝을 맺기 때문이다. 그레이엄의 교훈을 이해하는 투자자라면 LTV의 현대판이라고 할 만한 콘세코, 타이코, 월드콤과 같은 회사들을 기피했을 것이다.

(단위: 백만 달러, 주당순이익 제외)

	1958년	1960년	1967년	1969년	1970년
A. 영업실적					
매출액	$6.9	$143.0	$1,833.0	$3,750.0	$374.0
세금 및 이자 적용 전	0.552	7.287	95.6	124.4	88.0
이자비용	.1(추정)	1.5(추정)	17.7	122.6	128.3
(이익승수)	(5.5배)	(4.8배)	(54배)	(1.02배)	(0.68배)
법인세	0.225	2.686	35.6	cr.15.2	4.9
특별항목				dr.40.6	dr.18.8
특별항목 적용 후 순이익	0.227	3.051	34.0	dr.38.3	dr.69.6
보통주 지분	0.202	3.051	30.7	dr.40.8	dr.71.3
주당순이익	0.17	0.83	5.56	def.10.59	def.17.18
B. 재무상태					
총자산	6.4	94.5	845.0	2,944.0	2,582.0
1년 이내 지불가능한 부채	1.5	29.3	165.0	389.3	301.3
장기 부채	.5	14.6	202.6	1,500.8	1,394.6
주주자본	2.7	28.5	245.0[a]	def.12.0[b]	def.69.0[b]
재무비율					
유동자산/유동부채	1.27배	1.45배	1.80배	1.52배	1.45배
자본/장기부채	5.4배	2.0배	1.2배	0.17배	0.13배
주가 범위		28~20	169.5~109	93.75~24.125	29.5~7.125

a) 자산에서 부채 감면분을 제외하고 청산가치에서 우선주를 공제한 수치다.
b) cr.: 대변, dr.: 차변, def.: 적자.

이와 관련한 내용은 〈표 17-1〉에 정리가 잘 되어 있어 따로 덧붙일 말은 없지만, 몇 가지를 정리해 보자면 다음과 같다.

1. 이 회사가 성장만 지속한 것은 아니었다. 1961년에는 소규모의 영업 적자가 발생하기도 했지만, 1970년에 많은 회사가 영업보고서에 적용 한 관행에 따라 실적이 나쁜 해의 모든 비용 및 충당금은 가능한 한 계 상하였다.* 당시 이렇게 계상한 금액은 1300만 달러에 달했다. 이전 3

년간 순이익을 합한 것보다도 많은 금액이다. 이렇게 1961년의 적자를 가리고, 1962년에는 기록적인 수익을 올릴 준비를 마쳤다.

2. 1966년 말 3 대 2 주식분할 이후 이 회사의 순유형자산은 주당 7달러 66센트였다. 따라서 1967년의 시장가격은 당시 장부상 자산가치의 22배에 달했다. 1968년 말 대차대조표상으로 보면, 이 AA급 회사의 보통주 380만 주는 전체로는 2억 8600만 달러, 다시 말해 주당 77달러 수준이었다. 그러나 우선주와 영업권 항목 및 막대한 채권할인자산bond-discount asset[**]을 제외하면, 보통주의 가치는 1300만 달러에 불과했다. 주당 3달러에 해당하는 가치다. 그나마 이 정도의 유형자산마저도 다음 해의 손실로 일소되었다.

3. 1967년 말 최고 수준의 은행 중 2개 은행이 60만 주의 LTV 주식을 주당 111달러에 내놓자 주식은 최고치 169달러 50센트를 기록한 이후 3년도 채 지나지 않아 약 7달러 13센트로 폭락했다.[***]

4. 1967년 말 이 회사의 은행대출은 1억 6100만 달러였고, 1년 후에는 무려 4억 1400만 달러로 늘어났다. 게다가 장기채무는 12억 3700만 달러에 달했다. 1969년에 계열사 부채를 합한 연결채무는 18억 6900만

---

* 구조조정비용을 핑계로 회사의 실제 수익현황을 숨기는 추악한 관행은 아직도 남아 있다. 한 해에 가능한 모든 비용을 계상하는 것을 '빅 배스(big bath)' 또는 '키친 싱크(kitchen sink)' 회계라고 부른다. 이러한 회계 속임수는 현재 사정은 감춘 채 해당 회사가 다음 해에는 더 탁월한 성장을 할 것처럼 보이게 한다. 따라서 투자자들은 이러한 눈속임에 현혹되어 실제 사업의 건전성을 잘못 판단하지 않도록 유의해야 한다.

** 여기에서 '채권할인자산'이란 LTV가 액면가 이하로 판매되는 채권을 언젠가 원래 가격으로 매도할 수 있다는 기대하에 매수하고 이 할인금액을 자산으로 처리한 것을 의미한다. 그레이엄은 이러한 논리를 비웃었다. 미래 특정 시점에 채권가격이 어떻게 변동될지 알 방법이 거의 없기 때문이다. 이 채권이 앞으로도 계속 액면가 이하에서만 거래된다면, LTV가 자산으로 처리한 할인금액은 사실상 부채로 남게 된다.

*** 1998년 12월에 인포스페이스 주식을 공모한 투자은행에 대해서 그레이엄이 어떤 생각을 가졌을지 가히 상상이 간다. 이 주식은 31달러 25센트로 거래를 시작한 후, 2000년 3월에 1,305달러 32센트까지 급등하였다가 2002년 종가는 8달러 45센트로 마감했다.

달러에 달했다. 스탠더드 오일 오브 뉴저지Standard Oil of New Jersey 다음으로
가장 큰 규모의 연결채무였다.

5. 1969년과 1970년의 손실은 회사 설립 이후의 총수익 규모를 훨씬 초과하
는 수준이었다.

교훈: LTV 사례에서 우선 떠오르는 의문은 이것이다. 이 회사가 확장에 확
장을 거듭하는 동안 어떻게 은행들은 그렇게 많은 자금을 대출해 줄 수 있
었을까? 1966년과 그 이전에 이 회사는 이자 지급과 관련하여 수익 수준이
보수적인 기준에 미치지 못했다. 유동자산 대 유동부채 비율, 자기자본 대
총부채 비율도 마찬가지였다. 그러나 이후 2년 동안 은행들은 이 회사의 사
업다각화에 4억 달러를 추가로 대출해 주었다. 이러한 사업 계획은 회사의
건실한 운용에 결코 도움이 되지 않았으며, 주주에게는 더 나쁜 것이었다.
LTV 사례를 통해 은행들이 기업의 불건전한 확장을 원조하고 부추기지 말
아야 한다는 교훈을 얻었다면 그나마 의미 있는 일이라 하겠다.*

NVF의 샤론 스틸 인수

1968년 말에 NVF의 장기부채는 460만 달러, 자본금은 총 1740만 달러,
매출액은 3100만 달러였으며, 순이익은 특별비용 37만 4000달러, 공제 전
기준으로 50만 2000달러였다. 가황처리 섬유 및 플라스틱 사업을 이끌어 온
이 회사의 경영진은 샤론 스틸을 인수하기로 결정했다. 당시 샤론 스틸의 장

---

* 상업은행이 '불건전한 기업 확장'을 상습적으로 지원하는 행태에 대해 그레이엄은 새삼스럽게 놀라지는
않더라도 분명히 크게 실망했을 것이다. 엔론이나 월드콤은 기업 역사상 최대 도산 기록을 남긴 사례였다.
이들을 지원하기 위해 수십억 달러의 자금이 은행대출을 통해 투입되었다.

기부채는 4300만 달러, 자본금은 1억 100만 달러, 매출액은 2억 1900만 달러, 순이익은 292만 9000달러였다. 이와 같은 샤론 스틸의 기업 규모는 인수희망기업인 NVF의 7배에 달했다. 1969년 초에 NVF는 샤론 스틸에 주식 인수조건을 제시했다. 주당 인수조건은 1994년 만기, 표면이자율 5%, 액면가 70달러인 NVF의 채권과 함께 NVF사 주식을 22달러에 1.5주를 취득할 수 있는 워런트를 제공하는 것이었다. 샤론 스틸의 경영진은 이 인수 시도에 강하게 저항했으나 헛수고로 끝났다. NVF는 제시한 조건에 따라 샤론 스틸 주식의 88%를 보유하게 되었다. 이와 함께 표면이자율 5%인 1억 200만 달러의 NVF 채권과 NVF사 주식 219만 7000주에 해당하는 워런트를 발행하였다. 당초 제의가 100% 실행되었다면 합병 회사는 1억 6300만 달러의 부채, 220만 달러의 자본금, 2억 5000만 달러의 매출을 기록했을 것이다. 순이익 계산은 조금 더 복잡한 문제지만, 이 회사는 특별 신용 이전에 주당 50센트의 순손실을 보았고, 특별 신용 이후로는 주당 3센트의 순수익을 기록했다고 발표했다.**

첫 번째 논평: 1969년에 이루어진 기업인수 중에서 가장 극단적인 재무상태의 불균형을 보여 주는 사례다. 결과적으로 인수 회사는 과도한 채무 부담을 추가로 떠안게 된 데다 1968년의 영업실적은 흑자에서 적자로 전환되면서 주가는 헐값이 되었다. 이로 인한 회사 재무상태가 얼마나 심각한 타격을

** 그레이엄이 이 책을 쓴 직후인 1972년 6월, 연방 법원은 NVF 회장 빅터 포스너(Victor Posner)가 샤론 스틸의 연금자산을 계열 자회사의 타기업 인수를 지원할 목적으로 불법 전용했다고 판결했다. 1977년에 증권거래위원회는 증권사기에 관한 연방법 위반을 미리 방지하기 위해 포스너, NVF, 샤론 스틸에 대해 영구 금지명령을 내렸다. 증권거래위원회는 포스너와 그 일가가 NVF와 샤론 스틸로부터 170만 달러를 사적으로 착복했다고 고발했다. 샤론 스틸의 수익과 비용을 이월하고 재고를 조작하여 1390만 달러의 세전 이익을 부풀렸다는 것이 고발 내용이었다. 그레이엄이 냉정하고 예리한 시각으로 지목한 샤론 스틸은 이들이 월스트리트에서 저지른 탈법적 행위의 공모와 도적질을 풍자하여 '셰어 앤드 스틸(Share and Steal)'이라는 이름으로 불리기도 했다. 포스너는 나중에 드렉셀 번햄 램버트가 인수한 정크본드의 주요 고객으로 떠오르며 1980년대 미국을 휩쓸었던 차입매수와 적대적 인수합병 흐름을 이끈 중심인물이 되었다.

입었는지는 표면금리 5%의 채권이 신규 발행된 해에 달러당 42센트 이상에서 거래되지 않았다는 사실로 미루어 짐작할 수 있다. 즉, 채권의 안전성과 회사의 전망에 대해 심각한 의문을 제기되는 상황이다. 당시 경영진은 약 100만 달러에 해당하는 연간 법인세를 절감하기 위해 채권가격을 이용했다.

샤론 스틸 인수 후에 공표한 1968년 보고서에는 연말까지의 실적이 요약되어 있다. 여기에는 다음과 같은 두 가지의 예외적인 항목이 포함되어 있다.

1. 5860만 달러의 '이연부채비용'이 자산으로 기록되어 있다. 4020만 달러로 잡힌 전체 자본총계보다 많은 액수다.
2. 그러나 '샤론 스틸 투자비용을 초과하는 자본금'이라고 명시된 2070만 달러의 항목은 자본총계에 포함되지 않았다.

두 번째 논평: 자산 항목으로 보기 힘든 이연부채비용을 자산 항목에서 삭제하고 일반적으로 자산 항목에 포함되는 자본총계의 일부 항목들을 포함하면 NVF의 실제 자본총계는 220만 달러가 된다. 따라서 대차대조표 기록을 조정함으로써 NVF는 '실제 자기자본'을 1740만 달러에서 220만 달러로, 또는 73만 1000주에 대하여 주당가치를 23달러 71센트에서 약 3달러로 줄일 수 있었다. 게다가 NVF 주주는 1968년 종가보다 6포인트 낮은 가격으로 기존 주식의 3.5배에 달하는 추가 주식 매수권을 제3자 배정 형식으로 다른 사람들에게 넘겼다. 워런트의 초기 시장가치는 주당 12달러 정도였고, 매수 제의에 참여한 투자 규모는 약 3000만 달러였다. 실제 워런트의 시장가치는 상장된 NVF 주식의 시가총액을 훨씬 능가했다. 이 거래가 배보다 배꼽이 더 큰 격이라는 또 다른 증거였다.

회계상 속임수

이러한 형식적인 대차대조표에서 다음 해의 영업보고서로 넘어가게 되면 이상한 항목들이 몇 가지 눈에 띈다. 기본적인 이자비용 750만 달러와 함께 '이연부채비용 상각'으로 179만 5000달러가 공제되어 있다. 그러나 이 비용은 다음 줄에서 '자회사 투자비용을 초과한 자본총계의 상각액: 대변 165만 달러'라는 아주 이상한 수익 항목으로 거의 상쇄된다. 주석에는 우리가 다른 어떤 보고서에서도 본 적이 없는 항목도 등장한다. 즉, 자본금의 일부가 '기업인수 등과 관련하여 발행한 워런트의 적정한 시장가치 2212만 9000달러'로 표시되어 있다.

도대체 이 항목들이 뜻하는 것이 무엇인가? 어떤 것도 1969년 영업보고서의 본문에는 언급조차 되지 않았다. 노련한 증권분석가들도 이 문제들은 온갖 추리를 통해 스스로 알아내야만 한다. 그리고 이처럼 애매한 항목들이 등장한 목적은 결국 표면금리 5%인 회사채의 낮은 초기 가격에서 세금 혜택을 받기 위한 것이라는 것을 알게 된다. 이처럼 교묘한 회계 조작에 관심이 있는 독자들을 위해 우리는 부록 4에서 별도로 해법을 제시하고 있다.

기타 이상한 항목들

1. 1969년의 회계연도 마감 직후, 이 회사는 9달러 38센트의 가격으로 65만 개의 워런트를 매입했다. 연말 기준으로 NVF가 보유한 현금은 70만 달러에 불과하지만, 1970년에 만기가 도래하는 채권은 440만 달러에 달한다는 사실을 고려하면 이 거래는 상당히 예외적인 일이었다. 현금이 부족한 만큼 이 거래를 성사시키려면 600만 달러를 추가로 차입해야 했다. 또한 표면 이자율 5%인 채권이 달러당 40센트 이하에 거래되는 상황에서 워런트와 같은 가상의 화폐를 매입하는 것도 이해하기 힘든 대목이다. 결국 향후 닥칠

재정적인 어려움을 경고하는 것이었다.

2. 회사는 이러한 비용을 부분적으로 상쇄하며 25만 3000개의 워런트와 함께 510만 달러의 채권을 보통주와 교환하는 조건으로 회수했다. 이 조건이 성사될 수 있었던 것은 변덕스러운 주식시장도 한몫했다. 표면금리 5%인 채권이 달러당 40센트 이하에 거래되는 마당에 배당도 지급되지 않는 보통주가 13달러 50센트에 거래되고 있었기 때문이다.

3. 회사는 직원들에게 주식뿐만 아니라 주식을 살 수 있는 다수의 워런트도 팔 계획이었다. 주식매입과 같이 워런트도 5%만 현금으로 지급하고 나머지는 수년에 걸쳐 상환하게 되어 있었다. 직원들이 워런트를 매입할 유일한 방법이었다. 한마디로 주식을 마음대로 판매하기 위해 매입 권리를 발명한 기상천외한 일이었다.

4. 1969년에 새롭게 인수한 샤론 스틸에 대해 연금비용 적립방식을 변경했고, 더 낮은 감가상각률을 채택했다. 이러한 회계상 변화로 NVF는 보통주를 희석하기 전에 이미 회계장부상 수익을 주당 1달러씩 늘릴 수 있다.

5. NVF 주식은 1970년 말 S&P의 《증권 가이드》에 수록된 4,500개 주식 중 주가수익비율이 가장 낮은 2배 수준에서 거래되고 있었다. 월스트리트에서 자주 사용되는 표현을 빌리자면 "이것이 사실이라면 중요한 일"이다. 이 주가수익비율은 그해의 종가인 8달러 75센트와 1970년 9월 기준 직전 12개월 동안의 주당 5달러 38센트의 수익을 기준으로 한 것이다. 이러한 수치에 따르면 이 회사는 수익의 1.6배 수준에서 거래되고 있는 셈이었다. 그러나 여기에는 대규모의 희석 요인*이나 1970년 4/4분기에 회사에 악영향을 미

---

* 이러한 '대규모 희석 요인'이 발생한 시점은 NVF 직원들이 주식 매수를 위해 워런트를 행사했을 때였다. 이 회사는 당시 더 많은 주식을 발행해야 했다. 당연히 순이익은 이렇게 훨씬 많아진 발행주식 수로 나뉘었다.

친 사건들은 포함되지 않았다. 1년 결산 자료가 공표된 당시 이 회사는 희석을 고려하지 않았을 때 주당 2달러 3센트의 수익을 보였다. 희석한 후 수익은 주당 1달러 80센트였다. 부채는 1억 3500만 달러에 달하였는데, 총주식과 워런트의 시세는 1400만 달러였다. 즉, 그만큼 주주의 지분이 빈약했다.

AAA 엔터프라이지스

역사

약 15년 전, 당시 대학생이었던 재키 G. 윌리엄스$_{\text{Jackie G. Williams}}$는 나중에 트레일러라는 이름으로 불리게 된 이동주택을 팔기 시작했다.** 1965년에 그는 이 사업을 법인화하였다. 이 회사는 그해에만 580만 달러의 이동주택을 팔며 세전으로 6만 1000달러의 순이익을 올렸다. 1968년에 윌리엄스는 프랜차이즈를 통해 기업 명의로 이동주택을 팔 수 있는 권리를 매각했다. 윌리엄스는 또한 이동주택을 사무실로 활용하여 소득세 환급을 받을 수 있게 하는 기발한 사업도 구상하고 있었다. 그는 미스터 택스 오브 아메리카$_{\text{Mr. Tax of America}}$라는 자회사를 만들고 그의 아이디어와 사업명을 이용하고자 하는 이

** 재키 G. 윌리엄스는 1958년에 AAA 엔터프라이지스를 설립했다. 상장 후 거래 첫날에만 주가는 56% 상승하며 20달러 25센트를 기록했다. 윌리엄스는 이후 AAA 엔터프라이지스가 매월 새로운 프랜차이즈 개념을 내놓을 것이라고 발표했다. 만약 이동주택에 입주하여 소득세 환급을 받을 심산이라면, 이 트레일러 안에서 달리 또 무슨 일을 할 수 있을지 상상해 보라! 하지만 우리가 먼저 이렇게 고민할 필요는 없었다. 공교롭게도 윌리엄스의 아이디어보다 AAA 엔터프라이지스의 시간과 자금이 먼저 끝을 보게 된 것이다. AAA 엔터프라이지스 사례는 빈약한 자산과 카리스마 넘치는 경영 기술만으로 전설이 된 회사, ZZZZ 베스트(ZZZZ Best)를 떠올리게 한다. 카펫 청소업체였던 이 회사는 베리 민코(Berry Minkow)라는 10대 젊은이가 전화와 임대 사무실만으로 단출하게 출발했지만, 1980년대 후반에 거의 2억 달러의 시가총액을 기록하는 기염을 토했다. 허위 매출 장부로 거액의 투자자금을 끌어모으던 ZZZZ 베스트는 결국 파산했고, 민코는 철창신세를 져야 했다. 독자들이 이 글을 읽고 있는 지금 이 순간에도 이와 비슷한 회사들이 등장하고 있고, 이러한 사기 행각에 자기도 모르게 동참하는 투자자들이 줄을 잇는다. 하지만 그레이엄의 경고를 마음에 새긴 사람들이라면 여기에 동승하지 않을 것이다.

들을 대상으로 프랜차이즈 사업을 시작했다. 이를 위해 윌리엄스는 자사 주식 수를 271만 주로 늘려 공개할 준비를 하고 있었다. 곧 몇몇 회사와 대형 증권회사가 이 거래에 관심을 나타냈다. 1969년 3월 AAA 엔터프라이지스의 50만 주를 주당 13달러의 가격에 일반 투자자들을 대상으로 공모했다. 이 중 30만 주는 자신의 계정에서 팔렸고 나머지 20만 주는 회사의 계정에서 팔려 240만 달러의 자금을 확보할 수 있었다. 주가는 곧 2배로 뛰어올라 28달러가 되었다. 즉, 회사의 장부가치는 420만 달러, 장부상 최고수익은 69만 달러인데, 주식 전체 가치는 8400만 달러에 달하는 기이한 현상이 발생했다. 이 회사의 주식이 현재 최고 주당순이익의 115배 수준에서 거래되고 있다는 의미였다. 윌리엄스가 회사 이름을 AAA 엔터프라이지스라고 지었던 이유는 분명히 전화번호부나 업종별 기업 안내 자료에서 알파벳 순으로 가장 먼저 이름이 나오게 하려는 목적이었을 것이다. S&P의 《증권 가이드》에도 역시 이 회사의 이름은 맨 앞에 나온다. 어보 벤 애드헴Abou Ben Adhem과 같은 회사들과 나란히 맨 앞장을 차지했다.[*] 1969년의 새로운 자금조달 방법 및 인기주와 관련한 안타까운 사례로 이 회사를 우선 꼽게 된 이유이기도 하다.

논평: 윌리엄스 입장에서 이 거래는 나쁘지 않았다. 1968년 12월 현재, 그가 매각한 30만 주의 장부가치는 18만 달러였다. 그는 이 거래를 통해 20배에 달하는 360만 달러의 수익을 냈다. 인수자와 판매자는 비용을 제외하고 50만 달러의 수익을 나누어 가졌다.

---

[*] 영국의 낭만파 시인 레이 헌트(Leigh Hunt, 1784~1859)가 쓴 "어보 벤 애드헴(Abou Ben Adhem)"에 등장하는 정직한 무슬림인 어보는 어느 날 천사가 '신을 사랑한 사람들의 인명록'이라는 황금책에 이름을 쓰고 있는 것을 보았다. 인명록에 자신의 이름은 없다는 말을 들은 어보는 천사에게 이렇게 말했다. "그렇다면 청컨대 동료를 사랑한 사람이라고 써 주십시오." 다음 날 밤 천사가 돌아와 어보에게 그 황금책을 보여 주었다. 어보의 이름은 인명록 중 맨 앞에 적혀 있었다.

1. 하지만 일반 투자자들의 입장에서는 그다지 훌륭한 거래는 아니었던 것으로 보인다. 투자자들은 자기 돈으로 주가를 59센트에서 1달러 35센트까지 끌어올린 후에도 장부가치의 10배를 지급해야 했다.** 가장 좋은 실적을 보였던 1968년 이전에 이 회사가 보인 최대 수익은 주당 7센트 수준이었다. 아무리 장래에 야심 찬 계획이 있다고 하더라도 일반 투자자들로서는 이 계획을 위해 너무 많은 대가를 지불하고 있었다.

2. 이러한 문제에도 아랑곳없이 회사의 주가는 상장 이후 곧 2배로 올랐고, 투자자들은 너나없이 상당한 수익을 낼 수 있었다. 그 결과 공개모집이 변화되었던 것일까? 아니면 판매자가 공모와 그에 따른 결과에 대한 책임을 면제해 줄 가능성을 증가시켰던 것일까? 대답하기 쉬운 문제는 아니지만, 월스트리트와 감독기관은 이러한 의문에 대해 고심해 볼 필요가 있다.***

이후의 역사

확대된 자본으로 AAA 엔터프라이지스는 두 가지 사업에 뛰어들었다. 1969년 카펫 소매점 체인을 시작했고 이동주택을 제작할 공장을 인수했다. 처음 9개월 동안의 영업실적은 대단한 것은 아니었으나 그 전해보다는 다소

** 일반 투자자들은 AAA 엔터프라이지스의 장부가치에 프리미엄이 붙은 가격으로 더 많은 보통주를 매입함으로써 이 회사의 주당가치를 증가시키는 데 일조했다. 이러한 주가상승은 온전히 투자자들의 힘으로 이루어진 것이라고 해도 과언이 아니었다. 자본총계의 증가분 중 대부분은 과도하게 매겨진 AAA 엔터프라이지스의 주식을 기꺼이 사들였던 일반 투자자들의 태도에서 비롯되었기 때문이다.

*** 그레이엄이 여기에서 말하고자 하는 것을 풀어보면 이렇다. 투자은행들이 신규 공모주의 장기적인 주가하락에 대한 비난을 받지 않으려 한다면, 신규 공모 직후 주가상승의 공도 자처할 자격이 없다는 것이다. 1999년과 2000년 초에 많은 인터넷 IPO 종목의 주가는 1,000% 이상 상승했다. 하지만 이들 대부분은 이후 3년간 95% 이상 대폭락했다. 초기에 소수 투자자들이 본 수익이 어떻게 이후 수백만 명의 투자자들이 입은 막대한 재산상의 손실을 정당화할 수 있겠는가? 사실 많은 IPO 종목의 가격은 즉각적으로 수익을 거둘 수 있도록 의도적으로 낮게 책정되었다. 확실한 수익을 보여야 다음 공모에서 더 많은 관심을 끌 수 있기 때문이다.

나은 수준이었다. 수익 또한 전년도의 주당 14센트에서 22센트로 상승했다. 하지만 불과 몇 달 뒤에 말 그대로 믿을 수 없는 사건이 일어났다. 무려 436만 5000달러, 즉 주당 1달러 49센트의 손실이 발생한 것이다. 상장 이전의 전체 자본금에다 증자로 얻은 240만 달러는 물론 1969년 1월부터 9개월 동안 수익의 3분의 2를 전부 합한 금액을 날렸다. 불과 7개월 전에 신주 공모에 주당 13달러를 지불한 주주에게 남은 자본은 24만 2000달러, 즉 주당 8센트에 불과했다. 그런데도 이 주식은 1969년 주당 8달러 50센트, 즉 2500만 달러 이상의 가치로 평가되며 마감되었다.

추가 논평: 1. 이 회사가 실제로 1969년 1월부터 9월까지 68만 6000달러의 수익을 올리고 다음 3개월 동안에 436만 5000달러의 손실을 냈다고 믿기는 어렵다. 9월 30일자 보고에 비난의 여지가 있는 잘못된 점이 있었을 것이다.

2. 그해 8달러 50센트의 종가로 마감한 사실은 원래의 공모가 13달러나 뒤이어 28달러까지 주가가 급상승한 것보다도 시장가격이 얼마나 무분별한지 증명해 주는 사례다. 공모가 13달러나 최고가 28달러는 최소한 열정과 희망을 반영하는 것이었다. 현실과 상식에는 맞지 않더라도 적어도 이해는 할 수 있는 선이었다. 그러나 거의 남은 것 없이 파산이나 다름없는 지경에 이르러 열정과 희망이라는 단어도 냉소적으로 들릴 회사의 가치가 무려 2500만 달러로 평가된 것은 납득하기 어려운 일이다. 물론 연말 수치는 12월 31일까지 발표되지 않았으나, 매월 영업보고서를 만들고 영업상황에 대해 정확한 평가를 내리는 것이 월스트리트 증권회사들이 하는 일이다.

마지막 장

1970년 상반기에 AAA 엔터프라이지스는 100만 달러의 추가 손실을 냈다. 이 회사의 자본이 상당한 규모로 축소된 것이다. 하지만 윌리엄스가 총 250만 달러를 대출하면서 파산 위기에서는 간신히 벗어날 수 있었다. 1971년 1월 결국 파산 신청을 할 때까지 AAA 엔터프라이지스는 더 이상의 보고서를 제출하지 않은 것 같다. 이제 벽짓값만도 못한 회사의 월말 종가는 주당 50센트, 회사 전체의 가치는 150만 달러로 평가되었다. 이야기는 여기에서 끝이 난다.

교훈과 더 생각해 볼 것: 투기적인 대중은 구제불능이다. 재무용어로 말하자면 일단 투기에 빠진 일반 투자자들은 셋 이상은 세지 못한다. 어떤 움직임이라도 포착되면 회사나 가격에 상관없이 사려고만 든다. 프랜차이즈, 컴퓨터, 전자공학, 과학, 기술 등 특정 분야가 유행하게 되면, 여기에 관계되는 회사라면 무엇이든지 현혹된다. 물론 이 책을 읽는 독자들이나 분별 있는 투자자들은 이 정도 바보는 아닐 것이다. 그래도 여전히 의문은 남는다. 책임감 있는 투자회사라면 십중팔구 실패하고 말 회사들과는 명예를 걸고 관계 맺지 않아야 하는 것 아닐까? 이러한 상황은 내가 1914년 월스트리트에 처음 발을 들였을 때에도 마찬가지였다. 그때보다 많은 개혁과 통제가 이루어졌지만, 지난 57년 동안 월스트리트의 윤리적인 기준은 진보보다는 퇴보의 길을 걸어온 것 같다. 주식의 신규 공모 안내서에 모든 관련사항의 기재를 요구하는 정도로 한정된 현재의 규정을 넘어서 증권거래위원회에 또 다른 권한을 부여하여 일반 투자자를 보호할 필요가 있을까? 다양한 종류의 공모를 정리한 자료를 출판하는 것이 좋을까? 신규 공모 이후 모든 매각추인서에는 해당 종목의 공모 가격이 시장에 상장된 유사한 회사의 주가 수준을 크게 벗어나지 않는다는 보장을 포함해야 할까? 우리가 이 책을 쓰는 동안에도 월스트리트의 나쁜 관행을 개혁하려는 움직임은 계속 진행되고 있다. 그렇지만 신규 공모에서 변화를 기한다는 것은 매우 어려운 일이다. 나

뻔 관행이란 것이 대부분 투자자 자신의 부주의와 탐욕에서 비롯되는 것이기 때문이다. 하지만 이러한 문제는 오랫동안 신중히 고려해 볼 만한 가치가 있다.*

---

* 그레이엄이 이 문단에서 말한 처음 네 문장(투기적인 대중은 …… 무엇이든지 현혹된다)은 2000년 초 붕괴된 인터넷과 통신 버블의 묘비명으로도 손색이 없다. 아무리 담뱃갑에 의료당국의 무시무시한 경고를 실어도 흡연을 완벽하게 근절할 수 없는 것처럼 어떤 규제개혁도 투자자 자신의 탐욕으로 인한 결과를 모두 예방할 수는 없다. 심지어 사회주의 국가에서도 시장 버블을 규제하지 못했다. 중국 주식시장의 경우 1999년 상반기 중 101.7% 급등한 후 급락 사태를 겪었다. 노련한 투자은행들 또한 보유한 주식을 어떤 가격에라도 팔고 싶은 충동을 완전히 일소할 수는 없다. 이러한 순환 구도는 투자자와 재무조언자의 노력을 통해 하나씩 끊어가야 한다. 그러기 위해 가장 좋은 출발점은 그레이엄이 제시한 원칙을 완전히 내 것으로 만드는 것이다. 특히 1장, 8장, 20장을 참조하라.

17장 논평

> 지혜의 신 보단(Woden)은 요정들의 왕에게 가서 그의 팔을 비틀며 어떻게 질서가 혼돈을 이기는지 알려 달라고 요구했다. 요정의 왕은 이렇게 말했다. "나에게 왼쪽 눈을 주시오. 그러면 알려 주겠소." 보단은 주저하지 않고 왼쪽 눈을 떼어 주며 말했다. "이제 말하라." 트롤의 왕은 이렇게 대답했다. "비밀은 바로 '두 눈으로 보는 것'이오!"
>
> 존 가드너(John Gardner)

변하면 변할수록 더 같아진다

그레이엄이 조명한 네 가지 극단적인 사례를 유형별로 정리하면 다음과 같다.

- 과대평가된 주가로 '뒤뚱거리는 거인'
- 제국을 건설한 대재벌
- 거대기업을 삼킨 작은 기업
- 기본적인 가치도 없는 신규 공모

최근 몇 년을 돌아보면 그레이엄이 조명했던 극단적인 사례의 유형을 뒷받침할 새로운 사례들이 백과사전을 만들 수도 있을 만큼 쏟아졌다. 여기에서는 그중 몇 가지 사례를 살펴보겠다.

투명함을 잃은 루슨트

2000년 중반, 루슨트 테크놀로지 주식은 다른 주식보다도 많은 투자자가 소유하고 있었다. 당시 루슨트는 시가총액 1929억 달러로, 미국에서 12번째 큰 규모를 자랑하는 기업이었다.

그런데 이 거대기업에 대한 가치평가는 정당했을까? 2000년 6월 30일에 종료되는 분기에 대한 루슨트의 재무보고를 근거로 몇 가지 기초적인 내용을 살펴보자.[1]

〈그림 17-1〉 루슨트 테크놀로지 분기별 재무보고

(단위: 백만 달러)

	2000년 6월 30일	1999년 6월 30일
이익		
총수입	8,713	7,403
계속 영업이익(손실)	(14)	622
특별 영업이익(손실)	(287)	141
순이익	(301)	763
자산		
현금	710	1,495
미수금	10,101	9,486
영업권	8,736	3,340[a]
연구개발비 자본전입	576	412
총자산	46,340	37,156

a) 영업권을 포함한 기타 자산을 의미한다.
＊ 출처: 루슨트 분기별 재무보고서(Form 10-Q)

루슨트의 보고서를 조금만 자세히 읽어 보면 응답 없는 전화교환기처럼 경보음이 울리는 것을 감지할 수 있다.

---

1 이 장에서 인용된 모든 재무보고서와 마찬가지로 이러한 기록도 www.sec.gov의 EDGAR 데이터베이스에서 쉽게 확인할 수 있다.

- 루슨트는 광통신장비업체 크로마티스 네트웍스Chromatis Networks를 48억 달러에 인수했다. 그중 42억 달러는 '영업권' 또는 장부가치 이상의 비용이었다. 직원 수가 약 150명 정도인 크로마티스는 당시 고객도 없고 수익도 없는 상태였으므로 '영업권'이라는 용어는 부적절해 보였다. 차라리 '혼수품'이라고 하는 편이 더 정확하겠다. 크로마티스의 초기 제품이 효과가 없다면, 루슨트는 영업권을 반납하고 미래수익마저 공제해야 할 상황이었다.
- 루슨트는 보고서 주석에서 15억 달러를 자사 제품 구매자들에게 대출했다고 공개했다. 또한, 루슨트는 고객들이 다른 곳에서 차입한 3억 5000만 달러에 대해 지급보증을 서고 있었다. 이렇게 파격적인 서비스로 '고객금융기관'은 1년 만에 2배로 늘었다. 이는 제품 구매자들이 루슨트 제품을 구입할 현금이 바닥났다는 것을 암시한다. 돈이 없다면 빚은 또 어떻게 갚을 것인가?
- 마지막으로 루슨트는 새로운 소프트웨어 개발비용을 '자본자산capital asset'으로 처리했다. 하지만 이 비용은 자산이 아니라 수익 발생을 목적으로 하는 일상적인 사업비용이 아니던가?

결론: 2001년 8월 루슨트는 크로마티스 제품의 고객이 겨우 둘이라는 보고를 받은 것을 끝으로 사업부의 문을 닫았다.[2] 2001년 회계연도에 루슨트는 162억 달러의 손실을 보았고, 2002년 회계연도에는 추가로 119억 달러의 손실을 보았다. 이러한 손실에는 '악성부채 및 고객금융충당금' 35억 달러, '영업권 상각비용' 41억 달러, '자본화된 소프트웨어 관련 비용' 3억

---

2 크로마티스 인수 관련 기사는 2001년 8월 29일자《파이낸셜 타임스(The Financial Times)》1쪽에 실렸다.

6200만 달러가 포함되었다.

루슨트의 주가는 2000년 6월 30일 약 51달러에서 시작해 2002년 말 1달러 26센트로 끝을 맺었다. 이 기간 시가총액은 거의 1900억 달러나 감소했다.

기업 인수의 마술사

타이코 인터내셔널의 문제점은 윈스턴 처칠Winston Churchill의 말을 약간 변형하여 요약할 수 있다. 즉, 다수의 사람이 극소수의 사람들에게 결코 많이 팔수는 없다. 1997년부터 2001년까지 버뮤다에 근거를 둔 이 거대기업은 총 370억 달러 이상을 다른 회사를 인수하는 데 지출했다. 대부분 매입비용은 타이코의 주식 지분으로 충당하며, 회사 인수는 이멜다 마르코스Imelda Marcos가 구두를 수집하듯이 거침없이 이루어졌다. 연차보고서에 의하면, 2000년 회계연도에만 타이코가 인수한 회사 수는 약 200여 개에 이르렀다. 평균적으로 하루걸러 한 번 이상이었다.

그 결과는 어떻게 되었을까? 표면적으로 보아도 타이코는 빠르게 성장했다. 매출액은 5년 만에 76억 달러에서 340억 달러로 급증했고, 영업수익은 4억 7600만 달러 적자에서 62억 달러 적자로 호전되었다. 2001년 말, 이 회사의 시가총액이 1140억 달러가 된 것도 무리는 아니었다.

그러나 타이코의 재무제표는 눈에 보이는 회사의 성장만큼 신뢰할 수 있는 것은 아니었다. 거의 매년 이 회사는 인수 관련 비용으로 수억 달러를 지출했다. 이 비용에는 다음과 같은 세 가지 주요 범주가 포함된다.

(1) '합병', '구조조정' 또는 다른 '비반복적인' 비용들
(2) '장기 내구성 자산의 상각비용'

(단위: 백만 달러)

회계연도	MORON	CHILLA	WOOPIPRAD
1997년	918	148	361
1998년	0	0	0
1999년	1,183	335	0
2000년	4,175	99	0
2001년	234	120	184
합계	2,510	702	545

＊ 모든 수치는 처음 보고된 내용에 따른다.
＊ "인수합병" 총계에서 공동지분거래는 제외되었다.
＊ 출처: 타이코 인터내셔널 연차보고서(Form 10-K)

(3) '연구개발 과정에서 구입한 제품비용의 상각'

위의 첫 번째, 두 번째, 세 번째 이름의 비용을 각각 '바보' 비용, '눈속임' 비용, '경고' 비용이라고 부르기로 하자. 이 비용들이 시기별로 나타나는 빈도는 어떨까?

비반복적이어야 하는 '바보' 비용은 5년 중 4년 동안 나타났고, 총액은 25억 달러에 달했다. '눈속임' 비용도 그만큼 만성적으로 나타났고, 총 7억 달러가 넘었다. '경고' 비용은 추가로 5억 달러가 지출되었다.[3]

이 자료를 토대로 현명한 투자자는 다음과 같은 질문을 할 수 있다.

• 타이코의 인수를 통한 성장 전략이 그렇게 깔끔한 아이디어였다면, 매년 평균 7억 5000만 달러의 비용이 인수를 완료한 다음에 발생하는 이

---

3 인수와 관련하여 회계처리할 때, '경고' 비용을 인수하면 타이코가 영업권에 할당한 인수 가격의 비중을 줄일 수 있었다. 당시 회계 기준으로 영업권은 여러 해에 걸쳐 상각해야 하는 반면, '경고' 비용은 미리 처리할 수 있었기 때문이다. 따라서 이러한 전략을 통해 타이코는 미래수익과 관련한 영업권 상각비용의 충격을 최소화할 수 있었다.

유는 무엇일까?

- 타이코가 제조업이 아니었다면, 즉 제조업을 하는 다른 회사를 인수하는 사업이었다면, '바보' 비용이 어떻게 비반복적인 비용이 될 수 있을까?

- 과거 인수와 관련된 비용들로 매년 수익을 깎아 먹는 회계보고를 하는데, 내년 수익이 어떻게 될지 누가 알 수 있을까?

사실 투자자들은 타이코의 과거수익을 확인할 방법이 없었다. 1999년에 미국 증권거래위원회가 회계감사를 실시한 이후, 타이코는 1998년 비용에 2억 5700만 달러의 '바보' 비용을 소급해서 더했다. 즉, '비반복적인' 비용이 실제로 그해에도 반복되었다는 것을 의미한다. 동시에, '바보' 비용은 9억 2900만 달러로 줄이는 대신 '눈속임' 비용은 5억 700만 달러로 늘리는 방식으로 원래 보고된 1999년의 비용 내역을 수정했다.

타이코는 규모 면에서 분명히 성장했다. 그러나 수익 면에서도 성장했다고 할 수 있을까? 누구도 이 질문에는 확실한 답을 말할 수 없다.

결론: 2002년 회계연도에 타이코는 94억 달러의 손실을 보았다. 2001년 말 58달러 90센트로 마감한 타이코 주식은 2002년 종가가 17달러 8센트를 기록했다. 12개월 동안에 71%나 하락한 것이다.[4]

---

4 2002년에 타이코의 전 회장인 L. 데니스 코즐로브스키(L. Dennis Kozlowski)는 주 및 연방 법원으로부터 소득세 탈루와 타이코의 자산 횡령 혐의로 기소되었다. 기소 내용 중에는 우산 구입에 1만 5000달러, 샤워 커튼 구입에 6000달러를 사용한 것으로 보고된 횡령 혐의도 포함되어 있었다. 데니스 코즐로브스키는 모든 혐의를 부인했다.

새우가 고래를 삼키다

2000년 1월 10일에 AOL과 타임워너는 1560억 달러에 달하는 합병 계약을 체결할 것이라고 발표했다.

1999년 12월 31일 현재, AOL이 보유한 자산은 103억 달러 규모였고, 과거 12개월간 수입은 57억 달러에 불과했다. 타임워너는 주가를 제외한 모든 척도에서 AOL보다 월등히 더 큰 회사였다. AOL 주식은 이 회사가 인터넷 분야 기업이라는 이유만으로 투자자들을 매료시키며 수익의 164배라는 불가사의한 가격으로 팔려 나갔다. 당시 케이블 TV, 영화, 음악, 잡지 등 여러 개의 복주머니를 찬 타임워너의 주식도 수익의 50배 정도로 평가되었다.

이 합병 계획을 발표하면서, 두 회사는 이것이 '대등한 전략적 합병'이라고 불렀다. 타임워너의 회장 제럴드 M. 레빈Gerald M. Levin은 "AOL 타임워너의 관련자 모두에게 기회는 무한하게 열렸다"라고 강조했다. 그는 특히 주주들에게 상세한 설명을 덧붙였다.

마침내 자신의 주식이 인터넷 총아의 지위를 획득했다는 사실에 도취한 타임워너의 주주들은 이 계약을 적극적으로 승인했다. 그러나 주주들은 다음과 같은 몇 가지 사실을 간과했다.

- 여기에서 말하는 '대등한 합병'이란 합병회사 지분의 55%를 AOL 주주들에게 넘기도록 설계된 것이다. 타임워너가 5배나 더 큰 회사임에도 불구하고 이러한 조건이 성사되었다.
- 3년간 2번이나 미국의 증권거래위원회가 AOL의 마케팅 비용 처리에 관해 회계감사를 실시했다.
- AOL의 총자산 중 거의 절반에 해당하는 49억 달러는 '매도 가능한 지

분주식'으로 구성되어 있었다. 이 상장 기술주의 가격이 하락한다면 이 회사의 자산기반 중 대부분이 물거품이 될 수 있는 상황이었다.

결론: 2001년 1월 11일에 두 회사는 합병을 마무리 지었다. AOL 타임워너는 2001년에 49억 달러의 손실을 보았고, 2002년에 987억 달러의 손실을 보았다. 한 회사가 기록한 손실로는 최대 규모에 해당한다. 손실 대부분은 AOL 가치에 대한 상각에서 비롯되었다. 이 회사의 주주들은 레빈이 공언했던 '무한한' 기회를 기대했다. 하지만 2002년 말경, 합병 계획이 처음 발표된 날로부터 주식가치는 약 80% 하락했고, 주주들의 손에는 남은 것이 거의 없었다.[5]

유치원 투자에 실패할 수 있는가

1999년 5월 20일에, 이토이스eToys Inc.는 주식의 8%를 공모했다. 월스트리트의 가장 유명한 4개의 투자은행, 골드만삭스&컴퍼니Goldman Sachs & Co., 뱅크보스턴 로버트슨 스티븐스BancBoston Robertson Stephens, 도널드슨 러프킨&젠레트Donaldson Lufkin & Jenrette, 메릴 린치는 주당 20달러에 832만 주를 인수해서 1억 6600만 달러를 조달했다. 그 주식은 거래 첫날 급등해서 282.8% 오른 76달러 56센트에 마감됐다. 이토이스의 경우는 총주식 수 1억 200만 주, 시가총액은 78억이었다.[6]

이 가격이라면 어떤 회사를 살 수 있을까? 이토이스의 매출은 그 전년도

---

5 제이슨 츠바이크는 타임(Time Inc.) 소속이다. 이 회사는 과거 타임워너의 한 부서였고, 현재는 AOL 타임워너의 한 사업부를 맡고 있다.

에 4,261% 증가했고 직전 분기에만 7만 5000명의 고객이 늘었다. 그런데 영업 20개월 만에 이토이스는 총매출 3060만 달러를 달성했으면서도, 순손실 또한 3080만 달러를 기록했다. 즉, 장난감 1달러어치를 팔 때마다 2달러의 비용이 지출되었다는 의미다.

또한 이 회사의 신규 공모 안내서에는 이토이스가 또 다른 온라인 업체인 베이비센터BabyCenter, Inc.에 인수를 제안하고 있다는 정보가 공개되었다. 베이비센터는 전년도에 480만 달러 매출에 450만 달러의 손실을 기록한 회사였다. 더군다나 이토이스가 합병 비용으로 지불할 비용은 겨우 2억 500만 달러였다. 이토이스는 또한 보통주 4060만 주는 '따로 남겨 두어' 향후에 경영진들의 몫으로 발행할 것이라고 발표했다. 따라서 이토이스가 수익이 발생하면 이 회사의 순이익은 1억 200만 주가 아닌 1억 4300만 주로 배분되어야 한다는 논리였다. 미래 주당순이익이 거의 3분의 1가량 희석되는 셈이다.

이토이스의 최대 경쟁사는 토이저러스Toys'R'Us, Inc.였지만, 두 회사의 영업 실적은 비교가 무의미할 정도다. 지난 3개월 동안 토이저러스의 순이익은 2700만 달러였고, 지난 1년 동안 이토이스보다 70배 이상의 판매량을 기록했다. 그런데 〈표 17-3〉에서 볼 수 있듯이, 정작 주식시장에서는 이토이스가 토이저러스보다 20억 달러나 더 높이 평가되고 있었다.

결론: 2001년 5월 7일, 이토이스는 상장기업으로서의 짧은 기간에 3억

---

6 이토이스의 공모 설명서 표지에는 유명한 어린이 만화 캐릭터인 아서(Arthur)가 실렸다. 이 캐릭터를 이용해 이토이스는 기존 장난감 가게보다 이토이스에서 어린이용품을 얼마나 더 쉽게 구매할 수 있는지 제시했다. IPO 모니터(IPO Monitor)의 애널리스트 게일 브론슨(Gail Bronson)은 이토이스의 주식공모일에 AP통신에 실린 보도자료에서 다음과 같이 말했다. "이토이스는 작년에 탁월한 경영 실적을 보였습니다. 인터넷에서 이 회사는 어린이들의 중심이 될 것입니다. 닷컴의 성공적인 IPO를 이끌기 위한 핵심은 무엇보다 효율적인 마케팅과 브랜드의 가치입니다." 브론슨의 말은 일부 옳았다. 그러나 그가 말한 핵심은 발행회사나 투자은행들에 해당하는 것이었다. 투자자에게 필요한 핵심은 다름 아닌 수익이어야 한다. 바로 이토이스가 갖지 못한 것이었다.

9800만 달러 이상의 순손실을 기록하고 파산보호 신청을 했다. 이 회사의 주식은 1999년 10월에 주당 86달러로 최고점을 찍은 후 마지막에는 1페니에 거래되었다.

〈그림 17-3〉 토이 스토리

(단위: 백만 달러)

	eToys Inc. 1999년 3월 31일 종료 회계연도	Toys'R'Us, Inc. 1999년 5월 1일 종료 회계분기
순매출	30	2,166
순이익	(29)	27
현금	20	289
총자산	31	8,067
시가총액(1999년 5월 20일)	7,780	5,650

＊출처: 각 회사의 증권거래위원회 제출 자료

8쌍의 기업 비교

이 장에서는 새로운 형태의 설명을 시도하려고 한다. 증권거래소의 기업 목록에 연이어 이름이 올라 있거나 인접하여 열거된 회사 8쌍을 골라 각 회사의 다양한 특성, 재무구조, 투자전략, 실적 및 흥망의 흐름을 비교해 보고, 최근 몇 년간 재무 상황과 관련하여 관찰되는 투자자 및 투기자의 동향을 생생하게 분석해 보겠다. 여기에서는 각각의 비교 항목 중에서 특별히 의미 있고 중요한 부분만 소개한다.

첫 번째 쌍: 리얼 에스테이트 인베스트먼트 트러스트와 리얼티 에쿼티스 코퍼레이션 오브 뉴욕

첫 번째 쌍은 리얼 에스테이트 인베스트먼트 트러스트_{Real Estate Investment Trust}와 리얼티 에쿼티스 코퍼레이션 오브 뉴욕_{Realty Equities Corp. of New York}이다. 이하에서는 종목기호에 따라 전자는 REI, 후자는 REC로 표기하겠다. 여기에 소개되는 다른 비교 쌍은 알파벳 순서에 따라 묶이지만 첫 번째 비교 쌍은 예외다. 이 두 회사를 다른 쌍과 달리 묶은 이유는 특히 재무관리나 회사 운영에서 대조적인 특징을 관찰할 수 있기 때문이다. 즉, 한 회사는 규모의 무모한 확장이나 재무적인 속임수, 회사 운영상 급격한 변화의 전형적인 예를 보여주는 반면, 다른 회사는 합리적이고 안정적인 위탁 자산 관리의 모범을 보여준다. 비슷한 이름을 가진 이 두 회사는 오랫동안 아메리칸 증권거래소_(ASE: American Stock Exchange)의 상장사 목록에서 나란히 찾아볼 수 있었다. 두 회사는 종목기호를 혼동하기 쉽지만, 엄연히 다른 특징이 있다. 먼저 100여 년의 역사를 가진 뉴잉글랜드 기반의 신탁회사 REI는 매장, 사무실, 공장 등을 전문으로 취급하며 3명의 신탁 관리자가 운영하고 있다. 이 회사는 1889년부터 매년 배당을 지급했으며, 성장률을 적정한 수준으로 제한하고 부채는 쉽게 관리할 수준을 넘지 않게 하는 등 신중한 투자 형태를 철저하게 유지해 왔다.[*]

반면, 뉴욕을 근거지로 두고 부동산 투자, 종합건설 등에 특화된 REC는 저돌적인 전략으로 급성장한 기업의 전형이다. 이 회사의 자산은 8년 만에 620만 달러에서 1억 5400만 달러로 폭발적으로 성장했으며, 부채 또한 같은 비율로 늘어났다. 이 성장세에 힘입어 REC는 평범한 부동산 회사에서 2개의 경마장, 74개의 극장, 3개의 출판사, 광고회사, 호텔, 슈퍼마켓은 물론 1970년에 부도 사태를 맞게 되는 대형 화장품 회사의 지분 25%를 확보하는 등 다양한 분야를 섭렵하는 벤처기업으로 변신했다.[**] REC가 복합적인 벤처기업으로 변모할 수 있었던 배경에는 다음과 같은 재무기법이 숨어 있었다.

---

[*] 여기에서 그레이엄이 설명하고 있는 부동산 투자신탁 REI는 1983년에 주당 50달러로 샌프란시스코 리얼에스테이트(San Francisco Real Estate)에 인수되었다. 다음 문단에서는 리얼티 에퀴티스 코퍼레이션 오브 뉴욕에 대한 설명이 이어진다.

[**] 1969년에 리얼티 에퀴티스 코퍼레이션 오브 뉴욕은 배우 폴 뉴먼(Paul Newman)의 영화제작사 케이오스(Kayos Inc.)를 인수하였고, 이에 따라 폴 뉴먼은 이 회사의 핵심 주주가 되었다.

〈표 18-1A〉 첫 번째 비교 쌍(1960년)

	Real Estate Investment Trust	Realty Equities Corp. of New York
총수입	$3,585,000	$1,484,000
순이익	485,000	150,000
주당순이익	.66	.47
주당배당금	없음	.10
주당 장부가치	$20.	$4.
주가 범위	20~12	5.375~4.75
총자산	$22,700,000	$6,200,000
총부채	7,400,000	5,000,000
보통주 장부가치	15,300,000	1,200,000
보통주 평균 시가총액	12,200,000	1,360,000

1. 이 회사의 우선주 배당금은 연 7달러였으나, 액면가는 1달러에 불과했으며, 주당 1달러의 채무로 간주되었다.

2. 보통주의 총액은 20만 9000주의 주식을 재취득하는 비용으로 550만 달러를 공제한 후 총 250만 달러로 평가되었다. 이때 공제한 550만 달러는 주당 1달러에 해당한다.

3. 세 가지 종류의 스톡옵션 워런트는 총 157만 8000주를 매입할 권리를 제공했다.

4. 1969년 3월 현재 저당채권, 회사채, 일반 상업어음, 당좌 수표, 미지급 계약금, 중소기업청 대출금 등 여섯 가지 이상의 다양한 채무를 지고 있었으며, 총채무금액은 1억 달러가 넘었다. 여기에 일반 세금과 미지급금이 있었다.

〈표 18-1A〉의 자료를 바탕으로 1960년 기준으로 두 회사에 대한 수치를

	Real Estate Investment Trust	Realty Equities Corp. of New York
주가(1968년 12월 31일)	26.5	32.5
보통주 발행주식 수	1,423,000	2,311,000(1969년 3월)
보통주의 시가총액	$37,800,000	$75,000,000
워런트의 시가총액 추정치	–	30,000,000[a]
보통주와 워런트의 시가총액 추정치	–	105,000,000
부채	9,600,000	100,800,000
우선주	–	2,900,000
총 시가총액	$47,400,000	$208,700,000
워런트를 감안한 보통주의 주당 시장가치	–	45(추정)
주당 장부가치	$20.85(11월)	$3.41
	1968년 11월	**1969년 3월**
총수입	$6,281,000	$39,706,000
영업이익	2,696,000	11,182,000
이자비용	590,000	6,684,000
법인소득세	58,000[b]	2,401,000
우선주 배당		174,000
보통주 순액	2,048,000	1,943,000
특별항목	245,000cr.	1,896,000dr.
보통주 총액	2,293,000	47,000
특별항목 적용 전 EPS	$1.28	$1.00
특별항목 적용 후 EPS	1.45	.20
보통주 배당	1.20	.30
이자보상배율	4.6배	1.8배

a) 워런트를 이용해 다양한 가격의 보통주 160만 주 이상을 매수할 수 있다. 상장된 워런트는 워런트당 30달러 50센트에 매도되었다.
b) 부동산 신탁회사인 이 기업은 1968년에 연방법인소득세 납부 대상이 아니었다.
＊ cr.: 대변, dr.: 차변.

살펴보자. 여기에서 REI 주식이 REC 주식보다 9배 높은 수준에서 거래되고 있음을 확인할 수 있다. REI는 상대적으로 부채가 적고 총이익에 대한 순이익의 비율이 높지만, 보통주의 가격은 주당순이익에 비해 높았다.

〈표 18-1B〉에서는 8년 후의 상황이 정리되어 있다. REI는 '묵묵히 제 갈

길을 가며' 총수입과 주당순이익에서 약 75%의 성장률을 보였다.[*] 반면, REC는 기이하고 약점이 많은 조직으로 변모했다.

월스트리트는 이처럼 각기 다른 변화에 어떻게 반응했을까? 월스트리트에서 REI는 큰 관심을 끌지 못한 반면, REC에는 관심이 집중되었다. 이에 따라 REC의 주가는 1968년에 10달러에서 37달러 75센트까지 치솟았으며, 주식 242만 주 발행과 맞먹는 상장 워런트는 6달러에서 36달러 50센트까지 가격이 상승했다. 반면 REI의 주식은 적정한 거래량을 기반으로 20달러에서 30달러 25센트까지 비교적 완만한 상승세를 보였다. 1969년 3월 보고서에 실린 REC의 대차대조표에 따르면 주당 3달러 41센트의 자산가치를 올렸을 뿐이다. 그해 최고치의 10분의 1에도 미치지 못하는 수준이었다.

다음 해에는 모든 면에서 REC는 부진함을 보였고, 주가는 9달러 50센트로 하락했다. 1970년 3월 보고서가 나왔을 때 주주들은 회사가 1320만 달러, 즉 주당 5달러 17센트의 순손실을 입었다는 사실에 무척 놀랐다. 그나마 얼마 되지 않던 지분을 완전히 일소해 버리는 수치였다. 더군다나 여기에는 미래의 투자손실에 대비한 880만 달러의 준비금도 포함되어 있었다. 그런데도 이사회는 회계연도 말에 용감하게 5센트의 추가배당을 발표했다. 하지만 상황은 더욱 악화되었다. 이 회사의 회계사는 1969년부터 1970년까지 재무제표에 대한 감사의견을 거부하였고, 이에 따라 아메리칸 증권거래소에서 거래가 정지되었다. 장외시장에서 가격이 주당 2달러 이하로 하락했다.[**]

REI는 1969년 이후 전형적인 주가 움직임을 보여 주었다. 1970년 저가는 16달러 50센트였고, 1971년 초에는 26달러 80센트까지 회복했다. 가장 최근의 장부상 수익은 주당 1달러 50센트였으며, 주가는 1970년 장부가치인

---

[*] 시문학을 사랑했던 그레이엄은 여기에서 토머스 그레이(Thomas Gray)가 쓴 "시골 묘지에서 쓴 비가(Elegy Written in a Country Churchyard)"의 한 구절을 인용하고 있다.

21달러 60센트보다 상당히 높게 형성되었다. 1968년의 고점에서는 다소 고평가되었으나, 회사는 주주들에 대한 의무를 정직하고 훌륭하게 수행하였다. REC의 사례는 REI의 경우와는 판이했다.

두 번째 쌍: 에어 프로덕츠 앤드 케미컬스와 에어 리덕션

두 번째 쌍은 에어 프로덕츠 앤드 케미컬스Air Products and Chemicals와 에어 리덕션Air Reduction Co.이다. 이하에서 APD는 에어 프로덕츠 앤드 케미컬스를, ARC는 에어 리덕션을 의미한다. APD와 ARC은 첫 번째 쌍보다 회사명이나 사업 영역에 있어 유사한 점이 훨씬 많다. 따라서 대부분 비교 대상이 되는 회사들은 이질적인 면을 자주 보여 주지만, 이 사례에서는 증권분석에서 고전적으로 찾아볼 수 있는 공통점을 확인할 수 있다.[***] APD는 산업 및 의료용 가스 등을 취급하는 회사고, ARC는 APD와 비슷하게 산업용 가스 및 부품 화공약품을 취급한다. APD는 ARC에 비해 회사 연혁도 짧고, 1969년 기준 규모도 절반이 되지 않았다.[****] 그런데도 APD의 시가총액은 ARC의 시가총액보다 25%나 많았다. 〈표 18-2〉에서 확인할 수 있듯이 그 이유는 APD의 우수한 수익성과 성장성에서 찾을 수 있다. 이 사례는 더 좋은 질적 평가에

** 리얼티 에퀴티스 코퍼레이션 오브 뉴욕(REC)은 1973년 9월 아메리칸 증권거래소에서 상장 폐지되었다. 1974년 증권거래위원회는 REC의 회계 담당자를 사기 혐의로 고발했다. REC 설립자인 모리스 카프(Morris Karp)는 횡령 혐의로 기소된 재판에서 유죄 판결을 받았다. 1974년부터 1975년 사이, 그레이엄이 우려했던 심각한 채무 문제는 체이슨 맨해튼(Chase Manhattan)과 같은 대형은행에까지 여파를 미쳤다. 이 은행들은 공격적인 부동산 신탁회사에 과도한 대출을 하여 이러한 위기를 자초했다.

*** '이질적(heteroclite)'이라는 표현은 그리스 고전에 등장하는 용어로 그레이엄은 이 말을 비정상적이거나 특별한 것을 의미할 때 사용했다.

**** '규모(volume)'라는 말에서 그레이엄이 의미하는 것은 개별 회사가 영업으로 벌어들인 총현금이다. 즉, 한 회사의 매출액이나 총수입을 언급할 때 사용한다.

	Air Products & Chemicals	Air Reduction
주가(1969년 12월 31일)	39.5	16.375
보통주 수	5,832,000[a]	11,279,000
보통주 시가총액	$231,000,000	$185,000,000
부채	113,000,000	179,000,000
납입자본의 시장가치	344,000,000	364,000,000
주당 장부가치	$22.89	$21.91
매출액	$221,500,000	$487,600,000
순이익	13,639,000	20,326,000
1969년 EPS	$2.40	$1.80
1964년 EPS	1.51	1.51
1959년 EPS	.52	1.95
현금배당률	.20	.80
최초배당연도	1954년	1917년
재무비율		
주가/순이익	16.5배	9.1배
주가/장부가치	165.0%	75.0%
배당수익률	0.5%	4.9%
순이익/매출액	6.2%	4.25%
순이익/장부가치	11.0%	8.2%
유동자산/유동부채	1.53배	3.77배
운전자본/부채	.32배	.85배
주당순이익 증가율		
1964년 대비 1969년 증감률	59%	19%
1959년 대비 1969년 증감률	362%	감소

a) 우선주 전환을 가정한 수치다.

따른 전형적인 결과를 보여 준다. APD는 최고수익의 16.5배 수준에서 거래된 반면, ARC의 주식은 9.1배 수준에서 거래되었다. 또한 APD는 자산가치보다 훨씬 높은 수준에서 거래된 반면, ARC는 자산가치의 75% 수준에서도 매입이 가능했다. 또한 ARC는 더 많은 배당을 지급했다. APD의 낮은 배당성향은 이 회사가 수익을 사내에 유보하는 것이 더 바람직하다고 해석한 것으로 이해된다. ARC는 운전자본도 더욱 안정적이었다. 즉, 수익성이 좋은 회사는 영구적인 자금조달과 비슷한 형태로 현재의 운전자본 상태를 유지하는 것이 가능해 보인다. 그러나 우리 기준으로 볼 때 APD의 채무 상태는 다소 과도했다.

증권분석가들은 별 고민 없이 ARC보다 APD가 더 유망한 회사라고 평가하곤 했다. 전문가들의 이러한 평가가 상대적으로 높은 가격인 APD의 주식에 대한 선호도를 높였던 것일까? 이 질문에 명확하게 답하기는 어려울 것 같다. 회사 가치를 평가할 때 월스트리트는 일반적으로 양보다 질을 우선한다. 즉, 대다수의 증권분석가는 상대적으로 부실하지만 가격이 저렴한 ARC보다 주가는 비싸더라도 상대적으로 우량한 APD를 선택할 것이다. 이러한 선호의 옳고 그름의 판단은 우리가 직접 확인할 수 있는 투자 원칙보다는 불확실한 미래에 좌우되는 경우가 더 많다. 이 사례에서 ARC는 주가수익비율이 낮은 등급 중에서 주목할 만한 회사로 분류된 것으로 보인다.

앞서 살펴본 것처럼,[*] 주가수익비율이 낮은 종목이 주가수익비율이 높은 종목보다 더 나은 성과를 보일 가능성이 크다면, 논리적으로 ARC의 주식 또한 선호될 수 있다. 그러나 이 경우에는 분산투자의 일환으로만 고려되어야 한다. 또한 각각의 회사를 대상으로 한 철저한 분석에서 이미 반영된 과거의 요인 이외에 다른 변수가 있다면 전문가들은 정반대의 결론에 도달할 수도 있다.

결과: 1970년 주식시장 침체기에 APD 주가는 16% 하락했지만, ARC 주

---

[*] 그레이엄은 15장에서 논의한 가치주(value stock) 관련 연구를 인용하고 있다. 그레이엄이 이 연구를 마친 이래, 학계에서는 장기적으로 볼 때 가치주가 성장주의 성과를 앞선다는 점을 인정하는 연구 결과가 잇달아 발표되었다. 이처럼 현대 투자론에서 탁월한 연구 업적 중 대부분은 그레이엄이 이미 수십 년 전에 증명한 내용을 다시 한 번 하나씩 재확인하는 것이었다. 이와 관련한 내용은 제임스 L. 데이비스(James L. Davis), 유진 F. 파마(Eugene F. Fama), 케네스 R. 프렌치(Kenneth R. French)가 공저한 증권가격연구소(CRSP) 연구보고서 471호 "특징, 공분산 및 평균수익률: 1929~1997년(Characteristics, Covariances and Average Returns: 1929-1997)"을 참조하라. 이 글은 http://papers.ssrn.com에서 확인할 수 있다.

가는 24%의 하락률을 기록했다. ARC 주식은 이듬해인 1971년 초에 다시 회복되어 1969년 종가를 기준으로 50% 정도 상승했다. APD 주식의 상승률은 30%에 그쳤다. 최소한 일정 기간 주가수익비율이 낮은 주식이 유리할 수 있다는 것을 보여 주는 사례다.[**]

세 번째 쌍: 아메리칸 홈 프로덕츠와 아메리칸 호스피털 서플라이

의약품, 화장품, 가정용품, 과자류 등을 취급하는 아메리칸 홈 프로덕츠 American Home Products Co. 와 병원용 제품과 장비를 제조 및 배급하는 아메리칸 호스피털 서플라이 American Hospital Supply Co. 는 모두 급성장하는 보건산업의 대표적인 기업으로 높은 수익성을 보이며 1969년 말에 수십억 달러에 이르는 영업권을 보유한 회사였다. 이하에서 AHP는 아메리칸 홈 프로덕츠를, AHS는 아메리칸 호스피털 서플라이를 의미한다. AHP와 AHS의 관련 수치는 〈표 18-3〉에 정리되어 있다. 이 두 회사는 다음과 같이 여러 면에서 장점을 공유하고 있었다. 1958년 이후 한 차례의 매출액 감소도 없이 100% 확실한 수익 안정성을 보이며 탁월한 성장률과 양호한 재무상태를 유지했다. 특히 1969년 말을 기준으로 할 때, AHS의 성장률은 AHP에 비해서도 상당히 높았다. AHS의 경우는 매출액과 자본금 대비 수익성이 상당히 뛰어났다.[***] 한 가지 문제는 1969년 기준으로 AHS의 자기자본이익률이 9.7%에 불과했다는 점이다. 이 사실에 비추어 보면 과거에 보건산업이 매출과 수익에서 빠른

[**] 에어 프로덕츠 앤드 케미컬스는 지금도 S&P500 지수에 상장된 회사다. 에어 리덕션은 1978년에 당시 브리티시 옥시즌(British Oxygen)이라는 이름으로 알려졌던 BOC 그룹의 100% 자회사가 되었다.

[***] 〈표 18-3〉의 재무비율 부분에서 매출액이익률과 자기자본이익률로 수익성을 평가할 수 있다. 매출액수익률은 순이익/매출액, 자기자본이익률은 순이익/장부가치로 계산한다.

성장을 보였더라도 과연 수익성이 뛰어나다고 할 수 있는지 의문스럽다.

상대적인 가격을 고려하면 현재 또는 과거의 배당이나 수익 면에서 AHP가 AHS보다 뛰어난 실적을 보였다. 하지만 AHP는 장부가치가 아주 낮은 탓에 이 회사의 보통주를 분석하는 과정에서 모호하고 모순적인 문제점을 초래했다. 다른 한편으로 이러한 문제는 그만큼 자본금 대비 수익성이 뛰어남을 의미하는 것이기도 하다. 즉, 회사가 내실 있게 성장하고 있다는 뜻이다. 하지만 투자자 입장에서는 현재 가격 수준에서 회사의 수익 상황이 조금만 나빠져도 투자가치가 굉장히 취약해질 수 있음을 의미한다. AHS 역시

〈표 18-3〉 세 번째 비교 쌍(1969년)

	American Home Products	American Hospital Supply
주가(1969년 12월 31일)	72	45.125
보통주 수	52,300,000	33,600,000
보통주 시가총액	$3,800,000,000	1,516,000,000
부채	11,000,000	18,000,000
납입자본의 시장가치	3,811,000,000	1,534,000,000
주당 장부가치	$5.73	$7.84
매출액	$1,193,000,000	$446,000,000
순이익	123,300,000	25,000,000
1969년 EPS	$2.32	$.77
1964년 EPS	1.37	.31
1959년 EPS	.92	.15
현금배당률	1.40	.24
최초배당연도	1919년	1947년
재무비율		
주가/순이익	31.0배	58.5배
주가/장부가치	1250.0%	575.0%
배당수익률	1.9%	0.55%
순이익/매출액	10.7%	5.6%
순이익/장부가치	41.0%	9.5%
유동자산/유동부채	2.6배	4.5배
주당순이익 증가율		
1964년 대비 1969년 증감률	75%	142%
1959년 대비 1969년 증감률	161%	405%

1969년 장부가치보다 4배 이상 높은 가격으로 거래되고 있었으므로, 두 회사 모두 이 점에 대해서는 주의가 필요하다.

결론: 우리의 명확한 관점에서 볼 때 두 회사의 현재 주가 수준은 너무 높은 상황이어서 보수적인 투자 기준에는 적합하지 않다. 하지만 이 두 회사의 장래성이 없다는 이야기는 아니다. 오히려 두 회사의 문제점은 주가가 장래의 성장 가능성을 너무 잘 반영하고 있지만, 실제 성과는 그에 미치지 못한다는 것이다. 1969년 두 회사의 영업권 가격을 합산하면 5억 달러에 달했다. 이러한 가치가 배당이나 유형 자산의 형태로 실현되려면 몇 년 동안이나 뛰어난 미래수익이 이어져야 할까?

단기적인 결과: 1969년 말에 주식시장은 AHP보다 AHS의 수익 전망을 훨씬 더 높게 평가하였다. 이에 따라 AHS의 주가수익비율은 AHP의 2배에 달했다. 하지만 우리가 누차 보아 왔던 것처럼 시장이 선호했던 AHS의 1970년 수익은 미미한 하락을 보인 반면, AHP의 수익은 8%의 성장을 기록했다. AHS의 주가는 이 한 해의 수익 감소로 인해 심각한 영향을 받았다. 1971년 2월에 AHS의 주식은 1969년 종가보다 30% 하락한 32달러 수준에서 거래되었다. AHP의 주가는 이보다 약간 높은 수준이었다.*

네 번째 쌍: H&R 블록과 블루 벨

네 번째 쌍은 H&R 블록_{H&R Block}과 블루 벨_{Blue Bell}이다. 비슷한 시기에 뉴욕 증권거래소에 상장된 이 두 회사는 전혀 다른 분야에서 성공적인 기업의 전형을 보여 준다. 작업복 및 유니폼을 제조하는 블루 벨은 경쟁이 치열한 이

---

* 아메리칸 홈 프로덕츠는 현재 와이어스(Wyeth)로 알려진 회사로, S&P500 지수에 상장된 종목이다. 아메리칸 호스피털 서플라이는 1985년에 박스터 헬스케어(Baxter Healthcare Corp.)에 인수되었다.

업계에서 각고의 노력 끝에 마침내 최고의 자리에 우뚝 선 기업이다. 이 회사의 수익은 업계 사정에 따라 다소 기복을 보였지만, 1965년 이후에는 인상적인 성장을 이어 갔다. 1916년에 영업을 시작한 블루 벨은 1923년부터 지속해서 배당금을 지급했다. 이처럼 안정적인 환경이었는데도 1969년 말이 회사의 주식은 시장에서 별다른 주목을 받지 못했다. 결과적으로 S&P 지수의 평균 주가수익비율이 17인 데 반해 블루 벨의 주가수익비율은 11배 수준에 머물렀다.

블루 벨과 비교하면 세무회계 서비스를 제공하는 H&R 블록은 매우 화려한 상승세를 보였다. 처음으로 실적을 발표한 1961년에 매출액 61만 달러를 기록했으며, 수익은 8만 3000달러 수준이었다. 그러나 8년 후 매출액은 5360만 달러, 수익은 630만 달러로 급격히 성장했다. 이처럼 놀라운 실적을 보인 회사에 대해 시장이 보인 반응 또한 뜨거웠다. 1969년에 이 회사의 주가는 55달러로 마감했는데, 이 가격은 최근 수익의 100배를 넘는 것이었다. 이 수치는 지금까지도 가장 높다. 이 회사 주식의 시가총액은 유형 자산의 거의 30배 수준이었다.* 이와 같은 평가는 증권시장 역사상 거의 없던 일이었다. 참고로, 당시 IBM은 장부가치의 9배, 제록스는 11배 수준에서 거래되었다.

〈표 18-4〉는 두 회사에 대한 상대적인 평가 중 금액과 비율 면에서 예외적으로 큰 차이를 보이는 항목들을 예시하고 있다. H&R 블록은 자기자본이익률에서 수익성이 블루 벨보다 2배 정도 더 높을 뿐만 아니라, 과거 5년간 수익증가율도 거의 0에서부터 시작한 만큼 훨씬 크다. 반면, H&R 블록에 비

---

* '거의 30배'라는 말은 〈표 18-4〉의 재무비율에서 주가/장부가치가 2,920%인 것을 의미한다. 그레이엄이 1999년 말과 2000년 초의 상황을 직접 목격했다면 아연실색했을 것이다. 당시 하이테크 주식들은 자산가치의 수백 배로 팔렸다. 이와 관련한 내용은 이 장의 논평에서 확인할 수 있다. H&R 블록은 지금도 상장주로 거래되고 있지만, 블루 벨은 1984년에 주당 47달러 50센트로 상장이 취소되었다.

	H&R Block	Blue Bell
주가(1969년 12월 31일)	55	49.75
보통주 수	5,426,000	1,802,000[a]
보통주 시가총액	$298,000,000	$89,500,000
부채	–	17,500,000
납입자본의 시장가치	298,000,000	107,000,000
주당 장부가치	$1.89	$34.54
매출액	$53,600,000	$202,700,000
순이익	6,380,000	7,920,000
1969년 EPS	$.51(10월)	$4.47
1964년 EPS	.07	2.64
1959년 EPS	–	1.80
현금배당률	.24	1.80
최초배당연도	1962년	1923년
재무비율		
주가/순이익	108.0배	11.2배
주가/장부가치	2920%	142%
배당수익률	0.4%	3.6%
순이익/매출액	11.9%	3.9%
순이익/장부가치	27%	12.8%
유동자산/유동부채	3.2배	2.4배
운전자본/부채	부채 없음	3.75배
주당순이익 증가율		
1964년 대비 1969년 증감률	630%	68%
1959년 대비 1969년 증감률	–	148%

a) 우선주 전환을 가정한 수치다.

해 블루 벨은 기업 규모 면에서 4배, 수익 면에서 2.5배, 유형투자에 있어서는 5.5배나 더 크다. 가격 대비 배당수익률은 9배이지만, H&R 블록의 총가치보다 3분의 1 수준에도 못 미치는 가격으로 거래되고 있었다.

결론: 노련한 분석가라면 장래의 성장성이 뛰어난 H&R 블록에 상당한 관심을 가졌을 것이다. H&R 블록의 높은 자기자본이익률에 현혹된 투자자들

이라면 앞으로 더욱 가속화될 세무회계 서비스 분야의 치열한 경쟁이 아찔하게 느껴질 수도 있다.* 경쟁이 아주 치열한 분야라고 해도 에이본 프로덕츠_Avon Products_처럼 특출한 성공을 기록하는 기업이 소수지만 존재한다는 데 희망을 갖고 H&R 블록의 성장이 그렇게 급격히 둔화하는 일은 없을 것이라며 위안 삼을 수도 있다. 이러한 분위기에서 우리가 관심을 가져야 할 문제는 이 회사에 대한 3억 달러의 가치평가가 이 사업 분야에서 합리적으로 기대할 수 있는 모든 가치를 반영했는지, 또는 과대평가되지는 않았는지 살피는 것이다. 반면 보수적으로 평가된 블루 벨은 증권분석가들이 주저 없이 우량한 회사로 추천할 수 있다.

1971년 3월까지의 결과: 주식시장이 공황상태에 가까운 침체기를 겪었던 1970년에 블루 벨의 주가는 4분의 1, H&R 블록의 주가는 3분의 1가량 하락했다. 하지만 시장이 침체기를 벗어나자 두 회사는 모두 놀라운 회복세를 보였다. 1971년 2월에 H&R 블록 주가는 75달러까지 상승했고, 블루 벨 주가는 2 대 3 주식분할 후 109달러라는 높은 상승세를 보였다. 1969년 말까지는 H&R 블록보다 블루 벨 주식을 매입하는 편이 분명히 더 나은 선택이었다. H&R 블록 주식이 고평가된 상황에서도 35%나 상승했다는 것은 분석가나 투자자 모두 아무리 고평가된 주식이라도 말이나 행동 어느 면으로든 우량회사에 대한 공매도에 대해 얼마나 신중해야 하는지 잘 보여 준다.**

---

* 그레이엄은 17장 "AAA 엔터프라이즈"에서 이 분야에 진출하려다 곧 실패를 맛본 한 기업의 사례를 매우 심도 있고 역설적인 통찰과 함께 보여 주고 있다. 즉, 회사가 돈을 많이 벌수록 새로운 경쟁사가 늘어날 가능성이 커진다. 고수익은 쉽게 돈을 벌 수 있다는 의미로 받아들여지기 때문이다. 새로운 경쟁사들의 등장은 제품 가격을 낮추고 수익 규모를 축소시키는 결과를 가져온다. 일찍 승기를 잡으면 언제까지나 우위를 점할 수 있다고 믿었던 인터넷 주식 매수자들은 과열된 분위기 속에서 이 중요한 사실을 간과하고 말았다.

다섯 번째 쌍: 인터내셔널 플레이버스&프래그런시스와 인터내셔널 하비스터

이제 여러 면에서 놀라운 사실을 확인할 수 있는 다섯 번째 쌍의 비교로 넘어가자. 여기에서 비교 대상이 되는 회사는 트럭, 농기계 및 건설 장비를 제조하는 인터내셔널 하비스터International Harvester Co.와 향료업체인 인터내셔널 플레이버스&프래그런시스International Flavors & Fragrances다. 이하에서 IH는 인터내셔널 하비스터를, IFF는 인터내셔널 플레이버스&프래그런시스를 의미한다. 다우존스 지수 30개 대형 우량 종목 중 하나인 IH는 이름만 대면 누구나 알 정도로 높은 인지도를 자랑한다.*** 반면, 역시 뉴욕증권거래소 목록에 IH와 나란히 이름을 올리고 있는 IFF의 이름을 들어 본 독자는 얼마나 될까? 하지만 1969년 말 현재 IFF의 시가총액은 7억 1000만 달러로 7억 4700만 달러인 IH보다 더 높다. IH가 IFF보다 자본금은 17배, 연간 매출액은 무려 27배나 크다는 사실을 감안하면 더욱 놀라운 일이다. 사실 3년 전만 해도 IH의 순이익은 IFF의 1969년 매출액보다도 컸다. 어떻게 이처럼 예외적인 불균형이 발생할 수 있을까? 그 답은 수익성과 성장성에서 찾아볼 수 있다. 성장성과 수익성에서 IH는 개선할 여지가 많은 반면, IFF는 매우 뛰어난 실적을

** 그레이엄은 여기에서 '도박사의 오류(gambler's fallacy)'의 개념을 빌려 독자들에게 경고하고 있다. 도박사의 오류에 빠진 투자자는 이번에 고평가된 주식은 다음에는 가격이 하락할 것이라고 믿는다. 순전히 이번에 고평가되었다는 이유 때문이다. 동전 던지기에서 9번 연속 뒷면이 나왔더라도 이러한 사실로 인해 다음 동전 던지기에서 앞면에 나올 확률이 높아지는 것은 아니다. 마찬가지로 고평가된 주식 또는 시장 전체의 상승세가 놀라울 정도로 장기간에 걸쳐 유지될 수도 있다. 따라서 개인투자자 입장에서 공매도나 주가 하락 가능성에 도박을 거는 것은 너무 위험한 일이다.

*** 인터내셔널 하비스터는 미국 중서부를 '세계의 곡창'으로 우뚝 설 수 있도록 하는 데 일조한 맥코믹(McCormick) 수확기 제조업체인 맥코믹 하비스팅 머신(McCormick Harvesting Machine Co.)의 후신이었다. 그러나 인터내셔널 하비스터는 1970년대에 힘든 시기를 보냈고, 1985년에는 농기계 사업 부문을 테네코(Tenneco)에 매각했다. 기업명을 나비스타(Navistar)로 변경한 후 1991년에는 다우지수에서 퇴출되었다. 단, S&P500 지수에는 여전히 이름을 올리고 있다. 인터내셔널 플레이버스&프래그런시스 또한 S&P500 지수에 편입되어 있으며, 2003년 초 시가총액은 30억 달러였다. 나비스타는 시가총액이 16억 달러였다.

보여 주었다.

〈표 18-5〉를 살펴보자. IH의 매출액 대비 순이익률은 2.6%에 그쳤지만, IFF는 14%, 세전 기준으로는 무려 23%의 경이적인 수치를 기록했다. IH보다 경제적인 수익을 더 올리고 있다는 의미다. 총자본이익률에서도 IH는 5.5%인 반면, IFF는 19.7%나 된다. 지난 5년간 IFF의 순이익은 2배나 증가

〈표 18-5〉 다섯 번째 비교 쌍(1969년)

	International Flavors & Fragrances	International Harvester
주가(1969년 12월 31일)	65.5	24.75
보통주 수	11,400,000	27,329,000
보통주 시가총액	$747,000,000	$710,000,000
부채	4,000,000	313,000,000
납입자본의 시장가치	751,000,000	1,023,000,000
주당 장부가치	$6.29	$41.70
매출액	$94,200,000	$2,652,000,000
순이익	13,540,000	63,800,000
1969년 EPS	$1.19	$2.30
1964년 EPS	.62	3.39
1959년 EPS	.28	2.83
현금배당률	.50	1.80
최초배당연도	1956년	1910년
재무비율		
주가/순이익	55.0배	10.7배
주가/장부가치	1050.0%	59.0%
배당수익률	0.9%	7.3%
순이익/매출액	14.3%	2.6%
순이익/장부가치	19.7%	5.5%
유동자산/유동부채	3.7배	2.0배
운전자본/부채	규모 큼	1.7배
수입이자	—	(세전)3.9배
주당순이익 증가율		
1964년 대비 1969년 증감률	93%	9%
1959년 대비 1969년 증감률	326%	39%

하였지만, IH는 사실상 정체된 상황이다. 1959년과 1969년 사이의 비교에서도 비슷한 결과를 보였다. 이러한 실적 차이는 주식시장의 평가에서도 전형적인 결과로 이어졌다. IFF 주식은 최근에 보고된 1969년 수익의 55배 수준에서 거래된 반면, IH의 주식은 10.7배 수준에서 거래되었다. 장부가치 기준으로는 IFF의 경우 10.4배 수준에서 거래되었고, IH는 순자산가치에서 41%나 할인된 가격으로 거래되었다.

논평과 결론: 우선 IFF의 성공은 전적으로 이 기업의 근간이 되는 사업의 성공적인 실적에 따른 것이라는 점을 주목해야 한다. 결코 기업의 양도나 거래, 기업매수 프로그램, 과중한 부채의 자본구조 등 최근 월스트리트에서 익숙한 다른 관행과는 아무런 상관이 없다. 이 회사는 탁월한 수익을 올릴 수 있는 분야에만 집중해 왔다. 이 회사의 성공 신화 비결은 사실 이것이 전부다. IH의 경우는 IFF와는 다르지만, 이 회사 역시 현란한 재무기법과는 무관한 길을 걸어왔다. 수년간 호황기가 이어지는데도 많은 우량 기업이 상대적으로 그만한 수익성을 창출하지 못한 이유는 무엇일까? 주주들의 투자를 정당화할 만큼의 수익도 올리지 못하는 기업이 25억 달러가 넘는 사업을 운영하는 것은 누구에게 좋은 일일까? 우리가 이 문제에 대한 정답을 제시할 수는 없다. 그러나 경영진이나 주주 모두 문제가 있다는 것을 인식하고 함께 지혜를 모아 해결책을 찾아 나가야 한다.* 주식 선택의 관점에서 보면 두 회사 모두 건전성이나 투자매력, 가격의 적정성 면에서 우리의 기준을 충족시키지 못한다. IFF는 전형적인 성공한 기업이지만 과도하게 고평가되었으며,

---

* 주주행동주의(shareholder activism)에 대한 그레이엄의 견해는 19장 논평에서 자세히 확인할 수 있다. 그레이엄은 하비스터가 주주가치를 극대화하지 못한 것을 비판하는 가운데 기업의 미래 경영 방향을 놀라울 정도로 정확하게 예견했다. 2001년에 대다수의 주주가 나비스타의 외부자 인수 요청에 대한 제한을 철폐하는 데 찬성했다. 그러나 이사회는 주주의 뜻을 끝내 받아들이지 않았다. 일부 기업 문화에서 수십 년 동안 지속되고 있는 비민주적인 특징을 여실히 보여 주는 예다.

IH는 너무 평범해서 할인 가격으로도 매력적인 투자 종목의 범위에서 벗어난다. 분명히 이보다 나은 조건으로 합리적인 가격이 형성된 종목이 있었을 것이다.

1971년까지의 결과: IH의 주가는 1969년 말에 이미 크게 하락한 뒤였기 때문에 1970년에 다른 종목들의 주가가 급락하는 동안 10% 정도의 추가 하락만 기록했다. IFF의 주가는 30% 정도 하락하며 45달러까지 떨어졌다. 뒤이은 주가 회복기에 두 회사의 주가는 모두 1969년 종가 이상으로 상승하였으나, IH의 주식은 곧 25달러 수준으로 다시 하락했다.

여섯 번째 쌍: 맥그로 에디슨과 맥그로힐

여섯 번째 쌍은 공공설비 및 부품업체인 맥그로 에디슨McGraw Edison과 도서 출판, 영화, 지도 시스템, 잡지와 신문 발행 및 정보 서비스를 제공하는 맥그로힐McGraw-Hill Inc.이다. 이름은 얼핏 비슷해 보이지만 완전히 다른 분야에서 성공을 거둔 회사들이다. 〈표 18-6〉에 표기한 대로 두 회사의 비교 기준일은 1968년 12월 31일이다. 주식시장에서 두 종목은 비슷한 가격에 거래되지만 자본금이 더 많은 맥그로힐의 시가총액은 맥그로 에디슨의 시가총액보다 2배 정도 더 크다. 맥그로힐에 비해 맥그로 에디슨의 매출액이 약 50%, 순이익이 약 25%가량 더 크다는 점을 감안하면 이러한 차이는 다소 놀랍다. 결과적으로 주가수익비율은 맥그로힐이 맥그로 에디슨보다 2배 이상 높다. 이러한 현상은 주로 1960년대 말에 상장된 일부 출판회사 주식이 시장에서 유난히 지속적인 관심을 받았다는 점을 생각하면 설명이 가능하다.*

---

* 맥그로힐은 현재 비즈니스 위크 잡지사와 스탠더드&푸어스를 소유한 상장회사로 자리를 지키고 있다. 에디슨은 쿠퍼 인더스트리스(Cooper Industries)의 사업부로 편입되었다.

	McGraw Edison	McGraw-Hill
주가(1968년 12월 31일)	37.625	39.75
보통주 수	13,717,000	24,200,000[a]
보통주 시가총액	$527,000,000	$962,000,000
부채	6,000,000	53,000,000
납입자본의 시장가치	533,000,000	1,015,000,000
주당 장부가치	$20.53	$5.00
매출액	$568,600,000	$398,300,000
순이익	33,400,000	26,200,000
1968년 EPS	$2.44	$1.13
1963년 EPS	1.20	.66
1958년 EPS	1.02	.46
현금배당률	1.40	.70
최초배당연도	1934년	1937년
재무비율		
주가/순이익	15.5배	35.0배
주가/장부가치	183.0%	795.0%
배당수익률	3.7%	1.8%
순이익/매출액	5.8%	6.6%
순이익/장부가치	11.8%	22.6%
유동자산/유동부채	3.95배	1.75배
운전자본/부채	규모 큼	1.75배
주당순이익 증가율		
1963년 대비 1968년 증감률	104%	71%
1958년 대비 1968년 증감률	139%	146%

a) 우선주 전환을 가정한 수치다.

1968년 말에 주식시장이 일부 출판회사에 보인 편애는 분명히 과도했다. 일례로 1967년에 맥그로힐 주식은 56달러에 거래되었는데, 이 가격은 1966년 수익의 40배가 넘는 수준이었다. 이 회사의 수익은 1967년에 다소 줄어들었고, 1968년에도 추가 감소가 뒤따랐다. 2년 연이어 수익이 줄어드는데도 이 회사에는 35배라는 높은 주가수익비율이 적용되었다. 더욱이 맥그로힐 주식은 여전히 유형자산가치의 8배 이상으로 평가되었다. 당시 이 회사의 영업권이 거의 10억 달러나 되었다는 것을 의미한다. 이처럼 높은 가격은 새뮤얼 존슨_{Samuel Johnson}의 명언 "경험을 누른 희망의 승리"가 무엇을 의미하는지 여실히 보여 준다.

이와는 대조적으로 맥그로 에디슨은 전반적인 시장 상황이나 기업 실적 및 재무상태에 근거해 합리적으로 평가되고 있는 것으로 보인다.

1971년 초까지의 결과: 맥그로힐의 수익감소는 1969년부터 1970년까지 지속되었고, 그 결과 주당이익은 1달러 2센트에서 82센트 수준까지 하락했다. 1970년 5월 주식시장이 침체기를 겪던 기간에 맥그로힐의 주가는 2년 전 가격의 20%에도 미치지 못하는 10달러 수준까지 떨어졌다. 이후 회복세가 이어져 1971년 5월에 이 회사의 주가는 최고 24달러까지 기록했지만, 여전히 1968년 종가의 60% 수준에 불과했다. 기업 내용에 따라 적절한 평가를 받아 온 맥그로 에디슨의 경우에는 1970년에 20달러까지 하락한 후 1971년 5월에는 41달러 50센트 수준을 회복했다.[*]

맥그로힐은 지금도 안정세를 유지하며 번창하고 있는 기업이다. 하지만 이 회사 역시 월스트리트에 난무하는 무분별한 낙관과 비관이 어떻게 투기적인 위험을 부추길 수 있는지 보여 준다.

일곱 번째 쌍: 내셔널 제너럴과 내셔널 프레스토 인더스트리스

일곱 번째 쌍인 내셔널 제너럴_{National General Corp.}과 내셔널 프레스토 인더스

---

* 그레이엄이 여기에서 말한 "1970년 5월 주가 폭락기"에 미국 증권시장 시세는 5.5%가량 떨어졌다. 1970년 3월부터 6월까지 S&P500 지수는 시가총액의 19%가 감소했다. 이러한 수치는 3개월 수익률로 따졌을 때 최악의 기록에 속한다.

트리스National Presto Industries는 서로 너무 다르다는 이유로 비교 대상으로 묶어 보았다. 이하에서 NGC는 내셔널 제너럴을, NPI는 내셔널 프레스토 인더스트리스를 의미한다. NGC는 대형 복합기업이며, NPI는 다양한 전기용품 및 군수품을 취급하는 기업이다. 1969년에 NGC가 적용한 결손 계정으로 인해 회계상 수치가 상당히 애매해졌으므로, 여기에서는 1968년 말을 비교 시점으로 삼는다. 그 전년도까지 NGC는 광범위한 기업 활동을 이후처럼 적극적으로 시작하지는 않았지만, 이미 거대 기업이었다. 《증권 가이드》에서는 이 회사의 주요 사업 영역을 "전국에 걸친 극장 체인, 영화 및 TV 프로그램 제작, 저축대부조합, 출판"으로 소개하고 있다. 이후에는 여기에 "보험, 투자은행, 레코드, 음반출판업, 전산서비스, 부동산, 퍼포먼스 시스템스Performance Systems Inc. 지분의 35% 참여" 등이 포함된다. 퍼포먼스 시스템스는 최근에 미니 펄스 치킨 시스템Minnie Pearl's Chicken System Inc.으로 이름을 변경했다. NPI도 사업다각화를 추진하였지만 NGC에 비할 바는 아니었다. 압력 조리기구 전문 제조업체로 출발하여 업계 선두에 선 NPI는 다양한 주방 및 전기용품으로 사업 영역을 확장하였다. 그밖에 미국 정부와 다수의 군수품 계약을 체결하기도 했다.

〈표 18-7〉은 1968년 말 두 회사의 상황을 보여 준다. NPI의 자본구조는 매우 단순하다. 147만 8000주의 보통주가 전부이고, 시가총액은 5800만 달러였다. 이와 대조적으로 NGC는 NPI에 비해 2배가 넘는 많은 보통주 외에도 전환우선주, 엄청난 양의 보통주를 필요로 하는 세 가지 종류의 주식 워런트, 보험사 주식과 교환 대가로 제공되는 대규모의 전환사채, 상당한 금액의 비전환채권 등으로 구성되어 있었다. 이러한 요소를 모두 합한 NGC의 시가총액은 발행이 임박한 전환사채를 포함하지 않더라도 5억 3400만 달러에 이르렀다. 발행이 예정된 전환사채를 포함할 경우에는 7억 5000만 달러

였다. 하지만 이처럼 엄청난 시가총액에도 불구하고 회계연도 전체 기간에 대한 NGC의 사업 규모는 NPI보다 작았고, 순이익 또한 NPI의 75%에 불과했다.

그렇다면 NGC 보통주의 진정한 시가총액은 얼마나 될까? 이 문제는 증권분석가들의 흥미를 자극할 뿐 아니라, 도박보다는 좀 더 진지한 자세로 투자하고자 하는 이들에게도 중요한 의미가 있다. 보통주가 시장에서 적정한 가격으로 거래된다면 보통주 전환을 감안하여 상대적으로 작은 4달러 50센트의 전환우선주를 취할 수 있다. 〈표 18-7〉에서 이러한 상황을 확인할 수 있다. 그러나 워런트는 다른 접근이 필요하다. 완전히 희석된 기준으로, 이 회사가 모든 워런트를 행사하고, 수익으로 부채를 상환하며, 그 차액으로 시장에서 자사의 보통주를 매입한다고 가정해 보자. 이 경우 이 회사의 주당이익에는 실제로 아무런 영향도 미치지 않는다. 따라서 희석 전이나 후 모두 동일하게 1968년의 주당이익은 1달러 51센트가 된다. 물론 이러한 방식은 논리에도 맞지 않고 현실적이지도 못하다. 우리가 알고 있듯이 워런트는 '보통주 패키지'에 포함되며, 워런트의 시장가치는 자본 중 보통주의 '실질적인 시장가치' 일부를 형성한다. 이 점에 대해서는 16장에서 논의한 바 있다. 워런트의 시장가격을 보통주의 시장가격에 합산하는 간단한 요령을 적용하면 〈표 18-7〉에서 보는 바와 같이 1968년 말 NGC의 결산 수치에는 엄청난 변화가 생긴다. 사실 보통주의 '진정한 시장가격'은 인용한 수치의 2배 이상이 된다. 따라서 1968년의 주가수익비율은 2배 이상 올라 무려 69배 수준이 된다. 또한 이 회사의 보통주에 상응하는 시장가치는 4억 1300만 달러로, 유형 자산의 3배가 넘는 수준이다.

NPI의 경우와 비교해 보면 NGC의 이 수치들은 훨씬 더 비정상적인 것으로 보인다. 건실한 NPI의 주가수익비율이 6.9배 수준인데, 어떻게 NGC의

	National General	National Presto Industries
주가(1968년 12월 31일)	44.25	38.625
보통주 수	4,330,000[a]	1,478,000
보통주 시가총액	$192,000,000	$58,000,000
3종의 워런트 시가총액	221,000,000	–
보통주와 워런트의 시가총액	413,000,000	–
우선주	121,000,000	–
전체 시가총액	534,000,000	58,000,000
워런트로 조정된 보통주 가격	98	–
보통주 장부가치	$31.50	$26.30
매출액	$117,600,000	$152,200,000
순이익	6,121,000	8,206,000
1968년 EPS	$1.42(12월)	$5.61
1963년 EPS	.96(9월)	1.03
1958년 EPS	.48(9월)	.77
현금배당률	.20	.80
최초배당연도	1964년	1945년
재무비율		
주가/순이익	69.0배[b]	6.9배
주가/장부가치	310.0%	142.0%
배당수익률	.5%	2.4%
순이익/매출액	5.5%	5.4%
순이익/장부가치	4.5%	21.4%
유동자산/유동부채	1.63배	3.40배
운전자본/부채	.21배	부채 없음
주당순이익 증가율		
1963년 대비 1968년 증감률	48%	450%
1960년 대비 1968년 증감률	195%	630%

a) 우선주 전환을 가정한 수치다.
b) 워런트의 시장가격으로 조정된 수치다.

주가수익비율은 그보다 10배나 높을 수 있을까? NPI의 재무적인 수치는 모두 만족스럽다. 특히 성장성 지표는 믿을 수 없을 정도로 탄탄하다. NPI는 전시에 군수품 납품으로 분명히 많은 혜택을 본 기업이므로, 주주들은 전후 상황에서 어느 정도 수익감소를 예상해야 한다. 그러나 대차대조표 자료에 따르면 전후에도 NPI는 건전하고 합리적인 투자 대상으로서 모든 요건을 충족하고 있다. 반면, NGC는 1960년대 말 당시 전형적인 거대 기업의 특징을 두루 갖추고 있지만, 시장가격 이면에 실질적인 가치는 그러한 위상에 걸맞지 않았다.

결과: 1969년에 NGC는 부채를 더 늘리면서 사업다각화 정책을 지속했다. 그러나 곧 대폭적인 대손처리가 이루어졌다. 주로 미니 펄스 치킨 시스템에 대한 투자가치에서 발생한 것이었다. 결과적으로 NGC는 세액 공제 전 7200만 달러, 세액 공제 후 4640만 달러의 손실을 기록했다. 또한 주가는 1969년에 16달러 50센트로 하락했고, 1970년에는 9달러까지 더 추락했다. 1968년 최고가인 69달러의 15%에 불과한 가격이었다. 1970년의 수익은 희석된 후 주당 2달러 33센트 수준이었으며, 1971년에는 28달러 50센트까지 회복하였다. 반면, NPI는 10년 연속 수익증가를 기록했다. 1969년부터 1970년에도 이 회사의 주당이익은 상승세를 이어 갔다. 하지만 1970년에 주식시장이 전반적으로 침체기에 들어서면서 이 회사의 주가는 21달러 50센트까지 하락하였다. 이 수치는 아주 흥미롭다. 장부상 이익의 4배 수준도 되지 않으며, 청산 시 주식에 할당되는 순유동자산의 가치보다도 적은 수준이기 때문이다. 1971년에 NPI 주가는 60% 상승하여 34달러 수준을 회복했다. 주가수익비율은 여전히 건실했다. 확대된 운전자본은 현재 가격 수준을 유지했는데, 최근 수익의 5.5배에 불과했다. 투자자들이 이와 비슷한 성격의 종목을 10개 정도 찾아 분산투자를 할 수 있다면 분명히 만족스러운 투자 결과를 거둘 수 있을 것이다.[*]

---

[*] 내셔널 프레스토는 현재 상장회사로 남아 있다. 내셔널 제너럴은 1974년 다른 거대 복합기업인 AFG(American Financial Group)에 인수되었다. AFG 또한 논란의 소지가 많은 기업으로, 케이블 TV, 은행, 부동산, 뮤추얼펀드, 보험 등의 사업 지분을 가지고 있다. AFG는 펜 센트럴이 보유한 자산의 마지막 안식처이기도 하다. 이와 관련한 내용은 17장을 참조하라.

여덟 번째 쌍: 화이팅과 윌콕스&깁스

마지막으로 비교할 대상은 화이팅Whiting Corp.과 윌콕스&깁스Wilcox & Gibbs다. 아메리칸 증권거래소 상장사 목록 중 이 두 회사는 나란히 붙어 있지는 않지만 가까이 나열되어 있다. 〈표 18-8A〉에서 두 회사를 비교한 수치를 보면 과연 월스트리트가 합리적인 판단을 하는 집단인지 의심스러울 지경이다. 윌콕스&깁스는 화이팅에 비해 매출액과 수익이 적고 보통주 대비 유형 자산이 절반에 불과하였지만, 시가총액은 오히려 4배나 높은 수준으로 평가되었다. 이렇게 과대평가된 윌콕스&깁스는 특별비용을 적용하여 대규모 손실을 상쇄하려 했고, 13년간 배당을 지급하지 않았다. 반면, 화이팅은 오랫동안 만족스러운 수익을 지속하며 1936년 이래 계속 배당을 해 왔다. 현재 화이팅은 보통주 전체 종목에서 가장 높은 배당수익률을 올리는 회사에 속한다. 두 회사의 실적은 1961년부터 1970년까지 수익과 주가 기록을 정리한 〈표 18-8B〉에서 더욱 극명한 차이를 드러낸다.

화이팅과 윌콕스&깁스는 이 장에서 소개한 다른 대기업과는 달리 미국의 중소기업이 발전해 온 과정에 관해 흥미로운 사례를 제공한다. 1896년에 주식회사로 출발한 화이팅은 75년 이상의 역사를 자랑한다. 철강주조업체인 화이팅은 오랜 기간 이 분야에서 선도적인 입지를 다져 왔다. 윌콕스&깁스가 처음 세상에 이름을 알린 것은 1866년으로, 화이팅의 역사보다 더 거슬러 올라간다. 산업용 재봉기계 제조업체로 탁월한 실적을 쌓아 온 이 회사는 과거 10년 동안 다소 색다른 사업다각화 정책을 채택했다. 최소한 24개가 넘는 자회사를 통해 놀랄 만큼 다양한 제품을 생산하면서 건실한 소규모 복합기업으로 성장했다.

화이팅의 수익이 변화하는 과정은 투자할 때 우리가 유의해야 할 점을 고

	Whiting	Willcox & Gibbs
주가(1969년 12월 31일)	17.75	15.5
보통주 수	570,000	2,381,000
보통주 시가총액	$10,200,000	$36,900,000
부채	1,000,000	5,900,000
우선주	–	1,800,000
납입자본의 시장가치	$11,200,000	$44,600,000
주당 장부가치	$25.39	$3.29
매출액	$42,200,000(10월)	$29,000,000(12월)
특별항목 이전 순이익	1,091,000	347,000
특별항목 이후 순이익	1,091,000	def.1,639,000
1969년 EPS	$1.91(10월)	$.08[a]
1964년 EPS	1.90(4월)	.13
1959년 EPS	.42(4월)	.13
현금배당률	1.50	–
최초배당연도	1954년	(1957년 이후 없음)
재무비율		
주가/순이익	9.3배	매우 큼
주가/장부가치	70.0%	470.0%
배당수익률	8.4%	–
순이익/매출액	3.2%	0.1%[a]
순이익/장부가치	7.5%	2.4%[a]
유동자산/유동부채	3.0배	1.55배
운전자본/부채	9.0배	3.6배
주당순이익 증가율		
1964년 대비 1969년 증감률	동일	감소
1959년 대비 1969년 증감률	354%	감소

a) 특별비용 적용 전 수치다. def.: 적자.

스란히 상기시켜 준다. 1960년에 주당 41센트였던 이 회사의 주가는 지속적이고 급속한 상승을 거듭하며 1968년에 주당 3달러 63센트까지 올랐다. 그러나 화이팅은 성장이 무한정 지속되리라는 확신을 보여 주지는 못했다. 1971년 1월 결산기에 주당이익이 1달러 77센트로 하락한 것은 전반적인 경

	Whiting Corp.		Willcox & Gibbs	
	주당순이익ª	주가 범위	주당순이익	주가 범위
1970년	$1.81	22.5~16.25	$.34	18.5~4.5
1969년	2.63	37~17.75	.05	20.625~8.75
1968년	3.63	43.125~28.25	.35	20.125~8.333
1967년	3.01	36.5~25	.47	11~4.75
1966년	2.49	30.25~19.25	.41	8~4.75
1965년	1.90	20~18	.32	10.375~6.125
1964년	1.53	14~8	.20	9.5~4.5
1963년	.88	15~9	.13	14~4.75
1962년	.46	10~6.5	.04	19.75~8.25
1961년	.42	12.5~7.75	.03	19.5~10.5

a) 회계연도 종료일은 4월 30일이다.

기 침체를 반영한 것으로도 볼 수 있다. 그러나 단순한 경기의 반영을 넘어 이 회사의 주가는 1968년의 고점이었던 43달러 50센트에서 60%가량 하락했다. 우리가 제시했던 기준에 비추어 보면 당시 이 회사의 주식은 합리성과 건전성을 고려해 적극적인 투자자가 도전해 볼 수 있는 매력적인 이류 투자 종목이 된다.

결과: 윌콕스&깁스는 1970년에 소폭의 영업 손실을 보였다. 주가는 저점인 4달러 50센트까지 하락하였지만, 1971년 2월에는 9달러 50센트까지 회복하였다. 이러한 주가를 통계적으로 정당화하기는 어렵다. 화이팅은 1970년에 16달러 75센트까지 상대적으로 적게 하락하였다. 이러한 가격은 장부가치 수준으로 평가된다. 윌콕스&깁스의 주당이익은 1971년 6월에 1달러 85센트 수준이었고, 1971년 초 주가는 24달러 50센트까지 상승하였다. 이 수치는 충분히 합리적인 수준이었지만, 우리의 투자 기준으로 보면 충분히 할인된

가격 수준은 아니었다.*

전반적인 고찰

여기에서 각 비교 쌍에 소개한 회사들은 무작위로 선택한 것은 아니다. 또한 사업 분야는 제조업체에 국한되어 공공 유틸리티 기업이나 운수 및 금융 부문의 주요 기업은 포함되지 않았다. 그러나 여기에서 소개한 회사들은 규모나 사업 영역, 질적, 양적 측면에서 다양한 양상을 보여 주므로 주식투자자들이 고려해야 할 문제들을 충분히 반영하고 있다.

주식의 가격과 내재가치의 관계는 경우에 따라 달랐다. 대부분 성장성과 수익성이 뛰어난 기업은 현재 수익에 비해 높은 주가수익비율로 거래되었다. 일반적인 상황이라면 이 관계는 충분히 논리적으로 성립된다. 하지만 주가수익비율의 차이를 항상 이러한 논리로 정당화할 수 있는지, 또는 미래 성장 가능성을 근거로 옹호할 수 있는지는 확신할 수 없다. 또 다른 의미는 건전성이 의심스러운 회사에 발생한 주가변동에서 찾아볼 수 있다. 이러한 특징을 보이는 주식은 투기적인 것으로 위험할 뿐만 아니라, 대부분 명백히 과대평가된 것으로 보인다. 어떤 주식은 주가 이상의 가치를 가진 것으로 파악되는데, 이 현상은 시장에서 과소평가된 결과다. 즉, 수익감소와 관련하여 지나친 비관론의 영향을 받았기 때문이다.

〈표 18-9〉에서는 이 장에서 소개한 회사들의 주가 변화를 살펴볼 수 있다. 대부분 주가는 1961년부터 1962년까지, 그리고 1969년부터 1970년까지 큰

---

* 화이팅은 휠레브레이터-프라이(Wheelabrator-Frye)의 자회사로 인수합병된 후, 1983년에 독립했다. 윌콕스&깁스는 현재 프랑스 PPR 그룹(Pinault-Printemps-Redoute Group)의 대표적인 브랜드인 렉셀(Rexel)이 소유하고 있다. 전기설비 제조업체인 렉셀은 현재 파리증권거래소에 상장되어 있다.

폭으로 하락했다. 이처럼 전반적으로 불리한 시장 상황은 미래에도 도래할 수 있다. 현명한 투자자들은 바로 이러한 시기를 대비해야 한다. 〈표 18-10〉에는 1958년부터 1970년까지 맥그로힐의 주가 동향이 정리되어 있다. 지난 13년 동안 이 회사의 주가는 해마다 최소한 3 대 2의 비율로 상승 또는 하락하였다. NGC의 경우 이 정도의 상하 변동은 2년마다 나타났다.

이 장을 집필하며 주식 목록을 분석하는 동안 우리는 증권분석의 일반적인 목적과 우리가 실제로 수익을 기대할 수 있는 것 사이에는 커다란 괴리가 있음을 다시 한 번 느낄 수 있었다. 많은 증권분석가가 주로 시장 움직임과 수익증가 측면에서 미래에 수익을 기대할 수 있는 종목을 찾아내려고 애쓴다. 하지만 이러한 노력이 만족할 만한 결과를 보일지에 대해서는 상당히 회

〈표 18-9〉 보통주 16개의 가격 변동(1970년 주가분할로 조정)

회사명	주가 범위 (1936~1970년)	하락 (1961~1962년)	하락 (1968~1970년)
Air Products & Chemicals	1.375~49	43.25~21.625	49~31.375
Air Reduction	9.375~45.75	22.5~12	37~16
American Home Products	.875~72	44.75~22	72~51.125
American Hospital Supply	.75~47.5	11.625~5.75	47.5~26.75[a]
H & R Block	.25~68.5	–	68.5~37.125
Blue Bell	8.75~55	25~16	44.75~26.5
International Flavors & Fragrances	4.75~67.5	8~4.5	66.375~44.875
International Harvester	6.25~53	28.75~19.25	38.75~22
McGraw Edison	1.25~46.25	24.375~14[b]	44.75~21.625
McGraw-Hill	.125~56.5	21.5~9.125	54.625~10.25
National General	3.625~60.5	14.875~4.75[b]	60.5~9
National Presto Industries	.5~45	20.625~8.25	45~21.5
Real Estate Investment Trust	10.5~30.25	25.125~15.25	30.25~16.375
Realty Equities of N.Y.	3.75~47.75	6.875~4.5	37.75~2
Whiting	2.875~43.375	12.5~6.5	43.375~16.75
Willcox & Gibbs	4~20.625	19.5~8.25	20.375~4.5

a) 1970년의 고점과 저점에 해당하는 수치다.
b) 1959년부터 1969년까지의 수치다.

〈표 18-10〉 1958~1971년 맥그로힐 연간 주가변동[a]

비교 연도	상승	하락
1958~1959년	39~72	
1959~1960년	54~109.75	
1960~1961년	21.75~43.125	
1961~1962년	18.25~32.25	43.125~18.25
1963~1964년	23.375~38.875	
1964~1965년	28.375~61	
1965~1966년	37.5~79.5	
1966~1967년	54.5~112	
1967~1968년		56.25~37.5
1968~1969년		54.625~24
1969~1970년		39.5~10
1970~1971년	10~24.125	

a) 여기에서 주가는 주식분할을 고려하지 않은 수치다.

의적이다. 우리가 선호하는 증권분석가의 작업은 내재가치에 비해 주가가 낮게 평가된 소수 종목을 발굴하는 일이다. 증권분석가는 이 작업을 통해 장기간 만족할 만한 평균 성과를 창출할 수 있어야만 한다.

18장 논평

이미 있던 것이 후에 다시 있겠고, 이미 한 일을 후에 다시
할지라. 해 아래에는 새것이 없나니.
무엇을 가리켜 이르기를, "보라, 이것이 새것이라" 할 것이
있으랴? 오래전 세대들에도 이미 있었느니라.

전도서 1장 9~10절

그레이엄은 컬럼비아 경영대학원과 뉴욕 대학의 금융연구소에서 강의할 때 18장에서 소개한 획기적인 비교 및 대조 방법을 사용하여 8쌍의 회사를 평가했다. 이 장에서는 그레이엄의 방법을 빌려 최근 사례인 8쌍의 회사를 분석하고자 한다. 여기에서 소개하는 내용은 특정 기간에 한한 것이라는 점을 유의해야 한다. 지금 낮은 가격의 주식이 나중에 아주 비싸질 수 있다. 반대로 지금은 높은 가격으로 소개했지만 나중에 많이 떨어질 수도 있다. 거의 모든 주식의 생애에는 할인 판매되거나 고평가되는 시점이 반드시 존재한다. 좋은 회사와 나쁜 회사는 있지만, 좋은 주식이 따로 있는 것은 아니다. 단지 좋은 주가가 형성되었다가 이 시기가 지날 뿐이다.

첫 번째 쌍: 시스코 시스템즈와 시스코 코퍼레이션

첫 번째 쌍은 시스코 시스템즈와 시스코 코퍼레이션Sysco Corp.이다. 이하에

서 CISCO는 시스코 시스템즈를, SYSCO는 시스코 코퍼레이션을 의미한다. 2000년 3월 27일에 CISCO는 주식 시가총액이 5480억 달러를 기록하면서 세계에서 가장 비싼 주식이 되었다. 인터넷용 데이터 관리 장비를 개발하는 회사인 CISCO가 처음 주식을 공모한 때는 10년 전이었다. CISCO 주식의 신규 공모에 참여해서 지금까지 보유하고 있던 투자자라면 마치 얼결에 휘두른 방망이로 홈런을 친 격이었다. 이 주식의 수익률은 총 103,677%, 연평균으로는 217%에 달했기 때문이다. 이전 4분기 동안 CISCO의 매출은 149억 달러, 수익은 25억 달러였다. CISCO의 주식은 순이익의 219배에 거래되었는데, 대기업이 지금까지 올린 주가수익비율 중 가장 높은 수준이었다.

이제 SYSCO를 살펴보자. SYSCO는 구내식당 등에 식자재를 제공하는 회사로, 30년 동안 상장 거래되고 있었다. 최근 4분기 동안 SYSCO가 올린 매출은 CISCO보다 20%가량 많은 177억 달러였지만, 순이익은 4억 5700만 달러에 그쳤다. SYSCO의 시가총액은 117억 달러였으며, 이 회사의 주식은 시장평균 주가수익비율 31배보다 낮은 26배 수준에서 거래되었다.

이 회사들의 이름을 들으면 투자자는 어떤 단어를 연상하게 될까?

Q: CISCO 하면 어떤 생각이 떠오르나요?

A: 인터넷, 미래 산업, 대단한 주식, 유망 주식, 이런 말들이 떠오르네요. 더 많이 오르기 전에 몇 주 살 수 없을까요?

Q: SYSCO는 어떤가요?

A: 배달트럭, 서코태시succotash,[1] 간이식당, 셰퍼즈 파이shepherd's pie,[2] 학교 점심, 병원 음식 등이 떠오릅니다. 그런데 저는 배가 고프지 않으니 사양하겠어요.

---

1 북부 인디언 기원의 옥수수, 콩 따위를 섞은 채소 요리를 말한다(역자 주).

2 다진 고기를 으깬 감자에 싸서 구운 파이를 말한다(역자 주).

사람들이 회사의 이름을 들었을 때 연상되는 감정적인 형상에 근거하여 회사에 정신적인 가치를 부여한다는 사실은 다양한 연구에서 이미 입증되었다.[3] 하지만 현명한 투자자라면 피상적인 느낌보다 더 깊숙이 파헤쳐야 한다. CISCO와 SYSCO의 재무제표를 제대로 살펴보면 놀라운 사실들을 발견할 수 있다.

- CISCO의 매출 및 수익 증가의 대부분은 기업 인수를 통해 발생했다. 9월 이후 CISCO는 11개의 다른 회사를 인수하는 비용으로 102억 달러를 결제했다. 이 많은 회사를 그렇게 한꺼번에 인수하여 통합하는 것이 가능한 일일까?[4] 또한, 과거 6개월 동안 CISCO가 올린 수익 중 약 3분의 1은 직접 운영하는 사업을 통해 창출된 것이 아니라 임직원을 대상으로 한 스톡옵션의 세금 혜택으로 발생한 것이었다. 게다가 CISCO는 투자자산을 매각하여 58억 달러의 수익을 얻었고, 60억 달러 이상을 들여 기업을 인수했다. 이 회사의 정체는 인터넷 기업이나 뮤추얼펀드였단 말인가? '투자자산'이 증가하지 않으면 이 회사는 어떻게 될까?

---

3 희귀 암 치료제 개발 회사와 일반 쓰레기의 새로운 처리방법 개발 회사 중 어떤 회사 주식이 더 많이 오를까? 암 치료제에 흥미를 느끼는 투자자가 많겠지만, 더 큰돈을 벌 수 있는 회사는 일반 쓰레기 처리 회사일 것이다. 토머스 길로비치(Thomas Gilovich), 데일 그리핀(Dale Griffin), 대니얼 카너먼(Daniel Kahneman)이 엮은 『어림짐작과 편견: 직관적 판단의 심리학(Heuristics and Biases: The Psychology of Intuitive Judgment)』(Cambridge University Press, 뉴욕, 2002) 397쪽부터 420쪽에 실린 폴 슬로비치(Paul Slovic), 멜리사 피누케인(Melissa Finucane), 엘렌 피터스(Ellen Peters), 도널드 G. 맥그레거(Donald G. MacGregor)의 "정서적인 어림짐작(The Affect Heuristic)", 2002년 《저널 오브 사이콜로지 앤드 파이낸셜 마켓(Journal of Psychology and Financial Markets)》 3권 1호 15쪽부터 22쪽에 실린 도널드 G. 맥그레거의 "상상과 재무에 기반을 둔 판단(Imaginary and Financial Judgement)"을 참조하라.

4 주로 다른 회사를 인수하며 성장하는 '연쇄 인수자'는 월스트리트에서 거의 나쁜 결과로 끝을 맺었다. 이와 관련한 자세한 내용은 17장 논평에서 확인할 수 있다.

〈그림 18-1〉 CISCO 대 SYSCO

	2000년	2001년	2002년
Cisco 총수익률(%) 순이익(백만 달러)	−28.6 2,668	−52.7 −1,014	−27.7 1,893
Sysco 총수익률(%) 순이익(백만 달러)	53.5 446	−11.7 597	15.5 680

＊주: 총수익률은 역년 기준이다. 순이익은 회계연도 기준이다.
＊출처: www.morningstar.com

- SYSCO도 같은 기간에 몇 개의 회사를 인수했다. 그러나 이 회사가 인수비용으로 지출한 금액은 1억 3000만 달러 정도에 그쳤다. SYSCO의 임직원들에게 교부된 스톡옵션 또한 전체 발행주식의 1.5%에 불과했다. CISCO의 경우는 6.9%였다. 이러한 차이는 임직원이 스톡옵션을 주식으로 전환하더라도 SYSCO의 주당순이익이 CISCO보다 훨씬 더 적게 희석된다는 것을 의미한다. 또한 CISCO는 배당을 전혀 하지 않았지만, SYSCO는 분기 배당을 9센트에서 10센트로 올렸다.

와튼 경영대학원의 투자론 교수인 제러미 시겔이 지적한 것처럼, CISCO 정도 규모의 대기업 중 어떤 기업도 여태까지 주가수익비율 200배는 고사하고 60배도 정당화할 만큼 급격한 성장을 이룰 수는 없다.[5] 어떤 회사든 대기업 반열에 들어서면 성장률은 서서히 낮아지게 마련이다. 만약 그렇지 않다면 회사 하나가 전 세계를 집어삼키는 사태가 발생할 것이다. 미국의 유명

---

5 2000년 3월 14일자 《월스트리트 저널》에 실린 제러미 시겔의 "대형 기술주와 잘 속는 투자자들의 내기 (Big-Cap Tech Stocks are a Sucker's Bet)"를 참조하라. 이 글은 www.jeremysiegel.com에서 확인할 수 있다.

한 풍자가인 앰브로즈 비어스Ambrose Bierce는 '병존불가능incompossible'이라는 단어를 통해 각각 따로는 있을 수 있지만 함께할 수 없는 두 존재를 표현하기도 했다. 어떤 회사라도 대기업이 될 수 있고, 높은 주가수익비율을 기록할 수도 있다. 하지만 대기업이면서 높은 주가수익비율까지 기록하는 것은 병존 불가능하다.

운명의 수레바퀴는 CISCO를 대참사로 내몰았다. 2001년에 처음으로 인수 기업 중 일부를 '구조조정'하는 과정에서 12억 달러의 비용이 발생했다. 이후 2년 동안 이러한 '투자자산' 손실로 13억 달러가 더 빠져나갔다. 반면 SYSCO는 그동안 지속해서 배당금을 지급했고, 주식 또한 56%의 수익을 거두었다. 〈그림 18-1〉을 참조하라.

두 번째 쌍: 야후와 염

1999년 11월 30일, 야후Yahoo! Inc. 주식 종가는 연초보다 79.6% 오른 212달러 75센트였다. 12월 7일에는 348달러까지 올랐다. 5일 만에 무려 63.6%가 오른 것이다. 야후의 환호성이 연말까지 이어지는 가운데 12월 31일 종가는 약 432달러 69센트를 기록했다. 한 달 사이 이 회사 주가는 2배 이상 올랐고, 시가총액은 대략 580억 달러가 늘어난 1140억 달러를 기록했다.[6]

지난 4분기 동안 야후는 4억 3300만 달러의 매출과 3490만 달러의 순이익을 기록했다. 이러한 실적을 올린 야후 주식은 매출의 263배, 수익의 3,264배로 평가되었다. 25배 이상의 주가수익비율에도 그레이엄이 눈살을

---

6 2002년 2월에 야후 주식은 2 대 1로 분할되었다. 여기에서 소개한 주가는 실제 거래된 주가 수준을 보여주기 위한 것으로 이러한 주식분할을 감안하여 조정되지 않았다. 단, 함께 인용된 야후의 수익률 및 시장가격은 주식분할을 고려한 것이다.

	2000년	2001년	2002년
Yahoo! 총수익률(%) 순이익(백만 달러)	−86.1 71	−41.0 −93	−7.8 43
Yum! 총수익률(%) 순이익(백만 달러)	−14.6 413	49.1 492	−1.5 583

＊주: 총수익률은 역년 기준이다. 순이익은 회계연도 기준이다. 야후의 2002년도 순이익은 회계 기준 변경의 효과가 포함된 수치다.

＊출처: www.morningstar.com

찌푸렸다는 점을 상기해 보라.[7]

야후의 주가가 그렇게 많이 오를 수 있었던 이유는 무엇일까? 11월 30일, S&P는 12월 7일자로 야후가 S&P500 지수에 상장되었다고 발표했다. 이로 인해 야후의 주식은 주가연동형 펀드를 비롯해 다른 대형 투자자들이 자동으로 보유하게 되었다. 이러한 갑작스러운 수요 증가가 일시적으로 주가 상승을 부추기는 효과가 있는 것은 분명하다. 더군다나 야후 주식의 90%가 임직원, 창업투자회사 및 의무적인 보유자들의 손에 묶인 상황이었기 때문에 시장에서 유통될 수 있는 주식 비중은 극히 제한되었다. 이와 같은 희소성으로 수천 명의 사람이 이 주식을 매수하기 위해 몰려들었다. 가격은 문제가 아니었다.

야후의 상황과 달리, 염Yum!은 구걸하는 신세를 면치 못하고 있었다. 염은 켄터키 프라이드 치킨, 피자헛, 타코벨 등을 운영하는 펩시의 사업부였다.

---

7 인수 효과를 고려할 때 야후의 총수입은 4억 6400만 달러였다. 그레이엄은 7장과 11장에서 이처럼 높은 주가수익비율을 비판한 바 있다.

지난 4분기 동안, 염은 80억 달러의 매출을 올렸고, 6억 3300만 달러의 수익을 냈다. 야후의 17배가 넘는 실적이다. 하지만 1999년 말, 염의 시장가치는 겨우 59억 달러에 머물렀다. 시가총액은 야후의 19분의 1 수준으로, 염의 주식은 주가수익비율 91배, 수입의 73% 수준에서 거래되었다.[8]

그레이엄이 말하고자 한 것처럼, 시장이란 단기적으로는 인기의 척도를 가늠하는 투표장 기능을 하지만, 장기적으로는 체중계 역할을 한다. 야후도 단기적으로는 시장의 인기투표에서 기선을 제압했다. 하지만 결국 기업활동에서 중요한 것은 수익이다. 야후는 수익이 거의 없었다. 단기를 지나 시장이 투표를 멈추고 체중을 재기 시작하자, 바늘은 염 쪽으로 기울었다. 2000년부터 2002년까지 염의 주가는 25.4% 상승했지만, 야후는 누적적으로 92.4%나 폭락했다.

세 번째 쌍: 커머스 원과 캐피털 원 파이낸셜

2000년 5월에 상장된 기업 구매 관련 인터넷 상거래 서비스 전문업체 커머스 원Commerce One Inc.은 지난 7월 이후부터 거래되고 있다. 최초의 연차보고서에서 커머스 원이 보고한 자산 및 총수입은 각각 3억 8500만 달러와 3400만 달러에 불과했다. 순손실액은 6300만 달러였다. 이처럼 보잘것없던 회사의 주식은 기업공개 이후 거의 900%나 오르면서 시가총액이 150억 달러에 달했다. 이러한 가격 상승은 지나친 것이었을까? 커머스 원의 최고경영자 마크 호프만Mark Hoffman은 이러한 우려에 대해 다음과 같이 맞섰다. "네, 우리 회사의 시가총액은 큰 편입니다. 하지만 우리는 거대한 시장을 갖고 있습니

---

8 염의 종목기호는 YUM이었지만 당시에는 트리콘 글로벌 레스토랑스(Tricon Global Restaurants Inc.)라는 이름으로 알려져 있었다. 이 회사는 2002년 5월에 염 브랜즈(Yum! Brands, Inc.)로 이름을 공식 변경했다.

다. 엄청난 수요가 예상되지요. 분석가들은 올해에만 1억 4000만 달러의 수입을 예상하고 있습니다. 더욱이 우리는 과거에 전문가의 예상을 뛰어넘은 예가 많습니다."

이 답변에서 호프만이 간과한 두 가지는 다음과 같다.

- 커머스 원은 이미 1달러어치를 팔 때마다 2달러 손실이 보고 있었다. 분석가들의 예상처럼 이 회사의 수입이 4배가 된다면, 손실은 훨씬 더 큰 규모가 되지 않겠는가?
- 커머스 원이 '과거에' 예상을 초과할 수 있었다는 말은 어떤 의미인가? 상장된 지 1년도 채 되지 않은 회사인데 어떤 과거를 말하는 것인가?

커머스 원의 재정이 흑자로 전환될 가능성이 있는지 묻는 질문에 호프만은 이렇게 대답했다. "수지타산이 맞는 회사로 변모시킬 수 있다는 점에 대해서는 의심의 여지가 없습니다. 우리는 2001년 4/4분기에 수익을 낼 수 있도록 계획하고 있습니다. 분석가들은 올해 우리 회사의 수익이 2억 5000만 달러를 넘길 것으로 내다보고 있습니다."

이 분석가들이 다시 등장했다! 워서스타인 퍼렐라_{Wasserstein Perella} 투자은행의 분석가 지네트 싱_{Jeanette Sing}은 다음과 같이 말했다. "지금 이 정도 수준의 커머스 원은 투자하기에 적격입니다. 커머스 원은 아리바_{Ariba}보다 훨씬 빨리 성장할 것이기 때문입니다. 현재 성장률이 지속된다면, 커머스 원은 2001년 매출의 60배나 70배 수준에서 거래될 것입니다." 아리바는 커머스 원과 가장 유사한 성격을 지닌 경쟁사로, 이 회사의 주식 역시 수익의 400배 정도로 높게 평가되어 거래되고 있었다. 이 분석가의 말을 달리 표현하면 이렇다. 커머스 원보다 더 고평가된 주식이 있다. 그러니 커머스 원의 주식은 아직

싼 편이다.[9]

커머스 원과 정반대의 사례로 들 수 있는 회사는 바로 캐피털 원 파이낸셜Capital One Financial Corp.이다. 1999년 7월부터 2000년 5월까지 캐피털 원의 주가는 21.5% 하락했다. 그러나 당시 캐피털 원의 총자산은 120억 달러였고, 1999년에는 전년보다 32% 증가한 3억 6300만 달러의 수익을 올린 상황이었다. 시가총액이 73억 달러인 캐피털 원의 주식은 순이익의 20배 선에서 거래되었다. 캐피털 원의 수치가 모두 긍정적인 것은 아니더라도 이 회사의 주가에는 잠재적인 위험까지 반영되어 있다는 것이 문제였다. 사실 이 회사는 경기 불황으로 부도율이 급등하던 때에도 대손충당금을 거의 올리지 않을 정도로 건실했다.

그다음은 어떻게 되었을까? 2001년에 커머스 원은 4억 900만 달러의 수입을 올렸지만, 순손실액이 26억 달러에 달했다. 주당 순손실이 무려 10달러 30센트였다. 반면, 캐피털 원은 2000년부터 2002년까지 거의 20억 달러에 달하는 순이익을 거두었다. 이 3년 동안, 캐피털 원의 주가는 38% 하락했지만, 당시 전체적인 주식시장의 여건에 비하면 나쁘지 않은 성적이었다. 커머스 원의 손실률은 99.7%에 달했다.[10]

당시 트레이더들은 호프만과 그의 구미에 맞는 말만 되풀이한 분석가들을 따르는 대신, 1999년 커머스 원의 연차보고서에 주의를 기울였어야 했다. 이 보고서에는 다음과 같은 솔직한 고백이 담겨 있었다. "우리는 결코 수익을 내본 적이 없다. 당분간 순손실이 예상되며, 결코 수익을 보지 못할 수도 있다."

---

9 2000년 5월호 《머니》 42쪽부터 44쪽에 실린 "CEO, 말하다(CEO Speaks)"와 "기억해야 할 것(The Bottom Line)"을 보라.

10 2003년 초에 캐피털 원의 CFO는 증권감독 당국이 내부자 거래 위반 혐의로 고발한 다음 사임했다.

네 번째 쌍: 팜과 쓰리콤

2000년 3월 2일, 데이터 네트워킹 회사인 쓰리콤_{3Com Corp.}은 자회사인 팜_{Plam, Inc.}의 주식 중 5%를 공모했다. 팜의 주식 중 나머지 95%는 이후 몇 개월에 걸쳐 쓰리콤의 주주들에게 분배되었다. 이 과정에서 쓰리콤 주주들은 쓰리콤 1주당 팜 주식 1.525주를 받았다.

팜 주식 100주를 얻는 방법에는 두 가지가 있었다. 기업공개에서 기회를 노리거나 쓰리콤 66주를 사서 모기업이 팜 주식을 배분할 때까지 기다리는 것이다. 쓰리콤 1주당 팜 1.5주를 받을 수 있으므로, 쓰리콤 주식을 보유하면 팜 주 100주는 물론, 쓰리콤 66주도 함께 보유하게 된다.

하지만 몇 달씩이나 진득하게 기다릴 투자자가 얼마나 있을까? 쓰리콤이 시스코 시스템즈와 같은 거대한 경쟁사를 상대해야 했지만, 팜은 휴대용 디지털 전자수첩이라는 유망 분야를 선도하고 있었다. 따라서 팜 주가는 첫 거래일에만 공모 가격인 38달러에서 95달러 6센트로 치솟으며 150%의 수익을 올렸다. 이로 인해 팜 주식은 과거 12개월간 수익에 비해 1,350배 이상 높게 평가되었다.

같은 날, 쓰리콤 주가는 104달러 13센트에서 81달러 81센트로 급락했다. 팜 주가에 비추어 본다면 당일 쓰리콤의 종가는 어느 정도가 적정했을까? 간단히 계산해 보면 다음과 같다.

- 쓰리콤 1주당 팜 1.5주가 배당된다.
- 팜 주식의 종가는 95달러 6센트다.
- 1.525×95.06달러=144달러 97센트

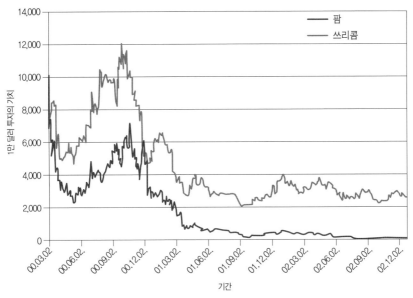

〈그림 18-3〉 팜의 하락

1만 달러 투자의 가치

14,000
12,000
10,000
8,000
6,000
4,000
2,000
0

— 팜
— 쓰리콤

00.03.02. 00.06.02. 00.09.02. 00.12.02. 01.03.02. 01.06.02. 01.09.02. 01.12.02. 02.03.02. 02.06.02. 02.09.02. 02.12.02.

기간

＊출처: www.morningstar.com

이는 팜 주식에만 근거하여 쓰리콤 주식의 주당가치를 환산한 것이다. 따라서 81달러 81센트일 때 트레이더들은 쓰리콤의 다른 모든 사업 부문을 합친 가치가 주당 마이너스 63달러 16센트라거나, 시가총액으로 마이너스 220억 달러라고 말했다. 역사상 어떤 주식가격도 이보다 더 어리석게 매겨진 것은 없었다.[11]

그러나 이러한 평가에는 함정이 있다. 쓰리콤이 마이너스 220억 달러의 가치가 될 수 없는 것처럼, 팜도 수익의 1,350배의 가치로 평가될 수 없다.

---

11 이처럼 이상한 사건의 자세한 내막은 오언 A. 라몬트(Owen A. Lamont)와 리처드 H. 테일러(Richard H. Thaler)가 발표한 전미경제연구소 조사보고서 8302호 "시장은 덧셈과 뺄셈을 할 수 있을까?(Can the Market Add and Subtract?)"에 실려 있다. 이 글은 www.nber.org/papers/w8302에서 확인할 수 있다.

2002년 말에 두 회사는 모두 하이테크 업계의 불황으로 타격을 입었다. 그 중에서도 팜의 주주들이 입은 피해는 심각했다. 처음 이 주식을 샀을 때 이 미 모든 상식을 포기한 대가였다.

다섯 번째 쌍: CMGI와 CGI

2000년 1월 3일, CMGI$_{\text{CMGI, Inc.}}$ 주가는 163달러 22센트를 기록하며 새해 를 성공적으로 출발했다. 1년 전 가격과 비교하면 무려 1,126%의 상승률이 었다. '인터넷 인큐베이터'인 CMGI는 자금을 조달해서 다양한 온라인 업계 벤처기업을 인수했다. 그중에는 더글로브닷컴$_{\text{theglobe.com}}$이나 라이코스$_{\text{Lycos}}$처 럼 훗날 인터넷 산업의 스타로 등극하게 되는 회사들도 포함되었다.[12]

1998년 회계연도에 주가가 98센트에서 8달러 52센트로 급등하자 CMGI 는 5380만 달러를 들여 인터넷 기업들의 지분 전체 또는 일부를 인수했다. 1999년 회계연도에는 또다시 주가가 8달러 52센트에서 46달러 9센트로 뛰 어올랐다. CMGI는 기업 인수 예산을 더 늘려 1억 500만 달러를 지출했다. 1999년의 후반 5개월은 주가가 무려 138달러 44센트까지 급등했고, CMGI 의 기업 인수 비용도 41억 달러로 늘어났다. 마치 CMGI는 돈을 얼마든지 원하는 대로 찍어낼 수 있는 듯했다. CMGI 보통주의 시가총액은 400억 달 러를 넘어섰다.

이제 이 회사는 돈이 쏟아지는 마법의 회전목마에 올랐다. CMGI의 주가 가 높아지면 높아질수록, 더 많은 기업을 인수할 수 있었다. CMGI가 더 많

---

12 CMGI의 첫 출발은 학문서적 발행자에게 대학교수나 교과과정에 대한 정보를 제공하는 칼리지 마케 팅 그룹(College Marketing Group)이었다. 그레이엄이 언급한 내셔널 스튜던트 마케팅(National Student Marketing)과 거의 비슷한 회사였다.

은 기업을 인수할수록 더 많이 올랐다. CMGI가 인수할지 모른다는 소문만 돌아도 그 회사의 주가는 뛰어올랐다. CMGI가 다른 회사의 주식을 인수하면, 또 그 주식을 인수했다는 이유로 CMGI의 주가가 상승했다. CMGI가 최근 회계연도에 1억 2700만 달러의 영업 손실을 입었다는 사실에 관심을 두는 이는 아무도 없었다.

앤도버Andover에 있는 CMGI 본사에서 남서쪽으로 70마일 정도 떨어진 매사추세츠 주 웹스터Webster에는 CGICommerce Group, Inc.의 대표사무소가 자리 잡고 있다. 주로 매사추세츠 주의 운전자를 대상으로 자동차 보험을 취급하는 이 회사는 구경제에 속하는 비인기주로 CMGI와는 전혀 딴판이었다. 1999년에 CGI 주가는 23% 하락하였다. 그해 순이익은 8900만 달러로 전년도에 비해 불과 7% 정도 감소한 데다, 4% 이상의 배당금을 지급하는 상황이었다는 점을 감안하면 이 회사 주가의 하락폭은 큰 편이었다. 참고로, CMGI의 경우는 한 푼도 배당하지 않았다. 당시 CGI의 시가총액은 8억 7000만 달러였고, CGI 주식은 1999년 수익의 10배 이하에서 거래되고 있었다.

하지만 어느 순간 상황은 완전히 바뀌었다. CMGI가 올랐던 마법의 회전목마는 갑자기 멈춰 섰다. 거칠 것 없이 상승하던 CMGI의 닷컴주식들이 하락하기 시작한 것이다. CMGI는 더 이상 주식들을 매도하여 수익을 챙길 수 없었다. 당연히 주식의 가치 하락은 회사 전체 수익에 심각한 타격을 입혔다. CMGI의 손실액은 2000년에 14억 달러, 2001년에 55억 달러, 2002년에 5억 달러 이상에 달했다. 2000년 초에 163달러 22센트였던 주가는 2002년 말 98센트를 기록하며 99.4%나 폭락했다. 하지만 고리타분하게만 느껴지던 CGI의 주가는 2000년에 8.5%, 2001년에 43.6%, 2002년에 2.7%로 꾸준한 상승세를 기록했다. 누적상승률은 60%에 달했다.

여섯 번째 쌍: 볼과 스트라이커

2002년 7월 9일부터 23일 사이에 볼Ball Corp.의 주가는 43달러 69센트에서 33달러 48센트로 24% 하락하였고, 그 결과 이 회사는 시가총액에서 19억 달러의 손실을 입었다. 같은 기간 스트라이커Stryker Corp.의 주가는 49달러 55센트에서 45달러 60센트로 8% 하락하며 시가총액에서 90억 달러가 사라졌다.

이 두 회사의 가치가 이처럼 단기간에 하락한 이유는 무엇일까? 정형외과에서 사용하는 이식 및 수술 장비 제조업체인 스트라이커는 주가가 급격히 하락하던 2주 동안 단 한 차례의 보도자료를 냈다. 7월 16일에 배포한 보도자료에는 2/4분기 중 매출이 15% 증가하여 7억 3400만 달러를 기록했고, 수익은 31% 증가하여 8900만 달러에 달했다고 발표했다. 다음 날 이 회사의 주식은 7% 상승했지만, 곧 곤두박질쳤다.

채소나 과일을 보관하는 용기 제조업체인 볼은 많은 사람의 사랑을 받는 유리병 용기 볼자Ball Jar를 처음으로 선보인 회사로 유명하다. 현재 이 회사는 기업용 금속 및 플라스틱 포장용기도 취급하고 있다. 볼은 주가가 하락한 2주 동안 한 번도 보도자료를 배포하지 않았다. 이후 7월 25일에 배포한 자료에서 볼은 2/4분기에 10억 달러의 매출과 5000만 달러의 수익을 거두었다고 발표했다. 지난해 같은 기간에 비해 순이익은 61% 증가하였다. 지난 4분기에 볼이 거둔 수익은 1억 5300만 달러를 기록했고, 주가는 수익의 12.5배 수준에서 거래되었다. 시가총액 역시 11억 달러에 불과해서, 볼의 고정자산 가치의 1.7배 수준이면 주식을 살 수 있었다. 단, 볼이 안고 있는 부채가 9억 달러였다.

스트라이커의 행보는 볼과 아주 달랐다. 지난 4분기에 스트라이커는 3억 100만 달러의 수익을 거두었다. 스트라이커의 장부가치는 5억 7000만 달러였다. 이와 같은 실적에 힘입어 회사의 주가는 과거 1년간 수익의 30배 정도, 장부가치의 16배 정도에서 거래되었다. 또한 1992년부터 2001년 말까지 스트라이커의 수익은 연간 18.6%의 증가율을 보였다. 회사의 배당금도 거의 연간 21%씩 꾸준히 올랐다. 2001년에 스트라이커는 미래 성장의 기반 마련을 위한 연구개발비에 1억 4200만 달러를 지출했다.

그렇다면 이처럼 완전히 다른 실적을 보인 두 회사의 주가가 모두 하락한 이유는 무엇일까? 2002년 7월 9일부터 23일까지 월드콤의 파산과 함께 다우존스 산업지수는 9096.09에서 7702.34로 15.3% 폭락했다. 볼과 스트라이커의 호재는 대형 악재와 시장의 전반적인 급락에 묻혀 버렸고, 그 결과 두 회사의 주식도 함께 떨어지고 만 것이다.

이 기간 볼의 주가가 스트라이커의 주가보다 훨씬 더 싸게 평가되고 말았지만, 그러한 차이가 스트라이커의 폭투와 볼의 도루를 의미하는 것은 아니었다. 여기에서 현명한 투자자들이 깨우쳐야 할 사실은 시장이 혼돈에 빠졌을 때 볼처럼 양호한 회사의 주가가 스트라이커처럼 훨씬 더 건실한 회사의 주가보다 더 높게 형성될 수 있다는 점이다. 볼은 7월 저가보다 53% 오른 51달러 19센트에 2002년을 마감했고, 스트라이커는 47% 오른 67달러 12센트에 마감했다. 간혹 가치주와 성장주를 동시에 할인 가격으로 제공하는 경우도 있었다. 어느 쪽을 선택할 것인지는 투자자의 개성에 크게 좌우된다. 할인 판매를 하는 동안에는 어느 쪽을 선택해도 좋다.

일곱 번째 쌍: 노텔 네트웍스와 노텍

광통신 장비업체인 노텔 네트웍스_{Nortel Networks}는 1999년 연차보고서에서 당시 이 회사가 '재정적 황금기'에 있음을 과시했다. 2000년 2월, 시가총액이 1500억 달러였던 노텔 네트웍스 주식은 월스트리트의 분석가들이 이 회사가 2000년에 거둘 것으로 예상한 수익의 87배로 거래되었다.

이러한 예상치는 얼마나 믿을 만할까? 외상 판매대금에 해당하는 노텔 네트웍스의 매출채권은 한 해에 10억 달러씩 증가했다. 노텔 네트웍스는 매출채권이 증가한 이유가 '1999년 4/4분기에 증가한 매출' 때문이라고 설명했다. 하지만 재고 역시 12억 달러 정도 더 늘어난 상태였다. 즉, 노텔 네트웍스는 '증가한 매출'로 출고되는 속도보다 장비를 생산하는 속도가 더 빨랐던 것이다.

한편, 1년 이상 미납된 '장기성 매출채권'은 5억 2000만 달러에서 14억 달러로 급증했다. 결국 노텔 네트웍스는 비용을 통제하는 데 어려운 시기를 맞이하게 되었다. 노텔 네트웍스의 판매 및 일반관리비용, 즉 간접비용의 비중은 1997년에 수입의 17.6%였지만, 1999년에는 18.7%로 늘었다. 1999년에 이 회사가 입은 손실액은 3억 5100만 달러였다.

이제 노텍Nortek을 살펴보자. 노텍은 비닐 판재, 현관 차임벨, 환기 팬, 레인지 후드, 쓰레기 압축기 등 다양한 제품을 제조하는 기업이다. 1999년에 노텍은 20억 달러 매출에 4900만 달러의 순이익을 거두었다. 1997년 11억 달러 매출과 2100만 달러의 순이익보다 향상된 수준이었다. 순매출 대비 순이익 비율을 의미하는 수익률은 1.9%에서 2.5%로 3분의 1 정도 향상되었다. 간접비용의 비중은 수입의 19.3%에서 18.1%로 줄었다.

엄밀히 말하면 노텍의 성장은 내부적인 성장이 아니라 다른 기업을 인수하는 과정에서 비롯된 것이었다. 게다가 노텍은 작은 회사에는 큰 부담인 10억 달러의 부채가 있었다. 하지만 2000년 2월 노텍 주가는 적당히 비관적인 평가를 받으며 1999년 수익의 약 5배로 거래되었다.

반면, 노텔 주가는 이듬해 예상되는 수익의 87배로 거래되었다. 낙관론이 과다하게 개입한 것이다. 하지만 2000년에 노텔은 주당 1달러 30센트의 수익을 볼 것이라던 증권분석가의 예측과 달리 주당 1달러 17센트의 손실을 보았다. 2002년 말에 노텔은 360억 달러 이상의 적자를 입으며 크게 휘청거렸다.

그에 반해 노텍은 2000년에 4160만 달러, 2001년에 800만 달러, 2002년 9월까지 5500만 달러의 수익을 냈다. 28달러였던 이 회사의 주식은 2002년 말에는 45달러 75센트까지 오르며 63%의 상승률을 기록했다. 2003년 1월 노텍의 경영진은 공공 투자자들이 보유한 이 회사의 모든 주식을 주당 46달러에 매수했다. 반면, 노텔 네트웍스의 주식은 2000년 2월에 56달러 81센트였으나, 2002년 말에는 97%나 떨어져 1달러 61센트를 기록했다.

여덟 번째 쌍: 레드 햇과 브라운 슈

1999년 8월 11일에, 리눅스 소프트웨어 개발업체인 레드 햇Red Hat, Inc.은 처음으로 주식을 공모했다. 레드 햇의 주식은 말 그대로 불이 붙은 것 같았다. 처음 공모 가격은 7달러였으나, 거래 첫날에 23달러에서 시작해서 약 26달러로 마감하며 272%의 수익을 올렸다.[13] 하루 만에 레드 햇 주식은 브라운 슈Brown Shoe가 18년 동안 올린 상승률보다 더 높은 수치를 기록했다. 12월 9일에 레드 햇의 주가는 143달러 13센트까지 올랐다. 4달 만에 이 주식이 보인 상승률은 무려 1,944%였다.

하지만 브라운 슈는 양쪽 구두끈이 서로 묶여 있어 옴짝달싹하지 못하는 형국이었다. 1878년에 설립된 브라운 슈는 버스터 브라운Buster Brown 구두를

---

13 레드 햇과 관련한 모든 주가는 2000년 1월에 2 대 1 주식분할로 조정되었다.

	2000년	2001년	2002년
Red Hat 총수익률(%) 순이익(백만 달러)	−94.1 −43	13.6 −87	−16.8 −140
Brown Shoe 총수익률(%) 순이익(백만 달러)	−4.6 36	28.2 36	49.5 −4

＊주: 총수익률은 역년 기준이다. 순이익은 회계연도 기준이다.

＊출처: www.morningstar.com

판매하며 미국과 캐나다에 1,300여 개의 점포를 운영하고 있었다. 브라운 슈의 주식은 8월 11일에 17달러 50센트, 12월 9일에는 14달러 31센트로 하락했다. 1999년 한 해에 브라운 슈 주식이 보인 하락폭은 17.6%였다.[14]

레드 햇의 이름은 더없이 근사하게 들렸고, 주식도 급등했다. 그밖에 레드 햇의 투자자가 얻은 것은 무엇이었을까? 11월 30일까지 9개월 동안 레드 햇이 벌어들인 수입은 1300만 달러였고, 순손실 액수는 900만 달러였다.[15] 레드 햇의 회사 규모는 길모퉁이에서 흔히 볼 수 있는 식료품점보다도 크지 않고 이윤도 박했지만, '소프트웨어'와 '인터넷'이라는 그럴싸한 배경에 트레이더들의 관심이 집중되면서 이 회사의 시가총액은 12월 9일에 213억 달러로 치솟았다.

그렇다면 브라운 슈의 상황은 어떠했을까? 지난 3분기에 브라운 슈는 순매출 12억 달러에 3200만 달러의 수익을 기록했다. 브라운 슈가 보유한 현

---

14 이미 65년 전에 그레이엄은 브라운 슈를 뉴욕증권거래소에서 가장 안정적인 회사로 지적했다. 1934년 판 『증권분석』 중 159쪽을 참조하라.

15 레드 햇의 경우는 9개월간의 성과 기록만을 참고했다. 12개월간의 성과는 인수 효과를 포함하지 않고 있어 재무제표를 기초로 판단할 수 없기 때문이다.

금 및 부동산 가치는 주당 5달러에 해당했다. 아이들은 여전히 버스터 브라운 구두를 찾았다. 그러나 그해 12월 9일, 브라운 슈의 시가총액은 2억 6100만 달러에 그쳤다. 브라운 슈의 수입이 레드 햇보다 100배나 많은데도 시가총액은 레드 햇의 80분의 1에 불과했다. 브라운 슈 연간 수익의 7.6배, 매출의 4분의 1에도 미치지 못하는 수준이었다. 반면, 레드 햇은 수익이 전혀 없는데도 주식은 연간 매출의 1,000배 이상으로 팔리고 있었다.

레드 햇의 회사 운영 자체는 꾸준히 적자를 기록했다. 얼마 지나지 않아 주식도 내리막길을 걷기 시작했다. 하지만 브라운 슈는 많은 수익을 꾸준히 거두었다. 주주들의 주머니도 덩달아 채워졌다.

여기에서 우리가 배워야 할 것은 무엇일까? 단기적으로는 그레이엄의 원칙이 시장에서 웃음거리가 되는 것 같지만, 결국에는 항상 그 정당성을 입증받아 왔다. 어떤 주식의 가격이 오른다는 이유만으로 회사 가치가 실제로 향상되고 있는지 따지지도 않고 덥석 사들인다면 곧 크게 후회하게 된다. 후회할 가능성이 있다는 말이 아니다. 반드시 그렇게 된다.

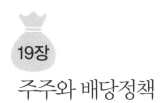

19장
주주와 배당정책

　1934년부터 우리는 여러 논문을 통해 경영진에 대해 주주들이 현명하고 적극적인 태도를 보여야 한다고 주장해 왔다. 또한 회사를 건전하게 이끌어 온 것이 분명한 경영진에게는 관대한 태도를 보일 것을 주문했다. 즉, 회사 실적이 나쁘면 명확하고 만족스러운 설명을 요구해야 하고, 비생산적인 경영을 개선하거나 그러한 요소를 제거하기 위한 조치를 취할 때에는 적극적으로 지원해야 한다. 주주들은 (1) 실적이 만족스럽지 못하거나, (2) 비슷한 조건의 기업에 비해 실적이 저조하거나, (3) 장기적으로 주가가 만족스럽지 못하다면 경영진의 경영 능력에 대해 정당하게 문제를 제기할 수 있다.

　지난 36년간 수많은 주주가 시장에 참여했지만, 경영 개선을 위해 적극적으로 동참하는 태도를 보이는 이는 찾아볼 수 없다. 개혁적인 성향을 지닌 투자자라도 주주들의 태도가 이 정도로 소극적이라면 이들을 결집해 경영자에 맞서는 것이 결국 시간만 낭비하는 꼴이 될 것이라며 애초에 싸움을 포기하고 말았을 것이다. 결국 우리가 제기했던 경영상의 문제들은 지금도 여전히 되풀이되고 있다. 이러한 상황은 경영권 인수나 주식의 공개매수 등 외부적으로 관찰되는 상황만 보아도 잘 알 수 있다. 8장에서 논의하였듯이 부실한 경영은 부실한 주가로 이어진다. 주가가 낮아지면 사업 다각화의 기회를 노리던 기업들은 촉수를 곤두세우게 된다. 현재 이러한 상황은 흔하게 발견된다. 경영자 간의 합의나 다른 기업의 주식을 공격적으로 매입하고 경영권을 장악하려는 이들의 제안을 통해 무수히 많은 기업 인수가 이루어지고 있다. 기업 인수에서 가격 입찰은 대개 발 빠른 조치를 통해 기업의 가치 범위 내에서 이루어졌다. 따라서 많은 경우 기민하지 못한 일반 주주들은 '외부인들'에게 설 자리를 내주게 된다. 이 외부인에는 독자적인 노선을 걷는 적극적인 개인 또는 집단이 포함될 수 있다.

부실한 경영에 변화를 가져올 수 있는 것은 '일반 주주'의 행동이 아니라 개인 또는 소수 집단의 경영 통제를 통해 가능하다. 이러한 원칙은 거의 예외 없이 적용된다. 요즘에는 이사회를 포함한 전형적인 공공기업의 경영진 또한 이러한 현실에 자주 부딪히게 된다. 즉, 경영 실적과 그로 인한 시장가격이 매우 만족스럽지 못한 경우에는 인수 대상이 될 수 있다는 통보를 받게 되는 것이다. 따라서 이사회는 어느 때보다도 회사가 역량 있는 최고경영자를 갖추고 있음을 증명해야 한다. 최근 들어 최고경영자가 자리에서 물러나는 사례가 과거보다 자주 발생하는 것도 이러한 이유에서다.

그러나 경영실적이 좋지 않다고 해서 모두 최고경영자의 경질로 이어지는 것은 아니다. 아무런 조치도 없이 오랫동안 실적 악화가 지속되던 끝에 변화가 생기기도 하고, 회사의 부진한 실적에 충분히 실망한 주주들이 낮은 가격에 주식을 매도하는 틈을 타 외부인이 경영권을 장악하게 되기도 한다. 일반 주주들이 적극적인 지원을 통해 경영 환경 및 전략에 변화를 가져올 가능성은 상당히 비현실적이므로 여기에서는 더 이상 논의하지 않겠다. 주주총회라는 것도 일반 주주 입장에서는 별 실효성 없이 주주의 존재감을 알리는 정도에 그친다. 따라서 개인 주주들은 사실 경영 참여에 관한 자문은 현실적으로 불필요하며, 그나마 주주가 아닌 사람들에게는 이와 같은 조언에 귀를 기울이는 것이 시간 낭비에 불과할지도 모른다. 이러한 한계가 존재하는 것은 사실이지만, 명백하게 불만족스러운 경영 환경 개선을 위해 발송되는 위임요청서 등 일련의 조치에 대해서는 주주로서 세심하게 살펴볼 것을 당부하며 이 절을 끝맺고자 한다.

주주와 배당정책

과거에 배당정책은 일반 주주 또는 '소액주주'와 경영진 간에 가장 빈번하게 논의되는 주제였다. 일반적으로 주주는 더욱 높은 배당을 원하지만, 경영진은 '회사의 발전'을 도모해야 한다는 이유로 배당을 유보하는 것을 선호했다. 즉, 경영진 입장에서는 회사의 발전과 주주의 장기적인 이익을 위해 현재의 이익을 희생할 것을 요구하는 것이고, 주주 또한 어느 정도 이러한 요구에 암묵적으로 동의해 왔다. 그러나 최근 배당에 관한 주주들의 태도는 소극적이나마 의미 있는 변화를 보인다. 즉, 고율 배당보다 저율 배당을 지지하는 입장의 논점은 과거처럼 회사가 당장 '필요로 하는' 자금이 아니라, 회사의 수익 확장을 위해 배당의 일부를 유보하여 주주의 직접적이고 즉각적인 이익을 도모한다는 데 초점을 맞추고 있다. 이를테면, 수년 전에 주주에게 배당을 지급하지 않고 수익 중 60%에서 70%를 유보해야 했던 회사는 부실기업의 전형적인 예였으며, 그 결과 대부분 주가에도 좋지 않은 영향을 미쳤다. 그러나 요즈음에는 재무상태가 양호하고 성장세 있는 기업들이 일반 투자자나 투기성 투자자들의 동의하에 전략적으로 배당을 줄이는 경우가 많다.*

수익의 배당을 유보하여 사업에 재투자함으로써 상당한 수익증가를 가져올 수 있다는 논리를 강력하게 지지하는 사례는 항상 존재해 왔다. 그러나 이 입장을 강력하게 반대하는 주장도 있다. 예를 들면, 회사 수익은 주주의 몫이며, 사려 깊은 경영자라면 주주가 배당 받을 권리를 보장해야 한다는 것이다. 또한 생계 목적으로 배당소득이 필요한 주주들도 많다는 지적도 있다. 마지막으로 배당수익은 '실제소득'인 반면, 수익이 배당되지 않고 사내에 유보되는 경우에는 이것이 후에 주주의 소득으로 가시화될지 알 수 없다는 주장도 있다. 이 반론들은 상당한 설득력이 있어, 주식시장에서는 무배당이나 상대적으로 저율 배당을 하는 기업보다 고율 배당을 하는 기업이 항상 선호되는 편이었다.**

지난 20년간 '수익성 있는 재투자' 이론은 입지를 넓혀 왔다. 과거에 높은 성장률을 보인 기업이라면 투자자와 투기자들은 저배당 정책을 흔쾌히 수용했다. 고성장 기업의 경우에 저배당이나 심지어 무배당이 주가에 실질적인 영향을 미치지 않은 것으로 보이는 예가 많은 것도 사실이다.***

이러한 변화를 보여 주는 인상적인 사례로는 텍사스 인스트루먼트를 들

---

* 그레이엄이 여기서 말한 모순적인 상황은 1990년대에 더욱 심화되었다. 당시에는 기업이 건실해질수록 배당은 줄어드는 사례가 속출했다. 또는 배당을 원하는 주주에게만 지급하기도 했다. 결과적으로 회사가 지급한 배당금의 순이익에 대한 백분율을 의미하는 배당성향은 그레이엄 시절에는 60%에서 70% 수준이었으나, 1990년대 말에는 35%에서 40%로 낮아졌다.

** 한 분석에 따르면 이처럼 일반적인 경우에 배당에서 지불되는 1달러는 시장가격에서 미배당수익의 1달러보다 4배의 효과를 보인다. 1950년 이전에 공공 유틸리티 기업에서 이러한 특징은 오랫동안 뚜렷이 확인된다. 낮은 주가수익비율로 판매되는 저배당 종목은 배당이 이후에 증가할 가능성이 있으므로 매수자들에게 특히 매력적이었다. 1950년 이후 지급비율은 이 분야에서 훨씬 더 균일해졌다.

*** 1990년대 후반에 기술 기업들은 배당 지급을 통해 주주들이 재투자하게 하는 것보다 모든 이익을 '현재 회사 사업에 재투자할 때' 더 높은 수익률을 거둘 수 있다고 믿었다. 놀라운 것은 투자자들 또한 이처럼 오만불손한 태도에 전혀 의문을 제기하지 않았다는 사실이다. 더욱이 회사의 현금이 경영자의 것이 아니라 주주의 것이라는 사실도 간과하기 일쑤였다. 이와 관련한 내용은 이 장 논평을 참조하라.

수 있다. 이 회사 주가는 1953년 5달러에서 1960년에는 256달러까지 상승했고, 이 기간에 주당이익은 43센트에서 3달러 91센트로 증가했지만, 배당은 전혀 이루어지지 않았다. 현금배당은 1962년에야 시작되었지만, 그해 주당이익은 2달러 14센트로 하락했고 주가는 49달러까지 떨어졌다.

또 다른 극단적인 경우는 슈피리어 오일Superior Oil이다. 1948년 이 회사의 주당이익은 35달러 26센트이고 3달러의 배당금이 지급되었으며 주가는 최고치가 235달러였다. 1953년 배당은 1달러로 줄었으나 주가는 최고 660달러까지 상승했다. 1957년에는 배당금이 전혀 지급되지 않았으나 매도가격은 무려 2,000달러였다. 이 유별난 종목은 1962년에는 795달러까지 하락했다. 당시 주당이익은 49달러 50센트, 배당금은 7달러 50센트였다.[*]

성장주의 배당정책에 대한 투자심리는 모호한 면이 있다. 이러한 정책을 둘러싼 상반된 견해는 AT&T와 IBM 사례에서 엿볼 수 있다. 1961년에 AT&T 주식은 시장에서 고성장주로 인식된 만큼 주당순이익의 25배 수준에서 거래되고 있었다. 그런데도 이 회사의 현금배당정책은 투자자나 투기자들이 가장 중요하게 고려하는 점이어서 배당률 증가가 임박했다는 소문만으로도 주가는 민감하게 반응했다. 반면, IBM의 현금배당에 대해서는 투자자의 관심이 비교적 덜했다. 1969년에 이 회사의 배당수익률은 연중 고가 대비 0.5%였고, 1970년 종가 기준으로는 1.5% 수준이었다. 그러나 두 회사 모두 주식분할은 주식시장에 강한 영향을 미치는 요인으로 작용했다.

현금배당정책에 대한 시장의 평가는 다음과 같은 방향으로 전개되는 것으로 보인다. 성장 위주가 아닌 주식은 소득주income stock로 분류되고, 배당률

---

[*] 슈피리어 오일의 주가는 1959년에 2,165달러까지 치솟았다. 당시 배당금은 4달러였다. 이 회사 주식은 수년 동안 뉴욕증권거래소 사상 최고가를 유지했다. 휴스턴의 케크(Keck) 일가가 운영하던 이 회사는 1984년에 모빌(Mobil Corp.)에 인수되었다.

이 주가를 결정하는 가장 중요한 요소로 작용한다. 소득주와 극단적으로 상반되는 성격의 성장주는 향후 10년간 예상 성장률이 주가를 결정하는 주요 지표가 된다. 현금배당률은 상대적으로 고려 대상에서 제외된다.

위의 설명은 대체적인 경향은 잘 묘사하고 있지만, 보통주나 대부분의 회사가 처한 상황을 명확하게 이해하기에는 부족하다. 첫째, 많은 회사가 성장회사와 비성장회사의 중간쯤에 위치하고 있다. 이러한 회사들은 성장 요인이 얼마만큼 중요한지 판단하기 어렵고, 시장의 견해 또한 매년 급격하게 변화한다. 둘째, 성장이 둔화된 회사에 더 많은 현금배당을 요구하는 것은 모순적으로 보인다. 성장이 둔화된 회사라면 실적이 다소 부진한 경우가 많을 것이고, 과거에는 실적이 좋을수록 더 많은 배당을 기대했기 때문이다.

주주들은 경영자에게 수익의 3분의 2 정도에 해당하는 평균적인 수익을 배분할 것과, 배당을 보류하고 수익을 재투자한 만큼 주당이익이 만족할 수준까지 상승하였는지에 대해 명확한 설명을 요구해야 한다. 소위 성장기업의 경우 이러한 설명이 쉬운 편이다. 그러나 대부분 저배당은 적정 수준의 주가에 비해 해당 기업의 평균주가를 낮추는 데 일조하는 명백한 요인이 되므로, 주주가 저배당에 대한 설명을 요구하거나 이에 대해 불만을 토로하는 것은 당연한 일이다.

재무상태가 비교적 취약한 회사는 배당에 인색할 수밖에 없다. 이자를 지급하거나 운전자본을 보강하는 데만 해도 감가상각을 포함하여 수익의 전부 또는 대부분을 지출해야 할 형편이기 때문이다. 이러한 상황에서라면 주주로서는 재무상태 악화의 책임을 물어 경영자를 비난하는 것 이외에는 할 수 있는 일이 별로 없다. 그러나 상대적으로 성장이 부진한 회사는 사업을 확장한다는 명목으로 배당을 유보하는 때도 있다. 이러한 배당정책은 비논리적이다. 주주들은 이러한 정책을 수용하기 이전에 회사 측에 철저한 설명과 설득력이 있는 변론을 요구해야 한다. 과거 경험에 비추어 보면 보통 수준의 실적을 보이고 오랜 경영 관행을 답습하고 있는 회사가 느닷없이 사업 확장을 통해 수익을 노린다는 말을 곧이곧대로 믿기에는 근거가 미약하기 때문이다.

주식배당과 주식분할

투자자들은 주식분할과 주식배당의 본질적인 차이를 이해하는 것이 중요하다. 먼저 주식분할은 기존의 주식을 세분하는 것을 말한다. 주식 1주를 2주 또는 3주로 나누는 식이다. 신규로 발행된 주식은 과거에 재투자된 수익과 무관하다. 주식분할의 목적은 주당 가격을 낮추어 유통주식 수를 확대함으로써 기존 주주나 신규 주주의 거래를 활성화하는 것이다. 주식분할은 기술적으로 주식배당을 통해 실현될 수도 있는데, 이 경우에는 이익잉여금이 자본계정으로 이전되어야 한다. 이익잉여금계정은 그대로 두고 액면가를 조정하는 방법도 가능하다.*

일반적으로 2년이 경과하지 않는 짧은 기간 동안 사업에 재투자하여 거둔 특정 수익을 주주가 실질적으로 확인할 수 있는 수준으로 배분하였다면, '적정한 주식배당'이 이루어졌다고 말할 수 있다. 주식배당을 공표한 시점에 개략적인 주식배당의 가치를 산정하고, 그 가치만큼을 이익잉여금계정에서 자본계정으로 이전하는 것이 최근의 관례다. 따라서 통상적으로 주식배당은 비교적 작게 이루어지며, 대부분 5%를 초과하지 않는다. 근본적으로 이

---

* 오늘날 주식분할은 사실상 가격 변경을 통해 이루어진다. 2 대 1 분할의 경우, 1주는 2주로 늘어나고, 그 결과 주가는 원래 가격의 2분의 1로 거래된다. 3 대 1 분할의 경우에는 1주가 3주로 늘어나고, 주가는 원래 가격의 3분의 1로 거래된다. 그레이엄 시절에 이익잉여금이 자본계정으로 이전되는 경우는 아주 드문 일이었다.

런 형태의 주식배당은 주주들이 추가로 배당받은 주식을 팔 때 동일한 금액의 현금배당과 같은 효과를 가진다. 그러나 공공 유틸리티 기업의 일반적인 관행인 현금배당과 주식청약권의 결합보다는 직접적인 주식배당을 하는 편이 세제상의 혜택을 기대할 수 있다.

뉴욕증권거래소는 주식분할과 주식배당을 구분하는 가이드라인으로 25%를 지정하고 있다.** 주식배당 또는 주식분할이 25%를 넘을 때에는 이익잉여금에서 자본계정으로 이전할 필요가 없다. 은행 등 일부 기관에서는 임의로 주식배당을 하는 관행을 지속하고 있다. 예를 들어, 최근 수익에 상관없이 10%의 주식배당을 하는 식이다. 이 관행은 재무제표상의 불필요한 혼란을 초래한다.

우리는 오랫동안 현금배당 및 주식배당은 체계적이고 명확한 배당정책에 따라 이루어져야 한다고 주장해 왔다. 이러한 정책에 근거하여 주식배당을 정기적으로 지급함으로써 기업은 사업에 재투자된 수익의 전부 또는 일정 부분만큼을 자본화할 수 있다. 재투자된 수익을 전액 자본화하는 배당정책은 퓨렉스Purex, GEICO Government Employees Insurance Company 등 일부 기업에서 볼 수 있다.***

** 뉴욕증권거래소 규칙 703조는 주식분할과 주식배당을 규정하고 있다. 뉴욕증권거래소는 현재 25% 이상 100% 미만의 주식배당을 '부분적 주식분할'로 규정하고 있다. 그레이엄 시절과 달리 이러한 주식배당은 배당금액이 이익잉여금에서 자본전입이 되도록 하는 뉴욕증권거래소의 회계요건에 해당한다.

*** 이러한 정책은 그레이엄 시절에도 특별했지만, 오늘날에는 지극히 드문 경우다. 1936년과 1950년에 뉴욕증권거래소의 모든 주식 중 대략 절반 정도는 소위 특별 배당을 했다. 하지만 1970년에 이 비율은 10% 이하로 하락했고, 1990년대에 들어와서는 5% 이하에 머물렀다. 2000년 9월에 발간된 《저널 오브 파이낸셜 이코노믹스(Journal of Financial Economics)》 57권 3호 309쪽부터 354쪽에 실린 해리 디안젤로(Harry DeAngelo), 린다 디안젤로(Linda DeAngelo), 더글러스 J. 스키너(Douglas J. Skinner)의 "특별 배당과 배당 신호의 진화(Special Dividends and the Evolution of Dividend Signaling)"에서 관련 내용을 확인할 수 있다. 특별 배당의 하락세에 관한 가장 설득력 있는 설명은 주주들이 이러한 배당을 미래수익 감소의 신호로 해석하게 될 수 있다는 점에서 기업 경영자들이 꺼린다는 것이다.

대부분의 학자는 어떤 형태든 주식배당에 대해 호의적인 태도를 보이지 않는다. 어차피 배당된 주식이 종이쪽지에 불과하고, 주주는 그로 인해 새로운 혜택을 실제로 받는 것 없이 불필요한 경비와 불편함만 감수해야 한다는 이유에서다.* 하지만 우리는 이 주장이 공론에 불과한 것으로, 실제적이고 심리적인 투자현실을 설명해 주지 않는다고 본다. 사실 5%의 정기적인 주식배당은 소유자의 투자 형태만을 변화시킨다. 주식배당을 통해 투자자는 100주 대신 105주를 보유하게 되지만, 주식배당이 없더라도 원래의 100주에 포함된 소유지분은 105주의 소유지분과 동일한 것이다. 하지만 소유형태의 변화는 여전히 중요하고 그만한 가치가 있다. 투자자가 재투자로 인한 수익인 주식을 현금화하고 싶다면 원래 주식을 제외한 배당된 주식만 팔면 된다. 원래 100주에서 받은 것과 동일한 현금배당률을 105주에 대해서도 받는다고 생각할 수 있다. 그러나 주식배당 없이 5%의 현금배당률 증가 가능성은 거의 없다.**

정기적인 주식배당정책의 이점은 공공 유틸리티 기업의 일반적인 배당 관행과 비교하면 명확히 이해할 수 있다. 즉, 현금배당을 지급한 후 이 현금을 다시 회수하여 주식청약권 행사 등에 따라 주식배당을 추가로 시행함으로써 배당금 대부분을 배분하는 방식이다.*** 위에서 언급한 것처럼 현금배당을 주식배당으로 대체하면 주주 입장에서는 현금배당으로 지급해야 하는

---

* 배당을 둘러싼 학계의 비판적인 시각은 머튼 밀러(Merton Miller)와 프랑코 모딜리아니(Franco Modigliani)가 이끌었다. 밀러와 모딜리아니는 1961년에 쓴 "배당정책, 성장 및 주식평가(Dividend Policy, Growth, and the Valuation of Shares)"라는 논문으로 노벨 경제학상을 수상하였다. 이들은 총수익이 같다면 주주 입장에서는 수익이 배당이나 주가상승에서 비롯된 것이든 주가상승만으로 발생한 것이든 차이가 없으므로 배당은 불필요하다고 주장했다.

** 그레이엄의 이러한 주장은 현재는 유효하지 않으므로, 이 부분은 무시하고 넘어가도 좋다. 주주들은 이제 더 이상 발행받은 주권이 훼손될까 걱정할 필요가 없다. 사실상 모든 주식이 종이가 아닌 전자 형식으로 존재하기 때문이다. 그레이엄은 100주에 대한 현금배당이 5% 증가할 가능성은 105주에 대해 배당을 지속해서 받을 가능성보다 낮다고 말했는데, 어떻게 이러한 결론에 도달했는지는 불확실하다.

소득세를 절약하는 것 외에는 동일한 지위를 유지하게 된다. 주식 보유 수 확대 없이 높은 연간소득을 기대하는 투자자는 현재 관행대로 주식청약권을 매도하듯이 배당받은 주식을 팔면 된다.

이처럼 현금배당과 주식청약권이 결합된 형태를 주식배당으로 전환시킴으로써 절약할 수 있는 소득세액은 상당하다. 재무부 입장에서는 좋은 일은 아니겠지만, 공공 유틸리티 기업들이 배당정책을 변화시킬 것을 촉구하는 바다. 기업이 주식발행을 통해 동일한 금액을 다시 가져가는 상황에서 주주들은 실제로 받지도 않는 소득에 대해 개인소득세를 부과해야 하는 것은 전적으로 불공평하다고 믿기 때문이다.****

효율적인 기업들은 지속적으로 설비, 제품, 회계, 경영자훈련 프로그램, 노사관계를 현대화한다. 이제는 기업의 주요한 재무 관행을 현대화할 때이며, 배당정책 또한 신중하게 고려해야 한다.

*** 기존 주주들에게 신주를 매수할 권리를 인정해 주는 신주인수권은 그레이엄이 활동하던 시절에 비해 현재는 흔하지 않다. 신주인수권에 따른 주식은 시장가격보다 할인된 가격으로 제공할 때도 있다. 이 권리를 행사하지 않는 주주들의 회사 지분율은 결과적으로 낮아지게 된다. 따라서 대부분의 '권리'가 그렇듯이, 신주인수권 또한 기존 주주 입장에서는 어느 정도 강요되는 면도 있다. 오늘날 신주인수권은 폐쇄형 펀드나 보험 기타 지주회사 등에서 가장 일반적으로 찾아볼 수 있다.

**** 2003년 초 조지 부시(George W. Bush) 행정부는 기업배당의 이중과세 문제를 줄이는 점에 있어서 진일보한 입장을 보였다. 너무 급작스러운 행보인 탓에 최종 법안이 얼마나 도움이 될지는 모르겠다. 좀 더 명확한 효과를 노릴 수 있는 정책은 배당금의 세액을 공제하는 것이지만, 이러한 내용은 법안에 포함되지 않았다.

19장 논평

그레이엄이 내용을 삭제한 이유는 무엇일까?

이 장은 그레이엄이 내용 면에서 가장 큰 변화를 준 장이다. 초판에서 이 장은 거의 34쪽에 달했다. "사업주로서 투자자_{The Investor as Business Owner}"라는 제목을 붙인 초판 장에서는 주주의 투표권, 기업 경영의 질을 평가하는 방법, 내부자와 외부 투자자 간의 이해갈등을 방지하는 기술 등을 다루었다. 하지만 마지막 개정판에서 그레이엄은 배당금에 관해 설명한 8쪽가량의 분량을 제외하고 다른 모든 내용은 삭제했다.

그레이엄이 원래 분량에서 4분의 3 이상을 삭제한 이유는 무엇일까? 수십 년 동안 자신의 주장을 설파한 끝에 그레이엄은 투자자들이 기업 경영 활동을 점검할 권리를 찾을 것이라는 희망을 포기했기 때문이다.

그러나 AOL, 엔론, 글로벌 크로싱, 스프린트_{Sprint}, 타이코, 월드콤과 같은 거대기업들이 경영상 비리나 부정회계, 탈세 등 만연한 스캔들로 고발당하는 최근의 현실을 돌아보면 한 시대를 앞서 철저한 감시의 필요성을 역설했던 그레이엄의 경고를 깊이 되새기게 된다. 여기에서는 오늘날의 사건에 비추어 그레이엄의 논점을 되짚어 보겠다.

이론과 실제

1949년판에서 그레이엄은 '사업주로서 투자자'의 이론적인 측면을 이렇게 설명한다. "한 집단으로서 주주 전체는 왕이다. 경영자를 고용하고 해고할 수 있는 다수로 행동함으로써 자신들의 의지에 따라 경영자를 완전히 굴복하게 할 수 있다." 그러나 그레이엄은 현실의 한계 또한 다음과 같이 지적했다.

주주들은 완전한 실패작이다. 이들은 한 집단으로서 갖추어야 할 이성이나 경계심을 보이지 않는다. 마치 순한 양처럼 경영자가 추천하는 것이라면 경영 성과가 아무리 하잘것없더라도 상관없이 찬성표를 던진다. …… 평범한 미국의 주주가 그나마 독립적으로 현명하게 행동하도록 하려면 발밑에서 폭죽을 터뜨리는 수밖에 없다. …… 아마도 예수가 미국의 주주보다 훨씬 더 현실적인 사업가였을 것이라는 역설에 도무지 반기를 들 수가 없다.[1]

그레이엄은 투자자들이 아주 심오한 지식이 아닌 기본적인 사실을 깨닫

---

1 벤저민 그레이엄의 『현명한 투자자』(Harper & Row, 뉴욕) 1949년판 217쪽, 219쪽, 240쪽을 보라. 그레이엄은 예수를 인용한 것과 관련해 다음과 같은 설명을 덧붙인다. "복음서에는 부자와 재산을 관리하는 자의 관계를 매우 비판적인 관점으로 그려 낸 일화가 최소한 네 번 나온다. 대부분 어떤 부유한 사람이 자신의 재산을 훼손한 관리인이나 집사에게 하는 말을 옮기고 있다. '주인이 그를 불러 이르되 내가 네게 대하여 들은 이 말이 어찌 됨이냐. 네가 보던 일을 셈하라. 청지기 직무를 계속하지 못하리라.'(누가복음 16:2)." 그레이엄이 생각한 다른 일화들은 마태복음 25장 15절부터 18절일 것이다.

기를 바란다. 즉, 주식을 산다는 것은 그 회사의 주인이 된다는 것을 의미한다. 회사의 CEO를 비롯해 모든 경영진이 주주를 위해 일해야 하고, 이사회 또한 주주에게 답해야 한다. 회사의 현금은 곧 주주의 것이다. 회사 전체는 주주의 재산이다. 회사의 경영 방식이 주주 마음에 들지 않는다면, 주주는 경영자를 파면하고 이사진을 교체하며 자산을 매각하라고 요구할 권리가 있다. 그레이엄의 주장은 간단했다. "주주들은 깨어나야 한다."[2]

현명한 소유자

오늘날 투자자들은 그레이엄의 이 메시지를 잊고 있다. 주식을 사는 데는 많은 노력을 기울이면서, 팔 때는 그만큼 신중하게 행동하지 않는다. 가장 심각한 것은 주식을 보유하기 위한 노력은 전혀 하지 않는다는 점이다. "인생에서 매 순간 주의와 판단이 필요하듯이 주주의 투자 행위 또한 마찬가지다."[3]

현명한 투자자가 현명한 주인이 되려면 어떻게 해야 할까? 그레이엄은 "주주가 주의를 기울여야 하는 두 가지 기본적인 질문이 있다"고 말한다.

- 경영이 합리적으로 효율적인가?
- 평균적인 외부 주주의 이익이 적절하게 인정받고 있는가?[4]

---

2 1947년 4/4호 《애널리스트 저널(The Analysts Journal)》 중 62쪽에 실린 그레이엄의 "주주와 경영자의 관계에 관한 설문(A Questionnaire on Stockholder-Management Relationship)"을 참조하라. 그레이엄은 600여 명의 전문 증권분석가를 대상으로 한 조사에 따르면 이들 중 95% 이상이 주주들은 리더십을 발휘하여 주식 가치를 강화하지 못하는 경영진에 대해 공식적인 조사를 요청할 권리가 있다고 말한다. 그러나 그레이엄은 현실에서는 "이러한 조치가 이루어진 사례를 거의 들어 본 적이 없다"고 냉담하게 지적했다. 이러한 현실은 '주주와 경영자의 바람직한 관계와 현실의 괴리'를 극명하게 보여 준다.

3 그레이엄과 도드의 『증권분석』(1934년판) 중 508쪽을 보라.

주주는 동종업계의 유사한 기업과 수익성, 규모, 경쟁력 등을 비교해서 회사의 경영 효율성을 판단해야 한다. 그 결과 경영자의 자질이 부족한 것으로 판단된다면 어떻게 해야 할까? 그레이엄은 다음과 같이 조언한다.

첫째, 좀 더 현실적인 입장의 주주들은 변화의 필요성을 확신하고 그 목적을 달성하기 위해 매진해야 한다. 둘째, 주주들은 서열에 상관없이 위임장을 읽고 양측의 주장을 가늠할 수 있을 정도로 서로 열린 마음을 가져야 한다. 주주들은 적어도 회사가 실패하는 시점을 알 수 있어야 하고, 현재 경영진의 교묘하고 진부한 변명을 뛰어넘는 질문을 할 수 있어야 한다. 셋째, 경영 성과가 평균을 훨씬 밑도는 것이 확실할 경우 외부 경영전문가를 영입해 경영진의 전략과 역량을 개선하는 절차가 관행이 된다면 가장 바람직할 것이다.[5]

그렇다면 '위임의 근거'는 무엇이고, 그레이엄은 왜 이것을 확인해야 한다고 주장하는 것일까? 모든 주주에게 발송되는 위임장에서 회사는 주주총회의 의제를 공개하고, 내부자와 회사 간의 거래 및 경영자와 이사의 주식보유 현황과 보상에 대한 세부사항을 공개한다. 또한 주주들에게 회계법인 선정이나 이사회 구성원 선출과 관련하여 의견을 묻는다. 상식적인 눈으로 본다면 위임장은 광산의 카나리아와 같은 역할을 할 수 있다. 즉, 무엇인가 잘못되어 가는 일에 대해 조기경보를 울릴 수 있다.

---

4 『현명한 투자자』 1949년판 중 218쪽을 보라.

5 『현명한 투자자』 1949년판 중 223쪽에서 그레이엄은 위임투표가 외부 주주로 구성된 독립적인 위원회에 이사회가 아닌 주주들에게 보고서를 제출할 "엔지니어링 펌"을 선택할 권한을 부여하기 위한 목적으로 이루어져야 한다고 덧붙였다. 하지만, 이를 계획하고 실천하기 위해서는 회사 차원에서 비용을 감수해야 한다. 여기에서 그레이엄이 염두에 둔 엔지니어링 펌에는 투자관리회사, 신용등급평가기관, 증권분석가협회 등이 포함된다. 오늘날 투자자들은 컨설팅 회사, 구조조정 자문회사, 위험관리협회와 같은 다양한 기관 중에서 선택할 수 있다.

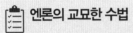

엔론의 교묘한 수법

1999년에 엔론은 미국 최고의 기업을 가리는 《포천》 500 목록에서 일곱 번째로 이름을 올린 성공적인 기업이었다. 이 거대한 에너지 기업의 매출과 자산, 수익은 모두 하늘 높은 줄 모르고 치솟았다.

투자자들이 이 현란한 수치에 현혹되지 않고, 상식에 따라 엔론이 1999년에 제시한 위임장을 꼼꼼하게 살펴보았더라면 어땠을까? '특정거래Certain Transactions'라는 제목으로 시작한 이 위임장에서는 엔론의 최고재무책임자 앤드루 패스토Andrew Fastow가 '에너지와 통신 관련 투자자산'을 매수한 LJM1과 LJM2, 두 파트너의 '이사회 구성원'이었다는 사실이 공개되어 있었다. 그렇다면 LJM1과 LJM2는 이 투자자산을 누구로부터 매수했을까? 엔론이지 누구겠는가! 이 위임자에 따르면 LJM1과 LJM2는 이미 1억 7000만 달러의 자산을 엔론으로부터 샀다고 공개했다. 엔론에서 빌린 돈으로 사들인 것이다.

현명한 투자자라면 즉시 다음과 같은 질문들을 던질 것이다.

- 엔론의 이사들은 이러한 계획을 승인했는가?(위임장에 따르면 그렇다.)
- 패스토는 LJM 수익 중 일부를 받았는가?(위임장에 따르면 그렇다.)
- 엔론의 최고재무책임자로서 패스토는 오로지 엔론 주주를 위해서 행동해야 하지 않은가?(물론이다.)
- 그러므로 패스토는 엔론이 매각한 자산으로부터 취득했던 가격을 극대화할 의무가 있는가?(절대적으로 그렇다.)
- LJM이 엔론의 자산에 더 높은 가격을 지불했다면, LJM의 잠재 수익 및 패스토의 개인적 수입도 낮아지게 되는가?(분명하다.)
- LJM이 더 낮은 가격을 지불했다면, 패스토와 그의 파트너의 수익이 늘어나는 반면 엔론의 수익은 감소하게 되는 것을 의미하는가?(분명하다.)
- 엔론은 패스토가 엔론 자산을 매입하여 개인적 이득을 취할 가능성이 있는 상황에서 패스토의 파트너에게 자금을 빌려주어야 했는가?(말도 되지 않는다.)
- 이 모든 것이 이해갈등의 혼란을 더욱 가중시키지 않는가?(당연히 그렇다.)
- 이러한 계획을 승인한 이사들의 판단에 대해 어떻게 생각해야 하는가?(투자자금을 다른 곳으로 옮겨야 한다.)

이 불미스러운 사건에서 우리는 두 가지 교훈을 분명히 배울 수 있다. 첫째, 상식 밖의 숫자에 희희낙락하지 말아야 한다. 둘째, 주식 매수 전과 후에 위임장을 항상 읽어야 한다.

그러나 위임장에 제대로 투표권을 행사하지 않는 개인투자자의 비율은 3분의 1에서 2분의 1에 달한다.[6] 위임장을 읽기는 하는 것일까?

현재 일어나고 있는 일에 귀를 기울이고 양심껏 투표하는 것이 훌륭한 시민의 기본적인 자질인 것처럼, 위임장의 내용을 이해하고 투표권을 행사하는 것은 현명한 투자자의 기본이다. 회사 주식 1만 주 중 10%든, 1%에 불과한 100주든 지분의 규모는 중요하지 않다. 조금이라도 그 회사의 주식을 보유한 투자자가 위임장 한번 읽지 않은 상태에서 회사가 파산했다면 이 사태에 대한 책임은 이 투자자에게도 있다. 위임장을 읽고 불안한 요소를 발견했다면 다음과 같이 행동해야 한다.

- 모든 이사에 대해 반대표를 행사하여 거부 의사를 밝힌다.
- 주주총회에 참석하여 발언권을 행사한다.
- 해당 주식의 온라인 게시판을 찾아서 이의제기에 동조하는 다른 투자자들을 규합한다. http://finance.yahoo.com와 같은 사이트를 이용할 수 있다.

다음과 같은 그레이엄의 제언은 오늘날의 투자자에게도 유용하다.

---

6 투자자의 위임을 유도하는 대표적인 회사로는 조지슨 셰어홀더(Georgeson Shareholder)와 에이디피스 인베스터 커뮤니케이션 서비스(ADP's Investor Communication Services)가 있다. 이 두 회사에서 2002년에 실시한 투표 자료에 따르면, 응답률은 평균 80%에서 88% 정도였다. 이 수치에는 고객의 다른 요구사항이 없는 한 자동으로 대행 증권회사가 고객을 대신해서 위임장을 보내는 경우도 포함된다. 즉, 위임 투표에 참여하지 않은 주주의 비율은 12%에서 20% 정도다. 하지만 미국 주식의 시가총액 중 개인투자자의 보유 비중은 40%에 그치고, 연금펀드나 보험과 같은 대부분의 기관투자자는 위임 투표에 참여하는 것이 법적으로 제한되어 있으므로, 전체 개인투자자의 대략 3분의 1이 이러한 투표 행사를 간과하고 있다고 보아야 한다.

외부에서 영입한 독립적인 전문 이사들에게는 다음과 같은 역할이 기대된다. 독립적인 전문 이사들은 다양한 사업 경험을 바탕으로 회사의 문제점에 관해 새롭고 전문적인 견해를 제시할 수 있어야 한다. …… 이들은 주주들이 주로 궁금해하는 점에 관한 견해를 포함한 연차보고서를 별도로 작성하여 주주들에게 바로 전달해야 한다. 독립적인 전문 이사들이 답변해야 하는 질문에는 다음과 같은 내용이 포함될 수 있다. 회사가 적절한 경영을 통해 외부 주주에게 기대되는 성과를 보여 주고 있는가? 만약 그렇지 않다면 왜 그런가? 문제가 있다면 어떤 조치를 취해야 하는가?[7]

그레이엄의 이러한 제언이 오늘날 '독립' 경영진이라는 이름하에 함께 골프를 치러 다니거나 기업 대리인으로 활동하는 이들의 간담을 얼마나 서늘하게 할지 상상할 수 있을 것이다. 아마 이들은 척추는 없는 존재들로 보이므로 등골이 오싹할 것이라는 기대는 접어 두자.

그것이 누구의 돈인가

이제 그레이엄의 두 번째 기준, 즉 경영자가 외부 주주를 위해 최선을 다했는가의 문제를 살펴보자. 경영자들은 주주들에게 항상 회사의 현금 사정에 대해 자신들만큼 잘 아는 사람은 없다며 안심을 시킨다. 하지만 그레이엄은 이러한 경영자의 말이 허튼소리라는 것을 정확히 간파했다.

경영자가 회사 경영을 잘했을지라도 그 혜택이 외부 주주들에게 그대로 전달

---

7 『현명한 투자자』 1949년판 중 224쪽을 보라.

되는 것은 아니다. 경영의 효율성은 영업에 국한되는 것이지, 자본을 얼마나 효율적으로 활용하였는가의 영역으로까지 확대되지는 않기 때문이다. 효율적인 영업의 목적은 저가에 생산하면서 가장 많은 이윤을 남기고 팔 수 있는 품목을 찾는 것이다. 효율적인 자금관리를 위해서는 수익성이 가장 좋은 방식을 선택해 주주의 자금을 운용해야 한다. 하지만 경영자들은 효율적인 자금관리에는 거의 관심을 두지 않는다. 실제로 재무상 문제가 발생하면 대부분의 경영자는 되도록 많은 자본을 주주로부터 끌어들여 문제를 최소화하려고 한다. 그래서 경영자들은 일반적으로 주주가 허용하는 한 실제로 필요한 것보다 더 많은 자본을 운용하게 된다. 대부분 주주들은 이러한 방향에 순응한다.[8]

1990년대 후반에서 2000년대 초반 무렵에 첨단기술 분야의 경영자들은 이와 같은 '가부장적인 태도'의 극한을 보여 주었다. 이를테면 다음과 같은 식이었다. 결국 주주를 위해 현금을 투자하겠다는 것이고, 주주들은 그 결과 주가상승의 혜택을 볼 텐데, 왜 배당금을 요구하는가? 그냥 우리의 주식이 오르는 것만 지켜보라. 주주들이 직접 나서는 것보다 우리가 더 효율적으로 목돈을 만들어 줄 수 있다는 사실을 주가가 증명해 줄 것이다.

믿기 어렵지만, 투자자들은 이 말에 완전히 속아 넘어갔다. 이처럼 가부장적인 태도가 득세한 결과, 1999년에 신규 공모한 회사 중 배당금을 지급한 회사 비율은 3.7%에 그쳤다. 1960년대에는 기업공개를 한 기업 중 무려 72.1%가 배당금을 지급했다.[9] 배당금을 지급한 회사 비율이 얼마나 줄어들었는지 보라.

---

8 『현명한 투자자』 1949년판 중 233쪽을 보라.

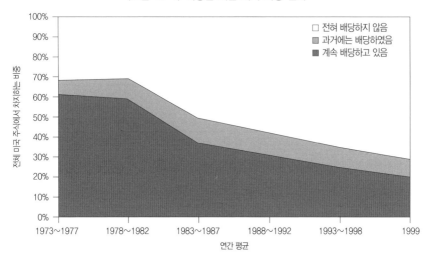

〈그림 19-1〉배당금 지급 회사 비중 변화

□ 전혀 배당하지 않음
◪ 과거에는 배당하였음
■ 계속 배당하고 있음

*출처: 유진 F. 파마와 케네스 프렌치가 공저한 "사라진 배당(Disappearing Dividends)"(2001년 4월 《저널 오브 파이낸셜 이코노믹스》)

그러나 가부장적인 태도는 단지 허풍에 불과했다. 현금을 바람직한 용도로 사용한 회사들도 물론 일부 있었다. 그러나 더 많은 회사가 현금을 낭비하거나, 당장 지출할 것도 아닌데 내부에 축적해 두는 식이었다.

현금을 낭비한 회사들의 예 중, 프라이스라인Priceline.com은 식료품과 휘발유 분야에 벤처투자를 했으나 2000년에 6700만 달러의 손실을 보고 파산했다.

---

9 2001년 4월 《저널 오브 파이낸셜 이코노믹스》 60권 1호 3쪽부터 43쪽에 실린 유진 F. 파마와 케네스 R. 프렌치의 "사라진 배당금: 회사의 특징을 변화시킬 것인가, 지급률을 낮출 것인가?(Disappearing Dividends: Changing Firm Characteristics or Lower Propensity to Pay?)" 중 특히 표 1을 살펴보라. 엘로이 딤슨, 폴 마시, 마이크 스턴튼의 『낙천주의자의 승리(Triumph of Optimists)』(Princeton University Press, Princeton, 2002) 중 158쪽부터 161쪽에서도 관련 내용을 확인할 수 있다. 흥미로운 것은 미국 주식의 총 배당금액이 1970년대 후반 이후는 물론 인플레이션 이후에도 꾸준히 증가하고 있다는 사실이다. 반면, 배당금을 지급하는 주식의 수는 거의 3분의 2로 줄었다. 해리 디안젤로, 린다 디안젤로, 더글러스 J. 스키너의 "배당금이 사라지고 있나? 배당금 집중과 수익의 공고화(Are Dividends Disappearing? Dividend Concentration and The consolidation of Earnings)"를 참조하라. 이 글은 http://papers.ssrn.com에서 확인할 수 있다.

또 다른 예로, 아마존닷컴Amazon.com은 웹밴Webvan과 애시퍼드Ashford.com 같은 폭탄주에 투자해서 주주의 재산 중 2억 3300만 달러 이상을 날려버렸다.[10] 그런가 하면 배당금을 지급하지 않으면서 주식은 터무니없이 고평가된 기업과 합병한 후 최대의 손실을 기록한 기업들도 있다. 2000년에 560억 달러의 손실을 기록한 JDS 유니페이스와 2002년에 990억 달러의 손실을 기록한 AOL 타임워너가 바로 그러한 예다.[11]

현금을 내부적으로 축적하는 회사로는 2001년 후반에 50억 달러의 현금을 쌓아 둔 오라클Oracle Corp., 적어도 75달러를 축적했던 시스코 시스템즈를 들 수 있다. 마이크로소프트는 무려 382억 달러의 현금을 보유했고, 시간당 평균 200만 달러의 현금이 계속해서 증가했다.[12] 빌 게이츠는 도대체 무엇에 대비해서 이렇게 현금을 저축했을까?

---

10 석면 지갑에 동전을 넣고 다녀서 돈이 샌 적이 없다고 하는 벤저민 프랭클린(Benjamin Franklin)이 CEO였다면 이러한 문제를 피할 수 있었을 것이다.

11 2002년 11월호 《비즈니스 위크》 60쪽부터 70쪽에 실린 데이비드 헨리(David Henry)의 "인수합병: 빅딜이 그만한 성과를 보이기 어려운 이유(Mergers: Why Most Big deal don't Pay Off)"를 보라. 이 글에 따르면, 1995년부터 2001년까지 300개 이상의 대형 인수합병 중 61%는 인수 기업 주주의 재산에 심각한 손실을 입혔다. 소위 '승자의 저주', 또는 '매수자의 후회'라는 말이 떠올려지는 상황이다. 인수 과정에서 현금보다 주식을 사용한 경우에는 경쟁사에 비해 8% 정도 더 나쁜 성과를 보였다. 비슷한 내용은 2002년 8월호 《저널 오브 파이낸스》 52권 1763쪽부터 1793쪽에서도 확인할 수 있다. 이 저널에 실린 비슷한 연구로는 캐슬린 풀러(Kathleen Fuller), 제프리 네터(Jeffrey Netter), 마이크 스테게몰러(Mike Stegemoller)의 "인수 기업의 수익률을 통해 우리는 무엇을 알 수 있는가?(What Do Returns to Acquiring Firms Tell Us?)"를 들 수 있다. 이 연구에 따르면, 개인 기업 및 공기업의 자회사를 인수하는 것은 긍정적인 주식수익률을 기대할 수 있지만, 전체 공기업을 인수하는 경우 인수 기업의 주주들이 손실을 입는다.

12 이자율이 기록적으로 낮은 환경에서는 아무리 산더미 같은 현금이라도 쌓아 두기만 하는 건 하찮은 이자수익만 거두게 된다. 그레이엄이 주장했듯이 "이러한 잉여 현금이 회사에 묶여 있다면 외부 주주들은 이를 통해 거의 혜택을 볼 수 없다."(《현명한 투자자》 1949년판 중 232쪽을 참조하라). 사실, 2002년 말경에 마이크로소프트의 현금 잔고는 434억 달러로 늘어났다. 영업에서 발생하는 현금을 투입할 좋은 투자처를 발견하지 못했다는 명백한 증거다. 그레이엄이 지적한 것처럼 마이크로소프트의 영업은 효율적이지만 재무관리는 그렇지 못했던 것이다. 이러한 문제를 해결하기 위한 수순으로 마이크로소프트는 2003년 초에 정기적인 분기별 배당 지급을 시작했다.

이러한 일화에서 우리가 분명히 알 수 있는 것은 상당히 많은 회사가 잉여 현금으로 더 많은 수익을 창출하는 방법을 모른다는 사실이다.

- 펀드매니저 로버트 D. 아노트Robert D. Arnott와 클리퍼드 S. 아스네스Clifford S. Asness의 연구에 따르면, 현재 배당이 낮은 기업은 미래수익도 낮아진다. 반대로 현재 배당이 높은 기업은 미래수익도 더 높아진다. 10년 동안 저배당 기업보다 고배당 기업이 평균 수익증가율에서 3.9% 더 높은 성과를 보였다.[13]
- 컬럼비아 대학의 회계학 교수인 도론 니심Doron Nissim과 아미르 지브Amir Ziv에 따르면, 배당률을 올린 기업들은 주가수익이 높을 뿐 아니라, "배당 증가는 배당 변화 이후 최소한 4년 동안 미래수익성을 더 높이는 효과가 있다."[14]

한마디로 경영자가 주주보다 현금을 더 잘 운용할 수 있다고 장담하는 것은 틀렸다. 배당금 지급이 항상 더 나은 결과를 보장하는 것은 아니지만, 경영자들이 현금을 쌓아 두거나 낭비하기 전에 일부라도 활용하여 주식수익을 향상시킬 수 있다.

---

13 2003년 1/2호 《파이낸셜 애널리스트 저널》 70쪽부터 87쪽에 실린 로버트 D. 아노트, 클리퍼드 S. 아스네스의 "깜짝 선물! 더 높은 배당=더 높은 성장(Surprise! Higher Dividends=Higher Earnings Growth)"을 참조하라.

14 2001년 12월 《저널 오브 파이낸스》 56권 6호 2111쪽부터 2133쪽에 실린 도론 니심과 아미르 지브의 "배당 변화와 미래수익성(Dividend Changes and Future Profitability)"을 참조하라. 미래수익과 관련하여 아노트와 아스네스, 니심과 지브의 이론에 동의하지 않는 연구자들은 배당 증가를 통해 미래에 더 높은 주가수익비율을 실현할 수 있다고 본다. 1997년 7월 《저널 오브 파이낸스》 52권 3호 1007쪽부터 1034쪽에 실린 슐로모 베나치(Shlomo Benatzi), 로니 마이클리(Roni Michaely), 리처드 테일러의 "배당금의 변화로 미래 또는 과거를 읽을 수 있나?(Do Changes in Dividends Signal the Future or the Past?)"를 참조하라.

저가매도 고가매수

그렇다면 회사가 여윳돈으로 자사주를 매입해서 현금 활용도를 높일 수 있다는 주장은 어떠한가? 자사주 매입은 발행주식 수의 감소를 의미한다. 따라서 순이익에는 변화가 없더라도 총이익을 더 작은 주식 수로 나누게 되기 때문에 주당순이익이 증가하는 효과가 발생한다. 이제 남은 것은 주가를 오르게 하는 일이다. 자사주 매입의 좋은 점은 배당과 달리 주식을 팔지 않은 주주에게 세금이 부과되지 않는다는 것이다.[15] 따라서 세금은 증가하지 않으면서 주주 가치를 높이게 된다. 주가가 더 싼 경우라면 잉여 현금을 이용한 자사주 매입은 회사 자본을 활용하기에 탁월한 방법으로 활용할 수 있다.[16]

이 모든 것은 이론상으로는 옳다. 하지만 현실에서 자사주 매입은 부정적인 의도로 활용되는 예가 많다. 예를 들어, 스톡옵션 교부의 목적이 경영자에 대한 보상인 경우가 대부분이므로, 특히 하이테크 업계의 많은 회사가 스톡옵션을 행사한 경영자를 위해 수억 주를 발행해야 한다.[17] 이렇게 되면 발행주식 수는 늘지만 주당순이익이 줄어들게 된다. 그러한 희석 효과를 중화시키기 위해, 회사들은 시장에서 자사주 수백만 주를 매입하거나 소각해야

---

15 2003년 초에 부시 대통령이 제안한 세금 개혁은 배당금의 과세기준을 바꾸었다. 그러나 이러한 조치가 어떤 결과로 이어질 것인지는 아직 명료하지 않다.

16 역사적으로 기업들은 주가가 높을 때 자사주를 늘리고, 주가가 낮을 때 자사주를 줄이는 방식으로 상식적인 접근을 해 왔다. 예를 들어, 1987년 10월 19일에 주가가 폭락하자 400개의 회사가 다음 12일 동안의 환매 계획을 발표했다. 반면 주가가 훨씬 높았던 그해 초에 자사주 환매 계획을 발표한 회사는 107개에 불과했다. 2000년 9월 《저널 오브 파이낸셜 이코노믹스》 57권 3호 362쪽에 실린 무랄리 자가나단(Murali Jagannathan), 클리퍼드 P. 스티븐(Clifford P. Stephens), 마이클 S. 웨이스바크(Michael S. Weisbach)의 "재무 융통성과 배당금 및 주식 재구매 사이의 선택(Financial Flexibility and the Choice Between Dividends and Stock Repurchases)"을 참조하라.

한다. 2000년 무렵에 회사들이 자사주 매입을 위해 지출한 금액은 놀랍게도 순이익의 41.8%에 달했다는 점이 이러한 현실을 반영한다. 1980년에는 4.8%였다.[18]

소프트웨어 업체인 오라클의 경우를 살펴보자. 1999년 6월 1일부터 2000년 5월 31일까지, 오라클은 4억 8400만 달러의 비용을 들여서 최고경영진에게 보통주 1억 100만 주, 직원들에게 2600만 주를 발행했다. 한편, 이전의 스톡옵션 행사가 주당순이익을 희석하지 않게 하려고, 오라클은 그해 총수입의 52%에 달하는 53억 달러를 들여 보통주 2억 9070만 주의 자사주를 매입했다. 오라클은 주식을 평균 3달러 53센트에 내부자에게 발행하고 평균 18달러 26센트에 시장에서 매입했다. 자사주를 저가에 팔아 고가에 산 셈이다. 이러한 방법으로 주주 가치가 증대될까?[19]

---

17 스톡옵션은 회사가 경영자나 고용인에게 미래에 할인된 가격으로 주식을 살 수 있는 권리를 주는 것이다(의무는 아니다). 옵션을 주식으로 전환하는 것을 옵션을 '행사'한다고 한다. 이때 고용인들은 주식을 시장가격으로 매도하여 그 차이를 이익으로 챙길 수 있다. 회사 입장에서는 한 해에 수억 개의 옵션이 행사될 수 있으므로 발행주식 수를 늘려야 한다. 하지만 이 과정에서 회사의 순이익은 훨씬 더 많은 수의 주식으로 나누어지기 때문에 주당순이익은 줄어든다. 따라서 회사는 스톡옵션 소유자에게 발행된 주식의 가치를 상쇄하기 위해 다른 주식을 재매수하려고 한다. 1998년의 한 조사에서 CFO 중 63.5%는 자사주 매입의 주요 이유가 스톡옵션에 따른 희석을 상쇄하기 위한 것이라는 점을 인정했다. 1998년 7월호 《인스티튜셔널 인베스터(Institutional Investor)》에 실린 CFO 포럼(CFO Forum), "환매 경로(The Buyback Track)"를 참조하라.

18 이러한 변화의 주요 요인 중 하나는 1982년에 자사주 매입에 대한 기존 제한을 완화하는 증권거래위원회의 결정이었다. 2002년 8월 《저널 오브 파이낸스》 57권 4호 1649쪽부터 1684쪽에 실린 구스타보 그룰린(Gustavo Grullin)과 로니 마이클리의 "배당금, 주식 재구매 및 이전가설(Dividends, Share Repurchases, and the Substitution Hypothesis)"을 참조하라.

19 여기에서 그레이엄이 주장하는 바에 따르면 기업 경영자는 주식이 저평가 또는 고평가되지 않을 것이라는 확신을 제공할 의무가 있다. 『증권분석』에서 그레이엄은 주주의 이익을 보호해야 할 경영자의 책임에는 주식이 부당하게 낮은 가격이나 높은 가격으로 거래되지 않도록 방어해야 하는 의무도 포함된다고 말한다. 따라서 주주의 가치를 높인다는 것은 단순히 주가가 너무 낮게 형성되지 않도록 하는 것만이 아니라, 불공정한 수준까지 오르지 않도록 하는 것이기도 하다. 1999년, 인터넷 기업 경영자들이 그레이엄의 지혜에 귀를 기울였더라면 얼마나 좋았을까?

2002년에 오라클의 주식은 2000년 고점의 절반 이하로 하락했다. 주가가 더 내려갔으니 오라클은 더 많은 자사주를 매입하려고 서두르지 않았을까? 결과는 반대였다. 2001년 6월 1일부터 2002년 5월 31일까지 오라클은 자사주 매입 규모를 28억 달러로 줄였다. 분명히 그해에 내부자들이 스톡옵션 행사가 적었기 때문일 것이다. 이와 같은 저가매도 고가매수의 예는 다른 하이테크 기업에서도 무수히 찾아볼 수 있다.

도대체 어떻게 된 일일까? 여기에는 두 가지 놀라운 요인이 작용하고 있다.

- 회사 입장에서는 임직원이 스톡옵션을 행사하면 세금 감면을 받는다. 미국 국세청에서 이를 회사에 대한 '보상비용'으로 간주하기 때문이다.[20] 예를 들면, 2000년 회계연도부터 2002년 회계연도 사이에 오라클은 내부자의 스톡옵션 행사에 따른 세금 감면으로 16억 9000만 달러를 벌었다. 1999년부터 2000년 사이에 스프린트Sprint Corp. 역시 임직원의 스톡옵션 차익으로 19억 달러를 확정함에 따라, 세금 감면으로 6억 7800만 달러를 챙겼다.

- 스톡옵션으로 엄청나게 보상받은 경영자는 배당보다 자사주 매입을 선호한다. 왜 그럴까? 주가변동이 더 커질수록 스톡옵션의 가치가 증가하기 때문이다. 배당은 주가변동성에 약하다. 따라서 경영자가 배당을 늘린다는 것은 자신이 보유한 스톡옵션의 가치를 낮춘다는 것을 의미한다.[21]

---

20 믿기 어렵지만 스톡옵션이 기업의 세금신고서상에서는 보상비용으로 간주되는 경우에도 주주를 대상으로 한 손익계산서상에는 비용으로 포함되지 않는다. 투자자들은 회계 혁신으로 이처럼 어이없는 관행이 바뀌기를 바라야 할 형편이다.

최고경영자들이 배당금 지급보다 자사주 매입을 훨씬 선호하는 것은 어쩌면 당연한 일이다. 이러한 경영자들은 주식의 고평가 문제나 외부 주주 자원의 낭비는 안중에도 없다.

스톡옵션을 경계하라

결국 나른한 투자자들은 미처 깨닫지도 못하는 사이에 경영자에게 회사의 재정을 마음대로 주무를 수 있는 자유를 준 셈이다. 1997년에 애플 컴퓨터$_{Apple\ computer\ Inc.}$의 공동설립자인 스티브 잡스$_{Steve\ Jobs}$는 '임시' CEO로 회사에 복귀했다. 이미 갑부의 반열에 든 잡스는 연봉을 1달러만 받겠다고 했다. 1999년 말, 2년 반 동안 제대로 된 연봉 없이 최고경영자 자리를 맡아 준 그에게 감사의 표시로 이사회는 9000만 달러의 회사 비용을 들여 걸프스트림 제트기를 선물했다. 그다음 달에 잡스가 '정식' CEO로 취임하는 데 동의하자, 이사회는 그에게 2000만 주의 스톡옵션으로 보상했다. 당시 잡스가 보유하고 있던 주식은 2주였다고 한다.

이러한 스톡옵션 교부의 원칙은 경영자와 외부 주주의 수익을 맞추어 조정하는 것이다. 독자가 애플의 외부 주주라면, 애플 주식이 탁월한 수익을 거두었을 때에만 경영자가 보상받기를 원할 것이다. 수익을 거둔 것도 아닌

---

21 2001년 4월 《저널 오브 파이낸셜 이코노믹스》 60권 1호 45쪽부터 72쪽에 실린 조지 W. 펜(George W. Fenn)과 넬리 리앙(Nellie Liang)의 "기업의 지급 정책 및 경영주 인센티브(Corporate Payout Policy and Managerial Stock Incentives)"를 참조하라. 배당은 현금 수익의 흐름을 통해 주주들에게 시장가치 변화의 충격을 완화할 기회를 제공함으로써 주가변동 가능성을 줄여 준다. 연구 결과에 따르면, 현금배당을 제공하지 않는 회사의 자사주 프로그램의 평균수익성은 배당을 지급하는 회사보다 변동성이 2배나 높다. 일반적으로 수익 변동이 클수록 주가 변동폭 또한 커진다. 또한 주가가 일시적으로 높아질 때 더 많은 기회가 창조되어 경영자가 제공하는 스톡옵션의 가치가 더 높아진다. 오늘날 회사가 제공하는 보상 중 약 3분의 2는 스톡옵션을 비롯한 비금전적인 형태를 취한다. 30여 년 전의 경우에는 최소한 3분의 2 이상의 보상이 현금으로 지급되었다.

데 경영자만 보상을 받는다면 주주 입장에서는 공정하지 않다. 그러나 뱅가드 펀드의 전 회장 존 보글John Bogle이 지적한 것처럼, 거의 모든 경영자가 스톡옵션을 행사해서 주식을 받자마자 바로 팔아 버린다. 즉각적인 수익을 위해 수백만 주를 파는 행위가 어떻게 경영자의 수익을 장기적으로 회사에 투자해 온 주주와 경영자의 수익에 맞추는 것이라고 할 수 있겠는가?

잡스의 경우, 만약 애플 주식이 2010년 초까지 연간 5%씩 상승한다면 그는 자신의 스톡옵션을 행사하여 5억 4800만 달러를 현금화할 수 있다. 다른 말로 하면, 애플의 주식수익률이 전체 주식시장의 장기평균수익률의 절반보다 높지 않다면, 잡스는 5억 달러의 횡재를 거두게 되는 것이다.[22] 이렇게 되면 잡스와 주주의 수익이 병존한다고 볼 수 있을까? 아니면 애플 이사회에 신뢰를 쏟아 온 주주들이 배반당하는 셈일까?

위임장을 꼼꼼하게 살펴본 현명한 주주라면 스톡옵션을 통해 발행주식의 3% 이상을 경영자에게 넘겨주는 보상 계획에 반대할 것이다. 또한, 5년 이상 업계 평균 주식보다 높은 성과를 내는 것과 같이 탁월한 성과와 공정하고 일관된 기준에 따라 교부된 스톡옵션이 아니라면 어떤 계획에도 반대해야 한다. 주주의 주머니를 채워 주지 못하는 최고경영자라면 스스로 부자가 될 자격은 없다.

마지막으로 생각할 것들

그레이엄은 각 회사에 영입된 독립적인 전문 이사는 주주들에게 회사가 진정한 주인의 이득을 도모하기 위해 잘 경영되고 있는지 서면으로 알려야

---

22 2001년 4월 주주총회 애플 컴퓨터의 위임장 8쪽에 포함된 내용이다. www.sec.gov에서 확인할 수 있다. 여기에서 스티브 잡스의 스톡옵션과 소유지분은 2 대 1 주식분할로 조정되었다.

한다고 주장했다. 그런데 독립적인 이사가 회사의 배당전략과 자사주 매입에 대한 정책에 대해 적정성을 입증해야만 한다고 하면 어떻게 될까? 이들이 회사의 최고경영자에게 제공된 보상이 과도한 것이 아니라는 점을 입증해야 한다면 어떻게 될까? 모든 투자자가 현명한 주주로서 보고서를 꼼꼼히 읽어 본다면 어떤 변화를 기대할 수 있을까?

20장
투자의 중심개념 '안전마진'

　옛 설화 속의 현인들은 난세가 닥칠 때마다 이렇게 말했다. "이 또한 지나
가리라."* 건전한 투자 비법에서 이 명언처럼 두루 통하는 묘약이 있다면 '안
전마진'일 것이다. 안전마진은 때로는 명확하게, 때로는 조금 완곡하게 이제
까지 논의해 왔던 투자 정책의 핵심을 관통하는 개념이다. 이 장에서는 안전
마진에 대해 간단히 살펴보기로 하자.

　경험이 풍부한 투자자들은 안전마진의 개념이 채권과 우선주의 선택에
있어서 필수적이라는 사실을 알고 있다. 예를 들어, 철도회사의 채권이 투자

---

* "동양의 어떤 군주가 현자들에게 언제 어떤 상황에서도 사실이며 타당한 글을 지어 오라고 명령했습니
다. 현자들은 군주에게 다음과 같은 글을 올렸습니다. '이 또한 지나갈 것이니라.' 이 얼마나 많은 것을 함
축적으로 표현한 말인가! 교만한 마음을 얼마나 부끄럽게 하는가! 고통스러운 마음에는 또한 얼마나 깊
이 위로가 되는 말인가! 이 또한 사라질 것이다. 그러나 아직은 현실이 아니라고 희망하자.'" 이 인용문
은 1895년 9월 30일 밀워키에서 에이브러햄 링컨(Abraham Lincoln)이 위스콘신 주 농업협회(Wisconsin State
Agricultural Society) 앞에서 연설한 내용 중에 발췌한 것이다. 당시 연설문은 『에이브러햄 링컨: 1859년부
터 1865년까지 남긴 연설과 글(Abraham Lincoln: Speeches and Writings, 1895-1865)』(Library of America, 1985) 2권
101쪽에서 확인할 수 있다.

대상 채권으로 분류되기 위해서는 수년에 걸쳐 세전 이익이 전체 고정이자비용의 5배 이상이 되어야만 한다. 이자비용을 지급한 후 남은 과거의 수익성은 미래의 일정 시점에 순이익이 하락할 경우 투자자를 손실로부터 보호하는 데 필요한 안전마진으로 작용하게 된다. 이자비용 이상의 안전마진을 다른 방법으로 표현하면, 이자비용을 차감한 영업이익이 소진되기까지 하락할 수 있는 이익의 감소율을 의미한다. 그러나 기본적인 개념은 같다.

채권투자자들은 미래의 평균수익이 과거와 같으리라고 기대하지는 않는다. 미래수익이 확실하다면 그만큼 필요한 안전마진은 작아질 것이다. 또한 투자자들은 미래수익이 과거보다 호전될 것인지, 또는 악화될 것인지에 대해서도 그다지 연연하지 않는다. 굳이 따지자면 과거 실적에 따른 마진보다는 신중하게 예측된 미래수익에 따른 마진을 사용할 것이다. 안전마진의 기능은 본질적으로 미래에 대한 정확한 예측을 필요로 하지 않는다. 안전마진이 크다면 투자자로서는 앞으로 수익이 과거에 비해 큰 폭으로 하락하지 않으리라는 확신만 있으면 회사가 힘들어지더라도 어느 정도 보호될 수 있다.

채권에 대한 안전마진은 기업의 총가치와 부채를 비교함으로써 계산할 수 있다. 이 계산 방법은 우선주에도 적용할 수 있다. 한 회사가 1000만 달러의 부채를 안고 있고, 회사 가치는 3000만 달러 수준이라고 가정해 보자. 최소한 이론상으로 회사 가치가 3분의 2 이상 하락하기 전까지는 이 회사의 채권 소유자들에게까지 피해가 미치지 않는다. 부채를 초과하는 이러한 기업의 잉여 가치 또는 '여유 가치'의 규모는 초과가치 또는 후순위 주식의 평균 시장가치를 이용해 대략적으로 산출할 수 있다. 주식의 평균 시장가치는 기업의 평균수익성과 관련이 있다. 따라서 부채를 넘어선 기업가치의 안전마진과 이자비용을 초과하는 수익의 안전마진은 대부분 비슷하게 나타난다.

'고정금리를 받는 투자', 즉 채권에 대한 안전마진의 개념 설명은 이 정도로 마치겠다. 그렇다면 안전마진의 개념은 주식에도 적용할 수 있을까? 약간의 수정이 필요하긴 하지만 적용할 수 있다.

보통주의 안전마진은 우량채권 수준이므로 이에 대한 투자는 안정적이라고 간주되기도 한다. 예를 들어, 한 회사가 보통주만 발행한 경우 보통주의 시가총액이 불황기에 자산과 수익성*을 기초로 안전하게 발행할 수 있는 채권 총량보다 낮은 경우가 이에 해당한다. 1932년부터 1933년까지 주가가 낮았던 시기에 재무구조가 우량했던 다수의 제조업체가 그러했다. 이 경우 투자자는 채권과 관련된 안전마진 외에 주식투자에 따른 소득 및 원금 증가의 기회까지 획득하는 것이 가능하다. 유일한 결점은 배당요구에 대한 법적 권리가 없다는 것이지만, 이것도 이점에 비하면 미미하다. 이처럼 안전성과 수익이 이상적으로 결합된 보통주는 흔한 경우는 아니다. 이러한 요건을 충족하는 최근의 예로 내셔널 프레스토의 주식을 다시 한 번 살펴보자. 이 회사는 1972년 시가총액이 4300만 달러에 달했다. 세전 이익이 1600만 달러에 달했기 때문에 동일한 수준의 채권을 쉽게 보유할 수 있었다.

일반적인 상황에서라면 보통주의 안전마진은 채권수익률을 상당히 상회하는 예상 수익을 전제해야 한다. 이와 관련하여 우리는 이전 판에서 다음과 같이 설명했다.

주식의 수익성이 가격의 9%이고 채권수익률은 4%라고 가정해 보자. 이 경우 주식투자자는 연평균 5%의 마진을 갖게 된다. 초과수익의 일부는 배당 형

---

* 수익성(earning power)이란 기업의 잠재가능이익, 즉 기업 환경이 유지될 경우 매년 벌어들일 것으로 기대되는 수익을 가리키는 그레이엄의 용어다(『증권분석』 1934년판 중 354쪽을 참조하라). 일부 강연 내용에 비추어 보면 그레이엄이 말한 수익성이 대상으로 하는 기간은 5년 이상인 것으로 이해된다. 기업의 주당 수익성은 주가수익비율의 역수로 간단하게 추정할 수 있다. 즉, 주가수익비율이 11인 회사의 수익성은 1/11의 백분율인 9%가 된다. 오늘날 수익성은 수익률(earning yield)이라는 용어로도 사용된다.

태로 지급된다. 주식투자자가 배당을 써버리더라도 투자자의 전체 투자 결과에는 포함된다. 분배되지 않은 수익은 사업에 재투자된다. 대부분 재투자된 수익은 궁극적으로 수익성이나 주식의 가치를 그만큼 증가시키지 못한다. 증권시장에서 이익의 사내유보보다는 배당에 대해 좀 더 호의적으로 평가하는 오래된 관행은 바로 이러한 이유 때문이다.[*] 그러나 전체적으로 볼 때 재투자를 통한 기업의 잉여 수익 및 가치의 증가는 상당히 밀접한 관계가 있다.

10년 이상을 놓고 볼 때 채권이자를 초과하는 수익성의 총계는 주가의 50%를 넘을지도 모른다. 이러한 수치는 시장 상황이 좋아지는 경우 손실을 막거나 최소화시킬 수 있는 안전마진을 제공하는 데 충분하다. 이 정도의 안전마진을 포함한 20개 이상의 종목으로 포트폴리오를 구성하면 좋은 성과를 올릴 가능성이 매우 커진다. 성공적인 주식투자를 위한 정책에 대단한 통찰력이나 식견이 필요하지 않는 이유가 바로 여기에 있다. 여러 해에 걸쳐 매입이 이루어진다면 지급된 가격에는 적절한 안전마진이 포함된다. 시장이 상승해 있을 때 매입이 집중되었거나 수익성 감소의 위험이 평균 이상인 종목을 매입하는 데서 투자에 따른 위험은 존재한다.

잘 알려진 것처럼 1972년 상황에서 주식투자에 따른 문제는 일반적으로 기업의 수익성이 주가의 9%에 크게 미달할 때 발생한다.[**] 보수적인 투자자들이 대형회사 중 주가수익비율이 낮은 종목을 집중 매입하면 최근 수익의 12배 수준에서 주식을 매입할 수 있다고 가정해 보자. 즉, 매입가격의 8.33%의 수익률로 주식을 매입하는 것이 된다. 투자자는 4%의 배당수익

---

[*] 이 문제는 19장 논평에서 폭넓게 논의되었다.

률과 4.33%의 재투자 수익률로 투자하는 셈이다. 이러한 수익률 구조에서 10년 동안 채권수익률을 초과하는 주식수익성의 초과분은 적정한 안전마진을 확보하기에는 너무 적다. 이러한 이유로 잘 분산된 우량주 포트폴리오에도 실제적인 위험이 존재한다. 위험은 포트폴리오의 이익 가능성에 의해 완전히 상쇄될 수도 있다. 또한 실제로 투자자는 위험을 감수하는 수밖에 다른 도리가 없다. 왜냐하면 그러한 위험을 감수하지 않는다면 인플레이션으로 지속해서 구매력이 떨어지는 상황에서 고정금리만을 받게 되는 더 큰 위험에 직면하게 될 것이기 때문이다. 그런데도 투자자들은 궁극적으로 "작은 위험과 상당한 이익의 가능성이 결합된" 고전적인 조합은 더 이상 존재하지 않는 사실을 인정하는 편이 바람직하다.[***]

그러나 우량주에 대해 지나치게 높은 가격을 지급하는 데 따른 위험은 일반적인 투자자들이 직면하는 주된 위험 요인이 아니다. 오랜 기간에 걸친 손실의 주된 요인은 호황기에 부실주를 구입하는 데서 비롯된다. 투자자는 현재 양호한 수익을 기업의 수익성과 동일시하고, 경기의 호황을 곧 안전의 의미로 받아들인다. 이러한 시기에 부실한 회사의 채권과 우선주는 액면가 근처에서 거래된다. 왜냐하면 이러한 채권과 우선주의 수익이 다소 높거나 믿기 어려울 정도로 매력적인 전환 조건을 가지고 있기 때문이다. 또한 이 시

[**] 그레이엄은 1972년 강의에서 다음과 같이 이 내용을 명료하게 요약했다. "안전마진이란 주가에 대한 이익 비율과 채권에 대한 이자 비율의 차이를 말한다. 안전마진은 불만족스러운 상황을 흡수할 수 있는 차이를 의미하기도 한다. 그레이엄이 『현명한 투자자』 1965년판을 집필하던 당시 채권수익률은 약 4%였던 반면 보통주는 수익의 11배로 거래되고 9%의 수익률을 보였다. 이 경우 안전마진은 100%를 초과한다. 현재 (1972년) 주식과 채권은 수익률 면에서 차이가 없다. 즉, 이 경우에는 안전마진이 없다. 오히려 주식에서 안전마진은 마이너스가 된다." 1991년 3월 《파이낸셜 히스토리》 42호에 실린 "벤저민 그레이엄: 증권분석에 대한 견해(Benjamin Graham: Thoughts on Security Analysis)"를 참조하라. 이 글은 1972년 3월에 그가 노스이스트 미주리 주립대학에서 강의한 내용을 옮긴 것이다.

[***] 그레이엄이 1972년 초에 쓴 이 문단은 2003년 초의 시장 상황을 놀랍도록 정확하게 묘사하고 있다. 이와 관련한 내용은 3장에 대한 논평을 참조하라.

기에는 별로 이름이 알려지지 않은 회사의 주식이 2, 3년간의 급속한 성장으로 상상할 수 없는 가격에 거래되기도 한다.

이러한 유가증권은 어떠한 의미에서든 적정한 안전마진을 제공하지 않는다. 이자비용 보상능력과 우선주 배당능력은 경기가 1970년부터 1971년과 같이 보통 이하인 경우를 포함해 수년간에 걸쳐 검증되어야만 한다. 이 점은 보통주의 수익성에 대해서도 마찬가지다. 그래서 호황기에 매입한 대부분의 투자는 불황기에 접어들 때는 물론 본격적으로 불황기에 접어들기 이전부터도 심각한 가격 하락을 겪게 마련이다. 또한 투자자는 주가가 일정 비율로 회복된다고 하더라도 주가 회복에 대한 확신을 가질 수도 없다. 왜냐하면 이 경우 투자자는 어려운 시기를 뚫고 나가는 데 완충 작용을 할 안전마진이 없기 때문이다.

성장주 투자이론은 안전마진의 원칙과 부분적으로는 일치하고 부분적으로는 모순된다. 성장주를 매입하는 투자자들은 과거 평균치보다는 향후 예상되는 수익성이 클 것이라는 사실에 의존한다. 그래서 이러한 투자자는 안전마진을 계산하는 데 있어서 과거의 수익 대신에 예상수익을 사용한다고 말할 수도 있다. 투자이론에서 신중하게 추정된 미래의 이익은 단순한 과거의 기록 못지않게 믿을 만하다. 사실 증권분석에 있어서 효과적으로 행해진 장래성 평가를 점점 더 선호하고 있다. 그래서 미래에 대한 예측이 보수적이고 그것이 매입할 수 있는 가격과의 격차가 크다면 성장주 투자에 대한 접근 방식도 다른 투자에서와 마찬가지로 믿을 만한 안전마진을 제공할 수 있다.

성장주 투자의 위험이 바로 여기에 있다. 이런 종류의 투자자들이 선호하는 주식에 대해서는 일반적으로 미래수익에 대한 보수적 예측에 의해 적절하게 합리화될 수 없는 가격이 책정되는 경향이 있다. 추정치가 과거의 실적과 다를 경우 약간 저평가하는 것이 적어도 신중한 투자의 기본원칙이다. 안전마진은 언제나 지불한 가격에 의존한다. 안전마진은 가격보다 클 때도 있지만, 더 높은 가격에서는 작아지고, 훨씬 더 높은 가격에서는 아예 존재하지 않을 수도 있다. 성장주의 평균가격 수준이 너무 높아서 적정한 안전마진이 존재하지 않는다면, 성장주 분야에서의 단순한 분산투자기법은 큰 의미가 없을지도 모른다. 개별적인 종목을 잘 선택함으로써 이런 주식의 통상적인 시장 수준에 내재된 위험을 극복하기 위해서는 특별한 통찰력과 판단이 필요하다.

안전마진의 개념은 저평가된 주식이나 헐값에 매도되는 주식에 적용될 때 더욱 명확해진다. 정의상으로는 가격과 평가가치 사이에 존재하는 차이가 안전마진이 된다. 이러한 안전마진은 추정이 잘못되었거나 평균보다 상황이 나빠질 때 이러한 영향을 흡수하는 역할을 한다. 할인 주식의 매입자는 예상과는 반대되는 상황에 처했을 경우에 견딜 수 있는 능력에 주안점을 둔다. 왜냐하면 대부분 투자자는 회사의 전망에 큰 확신이 없기 때문이다. 영업 전망이 나쁜 경우 아무리 주가가 싸다고 하더라도 투자자는 그 주식을 피하려 할 것이다. 그러나 저평가된 주식은 장래에 대한 전망과는 상관없이 많은 고려사항으로부터 도출된다. 이러한 주식을 할인 가격으로 매입한다면 수익성이 어느 정도 떨어질 때에도 만족할 만한 투자 성과가 나온다. 이런 경우 안전마진은 본래의 목적에 부합되게 되는 것이다.

분산투자이론

논리적으로 안전마진과 분산투자이론 사이에는 밀접한 상관관계가 있다. 안전마진이 있더라도 개별주식의 성과가 나쁠 수 있다. 왜냐하면 안전마진이 있다는 것은 손실보다 이익을 볼 가능성이 크다는 것이지, 손실을 볼 가능성이 전혀 없다는 것은 아니기 때문이다. 하지만 안전마진이 포함된 매매가 반복되는 경우에는 수익의 총량이 손실의 총량을 초과할 가능성이 훨씬 커진다. 이것은 보험 인수의 기본원리이기도 하다.

분산투자는 보수적인 투자의 확고한 신념이다. 분산투자를 보편적으로 수용함으로써 투자자들은 분산투자와 연관관계가 있는 안전마진의 원칙을 수용하게 된다. 이 점은 룰렛의 원리를 떠올리면 훨씬 더 명확하게 이해할 수 있다. 어떤 사람이 1달러를 걸게 되면 그가 이길 때 35달러를 받게 된다. 그러나 이렇게 이길 확률은 질 확률의 37분의 1에 불과하다. 즉, 투자자는 '마이너스의 안전마진'을 갖게 된다. 이 경우 분산투자를 하는 것은 어리석은 선택이다. 많은 숫자에 걸수록 이득을 볼 확률은 낮아지기 때문이다. 만약 투자자가 0과 00까지 포함해서 모든 숫자에 1달러씩을 건다면 이 투자자는 게임을 할 때마다 2달러씩 잃게 된다. 하지만 이긴 사람이 35달러 대신 39달러를 받는다고 가정해 보자. 그러면 이 사람은 작지만 중요한 안전마진을 갖게 된다. 즉, 많은 숫자에 걸수록 이득을 볼 확률은 높아진다. 모든 숫자에 1달러씩만 걸어도 매번 2달러의 수익을 얻는 것이 확실해진다. 이 두 가지 예는 0과 00이라는 숫자를 가진 룰렛 회전판의 게임 참가자와 운영자의 입장과도 같다.*

---

* 미국식 룰렛의 회전판에는 0과 00을 포함하여 1에서 36까지 총 38개의 슬롯이 있다. 카지노가 제공하는 배당은 최대 35배다. 모든 숫자에 1달러를 베팅한다면 어떻게 될까? 공은 한 슬롯에만 들어가기 때문에 맞힌 숫자에서 35달러를 받게 되고 나머지 37개의 숫자에서는 총 37달러를 잃게 된다. 결국은 2달러의 순손실이 발생한다. 총 38달러 베팅 중 5.26%에 해당하는 이 2달러는 카지노의 하우스 어드밴티지(house advantage)다. 결국 룰렛 참가자는 항상 따는 것보다 잃는 돈이 많아지게 된다. 룰렛 참가자는 가능한 한 베팅하는 횟수를 줄여야 수익을 볼 수 있지만, 카지노 측에서는 계속 룰렛 회전판을 돌려야 수익을 낼 수 있다. 마찬가지로 현명한 투자자는 '손실보다 수익이 발생할 가능성이 큰 종목'의 수를 최대화하려고 노력해야 한다. 대부분의 투자자에게 안전마진을 확대할 수 있는 가장 단순하고 경제적인 방법은 바로 분산투자다.

투자의 기준과 투기의 기준

일반적으로 받아들여지는 투자의 명확한 정의가 없기 때문에 저자들은 임의로 투자를 정의한다. 투자와 투기의 개념상 차이를 믿을 만하다거나 유용한 것으로 인정하는 사람들도 많지 않다. 하지만 우리는 이러한 회의론이 불필요하며 또한 유해하다고 믿는다. 많은 사람으로 하여금 투기적인 주식시장의 흥분된 분위기에서 운에 의지해 투자하도록 부추기기 때문이다. 이러한 분위기에서 안전마진의 개념은 투자와 투기를 구별하는 시금석 역할을 한다.

대부분의 투기자는 거래 기회가 생길 때 승산이 있다고 믿으며, 그들의 행동에도 안전마진이 포함된다고 주장할 수 있다. 이들은 자신의 매입시기가 적절하고 매매기법은 일반 대중보다 우위에 있으며 자신의 조언가나 시스템은 믿을 만하다고 생각한다. 그러나 이러한 주장은 믿을 만한 것이 못 된다. 따지고 보면 어떠한 형태의 증거나 결정적인 근거도 없이 주관적인 판단에 의존하는 것이기 때문이다. 우리는 시장이 상승 또는 하락하리라는 전망에 의존해 투자하는 사람들이 어떤 의미에서든 안전마진의 보호를 받을 수 있을지 매우 의심스럽다.

이와는 대조적으로 이 장의 서두에서 언급했던 투자자의 안전마진에 대한 개념은 통계자료에 따른 간단하고 명확한 수리적 추론에 의존한다. 또한 실제적인 투자 경험에도 잘 부합된다. 물론 이처럼 기본적이고 계량적인 접근 방식이 미래의 불확실한 상황에서 좋은 투자 결과를 지속하리라는 보장은 없다. 마찬가지로 그렇게 비관론에 빠질 이유도 전혀 없다.

따라서 진정한 의미의 투자를 하려는 이들은 진정한 의미의 안전마진을 확보해야 한다. 이러한 안전마진은 수치로 표현되고, 근거에 따라 설득력이 있어야 하며, 실제 경험으로 증명될 수 있어야 한다.

투자 개념의 확대

안전마진에 대한 논의를 끝내기 위해서는 전통적인 투자와 비전통적인 투자의 차이를 좀 더 명확히 구분해야 한다. 전통적인 개념의 투자는 일반적인 포트폴리오에 적합하다. 이러한 포트폴리오에는 우선적으로 미국 정부채와 투자 우선순위가 높고 배당이 지급되는 보통주가 편입된다. 그 외에도 면세 혜택이 있는 지방정부 발행 채권이 포함될 수 있다. 또한 미국 저축채권보다 월등히 수익률이 높은 우량회사채도 포함된다.

비전통적인 투자는 적극적인 투자자에게만 적합하며, 투자 범위도 넓다. 가장 넓은 영역에는 이류 회사의 저평가된 보통주가 포함되는데, 내재가치의 3분의 2 이하로 매입하는 경우에만 추천할 수 있다. 그 외에도 액면가치에서 상당히 할인된 가격에 구입할 수 있는 다양한 중간 정도의 신용등급을 가진 회사채나 우선주도 포함된다. 이 경우 심리적으로 일반 투자자들은 최우량 신용등급이 아닌 경우에는 투자매력이 없는 것으로 느껴지므로 이러한 증권에 투자하는 것은 투기적이라 보고 싶을 것이다.

좋은 정보와 경험을 바탕으로 적절한 분산투자를 할 경우 가격이 충분히 낮고 중간 정도의 투자등급을 가진 유가증권을 겨냥하는 것도 건전한 투자기회가 될 수 있다. 가격이 충분히 낮아서 상당한 안전마진이 존재한다면 우리의 투자 기준을 충족하기 때문이다. 부동산채권의 사례는 이러한 사실을 명확하게 보여 준다. 1920년대 수십억 달러의 부동산 관련 채권은 액면가 근처에서 팔렸으며 건전한 투자로 폭넓게 추천되었다. 대부분이 부채를 차감하면 실제적인 추가 가치가 거의 없어서 본질적으로는 대단히 투기적인 거래였다. 1930년대 많은 수의 채권이 이자를 지급할 수 없었고 가격은 폭락했다. 일부는 달러당 10센트까지 떨어지기도 했다. 이러한 상황이 발생하자 예전에는 안전한 투자로 부동산 관련 채권을 액면가 부근에서 매입하도록 추천했던 투자 조언가들도 이제는 이러한 채권을 가장 투기적이고 매력 없는 투자로 간주하기 시작했다. 그러나 사실 90% 정도 가격이 폭락한 채권들은 대단히 매력적이고 안전한 투자 대상이었다. 실제 가치는 이렇게 폭락한 시장가격의 4, 5배 수준이었기 때문이다.*

이러한 채권의 매수가 소위 '대규모 투기적 이익'을 초래했다고 해서 이것이 진정한 투자가치를 지니지 않는 것은 아니다. 한편으로 투기적인 이익은 대단히 기민한 투자에 따른 보상으로 볼 수 있다. 신중하게 분석해 보면 가격을 상회하는 내재가치가 안전마진을 제공해 준다는 사실을 알 수 있으므로 이런 행위는 투자 기회라고 부르는 것이 적절하다. 순진한 투자자에게는 심각한 손실 기회가 되는 이런 부류의 호황기 투자가 노련한 투자자에게는 나중에 자신이 원하는 가격으로 매입함으로써 안전한 수익의 기회를 제공하는 것이다.**

대부분의 '특수상황'들도 매입가격 이상의 가격 실현을 보장하는 철저한 분석을 통해 매입이 이루어진다면 투자 범주에 포함할 수 있다. 개별적으로

---

* 그레이엄은 좋은 주식과 나쁜 주식이 따로 존재하는 것은 아니라고 말한다. 다만 싼 주식과 비싼 주식만 있을 뿐이다. 최고의 우량주라도 너무 비싸면 팔아야 하고 최악의 종목이라도 너무 싸다면 살 만한 가치가 있다.

** 기술주나 통신주가 아찔할 정도로 고평가되었던 1999년 말과 2000년 초에 이 주식들이 '확실한 종목'이라며 몰려들었던 사람들은 2002년에는 '너무 위험'하다며 기피했다. 그레이엄이 이미 "90% 정도 가격 하락한 증권들은 대부분 아주 안전하고 극히 매력적이다"라고 분명히 조언했는데도 말이다. 마찬가지로 월스트리트의 분석가들은 항상 주가가 많이 올랐을 때 '강력 매수'를 추천하고 상당히 하락한 후에는 '매도'를 추천하는 경향이 있다. 그레이엄이 말한 것이나 상식과는 정반대다. 그레이엄은 자신의 저서에서 일관되게 구분하고 있는 투기와 투자의 의미를 다시 되새겨 볼 필요가 있다. 투기는 주가가 계속 오를 것이라는 기대로 주식을 매수하는 것이고, 투자는 기업의 가치에 기초하여 주식을 매수하는 것이다.

는 위험 요소가 있으나 이러한 요소까지 충분히 감안한다면 분산투자 결과에 어느 정도 흡수될 수 있다.

이러한 특징을 극단적으로 보여 주는 예는 다음과 같다. 보수적인 투자 행위가 역사상 최저치에서 거래되는 스톡옵션 워런트로 표현되는 무형의 가치를 매입하는 것으로 구성되는 경우를 가정해 보자. 어느 정도는 관심을 끌기 위한 미끼 목적이 있다.* 워런트의 전체 가치는 관련 주식의 가격이 옵션 행사 가격 이상으로 상승할 가능성에 전적으로 의존한다. 그 당시에 행사 가치가 전혀 없을 수도 있다. 그러나 모든 투자는 미래에 대한 합리적인 예측에 의존하기 때문에 미래의 강세장이 워런트의 내재가치와 가격을 크게 상승시킬지에 대한 수리적인 가능성을 통해 워런트를 평가해야 한다. 이와 같은 경우 손실보다는 이득을 볼 가능성이 훨씬 크고 극단적인 손실보다는 극단적인 이득 가능성이 크다는 결론에 도달할 수 있다. 그렇다면 이런 형태의 별 매력이 없는 유가증권 형태에도 안전마진은 존재한다. 적극적인 투자자라면 비전통적인 투자 범주에 옵션-워런트 거래를 포함할 수 있을 것이다.**

---

* 그레이엄은 '보통주 옵션 워런트'를 워런트와 동의어로 사용한다. 워런트란 기업이 예정 가격으로 주식을 매수할 권리를 주식 소유자에게 부여하는 증서를 말한다. 워런트는 대부분 스톡옵션으로 대체되었다. 그레이엄은 '관심을 끌기 위한 미끼'라는 표현을 사용하여 워런트의 예를 들고 있는데, 그만큼 워런트가 당시에도 시장에서 가장 저급한 상품으로 간주되었기 때문이다. 이와 관련한 내용은 16장 논평을 참조하라.

** 이러한 논점은 1947년 3/4호 《애널리스트 저널(Analysts' Journal)》에 실린 폴 홀링바이 주니어(Paul Hallingby, Jr.)의 "주식 매수 워런트에 존재하는 투기성 기회(Speculative Opportunities in Stock-Purchase Warrants)"에서 확인할 수 있다.

요약

투자를 기업을 경영하는 것처럼 할 때 가장 훌륭한 투자가 된다. 월스트리트에서 성공을 가져다줄 건전한 투자 원칙을 무시한 채 거래하는 투자자가 많다는 사실은 매우 흥미롭다. 그러나 모든 회사의 유가증권은 우선적으로 특정기업에 대한 지분으로 간주해야 한다. 어떤 사람이 주식 매매를 통해 돈을 벌려고 한다면 그는 벤처기업을 시작하는 것과 같으며, 그 벤처기업이 성공하려 한다면 용인된 사업 원칙에 따라 운영되어야만 한다. 이러한 원칙을 살펴보면 다음과 같다.

첫 번째이자 가장 명백한 원칙은 다음과 같다. "내가 알아야 할 것을 분명히 이해하라." 이 말은 어떤 상품의 가치를 이해하는 것만큼 유가증권의 가치를 파악하지 못한다면 유가증권으로부터 사업 이익, 즉 일반적인 이자와 배당소득을 초과하는 수익을 기대하지 말라는 뜻이다.

두 번째 원칙은 다음과 같다. "(1) 적절한 관심과 이해를 바탕으로 경영자의 활동을 감독하고, (2) 경영자의 성실성과 능력에 암묵적인 신뢰를 줄 만한 강력한 이유가 없다면 자신이 해야 할 일을 다른 사람의 손에 맡기지 말아야 한다." 투자자가 다른 사람에게 자신의 돈을 맡기는 상황이라면 적절한 규칙에 따라야 한다.

세 번째 원칙은 다음과 같다. "확실한 계산을 바탕으로 상당한 이익을 볼 기회가 아니라면 마치 제품을 팔듯이 단순하게 거래를 시작해서는 안 된다. 특히 얻을 것은 없고 잃을 것이 많은 거래라면 멀리해야 한다." 이 원칙은 모험적인 투자자라도 수익을 내기 위해서는 낙관론이 아닌 철저한 계산에 근거해야 한다는 것을 의미한다. 또한, 모든 투자자는 수익이 적은 전통적인 채권이나 우선주에 투자할 때 원금의 상당 부분이 위험에 노출되어 있지 않다는 확실한 근거를 확보해야 한다.

네 번째 원칙은 좀 더 긍정적이다. "투자자 자신의 지식과 경험에 대해 자신감을 가져야 한다. 객관적인 사실과 자신의 건전한 판단에 근거한 결론이라면, 그 판단을 믿고 행동해야 한다. 다른 사람들이 나와 다른 판단을 하고 망설이는 상황이라도 상관없다." 나와 다른 사람들의 생각이 다르다는 것이 곧 내 생각의 옳고 그름을 의미하지는 않는다. 중요한 것은 얼마나 확실한 판단 근거를 갖고 있느냐다. 유가증권에서도 마찬가지로 적절한 지식과 검증된 판단이 뒷받침된다면 투자자의 용기야말로 최고의 미덕이 된다.

일반 투자자가 스스로 욕심을 다스리고 모범적이며 보수적인 투자로 제한할 수 있다면 성공적인 투자를 위해 위에서 제시한 원칙을 고수할 필요는 없다. 만족할 만한 투자 성과를 올리는 것은 생각보다 쉽다. 탁월한 성과를 올리기가 생각보다 어려울 뿐이다.

20장 논평

> 무한한 가능성의 우주에서 우리가 예측할 수 없는 것을 예측하는 데 실패하거나 기대할 수 없는 것을 기대하는 데 실패하게 되면 우리는 불가사의한 어떤 존재의 손에 우리의 운명이 달려 있다고 생각하게 된다.
>
> 〈X파일(The X-files)〉의 폭스 멀더(Fox Mulder) 수사관

무엇보다 손해 보지 말라

정말 위험한 것은 무엇일까?

언제, 어떤 투자자에게 묻느냐에 따라 답은 모두 다를 것이다. 1999년에 위험이란 돈을 잃는 것이 아니라, 다른 사람보다 돈을 적게 버는 것을 의미했다. 많은 사람이 끔찍하게 생각했던 것은 바비큐 파티에서 닷컴 주식을 데이트레이딩하여 자신보다 더 빨리, 더 많은 돈을 번 사람과 마주치는 상황이었다. 그런데 2003년이 되자 위험이란 아직 남아 있는 얼마 안 되는 재산까지도 날릴 때까지 주식시장이 계속 하락할지도 모른다는 것을 의미하게 되었다.

사람들이 받아들이는 위험의 의미는 이렇게 금융시장의 환경만큼이나 변덕스러운 것처럼 보이지만, 사실 위험 자체에는 좀 더 심각하고 영구적인 속성이 담겨 있다. 강세장에서 최대의 도박으로 최대의 이익을 얻은 사람들은

뒤따르는 약세장에서 가장 큰 손실을 보기 십상이다. 투기자들은 "바로 이 거야"라는 확신에 쉽게 불타오르는 것처럼, 큰 위험을 초래하는 상황에도 적극적으로 몸을 내던진다. 사람들은 큰돈을 잃으면, 원금을 만회하고자 하는 바람에 더 큰 도박을 하게 된다. 경마나 카지노 도박사들이 가진 것을 모두 잃고 나면 오히려 더 조급하게 행동하는 것처럼 말이다. 이러한 시련은 오히려 다가올 재난에 대한 예방주사로 이해할 수 있다. 베르트하임&컴퍼니Wertheim & Co.의 전설적인 금융업자 J. K. 클링겐스타인J. K. Klingenstein은 부자가 되는 비결을 알려 달라고 하자 한마디로 답했다. "손해 보지 마세요." 이 단순명료한 답은 절대 새삼스러운 말이 아니다.[1] 〈그림 20-1〉은 클링겐스타인의 대답이 무슨 의미인지 설명해 주고 있다.

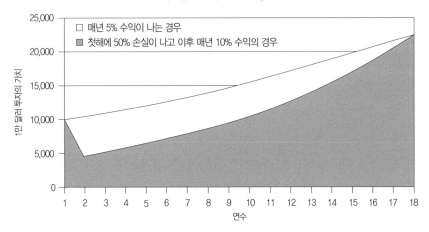

〈그림 20-1〉 손실 비용

＊주: 한 투자자가 시장 성장률이 연간 5%에 그칠 때에도 10%씩 성장할 것으로 판단되는 주식을 발견했다고 가정해 보자. 이 주식에 너무 열광한 나머지 이 투자자는 지나치게 높은 가격도 기꺼이 지불했지만, 주가는 첫해에만 50% 하락하고 만다. 이렇게 되면 이 주식이 처음 예상한 것처럼 시장평균보다 2배의 수익을 올린다고 하더라도 시세를 따라잡으려면 16년 이상이 걸릴 것으로 예상된다. 이 투자자는 주식을 매수할 때 너무 비싼 가격을 지불했다는 이유만으로 처음부터 너무 큰 손실을 보고 만 것이다.

투자를 하다 보면 돈을 잃을 수도 있다. 어느 정도의 손실을 절대적으로 막는 방법도 없다. 그러나 현명한 투자자가 되기로 마음먹었다면 자신의 모든 돈을, 적어도 대부분을 잃지 않겠다는 다짐에 책임을 질 줄 알아야 한다. 힌두교의 부富의 신 락슈미Lakshmi는 발끝으로 서 있다. 눈 깜짝할 사이에 다른 곳으로 갈 준비가 항상 되어 있다는 의미다. 락슈미가 순식간에 사라지지 못하도록 락슈미를 따르는 신도들은 상징적으로 이 여신의 신상을 천 조각으로 묶거나 발에 못을 박는다. 그레이엄이 말하는 '안전마진' 역시 투자자에게 락슈미와 비슷한 존재다. 락슈미가 갑자기 사라지지 않도록 묶어 두는 신도들처럼 현명한 투자자들도 다양한 투자 대상에 자금을 분산함으로써 자산이 조금씩 사라지거나 순식간에 소멸될 가능성을 최소화해야 한다.

1999년 12월까지의 4분기에 광통신회사인 JDS 유니페이스는 6억 7300만 달러의 순매출을 올렸고, 3억 1300만 달러의 손실을 보았다. 당시 이 회사의 고정자산은 15억 달러였다. 2000년 3월 7일에 JDS 유니페이스 주식은 주당 153달러로 오르고, 그 회사의 시가총액은 대략 1430억 달러에 달했다.[2] 하지만 새로운 시대에 발맞춰 등장한 대부분의 다른 주식과 마찬가지로 이 회사 주식 또한 붕괴의 순간을 맞았다. JDS 유니페이스 주가가 한참 오른 때에 이 주식을 매수하여 2002년 말까지 미련을 버리지 못했던 투자자들은 누구라도 〈그림 20-2〉에서 묘사한 가시밭길을 걸어야 했다.

심지어 연평균 10%의 수익률로도 고평가된 주식의 매수에 따른 원금 회복을 위해서는 43년 이상이 걸릴 것이다.

---

1 2001년 6월호 《머니》 49쪽부터 52쪽에 실린 제이슨 츠바이크의 "월스트리트의 가장 현명한 사나이(Wall Street's Wisest Man)"에서 투자 컨설턴트 찰스 엘리스가 하나씩 열거하고 있다.

2 JDS 유니페이스의 주가는 이후에 주식분할로 조정되었다.

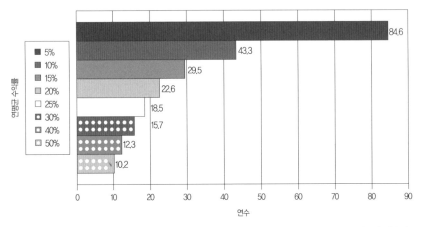

〈그림 20-2〉 원금 회복은 가시밭길

연평균 수익률

- 5%
- 10%
- 15%
- 20%
- 25%
- 30%
- 40%
- 50%

84.6
43.3
29.5
22.6
18.5
15.7
12.3
10.2

연수

＊주: 한 투자자가 JDS 유니페이스 주식을 2000년 4월 7일 최고가에 해당하는 약 153달러 42센트에 매수하고 2달러 47센트에 마감한 2002년 말까지 보유했다면, 연평균 수익률 변동을 감안할 때 이 투자자가 매입 원가를 회복하려면 얼마나 시간이 걸릴까?

위험은 주식에 있는 것이 아니라 자기 자신에게 있다

위험은 또 다른 차원에 존재한다. 바로 투자자 자신의 내부에 숨은 위험이다. 만약 투자자가 투자에 대한 자신의 이해나 가격 폭락을 이겨 낼 능력을 과신한다면, 이 투자자가 얼마나 많은 자산을 보유하고 있는지, 또는 시장이 어떻게 전개되는지는 중요하지 않다. 궁극적으로 투자 위험은 투자 대상이나 방법이 아니라 투자자가 어떤 태도를 가졌는지에 달려 있기 때문이다. 나에게 정말 위험한 것이 무엇인지 알고 싶다면 거울 앞에 서 보라. 거울 속에서 나를 응시하는 그 존재가 가장 위험하다.

거울 속의 자신을 바라보는 것처럼 우리가 응시해야 할 것에는 또 무엇이 있을까? 노벨상 수상자인 심리학자 다니엘 카네만은 좋은 결정에 영향을 미치는 두 가지 요소를 다음과 같이 정리했다.

- 정밀하게 조절된 확신well-calibrated confidence : 내 생각만큼 정말로 투자를 잘 이해하고 있는가?
- 정확히 예견된 후회correctly-anticipated regret : 내 분석이 틀렸다고 판명되면 어떻게 대응할 것인가?

내 확신이 얼마나 정밀하게 조절되었는지 판단하려면 거울을 보고 이렇게 자문해 보라. "내 분석이 맞을 가능성은 얼마나 될까?" 그리고 다음 질문들을 곰곰이 생각해 보아야 한다.

- 내가 그동안 얼마나 경험을 했는가? 과거에 비슷한 결정을 했을 때 성과는 어떠했나?
- 과거에 다른 사람들이 이렇게 시도한 결과 일반적으로 어떤 성과를 거두었나?[3]
- 내가 이 주식을 산다면, 다른 누군가는 이 주식을 팔 것이다. 이 주식을 파는 다른 사람이나 회사가 모르는 것을 내가 알 가능성은 어느 정도인가?
- 내가 이 주식을 판다면, 다른 누군가는 이 주식을 살 것이다. 이 주식을 사는 다른 사람이나 회사가 모르는 것을 내가 알 가능성은 어느 정도인가?
- 세금과 거래비용을 공제한 후에도 원금을 유지하려면 이 투자에서 어

---

3 이 질문에 대한 답을 끊임없이 연구하고 그 결과를 솔직히 받아들인 사람이라면 데이트레이딩을 하거나 기업 공개 관련 주를 사려 하지 않을 것이다.

느 정도 수익을 내야 하는지 계산해 보았는가?

다음으로, 당신이 자신의 후회를 정확히 예상하는 그런 종류의 사람인지 판단하기 위해 거울을 보라. 다음과 같은 질문으로 시작하라. "내 분석이 틀리게 되었을 경우, 그 결과를 완전히 이해하는가?" 다음과 같은 사항을 고려하면서 그 질문에 답하라.

- 내가 맞았다면, 나는 많은 돈을 벌 수 있다. 그러나 내 예상이 틀렸다면 어떻게 될까? 유사한 과거 사례에 비추어 볼 때 나는 어느 정도 잃게 될까?
- 내 판단이 틀렸다면 내게 버팀목이 되어 줄 투자자산이 있는가? 내가 고려하고 있는 투자자산이 하락할 때 상승할 수 있는 주식이나 채권, 펀드를 보유하고 있는가? 이번에 시도하는 새로운 투자로 내 자본을 너무 위험하게 하는 것은 아닌가?
- 자신이 '위험 허용치가 높은 편'이라고 생각한다면, 무엇을 근거로 그렇게 생각하는가? 투자로 많은 돈을 잃은 적이 있는가? 그때 어떻게 대응했는가? 주식을 더 많이 샀는가, 아니면 투자를 포기했는가?
- 선택이 잘못되었을 때 자신의 의지력에만 의존하여 극복하려 했는가? 아니면 분산화, 투자자 계약 서명, 정액분할투자 등을 통해 자신의 행동을 미리 조절했는가?

투자자는 심리학자 폴 슬로비치Paul Slovic가 지적했듯이 "위험에는 긍정적인 가능성과 부정적인 결과가 동일한 비중으로 양립"한다는 사실을 항상 기억해야 한다.[4] 즉, 투자자는 투자하기 전에 항상 예측이 맞을 가능성과 더불어 예측이 맞지 않을 경우에 대응할 방법을 확실히 생각해 두어야 한다.

파스칼의 내기

투자이론가인 피터 번스타인Peter Bernstein은 이 내용을 좀 더 색다른 비유를 들어 설명한다. 번스타인은 이 설명을 위해 프랑스의 위대한 수학자이자 신학자인 블레즈 파스칼의 시대까지 거슬러 올라간다. 파스칼은 신의 존재 여부를 두고 내기를 하는 회의론자의 사고 실험thought experiment을 예시했다. 파스칼에 따르면 사람들이 이 내기에 참여하는 것은 현생에서 이루어지는 행위다. 그러나 이 내기의 결과는 이 세상을 떠난 후 영혼으로 확인하게 된다. 따라서 파스칼은 "이성은 신의 존재에 대한 가능성을 판단할 수 없다"라고 주장했다. 신은 존재할 수도 있고, 존재하지 않을 수도 있다. 또한 이성이 아닌 신앙만이 이 질문에 대답할 수 있다. 파스칼이 제안한 이 내기에서 가능성은 반반이겠지만, 결과는 분명히 하나로 귀결된다. 번스타인은 이 내기를 빗대어 다음과 같이 설명한다.

실제로 신은 없는데 신의 존재를 믿으며 금욕과 선행의 삶을 살았다고 하자. 이렇게 살아온 사람은 인생에서 근사한 순간들을 몇 차례 놓쳤겠지만, 그만큼 보상은 있을 것이다. 반면, 실제로 신이 존재하는데 신의 존재를 부정하며 죄악과 이기심, 욕망으로 인생을 허비했다고 해 보자. 이 사람은 순간적인 재미와 흥분을 느꼈을지 모르지만, 앞으로 도래할 심판의 날에 커다란 문제에 직면하게 된다.[5]

---

4 1986년 《리스크 애널리시스(Risk Analysis)》 6권 4호 412쪽에 실린 폴 슬로비치의 "대중을 위한 위험 정보 공유 및 교육(Informing and Educating the Public about Risk)"을 참조하라.

번스타인은 다음과 같이 결론을 내린다. "불확실한 조건하에서 결정을 내릴 때, 결과는 가능성을 압도한다. 우리는 결코 미래를 알 수 없다." 그래서 그레이엄이 이 책에서 줄곧 되풀이하여 강조하듯이 현명한 투자자라면 분석이 맞는 경우뿐만 아니라 틀릴 경우에 손실을 어떻게 대비할지에 대해서도 확실히 해야 한다. 최고의 분석 결과라고 해도 예상이 어긋나는 경우가 더 많다. 투자자가 생애에 한 번 이상 실수할 가능성은 말 그대로 100%다. 더군다나 이러한 확률은 절대적으로 통제 불가능하다. 하지만 잘못된 결과는 통제할 수 있다. 1999년에는 닷컴 주식에 전 재산을 투자한 투자자가 부지기수였다. 당시 《머니 매거진》에서 미국 전역의 투자자 1,338명을 대상으로 온라인 설문조사를 한 결과, 인터넷 주식이 전 자산의 85% 이상을 차지한다고 응답한 투자자가 10%에 이르렀다. 그레이엄이 제안한 안전마진의 개념은 잊은 채, 이들은 파스칼의 내기에서 나쁜 쪽을 선택한 것이다. 이 투자자들은 자신의 선택이 맞을 가능성은 확신하면서, 잘못된 결과가 나올 경우 스스로 방어할 수 있는 대책은 세우지 않았다.

자산을 지속적으로 분산투자하고, 미스터 마켓을 따라 유행하는 주식에 돈을 쏟아붓는 것만 하지 않아도 파멸적인 결과에는 이르지 않을 것이다. 미스터 마켓이 아무리 마음을 흔들더라도 단호하게 말할 수 있어야 한다. "이 또한 지나가리라."

---

5 블레즈 파스칼의 『팡세(Pensées)』(Penguin Books, 런던/뉴욕, 1995) 122쪽부터 125쪽에 실린 "바그너(The Wagner)", 피터 L. 번스타인의 『신을 거역한 사람들(Against the Gods)』(1996) 중 68쪽부터 70쪽, 2003년 1월 1일자 《이코노믹스&포트폴리오 스트래티지(Economics & Portfolio Strategy)》 2쪽에 실린 피터 L. 번스타인의 "아이엠빅 펜타미터의 결정이론(Decision Theory in Iambic Pentameter)"을 보라.

후기

월스트리트에서 오랫동안 자신과 다른 사람들의 자금을 운용하며 잔뼈가 굵은 두 명의 펀드매니저가 있었다. 온갖 시행착오를 겪은 후에 이들은 세상의 모든 돈을 긁어모으기라도 할 듯 모험을 하는 것보다 안전하고 조심스럽게 관리하는 것이 더 좋은 결과를 가져온다는 사실을 알게 되었다. 이러한 경험을 바탕으로 이 펀드매니저들은 뛰어난 수익 가능성과 적당한 가치 추구를 결합한 다소 독특한 주식 거래 원칙을 확립했다. 즉, 고평가된 종목은 모두 거부했고, 적정하다고 판단되는 가격 이상으로 상승하는 종목은 재빨리 처분했다. 또한 포트폴리오를 구성할 때에는 언제나 100여 개 이상의 종목으로 분산시켰다. 이러한 원칙을 고수한 결과 이들은 시세가 등락을 거듭하는 가운데에서도 여러 해 동안 수백만 달러에 이르는 펀드를 성공적으로 운영하며 연간 약 20%의 평균수익률을 올릴 수 있었다. 당연히 고객들은 이들이 보인 성과에 아주 만족해했다.[*]

이 책의 초판이 발행된 해에는 이 펀드매니저들에게 한 성장 회사의 주식

중 50%의 지분에 투자할 기회가 생겼다. 이 회사는 당시 월스트리트에서 관심 밖이었다. 일부 주요 증권사에서는 거래를 거절하기도 했다. 그러나 이들은 이 회사의 가능성에 주목했다. 특히 이 회사의 수익 및 내재가치에 비해 주가가 저평가되었다는 것이 결정적이었다. 이들은 곧 이 회사의 인수 작업에 착수했다. 당시 인수 비용은 이들이 보유했던 펀드의 20%에 달하는 금액이었다. 당연히 이들의 펀드는 새로운 사업체의 성장과 궤를 같이하게 되었다. 투자는 성공적이었다.[*]

50% 지분을 보유한 이 회사의 주가는 크게 오르며 200배 이상의 상승률을 기록했다. 주가상승률은 실질 이익증가율을 상회했다. 이러한 상승률은 이들의 투자 기준에 비추어 볼 때 지나치게 높아 보였다. 그러나 그들은 이 회사를 '가족기업family business'으로 분류하여 주가가 상당히 상승한 이후에도 계속해서 주식을 보유했다. 결국 이후에 설립된 자회사까지 보유하며 모두 백만장자가 될 수 있었다.[**]

공교롭게도 이 단 한 번의 투자 결정으로 벌어들인 수익은 이들이 지난 20여 년 동안 부단한 연구와 끊임없는 숙고를 통해 이룬 수많은 거래의 수익을 모두 합친 것보다도 훨씬 많았다.

이 이야기를 통해 현명한 투자자가 얻을 수 있는 교훈은 무엇일까? 한 가

---

[*] 그레이엄이 여기에서 조심스럽게 언급한 두 사람은 제롬 뉴먼과 벤저민 그레이엄 자신이다.

[*] 그레이엄은 여기에서 GEICO를 언급하고 있다. 그레이엄과 뉴먼은 1948년 50% 지분을 인수했고, 현명한 투자자를 탈고할 즈음 두 사람의 GEICO 지분 71만 2500달러는 전체 펀드 자산의 25% 정도였다. 그레이엄은 수년간 GEICO 이사회의 일원이었다. 공교롭게도 거대 보험사들이 파산의 벼랑 끝에 있던 1976년 그레이엄의 위대한 제자인 워런 버핏이 GEICO에 막대한 투자를 하게 된다. 이것은 버핏의 최고 투자 사례 중 하나가 되었다.

[**] 법규상 그레이엄과 뉴먼은 증권거래위원회로부터 그레이엄-뉴먼사의 GEICO 지분을 펀드투자자에게 배분하거나 분리하도록 지적받았다. 1948년 초에 그레이엄-뉴먼사의 주식 100주(1만 1413달러)를 보유하고 그때 GEICO 주식을 배분받은 사람은 1972년에 166만 달러를 가지게 되었다. GEICO의 계열사로는 GEFC(Government Employees Financial Corp.)와 크라이테리온 인슈런스(Criterion Insurance Co.)가 있다.

지 분명한 교훈은 월스트리트에서 돈을 벌고 지키는 방법은 다양하다는 것이다. 또 다른 교훈은 나에게 주어지는 단 한 번의 행운이나 내가 내리는 결정이 평생 공을 들인 전문가들의 결정보다 더 중요할 수 있다는 사실이다.[***] 사실 행운이나 결정이 뚜렷이 구별되는 것도 아니다. 다만 단 한 번의 행운이나 결정이 아무런 준비 없이 실현되는 것은 아니다. 그 배경에는 반드시 일정한 준비기간과 훈련을 통해 배양된 능력이 뒷받침되어 있다. 기회가 찾아왔을 때 그 순간을 포착하고 잡을 수 있으려면 충분히 훈련되어 있어야 한다. 즉, 기회를 살릴 수 있는 수단과 판단력, 그리고 용기를 갖추어야 한다.

물론 신중함과 조심성 있는 태도를 유지한다고 해서 현명한 투자자들에게 이러한 일생일대의 기회가 보장되는 것은 아니다. 존 J. 라스콥은 "누구나 부자가 될 수 있다"라며 투자자들을 독려했다. 서두에서 우리는 이미 라스콥의 이 말을 비판했다. 적어도 우리는 일반 투자자들에게 헛된 꿈을 심어주며 이 책을 끝맺지는 않을 것이다. 하지만 증권시장은 항상 흥미로운 가능성으로 가득한 곳이다. 모든 사람이 큰 부자는 될 수 없더라도 현명하고 적극적인 투자자는 이 즐거운 서커스에서 즐거움과 소득을 모두 얻을 수 있을 것이다. 적어도 흥미진진한 게임이 될 것이라는 점은 보장한다.

[***] 단, 이러한 거래는 거의 실현되지 못했다는 사실을 인정해야 한다. 투자자가 상대하는 파트너는 매수가격이 자산가치로 100% 메울 수 있다는 확약을 원했기 때문이다. 향후 3억 달러의 시장수익은 말하자면 5만 달러의 회계 항목에 달려 있었다. 원하는 것을 얻으려면 뜻밖의 횡재를 기대해야 했다.

성공적인 투자자는 위험을 피하지 않고 관리한다. 그레이엄이 펀드의 25%를 주식 한 종목에 투자한 점을 두고, 얼핏 그가 심한 도박을 하고 있다고 느낄지도 모른다. 하지만 그레이엄이 적어도 자신이 투자한 자금 선에서 GEICO를 청산할 수 있도록 노력했다는 사실을 알게 되면, 그가 감당할 수 있을 만한 투자 위험이었다는 점이 분명해진다.[1]

요즈음 신문 제목을 보면 오싹한 사실과 해법이 보이지 않는 위험으로 가득해 보인다. 1990년대 강세장의 종말, 더딘 경제성장, 기업 사기, 테러와 전쟁의 망령 등이 헤드라인을 장식한다. 경제 TV나 신문에 등장하는 투자전략가들은 하루가 멀다 하고 이렇게 한목소리를 낸다. "투자자들은 불확실성

---

[1] 그레이엄의 일화는, 그레이엄처럼 명석하지 않은 사람들은 많은 돈을 한 가지 투자 대상에 투자하는 위험을 방지하기 위해 항상 분산투자해야 한다는 것을 강렬하게 되새기게 해 준다. 그레이엄 자신이 GEICO가 '행운'이었다고 인정할 때 우리들 대부분은 이러한 큰 기회를 찾아낼 수 없을 것이라는 신호다. 투자가 도박으로 변질되지 않게 하려면, 분산투자를 고수해야 한다.

을 좋아하지 않는다." 하지만 전문가들이 새삼스럽게 목소리를 높이지 않더라도 원래 투자자들은 불확실성을 좋아한 적이 없다. 투자세계에서 가장 기본적이고 영속적인 조건이었다. 투자자들은 항상 그래 왔고, 앞으로도 그럴 것이다. 사실 '불확실성'과 '투자'는 동의어다. 현실적으로 어떤 주식을 사기에 언제가 가장 좋은 시기인지 알 수 있는 사람은 아무도 없다. 하지만 미래에 대한 기대감 없이 투자하는 것은 불가능하다. 투자자가 되기 위해서는 더 나은 미래를 믿어야 한다.

투자자 중에서도 명석함을 자랑하는 그레이엄은 호머Homer, 알프레드 테니슨Alfred Tennyson, 단테Dante의 글에서 전해지는 율리시스Ulysses 이야기를 좋아했다. 인생 말년에 그레이엄은 단테의 『신곡』 중 제1부 지옥편 장면을 즐겨 읽었다. 율리시스가 헤라클레스의 문을 지나 미지의 바다를 향해 서쪽으로 항해하는 선원들을 독려하는 것을 묘사하는 장면이다.

나는 이렇게 말했다오. '오 형제들이여! 수많은 위험을
무릅쓰고 드디어 우린 세상의 서쪽 끝에
다다랐다. 우리에게 생명은

이제 정말 얼마 남지 않았다.
하지만 태양의 뒤를 좇아 사람이 살지 않는
세상을 찾아가려는 마음을 버리지 마라!

그대들의 혈통을 생각하라! 그대들은
짐승처럼 살기 위해 태어난 것이 아니라
덕과 지혜를 따르기 위해 태어났다.'

그 짧은 연설에 동료들은

앞으로 나아가고 싶은 욕망에 불타

나중에는 그들을 멈추게 할 수 없을 정도였다오.

선미를 아침에 두고 우리는

미친 듯 파닥거리는 날개처럼 노를 저어서

계속 왼쪽으로 왼쪽으로 항해했소.[2]

투자 역시 하나의 모험이다. 투자의 미래는 항상 미지의 세계이기 때문이다. 그레이엄을 안내자로 삼는다면, 일생 동안 흥미진진하면서도 좀 더 안전하고 확실한 투자 여정을 즐길 수 있을 것이다.

---

2 단테 알리기에리(Dante Alighieri), 『신곡(La Divina Commedia)』 지옥편(Inferno) 26곡 중 112행부터 125행이다(여기에 실린 국문 번역은 2007년 민음사에서 출간한 세계문학전집 150 박상진 역 『신곡: 지옥편』 273쪽을 참고하였다 - 역자 주).

1. 그레이엄 도드 마을의 위대한 투자자들

워런 버핏(Warren E. Buffett)

편집자 주: 이 글은 벤저민 그레이엄과 데이비드 도드가 쓴『증권분석』의 출판 50주년을 기념하기 위해 1984년 컬럼비아 대학에서 열린 토론회 내용을 편집한 것이다. 이 특별한 책은 나중에『현명한 투자자』로 대중화된 개념들을 처음으로 소개했다. 이 글에서 우리는 그레이엄의 제자가 그의 가치투자 방법을 어떻게 사용하여 증권시장에서 그토록 경이적인 성공을 실현할 수 있었는지 엿볼 수 있다.

그레이엄과 도드가 주장한 "가격에 비해 상당한 안전마진을 지닌 종목을 찾는" 증권분석 방법은 이제 구식인 것일까? 오늘날 증권분석 관련 교재를 통해 많은 교수가 "그렇다"라고 말한다. 증권시장은 효율적이기 때문이다.

즉, 주가는 기업의 전망과 경제 상황에 대해 알려진 것을 모두 반영한다. 이들의 주장에 따르면, 철두철미한 분석가들이 이용 가능한 모든 정보를 반영하여 부적절한 가격을 끊임없이 조정하기 때문에 저평가된 주식은 있을 수 없다. 하지만 행운이 따른 투자자들은 매년 시장평균보다 높은 성과를 보일 수도 있다. 최근 한 교재의 저자는 이렇게 주장하기도 했다. "주가가 이용 가능한 정보를 완전히 반영한다면, 투자에서 대박이라는 개념은 사라지게 될 것이다."

물론 그럴 수도 있다. 하지만 나는 여기에서 일관성 있게 S&P500 지수보다 높은 성과를 거두어 온 투자자들의 예를 보여 주고자 한다. 이들의 성과가 정말 순전히 행운이 따른 결과일까? 이 질문에서 먼저 중요한 전제는 여기에서 예시하는 성공적인 투자자들을 내가 이미 잘 알고 있다는 사실이다. 또한 이들은 모두 전설적인 투자자로 정평이 나 있는 인물들이다. 이 중에서 가장 최근에 실력을 인정받은 예는 15년 전이다. 오늘 아침 나는 독자들에게 탁월한 투자자들의 예를 보여 주기 위해 수천 건의 기록을 검토해 보았다. 이 정도 노력을 기울이지 않고 쓴 글이라면 이쯤에서 읽기를 그만두라고 권할 것이다. 여기에 소개하는 모든 기록은 면밀한 평가를 거친 것임을 밝힌다. 또한 나는 이 펀드매니저들에게 투자한 많은 고객을 알고 있으며, 여기에 소개한 기록은 오랫동안 이들로부터 받은 평가에 부합됨을 밝힌다.

본격적으로 검토를 시작하기에 앞서 미국 전역에서 동전 던지기 대회를 한다고 상상해 보자. 내일 아침에 해가 뜨면 2억 2500만 명의 미국인들은 1달러를 걸고 모두 동전을 던질 것이다. 동전 앞뒷면의 결과를 예상하여 맞춘 사람은 틀린 사람으로부터 1달러를 받는다. 예상이 빗나간 사람은 당일에 탈락하고, 그다음 날 전일 승자들만 모여 내기에서 번 돈을 모두 걸고 다시 동전을 던진다. 이렇게 10일간 10번의 동전 던지기를 하면, 10번 연속으로 승리하여 남는 사람의 수는 약 22만 명이 된다. 이들의 손에 쥐어진 돈은 각각 1,000달러가 조금 넘는다.

마지막까지 승자가 된 사람들은 벅차오르기 시작한다. 인간의 본성이 원래 그러하다. 이 승자들은 마음을 진정시키려고 하겠지만, 칵테일파티에라도 가게 되면 현란한 동전 던지기 기술과 통찰력을 자랑하며 매력적인 이성의 마음을 훔치고 싶어 하게 될 것이다.

이 승자들이 패자들로부터 보상을 제대로 챙긴다고 가정한다면, 10일 후에는 연속적으로 20번 성공하여 남은 사람의 수가 215명 정도가 될 것이다. 1달러로 시작했던 이 승자들은 이제 각각 100만 달러가 약간 넘는 돈을 벌게 된다. 이 내기에 참가한 사람들이 잃은 돈은 모두 2억 2500만 달러고, 번 돈 역시 2억 2500만 달러다.

이제 남은 215명은 분별력을 잃게 된다. 아마 "매일 아침 30초 투자로 20일 만에 1달러로 100만 달러 만들기"라는 제목의 책을 쓸지도 모른다. 효율적인 동전 던지기 비법을 알리는 강연회를 열고 전국을 순회하는 이들도 있을 것이다. 이들의 비법에 회의적인 시각을 보내는 교수들이 있다면, 이렇게 반박할 것이다. "이것이 다 부질없는 말이라면 우리 215명의 존재는 어떻게 설명하겠습니까?"

그러면 경영대학원 교수들은 이렇게 대꾸할 것이다. "2억 2500만 마리의 오랑우탄을 이용해 같은 실험을 했더라도 결과는 거의 같을 것입니다. 20번 연속으로 동전 던지기에서 승리한 215마리의 오랑우탄들이 자만심에 들뜨겠지요."

하지만 나는 여기에서 몇 가지 중요한 차이를 제기하고 싶다. 한 연구자가 (1) 미국 인구만큼 2억 2500만 마리의 오랑우탄을 모을 수 있고, (2) 20일 후에 215마리의 승자가 남았는데, (3) 마지막까지 남은 오랑우탄 중 40마리가 오마하의 한 동물원에서 온 사실을 발견되었다고 가정해 보자. 이 연구자는 오마하의 동물원에 무엇인가 비결이 있을 것이라고 확신하게 된다. 당장 오마하의 동물원으로 달려간 연구자는 동물원 관리자에게 오랑우탄들에게 무엇을 먹이는지, 어떤 특별한 연습을 시키는지, 그들이 무슨 책을 읽는지, 누가 다른 것을 알고 있는지 등을 물어볼 것이다. 다시 말해, 우리는 어떤 성공이 집중적으로 발생하는 현상이 관찰되면 그러한 결과를 발생시킨 요소에 어떤 속성이 있는지 알고 싶어 하게 된다.

과학적인 호기심은 이처럼 자연스럽게 패턴 찾기로 이어진다. 미국에서 한 해에 진단 사례가 1,500건에 불과한 희귀암을 조사하는 과정에서 그중 400건이 몬태나의 작은 광산촌에서 집중적으로 진단되었다는 사실이 발견되면 이 지역의 수질이나 환자의 직업, 또는 기타 변수들에 주로 관심을 가져야 한다. 작은 지역에서 400명이나 발생한 것은 우연한 것으로 보기 어렵기 때문이다. 원인이 될 만한 정확한 요소는 모르더라도 어느 곳을 연구해야 하는지는 알아야 한다.

문제의 원인을 규명함에 있어서 투자의 세계에서는 이처럼 지리적인 요소를 따지는 것과 다른 전략이 존재한다. 투자의 세계에서 성공한 동전 던지기 선수 중 많은 이들은 '그레이엄 도드 마을' 출신이라는 사실은 익히 알려져 있다. 단순히 우연으로만 설명할 수 없는 이와 같은 승자의 집중 현상을 이해할 수 있는 열쇠는 특별한 지성이 넘치는 이 마을에 숨어 있을 것이다.

하지만 이렇게 지리적인 집중 현상이 중요하지 않은 상황도 존재한다. 100명의 사람이 믿을 만한 어떤 사람의 동전 던지기를 모방하는 경우다. 그가 앞면이라고 정하면, 100명의 추종자도 자동적으로 앞면으로 정한다. 이 리더가 결국 최후의 215명 중 한 명이 되었다고 가정해 보자. 100명의 다른 선수들이 지적인 원천을 공유한다는 사실은 아무 의미가 없다. 이 100명의 추종자가 한 가지 경우의 수로 정의될 뿐이다. 다른 예로 편의상 모든 가구가 10명 단위로 구성된 매우 가부장적인 미국 사회에서 산다고 가정해 보자. 가부장적인 문화가 너무 강한 나머지 미국 인구 2억 2500만 명은 첫날부터 아버지의 선택을 똑같이 따라 해 동전을 던진다. 20일 후에 추려진 215명의 승자는 21.5개의 가구 출신임을 알게 된다. 순진한 이들은 이 결과를 두고 성공적인 동전 던지기에 엄청난 유전적인 요소가 숨어 있다고 말할지도 모른다. 여기에서도 역시 승자는 215명의 개인이 아니라 21.5개의 임의로 정해진 가구이므로 이러한 해석은 아무 의미도 없다.

내가 되짚어 보고자 하는, 성공적인 투자자들이 공유하는 지성의 아버지는 바로 벤저민 그레이엄이다. 그러나 이 지적인 가부장적 가족에서 자란 자식들은 동전 던지기를 여러 가지 방법으로 사용한다. 이들은 서로 다른 장소에서 다양한 주식과 회사를 사고팔았지만, 우연한 행운으로는 설명할 수 없는 공통적인 성과를 기록했다. 그 원인을 두고 단순히 아버지의 신호에 따라 똑같이 동전 던지기를 했기 때문이라고 설명할 수는 없다. 이 아버지는 동전 던지기의 앞뒷면을 결정하는 데 필요한 지적인 이론을 가르쳤을 뿐이고, 자녀들은 이 이론을 적용하여 자신만의 방법으로 결정했기 때문이다.

그레이엄 도드 마을 출신의 투자자들이 공통으로 추구하는 지적인 지향점은 한 기업의 실질적인 가치와 그 기업과 관련한 일부 상황을 전제로 시장에서 매겨진 가격의 차이를 이해하는 것이다. 이처럼 가격과 가치의 차이에 집중하는 것은 주식을 매수한 때가 월요일인지 화요일인지 또는 1월인지 2월인지 등을 따지는 합리적인 시장 이론가들의 관심과는 필연적으로 다르다. 그레이엄 도드 마을 출신의 투자자들이 시장에서 주식을 사듯이 한 기업가가 다른 기업을 인수할 때 역시 많은 사람이 그러한 결정이 어느 달, 어느 요일에 실현되었는지 궁금해한다. 월요일에 이루어진 기업 인수와 금요일에 이루어진 기업 인수가 결과적으로 별다른 차이가 없다면 왜 그렇게 많은 전문가가 엄청난 노고를 들여 차이의 존재 여부를 밝혀내려고 애쓰는지 나는 도무지 이해할 수가 없다. 그레이엄 도드 마을 출신의 투자자들은 베타, 자본자산 가격결정모형, 주식간 수익률의 공분산 등도 고려하지 않는다. 이러한 용어들은 정의하기도 어려울뿐더러 이들에게 흥미롭지도 않다. 그레이엄 도드 마을 출신의 투자자들은 두 가지 변수에만 집중한다. 가치와 가격이다.

내가 항상 의아하게 여기는 것은 증권분석 자료들이 대부분 가격이나 거래량의 동향, 주식시장 전문가들의 분석 결과로 채워진다는 점이다. 한 회사의 주가가 지난 2주간 상당히 많이 올랐다는 이유만으로 그 회사 전체를 사들일 수 있겠는가? 대부분의 분석 자료가 가격 및 거래량 위주로 이루어지는 이유는 모든 것이 전산화된 시대에 이용 가능한 데이터가 거의 무한하기 때문이지, 이러한 내용이 절대적으로 유용하기 때문은 아니다. 사용할 수 있는 데이터가 마침 존재하고, 학자들은 쉽게 접근할 수 있는 이 데이터를 분석하는 데 필요한 수학적 지식을 열심히 쌓아 온 결과다. 이렇게 접근 가능한 데이터가 있고 이를 사용할 수 있는 지식이 있는데 썩힌다면 죄를 짓는 기분일 것이다. 비록 아무런 효용이 없거나 오히려 부작용이 발생할 가능성이 있더라도 상관없다. 어떤 이가 말했듯이 망치를 든 사람에게는 모든 것이 못으로 보이는 법이다.

우리가 연구할 만한 가치가 있다고 여기는 집단은 공통적인 지적 기반을 공유하는 이들이다. 주식투자 성과와 관련한 학문적인 연구는 온통 가격, 거래량, 계절성, 자본금 규모 등과 같은 변수들의 영향에 주목할 뿐 투자의 귀재들이 집중적으로 공유하는 가치 지향적인 태도에 대해서는 아무도 관심을 보이지 않는다.

여기에서 나는 1954년부터 1956년까지 나를 비롯해 그레이엄-뉴먼에서 활동한 4명의 투자전문가를 대상으로 성과 분석을 시작해 보려고 한다. 내가 분석하려는 4명은 수천 명의 후보자 중에서 고르고 골라 선택된 이들은 아니다. 그레이엄의 수업을 들은 후에 나는 그에게 그레이엄-뉴먼에서 무보수로라도 함께할 수 있게 해달라고 부탁했다. 하지만 그레이엄은 나를 과대평가한 나머지 내 제안을 거절했다. 별 볼 일 없는 나를 그는 너무 심각하게 여긴 것이다! 그래도 여러 번 조르고 조른 끝에 그레이엄을 결국 나를 고용했다. 그레이엄-뉴먼에는 3명의 파트너가 있었고, 나를 포함한 4명의 동료는 이들에 비하면 거의 '문외한' 수준이었다. 우리 4명 모두 1955년과 1957년 사이 이 회사가 정리될 즈음 자리를 떠났다. 나는 이후 동료 3명의 성과 기록을 추적해 보았다.

〈표 1〉에 소개된 첫 번째 사례는 월터 슐로스Walter Schloss다. 월터는 대학에 가 본 적이 없다. 대신 뉴욕금융연수원New York Institute of Finance에서 야간에 그레이엄의 강의를 들었다. 월터가 그레이엄-뉴먼을 떠난 해는 1955년이었다. 〈표 1〉은 이후 월터가 28년 올린 성과를 요약하고 있다.

내가 월터에 대한 이야기를 들려준 후 애덤 스미스Adam Smith는 『슈퍼머니Supermoney』(1972)에서 그에 대해 다음과 같이 적었다.

월터 슐로스는 유용한 정보에 접근할 수 있는 비결이나 별다른 인맥이 없다. 실제로 월스트리트에서 슐로스를 아는 사람도 거의 없고, 그 또한 다른 사람의 생각에 별 관심이 없다. 그가 하는 일이라고는 투자편람에서 숫자를 찾아보고 연차보고서를 확인하는 것이 전부다.

워런 버핏의 생각도 다르지 않았다. 버핏은 나를 슐로스에게 소개하면서 그에 대해 이렇게 설명했다. "슐로스는 자신이 다른 사람의 돈을 관리한다는 사실을 결코 잊지 않습니다. 이 생각 때문에 절대로 손실을 보지 않으려고 하지요." 슐로스는 자신의 직분에 정말 충실하고 현실적인 사람이다. 돈은 그에게 현실이다. 주식도 마찬가지다. 이러한 태도는 '안전마진'을 고수하는 원칙으로까지 이어진다.

월터는 항상 100종목 이상을 보유하며 활발하게 분산투자를 실천했다. 그는 실제 가치보다 훨씬 싸게 팔리는 주식을 찾아내는 법을 잘 알고 있었다. 이것이 그가 하는 일의 전부였다. 그는 1월이라는 사실 때문에 걱정하지 않는다. 월요일도 그에게는 문제 될 것이 없었다. 선거가 있는 해라는 것도 걱정할 일이 아니었다. 어떤 회사의 실제 가치가 1달러인데 40센트에 살 기회가 있는 날이면 월터는 그저 좋은 일이 있을 것 같다고만 말한다. 월터는 이러한 기회를 찾는 일을 계속해서 반복해 왔다. 월터는 나보다 더 많은 주식을 보유하고 있다. 그는 회사에 내재된 가치에는 거의 관심이 없다. 그 부분에서만큼은 나는 월터에게 별다른 영향을 미치지 못하는 것 같다. 이것이 바로 그의 강점이다. 누가 뭐라고 해도 그는 좀처럼 흔들리지 않는다.

두 번째 사례는 톰 냅Tom Knapp이다. 톰 역시 나와 함께 그레이엄 뉴먼에서 일했다. 톰은 2차 대전이 발발하기 전에 프린스턴 대학에서 화학을 전공했다. 전쟁에서 돌아온 그는 해변에서 시간을 보내는 한량이었다. 어느 날 톰은 데이비드 도드가 컬럼비아 대학에서 투자론 야간 강의를 한다는 것을 알게 되었다. 도드의 강의를 들으면서 그의 강의 주제에 흥미를 느낀 톰은 곧 컬럼비아 경영대학원에 들어가 MBA를 취득했다. 이곳에서 톰은 도드의 강의와 함께 그레이엄의 강의도 들었다. 이 글과 관련하여 몇 가지 사실을 확인할 겸 나는 35년 만에 톰에게 다시 연락했다. 나는 해변에 서 있는 그를 다시 찾을 수 있었다. 예전과 달라진 점이라면 톰은 이제 그 해변의 주인이

되었다는 사실이다.

1968년 톰 냅과 에드 앤더슨Ed Anderson은 생각을 같이하는 다른 동료들과 함께 트위디 브라우니 파트너스Tweedy, Browne Partners를 설립했다. 이들의 투자 성과는 〈표 2〉에서 확인할 수 있다. 트위디 브라우니는 분산투자 분야에서 매우 광범위한 기록을 세웠다. 기업 경영권을 인수하기도 한 이들의 성과에서 주식투자 역시 지분투자 기록과 같은 정도의 비중을 차지하고 있다.

〈표 3〉은 1957년에 버핏 파트너십Buffett Partnership을 함께 세운 세 번째 인물의 성과를 정리하고 있다. 내가 가장 잘한 일은 1969년에 이 회사를 접은 것이었다. 이후에는 어떤 면에서 버크셔 해서웨이가 버핏 파트너십의 명맥을 이었다. 나는 버크셔 해서웨이의 성과에 관한 판단 기준으로 제시할 지표를 갖고 있지 않다. 하지만 독자들은 어떤 식으로든 만족할 만한 지표를 직접 찾을 수 있을 것이다.

〈표 4〉에는 세쿼이아 펀드의 성과 기록이 제시되어 있다. 이 회사는 1951년 그레이엄의 수업 중에 만난 빌 루안Bill Ruane이 이끌고 있다. 하버드 경영대학원을 졸업한 빌은 월스트리트에 첫발을 내디뎠다. 이후에 빌은 경영학 실무 교육을 받을 필요성을 깨닫고 컬럼비아 대학에서 그레이엄의 강의를 들었다. 그렇게 해서 우리는 1951년 초에 첫인사를 나눌 수 있었다. 1951년부터 1970년까지 빌은 비교적 작은 규모의 펀드를 운용하면서도 평균보다 훨씬 높은 성과를 올렸다. 버핏 파트너십을 정리하면서 나는 빌에게 우리가 관리하던 파트너들을 맡아 줄 펀드를 만들 수 있는지 물었다. 나의 제안을 받아들인 빌은 세쿼이아 펀드를 만들었다. 결국 내가 모든 것을 접었던 어려운 시기에 빌은 새롭게 시작한 것이다. 이렇게 이분화된 시장two-tier market에 진입한 그는 모든 어려움을 극복하고 가치 지향적인 투자자들에게 상당한 성과를 돌려주었다. 나의 파트너들이 빌의 관리하에 자산 증식은 물론 행복한 결

과를 볼 수 있었다는 점이 나는 무척 기쁘다.

이 모든 과정과 관련하여 나는 어떠한 후회도 없다. 빌은 내가 파트너들에게 추천한 유일한 사람이었다. 당시 나는 빌이 S&P 지수보다 연간 4% 정도 높은 성과를 달성할 수 있다면 그것으로 충분할 것이라고 말했다. 하지만 빌은 그보다도 훨씬 탁월한 성과를 냈고, 점진적으로 자금 규모를 늘려 갔다. 이러한 행보는 결코 쉽지 않은 일이다. 규모는 성과의 족쇄이기 때문이다. 이점에 대해서는 의문의 여지가 없다. 물론, 이 말이 규모가 커지면 평균 이상의 성과를 낼 수 없음을 의미하는 것은 아니다. 다만, 평균을 웃도는 범위가 줄어들 뿐이다. 단, 자금 규모가 계속 늘어나서 펀드의 운용 규모가 결국 시장 전체 시가총액에 맞먹는 2조 달러에 달한다면 평균 이상의 성과를 내는 것이 불가능할 것이다.

지금까지 살펴본 기록의 전체 기간에서 포트폴리오 복제는 단 한 건도 없었다. 내가 소개한 펀드매니저들은 모두 가격과 가치의 차이에 기초하여 주식을 선택하는 사람들이다. 얼핏 단조롭게 들릴 수 있지만 이들의 선택 범위는 상당히 폭넓다. 월터의 최대 보유자산인 허드슨 펄프&페이퍼Hudson Pulp & Paper, 제도 하이랜드 콜Jeddo Highland Coal, 뉴욕 트랩 록 컴퍼니New York Trap Rock Company는 건실한 주식으로 신문의 기업란을 잘 보지 않는 사람들도 잘 알고 있는 반면, 트위디 브라우니 컴퍼니가 보유한 종목은 인지도 측면에서는 월터의 종목보다 훨씬 떨어진다. 빌은 규모가 큰 종목들을 취급한다. 따라서 이들이 관리하는 포트폴리오에는 중첩되는 영역이 극히 적다. 즉, 내가 소개한 펀드매니저들의 기록은 한 사람이 동전 던지기의 앞뒷면을 정하고 50여 명이 그 의견에 따라 움직이는 것과는 전혀 다른 것이다.

〈표 5〉는 하버드 법대 출신인 내 친구의 기록이다. 이 친구는 대규모의 법률회사를 설립했다. 1960년경에 이 친구를 만난 자리에서 나는 법은 취미로

는 좋겠지만, 더 나은 것을 하는 것이 좋겠다고 말해 주었다. 결국 그는 파트너십을 설립했는데, 월터의 방식과는 정반대였다. 이 친구의 포트폴리오는 몇몇 증권에 집중된 만큼 그의 성과는 변동폭이 큰 편이었다. 그러나 '실제 가치에 비해 할인된 종목을 찾는 방식'만큼은 내가 소개한 다른 펀드매니저와 다를 바 없었다. 이 친구는 성과가 큰 폭으로 등락하는 상황은 기꺼이 감수하며 자신의 역량을 집중할 줄 아는 사람이었다. 이 친구는 바로 오랫동안 버크셔 해서웨이를 이끌어 온 나의 파트너, 찰스 멍거_{Charles Munger}다. 다른 친구들의 말에 따르면 찰스가 파트너십을 운영하며 관리한 포트폴리오 자산은 내가 관리하던 것과는 완전히 달랐다고 한다.

〈표 6〉은 찰스 멍거의 친구가 남긴 기록이다. 이 친구 또한 찰스처럼 경영대학원 출신이 아니다. 그는 서던 캘리포니아 대학에서 수학을 전공했다. 졸업 후 IBM에 취업한 이 친구는 잠시 이 회사 영업사원으로 일했다. 내가 먼저 찰스를 불러들인 이후, 찰스는 이 친구를 우리 사업에 동참하게 했다. 이 친구는 바로 릭 게린_{Rick Guerin}이다. 1965년부터 1983년까지 릭은 S&P 지수보다 316% 높은 누적수익을 거두었는데, 그 수치는 무려 22,200%에 달했다. 릭이 경영대학원 교육을 따로 받지 않았다는 점에서 통계적인 의미를 둘 수 있을 것이다.

여기에서 한 가지 간접적인 예를 들어 보자. 1달러 지폐를 40센트에 산다는 생각이 사람들에게 즉시 통할까? 아니면 전혀 먹히지 않을까? 이 질문에 대한 답은 예방주사를 떠올리면 된다. 이 생각이 통하지 않는 사람이라면, 우리는 오랫동안 그를 설득하며 이런저런 기록들을 보여 줄 것이다. 참 간단한 논리인데도, 어떤 이는 도통 이 개념을 모르는 것처럼 보인다. 그런데 경영대학원 수업을 받아 본 적이 없는 릭과 같은 친구는 가치에 투자하는 방법을 즉시 이해하고 5분 만에 적용했다. 나는 이 방법을 10년 동안 점진적으로 받아들이는 사람을 본 적이 없다. 이 개념을 이해하는 것은 지능지수나 학문적인 훈련의 문제는 아닌 것 같다. 순간적으로 이해하는 사람이 있는가 하면, 전혀 통하지 않는 사람도 있다.

〈표 7〉은 스탄 펄미터Stan Perlmeter의 기록이다. 미시간 대학에서 인문학을 전공한 스탄은 보젤&제이콥스Bozell & Jacobs라는 광고업체에서 일하고 있었다. 스탄과 나는 일하는 분야가 달랐지만, 오마하에 있는 같은 건물을 공유하고 있었다. 1965년에 그는 자기 일보다 내가 하는 일이 수익이 더 낫다는 것을 알게 되자 광고회사를 떠났다. 스탄 역시 가치 지향적인 투자 방법을 이해하는 데에는 5분밖에 걸리지 않았다.

스탄은 월터가 투자한 곳에 투자하지 않았다. 빌이 투자한 곳과도 달랐다. 이러한 기록은 독립적으로 이루어졌다. 스탄이 어떤 주식을 사는 이유는 자신이 쓰는 돈보다 더 많은 수익을 돌려주기 때문이다. 이것이 그가 생각하는 기준의 전부다. 스탄은 분기별 수익에 대한 전망도 확인하지 않는다. 내년도 수익 전망 또한 관심 밖이다. 요일도 따지지 않는다. 다른 기관에서 배포하는 투자분석 자료에도 관심을 갖지 않는다. 가격 모멘텀, 거래량도 마찬가지다. 그가 던지는 질문은 간단하다. 이 회사의 가치는 얼마만큼인가?

〈표 8〉과 〈표 9〉에서 소개하는 2개의 펀드 기록은 수십 개의 연금펀드 중에서 선택한 것이 아니라 내가 관여했던 유일한 펀드에 관한 것이다. 나는 이 펀드의 운용을 가치 지향적인 펀드매니저에게 맡겼다. 연금펀드를 이러한 기준에 따라 운용하는 경우는 극히 드물다. 〈표 8〉에 제시된 워싱턴 포스트의 연금펀드는 수년 전에는 은행이 맡아 운용하고 있었다. 나는 워싱턴 포스트 측에 연금펀드를 운용할 가치 지향적인 펀드매니저를 찾는 것이 더 좋겠다고 제안했다.

워싱턴 포스트의 연금펀드는 내 제안을 받아들인 후 최고 등급의 펀드로 거듭났다. 워싱턴 포스트는 펀드매니저에게 펀드의 25% 이상을 채권에 투자할 것을 주문했다. 그 주문이 없었다면 펀드매니저 입장에서는 이러한 전략을 선택할 필요는 없었다. 내가 이 채권 사례를 포함시킨 것도 이처럼 펀드매니저들이 채권에 대해 특별한 전문성이 있는 것은 아니었다는 것을 보여 주기 위해서였다. 펀드매니저들 또한 자신들의 전략이었다고 말하지는 않을 것이다. 워싱턴 포스트는 이렇게 펀드의 25%를 전문 분야가 아닌 채권에 투자하였음에도, 펀드 운용에서 최고 등급을 받을 수 있었다. 워싱턴 포스트의 사례는 충분히 긴 기간에 해당하는 것은 아니지만, 우리는 이 사례에서 현재 이름을 알 수 없는 3명의 펀드매니저들이 내린 다양한 투자 결정의 결과를 확인할 수 있다.

〈표 9〉는 FMC 코퍼레이션FMC Corporation의 펀드 기록이다. 이 펀드에서는 내가 한 푼도 직접 관리하지 않았지만 1974년에 가치 지향적인 펀드매니저를 선택하는 과정에서는 영향력을 행사했다. 그전에는 이 펀드 역시 대부분의 대기업과 같은 전철을 밟고 있었다. 가치 지향적인 투자 방법으로 전환한 후 FMC 코퍼레이션은 비슷한 규모의 연금펀드를 대상으로 하는 베커Becker 설문조사에서 최고 순위에 올랐다. 지난해에 FMC 코퍼레이션에는 1년 이상 계약 기간이 남은 주식매니저가 8명이었다. 이들 중 7명은 S&P 지수 평균보다 높은 누적 성과를 보였다. 지난해 S&P 지수보다 높은 성과를 올린 경우는 8명 모두에 해당되었다. 이 기간 FMC 펀드의 실제 성과와 평균 성과의 차이는 2억 4300만 달러였다. FMC는 그 원인을 펀드매니저의 선택 기준에서 찾고 있다. 이 펀드매니저들은 내가 선택한 이들은 아니지만, 가치에 근거하여 주식은 선택한다는 점에서는 공통분모를 갖고 있다.

이것이 바로 그레이엄 도드 마을 출신의 동전 던지기 선수 명단에 이름을 올릴 수 있는 투자자의 공통점이다. 여기에서 내가 소개한 펀드매니저들은 일률적인 기준을 적용해 수천 명의 펀드매니저 중에서 선택한 것이 아니다. 그렇게 했다면 아마 내가 이름조차 들어 본 적 없는 복권 당첨자들을 거론하는 것만큼이나 무의미한 일일 것이다. 수년 전에 나는 기본적인 투자 결정의 방향에 따라 이 펀드매니저들을 직접 선택했다. 나는 개인적으로 이들이 어떤 수업을 받았는지 알고 있었고, 이들의 지성과 성격, 기질과 같은 개인적인 특징에도 익숙했다. 이 펀드매니저들의 성과에서 중요한 것은 시장평균보다 낮은 위험도. 즉, 전체 시장이 약세일 때 이들이 올린 성과에 주목할 필요가 있다. 여기에서 소개한 펀드매니저들의 방법은 각기 다르지만, 이들이 공통으로 지향하는 투자 정신은 이렇게 요약할 수 있다. 이들이 사는 것은 '주식이 아닌 기업'이었다. 실제로 간혹 기업 전체를 인수하는 사례도 있다. 기업 전체를 인수하든 일부를 매수하든, 이 펀드매니저들이 투자를 대하는 태도는 변함이 없다. 이들은 각각의 전략에 따라 수십 개의 주식으로 포트폴리오를 구성하기도 하고, 소수의 기업에 집중하기도 한다. 포트폴리오를 어떻게 구성하든 이들이 공통적으로 수익을 노리는 지점은 한 회사의 시장가격과 본질적인 가치의 격차다.

나는 시장에는 많은 비효율성이 존재한다고 확신한다. 그레이엄 도드 마을 출신의 투자자들은 가격과 가치의 차이를 성공적으로 활용해 왔다. 월스트리트에서는 가장 감정적이거나 탐욕스러운 사람들, 또는 가장 우울한 사람들의 움직임으로 인한 수요와 공급으로 가격이 결정된다. 주가가 이렇게 감정적인 '대중'의 영향을 받는다면, 시장의 가격이 합리적으로 결정되기는 어렵다. 실제로 터무니없는 가격이 형성되는 예는 얼마든지 찾아볼 수 있다.

이쯤에서 나는 위험과 보상에 관련하여 중요한 설명을 더하고자 한다. 간혹 위험과 보상은 정의 상관관계를 보인다. 누군가 다음과 같은 제안을 한다고 가정해 보자. "이 6연발 권총에는 탄환이 하나 장전되어 있습니다. 자신을 겨냥해 방아쇠를 당겨 보겠습니까? 만약 살아남으면 100만 달러를 주겠습니다." 이렇게 위험한 제의를 받은 사람은 다음과 같이 말하며 거절할 것이다. "100만 달러는 충분하지 않습니다." 그렇다면 이번에는 방아쇠를 2번 당기는 데 500만 달러를 주겠다는 제의를 받게 된다. 이것이 바로 위험과 보상 간에 존재하는 정의 상관관계다.

가치투자에서는 이와 정확히 정반대의 상황이 벌어진다. 1달러의 가치가 있는 투자 대상을 60센트에 산다면, 40센트로 사는 것보다는 더 위험하다. 하지만 보상의 기대는 40센트로 산 경우에 더 많이 기대할 수 있다. 즉, 가치 포트폴리오에서 보상에 대한 잠재 가능성이 클수록 위험은 더 작아진다.

예를 하나 들어 보자. 1973년에 워싱턴 포스트는 시장에서 8000만 달러에 팔리고 있었다. 당시에 이 자산은 그보다 더 비싼 4억 달러 이상의 가격으로도 쉽게 팔 수 있었다. 워싱턴 포스트는 신문, 잡지, TV 방송국 등을 소유한 거대 기업이다. 이 회사의 자산가치는 현재 20억 달러로 평가된다. 4억 달러를 지불한다고 해도 결코 미친 짓이 아니었다.

그런데 이 회사의 주가가 하락하여 8000만 달러가 아닌 4000만 달러로 평가된다면 이 종목에 대한 시장의 민감도가 높아진다. 시장의 민감도를 위험의 지표로 여기는 투자자들에게는 이제 싼 가격이 더 위험해 보일 것이다. 이러한 현상은 정말 '이상한 나라의 앨리스'에나 나올 법하다. 4억 달러 가치의 자산을 8000만 달러가 아니라 4000만 달러에 사는 것이 왜 더 위험하다고 여겨지는지 결코 이해할 수가 없다. 실제로 기업의 가치를 제대로 이해한 상태라면 이렇게 저평가된 종목을 여러 개 매수하여도 전혀 문제 될 것이 없다. 4억 달러의 가치가 있는 기업을 8000만 달러에 사는 것을 위험하다고 볼 이유가 없다는 의미다. 4000만 달러의 가치가 있는 종목 10개를 각각 800만 달러에 매수했다면 위험할 게 더욱 없다. 하지만 4억 달러의 가치가 당장 손에 쥐어지는 것은 아니므로, 저평가된 가격에 이 종목을 매수한 일반 투자자는 솔직하게 조언해 줄 실력 있는 전문가에게 확인하고 싶을 것이다. 그 정도 확인은 쉽게 해 볼 수 있다.

일반 투자자는 또한 기업의 기본적인 가치를 전반적으로 추정할 수 있는 지식을 갖추어야 한다. 단, 이렇게 파악한 기업의 가치에 너무 근접하여 거래하려고 해서는 안 된다. 그레이엄이 말하는 안전마진의 개념이 바로 여기에 적용된다. 8300만 달러의 가치가 있는 종목을 8000만 달러에 사려고 노력하지 말라는 의미다. 안전마진은 넉넉하게 남겨 두어야 한다. 3만 파운드의 하중을 견딜 수 있는 다리를 건설한다고 생각해 보자. 실제로 지탱 가능한 무게는 3만 파운드라도 1만 파운드 이하의 트럭만 지나가게 하는 것이 안전하다. 투자에서 안전마진도 마찬가지다.

상업적 마인드를 더 많이 가진 독자들이라면 내가 왜 이러한 글을 쓰는지 의아할 것이다. 많은 사람이 가치투자 방법을 따른다면 가격과 가치의 격차는 결국 줄어들 것이기 때문이다. 사실 이 비결은 그레이엄과 도드가 『증권분석』을 쓴 이후 50년 동안 이미 공개되어 온 것이다. 하지만 지난 35년 동안 나는 가치투자가 유행하는 경우를 본 적이 없다. 어쩌면 인간의 조급함은 간단한 것을 어렵게 만드는 것 같다. 학계는 실제로 지난 30년 동안 가치투자를 가르치는 데 등을 돌렸다. 이러한 분위기는 앞으로도 계속 이어질 것 같다. 선박들은 전 세계를 향해 닻을 올리고 있지만, 지금도 시대착오적인 '평평한 지구학회'가 여전히 득세하고 있다. 시장에서 가격과 가치의 광범위한 차이는 계속될 것이고, 그레이엄과 도드의 가르침을 따르는 이들의 성공도 계속될 것이다.

연도	S&P 총수익 (배당 포함, %)	WJS Ltd. 파트너의 총수익(연간, %)	WJS 파트너십의 총수익(연간, %)
1956년	7.5	5.1	6.8
1957년	−10.5	−4.7	−4.7
1958년	42.1	42.1	54.6
1959년	12.7	17.5	23.3
1960년	−1.6	7.0	9.3
1961년	26.4	21.6	28.8
1962년	−10.2	8.3	11.1
1963년	23.3	15.1	20.1
1964년	16.5	17.1	22.8
1965년	13.1	26.8	35.7
1966년	−10.4	0.5	0.7
1967년	26.8	25.8	34.4
1968년	10.6	26.6	35.5
1969년	−7.5	−9.0	−9.0
1970년	2.4	−8.2	−8.2
1971년	14.9	25.5	28.3
1972년	19.8	11.6	15.5
1973년	−14.8	−8.0	−8.0
1974년	−26.6	−6.2	−6.2
1975년	36.9	42.7	52.2
1976년	22.4	29.4	39.2
1977년	−8.6	25.8	34.4
1978년	7.0	36.6	48.8
1979년	17.6	29.8	39.7
1980년	32.1	23.3	31.1
1981년	6.7	18.4	24.5
1982년	20.2	24.1	32.1
1983년	22.8	38.4	51.2
1984년 1/4분기	2.3	0.8	1.1

S&P의 28년 1/4분기 동안의 누적수익	887.2%
WJS Ltd. 파트너의 28년 1/4분기 동안의 누적수익	6,678.8%
WJS 파트너십의 28년 1/4분기 동안의 누적수익	23,104.7%
S&P의 28년 1/4분기 동안의 연평균 누적수익률	8.4%
WJS Ltd. 파트너의 28년 1/4분기 동안의 연평균 누적수익률	16.1%
WJS 파트너십의 28년 1/4분기 동안의 연평균 누적수익률	21.3%

WJS 파트너십이 유지되던 기간에도 800개 이상의 종목을 보유했다. 대부분 100개 이상 종목을 유지했다. 현재 관리하는 자산은 대략 4500만 달러다. WJS 파트너십과 WJS Ltd. 파트너의 수익률 차이는 일반적인 파트너에 대한 할당에 따른 것이다.

〈표 2〉 트위디 브라우니 컴퍼니

기말(9월 30일)	다우존스(%)[a]	S&P500(%)[a]	TBK(%)	TBK Ltd. 파트너(%)
1968년(9개월)	6.0	8.8	27.6	22.0
1969년	−9.5	−6.2	12.7	10.0
1970년	−2.5	−6.1	−1.3	−1.9
1971년	20.7	20.4	20.9	16.1
1972년	11.0	15.5	14.6	11.8
1973년	2.9	1.0	8.3	7.5
1974년	−31.8	−38.1	1.5	1.5
1975년	36.9	37.8	28.8	22.0
1976년	29.6	30.1	40.2	32.8
1977년	−9.9	−4.0	23.4	18.7
1978년	8.3	11.9	41.0	32.1
1979년	7.9	12.7	25.5	20.5
1980년	13.0	21.1	21.4	17.3
1981년	−3.3	2.7	14.4	11.6
1982년	12.5	10.1	10.2	8.2
1983년	44.5	44.3	35.0	28.2

총수익

15년 9개월	191.8%	238.5%	1,661.2%	936.4%
S&P500 지수의 15년 3/4분기 동안의 연평균 누적수익률				7.0%
TBK Ltd. 파트너의 15년 3/4분기 동안의 연평균 누적수익률				16.0%
TBK의 15년 3/4분기 동안의 연평균 누적수익률				20.0%

a) 다우존스 지수와 S&P500 지수는 모두 배당금을 포함한 수치다.

〈표 3〉 버핏 파트너십

(단위: %)

연도	다우의 총수익	파트너십의 성과	Ltd. 파트너의 성과
1957년	−8.4	10.4	9.3
1958년	38.5	40.9	32.2
1959년	20.0	25.9	20.9
1960년	−6.2	22.8	18.6
1961년	22.4	45.9	35.9
1962년	−7.6	13.9	11.9
1963년	20.6	38.7	30.5
1964년	18.7	27.8	22.3
1965년	14.2	47.2	36.9
1966년	−15.6	20.4	16.8
1967년	19.0	35.9	28.4
1968년	7.7	58.8	45.6
1969년	−11.6	6.8	6.6
누적 또는 복리 결과는 다음과 같다.			
1957년	−8.4	10.4	9.3
1957~1958년	26.9	55.6	44.5
1957~1959년	52.3	95.9	74.7
1957~1960년	42.9	140.6	107.2
1957~1961년	74.9	251.0	181.6
1957~1962년	61.6	299.8	215.1
1957~1963년	94.9	454.5	311.2
1957~1964년	131.3	608.7	402.9
1957~1965년	164.1	943.2	588.5
1957~1966년	122.9	1156.0	704.2
1957~1967년	165.3	1606.9	932.6
1957~1968년	185.7	2610.6	1403.5
1957~1969년	152.6	2794.9	1502.7
연 복리	7.4	29.5	23.8

〈표 4〉 세쿼이아 펀드

연도	연평균 증가율(%)[b]	
	세쿼이아 펀드	S&P500 지수[a]
1970년(7월 15일부터)	12.1	20.6
1971년	13.5	14.3
1972년	3.7	18.9
1973년	−24.0	−14.8
1974년	−15.7	−26.4
1975년	60.5	37.2
1976년	72.3	23.6
1977년	19.9	−7.4
1978년	23.9	6.4
1979년	12.1	18.2
1980년	12.6	32.3
1981년	21.5	−5.0
1982년	31.2	21.4
1983년	27.3	22.4
1984년(1/4분기)	−1.6	−2.4
전체기간	775.3%	270.0%
누적수익률	17.2%	10.0%
1% 운용수수료 포함	1.0%	
총투자수익률	18.2%	10.0%

a) 배당금은 재투자된 것으로 보고한 내용을 포함한다. 펀드의 경우에는 자본이익 배분에 해당한다.
b) 이 수치는 재투자 배당금을 계산한 것이므로 〈표 1〉의 S&P 수치와는 약간 다르다.

〈표 5〉 찰스 멍거

(단위: %)

연도	Mass. Inv. Trust	Investors Stock	Lehman	Tri-Cont.	Dow	Overall Partnership	Limited Partners
연간 수익률							
1962년	−9.8	−13.4	−14.4	−12.2	−7.6	30.1	20.1
1963년	20.0	16.5	23.8	20.3	20.6	71.7	47.8
1964년	15.9	14.3	13.6	13.3	18.7	49.7	33.1
1965년	10.2	9.8	19.0	10.7	14.2	8.4	6.0
1966년	−7.7	−9.9	−2.6	−6.9	−15.7	12.4	8.3
1967년	20.0	22.8	28.0	25.4	19.0	56.2	37.5
1968년	10.3	8.1	6.7	6.8	7.7	40.4	27.0
1969년	−4.8	−7.9	−1.9	0.1	−11.6	28.3	21.3
1970년	0.6	−4.1	−7.2	−1.0	8.7	−0.1	−0.1
1971년	9.0	16.8	26.6	22.4	9.8	25.4	20.6
1972년	11.0	15.2	23.7	21.4	18.2	8.3	7.3
1973년	−12.5	−17.6	−14.3	−21.3	−23.1	−31.9	−31.9
1974년	−25.5	−25.6	−30.3	−27.6	−13.1	−31.5	−31.5
1975년	32.9	33.3	30.8	35.4	44.4	73.2	73.2
누적수익률							
1962년	−9.8	−13.4	−14.4	−12.2	−7.6	30.1	20.1
1962~1963년	8.2	0.9	6.0	5.6	11.5	123.4	77.5
1962~1964년	25.4	15.3	20.4	19.6	32.4	234.4	136.3
1962~1965년	38.2	26.6	43.3	32.4	51.2	262.5	150.5
1962~1966년	27.5	14.1	39.5	23.2	27.5	307.5	171.3
1962~1967년	53.0	40.1	78.5	54.5	51.8	536.5	273.0
1962~1968년	68.8	51.4	90.5	65.0	63.5	793.6	373.7
1962~1969년	60.7	39.4	86.9	65.2	44.5	1046.5	474.6
1962~1970년	61.7	33.7	73.4	63.5	57.1	1045.4	474.0
1962~1971년	76.3	56.2	119.5	100.1	72.5	1336.3	592.2
1962~1972년	95.7	79.9	171.5	142.9	103.9	1455.5	642.7
1962~1973년	71.2	48.2	132.7	91.2	77.2	959.3	405.8
1962~1974년	27.5	40.3	62.2	38.4	36.3	625.6	246.5
1962~1995년	69.4	47.0	112.2	87.4	96.8	1156.7	500.1
연평균 수익률	3.8	2.8	5.5	4.6	5.0	19.8	13.7

(단위: %)

연도	S&P500 지수	Ltd. 파트너의 성과	전체 파트너십의 성과
1965년	12.4	21.2	32.0
1966년	−10.1	24.5	36.7
1967년	23.9	120.1	180.1
1968년	11.0	114.6	171.9
1969년	−8.4	64.7	97.1
1970년	3.9	−7.2	−7.2
1971년	14.6	10.9	16.4
1972년	18.9	12.8	17.1
1973년	−14.8	−42.1	−42.1
1974년	−26.4	−34.4	−34.4
1975년	37.2	23.4	31.2
1976년	23.6	127.8	127.8
1977년	−7.4	20.3	27.1
1978년	6.4	28.4	37.9
1979년	18.2	36.1	48.2
1980년	32.3	18.1	24.1
1981년	−5.0	6.0	8.0
1982년	21.4	24.0	32.0
1983년	22.4	18.6	24.8

S&P의 19년 동안의 누적수익	316.4%
일부 파트너의 19년 동안의 누적수익	5,530.2%
전체 파트너십의 19년 동안의 누적수익	22,200.0%
S&P의 19년 동안의 연평균 누적수익률	7.8%
일부 파트너의 19년 동안의 연평균 누적수익률	23.6%
전체 파트너십의 19년 동안의 연평균 누적수익률	32.9%

〈표 7〉 펄미터 인베스트먼트

(단위: %)

연도	PIL 전체	Ltd. 파트너의 성과
1965년 8월 1일~12월 31일	40.6	32.5
1966년	6.4	5.1
1967년	73.5	58.8
1968년	65.0	52.0
1969년	−13.8	−13.8
1970년	−6.0	−6.0
1971년	55.7	49.3
1972년	23.6	18.9
1973년	−28.1	−28.1
1974년	−12.0	−12.0
1975년	38.5	38.5
1976년 1월 1일~10월 31일	38.2	34.5
1976년 11월 1일~1977년 10월 31일	30.3	25.5
1977년 11월 1일~1978년 10월 31일	31.8	26.6
1978년 11월 1일~1979년 10월 31일	34.7	28.9
1979년 11월 1일~1980년 10월 31일	41.8	34.7
1980년 11월 1일~1981년 10월 31일	4.0	3.3
1981년 11월 1일~1982년 10월 31일	29.8	25.4
1982년 11월 1일~1983년 10월 31일	22.2	18.4
전체 파트너십의 누적수익(1965년 8월 1일~1983년 10월 31일)		4277.2%
일부 파트너의 누적수익(1965년 8월 1일~1983년 10월 31일)		2309.5%
전체 파트너십의 연평균 누적수익률		23.0%
일부 파트너의 연평균 누적수익률		19.0%
다우존스 지수(1965년 7월 31일)		882
다우존스 지수(1983년 10월 31일)		1225
배당을 포함한 다우존스 지수의 연평균 수익률		7%

	현재 분기		1년간		2년간[a]		3년간[a]		4년간[a]	
	수익률, %	순위	수익률, %	순위	수익률, %	순위	수익률, %	순위	수익률, %	순위
총투자										
매니저 A	4.1	2	22.5	10	20.6	40	18.0	10	20.2	3
매니저 B	3.2	4	34.1	1	33.0	1	28.2	1	22.6	1
매니저 C	5.4	1	22.2	11	28.4	3	24.5	1	–	–
마스터 트러스트	3.9	1	28.1	1	28.2	1	24.3	1	21.8	1
주식										
매니저 A	5.2	1	32.1	9	26.1	27	21.2	11	26.5	7
매니저 B	3.6	5	52.9	1	46.2	1	37.8	1	29.3	3
매니저 C	6.2	1	29.3	14	30.8	10	29.3	3	–	–
마스터 트러스트	4.7	1	41.2	1	37.0	1	30.4	1	27.6	1
채권										
매니저 A	2.7	8	17.0	1	26.6	1	19.0	1	12.2	2
매니저 B	1.6	46	7.6	48	18.3	53	12.7	84	7.4	86
매니저 C	3.2	4	10.4	9	24.0	3	18.9	1	–	–
마스터 트러스트	2.2	11	9.7	14	21.1	14	15.2	24	9.3	30
채권&현금										
매니저 A	2.5	15	12.0	5	16.1	64	15.5	21	12.9	9
매니저 B	2.1	28	9.2	29	17.1	47	14.7	41	10.8	44
매니저 C	3.1	6	10.2	17	22.0	2	21.6	1	–	–
마스터 트러스트	2.4	14	10.2	17	17.8	20	16.2	2	12.5	9

a) 연율 기준

순위는 A.C. 베커의 펀드 성과를 의미한다.

* 순위는 백분위수를 의미한다. 1=최고성과, 100=최악의 성과.

〈표 9〉 FMC 코퍼레이션의 연금펀드 및 연간 수익률(%)

	1년	2년	3년	4년	5년	6년	7년	8년	9년
FMC(채권 및 보통주)									
1983년	23.0								17.1[a]
1982년	22.8	13.6	16.0	16.6	15.5	12.3	13.9	16.3	
1981년	5.4	13.0	15.3	13.8	10.5	12.6	15.4		
1980년	21.0	19.7	16.8	11.7	14.0	17.3			
1979년	18.4	14.7	8.7	12.3	16.5				
1978년	11.2	4.2	10.4	16.1					
1977년	−2.3	9.8	17.8						
1976년	23.8	29.3							
1975년	35.0								
베커 서베이 중간값									
1983년	15.6								12.6
1982년	21.4	11.2	13.9	13.9	12.5	9.7	10.9	12.3	
1981년	1.2	10.8	11.9	10.3	7.7	8.9	10.9		
1980년	20.9	−	−	−	10.8	−			
1979년	13.7	−	−	−	11.1				
1978년	6.5	−	−	−					
1977년	−3.3	−	−						
1976년	17.0	−							
1975년	24.1								
S&P500									
1983년	22.8								15.6
1982년	21.5	7.3	15.1	16.0	14.0	10.2	12.0	14.9	
1981년	−5.0	12.0	14.2	12.2	8.1	10.5	14.0		
1980년	32.5	25.3	18.7	11.7	14.0	17.5			
1979년	18.6	12.4	5.5	9.8	14.8				
1978년	6.6	−0.8	6.8	13.7					
1977년	7.7	6.9	16.1						
1976년	23.7	30.3							
1975년	37.2								

a) 보통주만 하면 18.5다.

2. 주식 거래와 주식투자 소득의 과세에 관한 주요 규칙(1972년)

편집자 주: 주식 거래를 규제하는 규칙은 그동안 큰 변화를 겪어 왔다. 따라서 이하에서 설명하는 내용은 역사적인 의미에서 이해할 것을 권한다. 그레이엄이 1972년 이 글을 쓸 당시에는 여기에 소개되는 정보가 모두 타당했으나, 그동안의 변화에 따라 일부 내용은 현재 유효하지 않다. 그레이엄이 처음에 실었던 부록 2는 현재 규정에 맞추어 "3. 투자 과세의 기초"로 개정하였다.

규칙 1: 이자와 배당

(1) 연방세가 면제되나 주세를 징수하는 지방채 및 이와 유사한 채권에서 얻은 소득, (2) 자본소득으로 취급되는 배당, (3) 투자회사가 지급하는 배당, (4) 일반 국내 기업이 제공하는 최초 100달러 배당을 제외한 모든 이자와 배당은 일반소득으로 간주되어 세금이 부과된다.

규칙 2: 자본이득과 자본손실

단기 자본이익과 손실들을 병합하여 단기 순자본손익을 산출한다. 장기 자본이익과 손실들을 병합하여 장기 순자본손익을 산출한다. 단, 단기 순자본이익이 장기 순자본손실을 초과하면 초과분의 100%는 소득에 포함된다.

또한 수익 기준으로 4만 달러까지 수익에 부과되는 최고 세율은 25%다. 모든 수익을 함께 고려할 경우 소득세는 35%까지 부과된다.

순자본손실은 현재 연도와 다음 5년 동안 매년 보통 소득에서 최대 1,000달러까지 공제받을 수 있다. 미실현된 손실은 언제든지 자본소득으로 상쇄될 수 있다.

'규제된 투자회사'에 대해서

대부분의 투자펀드('투자회사')는 세법의 특별 규정에 따라 실질적으로 파트너로서 과세된다. 그러므로 투자펀드가 장기증권에서 이익을 실현하면 이들은 이 소득을 '자본소득배당' 명목으로 주주들에게 배분할 수 있으며, 주주들은 이 소득을 다른 장기소득과 같은 방법으로 보고하게 된다. 투자펀드의 배당은 일반적인 배당보다 과세율이 낮다. 또한 투자펀드는 주주 대신 25%의 세금을 납부하고 자본이익을 자본이익배당으로 분배하지 않고 보유할 수 있다.

3. 투자 과세의 기초(2003년 개정)

이자와 배당

이자와 배당에는 일반소득세율로 적용된다. 단, (1) 주세는 부과되지만 연방세는 면제되는 지방채의 이자수입, (2) 뮤추얼펀드가 지불하는 장기 자본이득배당은 제외된다. 뮤추얼펀드에 포함되더라도 사적인 지방채는 연방 최저세금부담제도Alternative Minimum Tax, AMT의 적용을 받는다.

자본이득과 자본손실

단기의 자본이득과 자본손실은 단기 순자본손익으로 병합된다. 장기의 자본손실과 자본이익은 장기 순자본손익으로 병합된다. 단기 순자본이익이 장기 순자본손실을 초과하면, 그 초과분은 일반소득으로 간주된다. 순자본이득이 있는 경우에는 보통 20%의 우대자본이득세율로 과세된다. 2000년 이후에 매수해서 5년 이상 보유했다면 18%가 적용된다.

순자본손실은 당해 연도 일반소득에서 최대 3,000달러까지 공제할 수 있다. 3,000달러 이상의 자본손실은 나중의 과세연도에서 미래의 자본이득을 상쇄하는 데 적용할 수 있다.

뮤추얼펀드

규제된 투자회사로서 거의 모든 뮤추얼펀드가 법인소득세 면제라는 세법상 혜택을 적용받는다. 장기보유증권을 매도한 다음 뮤추얼펀드는 그 수익을 투자자들에게 장기자본이득이 되는 자본이득배당 명목으로 배분할 수 있다. 이것들은 최고 39%인 일반 배당세율보다 낮은 20%의 세율이 적용된다. 자본이득배당은 매년 4/4분기에 이루어지는데, 이때 대규모로 펀드에 신규 투자하는 것은 피해야 한다. 투자자가 보유하지도 않은 펀드의 수익에 대해 세금이 부과될 수도 있기 때문이다.

4. 보통주의 새로운 투기

내가 여기에서 말하고자 하는 것은 월스트리트에서 오랫동안 겪은 다양한 경험을 반영하고 있다. 경험의 가치를 위협하는 새로운 상황이나 주기적으로 출몰하는 새로운 환경도 여기에 포함된다. 경제학, 재무분석, 증권분석 연구가 다른 분야와 확연히 다른 점은 현재나 미래의 상황을 유추하기에 과거의 데이터가 갖는 유효성이 불확실하다는 것이다. 하지만 모든 것을 완벽하게 이해할 상황이 아니라면 과거로부터 교훈을 찾기 위한 노력을 게을리해서는 안 된다. 오늘 연설에서는 이처럼 제한적이나마 주식투자나 투기를 바라보는 우리의 근본적인 태도를 통해 현재와 과거에서 대비되는 특징들을 지적하고자 한다.

먼저 오늘 연설의 주제는 이렇게 요약할 수 있다. 과거의 경우, 주식투자에서 투기적 요소들은 거의 전적으로 사업의 불확실성이나 변화하는 요인들, 산업에 내재된 약점 및 회사의 개별적인 구조 등 회사 자체에서 기인하였다. 이 요소들은 물론 지금도 존재한다. 그러나 내가 앞으로 언급할 장기적인 상황의 요소들로 인해 회사 자체에 내재된 투기적인 요소의 영향력은 크게 감소하였다. 대신 수많은 새로운 투기적 요소가 회사가 아닌 주식시장에서 비롯되고 있다. 즉, 주식을 거래하는 일반 투자자들과 주로 증권분석가들로 이루어진 조언가들의 관점과 태도가 투기적인 요소로 작용하게 된 것이다. 투기를 조장하는 이들의 태도는 이렇게 한마디로 정리할 수 있다. "미래예측이야말로 최우선으로 강조되어야 한다."

이들이 가장 자연스럽고 논리적으로 받아들이는 개념은 주가란 주로 회사의 예상 실적을 기초로 형성되고 평가된다는 것이다. 얼핏 단순해 보이는 이 생각에는 많은 역설과 함정이 숨어 있다. 우선 이러한 개념에 따르면 오래전부터 우리가 고수해 온 투자와 투기의 구분이 상당히 모호해진다. '투기하다'라는 의미의 영어 단어 '스페큘레이트$_{speculate}$'는 '망보는 곳'이라는 의미의 라틴어 '스페쿨라$_{specula}$'에서 유래했다. 즉, 투기자란 다른 사람들보다 먼저 미래 상황을 살피고 내다보는 사람들이라고 이해할 수 있다. 하지만 오늘날에는 현명하고 충실한 조언만 뒤따른다면 투자자 또한 투기자 수준으로 미래를 예상할 수 있다.

또한, 현재 투자자들은 신용등급처럼 투자 조건을 가늠할 수 있는 지표를 이용해 미래를 예측해 볼 수 있다. 예를 들어 최고의 신용등급을 받은 회사라면 미래수익이 보장될 것으로 여겨지므로 이 회사의 주식에 투기적인 관심이 쏠리게 될 것이다. 마지막으로, 인기주의 현재 가치를 바탕으로 미래의 지속적인 성장 가능성을 엿보기 위해 오늘날에는 고도의 수학 공식을 적용하고 있다. 하지만 정확한 답을 산출한다는 공식들이 부정확한 가정들과 결합하게 되면 특정 종목을 지나치게 과대평가하거나 이러한 가치를 정당화하는 수단이 될 수 있다. 반면, 면밀한 검토를 통해 누구도 분석 대상인 성장회사에 대해 특정한 범위의 가치를 장담할 수 없다는 사실 또한 알 수 있다. 이러한 이유로 시장은 회사의 성장성을 형편없이 낮게 평가하기도 한다.

주식투자에서 오랫동안 존재해 온 투기적 요소와 새로운 투기적 요소는 각각 내재적인 것과 외재적인 것으로 간단하게 특징지을 수 있다. 과거 시장에서 투기적 주식과 투자형 주식의 예를 설명하기 위해 아메리칸 캔 및 펜실베이니아 레일로드_{Pennsylvania Railroad}와 관련한 1911년부터 1913년까지의 자료를 살펴보겠다.(이 내용은 맥그로힐에서 1940년에 출판된 그레이엄과 도드의 『증권분석』 중 2쪽과 3쪽에서 확인할 수 있다.)

같은 기간 펜실베이니아 레일로드의 주가는 53달러에서 65달러 사이, 주가수익비율은 12.2배와 15배 사이에서 형성되었다. 이 회사는 꾸준한 수익을 기록했고, 배당 역시 3달러로 신뢰할 만한 수준을 유지하고 있었다. 투자자들은 이러한 실적이 50달러라는 액면가를 훨씬 상회하는 주가를 뒷받침하고 있다고 믿었다. 대조적으로 아메리칸 캔의 주가는 9달러와 47달러 사이에서 등락을 거듭했고, 주당순이익은 7센트와 8달러 86센트 사이를 오갔다. 3년 평균 주가수익비율은 1.9배와 10배 사이에서 움직였다. 배당은 전혀 지급되지 않았다. 신중한 투자자들이라면 우선주 발행 규모가 유형 자산 규모를 초과하는 상황에서 보통주의 액면가액 100달러는 '가상자산'을 의미할 뿐이라는 것을 잘 알고 있었다. 아메리칸 캔은 당시 변동폭이 크고 불확실한 산업에서 투기적으로 형성된 기업이라는 점에서 대표적인 투기 종목이었다. 사실 아메리칸 캔의 장기 전망은 펜실베이니아 레일로드보다 훨씬 더 뛰어났지만, 당시 투자자들이나 투기자들은 이 사실을 눈치채지 못했다. 1911년과 1913년 사이에 유행했던 투자전략과 시장 분위기 속에서는 그러한 사실을 아는 투자자들이라도 상관없는 것이라 여기고 무시했을 것이다.

이제 투자와 관련한 중요한 장기 전망이 시기별로 전개되어 온 상황을 살펴보자. 여기에서는 지난해에 10억 달러 매출 기업의 반열에 오른 IBM의 예를 들어 보겠다. 차가운 수치만 나열되는 지루함을 덜기 위해 내 자전적인 이야기도 보태고자 한다. 1912년, 나는 한 학기 동안 학교를 쉬고 U. S. 익스프레스 컴퍼니U. S. Express Company의 한 프로젝트를 맡았다. 운송요금 계산에 새롭게 도입된 혁신적인 시스템이 수익에 미치는 영향을 분석하는 작업이었다. 우리가 분석한 시스템은 CTRComputing-Tabulating-Recording Company이 대여한 홀러리스Hollerith로, 카드천공기, 카드분류기, 도표 작성용 전산기 등을 포함했다. 당시 일반 업계에는 거의 알려지지 않았고, 주로 통계국에서만 사용되던 것이었다. 이후 1914년에 나는 월스트리트에 발을 들였고, CTR의 채권과 주식은 뉴욕증시에 상장되었다. 나는 곧 이 회사를 흥미롭게 지켜보기 시작했다. 이 회사의 제품을 알고 직접 사용해 본 금융계 관계자였으므로, 스스로 전문가라고 여겼기 때문이다. 1916년 초에 나는 당시 내가 근무하던 회사의 사장 A. N.을 찾아가 CTR의 주식 10만 5000주가 현재 40달러 중반에서 팔리고 있고, 1915년에 이 회사는 6달러 50센트의 수익을 올렸으며, 미분리된 무형자산을 포함해 이 회사의 장부가치는 130달러이고, 3달러의 배당을 시작했다고 보고했다. 이러한 설명과 더불어 이 회사의 제품과 전망에 대해 호의적인 의견도 제시했다. 사장은 나를 측은한 눈으로 바라보며 이렇게 말했다. "벤, 그 회사에 대해서는 다시는 말도 꺼내지 말게. 나는 전혀 관여하고 싶지 않아(그가 즐겨 사용하던 표현이었다). 그 회사의 6% 채권은 80대 초반에서 거래되고 있어. 아무짝에도 쓸모가 없지. 그런데 어떻게 주식이 좋을 수 있겠나? 이 회사의 주식 뒤에 물밖에 남은 것이 없다는 것쯤은 누구나 알고 있지." CTR의 주식을 이렇게 표현한 것은 굴욕의 극치였다. 이 말은 이 회사의 대차대조표상 자산계정이 분식이라는 의미였다. 당시 많은 제조 업체의 사정이 그러했다. 그중에서도 U. S. 스틸의 예가 잘 알려져 있다. 이 회사는 액면가가 100달러였음에도 불구하고 실제로는 아무것도 없었고, 이 러한 사실은 부풀려 작성된 기록으로 가려졌다. 수익성과 미래 전망 이외에 참고할 수 있는 것은 '전혀' 없었기 때문에 어떤 투자자도 재고의 여지가 없 었다.

사장이 내미는 통계 수치 앞에서 나는 그저 순진한 애송이로 돌아왔다. 사장은 수많은 경험과 성공으로 다져진 예리한 사람이었다. CTR을 향한 그 의 맹렬한 비판에 강한 인상을 받은 나는 1926년에 이 회사가 이름을 IBM 으로 바꾼 후에도 단 한 주도 매입하지 않았다.

그렇다면 주식시장이 활기에 찼던 1926년, 새로운 이름을 단 IBM의 상황 은 어떠했을까? 그해 대차대조표에 표기된 영업권 항목에는 당시로써는 다 소 큰 금액인 1360만 달러가 기재되었다. A. N. 사장은 옳았다. 실제로 이 회사의 주식 뒤에 숨은 자기자본은 그저 물뿐이었다. 그러나 토머스 J. 왓슨 Thomas J. Watson Sir.이 경영을 맡은 이후 IBM이 보인 성과는 인상적이었다. 이 회 사의 순이익은 69만 1000달러에서 370만 달러로 5배 이상 증가하였고, 이 후 11년 동안 예상을 웃도는 수익을 보였다. 또한 주식을 통해 탁월한 자기 자본을 형성하며 3.6 대 1로 주식분할을 단행했다. 신주에 대한 배당은 3달 러로 고정되었으며, 신주발행에 따른 수익은 6달러를 기록했다. 이 정도라 면 1926년의 주식시장은 이 회사에 아주 열광적이었을 것이라고 생각할 수 있다. 그해 IBM의 주가는 최저 31달러, 최고 59달러의 범위에서 형성되었 다. 평균 45달러 선에서 주가수익비율 7배와 배당률 6.7%를 기록했다. 저 가인 31달러도 유형 자산 장부가치를 그리 초과하지 않은 수준이었다는 점 에서 지난 11년보다 훨씬 보수적으로 가격이 형성된 것으로 보인다.

IBM의 사례는 1920년대 강세시장의 정점을 이룬 해에도 주식투자의 관행이 지속되었음을 보여 준다. 이후의 상황은 IBM 10년 단위로 다음과 같이 요약해 볼 수 있다. 1936년에 이 회사의 수익은 1926년에 비해 2배로 늘었고, 평균 주가수익비율은 7배에서 17.5배로 상승했다. 1936년에서 1946년 사이에 수익은 다시 2.5배로 증가한 반면, 1946년의 평균수익률은 17.5배에 머물렀다. 이후에 IBM의 상승세는 더욱 가속화되었다. 1956년의 수익은 1946년의 수익에 비해 거의 4배 증가하였고, 주가수익비율은 32.5배까지 상승했다. 지난해 수익은 이보다 더 증가하였다. 주가수익비율은 외국 자회사의 주주권을 감안하지 않을 경우 평균 42배까지 상승했다.

40년 전의 경우와 최근 주가 자료를 자세히 살펴보면 몇 가지 흥미로운 유사점과 차이점을 확인할 수 있다. 과거에 제조업체의 대차대조표에서 흔히 볼 수 있었던 불미스러운 관행은 자취를 감췄다. 대신 이제 다른 종류의 관행들이 주식시장에서 투자자들과 투기자들 사이에 되살아났다. 이를테면 IBM 주식이 수익의 7배가 아닌 장부가치의 7배로 거래된다고 할 때, 이러한 상황은 사실상 장부가치가 전혀 존재하지 않는 상황과 다를 바 없다. 또는 장부가치 중 극히 일부만 가격에서 적은 비중을 차지하는 우선주로 간주되고, 나머지는 과거 투기자들이 수익성과 향후 전망만을 보고 울워스나 U.S. 스틸의 보통주 전체를 사들였던 행태와 정확히 동일한 양상을 보인다.

IBM의 주가수익비율이 7배에서 40배까지 오르며 유망한 회사로 성장한 지난 30년 동안 대형 제조업체들의 내재적인 투기 요소는 상당히 사라지거나 최소한 크게 감소하는 경향을 보였다. 유망한 회사들은 탄탄한 재정과 보수적인 자본구조를 바탕으로 과거보다 더 정직하게 운영되었다. 특히 공시 요건이 강화되면서 과거에 미스터리한 투기적 요소를 제거할 수 있었다.

이 미스터리를 설명하기 위해 개인적인 여담을 하나 더 보태야겠다. 월스트리트에서 활동하던 초기에 내가 가장 선호했던 주식은 현재 컨솔리데이티드 에디슨Consolidated Edison의 전신인 컨솔리데이티드 가스 오브 뉴욕Consolidated Gas of New York이었다. 당시 이 회사는 수익성이 좋은 뉴욕 에디슨 컴퍼니New York Edison Company를 자회사로 소유하고 있었지만, 전체 수익이 아니라 이 자회사에서 얻어진 배당만을 수익으로 보고했다. 뉴욕 에디슨 컴퍼니의 수익 중 보고되지 않은 수치가 바로 앞서 말한 미스터리와 '숨겨진 가치'였다. 나는 이 미스터리한 수치가 매년 주 공공서비스위원회Public Service Commission에 기록되어 있었다는 사실을 발견하고 깜짝 놀랐다. 그래서 이 기록을 직접 조회한 후 이 회사의 실제 수익을 간단히 기사화할 수 있었다. 그런데 한 오랜 친구가 나에게 이렇게 말했다. "벤, 자네는 이 수치들을 발견한 것을 두고 스스로 대견하게 여길 수 있겠지만 월스트리트에서는 전혀 고마워하지 않을 걸세. 이회사는 미스터리할 때 더 흥미롭고 더 귀하게 여겨지는 것이야. 자네처럼 매사에 너무 정확하게 하려고 들면 월스트리트는 망하고 말걸."

과거 투기 열풍을 뜨겁게 달구었던 세 개의 M, 즉 미스테리Mystery, 조작Manipulation, 그리고 약간의 마진Margin은 오늘날에는 거의 힘을 쓰지 못하고 있다. 하지만 우리 증권분석가들이 개발해 온 평가 방식은 그 자체로 투기성을 내재하고 있어서 과거의 투기 요소들을 거의 그대로 대체하는 실정이다. 우리가 지금 알고 있는 세 개의 M이라면 M.M.&M.Minnesota Mining and Manufacturing Company 정도이지 않을까? 이 회사의 보통주는 과거와 대비되는 새로운 투기 성향을 완벽하게 재현하고 있는 것은 아닐까? 몇 가지 수치를 함께 살펴보자. 작년에 M.M.&M.의 주식은 101달러 선에 거래되었다. 당시 이 가격은 1956년 수익의 44배로 평가된 것이었다. 동시에 1957년에 아무런 수익증가가 없었음을 보여 주는 것이기도 했다. 이 회사의 가치는 17억 달러로 평가되었는데, 이 중 순자산에 해당하는 것은 2억 달러였고, 나머지 15억 달러는 시장이 영업권으로 평가한 부분이었다. 하지만 영업권이 이렇게 평가될 수 있었던 어떤 공식도 확인할 수 없다. 몇 달 뒤에 시장은 이 회사에 대한 평가를 급선회하여 가치를 약 4억 5000만 달러로 재조정했다. 종전 가치의 30%에 불과한 것이었다. 이 경우처럼 회사의 무형자산을 정확히 산출하는 것은 불가능한 일이다. 마치 수학 공식처럼 한 회사의 영업권이나 미래수익성이 중요하게 부상하면 실제 가치는 그만큼 불확실해진다. 따라서 이 회사에 대한 주식투자는 본질적으로 투기적인 성향을 띠게 된다.

과거와 현재를 비교해 볼 때 이와 같은 무형자산에 대한 평가가 어떻게 결정적으로 달라졌는지 인식하는 것이 중요하다. 한 세대 전에 무형자산은 유형자산보다 더욱 보수적인 기준으로 평가되었다. 이 점은 주가에서도 공식적으로나 법적으로 공통으로 인정되는 규칙이었다. 우량제조업체라면 일반적으로 채권과 우선주와 같은 유형자산에서 6%와 8%의 수익을 거둘 것으로 기대되었다. 그러나 초과 수익이나 무형자산의 증가에 대해서는 15%를 기준으로 평가되는 것이 보통이었다. 1920년대 이후에는 어떻게 되었을까? 본질적으로 정확히 정반대의 상황이 벌어지고 있다. 이제 평균적인 시장 환경에서 장부가치에 걸맞게 거래되려면 회사는 일반적으로 자기자본 대비 약 10%의 수익을 올려야 한다. 하지만 자본 대비 10%를 상회하는 초과 수익은 대개 시장에서 장부가치를 인정받는 데 필요한 기본 수익에 비해 더 관대하게, 더 높은 주가수익비율로 평가되는 경향이 있다. 따라서 자본 대비 15%의 수익을 올린 회사가 수익의 13.5배, 또는 순자산의 2배에 팔리는 상황이 발생하게 된다. 즉, 자본 대비 첫 10%의 수익은 주가수익비율 10배로 평가되지만, 이후 5%의 초과분은 20배의 평가를 받게 된다.

최근의 평가에서 예상 성장률을 새롭게 강조하는 이와 같은 변화에는 논리적인 근거가 있다. 투입 자본으로 높은 수익을 올린 회사는 우수한 수익성은 물론 이와 연관된 상대적 안정성뿐만 아니라, 자본에 대한 높은 수익이 대개 탁월한 실적 및 성장 전망을 동반하기 때문에 이처럼 높은 평가가 주어진다. 따라서 높은 수익성을 보이는 회사에 대해 높은 평가를 매기며 시장이 기대하는 것은 현재 확실한 수익성을 뒷받침하는 한정적인 영업권이 아니라 미래수익의 증가 가능성이다.

이처럼 새로운 보통주 평가 방식은 몇 가지 수학적인 사고로 이해될 수 있다. 이 점에 대해 여기에서는 간략히 제언의 형식으로 설명하고자 한다. 많은 검증 사례에서 확인할 수 있듯이 주가수익비율이 수익성, 즉 장부가치 수익률에 비례하여 증가하는 것이라면, 이러한 특징의 산술적 결과는 이렇게 정리할 수 있다. 회사의 가치는 수익의 제곱으로 증가하지만, 장부가치와는 역의 관계를 갖는다. 그러므로 실질적인 의미에서 유형자산은 평균 시장가치의 기준이 된다기보다 장애물로 작용한다. 일반적인 예를 하나 들어보자. 장부가치가 20달러인 A사와 장부가치가 100달러인 B사는 모두 주당 4달러의 수익을 올렸다. 그렇다면 A사는 B사보다 더 높은 주가수익비율, 즉 더 높은 가격으로 거래된다. A사의 주식이 60달러, B사의 주식이 35달러로 거래된다면, 주당순이익이 동일하다는 가정하에 B사의 주식이 더 낮게 형성된 이유는 이 회사의 자산이 주당 80달러 더 많기 때문이라고 이해해도 틀림이 없다는 의미다.

그러나 이러한 이해보다 더 중요한 것은 주식가치에 대한 수학적 처리와 새로운 접근법 사이의 일반적인 관계다. 바로 (1) 이익성장률에 대한 낙관적 가정, (2) 이러한 성장이 앞으로도 상당 기간 유지되리라는 기대, (3) 복리의 기적적인 효과가 그것이다. 증권분석가들은 이제 손에 쥐어진 '현자賢者의 돌'로 '우량주식'을 원하는 대로 양산하거나 마음껏 평가할 수 있게 되었다. 나는 최근 《애널리스트 저널Analyst's Journal》에 기고한 글에서 강세장에서

고도의 수학적 접근이 유행하는 현상을 언급하며 200년 이상 수학자들을 곤란하게 했던 '피터스버그 패러독스Petersburg Paradox'와 성장주의 가치산정의 두드러진 유사성을 지적한 데이비드 듀란드David Durand의 설명을 인용한 바 있다. 이 글에서 내가 전하고자 했던 요점은 수학적 접근과 주식에 대한 투자 태도 사이에는 특별한 역설적인 관계가 성립된다는 것이었다. 즉, 수학 공식에 따라 얻은 결과는 정확하고 신뢰할 수 있는 것으로 여겨지지만, 주식시장에서는 더 정교하고 복잡한 수학 공식에 따라 나온 결론일수록 더욱 불확실하고 투기적인 성격을 띠게 된다. 44년간 월스트리트에서 경력을 쌓고 연구하는 동안, 나는 주식 가치를 산출할 수 있는 신뢰할 만한 계산법을 본 적이 없다. 단순한 산수나 가장 초보적인 대수학조차 제대로 적용되는 투자전략도 보지 못했다. 어떤 거래자가 미적분학이나 고도의 대수학을 거론한다면, 애매한 이론으로 경험을 가리거나 투기에 사기성 짙은 투자라는 가면을 씌우려는 경고로 받아들이는 편이 나을 것이다.

오늘날의 영민한 증권분석가들에게 주식투자에 대한 예전의 개념들은 아주 순진해 보일 것이다. 과거에 항상 강조되었던 것은 현재 우리가 회사의 보수적인 측면이라 부르는 것이었다. 이를테면 어려운 시기에도 배당이 계속 지급되리라는 확신과 같은 것이다. 따라서 50년 전 표준적인 투자 종목으로 꼽히던 우량철도주식은 오늘날로 치자면 공공 유틸리티 기업 주식과 같은 수준으로 인식되었다. 과거 기록상 회사의 안정성을 확인할 수 있다면 기본적인 요건은 충족되는 셈이었다. 회사의 근본적인 상황이 앞으로 불리하게 변화되지 않을지 파악하려는 노력은 그다지 많지 않았다. 따라서 현명한 투자자들에게 탁월한 전망 능력은 그리 중요한 것이 아니었다.

이러한 환경에서는 사실상 투자자가 탁월한 장기전망을 위해 별도 비용을 들일 필요가 없다. 실질적인 추가비용 없이 투자자들은 자신의 지식과 판단력을 바탕으로 단순히 좋은 것을 넘어 최고의 회사를 골라내면 되었다. 재무상태나 과거수익 기록, 배당의 안정성이 동일한 보통주들은 모두 동일한 배당수익률로 거래되었다.

과거 투자자들의 이러한 태도는 근시안적으로 보이지만, 단순하면서도 기본적으로 건전하고 높은 수익을 올릴 수 있다는 이점이 있었다. 끝으로 개인적인 소회를 좀 더 되짚어 보겠다. 1920년에 우리 회사는 『투자자를 위한 교훈Lessons for Investors』이라는 제목의 소책자를 배포했다. 이 책에 나는 다음과 같이 간단한 글을 남겼다. "주식이 좋은 투자라면, 또한 좋은 투기이기도 하다." 아주 안전해서 손실의 위험이 거의 없는 주식이라면, 앞으로 수익을 기대할 가능성도 그만큼 높을 것이 틀림없기 때문이다. 현재 상황에 비추어 볼 때 이 점에 대해서는 의문의 여지가 없으며, 가치 있는 발견이기도 하다. 하지만 과거에 이 말이 진실로 받아들여졌던 것은 지금과는 다른 이유에서였다. 즉, 당시에는 사람들이 아직 주식투자에 관심을 두지 않았기 때문이었다. 몇 년 후 일반인들도 장기적인 투자로서 주식의 가능성을 인식하게 되자, 이러한 장점은 곧 빛이 바랬다. 대중의 열기로 인해 내재된 안전마진이 사라질 정도로 가격이 형성되면서 투자 대상으로서의 매력조차 퇴색되었기 때문이다. 상황이 이렇게 되자, 추는 당연히 다른 극단으로 흔들렸고, 1931년 당시 존경받던 권위자 중 한 명은 어떤 주식도 결코 적합한 투자 대상이 될 수 없다고 선언하는 지경에까지 이르렀다.

이처럼 광범위한 경험을 조망할 때 우리는 소득과 대비되는 개념으로서 자본이득에 대한 투자자의 태도 변화에서 또 다른 역설을 발견할 수 있다. 과거에는 주식투자자들이 자본이득에 별로 관심이 없었던 것으로 보인다. 일반적으로 투자자들은 안정성과 소득을 목적으로 주식을 매입했다. 가격 상승에 대한 기대감은 투기자의 몫으로 여겨졌다. 현재에는 경험 있고 현명한 투자자일수록 배당수익보다 장기적인 주가상승에 더욱 집중하는 경향을 보인다. 어떤 면에서 과거 투자자들은 주가상승에 관심을 집중하지 않았기 때문에 그만큼 안정적인 가격 상승을 그만큼 더 누릴 수 있었던 것인지도 모른다. 반대로 현재의 투자자는 향후 전망에 관심이 커진 만큼 미리 비싼 대가를 치르게 된다. 따라서 물심양면 공들여 예측한 전망이 그대로 이루어진다고 해도 아무런 소득도 얻지 못할 수도 있다. 당연히 기대한 만큼 수익이 실현되지 않는다면 돌이킬 수 없는 심각한 손실을 입을 수도 있다.

　1920년에 배포했던 소책자의 그럴싸한 제목을 그대로 활용해 보자면, 1958년의 증권분석가들이 과거와 현재의 투자 행태를 연결해 보며 얻을 수 있는 교훈은 과연 무엇일까? 그다지 가치 있는 교훈은 없다고 답할 이들도 있을 것이다. 오늘은 당장 필요한 대가만 치르고 미래에는 '이 모든 것에 천국까지 얹어서' 거저 얻을 수 있었던 과거를 그리워할 수도 있을 것이다. 그러고는 이내 고개를 저으며 이렇게 중얼거리게 된다. "좋은 시절은 이제 가버렸어." 투자자들과 증권분석가들은 이미 주식 전망의 선악과를 따먹지 않았던가? 그 결과 적당한 가격의 유망주들을 마음껏 고를 수 있었던 에덴동산에서 영원히 추방되지 않았던가? 우리는 훌륭한 전망을 믿고 터무니없이 높은 가격을 치르거나, 합리적이라고 판단했던 가격을 치르고 보니 상황이 더 악화되는 것처럼 언제나 위험을 감수해야 할 운명인 것일까?

　우리가 그러한 운명에 처한 것 같기는 하다. 하지만 이 비관적인 딜레마마저도 확신할 수 있는 것은 아니다. 최근에 나는 장기적인 관점에서 GE의 역사를 간략히 살펴본 적이 있다. 1957년 보고서에 포함된 59년간 수익 및 배당 기록을 보고 호기심이 발동했던 것이다. 이 보고서가 발표한 수치는 식견 있는 분석가들도 놀랄 만한 사실들을 암시하고 있었다. 먼저, 1947년 이전까지 이 회사의 성장이 완만하고 꽤 불규칙적이었다는 사실이다. 1946년에 이 회사의 주당순이익은 52센트였다. 1902년의 40센트보다 겨우 30% 향상된 수치였다. 이 기간 어느 해에도 1902년 수치의 2배에 이른 적은 없었다. 그러나 1910년과 1916년의 9배였던 주가수익비율은 1936년과 1946년에는 29배로 상승했다. 1946년의 높은 주가수익비율을 두고 업계의 선견지명을 증명한 결과라며 찬사를 보내는 투자자들도 있을 것이다. 당시에 증권분석가들은 향후 10년간 탁월한 성장이 지속될 것으로 예견했다. 그러나 주당순이익에서 새로운 최고 기록을 세운 1947년에 이 회사의 주가수익비율은 크게 하락했다. 32달러 선의 저가에서 이 회사는 주가수익비율의 9배로 거래되었다. 그해의 평균가격 또한 주가수익비율의 10배 정도에 불과했다. 미래를 보여 줄 것으로 믿어 의심치 않았던 우리의 수정구슬은 당장 12개월 앞도 제대로 내다보지 못했다.

이처럼 놀라운 반전이 발생한 것은 불과 11년 전이었다. 전도유망한 회사들이 항상 높은 주가수익비율로 거래될 것이며, 투자자들은 이를 믿고 따르는 편이 여러모로 낫다고 보았던 증권분석가들의 말이 과연 믿을 만한 것일까? 개인적으로 나는 이러한 믿음을 굳이 고수할 마음이 없다. 전문가로서 내가 할 수 있는 말은 이 문제에 있어서만큼은 나도 정답을 갖고 있지 않으며, 투자자들이 스스로 생각을 정리해 나가야 한다는 것이다.

다만 결론적으로 투자와 투기의 관점에서 다양한 주식시장의 구조에 관해 한 가지 확실하게 말할 수 있는 것은 있다. 과거에는 한 회사에 대한 주식 투자의 성격이 신용등급으로 가늠할 수 있는 투자 성격과 동일하거나 일정한 상관관계를 보였다. 채권이나 우선주의 수익이 낮을수록 보통주는 만족스러운 투자를 위한 기준의 만족도가 높은 편이었고, 이러한 주식의 매입에 수반될 수 있는 투기적 요소는 더 적었다. 주식의 투기등급과 회사의 투자등급 사이의 이러한 관계를 그래프로 나타내면 좌측에서 우측으로 하강하는 직선과 유사한 형태가 될 것이다. 그러나 현재에는 이 그래프가 U자 형태로 나타난다. 좌측에서는 회사 자체가 투기적이고 신용 또한 낮으므로 과거와 마찬가지로 투기성이 높게 나타난다. 하지만 인상적인 과거 기록과 향후 전망으로 인해 회사가 최고의 신용등급을 갖게 되는 우측 끝에서, 우리는 주식시장이 적당한 위험을 감수하게 하는 가격이라는 단순한 수단을 통해 다소 지속적으로 고도의 투기적인 요소를 보통주에 개입시키는 경향이 있음을 발견하게 된다.

최근에 나는 셰익스피어의 소네트 중에서 이러한 상황을 다소 과장된 표현으로나마 놀라울 만큼 정확히 묘사한 행을 발견했다. 여기에 잠시 소개해 보겠다.

형식과 유행을 좇으며 임대료를 과도하게 치르느라
가진 것은 물론 그보다도 더 잃은 자들을 보지 않았던가?

그래프 상에서 보통주 매입의 투기적 요소가 가장 적은 부분은 중간 영역일 것이다. 이 영역에서 우리는 기초가 건실하고 국가 경제의 과거 성장과 향후 전망에서 궤를 같이하는 회사를 많이 찾을 수 있다. 이 회사들의 주식은 강세장에서 상위 범위를 제외하고 내재가치에 비해 적당한 선에서 형성된 가격이라면 어느 때든 매입해도 좋다. 사실상 오늘날에는 투자자나 투기자 모두 더 매력적인 종목에 집중하는 경향을 보인다는 점에서 이러한 중간 영역의 주식들은 개별적으로 판단되는 가치보다 훨씬 더 낮은 가격으로 팔릴 것이라고 추측할 수 있다. 특정 종목에 대한 시장의 선호와 편애는 안전마진을 파괴하는 작용을 하지만, 중간 영역의 주식들에 대해서는 반대로 안전마진을 형성시켜 준다. 또한 과거 기록 분석과 향후 전망을 통해 이 회사들 중에서도 더 유망한 종목들을 선별하고, 이들에 대한 분산투자로 안정성을 추가할 수 있다.

파에톤Phaethon이 태양의 전차를 몰겠다고 고집을 부렸을 때 경험 많은 그의 아버지는 위험성을 충고했다. 하지만 아들은 충고를 따르지 않았고, 결국 대가를 치러야 했다. 오비드Ovid는 태양의 신 아폴로의 조언을 세 마디 문장으로 요약했다.

가운뎃길이 안전한 길이다.

나는 이 말이야말로 투자자와 증권분석가들이 가장 명심해야 할 원칙이라고 생각한다.

5. 사례: 애트나 메인티넌스

이 회사의 역사에서 첫 부분은 "최악의 사례"라는 제목으로 1965년판에서 재편입되었다. 두 번째 부분은 이후에 일어난 이 회사의 변천 과정을 요약하고 있다.

여기에서 "최악의 사례"를 상세히 인용하면 앞으로 신주 공모에 참여할 독자들에게 입에는 쓰지만 좋은 약이 될 것으로 생각한다. S&P《증권 가이드》의 첫 장에서 발췌한 이 사례는 1960년부터 1962년까지 관찰되는 주식 공모의 약점과 시장의 지나친 과대평가, 그리고 뒤이은 붕괴 과정을 신랄하게 묘사하고 있다.

1961년 11월, 애트나 메인티넌스Aetna Maintenance Co.의 보통주 15만 4000주는 주당 9달러에 일반 투자자들에게 공모되었다. 이 회사의 주가는 이후 곧바

로 15달러까지 상승했다. 공모 전 주당순자산은 약 1달러 20센트였지만, 신
주 공모로 조달한 자금으로 인해 순자산은 주당 3달러를 상회하는 수준으로
증가했다.

자금조달 전 매출액과 순익은 다음과 같다.

결산연도	매출액	보통주 순이익	주당순이익
1961년 6월	$3,615,000	$187,000	$0.69
(1960년 6월)ᵃ	(1,527,000)	(25,000)	(0.09)
1959년 12월	2,215,000	48,000	0.17
1958년 12월	1,389,000	16,000	0.06
1957년 12월	1,083,000	21,000	0.07
1956년 12월	1,003,000	2,000	0.01

a) 6개월 기간에 해당한다.

자금조달 후 매출액과 순익은 다음과 같다.

결산연도	매출액	자기자본	주당순이익
1963년 6월	$4,681,000	$42,000(적자)	$0.11(적자)
1962년 6월	4,234,000	149,000	0.36

하지만 1962년에 주가는 2달러 66센트까지 하락했고, 1964년에는 약 88
센트까지 떨어진 가격에 거래되었다. 이 기간에 배당 지급도 없었다.

논평: 이 회사의 사업은 일반인 참여가 아주 적은 분야였다. 주식은 실적
이 좋은 해를 기준으로 매매되었다. 이전의 실적은 형편없었다. 경쟁이 치열
한 이 분야에서 향후 안정성을 보장해 줄 것은 아무것도 없었다. 발행 직후
가격이 상당히 올라간 상태에서 경솔한 일반 투자자들은 수익 및 자산 대비
다른 대규모 우량 회사보다 훨씬 더 많은 금액을 지급하고 있었다. 이 예는

다소 극단적이지만, 그렇다고 해서 드물게 발생하는 경우는 아니다. 과대평가된 종목들은 이밖에도 수백 개에 이른다.

이후의 상황: 1965년부터 1970년까지

1965년에 이 회사는 새로운 분야에 관심을 갖기 시작했다. 수익성이 좋지 않은 건설보수 부문은 매각하고, 전기제품 생산이라는 완전히 다른 사업에 눈을 돌리기 시작한 것이다. 회사 이름도 헤이든 스위치 앤드 인스트루먼트Haydon Switch and Instrument로 변경했다. 이후 이 회사는 인상적인 수익을 보이지는 못했다. 1965년부터 1969년까지 5년 동안 이 회사가 기록한 평균수익은 '구 주식' 기준으로 주당 8센트에 불과했다. 최고의 실적을 올렸던 1967년의 수익은 주당 34센트였다. 그러나 1968년에 이 회사는 드디어 시류에 따라 2 대 1 주식분할을 단행했다. 시장가격 또한 월스트리트 방식으로 실현되었다. 그러자 1964년에 약 88센트였던 가격은 주식분할을 단행한 1968년에 16달러를 상회했다. 이 회사의 주가는 1961년에 한참 들끓었던 기록마저 초과했다. 결국 현재 이 회사에 대한 과대평가는 전보다도 훨씬 심해졌다. 이제 주식은 유일하게 좋은 실적을 보였던 연도의 수익보다 52배, 평균수익보다 200배 높은 가격으로 거래되고 있었다. 이 회사는 또한 새롭게 형성된 높은 가격을 신고한 바로 그해에 적자를 기록했다. 결국 이듬해인 1969년에 이 회사의 가격은 1달러로 폭락했다.

의문: 1968년에 8달러가 넘는 이 주식을 성급하게 사들였던 투자자들은 이 회사의 역사나 지난 5년간의 수익 기록, 자산가치 등을 조금이라도 알았을까? 어느 정도는 알고, 아니면 아예 모르고 투자했을까? 월스트리트에서 이렇게 터무니없이 어리석고 광범위한 재앙을 초래하는 투기 행태가 반복되는 것을 누가 책임질 것인가?

6. NVF의 샤론 스틸 주식인수와 관련한 세무회계

1. NVF는 1969년에 샤론 스틸 주식 중 88%를 주당 70달러에 인수했다. 1994년 만기 표면금리 5%인 NVF 채권과 주식 1.5주를 주당 22달러에 살 수 있는 워런트를 지급하는 조건이었다. 이 채권의 최초 시장가격은 액면가의 43%에 불과했고, 워런트는 NVF 주식 1주당 10달러로 평가되었다. 이 말은 샤론 스틸의 주주에게 돌아가는 가치가 30달러 가치의 채권과 15달러 가치의 워런트를 포함해 주당 총 45달러에 그쳤음을 의미한다. 이 수치는 1968년 샤론 스틸의 평균주가에 근사한 것으로, 그해 종가이기도 했다. 당시 샤론 스틸의 장부가치는 주당 60달러였다. 인수된 샤론 스틸의 141만 5000주에 대한 장부가치와 시장가격 사이의 차이는 무려 21억 달러에 달했다.

2. 이러한 회계 처리에는 세 가지 목적이 있었다. (1) 채권을 43 선에 매각하는 것으로 처리하여 회사에 54억 달러의 거대한 채권할인 상각에 따른 연간 소득공제를 제공하기 위한 것이다. 실제로 여기에는 9900만 달러 상당의 사채 발행 관련 '수익금'에 대한 약 15%의 연간 이자가 부과된다. (2) 이 채권할인 비용은 샤론 스틸의 주가 45달러와 장부가치 60달러 사이의 차이에 대한 10% 소득으로 계상하여 발생한 '이익'으로 처리된다. 이러한 방법은 역으로 인수한 자산의 장부가치를 초과하는 흡수분에 대해 지급한 가격의 일부를 매년 비용으로 부담하는 관행에 따른 것이다. (3) 이러한 방식을 통해 이 회사는 초기에 두 항목으로 연간 90만 달러, 즉 주당 1달러의 소득세를 절감할 수 있었다. 채권할인 상환액은 과세대상 소득에서 공제될 수 있지만, '비용을 초과하는 지분'에 대한 상환액은 과세대상 소득에서 제외되어야 했기 때문이다.

3. 이 회계처리는 1969년 NVF의 연결소득회계와 연결대차대조표에 동시에 반영되었다. 1968년의 경우에는 프로 포르마 보고서에 포함되었다. 샤론 스틸의 주식비용은 상당 부분을 워런트 지급으로 처리했으므로, 월스트리트의 첫 시장가치는 보통주 자본금의 일부로 보여 주어야 했다. 따라서 이 경우 워런트는 대차대조표에서 2200만 달러가 넘는 상당한 가치를 인정받았지만, 이러한 표기는 주석에서만 찾아볼 수 있었다.

7. 투자 대상으로서의 과학기술 회사들

1971년 중반에 S&P 상장사 중에는 Compu-, Data-, Electro-, Scien-, Techno- 등으로 시작하는 이름의 회사가 약 200개에 달했다. 이들 중 절반은 컴퓨터 산업 분야의 회사들로, 모두 시장에서 거래되었거나 주식을 대중에게 공모한 회사들이었다.

1971년 《증권 가이드》 9월호에 소개된 관련 회사는 46개였다. 그중 26개 회사는 적자를 기록했고, 6개 회사만이 주당 1달러의 수익을 기록했다. 배당금을 지급한 회사는 5개에 불과했다.

1968년 《증권 가이드》 12월호에는 기술 산업과 관련하여 이와 비슷한 이름을 가진 회사가 총 45개 등장했다. 1971년 9월호에 등장한 목록과 연계하여 추적해 보면 이 회사들의 추이를 다음과 같이 정리해 볼 수 있다.

총 회사 수	주가상승 회사 수	주가가 절반 이하 하락한 회사 수	주가가 절반 이상 하락한 회사 수	《증권 가이드》에서 탈락한 회사 수
45	2	8	23	12

논평: 1968년 《증권 가이드》에 포함된 회사들에 비해 포함되지 않은 많은

기술 관련 회사들은 실적이 더욱 열악했다. 또한 1971년 목록에서 제외된 12개 회사의 실적이 계속 남은 회사보다 부진했던 것도 확실해 보인다. 이러한 예에서 우리는 '과학기술' 종목의 전체적인 특징과 주가의 역사를 엿볼 수 있다. IBM을 비롯한 극히 소수의 회사가 일군 경이적인 성공은 그만큼 큰 손실을 입기 쉬운 첨단 분야에서 신주 공모가 범람하는 계기가 되었다.

현명한 투자자

초 판　1쇄 발행 · 2007년 2월 27일
개정판　1쇄 발행 · 2016년 11월 28일
개정판　11쇄 발행 · 2022년 1월 7일

지은이 · 벤저민 그레이엄
논　평 · 제이슨 츠바이크
옮긴이 · 김수진
펴낸이 · 이종문(李從聞)
펴낸곳 · 국일증권경제연구소

등　록 · 제406-2005-000029호
주　소 · 경기도 파주시 광인사길 121 파주출판문화정보산업단지(문발동)
영업부 · Tel 031)955-6050 | Fax 031)955-6051
편집부 · Tel 031)955-6070 | Fax 031)955-6071

평생전화번호 · 0502-237-9101~3

홈페이지 · www.ekugil.com
블 로 그 · blog.naver.com/kugilmedia
페이스북 · www.facebook.com/kugilmedia
E - mail · kugil@ekugil.com

• 값은 표지 뒷면에 표기되어 있습니다.
• 잘못된 책은 구입하신 서점에서 바꿔드립니다.

ISBN 978-89-5782-113-8(03320)